KB063475

근대 조선의 여행자들

| 그들의 눈에 비친 조선과 세계 |

근대 조선의 여행자들 —그들의 눈에 비친 조선과 세계

초판 3쇄 발행 2019년 11월 13일
초판 1쇄 발행 2018년 4월 20일

지은이 우미영
펴낸이 정순구
책임편집 조수정
기획편집 조원식 정윤경
마케팅 황주영

출력 블루엔
용지 한서지업사
인쇄 한영문화사
제본 한영제책사

펴낸곳 (주) 역사비평사
등록 제300-2007-139호 (2007. 9. 20)
주소 10497 : 경기도 고양시 덕양구 화중로 100(비전타워21) 506호
전화 02-741-6123~5
팩스 02-741-6126
홈페이지 www.yukbi.com
이메일 yukbi88@naver.com

ⓒ 우미영, 2018

ISBN 978-89-7696-293-5 93910

책값은 표지 뒷면에 표시되어 있습니다.
잘못 만들어진 책은 구입하신 서점에서 바꾸어 드립니다.

旅行者

근대 조선의 여행자들

| 그들의 눈에 비친 조선과 세계 |

우미영 지음

역사비평사

시작하는 글 : 기행문으로 본 여행 이야기, 1908~1940년   9

제1부 증기기관의 시선과 상상력 ──────────

01 기차의 시선과 풍경의 탄생   22
1. 『해천추범』, 민영환의 기차 체험 ┃ 2. 육당의 기차체험기, 「교남홍조」와 「평양행」

02 객실의 여행자와 은유로서의 자연   31
1. 육당의 상상과 사라진 대상 ┃ 2. 떠남과 귀환, 은유로서의 자연

03 소년의 꿈과 질주의 상상력   45
1. 세계 – 지리학 – 여행 ┃ 2. 「쾌소년세계주유시보」 1보와 2보의 정서적 차이 ┃ 3. 노래가 된 세계일주

제2부 지식의 순례자, 유학생 ──────────

01 지식 청년과 도쿄의 욕망   64
1. 두 개의 도쿄 ┃ 2. 동도東渡의 꿈, 신학문에 대한 동경과 입신출세주의 ┃ 3. 도쿄의 토포스

02 나혜석·박인덕·허정숙의 서양   95
1. 신여성의 제한된 외출과 기억으로서의 여행기 ┃ 2. 구미 여행, 주체화·타자화의 길 ┃ 3. 민족·젠더·인종의 관점에서 본 신여성의 자기모순

03 최영숙의 포부와 사장된 삶   120
1. 사장된 삶, 윤색된 기록 ┃ 2. 중국 유학과 홍사단 활동 ┃ 3. 엘렌 케이의 스웨덴 ┃ 4. 간디와 나이두의 인도

04 5인의 독일 유학생과 유럽으로 가는 40여 일   142
1. 근대 지식 청년 5인의 독일 유학 ┃ 2. 유럽으로 가는 여로의 지점들 ┃ 3. 예외 구간, 김준연의 이집트와 도유호의 이탈리아

05 미국 유학생과 이주 노동자   175
1. 문명의 진경지, 미국으로! ┃ 2. 바람의 노예, 이주 노동자가 된 미국 유학생 ┃ 3. 미국의 장소 규율성과 이주자의 유동적 정체성

제3부 매체의 기획과 전 조선의 답사자 ────────

01 근대 매체의 기획과 조선이라는 장소 192

1. 잡지사와 신문사의 조선 답사 기획 ┃ 2. 전국 답사와 지역의 장소성 ┃ 3. 순행의
근대적 변주와 조선 일주 양식의 정치성

02 1917년 여름의 조선 행각 204

1.『반도시론』과 조선 13도 일대 조사 ┃ 2.『반도시론』기자의 시찰 일기와 식민정보
원의 글쓰기 ┃ 3. 이광수의 조선 5도 답파

03『개벽』·『신민』·『삼천리』, 1923~1940 235

1. 1923~1925년『개벽』의 '조선 문화의 기본 조사': 민족적 차원의 자기 이해를 위한
답사 ┃ 2. 1925~1930년『신민』의 지역 잡관 및 답사기: 탈사상과 '생활 개조', 조선/
조선인에서 지방/개인으로 ┃ 3. 1929~1940년『삼천리』의 반도 8경 선정: 역사와 풍
경으로서 조선

제4부 식민주의와 문화 관광객 ────────

01 관광이라는 이름의 동원과 탐승 260

1. 관광과 박람회의 시선 ┃ 2. 탐승과 1930년대: 순례에서 탐승으로 ┃ 3. 식민지/제
국의 자기 구성 논리와 풍경의 정치성

02 꽃의 조선과 영토의 소비 289

1. 역사의 시각화와 영토의 소비 ┃ 2. 꽃의 조선

03 수학여행, 학교와 여행이라는 두 제도의 결합 308

1. 수학여행 존폐론과 교양론의 허구성 ┃ 2. 제국 전시회의 스토리텔링과 만주 ┃ 3.
자유 시간의 일탈과 초월 ┃ 4. '낙토'의 공포와 조선인의 위치

04 식민지 지식인과 제국의 도시 도쿄, 1925~1936 337

1. 신메트로폴리스 도쿄 여행: 담론 여행에서 문화 관광으로 ┃ 2. 피식민 주체와 도
쿄 인식의 분화 ┃ 3. 1925~1936년 도쿄의 포섭력과 관찰자의 주체성

제5부 시각화된 역사와 고도의 관람자 ─────────

01 지知와 과거, 고도 경주 368
1. 지리의 박물학과 고도의 근대적 배치 ┃ 2. 지知의 대상 경주와 관객·독자로서의 여행자

02 문화 기억과 역사의 장소 388
1. 기억의 제도적 장치: 장소와 여행 ┃ 2. '기억의 장소'와 '장소의 기억', 그리고 '경주'의 장소성 ┃ 3. 기행문 서사의 분열과 문화 기억 ┃ 4. 경주 여행의 정서 구조: 복고와 절대 ┃ 5. 경주의 함정, 은폐와 환상

03 또 다른 시선과 역사의 은유 너머 415
1. 경주·부여를 보는 다층적 시선 ┃ 2. 역사의 은유 너머, 자연

04 시의 도시 몽환의 도시, 평양의 가능성 431
1. '고도' 평양의 특수성 ┃ 2. 평양 인식과 과거 – 현재의 기울기 ┃ 3. 기원을 향한 두 어로와 「단군릉」의 역설 ┃ 4. 억압의 조우와 탈억압

제6부 코스모폴리탄의 세계정세 시찰과 미완의 여행(기) ─

01 당당한 시찰자, 이정섭 460

02 사건의 현장, 상하이와 한커우 476
1. 중국 정세 시찰(기)의 운동성 ┃ 2. 상하이와 한커우의 거리와 장소 ┃ 3. 국민당 정부 대신 회견기

03 불안정한 여행기, 「조선에서 조선으로」 488
1. 최린과 이정섭의 동행 ┃ 2. 삭제와 필화 사건 ┃ 3. 이정섭의 함정, 정치와 문화의 이분법

참고문헌 514

【 이 책의 글이 처음 실린 곳 】

이 책은 학회지에 실린 필자의 논문을 바탕으로 단행본 구성과 체제에 맞춰 대폭 수정했다.
이 책의 저본으로 삼은 논문은 다음과 같다.

「식민지 지식인의 世界 情勢 視察과 未完의 여행(기)―李晶燮의「滬漢紀行」과「朝鮮에서 朝
　　鮮으로」를 중심으로」,『어문연구語文研究』44권 4호, 한국어문교육연구회, 2016. 12.
「'朝鮮 一週'의 정치성과 植民 情報員의 글쓰기―〈半島時論〉의 朝鮮 視察 日記를 중심으로」,
　　『어문연구』43권 4호, 한국어문교육연구회, 2015. 12.
「근대 지식 청년과 渡歐 40여 일의 문화지정학―1920~30년 독일 유학생의 渡歐記를 중심으
　　로」,『어문연구』41권 4호, 한국어문교육연구회, 2013. 12.
「문화적 기억과 역사적 장소: 1920년~1938년의 경주」,『국어국문학』161호, 국어국문학회,
　　2012. 8.
「억압된 자기와 古都 평양의 표상」,『동아시아문화연구』50, 한양대학교 동아시아문화연구소,
　　2011. 11.
「식민지 지식인의 여행과 제국의 도시 '도쿄': 1925~1936」,『한국언어문화』43, 한국언어문화
　　학회, 2010. 12.
「전시되는 제국과 피식민 주체의 여행」,『동아시아문화연구』48, 한양대학교 동아시아문화연
　　구소, 2010. 11.
「古都 여행, 과거의 발견과 영토의 소비―식민지 시대 경주 기행문을 중심으로」,『동아시아문
　　화연구』46, 한양대학교 동아시아문화연구소, 2009. 11.
"Historical Places of the Colonial Period through the Eyes of a Female Traveler", *The Review of Korean
　　Studies*, Vol. 12, The Academy of Korean Studies, 2008. 12.
「식민지 시대 이주자의 자기 인식과 미국―주요섭과 강용흘의 소설을 중심으로」,『한국근대
　　문학연구』17, 한국근대문학회, 2008. 4.
「東渡의 욕망과 東京이라는 장소(Topos)―1905~1920년대 초반 동경 유학생의 기록을 중심
　　으로」,『정신문화연구』30권 4호, 한국학중앙연구원, 2007. 12.
「신여성 최영숙론―여성의 삶과 재현의 거리」,『민족문화연구』45, 고려대학교 민족문화연구
　　원, 2006. 12.
「근대 여행의 의미 변이와 식민지/제국의 자기구성논리―묘향산 기행문을 중심으로」,『동방
　　학지』133, 연세대학교 국학연구원, 2006. 3.
「서양체험을 통한 신여성의 자기구성 방식―나혜석, 박인덕, 허정숙의 서양 여행기를 중심으
　　로」,『여성문학연구』12, 한국여성문학학회, 2004. 12.
「시각장(視角場)의 변화와 근대적 심상(心象) 공간(空間)―근대 초기 기행문을 중심으로」,『어
　　문연구』32권 4호, 한국어문교육연구회, 2004. 12.

일러두기

1 식민지 시기의 신문 기사와 잡지에 실린 글은 국한문혼용체이고 한글 고어가 많으며, 맞춤법도 지금과 많이 다르다. 이 책에서는 가독성을 위해 원문의 문체와 내용을 훼손하지 않는 범위에서 현재 한글맞춤법에 따라 수정하고 약간의 윤문과 교정을 거쳤다.

2 지명과 인명의 표기는 국립국어원의 외래어표기법에 따랐다. 특히 중국과 일본의 지명·인명에서 우리식 한자 발음으로 표기된 경우 및 서양의 지명·인명에서 음역어로 표기된 경우 모두 오늘날의 표기로 수정했다. 단, 서지 사항에는 일부 원문의 표기법을 그대로 두었다.

예 남경南京 → 난징 / 상해上海 → 상하이 / 여순旅順 → 뤼순 / 봉천奉天 → 펑톈
동경東京 → 도쿄 / 대판大阪 → 오사카 / 신호神戶 → 고베 / 횡빈橫浜 → 요코하마
손과孫科 → 쑨커 / 진우인陳友仁 → 천유런 / 등연달鄧演達 → 덩옌다
관야정關野貞 → 세키노 다다시 / 곡원谷垣 서기장 → 다니가키谷垣 서기장
법국法國 → 프랑스 / 애란愛蘭 → 아일랜드 / 백림柏林 → 베를린 / 상황桑港 → 샌프란시스코

3 단행본과 신문 이름은 겹낫표(『 』)로, 책에 수록된 글이나 신문 기사 및 논문은 홑낫표(「 」)로 표기했다.

기행문으로 본 여행 이야기, 1908~1940년

1

1936년 3월 이태준은 버들강아지가 봄을 타듯 도쿄를 향해 부산행 기차에 올랐다. 봄바람에 떠밀린 길일 뿐 그에게는 별다른 용무가 없었다. 기차간에 앉아 그는 이 길을 어떤 단어로 표현할지 생각에 잠긴다. '여행', '여행간다', '여행한다'라고 읊조리듯 써보지만 만족스럽지 않다. 그에게 '여행'이라는 말은 유행가 제목 또는 여행권이나 여행안내와 같은 공문에 쓰이는 용어처럼 느껴지고, 또 '여행 간다' 하면 수학여행이나 출장을 간다는 말처럼 들리기 때문이다. '길손'이라는 표현을 쓰고 싶지만 이 또한 흔히 쓰이는 말이 아니라서 망설여진다. 어쩔 수 없이 여행이라는 단어를 다시 써보지만 시적 느낌이 없다. 여행자라는 표현도 길손이 갖는 방랑성을 다 드러내지 못한다. 그는 도쿄행을 표현할 단어를 끝내 찾지 못한 채 질문으로 남긴다. "여행 이상의 발음을 가지며 여행 이상으로 의意와 함께 정情을 살려 전하는 무슨 묘한 말이 없을까?"[1]

---

[1] 이태준, 「춘일춘상(6)」, 『조선중앙일보』 1936. 4. 18.

이태준의 질문은 '여행'이란 단어의 의미 폭과 당대의 쓰임을 보여준다. 그는 여행과 방랑, 여행자와 길손이라는 단어 사이에서 고심한다. 이는 여행이 가진 '여旅'와 '유遊'의 복합적 개념에서 비롯한다. '여旅'는 떠남의 효용성이, '유遊'는 떠남 그 자체가 목적인 일탈 혹은 놀이성이 강조된 말이다. '旅'라는 글자는 군사들이 군기를 앞세우고 가는 모양에서 유래했다. 갑골문에서는 많은 군사들이 깃발 아래 서 있는 모양이다. 여기서 '군사와 전쟁'이 탈각되면서 그 자리에 길을 떠나는 이, 즉 나그네가 들어서게 된다. 이로부터 여행은 '먼 길을 간다', '사는 곳을 떠나 낯선 곳에서 한동안 머문다'는 의미로 굳어졌다. 단순히 공간의 이동을 뜻하던 '유遊'에는 뒤에 얽매임 없는 자유의 정신, 그것을 구현하는 '놀이'라는 의미가 담기게 된다. 『장자』의 '소요유逍遙遊'가 대표적 예이고, 뒷날에도 휴식과 놀이를 위한 길 떠남이란 의미로 자주 사용된다. 이태준이 미련을 보인 길손의 의미는 유遊의 그것과 비슷해 보인다. 그럼에도 그는 이 단어 또한 끝내 선택하지 않았으니, 묵은 시대의 단어처럼 느껴졌던 것일까? '여행'은 떠남의 방랑성을 드러내지 못하고, 길손은 세간에서 쓰지 않으며, '유람遊覽'은 낡은 느낌을 준다.

이태준의 사례가 보여주듯 길 떠남에 대해 당시 통용되는 용어는 여행이었다. 그 지시 의미에는 목적 지향의 효용성이 짙게 배어 있다. 1910년을 전후하여 1930년대까지 펼쳐진 여행은 근대 제도의 프로젝트로서의 성격이 강하다. 이는 교통과 매체의 발달, 정치사회적 현실에서 촉발한 문화 기획과 정책의 산물이다. 주로 기차로 상징되는 교통수단과 잡지·신문과 같은 근대의 문물 및 식민 상황이라는 환경 아래에서 이루어졌다. 수학여행이나 유학의 활성화와 더불어 이루어진 외국 여행, 시찰과 취재, 답사 등이 이에 속한다. 여행이라는 표현을 통해 가장된 놀이성은 궁극적으로 효용성의 범주 내에 머문다. 관광 또한 마찬가지였다. 이 책에서는 이러한 여행에 대해 중점적으로 다루었다. 여행에서 일탈과 자유를 기대하는 이라면, 이 책에서 서술한 여러 양상의 여행을 놓고 이태준과 똑같은 의문이 들 수 있다. '이것이 여행이야? 이들을 여행자라고 할 수 있어?'라면서 그 또한 여행과 여행자라는 단어를 대신할 '묘한 말'을 찾아 헤맬 것이다.

2

　여행은 근대의 역동적인 이동과 더불어 복잡하고 다양한 방식으로 이루어졌다. 이 책에서는 기행문을 통해 근대 여행을 살폈다. 여행은 익숙한 곳에서 낯선 곳으로 이어지는 단순한 선적 이동이 아니다. 여행자의 사연을 통해 행로는 복합적 의미를 담은 너비와 깊이를 만들어낸다. 이를 담은 것이 기행문이다. 이 책에서는 이를 자료로 삼아 근대 조선에서 여행을 만들어내는 틀이 무엇인지, 나아가 이를 통해 자신과 세계를 바라보는 여행자의 시선이 어떻게 형성되는지를 살펴보았다. 기행문으로 본 근대 조선의 여행(자) 세계인 동시에 기행문으로 하는 여행 이야기이다.

이 책의 토대가 되는 기행문은 당시 잡지와 신문에 실렸는데, 시기적으로 볼 때 최초의 종합잡지인 『소년』이 창간된 1908년 전후부터 『삼천리』의 반도 8경 답사 기행문 연재가 완료된 1940년까지, 30여 년의 기간에 해당한다. 1908년은 기차와 기행문의 관계가 본격적으로 드러난 해이다. 최남선이 펼친 기차의 상상력을 근대 여행의 인식적 출발점으로 삼았다. 1920년대와 1930년대에 이르면 여행은 대중적 차원에서 확대된다. 바야흐로 여행의 시대가 만개한다. 1930년대 말부터 1940년 이후에는 조선의 정치적 상황 변화와 더불어 여행의 양상과 성격도 변한다. 따라서 이 책은 한국 문학 혹은 문화의 역사에서 근대 여행의 도입과 발화기에 해당하는 30여 년을 하나의 단층으로 잘라내어 살핀 셈이다.

이 책에서 다룬 기행문의 필자는 학생, 기자, 작가, 학자, 정치인 등 주로 지식인의 범주에 든다. 이들의 여행지는 국내뿐만 아니라 일본, 만주, 중국, 미국, 유럽 등 조선의 안팎을 아우른다. 이들이 여행을 가서 본 것 또한 자연 풍광, 문화 유적, 도시의 근대 문명 등 다양하다. 외교사절단을 비롯한 기차 체험자와 세계 여행을 꿈꾸는 소년, 앎이라는 명목을 좇아 제국으로 열린 지식 순례길에 오른 유학생, 국토로서의 조선에 대한 지배욕을 지리적 탐사를 통해 실천한 신문사와 잡지사의 기자, 그리고 식민주의적 문화 기획에 이끌린 관광객……. 이들은 여행자와 여행지, 나아가 그들이 본 것 사이의 관계에 초점을 맞추었을 때 드러나는 여행자의 구체적인 면면이다. 이들의 여행은 각각의 위치에 따라 여행자의 정체성이 어떻게 형성되는지를 잘 보여준다. 제국과 식민이라는 근대 조선의 정치적 상황은 이를 더욱 분명하게 드러낸다. 이들을 통해 본 여행은 권력의 자장에 놓인 문화 행위로서 근대 정체성의 정치학이 구현되는 장이다.

한편, 기행문에 초점을 맞추게 되면 기존의 역사적인 관점으로는 조명이 닿지 않았던 사각지대의 인물이나 글들을 만날 수 있다. 안타깝게 요절한 최영숙을 비롯하여 김준연, 계정식, 도유호 및 이관용, 이정섭 등이 그러한 인물이다. 이는 그들의 기행문이 열어준 인연이다. 이처럼 기행문 읽기는 기존에 보지 못했던 세계를 새롭게 열어주었다. 문학 내에서도 산문으로서의 기행문은 시나 소설 등의 문학 장르에 가려져서 당당한 자리를 확보하지 못한 영역이었다. 문학사의 관점에서 이에 대한 논의는 "미처 이름을 못 가진 탓에 무시되고 오해받는 존재 목적들과 존재 양식들을 복권"시키고 "미지의 땅으로 남아 있는 사유를 가지고 미지의 땅으로 남아 있는 현실을" 다루는 작업이었다.[2]

---

2 지그프리트 크라카우어 지음, 김정아 옮김, 『역사─끝에서 두 번째 세계』, 문학동네, 2015, 20쪽.

3

　기행문을 통한 나의 여행은 자료가 손을 잡아끌고 그에 대한 궁금함이 등을 떠미는 형국이었다. 자료가 이끄는 길로 한 걸음 한 걸음 나아가듯 한 편한 편의 논문을 썼다. 전체적으로 어떤 체계를 염두에 둔 접근이 아니었다. 지질학의 구도 아래 정교하게 기획된 채굴이 아니라, 아연을 캐다가 구리가 보이면 구리를 캐고, 구리를 캐다가 금이 보이면 그쪽도 캐보는, 주먹구구식 방식이었다. 10여 년쯤 지나 문득 돌아보니, 지난 여정에 그 나름대로 목적과 방향이 없지 않았다는 생각이 들었다. 하여 그간 발표된 논문들을 분류하고 묶는 과정에서 거꾸로 약간의 체계가 만들어졌다. 이렇게 탄생한 이 책의 구성은 다음과 같다.

　제1부 '증기기관의 시선과 상상력'에서는 근대 문물의 상징인 기차와 철도가 어떻게 여행자의 인식을 변화시키는지에 대해 살펴보았다. 보는 방식이 바뀌면 생각의 내용도 달라진다. 여기에서는 달라진 교통기관이 보는 방식을 어떻게 바꾸어놓았으며, 여행자의 사유에 어떻게 관여하는지를 들여다볼 수 있을 것이다.

　제2부 '지식의 순례자, 유학생'에서는 유학생이 쓴 기행문을 살펴보았다. 유학생에게는 일본, 미국, 유럽 등지로 향하는 일정 자체가 배움의 길인 동시에 여행의 길이었다. 배움의 땅인 외국은 또한 여행지이기도 했다. 그들

의 글이 대부분 기행문의 형태를 띠는 것은 이러한 이유이다. 2부에서는 일본 유학생을 비롯하여 나혜석, 박인덕, 허정숙, 최영숙, 김준연, 박승철, 김현준, 계정식, 도유호 등 식민지 지식 청년의 유학에 매개된 세계 체험을 살펴볼 수 있을 것이다.

제3부 '매체의 기획과 전 조선의 답사자'에서는 신문사와 잡지사의 전 조선 답사 기획의 의미와 양상을 살펴보았다. 1910년대 『반도시론』의 '조선 13도 일대 조사'와 「매일신보」의 '오도답파여행', 1920년대 『개벽』의 '조선 문화의 기본 조사'와 『신민』의 지방 답사, 1930년대 『삼천리』의 '반도 8경 선정' 및 기행 답사를 통해 대중매체는 조선 땅 곳곳을 밟으며 조사했다. 3부에서는 이들의 답사 양상과 의미를 헤아려보았다.

제4부 '식민주의와 문화 관광객'에서는 이 시기에 펼쳐진 관광의 양상과 의미를 살펴보았다. 일본관광단, 수학여행, 문화 유적 관광 및 식민지 지식인의 도쿄 여행 등을 대상으로 하였다. 이들의 여행은 유학생의 여행이나 기자의 답사에 비해 관광의 성격이 강하다. 여기에는 제국의 도시 도쿄의 근대 문명 견학, 전쟁 유적지와 명승고적지 견학의 수학여행, 경주 등의 고도 탐방과 같은 다양한 명분의 여행이 포함된다. 근대의 문명 도시이든 유적지이든 관광이라는 이름을 내걸고 이루어진 이들의 일정은 "지배자의 개선 행렬"에 동원된 것임이 분명하다. 휘황한 도쿄, 제국의 전승지 만주는 의미상 동일한 공간이다. 벤야민에 따르면 문화유산이라 일컫는 것은 전쟁에서 승리한 자의

전리품이다.[3] 발 빠르게 선취된 제국의 도시는 탄생과 더불어 관광의 대상이 되었으며 그 자체가 승리의 징표였다. 4부에서는 제국과 식민의 역학 관계 속에서 관광이 어떻게 힘의 전시를 펼쳤는지를 볼 수 있을 것이다.

제5부 '시각화된 역사와 고도의 관람자'에서는 조선 역사상 도읍이었던 경주, 평양, 부여 관광에 대해 살펴보았다. 고도古都 여행은 제4부에서 다룬 문화 유적 관광의 한 부분이기도 하다. 경주를 비롯한 고도 여행은 이 범주의 여행에서 차지하는 비중이 크고, 그 의미 또한 복합적이다. 이 시기에 작성된 고도 기행문을 중심으로 식민지의 역사가 어떻게 시각적으로 소비되는지에 초점을 맞추었다. 이를 통해 문화 유적의 관습적 의미를 되돌아볼 수 있을 것이다.

마지막으로 제6부 '코스모폴리탄의 세계정세 시찰과 미완의 여행(기)'에서는 『중외일보』 기자 이정섭의 세계 여행 기행문을 살펴보았다. 중국 국민정부의 취재 여정을 적은 「호한기행」과 세계정세 시찰을 목적으로 한 세계일주기인 「조선에서 조선으로」를 분석했다. 이정섭은 중국 여행에서 돌아온 뒤 강연 도중 경찰서에 끌려갔으며, 「조선에서 조선으로」는 연재 도중 신문사 주간과 본인이 경성지방법원 검사국에 소환됨으로써 완결되지 못했다. 그는 여행과 관련하여 설화·필화 사건을 모두 겪었다. 6부에서는 이정섭의 이

---

3 발터 벤야민 지음, 반성완 편역, 『발터 벤야민의 문예이론』, 민음사, 1996, 347쪽.

채로운 여행에 대해 살펴보았다.

4

근대 30여 년의 시기를 하나의 단층으로 삼아 살폈지만, 자료의 양이나 복잡성을 고려하면 이는 알 수 없는 전체의 일부분에 해당한다. 또한, 기행문 속에서 다양하고 수많은 여행자를 만났지만 아직 만나지 못한 이들이 훨씬 더 많음은 두말할 필요도 없다. 여전히 기행문 자료는 책꽂이 한켠을 가득 채우고 있다. 지금껏 들여다보지 못한 자료들이 많고, 보지 못한 어떤 세계가 있으리라는 생각에 책을 내는 일이 마냥 개운하지만 않다. 먼 길 가는 나그네가 느티나무 그늘에 잠시 몸을 뉘이듯, 끝나지 않을 도정에 쉼표 하나를 찍을 뿐이다.

여행에 대해 공부하면서 오히려 여행을 망설이게 되었다. 여행을 둘러싼 권력의 작용이 발걸음을 무겁게 하기 때문이리라. 소설가 박완서는 1990년대 중반 티베트와 네팔 여행을 다녀온 뒤 그 여행기에 '모독'이라는 제목을 붙였다. 모독은 티베트 여행에 대한 소감을 단적으로 표현한 말이다. 그녀는 모독을 두 번 말한다. 한번은 손님이 남긴 음식을 개죽처럼 섞어 가난한 현지인에게 건네는 식당 주인의 행위 속에서, 다음으로는 비닐 조각, 스티로폼

파편, 그리고 찌그러진 페트병 따위로 도시를 쓰레기로 만드는 자신을 포함한 관광객의 행위 속에서이다. 그녀는 "관광 행위 자체가 순결한 완전 순환의 땅엔 모독"이었노라 고백한다.[4] 1910년을 전후하여 1930년대까지 펼쳐진 근대 조선인의 여행에서도 위와 같은 장면을 발견하는 것은 어렵지 않다. 오늘날에도 여행의 속성은 크게 변하지 않았다. 우리의 발걸음이 누군가를, 혹은 지구의 순결을 짓밟을 수도 있다. 내 발걸음이 쉽게 떨어지지 않는 이유이다.

서경석 교수님은 기행문 세계의 문을 열어주었고, 동학들과 함께 그곳을 여행했다. 지난 그 시절이 아련히 떠오른다. 2016년 12월 15번째 논문을 썼고, 그해 겨울에 글들을 정리했다. 묵혀두었던 원고가 책으로 나오기까지에는 여러 인연이 있었다. 시절이 닿지 않아, 혹은 나의 부족함으로 결실을 보지 못했으나, 그 덕이 적지 않다고 생각한다. 고마운 일이다. 역사비평사가 여기 실린 글들의 가치를 알아보았고 조수정 편집장이 이를 묶어 책으로 만들어냈다. 이 책이 세상에 덜 부끄러운 모습으로 나서게 된 것은 전적으로 그 덕분이다.

작은 결실 앞에서 엄마가 떠오른다. 위안부 차출을 피하기 위해 어린 나이에 학교를 그만두고 결혼한 엄마는 공부에 미련이 많았다. 그런 까닭에 생

---

4 박완서, 『모독』, 학고재, 1997, 212쪽.

전의 엄마는 공부하는 내 모습을 좋아했다. 그 마음을 아는 아버지는 '네 공부의 반은 엄마가 하는 것'이라고 말씀하시곤 했다. 세월이 갈수록 그 말씀이 더욱 피부로 느껴진다. 알량한 공부임에도 이 모든 것이 혼자 해가는 것이 아님을 더욱 절실하게 깨닫는다. 엄마는 점점 더 커지고 다양해져 엄마'들'이 된다. 이젠 바람과 새조차 그녀인 듯하다. 그들로 하여 내가 있음을 알겠다. 이 책 또한 그들 덕분이다. 부끄럽지만 이것이 힘이 되어 조금씩 앞으로 나아갈 수 있기를!

황사 속 목련이 필 무렵
우미영 삼가 쓰다

01

기차의 시선과 풍경의 탄생

1. 『해천추범』, 민영환의 기차 체험

조선에서 최초로 기차를 체험한 사람은 1876년의 개항과 더불어 외국에 파견된 외교사절단이다. 조일수호조규(병자수호조약, 강화도조약)가 체결된 뒤 일본에 수신사로 파견되었던 김기수가 최초의 인물이다. 그가 일본을 다녀온 뒤에 쓴 『일동기유日東記遊』에는 알려진 바와 같이 최초의 열차탑승기가 실려 있다. 그 뒤 유길준의 『서유견문西遊見聞』과 민영환의 『해천추범海天秋帆』에도 기차를 경험한 이야기가 나온다. 1882년 조미수호통상조약이 체결되고 이듬해 미국에 사절단이 파견될 때 유길준은 보빙사 민영익의 수행원으로 동행했다. 이를 계기로 그는 미국과 유럽 각국을 돌아보게 되었고, 귀국 후 구미 각국을 통해 조선의 근대를 어떻게 건설할지를 정리하여 1895년에 『서유견문』을 발행했다. 『해천추범』은 아관파천 후 고종이 보낸 특사의 자격으로 러시아를 방문했던 민영환이 1896년 3월부터 6개월 남짓한 동안에 쓴 일기이다. 세 사례 모두 조선에 기차가 개통되기 전의 일이다. 기차를 처음 접한 이들의 반응은 경이로움과 신기함으로 가득하다.

『해천추범』에 보이는 기차에 대한 민영환의 태도는 김기수나 유길준의 절대적 감탄과 경이에서 조금 벗어나 있다. 그는 앞선 이용자들에 비해 덤덤한 편이다. 1896년 4월 29일 캐나다 밴쿠버에 도착한 일행은 다음 날인 30일에 기차를 타고 뉴욕으로 향했다. 4월 30일의 일기에는 태어나서 처음으로 타본 기차에 대한 소감이 생생하게 적혀 있다. 민영환은 처음 탄 기차에 대해 "바람이 달리고 번개가 치는 듯하니 보던 것이 금방 지나가 거의 꿈속을 헤매는 것 같고" 바깥 풍경이 "확실치 아니하여 능히 기억할 수 없다"고 했다.[1] 그렇다고 그가 스치는 풍경을 허투루 놓치고 있지는 않다.

기차 안에서 아침 식사를 하였다. 오늘 지나는 곳도 산골짜기가 험하고 쌓인 눈도 아직 녹지 않았다. 마을은 거의 없고 산에 가득한 나무들은 모두 삼나무와 노송나무로 그 곧기가 하늘을 찌를 듯하여 한낮에도 항상 어둡다. …(중략)…

지나가면서 보니 산길이 이미 끝나 사방의 들이 넓게 트여 있다. 수초水草가 너무 좋다. 이따금 나무로 울타리를 치고 소와 말을 기르니 마치 우리나라 동목국東牧局 모양과 비슷하다. …(중략)…

지나는 곳 역시 산길이다. 슈피리어Superior라는 이름의 한 호수가 있는데 그 크기는 영국의 배가 되며 넓이는 몇 천 리인지 알 수 없다. 호수 표면은 거울같이 평온하고 섬들은 바둑알처럼 널려 있다. 물은 쪽빛이고 맛은 담백하니 이 호수가 오대주五大洲에서 으뜸이다. 기차는 온종일 호수를 끼고 달려갔다. 숨통이 트이듯 상쾌하여 세파에 찌든 근심을 씻을 수 있었다.

— 민영환 지음, 조재곤 편역, 『해천추범』, 책과함께, 2013, 45~46쪽.

---

1 민영환 지음, 조재곤 편역, 『해천추범』, 책과함께, 2013, 44쪽.

위의 글은 『해천추범』 중 5월 1일부터 4일까지 기록의 일부분이다. 기차 승객이 된 민영환은 첫날의 감흥을 뒤로 하고 창밖으로 보이는 산길과 호수에 눈길을 돌린다. 기차를 타고 본 첫 풍경인 만큼 그는 호기심을 가지고 바깥을 내다보았던 듯하다. 『해천추범』 가운데 밴쿠버에서 몬트리올, 나아가 뉴욕까지 향하는 이 구간만큼 바깥 풍경이 여유롭고 구체적으로 기술된 부분을 발견하기란 쉽지 않기 때문이다. 하지만 그가 바깥 풍경을 기술하는 정도는 여기까지다. 그는 특명전권공사로서 러시아에 국서를 전달하기 위해 가는 길이었다. 그렇기에 순수한 여행자의 위치에서 풍경에 대한 감상을 적을 여유까지 갖기는 어려웠을 것이다.

그의 여행은 뚜렷한 목적을 지닌 공무상의 여행이었다. 이러한 여행은 출발지와 도착지가 명확한 기차의 속성과 잘 맞아떨어진다. 여기에서 기차를 통해 형성되는 새로운 공간 인식의 방식 하나를 찾을 수 있다. 즉, 철도는 속도의 증가를 통해 공간 이용을 확대했지만, 다른 한편으로는 출발지와 목적지 중심으로 공간을 위계화함으로써 그 사이의 공간을 소멸시켰다. 숨 가쁘게 모스크바로 달려가는 민영환의 행로에는 이러한 특징이 그대로 드러난다. 밴쿠버에서 뉴욕까지의 구간을 제외하면 그의 글쓰기는 기차에서 보고 느끼는 풍경에 할애되지 않는다. "처음 보는 큰 항구"에 "상륙하여 다시 기차로 오백사십 리 되는 영국의 서울 런던에 들어갔다"라는 식이다. 이런 문장에서 보듯 그의 여행기에는 큰 항구에서 런던 사이의 공간은 존재하지 않는다. 이후 네덜란드 국경에서 모스크바에 도착할 때까지 수차례에 걸쳐 기차를 이용하지만 양상은 동일하다.

처음에는 역마다 지명과 이수里數를 자세히 기록하려 생각했다. 그러나 매번 차에서 내리는 것이 아니고 곧 떠날 때가 많고 물어볼 데도 없다. 부득이 차에서 내린 곳의 지명만 기록할 것이다.

—민영환, 앞의 책, 174쪽.

　민영환이 놓치지 않고 기록하고자 한 것은 이동 경로의 지점인 기차역이다. 그의 귀국 여정은 상트페테르부르크에서 출발하여 시베리아를 지나 흑룡강에서 배를 타고 블라디보스토크에 이른 다음, 원산과 부산을 거쳐 제물포항에 닿는 순서이다. 8월 19일에 출발하여 9월 24일 오후 3시에 흑룡강에 도착했는데, 그는 이 기간에도 여행 전반기와 마찬가지로 기차역의 기록에 충실하다. 귀국 여정의 중반을 훨씬 지난 9월 6일쯤에 이르러서야 그는 자신이 직접 내린 곳만을 기록하기로 한다. 이는 지금까지 그가 지나는 역마다 모두 기록하려 애썼음을 반증한다. 모든 역마다 기록을 하려고 신경 썼으니 그에게 창밖 풍경은 이차적일 수밖에 없다.

　기차가 사이 공간을 소멸시켰다는 말은 풍광을 관통해나가는 철도의 수학적 일직선성이 여행자와 그가 가로지르는 공간 사이의 내적 관계를 파괴해버렸음을 의미한다. 전통적인 여행이 풍광의 연속적 교체를 통해 이루어졌다면, 기차를 이용한 여행은 철도를 중심으로 체계화되고 좌표화된 지리적 공간 체험으로 변모한다. 이를 통해 우리의 공간 인식은 풍광 공간에서 지리적인 공간으로 대체된다.[2] 출발지와 도착지 중심의 기차역을 좌표 위의 점처럼 표시한 민영환의 기술 방식은 기차를 통한 공간의 지리화 양상을 단적으로 보여준다.

　민영환이 러시아를 방문한 시기는 러시아의 철도 공역이 한창이던 때였다. 블라디보스토크까지 시베리아철도 공사가 진행 중인 탓에 그는 시베리아

2　볼프강 쉬벨부쉬 지음, 박진희 옮김, 『철도여행의 역사』, 궁리, 1999, 48~72쪽.

와 흑룡강 및 블라디보스토크를 거치는 귀국 여정에서 마차를 자주 이용했다. 이 노정의 기술에서 기차와 마차의 공간 인식에 대한 차이는 더욱 분명해진다. 즉, 기차는 증기력에 힘입어 역사상 최초로 인류에게 "자연으로부터 독립한 힘" 또는 "자연에 저항하여 자신을 관철시키는 힘"[3]을 가져다주었다. 이에 비해 마차는 자연의 조건에 지배될 수밖에 없다. 그래서 마차를 이용한 구간에 대해서는 "마차를 탄 뒤로 날마다 지나는 곳이 비록 산길이지만 높은 언덕이나 험준한 고개가 없다. 길의 양쪽 주변에는 나무가 하늘을 찌르는데 도대체 한 덩어리의 돌도 없이 모두가 부드러운 흙이고 더럽고 습한 진흙으로 마차가 나아가기가 너무 힘들지만 길의 너비가 한 자 가량으로 다닐 만"(9월 8일)하다든가, "하루 종일 호수를 끼고 왔는데 돌길이 구불구불하고 산봉우리들이 돌고 돌아 차가 매우 흔들려 견디기 힘들다"(9월 14일), "밤이 되어 달이 밝았다. 지나는 길이 또 강을 낀 산길이라 바다처럼 질척거려 말이 가지 못하고 차가 흔들려 견디기 어렵다"[4](9월 21일)와 같이 표현했다. 이는 단순한 풍경 묘사가 아니다. 길이 좋지 않아 말이 힘들어 한다거나, 마차가 심하게 흔들려 여행길이 험난하다는 것은 말이나 마차를 통해 느끼는 자연에 대한 직접적인 체험이다. 마차 여행은 자연조건으로부터 자유로울 수 없다.

2. 육당의 기차체험기, 「교남홍조」와 「평양행」

민영환을 비롯하여 일찍이 외국 여행을 통해 기차를 체험한 이들은 모두

---

3 위의 책, 19~22쪽.
4 민영환 지음, 앞의 책, 175~182쪽.

외교사절단이었다. 이들의 여행기는 특권 상류층의 이국異國 체험기로서 특수한 경우에 속한다. 근대 조선에서 기차가 일상적인 경험의 차원으로 들어온 것은 경인선과 경부선, 경의선이 개통되면서부터이다.[5] 이 시기 기차 여행에 대한 기록은 최남선의 글을 통해 확인할 수 있다. 잡지 『소년』에 실린 「교남홍조嶠南鴻爪」와 「평양행平壤行」이 그에 속한다.

「교남홍조」와 「평양행」은 최남선의 최초 기행문인 「반순성기半巡城記」를 잇는 글이다. 「반순성기」가 신문관(잡지 『소년』을 펴내던 출판사)에서 출발하여 북한산성을 거쳐 다시 신문관으로 돌아오는 도보 여행에 대한 기록이라면, 「교남홍조」와 「평양행」 두 편은 기차 체험을 적은 글이다. 「교남홍조」는 남대문역을 출발, 구포역에서 하차하여 동래로 들어가는 과정을 담고 있다. 그는 경성 남대문에서 기차를 타고 대구까지 간 뒤 일단 내려 그곳에서 이틀간 머무는데, 이에 대해서는 "대구에서 이틀"이라고 간단히 기록했을 뿐이다. 이틀간의 대구 여정은 아예 생략했다. "왕복 32일 동안 보고 들은 것"을 일일이 기록하고자 했던 애초의 목적은 다짐으로 그치고 말았다. 「교남홍조」에 이어 1909년 11월 같은 잡지에 실린 「평양행」은 남대문발 신의주행 열차를 타고 평양에 도착하기까지의 과정을 담고 있다. '평양 최초의 인상' 등 실제 여행지에서 받은 인상을 기록하겠다는 훗날의 기약을 덧붙였으나, 이 또한 약속으로 끝나버렸다.

이 두 편의 기행문에서 여행자의 위치는 전적으로 기차 안이다. 기차 여행에서 사이 공간의 소멸 양상을 보인 『해천추범』과 달리 「교남홍조」와 「평양행」은 오히려 사이 공간의 기행문이라 할 만하다. 앞에서 기차가 속도의 이름으로 사이 공간을 소멸시켰다고 했다. 하지만 기차 체험이 일상화될 즈

5 박천홍, 『매혹의 질주, 근대의 횡단』, 산처럼, 2003, 41쪽.

음 발표된 최남선의 글들에 이르러 사이 공간은 새롭게 살아나고 있다. 이는 기차 여행자가 기차를 매개로 새롭게 대상을 체험하고 공간을 인식한 결과이다. 「교남홍조」와 「평양행」은 이를 아주 잘 보여주는 기행문이다.

사이의 새로운 공간화는 기차 여행자의 존재 방식과 그로부터 발생하는 시선에서 파생된다. 그렇다면 이러한 시각의 새로움은 어떻게 발생하는 것일까?

> 19세기 전반 유럽 전역에 넓게 확산된 철도는 승차한 승객들에게 아주 새로운 시각을 제공하였다. 달리는 열차의 차창으로 밖의 경치를 감상하고 있을 때, 인간의 눈은 이동하는 열차라는 장치 너머로 대상을 보는 것이고 인간이 육안으로 보는 것이 아니다. 그 장치와 인간의 감각이 함께 만들어내는 움직임이 눈에 작용하여 새로운 시각을 만들어내는 것이다. 이 열차 속에서의 인간의 눈은 지각된 풍경과 이미 다른 공간에 속하게 되며 유리와 강철로 차단되어 있다. 그리고 이 눈은 이 장치에 의하여 자신이 그 일부이어야 할 현실까지도 연극처럼 관망하는 듯한 감각을 가지며, 세계로부터 격리된 것으로서의 세계를 보는 역설적인 시각이 생겨난다.
>
> —존 버거 지음, 편집부 옮김, 『이미지』, 동문선, 1990, 278~279쪽.

기차 여행자는 기차의 유리창에 의해 세계로부터 차단되어 있다. 그 결과 그와 바라보는 풍경 사이에는 '거리'가 발생한다. 여행자를 대상으로부터 분리시켜 대상과 거리를 유지하게 하는 것은 차창만이 아니다. 기차의 속도 또한 이에 가세한다. 여행자는 속도 때문에 바깥의 대상을 지속적으로 바라볼 수 없다. 이처럼 차창과 속도로 인해 대상으로부터 분리된 기차 여행자는 대상에 대한 새로운 시각을 갖게 된다.

지나치는 풍광을 하나의 그림처럼 인식할 수 있는 감각은 기차 여행자의 존재 이전에도 있었다. 그러나 기차가 대중교통 수단으로 자리 잡으면서 자연을 인식하는 감각은 일반의 차원에서 재편된다. 기차가 시각을 규제하는 방식이 자연을 인식하는 방식에도 영향을 끼치기 때문이다.

> 서흥천에 이르러서는 차가 가만가만히 가는데, 양쪽 산이 서로 껴안으려고 미거안래眉去眼來하는 사이를 빠져나간즉 푸른 필 비단 같은 내가 또 놓였고, 서면에 치송稚松이 소담스럽게 덮인 산이 병풍 모양으로 둘렸는데, 산은 물을 끼고 있고, 물은 산을 곁에 흘러 별로 한 건곤乾坤을 자성自成한 중, 벼가 누렇게 익어 황금이 일면에 깔리고 백로가 틈틈이 나는 곳에 또한 운치 있게 나무로 지붕을 이은 집이 자연에 조화하여 헤어져 있고, 곳곳이 허리 긴 황해도 소가 풀을 뜯고 있어 오래 자연의 미를 주렸던 눈을 한꺼번에 배부르게 만들어 황홀히 잘 그린 유화를 대하는 듯 신성한 영계에 들어온 듯하니, 아무리 몰풍류한 나이기로 여기야 그저 가는 수 있느냐.
>
> ─N. S., 「평양행」, 『소년』, 1909. 11, 144쪽.

기차에서 여행자는 오로지 '보는 자'이다. 그는 기차의 빠른 속도 때문에 지나치는 바깥 대상들과 직접적으로 관계할 수 없다. 그 결과 스쳐 지나가는 공간의 향기와 소리를 잃어버리고, 신체의 여러 감각을 통해 대상을 향유할 수 있는 기회도 박탈당한다. 걷거나 말을 타고 여행할 때와 비교해보면 그 차이가 명확해진다. 바깥과 분리된 기차 여행자에게 창밖 풍광은 새삼스러울 정도로 낯설다.

중기기관의 힘 덕분에 기차는 자연으로부터 독립했다. 기차에 몸을 실은 인간에게 독립된 자연은 하나의 미적 대상으로 다가온다. 기차 여행자가 바라보는 자연은 더 이상 인간이 그 일부로 존재했던 전통적인 의미의 자연이 아니다. 즉, 바라보는 대상으로서 자연이며 볼거리로서 자연이다. 흔히 말하는, 그림 같은 풍경으로서 자연이다. 바로 이것이 기차가 만들어낸 자연을 인지하는 새로운 방식이다. 속도를 내며 달리는 기차가 직선적으로 풍광을 관통함으로써 여행자는 사이 공간을 상실하지만, 동시에 새로운 방식으로 사이의 풍광을 취할 수 있다.

02
객실의 여행자와 은유로서의 자연

1. 육당의 상상과 사라진 대상

「교남홍조」와 「평양행」에서 최남선의 구체적인 여정을 결정하는 것은 철로이다. 출발지와 도착지는 여행자가 결정하지만 사이의 경로는 철로에 의존할 수밖에 없다. 이는 민영환의 『해천추범』에서도 예외가 아니었다. 「평양행」은 남대문역을 출발하여 평양역에 도착하기까지 거치는 역의 이름과 소재지, 철교의 이름과 길이 등을 상세하게 기록하고 있어 마치 경성 – 평양 간 철도 여행안내서를 보는 듯하다. 최남선이 하나하나 기록하는 지역은 철도의 정해진 노선이다.

기차를 타는 순간 그가 보아야 할 것은 철도에 의해 결정된다.

다시 나아가 설시設始한 지 얼마 되지 아니하는 금촌역에서 명색으로만 정차한 후 한숨에 문산포로 들이대겠다고 기차가 허희탄식噓唏歎息하고 달음질하는데, 우연히 문이 열리므로 그 다음에 달린 이등차실을 들여다보니 어느 댁 마님인지 곱게 바른 분얼굴과 곱게 빗은 기름머리와 곱게 장속한 비단옷으로 곱게 앉으신 한 분 귀부인이 계신데, 다른 곳은 곱게 할 줄은 아시면서도 기다란 담뱃대 물고 연기 피우는 것이 곱지 못한 줄은 모르시는 듯하여 양칠洋漆 간죽幹竹 맞춘 푸릇 불긋 파란 노른 담뱃대를 무시고, 조금 부익附益해 말하면 기관차 연통과 경분競噴을 하여 우승기 얻을 만큼 피우는 것을 보니 내 생각에는 그 많은 외국인 중에서 구태여 담배 잘 자시는 자랑을 저다지 하실 것이 무엇 있노 하였으나 그의 생각에는 그것이 한참 행세行世보인지도 모를지라, 얼굴만 빤히 쳐다보더니 기차가 문산포에 이르러 멈추었다가 다시 떠날 때에는 문이 닫혔으므로 그 구경도 다시는 못하다.

—N. S., 「평양행」, 『소년』, 1909. 11, 135쪽.

남대문역에서 출발한 신의주행 열차가 수색역, 일산역, 금촌역을 지나 문산포에 다다를 때쯤 우연히 객차 사이의 문이 열렸다. 여행자는 열린 문을 통해 어느 양반댁 마님을 보게 되었다. 그의 의지와 무관하게 마주친 장면이다. 우연히 열린 문은 또 그렇게 닫혔으므로 여행자는 그녀를 더 보고 싶어도 볼 수 없었다.

기차의 속도가 바깥 풍경에 대한 개인의 의지와 욕망을 얼마나 배반하는지는 익히 경험하는 바이다. 기차가 서흥군 읍내를 끼고 도는 서흥천 철교 위를 지날 때이다. 육당 최남선은 너무도 아름다운 바깥 풍경에 취해 시까지 한 수 짓고, 차마 그곳으로부터 눈길을 거두지 못하는데 "철로와 기차는 무정도 하고 매정도 하여, 그대로 일자一字로 남의 허리를 몇 번씩 타고 한 번도 흘끔 돌아보는 일 없이" 가버린다. 이렇듯 기계의 속도는 여행자의 감수성을 배반한다. 육당은 "타고 앉은 내가 얼마만큼 미안하더라"고 그에 대한 쓸쓸함을 덧붙였다.

여행자의 시선은 기차에 의해 통제되는 동시에 새롭게 구성된다. 야간열차 안에서 아무리 잠을 청해도 좀체 잠들지 못해 고생하던 육당은 앞자리에 앉은 여인을 두고 상상의 나래를 펼친다.

저 건너 네댓 칸 앞에 누운 일본 부인, 나이는 한 23, 4세나 된 듯한데 저는 근심 없이 자는지 모르나, 나 보기엔 매우 근심 있는 듯한 그 자는 얼굴을 보고 그 부인의 신상에 대하여 여러 가지 상상이 일어난다. 저 부인은 무엇할 양으로 우리나라에 나왔노. 혹 궁벽한 시골로 처녀 후리러 다니는 못된 놈이 조선이나 만주로 가면 하비下婢 노릇을 하여도 월급이 수십 원씩 된다는 단말에 떨어져 현해탄 거친 물에 뱃멀미로 고생을 시작하여 마침내 인형 쓴 축생畜生이 되어 마굴에 서식하고 매매하는 물화가 되어 고해로 표탕漂蕩하는 가련한 박명녀가 아닌가. 그렇지 아니하면 신주협리信州峽裏 산군山軍의 집에 나거나 북해 한지寒地 농부의 아래 길려 먹고 입을 것이 넉넉지 못한 탓으로, 같은 여자 같은 연갑年甲에 남들은 영어를 배우네 금곡琴曲을 익히네 하고 에비차 하카마를 휘두르며 다니지 아니하면 호시오, 스미레요를 짓는다거니 러브, 키스를 맛본다거니 하고 히사시가미를 내밀고 다니는데, 저 부인은 기구한 팔자땜을 하느라고 고향에도 붙어 있지를 못하고 천리만리 먼 길에 남의 나라로 와서 다행히 의식거리나 얻을까 하여 전봉비서轉蓬飛絮 모양으로 이리저리로 다님이 아닌가 하여 불쌍타 하는 생각이 마음에 가득하게 일어나다가, 다시 생각이 돌아, 그렇지 않다. 저 부인 한 몸으로 보면 다소 고생스러운 일도 있으리라마는, 섬약한 여자 몸으로 한토韓土 이식민移殖民의 한 분자가 되어 일본제국의 발전을 위하여 몸을 버리고 나선 모양이 되었으니, 제가 좋아서 왔든지 박부득이迫不得已한 신세로 왔든지 또한 장한 사람이란 생각이 나며, 그리하다가도 다시 레미제라블의 코제트 낭자의 생각이 나서, 만일 저 부인이 코제트 낭자와 같은 참독한 지위에 있다가 천행으로 장발장 같은 은인을 만나 구출함을 입어, …(중략)… 쓸데없는 생각이 연방 갈래가 지는지라 …(하략)….

—공육公六, 「교남홍조」, 『소년』, 1909. 9, 59~61쪽.

위와 같은 상상력의 발동도 기차가 만들어낸 결과이다. 기차간에서 육당은 자유연상 형태의 상상을 통해 대상에 대한 주관의 개입을 극대화하고 있다.[6]

기차 여행자가 대상을 '본다'라고 할 때 그가 보는 것은 무엇인가? 앞에서 살폈듯이 기차 여행자의 눈은 유리와 강철로 인해 보는 대상으로부터 차단되어 있다. 달리는 속도 때문에 보는 장면 또한 계속 바뀐다. 그리하여 하나의 대상을 지속적으로 볼 수 없다. 기차 안의 공간도 사정은 다르지 않다. 객실에서도 상호 소통은 불가능하다. 동승객들 사이를 차단하는 유리도 없고 속도 등에 의해 시야가 통제되지도 않지만, 그들은 서로에게 '보거나' '보이는' 일방향만으로 존재한다. 결국 객실 안팎을 막론하고 기차 여행자와 대상의 관계는 일방적이다. 일방적 시선에서 실체로서의 대상은 소외된다. 즉, 기차 여행자는 대상을 보고 있지만 정작 보는 것은 대상이 아니다. 육당의 상상 속 그녀는 실체가 없다.

---

6 원거리 풍경과 여행자의 상상력은 또 다른 기행문에서도 어렵지 않게 발견할 수 있다. 이를테면 다음과 같다. "그중에도 심선心線을 끌며 정서를 끌어당기는 것은 배산임해의 수 칸의 모옥茅屋에서 당홍치마 미소녀를 이끌고 나와 손바닥만 한 다전茶田에서 백채 뽑는 도국島國 부인이다. 아! 그들의 생활! 얼마나 재미스러울까. 남편은 고기 잡고 여편은 백채 뽑고 소녀는 재롱부리며─ 하는 자유도自由島의 자유인들의 생활!? 교통이 불편하고 출입이 비록 구구할지나 밥 먹고 똥 싸고 아들 낳고 딸 낳고 배 타고 산 타고 하는 그들의 생활 그 얼마나 자유스러운가. 나는 실로 그들을 위하여 축복하며 흠이欽羨하기에 마지못하였다." 가자봉인茄子峯人, 「청추의 여旅, 강화행」, 『개벽』, 1921. 11, 102쪽.

기차 안에서 여행자는 대상으로부터 분리되고 시선 역시 통제된다. 이런 가운데 주관적 상상력이 극대화되면서 대상은 그것의 진실과 상관없이 보는 이에 따라 새롭게 구성된다. 다시 말해 사이 공간에서 여행자가 상상력을 발동해 대상을 전혀 다르게 구성하는 것이다. 여기에는 소실점이 존재한다. 소실점이란 투시법 또는 원근법으로 제작된 그림에서 실제로는 평행한 직선이 멀리 연장했을 때 만나는 보이지 않는 점이다. 서양의 투시법에 따라 형성된 공간은 과학의 공간이다. 기하학적 점으로 존재하는 소실점에 의해 인간의 구체적인 체험이나 실제 풍경은 단순화되고 왜곡된다.[7] 외부의 대상을 바라보는 투시법의 원리는 기차에 의해 파괴되었다고 한다.[8] 이것은 기차의 속도로 말미암아 전통적인 시공간 연속체가 소멸되고 여행자와 여행 대상의 미메시스적 관계가 파괴되는 것과 같은 맥락이다. 그러나 여행자의 상상력에 주의해보면, 기차에 의해 새로운 투시법이 작동되고 있음을 알 수 있다.

「교남홍조」에는 기차간에 앉아서 펼치는 육당의 상상이 다양하게 드러난다. 앞에서 인용한 글처럼 자유로운 상상으로 나타나는가 하면 시간적으로(주로 과거) 이동하는 양상을 보이기도 한다. 특히 시간적 이동의 경우, 개인적 차원과 집단적 차원으로 나뉠 수 있는데 전자는 개인적 과거의 추억으로, 후자는 대개 역사적 사실에 대한 회고로 나타난다. 육당이 수원역에 이르렀을 때다. 수원은 육당이 유학 중 "동정이식同鼎而食하고 연금이침聯衾而寢하던 친우 동범東凡 나군羅君"이 사는 곳으로서 3년 전 친구들과 모여 놀았던 곳이

7 김우창, 『풍경과 마음—동양의 그림과 이상향에 대한 명상』, 생각의 나무, 2003, 118쪽.
8 기차의 시각화 방식은 전통적인 원근법적 시각과는 다르다. 기차의 바깥 풍경은 "스쳐 지나가고 사라지는 풍경들의 연속으로서 고정되지 못한다. 따라서 고정된 시점에서 전체를 포착하는 원근법적 주체의 시각은 불가능하다. 오히려 시각은 인간의 신체를 떠나서 기계에 종속된다." 주은우, 『시각과 현대성』, 한나래, 2003, 380~381쪽.

다. 이 지점에서 그의 생각은 옛 추억으로 뻗어간다. "방화수류정訪花隨柳亭에서 비빔밥 먹던 일과 화성 장대將臺에서 서호西湖 제경霽景을 바라보던 일과, 동장대東將臺로는 스파르타제 공공체육장을 만들고 화홍문 부근 일대의 구역으로는 화성 공원을 만들자 하던 당시의 소경론小經綸이" 머릿속을 가득 채운다. 이는 여행자의 주관적 상상력이 개인적 시간을 거슬러 올라가는 양상이다. 또, 육당은 조치원역에 다다랐을 때에는 최치원을, 옥천역에 이르러서는 신라 장군 운런韻連과 더불어 삼국시대의 장군들을 생각하고 그들에 대해 장황하게 설명한다. 이것은 역사적 과거로 뻗어가는 주관적 상상력의 한 예다.

이러한 상상은 어디로부터 파생되는가? 지나치는 대상들을 확대하거나 단순화 또는 무시해버리는 중심에는 이를 매개하는 경험적 자아가 있다. 즉, 상상력의 소실점은 바로 '나'이다. 자유연상, 개인적 과거 및 역사적인 과거를 가로지르는 여행자의 상상력은 대상을 통해 매개되지만, 중심에는 여행자의 주관이 소실점으로 감추어져 있다. 일반적인 투시법에서는 기하학적 점에 의해 사물이 단순화되고 왜곡된다면, 내면의 투시법에서는 여행자의 주관에 의해 대상이 단순화되고 왜곡된다. 소실점으로 작용하는 나의 주관적 상상력으로 대상이 새롭게 구성된다는 점에서 이는 심상 공간이라 이름할 수 있다. 이것은 현실적인 공간 또는 실질적인 대상과의 접촉이 불가능한 상황에서 주관의 상상력이 극대화되고 이를 통해 심상의 상태에서 형성되는 공간이다.

2. 떠남과 귀환, 은유로서의 자연

앞에서는 기차 여행자의 주관적 상상력을 추동하는 소실점이 '나'임을 살폈다. 소실점으로서 '나'는 근대적인 여행기의 궁극적인 시선이 "여행하는 인간 자신"을 향하도록[9] 작동한다. 이로부터 여행은 자기 발견의 과정이 된다. 그렇다면 여행 과정에서 만나는 공간과 대상은 서로 어떤 관계일까?

교통수단의 발달로 이동과 이주, 여행이 수월해지면서 일상화된 감정은 고향에 대한 그리움이다. 이동이 자유로워졌다는 것은 곧 떠남이 빈번해졌음을 의미하기도 한다. 객지 생활은 고향에 대한 그리움의 정서를 불러일으킨다. 이는 귀향의 과정을 담은 기행문에서 잘 나타나는데, 『개벽』 4호에 실린 천우天友의 「상해로부터 한성까지」가 대표적이다. 중국 상하이에서 유학 중인 필자 천우가 고향인 경성으로 돌아오는 여정 및 경성에서 보낸 시간에 대해 적은 글이다. 그는 여름방학을 맞아 8월 2일 상하이를 출발하여 12일 이른 아침 남대문역에 도착했다. 상하이에서 경성까지 기차로 열흘이 걸린 셈인데, 펑톈奉天에서 5박 6일 머문 것을 고려하면 대엿새쯤 걸렸다고 볼 수 있다. 다음 글에서 보여주는 고향에 대한 그리움은 절절하다.

> 아ー 나의 아버지, 나의 어머니. 아ー 나의 시골, 나의 마을. 아ー 나의 일상, 그리워하는 고향의 경치. 아ー 나의 매양 사랑하는 내 부모의 정든 땅. 가고 싶고 보고 싶어 참을 수 없고 잊을 수 없다. 그래서 나는 여름휴가임을 이용하여 환국하기를 도모하니 속히 하루바삐 떠나기를 바라고 또 바랐더라.
>
> ―천우, 「상해로부터 한성까지」, 『개벽』, 1920. 9, 115~116쪽.

고향의 경계는 타지의 경계가 만들어낸다. 일반적으로 자신이 떠나서 머물고 있는 곳의 지역적 단위에 따라 고향을 언급하는 범주―동리, 소읍, 도

---

9   김현주, 「한국 근대수필 형성 과정 연구―1920년대 초 동인지를 중심으로」, 『한국문학평론』 11호, 1999, 237쪽.

시, 도, 국가─가 달라진다. 이때 고향과 관련된 모든 것은 '나의' 것이다. 위의 글에서 반복적으로 표현된 '나의'란 단어는 이와 연결 지어 볼 수 있다. 나아가 외국인 상하이에서 유학하는 그에게 고향은 경성이라는 범주를 뛰어넘는다. '고국'의 영토 전체가 나의 것, 곧 고향의 범주로 확대된다. 기차가 조선으로 들어섰을 때 "아─ 이제야 고국 땅을 밟았도다. 신의주역이다"의 감동은 바로 '나의' 공간으로 들어선 데서 비롯되었다.

　여행자는 자신만이 아니다. 그의 여행에는 고향을 그리워하는 친구의 마음도 함께한다.

> 그날 밤은 아주 몹시 취하여 돌아왔다. 어찌 된 판인지 머리를 못 들고 그냥 자리에 눕고 말았다. "아─ 어떻게 되었는가. 집에를 간다더니 벌써 왔는가. 잘 다녀왔는가. 고향이 얼마나 좋던가. 부모가 얼마나 반기던가." 하는 소석군素石君의 말을 듣고서 나는 그저 대답도 못하고 한참 만에야 말문이 열리어서 소석군의 손목를 잡고 "너의 아버님도 보고 왔네." 혼가渾家 다 평안하더라 하고 무슨 말을 연하여 하려 할 제 이마에 얹었던 팔뚝이 베개 위로 뚝 떨어지자 두 눈이 번쩍 뜨인다. 아─ 이것이 한바탕 꿈이야 꿈인가보아!
>
> ─천우, 앞의 글, 122쪽.

　경성의 친구와 술을 마시고 잠이 든 그가 꾼 꿈 이야기이다. 자신만 고향에 돌아온 것에 대한 미안함, 혹은 여전히 고향을 그리워하고 있을 벗들에 대한 애틋함이 낳은 꿈이다. 애절함의 강도는 나의 것에 대한 애정, 나의 것이 아닌 것에 대한 낯섦에 비례한다. 이동과 떠남의 장치가 어떻게 '나의 것'과 그로부터 '벗어난 것'을 경계 짓고 있는지를 분명히 보여준다.

　「달밤에 고국을 그리우며」, 「개원에서 심촌까지」, 「귀원잡감歸園雜感」, 「교동도에서」 등에서도 고향에 대한 관념 형성의 예를 볼 수 있다.[10] 이 중 「귀원잡감」은 고향의 또 다른 함의를 보여준다. 자연으로서의 고향 개념이 그것이다. 여기에서 고향은 도시 혹은 문명과 대립된다. 일농부의 「귀원잡감」에 나타난 고향은 도시와 대비된 향촌으로서의 고향이다. 도시 체험이 만들어낸 대비 개념으로서 시골 또는 고향은 도회지의 문명과 상반되는 향촌의 자연이 그대로 살아 있는 공간이다. 도시는 생활 장소요, 고향은 생활이 부재하는 시골 혹은 자연의 공간이다. 천원 오천석의 「교동도에서」도 이러한 대비가 발견된다. "복잡하기 짝이 없는 도회지에서 머리를 앓던 저는 지금 교동이라는 섬으로 귀양 왔습니다"[11]라는 표현에서 볼 수 있듯이, 그가 찾아간 교동도는 도회지와 대조적인 공간이다. 그곳에서 오천석은 자연을 바라보는 구경꾼 또는 관찰자가 된다.

> 저는 지금 교동읍에서 위치로 가장 높다 하는 동화여학교(여기가 저의 숙소올시다)의 앞 창을 열고 전개된 교동도의 자연을 바라봅니다.
>
> 묘묘渺渺한 바닷물을 활활 건너 저편에는 이름도 모르는 산들이 우뚝우뚝 손질하고 있습니다.
>
> ─ 천원, 「교동도에서」, 『서울』, 1920. 10, 85쪽.

오천석이 바라보는 자연은 하나의 볼거리다. 여기에 생활의 개념은 존재하지 않는다. 그의 시야에 들어오는 것은 암석만으로 이루어진 새끼 섬, 광노

---

10 에쓰 피─生, 「달밤에 고국을 그리우며」, 『개벽』, 1921. 1, 145~148쪽; 꽃뫼, 「개원에서 심촌까지」, 『서울』, 1920. 11, 125~131쪽; 조석산하鳥石山下 일농부, 「귀원잡감」, 『공제』, 1920. 10, 105~107쪽; 천원, 「교동도에서」, 『서울』, 1920. 10, 84~89쪽.

11 천원, 위의 글, 85쪽.

한 물결, 호박 넝쿨이 우거진 돌담과 뜰 안의 병아리들이다. 이것들은 "오직 더러움 없는, 문명이 없는" 자연이다. 여기에서 자연은 여행자가 몸담고 살아가는 생활공간인 도시 문명과는 거리가 있으며, 그렇기에 여행자의 삶과도 동떨어진 대상이다. 기차의 유리창이 바깥 공간과 여행자를 분리하는 것과 같은 방식으로 이동의 현실은 생활공간과 비생활공간을 분리한다. 이로부터 비생활공간의 자연은 하나의 시각적 볼거리로서 풍경 자체가 된다.

전통적 의미의 자연이란 인간을 포함한 모든 존재의 총칭이다.[12] 이에 의거할 때 인간은 자연과 분리된 특수한 존재가 아니라 자연의 일부이다. 인간과 자연은 생존 혹은 생활이라는 조건으로 서로 맞물려 있다. 전통적 자연 개념에서 인간과 자연은 하나의 통합체로 인식되었다. 하지만 근대에 이르러 분리의 과정을 거치면서 인간은 주체로, 자연은 대상으로 관계 양상이 변모한다. 여행자와 자연이 분리됨으로써 근대적 풍경이 탄생했다고 할 때의 풍경은 객체화된 자연을 가리킨다. 고향이 갖는 자연의 성격은 이러한 분리감을 잘 드러낸다. 그것은 여행자가 생래적 공간을 떠남으로써 발생하며, 떠남 자체가 거리와 분리를 뜻한다. 나아가 고향을 떠남으로써, 혹은 여행을 통해 형성되는 '자기'는 고향의 자연에 의미를 부여하는 중심으로 작동한다. 고향은 떠난 자가 '자기' 중심적으로 의미를 부여하거나 표현하는 공간이다. 이러한 의미 부여 또는 표현 행위는 은유적이다. 귀향기로서 여행기 몇 편은 이에 대한 추론을 가능케 한다.

한편, 근대 기행문 속 자연에는 민족이나 역사의 상징 개념이 추가된다. 자연에 대한 또 다른 은유 행위이다. 최남선의 기행문에서 자연은 국토의 은유이기도 하고 역사의 은유이기도 하다. 그는 여행을 하는 도중에 만나는 자

---

12 박이문, 「동서양 자연관과 문학」, 『문학동네』 27호, 2001 여름, 487쪽.

연에서 민족을 보고 느낀다. 국토와 역사로서의 자연 인식에서 자연은 민족의 물질적·정신적 영토이다. 「쾌소년세계주유시보快少年世界周遊時報(제3보)」[13]에서 필자 육당은 태평관과 서소문을 거쳐 만월대에 이르러 멸망한 고려를 애도한다. 고려의 멸망이 조선의 멸망에, 국운이 기운 조선인의 심사가 고려 말의 아픔에 비유된다. 나아가 고려인의 문제점을 지적하면서 조선의 소년들이 비운의 역사를 극복해주길 기대하는 마음을 드러낸다. 여기에서 개성은 고려이며 태봉은 궁예이다. 공간에 대한 여행자의 인식은 역사적 상상력으로부터 자유롭지 않다. 있는 그대로의 자연이란 존재하지 않는다. 육당은 이후에도 이러한 자연 인식을 지속적으로 견지한다.[14]

민족의 영토 혹은 역사적 공간으로 은유화된 자연은 지역 인식과 관련되기도 한다. 구체적 지역은 결국 민족적 자기 인식과 결부된다. 「울산행」은 울산에 대한 일본인의 시선을 통해 자기를 발견하는 좋은 예를 제공한다. 이 글은 일본인 에미 스이인江見水陰이 지은 것을 영빈생穎濱生이 옮겨 『대한유학생회학보』에 실렸다. 번역자는 일본 잡지 『다이요우太陽』를 보다가 일본인이 쓴 「울산행」이라는 조선기행문을 발견했다.

> 역자가 일본의 잡지 『다이요우』를 보다가 에미 스이인이 지은 「울산행」 한 편을 보니, 일자반구도 우리나라를 기롱하고 모욕하는 뜻을 머금지 않은 곳이 없더라. 군수 김 모가 성대한 잔치를 베풀어 객을 맞이함이 악의는 아니었지만, 이제 보면 이 작자들의 웃음거리와 잡지의 이야깃거리가 되기에 족했으니, 예를 다하

---

13 「쾌소년세계주유시보(제3보)」, 『소년』, 1909. 2, 18~20쪽.

14 서영채, 「최남선과 이광수의 금강산 기행문에 대하여」, 『민족문학사 연구』 24호, 2004. 3, 266~277쪽.

고서 모욕을 받고 술과 음식을 베풀고 욕을 샀으니 이 또한 약국 민족과 관련되지 않으랴! 음탕하고 사치스러우며 제멋대로인 데다 학술마저 없어 외국인에게 결점을 보여주기에 이르렀으니 모두 우리들이 스스로 점검하여 단속하지 못한 죄이다. 어찌 감히 강자의 무리한 행위에 맡겨두어 천하를 기망하리요.

—에미 스이인 지음, 영빈생 옮김, 「울산행」, 『대한유학생회학보』, 1907. 5. 25, 79~85쪽.[15]

위 글은 「울산행」을 옮긴 이유를 밝힌 역자의 말이다. 「울산행」은 일본인이 동양어업주식회사의 직원들과 함께 울산 군수의 초청을 받아 하루 동안 울산을 방문하여 보고 듣고 느낀 것을 기록한 글이다. 필자 에미 스이인은 군수의 융숭한 대접을 받았음에도 글에서는 오히려 조선과 조선인을 비난한다. 군수로부터 그들이 타고 다닐 말을 제공받기로 했는데, 기다려도 오지 않자 "약속을 하고도 지키지 않으니 곧 조선류로다"라든가, "일행 중 5인이 길 옆 술집에 들어가니 불결하기가 말로 표현하기 어려운지라 들어가자마자 돌아 나왔다"라는 식이다. 또 황폐한 태화루나 무너지고 쇠락해진 학성鶴城을 보고 조선의 기울어진 국운이 당연하다는 듯이 표현했다. 그 글에는 선진 일본인이 미개한 조선을 바라보는 시선이 일관되게 흐른다.

일본에서 유학하는 조선인 학생은 "어찌 자기 돈을 소비하고 제 의기를 내리면서 나라와 자기를 모욕하는 자가 될 수 있단 말인가"라고 분격하면서 글을 옮겼다. 주목할 점은 유학생이 조선을 읽는 방식이다. 그는 조선을 읽는 타자 곧 에미 스이인의 시선을 읽는 동시에, 이를 통해 다시 조선을 읽는

---

15 「울산행」의 원문은 한문현토체로 작성되었으나, 독자의 이해를 돕기 위해 인용자가 우리말로 번역했다. 일본판 위키피디아(ja.wikipedia.org)에 따르면 에미 스이인은 1869년에 태어나 1934년에 죽었으며, 오카야마현 오카야마시 출신이다. 소설가·번역가이자 잡지 발행인이며, 기행 작가이면서 탐험가이다. 본명은 다다카쓰忠功이다.

다. 그는 타지에서 타인에 의해 자신을 민족적 차원에서 발견한다. "머리를 부수고 장을 꺼내 국가를 위해 불세의 위대한 공을 세우지 못하더라도" 타자의 눈에 비친 조선인의 실상을 환기시키고자 그는 이 글을 번역하여 유학생 잡지에 실었다.

춘원 이광수의 「해삼위로서(제1신)」[16] 또한 식민지 지식인의 자기 발견이 민족의 일원으로서 자기 발견과 맞물린다는 것을 잘 보여주는 글이다. 「해삼위로서」는 상하이에서 블라디보스토크까지 춘원의 여정을 담고 있다. 눈에 띄는 표현은 "새로 지은 양복에 새로 산 구두를 신고 나서니 저도 제법 양식 신사가 된 양하여" 흐뭇하고 우쭐한 마음으로 거리를 활보하지만 "진짜 서양인을 만남에 나는 지금껏 가졌던 프라이드가 어느덧 슬어지고 등골에 찬 땀이 흘러 부지불각에 푹 고개를 숙였나이다"라는 구절이다. 약소국 조선인이 서양인을 어떻게 인식했는지, 나아가 자기 자신을 어떻게 인식했는지가 드러난다. '서양인 – 조선인'에 대한 인식은 이분화되어 '정복자 – 피정복자', '부귀자 – 빈한자', '가치 – 무가치', '미화 – 비화'라는 도식으로 발전한다. "과연 나는 아무 목적도 없고 사업도 없는 유객이오, 그네는 사사私事 공사公事에 눈 뜰 사이가 없이 분주한 사람"이며, "설혹 만유를 한다 하여도 그네의 만유는 가치가" 있어 "상업 시찰이라든지 지리 역사적 탐험이라든지 혹은 인정 풍토와 문화 시찰이라든지 혹 정치적 시찰이라거나 군사정탐이라든지, 그렇지 않으면 시인 문사의 시재 문재 수집" 등의 상당히 가치 있는 일이며, "나 같은 놈의 만유"에는 어떤 뜻도 있지 않다.

스스로 우쭐할 정도로 잘 차려입은 양복 매무새가 지나가는 서양인의 존재만으로 후줄근해질 수 있을까? 이러한 위축감과 수치심은 어디에서 비롯

---

16   이광수, 「해삼위로서(제1신)」, 『청춘』, 1915. 3.

되었을까? '조선인'이라는 인식은 여행자로 하여금 스스로를 서양인의 아래에 위치 짓게 한다. 이는 서구가 중심이 된 위계적 의식이 만들어낸 양상이다. 근대의 자아 또는 자아의 내면이 '민족'이라는 단일한 주체성으로 포괄되는 장면[17]이 아닐 수 없다.

보는 방식이 바뀌면 생각도 달라진다. 기차가 만들어내는 시각화 방식의 중심에는 절대적 개인으로서의 자아가 있다. 여행이 타자 체험이라고 하지만 시선의 중심에는 구심력을 발휘하는 자아가 있다. 이것은 주체로서의 자기를 인식하는 방식과 대상으로서의 자연을 인식하는 방식에서 구체적으로 드러난다. 여행의 과정에서 지나치는 공간과 대상들 그 자체는 사실 존재하지 않는다. 여행자의 관점에서 이루어지는 해석이 있을 뿐이다. 이 지점에서 여행자는 권력자이며 여행은 정치적이다. 근대 기행문에서 여행자와 대상의 관계는 민족국가의 형성기 또는 식민지 시기라는 역사적 상황으로부터 자유로울 수 없다. 이런 이유로 여행은 근대적 경계 의식의 형성에 일조한다. 여행자의 내면에 형성된 나와 민족, 역사와 풍경은 근대적 경계의 사유와 다르지 않기 때문이다.

---

17 이경훈, 「여행과 민족 ─ 춘원 수필의 한 양상」, 『수필과 비평』 55호, 2001. 9, 82쪽.

03
소년의 꿈과 질주의 상상력

1. 세계 – 지리학 – 여행

15세 소년 최건일. 그는 근대 초기 여행자에서 빼놓을 수 없는 인물이다. 그를 간단히 소개하면 다음과 같다.

- 나이 15세
- 양영학교 보통과 졸업
- 영어·일어·중국어 등의 외국어를 1년 정도 익힘
- 도회圖繪와 강의로만 듣던 세계의 실상을 시찰하고자 세계 여행길에 오름

— 「쾌소년세계주유시보(제1보)」, 『소년』, 1908. 11, 71쪽.

근대 최초의 월간지 『소년』은 1908년 11월 창간호부터 1910년 3월의 15호에 이르기까지 7회에 걸쳐 부정기적으로 육당 최남선의 「쾌소년세계주유시보快少年世界周遊時報」를 실었다. 이 글은 세계일주를 선언하면서 시작되는

허구적 여행기로, 주인공은 최건일이다. 육당이 잡지 『소년』을 창간한 나이가 19세이니 최건일은 그의 분신일 수도 있다. 하지만 엄밀한 의미에서 최건일은 허구적 기행문 속의 여행자이다. 소년 최건일은 "학교 강당에서 도회圖繪로 보고 강어講語로 듣던 우리 세계의 실상을 시찰하여 지견知見을 넓히고 안목을 키울 목적"으로 세계 여행의 길에 오른다. 이 소년은 원하는 일은 반드시 이루고야 마는 진취적인 성격이며, 그렇기에 세계를 몸소 밟고 눈으로 직접 확인하고자 길을 떠난다.

『소년』이 창간호부터 관심을 보인 것은 '세계'였다. '세계'는 조선의 바깥에 있는 각국이다. 이런 관심은 구체적으로 여행, 지리 및 세계 각국의 정보에 관한 기사를 통해 적극적으로 드러난다. 「쾌소년세계주유시보」에 피력된 세계일주의 꿈은 바로 그 같은 의도를 종합적으로 보여준다. 물론 「쾌소년세계주유시보」의 여행은 허구적 차원의 여행가旅行歌 속에서 이루어진 것이다. 실제 여행을 기록한 여행기는 아니지만, 여기에는 나라 밖, 곧 세계를 향해 뻗어 있는 이 시기 지식 청년의 지향이 강하게 반영되어 있다.

세계의 개념은 지리학에 대한 강조를 통해 구체화된다. 이를 설명한 글이 『소년』에 실린 「지리학 연구의 목적」이다. 이 글은 우치무라 간조內村鑑三의 『지인론地人論』 중 일부분을 번역한 것이다. '세계'의 개념은 지구라는 천체에 대한 물리적 자각에서 시작되었다. 그에 따르면 "지리학의 본령은 지구 표면 현재의 상태라. 그 과거의 역사와 내부의 구조는 지질학에서 배우고, 그 외에 천체 간의 관계는 천문학에서 배울지니. 천문학이 이미 과거로 거슬러 올라가지 못한즉 이는 현재를 해명하기 위함이오. 이미 미래를 측도치를 못하고 본즉 이는 현재의 참뜻을 알기 위함이라. 지리학은 실로 현세적"[18]인 학

---

18 「지리학 연구의 목적」, 『소년』, 1909. 11, 83~84쪽.(이하 『소년』의 서지는 잡지 표지에

문이다. 지리학의 현세성이 강조되고 있는데, 이는 사뭇 중요하다. 이를 통해 지식과 실리實利가 결합하기 때문이다. 지리학은 인간의 한계, 곧 자연조건을 극복하는 데 절대적인 역할을 했다. 증기기관의 기동성을 이용한 지리학적 정보는 인간의 삶의 양상과 질을 혁명적으로 변화시켰다. 근대 제국주의의 탄생이 그 결과이다. 제국주의는 지리학과 증기기관이라는 쌍두마차를 타고 자국의 한계를 극복하기 위해 바깥으로 질주할 수 있었다. 이는 근대의 지식이 어떻게 실리 추구와 결합되는지를 보여주는 예다.

「지리학 연구의 목적」에는 이 시기 지리 및 세계 개념에 용해된 제국주의적 혹은 근대 식민주의적 인식이 깔려 있다. 특히 지리학과 식산殖産을 연결한 부분에서 이러한 인식은 더욱 노골화된다.

> 지리 모르는 식산은 야만인의 식산이니, 식산이라고 족히 칭도할 것이 되지 못하니라. 내가 먹으려 하는 것을 내가 스스로 경작하고 내가 방적한 것으로 내 몸을 가려 한평생을 지내려 할진대, 이는 1억 9,700만 방리 되는 지구에 생래한 특권을 방기한 자라. 우리는 세계민(Weltmann)이니, 사람이 누구든지 제각기 이 세계를 자기의 속지로 만들 수 있으니 캐시미어 목도리로 추위를 막고 러시아의 밀가루로 주림을 다스리고 남아메리카의 소가죽으로 내 신발을 만들고 파리 리옹의 장공匠工으로 내 옷감을 짜고 북아메리카의 석유로 등을 밝히고 인도의 커피로 목을 축여 오대류의 토양으로 내 몸의 분자가 되게 함은 내가 할 수도 있는 일이요, 내가 해야 할 일이기도 하니라.
>
> …(중략)… 멕시코 고원을 한 번 보면 우리나라의 인구 조밀을 걱정하는 사람의 우울증을 없앨 것이며, 북아메리카의 동안과 남양의 모든 도서를 다 가져다

있는 발행 연월일에 근거함을 밝힌다. 이는 영인본과 차이가 있을 수 있다.)

가 우리 속지를 만들어 우리의 우익羽翼을 펼지니라. 영국인의 부유함은 요크서의 탄갱과 랭커서의 제조소가 있는 까닭이 아니라 남아메리카의 목장과 동아시아의 면전이 연방 그에게 공물을 바치는 까닭이니라. 우리의 국기가 날리지 아니한다고 세계가 내 것이 아니라고 생각하지 말지어다. 엄박淹博한 지식과 맹용한 기력이 우리를 세계의 주인이 되게 하리라. 세계 지지地誌를 배움으로써 화성의 지리를 배우는 것과 같은 소용적이고 이익 없는 일로 생각하지 말지어다.

—「지리학 연구의 목적」,『소년』, 1909. 11, 85~86쪽.

윗글에서 말하는 '세계민(Weltmann)'은 지리학의 세계 개념에 토대한 자기 인식이다. 개인은 자신을 한 나라의 국민을 넘어 세계인으로 인식해야 한다. "지방이 한 나라의 일부분인 것처럼 한 나라 또한 지구라는 독립체의 일부분에 지나지"[19] 않는 만큼 국민이라는 국가적 소인식에서 벗어나 세계인이라는 지구적 차원의 인식이 필요하다. 이에 따라 세계인은 나라 바깥으로 시선을 돌려야 하며, "누구든지 제각기 이 세계를 자기의 속지로 만들 수 있"다. 캐시미어 목도리, 러시아의 밀가루, 남아메리카의 소가죽 등은 모두 자신을 위해 충분히 쓸 수 있는 자원이다. 이를 자기 것으로 만드는 일은 "내가 할 수도 있는 일이요, 내가 해야 할 일이기도" 하다. 영국인이 부유한 이유는 "남아메리카의 목장과 동아시아의 면전"에서 바치는 공물 덕분이다. 이러한 까닭에 "우리의 국기가 날리지 아니한다고 세계가 내 것이 아니라고 생각하지 말" 것이며, 넓은 지식과 용기로 "세계의 주인"이 되어야 한다.

우치무라 간조가 파악하는 지리와 세계의 개념은 자국 밖의 세계를 자국의 것으로 만드는 사업을 정당화하고 의무화한다. 이는 국가 "재화의 증가

---

19 위의 글, 92쪽.

와 복락의 증대는 항상 지리 지식의 진보와 발맞추어 왔더라"[20]는 식의 논지로 발전한다. 이러한 논리에서 탐험은 국가적 차원의 사업이다. 그것은 순수한 호기심이 아니다. "세계"는 물리적 실체인 지구의 지리에 대한 추상적 개념이다. 지리학으로 열린 세계 탐험이 국가적 차원의 사업에 연결되어 있다면 세계의 개념 또한 그와 동일하다. 정치적으로 이는 영토 혹은 지배력의 확장과 통한다. 앞의 인용문 이후에 이어지는 "세계는 우리나라를 요구하고 우리나라는 세계를 요구하는지라. 전 세계가 아니면 우리는 만족지 아니하리라"[21]라는 문장은 근대의 지리 개념이 어떻게 제국주의적 지배 의식에 충실했는지를 잘 보여준다.

번역자는 지리와 지리학 공부의 중요성을 강조하면서 원작자와 자신의 공통점을 "진리를 위하여 지리 공부를 성실히 하는 자"로 소개했다. 이때의 진리 또한 실리 추구를 위한 정보와 이념으로서 실용적 차원의 지식이다. 이를 통해 건전한 세계 관념을 양성할 수 있다. 이러한 개념 양성은 겸손, 관유, 박애, 자중, 애국과 같은 근대인의 덕목과도 연관된다. "애국이란 제 나라만 좋다 하는 것이 아니다. 진정한 애국심이란 것은 우주를 위하여 나라를 사랑

---

20 위의 글, 87쪽.

21 여기에서 '우리나라'는 물론 일본이다. 이처럼 번역된 글에서 '우리' 혹은 '아我'의 의미 차원은 이중적이다. 일단 저자의 위치를 고려하지 않을 수 없다. 하지만 독자의 위치 또한 고려해야 한다. 이럴 때에는 『소년』의 독자층인 조선인이 '우리'의 범주에 든다고 볼 수 있다. 이렇듯 번역된 글의 의미가 독자에게 미치는 자장은 단순하지 않다. 『소년』에는 종종 번역 기사가 실렸는데, 이와 유사한 경우에 대한 해석은 편집자들에겐 문제적이었다. 또 다른 번역 기사인 「할리 혜성」은 이런 문제를 직접적으로 보여준다. "전기에 게재한 「할리 혜성」 편은 어느 일본 신문에서 번역 게재한 것인데 이를 누록謄 錄한 바 63항의 7·8·9·10행의 기사와 68항의 11행 이하의 기사 중 '아국我國'이라 한 것은 다 일본이니, 이에 이를 특기하여 잘못 읽으신 독자가 있으면 정정하시기를 청하 오며…(하략)…" 『소년』, 1910. 6, 80쪽.

하는 것이오. 또 이러한 애국심이 가장 나라를 이롭게 하는 애국심이"[22]다. 여기에서 박애주의와 애국은 통한다. 그런데 중요한 점은 세계 개념을 갖춘 세계인을 양성할 수 있는 첫 번째 방법이 세계를 여행하는 일이며, 두 번째 방법은 지리 지식을 갖추는 것이다.

「쾌소년세계주유시보」의 여행도 이 같은 기획의 일환이다. 세계 여행의 꿈은 단순한 호기심에서 비롯된 것이 아니다. "세계적 지식을 수득收得함은 세계를 알고자 함이 아니라 우리 대한을 알고자 함이오. 타인에게 박학다문을 과시하고자 함이 아니라 자기가 사리 물정에 암매暗昧하지 아니하려 함"[23]이다. 즉, 조선인의 삶과 경제가 오로지 조선만의 문제일 수 없기 때문에, 세계를 알지 못하면 조선 또한 모르는 격이 되고 만다는 절실한 현실 인식으로부터 비롯되었다. 이같이 개항 이후 세계로 열린 길은 외부를 통해 내부를 형성하자는 방향으로 나아갔다. 이 지점에서 소년 최건일은 대한의 소년이 된다. 그리하여 "얼마 동안 쇠강하였던 여행성旅行誠을 재기"하여 "고대에 웅비하던 대한인", "진취적이던 우리 민족"을 일으키는 것을 여행의 목적으로 삼는다. '시찰'이라는 표현에서도 알 수 있듯이 『소년』이 기획한 여행은 세계 시찰을 통한 강성 국가 건설을 목표로 한다.

『소년』 창간호에는 「쾌소년세계주유시보」 외에 「해상대한사海上大韓史」라는 글도 실려 있다. 「쾌소년세계주유시보」의 소년 최건일이 영어·일어·중국어를 익혀 한반도의 명예를 전 세계에 선양하기 위해 세계 여행을 떠나고자 한다면, 「해상대한사」는 해상국의 관점에서 한반도의 역사를 새로이 쓰려는 의도가 담겨 있다. 바깥 세계에 대한 진취적인 탐험심과 자국의 역사에 대한

---

22 「지리학 연구의 목적」, 앞의 책, 95쪽.
23 「세계적 지식의 필요」, 『소년』, 1909. 5, 4쪽.

관심을 드러낸 이 두 편의 글은 원심력과 구심력의 형태로 작동하는 근대의 자기 구성력을 단적으로 보여준다. 이를 통해 안으로는 자국의 역사를 재발견하고 밖으로는 세계로 뻗어나감으로써, 근대국가로서의 자기중심을 세우려는 조선의 강한 의욕을 읽을 수 있다.

이런 의미에서 우치무라 간조의 「지리학 연구의 목적」에 배어 있는 의식은 『소년』의 것이기도 하다. 이에 대해서는 잡지 『소년』의 발행 시기와 관련하여 살펴볼 수 있다. 『소년』은 1908년 11월부터 1911년 5월까지 23호가 발행되었다. 1909년 6월과 1909년 12월을 제외하고 1910년 8월까지는 결호가 없다. 1910년 8월 이후에는 12월과 다음 해 5월 발행을 마지막으로 폐간되었다. 『소년』의 발행은 조선이 일본의 본격적인 식민 상태로 들어가기 전의 불안정한 시기에 이루어졌다. 『소년』은 조선이 세계로 뻗어나갈 수 있다는 가능성을 고무시키고자 노력했으며, 그것은 일본과 같은 제국주의가 취하는 방향과 다르지 않았다. 「지리학 연구의 목적」은 번역 글이기는 하지만, 그 속에 내포된 독자의 위치는 일본인이나 조선인이나 동일했다. 『소년』에서 강조되는 여행과 탐험의 논리, 나아가 세계에 대한 지식과 지리학의 어조가 이를 말해준다.

2. 「쾌소년세계주유시보」 1보와 2보의 정서적 차이

『소년』은 근대 초기 세계화의 논리 속에서 조선이 발맞춰 나갈 것을 역설했다. 하지만 1900년대 후반은 이미 일제가 조선에 영향을 끼치는 상황이었다. 『소년』이 주장하고자 하는 바의 이면에는 불안과 우려가 있을 수밖에 없다. 「쾌소년세계주유시보」 1보와 2보의 정서적 차이는 이를 잘 보여준다.

원하여 이루지 않는 일이 없고 마음먹어 되지 않는 일이 없나보외다. 나는 말로만 배우고 귀로만 듣는 것보다 눈으로 보고 마음으로 염량하는 것을 낫게 아는 성미인 까닭에 전 학교에 다닐 때에도 한라·백두 두 산 위에 분화구 여지가 있다는 것을 말로만 듣고는 마음에 시원치 아니하여 암야에 남모르게 실지 시찰을 하려다가 어른에게 붙잡혀 미처 가지 못하고만 일도 있거니와, 이번 길도 또한 이 성미의 부림이니 대체 아시아·유럽·아메리카 등 대륙과 지나支那·터키·독일·영국 등 방국과 곤륜崑崙(쿤룬)·히말라야·로키 등 산악과 예니세이·유프라테스·나일·미시시피 등 강하江河는 이것이 아니 우리들이 학교 강당에서 지리 시간에 막대 드신 선생이 지도를 가리키시며 설명하실 때 어떠니 어떠니 하는 논설을 듣지 아니하였소. 또 사람 잡아먹는 사람은 어디 있으며, 발갛게 벗고 사는 사람은 어디 있으며, 숯검정처럼 검은 사람은 어디 있으며, 구릿빛같이 붉은 인종은 어디 있으며, 런던은 그 은성이 어떠하고, 파리는 그 화려가 어떠하고, 뉴욕은 그 굉장이 어떻다 함은 우리가 그림으로 눈이 시도록 본 것이 아닙니까. 그래도 나는 한때 강설과 한 폭 도회로 만족할 수 없어 항상 내 발로 친히 밟고 내 눈으로 친히 보기가 소원이더니, 다행히 이에 세계 주유의 길에 오름에 시베리아의 들도 내가 밟을 것이요, 알프스의 산도 내가 넘을 것이요, 템스강의 석조도 바랄 것이요, 베니스 운하의 아침 해도 볼 것이요, 워털루의 시끄러운 귀곡성도 들을 것이요, 나일강 입구에 퉁탕거리며 흐르는 안개 속 물결 소리도 들을 것이요, 카이로 교외 피라미드에 올라서 5천 년 전의 처음 열린 문화도 회상할 것이요, 필라델피아 시중 독립각에 들어가 150여 년 전에 비로소 아메리카가 영국의 억압을 벗고 자유 독립한 기별을 13도에 맹전하던 자유의 파종을 기운껏 울려 태평양 물이 진기한 뒤에 그칠지니, 이는 소원을 이루어 사족을 펴고 멀리 놀아나가는 내가 지낼 일이라.

—「쾌소년세계주유시보(제1보)」, 『소년』, 1908. 11, 73~74쪽.

소생은 지금 의주로 향하는 삼등객차 중 한구석에 오그리고 앉아 있소.

저렇게 열린 밭과 들, 저렇게 수려한 강산과 저렇게 태평한 촌락을 볼 때마다 오, 아름다운 우리나라여! 오, 기꺼운 우리나라여! 하다가도 금세 아름다운 것을 없이 하고 기꺼운 것을 빼앗는 한 감상이 있으니, 다른 것 아니라 이 기차의 주인을 물어보는 생각이라. 생각이 한번 이에 이르러

"너는 뉘 차를 타고 앉은 줄 아느냐?"

하는 것이 전광같이 심두에 오르고 벽력편霹靂鞭같이 신경을 때릴 때에 과연 나는 마음이 편치 못하고 뜻이 기껍지 못하오.

나는 여기까지 오는 동안에 여러 곳 경개 좋은 데를 보았소. 한강 중에 떠 있는 난지도의 표연飄然한 것도 보았고, 덕물읍에 놓여 있는 덕적산의 초연한 것도 보았고, 푸른 파도가 출렁이는데 흰 돛단배가 그 위를 점점이 떠 있는 것 같은 문산의 안개도 보았고, 기름 같은 물에 칼 같은 바람이 부는데 비오리 같은 배가 살같이 닿는 한강의 흐름도 보았으나, 불행히 그 가경과 그 호승을 보고도 능히 거기 상당한 흥취를 일으키지 못하였나니, 이는 그 운치가 아름답지 못함이 아니라 곧 수레 임자를 물어보는 생각이 나의 신경을 둔하게 만들어 미감이 일어나지 못하게 함이오.

천하에 불행한 국민이 많으리다. 그러나 고운 물색을 보고 눈에 기껍지 못하도록 된 처지에 있는 인민에 지날 자 또 있사오리까. 나는 이를 생각하고 울어야 좋을지 웃어야 시원할지 어찌할 줄을 알지 못하였소이다.

―「쾌소년세계주유시보(제2보)」, 『소년』, 1908. 12, 9~10쪽.

제1보에서 최건일은 자신감과 기대에 부풀어 있다. "원하여 이루지 않는 일이 없고 마음먹어 되지 않는 일이 없나보외다"라는 첫 문장에는 자신감이, "소원을 이루어 사족을 펴고" 친히 밟을 세계에 대한 상상에는 기대감이 가

득하다. 그러나 제2보에 이르러 그의 심사는 울적해진다. "너는 뉘 차를 타고 앉은 줄 아느냐?"라는 질문에 스스로 봉착했기 때문이다. 경의선 삼등객차 안에서 이 질문이 떠오르자 그는 창밖으로 지나가는 풍경의 아름다움을 편히 감상하지 못한다. 결국 그는 "고운 물색을 보고" 기뻐하지 못하는 "천하에 불행한 국민"이 되어 "울어야 좋을지 웃어야 시원할지 어찌할 줄" 모르는 혼란과 당혹감에 휩싸인다. 그 다음에 이어지는 글에서 그는 소년에 대한 새로운 기대로 울적한 심사를 애써 달래고자 한다. "신대한은 소년의 것인즉 이를 흥성케 함도 소년이오. 이를 쇠망케 함도 소년이오. 이미 잃어버린 것을 찾아올 사람도 소년이오. 아직 남아 있는 것을 보전함도 소년"의 몫이다. 하지만 용기를 북돋고자 부르는 〈경부철도가〉의 "식전부터 밤까지 타고 온 기차 / 내 것 같이 앉아도 실상 남의 것"이라는 구절에서 보듯 그의 맘은 여전히 편치 않다.

『소년』의 말미에 실은 「편집실 통기通寄」는 이러한 정서를 더욱 현실적으로 보여준다. 최남선은 훗날 춘원 이광수의 힘을 빌린 것을 제외하고는 혼자서 『소년』의 기획과 집필 및 편집을 도맡아 했다. 그에 따라 자신이 감당해야 할 개인적·물리적·제도적 한계를 「편집실 통기」에서 반성과 다짐의 어투로 토로하곤 했다. 제도적 한계란 곧 통감부 검열로 인한 문제이다. 이에 대해서는 "그는 왜, 이 사정은 말하지 않는 것이 재미일 듯하외다. 내오던 것 안 낸 것도 많고 내려고 마음먹었던 것을 못 낸 것도 많거니와 어찌하였든지 모든 한풀이는 이 다음 하고자 하노이다"[24]와 같이 편집과 발행에 "말하지 않는" 혹은 "기록할 수 없"는[25] 어떤 사정이 있음을 내비치는 선에서 그쳤다.

---

24 「편집실 통기」, 『소년』, 1910. 3, 72쪽.

25 「편집실 통기」, 『소년』, 1910. 4, 68쪽.

검열로 추정되는 사건과 관련하여 「편집실 통기」에서는 두 번 정도 우회적으로 언급했지만, 실제 『소년』의 압수는 빈번히 일어났다.[26] 이는 책자 압수 및 발매 금지에 대한 신문광고를 통해 알 수 있다. 그럴 때마다 『소년』은 전혀 유통될 수 없었고 책임자는 통감부에 불려 가야 했다. 1910년 8월 이후에는 급기야 석 달간의 정간 조치까지 당했다. 최남선은 1910년 12월호 첫 페이지에 통감부의 공문을 공개함으로써 그간 발행하지 못했던 사정을 직접적으로 밝히기에 이른다. 이후 1911년 5월 간행을 마지막으로 『소년』은 폐간을 맞는다.

마지막 호의 1면에 실린 「독자 첨존께」는 창간호의 어조와 비교된다.

> 소년이란 할 수 없는 것이오. 사려가 미정하여 감정이 단순하여 더군다나 궁통성이 부족하구려. 넉 달 동안 어두운 골을 지내고 겨우 광명 세계로 놓인 것을 다달이 다 못 가서 다시 자취自取하여 매운 굴항屈冘으로 떨어져 여러분의 깊이 바라심을 저버리니 이 어찌 똑똑한 사람의 짓이라 할 수 있으리까. 사리에 어두운 소년인 까닭에 그런 것인즉 또한 스스로 애달픈 일이오.
> ─「독자 첨존께」, 『소년』, 1911. 5, 1쪽.

창간호의 『소년』은 한일합병 전야의 어두운 시기를 진취적 기운으로 고무시키며 씩씩하게 헤쳐 나갔다. 하지만 일제의 지속적인 검열과 맞서면서 합방 이후에는 결국 두 권을 더 발행한 뒤 폐간되었다. 「쾌소년세계주유시보」의 제2보에서 보여준, 기대 속에 감추어졌던 우울과 불안이 종간으로 현실화된 셈이다. 1911년 종간호의 어조는 앞서 발행된 1910년 3월호 「쾌소년

---

26 최덕교 편저, 『한국잡지백년 1』, 현암사, 2004, 256쪽.

세계주유시보」 제5보의 어조와 거의 비슷하다.

> 기차는 나가는 대로 어둠은 더하고 어둠이 더할수록 창밖에 보이는 것은 줄어
> 드니 밤중의 기차에서는 할 일이라고는 숙수熟睡가 아니면 명상이라. 이에 소생
> 은 껌벅껌벅하는 석유등을 벗하여 눈을 떴다 감았다 하면서 한 걸음 한 걸음 명
> 상의 세계로 들어가노이다.
> 　그러나 소생 같은 어린아이가 명상이라고 한들 무슨 대단한 것이오리까. 걸
> 인의 꿈에는 왕조라도 있을는지 모르거니와 소아의 생각에는 '경천위지經天緯地
> 제세안민濟世安民의 재주가 없으면 될 일이 없다'는 생각도 없고 '주지육림酒池肉
> 林 조운모우朝雲暮雨의 때가 이르지 않으면 알지 못한다'는 생각도 없고, 더군다
> 나 우주니 인생이니 하는 심오 고대한 생각은 그림자까지 없으니, 우리의 명상
> 은 그 범위가 좁고 그 대상이 가깝소이다.
>
> 　　　　　　　　　　　　　—「쾌소년세계주유시보(제5보)」, 『소년』, 1910. 3, 53~54쪽.

「독자 첨존께」에 이르러 발행인 최남선은 "소년이란 할 수 없는 것이오. 사려가 미정하여 감정이 단순하여 더군다나 궁통성이 부족하"여 스스로를 "사리에 어"둡다고 여기면서 애달파한다. 이는 「쾌소년세계주유시보」 제5보에서 안목이 짧은 "어린아이"로서의 자기 인식과도 통한다.

　최건일이 경의선을 탄 까닭은 중국을 거쳐 유럽으로 가기 위해서였다. 하지만 그의 호언장담을 실은 기차는 경성에서 출발하여 개성에 들렀다가 의주로 향하는 길목에서 멈추고 말았다. 총 7회에 걸쳐 연재된 「쾌소년세계주유시보」는 5회까지 매달 발표되었다. 그러나 그로부터 7개월 후 6회(제4보, 1909. 11. 1), 3개월 후 7회(제5보, 1910. 3. 15)를 마지막으로 더 이상 실리지 않았다. 기사가 누락될 경우에는 「편집실 통기」를 통해 지속적으로 게재 의지를

피력했지만, 끝내 7회를 넘기지 못했다.[27]

"서홍에도 내리고 싶고 황주에도 내리고 싶고 평양에는 물론 내리고 싶은 마음이 굴뚝 같았으나 외국 구경 간다는 길에 너무 여기저기 제 나라 땅을 구경 가기에 많은 날을 허비함도 어찌 생각하면 합당하지 못할 듯하여 다 그만두고 곧 의주로 향하기로 하였소이다." 이는 「쾌소년세계주유시보」 마지막 회의 첫머리이다. 소년 여행자는 애초에 품은 세계일주 계획을 상기하면서 더 이상 중간 역들에 내리지 않고 곧장 의주로 향하기로 한다. 경의선의 종착지인 의주역에 내려야 비로소 세계 여행으로 나아갈 수 있기 때문이다. 하지만 잡지 『소년』의 질주가 통권 23호를 끝으로 멈추었듯 최건일의 여행 또한 여기에서 막을 내린다.

3. 노래가 된 세계일주

최건일의 세계일주 꿈도, 잡지 『소년』의 나라 바깥을 향한 질주의 의지도

---

27 『소년』에 게재된 「쾌소년세계주유시보」의 연재 상황은 다음과 같다.

〈표 1〉 「쾌소년세계주유시보」의 연재 상황

순서	「쾌소년세계주유시보」	발행 연월
1	「쾌소년세계주유시보(제1보)」	1908. 11.
2	「쾌소년세계주유시보(제2보)」	1908. 12.
3	「쾌소년세계주유시보(제3보)」	1909. 1.
4	「쾌소년세계주유시보(제3보)」	1909. 2.
5	「쾌소년세계주유시보(제3보)」	1909. 3.
6	「쾌소년세계주유시보(제4보)」	1909. 11. 1.
7	「쾌소년세계주유시보(제5보)」	1910. 3. 15.

1910년 한일합병 전후의 분위기 속에서 여지없이 꺾이고 말았다. 이러한 좌절이 없었다면 근대 초기 여행의 성격도 크게 달랐을 것이다. 기울어진 국운이 만들어낸 여행의 주된 형태는 유학에 뒤따르는 여행이다. 이는 최건일이 원했던 여행과는 다르다. 그가 원한 것은 세계에 대한 탐색을 통해 자신의 영토성을 확장하는 여행이었다. 식민지적 상황은 세계를 향해 직선으로 뻗어 나가고자 했던 『소년』의 행보에 큰 영향을 끼쳤다.

『소년』의 소망은 『청춘』 창간호(1914. 10)에 실린 「세계일주가」를 통해서 이루어지긴 했다. 「세계일주가」는 131연으로 이루어진 7·5조의 시가이다. 1908년 11월에 품은 최건일의 꿈은 1914년 10월에 이루어진 셈이다. 그의 꿈이 실현된 양상을 살펴보자. 6년 남짓 시간이 흐르는 동안 조선은 명백한 식민 상황에 놓였다. 이 과정에서 그의 세계 여행은 노래의 형식을 취하게 되었으며, 여행지 또한 분명해졌다.

「세계일주가」에 주목하는 이유는 그것이 노래, 즉 시가적 형식을 띤 여행의 허구성 때문이다. 「쾌소년세계주유시보」는 세계일주를 피력하긴 했지만 나라 밖으로 나가보지도 못하고 의주에서 여행이 끝났다. 반면 「세계일주가」는 비록 허구이기는 해도 한양, 평양, 압록강을 거쳐 중국으로 들어가고 세계의 각 지역을 여행한 후 귀국하는 것으로 마무리된다. 이처럼 세계 각국을 소재로 삼고 있어 세계 여행을 실현했지만, 상상의 노래일 뿐 실제 여행과는 무관하다. 「세계일주가」는 노래를 통해서나마 세계일주의 의지를 실현하고, 또 소망의 간절함을 달랬다고 할 수 있다.

세계일주에 대한 바람은 「세계일주가」보다는 「쾌소년세계주유시보」가 더 간절하다. 「쾌소년세계주유시보」에서 여행은 그 자체로 나라의 이익과 직결되는 것이다. 이에 비해 「세계일주가」의 관심은 전 지구적 차원의 추상적이고 막연한 세계 개념이 아니라 지구의 '중심'을 차지하는 세계의 각 지역에 있었다. 이런 점은 다음과 같이 「세계일주가」를 소개하는 글의 첫머리에 잘 나타나 있다.

- 차편此篇은 취미로써 세계지리 역사상 요긴한 지식을 득하며 아울러 조선의 세계 교통상 추요樞要한 분야임을 인식케 할 주지로 배차排次함.
- 차편은 금일 세계 대세와 핍절한 관계에 있는 방국邦國을 세계 대교통로로 유하여 차서 있게 유력하기로 함으로 경과선이 북반구 중간 일원에 한하였으니 차편에 견루한 부분은 타일他日 제제題를 개하야 별편으로 작하려 함.

　　　　　　　　　　　　　　—「세계일주가」, 『청춘』 1호 부록, 1914. 10, 37쪽.

윗글은 「세계일주가」에서 중요하게 소개된 지역의 선정 이유를 밝히고 있다. 이 지역은 조선과 관련하여 "세계 교통상" 중요한 곳이며, "금일 세계 대세와 핍절한 관계에 있는" 나라들이다. 이를 좀 더 구체화하기 위해 「세계일주가」에서 다룬 지역들을 정리해보면 다음과 같다.

한양 출발 → 평양 → 압록강(1) → 중국(8) → 러시아(8) → 독일(2) → 오스트리아(2) → 부다페스트(1) → 그리스(3) → 이탈리아(7) → 스위스(4) → 프랑스(2) → 스페인(4) → 포르투갈(2) → 보르도 항(1) → 파리(11) → 벨기에(4) → 네덜란드(4) → 영국(16) → 아일랜드(1) → 미국(29) → 일본(10) → 조선(3)

　　　　　　　　　　　　　　※ ( ) 안 숫자는 시가의 분량을 나타냄.

시가의 분량을 고려할 때 「세계일주가」가 어느 지역에 집중하고 있는지 잘 나타난다. 일본을 제외하면 이 시가는 유럽과 미국을 집중적으로 다루었다. 특히 프랑스(파리), 영국, 미국이 중심을 차지한다. 이 국가들이야말로 "세계지리 역사상 요긴한 지식" 그 자체인 셈이다. 이로부터 「세계일주가」의 '세계'는 이미 서구 중심적 지식 체계에 편입된 개념임을 알 수 있다.[28] 50연에서 "지브롤터 천험도 못 살펴보고 / 아프리카 탐험도 겨를 못하여 / 돌아서서 북으로 다시 향하니 / 원통하나 바쁜 길 어찌하리오"라며 아프리카 탐험을 하지 못함을 애석해하지만, 사실 이는 시적 수사에 불과하다. 소개글에서도 이번에 누락된 지역은 다른 기회에 '별편'으로 쓰고자 한다 했지만, 이 또한 레토릭에 지나지 않는다는 점은 마찬가지이다. 심지어 아프리카를 다룬다면 그것은 '별'편이 될 수밖에 없다. 「세계일주가」의 이 같은 구성은 '세계' 개념이 서구 중심적 지식 서사에 매개되어 있음을 더욱 강조할 뿐이다. 세계여행의 여로는 "지견"과 "안목"을 넓히고자 하는 여행이 어떻게 서구 중심적 정치권력의 자장 속으로 편입되는가를 보여주는 지표이다.

「쾌소년세계주유시보」와 「세계일주가」는 한일합병을 전후한 시기에 세계를 향한 조선 젊은이의 욕망을 잘 보여준다. 여기에는 개항과 더불어 세계 밖으로 뻗어나가고자 하는 직선적 질주 욕망과 그를 부여잡는 조선의 현실적 상황이 복잡하게 얽혀 있다. 이는 제국의 의식과 동일하게 세계 지배에 대한 욕망과 제국으로부터 제한을 받는 식민지적 절망의 혼효로 구체화된다. 이 시기 여행자의 표상은 기차, 혹은 기차에 올라탄 조선인 젊은이가 될 것이다. 더 정확하게는 「쾌소년세계주유시보」 제2보의 삼등객차 안에서 울적해하는 소년 최건일이다. 기차에 타서 여행을 떠나고 있기는 하지만 그는 "너는 뉘 차를 타고 앉은 줄 아느냐?"라는 질문 앞에서 괴로워했다. 그는 안다. "식전부터 밤까지 타고 온 기차 / 내 것같이 앉아도 실상 남의 것"이라는

28 곽승미, 「세계의 위계화와 식민지주민의 자기응시: 1920년대 박승철의 해외기행문」, 『한국문화연구』 11, 이화여자대학교 한국문화연구원, 2006, 254~255쪽.

것을. 기차의 주인이 누군지 정확히 알고 길을 떠나는 자의 내면은 이중적일
수밖에 없다.

제2부
지식의 순례자, 유학생

01

지식 청년과 도쿄의 욕망

1. 두 개의 도쿄

예전 에도江戶! 지금 도쿄東京! 동양의 수도이고 동양의 제1위인 도쿄! 우리가 생각하면, 그곳에만 가면 우리가 마음먹은 대로 우리의 이상대로 모든 것이 나를 환영하며 모든 것이 나를 인도하며 도와줄 줄은 우리가 누구나 다 이곳에 있을 때에는 그렇게 생각하였지요.

그러나 이곳에서 상상하던 것보다 몇 배나 냉혹하며 무정하더이다. 그것은 누구나 다 한 번씩 깨달은 바이기에 허위 없이 적나라하게 하는 말씀이외다. 아— 그곳은 우리 경성보다 몇 배나 더 문명한 곳이지요. 그러면 문명이란 무엇을 의미함인가요. 어느 나라든지 그 나라가 점점 문명해간다는 것은 인민의 생활을 평화롭게 조금도 불만이 없을 만큼, 또한 모든 것을 평등하게 하는 것이 문명의 본의의 한 부분이 되겠지요. 그러나 지금 이 세기에는 그렇지 않습니다그려. 문명한 그곳일수록! 그의 심저에는 인생으로 차마 못할 별다른 연극이 생기는 동시에 말 못할 희비극이 하루 몇 군데씩 또한 몇 번씩 생기지요. 이것은 무엇으

로든지 설명할 수 있는 사실이올시다. 그때는 법률도 소용없으며 경찰도 어느

정도와 어느 범위까지밖에는 소용이 없더이다.

—추곡, 「동경 계신《ㅌ, ㅎ》형님께」, 『매일신보』 1922. 2. 15.

1920년대 초반의 글이다. 도쿄東京에만 가면 모든 이상이 실현될 줄 알았던 애초의 생각과 달리 실제 가서 본 도쿄는 "냉혹"하고 "무정"했다. 여기에는 두 개의 도쿄, 즉 상상 속의 도쿄와 현실에서 부딪힌 도쿄가 있다. 상상과 실제의 상반으로 인한 당혹감은 1905년에서 1920년대 초반 유학생들이 흔하게 호소하는 감정이다.

조선 말기의 해외 유학생 파견은 1881년 조사시찰단으로부터 비롯되었다. 청나라로 파견된 영선사를 제외하면, 선진 문물을 시찰하고 배우기 위한 유학 대상국은 모두 일본이었다.[1] 유학의 물결은 당대 동아시아의 정치·문화적 장이 재편되고 있음을 보여준다. 그것은 메이지유신을 통해 서구적 근대화를 선취한 일본을 향해 있었다.[2] 조사시찰단의 조사朝士 수행원으로 일본에 따라갔다가 유학생으로 남게 된 유길준, 윤치호, 김량한 등을 시작으로 일제 식민지 시기에 이르기까지 근대 지식인에게 일본은 지식의 요람[3]이자 근대

---

1 김성학, 『서구교육학 도입의 기원과 전개』, 문음사, 2001, 26쪽.

2 당시 근대화를 이룩한 일본을 보고 배우려는 경향은 조선의 경우에만 국한되지 않는다. 중국 또한 "같은 유교 문화, 한자 문화권에 있으면서 일찍이 근대화에 나선 일본을 모범으로 삼는 편이 속성 효과가 있다고 생각"하여 상당수의 일본인을 중국 학당의 교원으로 초빙했다. 가미가이토 겐이치上垣外憲一 지음, 김성환 옮김, 『일본유학과 혁명운동』, 진흥문화사, 1983, 57쪽.

3 '요람'이라는 표현은 "내 개인으로 본다면 도쿄는 나의 문학적 수양의 요람지인 것이다"라고 박영희가 도쿄를 회고하면서 쓴 말이다. 박영희, 「경잡감京雜感」, 『삼천리』, 1938. 10, 135쪽.

문화 체험의 주된 장이었다. 그 중심에 있는 도시가 도쿄였다.

조선 말기의 일본 견문록이나 사행록에서는 근대 문명을 접한 유학자들의 충격과 정신적 균열을 발견할 수 있다.[4] 개화기 유학생들의 반응 또한 유사하다. 1905년 이후의 유학생들은 사행단이나 개화기 유학 세대와 구분된다.[5] 을사늑약의 체결, 사비 유학생의 급증 등 제반 여건의 변화와 더불어 유학생의 위치와 의식이 커다란 전환기를 맞게 되기 때문이다.[6] 그뿐만 아니라 이 시기부터 일본 유학을 통한 고등 인력이 본격적으로 양성되기 시작한다. 1920년대에 이르면 일반인의 일본 체험이 증가한다. 그 결과 일본을 체험하는 이들 가운데 유학생이 차지하는 비율은 현격히 줄어든다. 제2부 01장에서는 1905년부터 1920년대 초반까지, 즉 일본 체험이 일반인으로 확대되기 전까지 유학생들의 일본 체험, 특히 도쿄 체험을 중점적으로 살펴볼 것이다.[7] 이를 위해 이들이 남긴 도쿄 기행문 및 도쿄 체험 기록을 주요 텍스트로 삼아 검토한다.[8]

---

4 장인성, 「토포스와 아이덴티티: 개국기 한일 지식인의 국제정치적 사유」, 『국제정치논총』 37, 한국국제정치학회, 1998; 황호덕, 「로쿠메이칸(鹿鳴館)의 유학자: 박대양의 『동사만록』과 메이지 일본의 표상 내셔널리즘」, 『상허학보』 11, 상허학회, 2003; 황호덕, 「타자로의 항해들, 「사이」에서 창안된 네이션: 개항기의 견문록과 간문화적 자기 재현」, 『한국사상과 문화』 34, 한국사상문화화학회, 2006 등.

5 김윤식은 1905년 8월쯤 처음 도쿄 유학 생활을 시작한 이광수와 개화기 세대의 유학생인 김기수·최린·최남선의 의식을 이러한 관점에서 변별한 바 있다. 김윤식, 『이광수와 그의 시대(1)』, 한길사, 1986, 133~154쪽.

6 김성학, 앞의 책, 35~37쪽.

7 1910년대 유학생의 실태를 살펴보면, 일본 유학생의 85%가 도쿄에서 유학했고, 사비 유학생은 90% 이상이었다. 박기환, 「近代日韓文化交流史硏究: 韓國人の日本留學」, 오사카대학 박사학위논문, 1998, 32~34쪽.

8 도일渡日 조선 유학생에 대한 본격적인 연구는 주로 역사학계를 중심으로 이루어졌다. 도일 유학생에 대해서는 이광린의 연구를 비롯하여 한국근대사 연구에서 독자적인 영

조선의 학생은 왜 도쿄로 향했는가, 일본으로 향하면서 품었던 희망과 괴로움과 좌절은 무엇인가, 나아가 실제 도쿄에서 무엇을 보고 무엇을 느꼈는가? 유학생의 실제 체험뿐만 아니라 조선에서 미리 그려본 상상까지 포괄하여 이를 살펴보도록 하자.

'동도東渡의 꿈'은 조선에서 만들어진 도쿄에 대한 상상, 즉 심상지리를 토대로 한다. 심상지리란 주체와 동경이 서로 적극적으로 개입하면서 만들어진 개념이 아니라 타자에 의해 매개된 욕망이다. 일차적으로는 자신들의 욕망과 상상을 담고 있는 듯이 보이지만, 실상 그것은 조선에서 만들어진 욕망이다.

심상지리가 만들어진 꿈이라면, 장소(Topos)는 타자와 부딪혀가면서 자신의 존재를 인식하고 깨달아간다는 의미를 지니는 삶의 터전이다. 토포스[9]란

역으로 간주될 수 있을 만큼 많은 연구가 이루어졌다. 이 책에서는 논의에 직접적인 도움을 받은 글에 한해서만 각주에서 밝힌다.
한편 역사적 사실과 제도의 차원에서 논의된 이들의 글을 통해서는 유학생의 의식과 내면세계까지 들여다보기는 어렵다. 이러한 논의는 문학 연구, 특히 일본 유학을 경험한 근대 작가들에 대한 연구에서 부분적으로 담당했다. 김윤식, 앞의 책, 147~225쪽.
도쿄라는 공간의 의미 또한 이들 작가와의 관계 속에서 주로 논의되었다. 노영희, 「이상문학과 동경」, 『비교문학』 16, 한국비교문학회, 1991; 사노 마사토, 「이상의 동경 체험 고찰」, 『한국현대문학연구』 7, 한국현대문학회, 1999.
최근 관심이 일반 유학생의 산문에까지 확대되면서 이들의 사적 체험과 근대 제도적 공간의 관계에 대해 논의된 바가 있다. 김진량, 「근대 일본 유학생의 공간 체험과 표상」, 『우리말글』 32, 우리말글학회, 2004. 본 필자 역시 이러한 관심의 연장선에서 체험과 인식의 상관성에 주목했다.

9 토포스는 원래 '장소'를 의미하는 그리스어다. 아리스토텔레스는 이를 '논의의 출발점이 되는 공통의 기반'으로 받아들여 "변증술적 탐구에서 공통적으로 따라야만 하는 규칙 내지는 방법을 일컫는 말"로 사용했다.(아리스토텔레스 지음, 김재홍 옮김, 『변증론』, 까치글방, 1998, 59쪽) 아리스토텔레스의 자연학적 정의에서 토포스는 "둘러싸고 있는 것과 둘러싸여 있는 것이 거기서 접촉하고 있는, 둘러싸고 있는 물체의 경계"를 뜻한다. 즉, 토포스는 포섭하는 것과 포섭되는 것이 접촉하는 경계로서 이 둘을 관계 짓는 것이

공간이나 배경보다 좀 더 구체적이고 역동적인 개념이다. 그것은 먼저 주체가 신체적·감각적으로 체험하는 장소 인식이다.[10] '도쿄의 장소적 의미와 유학생'에 대한 논의가 이와 연관된다. 존재 터전으로서의 장소는 심상지리의 일방적인 상상과는 달리 주체와 공간의 상호 관계 속에서 형성된다. 구체적 의미는 조선과 도쿄(또는 일본)라는 두 개의 장소에서 생성되는 유학생의 위치에서 비롯된다.

2. 동도東渡의 꿈, 신학문에 대한 동경과 입신출세주의

『대한학회월보』에 실린 「유학의 원인」[11]에 따르면 유학은 국가적 위기감에서 촉발되었다. 유학생은 "파도가 덮어 큰 집이 막 무너지려 하는", "백척간두 끝에 한 발짝 나갈 여지가 없고 고목이 쓰러짐에 새싹이 날 가망이 없는" 위기의 상황에서 "7년 긴 병"을 고치기 위해 "3년 묵은 약쑥"을 구하는 심정으로 유학을 떠난다. 여기에서 '약쑥'은 곧 신학문이다. 유학생에게 학

다. 이 책에서 필자가 사용하는 토포스의 개념은 주로 이러한 관점에 의거하고 있다. 이에 대한 자세한 논의는 장인성, 앞의 논문, 1998, 6~9쪽을 참고하기 바란다.
이 외에도 토포스란 용어는 언어학에서 단순한 장소 개념이 아니라 '말과 관계된 밑자리, 즉 어떤 이야기를 만들어가는 데 쓰이는 말들의 터전'(양태종, 「말터(Topos) 나누기」, 『언어와 언어교육』 11, 동아대학교 어학연구소, 1996, 85쪽)으로, 문학작품의 수사학에서는 '후속 텍스트들의 창작을 위한 원천으로서 자주 사용되는 한 텍스트에서의 관습화된 표현이나 구절'을 뜻하는 개념으로도 사용된다. 문학, 언어학 및 수사학에서 토포스의 의미에 대해서는 박현수, 「김소월 시의 보편성과 토포스 연구」, 『한국현대문학연구』 7, 한국현대문학회, 1999, 52~53쪽을 참고했다.

10 황호덕, 「경성지리지, 이중 언어의 장소론」, 『대동문화연구』 51, 2005, 135쪽.

11 권영구, 「유학의 원인」, 『대한학회월보』, 1908. 6, 9쪽.

문은 "신가身家만 보유保維"해줄 뿐 아니라 "고토의 모범을 작作하여 능히 십인 백인으로 하여금 완몽頑蒙을 각覺게 하며 미혼迷魂을 반返케 할"[12] 것이었다. 이 말은 유학과 신학문을 향한 열망이 모두 위기에 처한 나라를 구한다는 막중한 책임감에서 비롯되었음을 뜻한다. 그 결과 유학의 길은 개인적으로는 "잘 먹고 잘 입는 뜻"을 "저버리고" 떠나는 길이다.[13] 이렇듯 유학생들은 떠날 때부터 스스로에게 국력 보강의 소명 의식을 강하게 부여한다. 유학을 가서도 일개인으로서보다는 조선 유학생 모임인 대한회의 일원으로 자기 자신을 인식하고자 한다. 즉, "백 배로 일해야 하는 굳세고 씩씩한 대한회"[14]임을 강조하면서 신문명국가 건설의 책임을 스스로에게 다짐하고 또 다짐한다. 1900년대 후반 일본 유학은 구국을 위한 도정이었다.

그러나 다음 글을 보면 유학의 이유, 다시 말해 신학문을 배우려는 목적이 궁극적으로는 개인적인 입신출세주의와 연결되어 있음을 부정하지는 않는다.

> 우리는 어째서 많은 시간과 돈을 써가며 소, 중, 대학의 교육을 받는가. 그중에는 어영부영 세월을 낚자는 목적을 지닌 자도 있겠지만, 대다수는 학문은 직업을 얻는 과정이라고 생각할 것이다. 분명히 말하면 사람은 앞으로 사회에 서서 의식거리를 얻으려고 오늘 학문에 종사한다 함이니, 옳도다 이 말이여. 여러 문명국에서는 학문 있는 사람처럼 비교적 높은 지위를 차지하는 이가 없는 까닭

---

12 「내지 유학생에게」, 『매일신보』 1913. 8. 21.

13 김태근, 「漢城仲春再渡東京(중춘에 한성에서 동경으로 다시 건너가다)」, 『태극학보』, 1907. 4, 39~40쪽.

14 옥구생, 「동도잡시東渡雜詩」, 『대한학회월보』, 1908. 5, 43쪽.

에 우승열패 경쟁장에 서고자 하는 자 학문을 닦으니, 오늘날 저 전문교육 같은 것은 사람들에게 직업을 가르치고 줌이라 하여도 무방하다. 이로써 보통교육에 이르기까지 입신출세의 가장 좋은 수단이라 생각함도 별수 없는 순서이지만, 세상의 부형 되신 이도 자기 자제에게 학문을 전수케 함에 있어서는 무슨 철도나 회사에 자본을 내는 것같이 여겨 학비를 지급하고, 학교 입장에서 보아도 가장 앞선 졸업생에 입신의 길을 주는 자는 반드시 번영을 얻는다 하니, 이는 분명 우리나라 현재 학문계의 추세이다. 그렇다면 학문의 목적이 과연 여기에 있느냐? 나는 학문과 입신출세 사이에는 밀접한 관계가 있다 함은 승인할지언정, 이것이 학문의 가장 중요한 동기라고는 생각지 못하나니.

— 연구생, 「학문의 목적」, 『태극학보』, 1908. 1, 12~13쪽.

연구생이라는 필명의 논자는 학문을 "직업 혹은 입신출세의 한 수단으로 생각하는 국민의 오류"를 지적한다. 그가 생각하기에 학문의 첫 번째 목적은 자신의 능력을 십분 발달시키는 데 있으며, 입신출세나 사회를 이롭게 하는 것은 그것에 수반되어야 할 뿐이다. 이러한 관점에서 그는 당시 학문에 대한 인식 전반을 비판하고 있다. 『태극학보』는 도쿄의 유학생을 대상으로 펴낸 잡지이다. 이 점을 감안할 때, 위 글은 학문을 입신출세주의의 한 방편으로 여기는 유학생들의 학문관을 문제 삼았다고 할 수 있다.

사실 이런 분위기는 재일 조선 유학생의 문제만은 아니었다. 메이지유신 이래 일본의 학문 목적 또한 다르지 않았다. 이윤주의 「동경 일일—日의 생활」은 이 같은 분위기가 일본 사회 전반에 만연해 있음을 보여준다. 필자 이윤주는 저녁을 먹고 소풍 겸 산책 삼아 우에노上野 공원 안에 있는 연못인 시노바즈 이케不忍池 주변을 걷다가 건너편 공원에서 "남아가 뜻을 세워 고향을 나섰으니 학문을 이루지 못하면 죽어도 아니 돌아오리(男兒立志出鄕關 學若不

成死不還)"[15]라는 겟쇼月性의 시구를 읊는 소리를 듣는다. 학업의 성취를 다짐하는 이 노랫소리는 메이지유신으로부터 비롯된 일본의 입신출세주의적 학문관을 반영한다. 근대적 교육법제를 포고한 메이지 5년(1872) 『학제』의 '피앙출서被仰出書(왕의 뜻을 물어보기 위해 바치는 문서라는 뜻으로, 정부의 이념과 정책을 제시하는 포고문)'에서는 '입신을 위한 재산과 자본'으로서 학문을 강조하는 동시에 표방했다. 메이지유신을 계기로 신분 사회의 규제가 풀리면서 학문을 통한 실력의 양성은 부귀와 명예를 얻을 수 있는 수단으로 인식되었을 뿐 아니라 국력의 신장에도 기여할 수 있다는 인식이 팽배해졌다.[16]

다케우치 요竹內洋에 따르면 일본의 입신출세주의 강조 서사는 "몰락이나 낙오에 대한 불안과 공포의 심층 의식"[17]을 부각함으로써 대중 독자들에게 이를 준비할 수 있도록 하는 설득의 효과를 낳았다. 이들의 입신출세주의 서사는 입신양명 후에 누릴 행복한 삶을 주된 내용으로 하지 않는다. 도리어 낙오와 몰락의 서사를 통해 불안과 공포를 조장함으로써 독자들에게 위기감을 유발했다.

재일 조선 유학생들의 글에서도 낙오 의식을 읽을 수 있다. 한일 양국의 입신출세 담론의 기저에는 낙오 또는 몰락의 서사가 깔려 있다. 그러나 일본인들이 미래에 겪게 될지도 모르는 낙오에 대한 불안감에 시달리는 반면, 조

---

15 이윤주, 「동경 일일−日의 생활」, 『태극학보』, 1906. 8, 46쪽. 이 시구절은 유학생들의 글에서 흔히 발견되는데, 시구에 담긴 원래의 의도와는 상관없이 주로 공부를 통해 성공을 이루리라는 굳은 다짐의 의미로 전용되었다.

16 竹內 洋, 『立身出世主義: 近代日本のロマンと慾望』, 京都: 世界思想社, 2005, 11~17쪽.

17 당시 일본에서 베스트셀러 주간지였던 소년 투고 작문집인 『에이사이신시頴才新誌』에 메이지 10년(1877)부터 12년(1879)까지 게재된 작문 1,550편 중 240편, 즉 전체의 15.5%가 입신출세에 관한 작문이었다고 한다. 竹內 洋, 위의 책, 17쪽.

선 유학생들은 현재 자신들이 이미 낙오되었다는 위기감과 그로 인한 조급함에 시달린다.

『대한학회월보』에 실린 「유학의 원인」에서 "7년 긴 병"이라는 표현에는 세계 체제의 변화에 조선이 이미 늦었다는 열패감이 진하게 묻어 있다. 1908년의 인식은 1920년대 초반에도 여전하다.[18] 1922년 민성기는 "토끼를 보고 사냥개를 찾아도 늦은 게 아니고, 양을 잃은 뒤에 우리를 고쳐도 더딘 건 아니다(見兔而顧犬未爲晚也 亡羊而補牢未爲遲也)"[19]라고 했는데, 이는 사실 낙오감의 다른 표현이었다. 그는 토끼를 발견하고서야 개를 찾거나 양을 잃고서야 축사를 고쳐도 늦지 않았다고 스스로를 위로한다. 그러나 이 위로의 밑바닥에는 만시지탄의 낙오감이 깔려 있다. 이때의 낙오감은 조선이라는 공간과 연관된다. 그는 고향 또는 조선에 머물러 있는 것을 '낙오'라고 생각하기 때문이다. "평생에 족적이란 백 리 밖을 나가보지 못하였으며 일상의 교제란 오직 가중지인家中之人에 불과"한 우물 안 개구리는 단순히 견문이 좁은 자가 아니라 '낙오자'이며 '타락자'이다.[20] 그에게 조선이라는 공간은 결핍의 공간이며, 이 부족함을 채울 수 있는 것은 조선의 바깥을 통해서만 가능했다. 그는 탈출의 방향을 당시 합법적으로 허용된 해외 공간인 일본에서 찾는다. 그

---

18 1910년대에는 유학생의 동도기東渡記를 발견하기가 어렵다. 이는 1910년 조선이 일본의 본격적인 식민지가 되면서 일본 쪽 유학 행렬이 주춤해졌기 때문이다. 한말 증가세를 나타내던 일본 유학생의 수는 1908년에서 1909년 무렵 800~880명에 이른다. 그러나 1910년대에는 전반기까지 500~600명 선을 유지하는 침체를 보이다가 1918년에 들어서야 700명을 넘어섰다. 이에 대해서는 필자 미상, 「일본유학사」, 『학지광』, 1915. 7, 12~13쪽에 표로 제시되어 있다. 박찬승, 「1910년대 도일유학과 유학생활」, 『호서사학』 24, 2003, 호서사학회, 115~120쪽 참고.

19 민성기, 「동경으로 가면서」, 『매일신보』 1922. 5. 9.

20 민성기, 「동경으로 향하면서(1)」, 『매일신보』 1922. 1. 23.

로서는 유학이 조선이라는 낙오의 공간을 탈출하여 선진 문명의 공간에서 개인적인 삶을 성취하기 위한 선택이었다.

「동경으로 가면서」에서 필자 민성기는 일본으로부터 배울 신학문은 "광명의 학"이라고 말한다. 그는 신문화가 어둡고 목마른 현 조선인에게 등불과 물이 되어줄 것이라고 확신한다. 이 사실을 깨달았기에 그는 "배고픈 자가 음식을 취하듯 목마른 자가 마실 것을 취하듯 아무 기탄없이 다만 목적지로 향"한다. 뒤늦은 깨달음인지라 그의 허기와 갈증은 더욱 심했고, 마음은 조급했다. "세계의 신사조는 날로 우리에게 급박하며 우리의 생명인 신문화는 날로 우리의 두뇌를 개척하려 하는도다. 암흑에서 광명으로 위력에서 도의로 사회개조하며 우리의 행복을 증진하고자 우리에게 자각을 재촉하"기 때문이다. 조선은 암흑의 공간이요, 자신은 배고픔과 목마름 그리고 낙오와 타락에 대한 공포에 시달리는 자이다.

그는 "묵수墨守하던 구습을 한 주먹에 타파하고, 남이 한 가지를 배우거든 우리는 열 가지를 배우고, 남이 열 가지를 발명하거든 우리는 백 가지를 발명하여낼 적극적 분발심"[21]으로 "문명의 낙오자" "시대의 낙오자"를 면하고자 한다. 그러나 유학을 가려고 마음먹은 조선 청년들의 마음은 복잡하기만 하다. "우리 몸의 터럭 하나도 부모에게서 받았으니 감히 훼손하지 않는 것이 효의 시작이다(身體髮膚 受之父母 不敢毁損 孝之始也)", "선왕의 법도에 맞지 않는 옷은 입지 않는다(非先王之法 服不敢服)"와 같은 옛 가르침을 지켜야 한다는 생각이 머릿속 한편에 자리를 잡고 있기 때문이다.[22] 전통적인 삶의 방식과 신문명을 향한 그의 꿈이 내면에서 충돌하자 그는 자신이 왜 타국에서 공

21 민성기, 「동경으로 향하면서(2)」, 『매일신보』 1922. 1. 24.
22 위의 글.

부를 해야 하는지에 대해 거듭 자문하고, 그에 대한 답을 찾아 스스로를 정당화하고자 애쓴다. 즉, 단발에 양복을 입고 타국으로 떠나는 자신이 죄인인지 아닌지를 묻고 또 묻는다. 그는 이 질문에 대해서 단호하게 '아니다'라고 자답한다.

그가 전통적인 삶의 방식을 강하게 부정하면서 기대는 것은 "시대를 알아야" 하고 "시대"를 따라야 한다는 논리다. 여기에서 '시대'를 따른다 함은 그보다 2년 앞서 발표된 김기수의 글과 연관 지어 생각해볼 수 있다. 김기수 또한 「동경으로 향하면서」의 민성기와 마찬가지로 늙은 부모와 정든 고국 산천을 두고 떠나는 섭섭함, 성공해서 돌아올 수 있을 것인가에 대한 두려움 등으로 마음이 편치 않았다. 그는 스스로에게 묻는다.

> 무엇을 구하려 급행차를 타고 그리 홀급히 가는가. 학문을 얻어 무엇을 하는가. 사회를 위함인가 일신일가를 위함인가.
> ─ 김기수, 「동경여행기 일편을 이긍석 군에게」, 『조선일보』 1920. 6. 29.

유학생에게 답을 준 것은 최남선의 『시문독본』이다. 『시문독본』은 유학생의 불안한 심리를 달래주고 그의 유학을 정당화시켜주는 합리적인 논리를 제공한다. 『시문독본』 가운데 그가 읽은 부분은 「공부의 바다」와 「견딜성내기」이다.[23]

「공부의 바다」는 이렇게 시작한다. "공부의 바다는 앞이 멀구나, 나가고 나가도 끝 못 보겠네, 갈수록 아득함 겁내지 말라" 전체 4연으로 이루어진

---

23 최남선의 『시문독본』은 1916년에 초판이 발행되었다. 이 책에서는 1922년 신문관 간행본을 참고했다.

이 시는 공부의 길이 멀지만 겁먹지 말고 나아갈 것이며, 모험을 "흐뭇한 시험"으로 여기고 기꺼운 마음으로 정진하라는 내용이다. 「견딜성내기」는 세상에 대한 두려움을 참고 이겨내면 전쟁터나 다름없는 세상에서 반드시 승리할 수 있다는 교훈을 담고 있다. 그 예로 미국 남북전쟁에서 처음으로 전쟁에 임하였음에도 두려움을 참고 용기를 발휘하여 마침내 승리를 거둔 그랜트 장군의 이야기를 들었다. 모험을 두려워 말고 앞으로 나아가며, 또한 인내하는 것이 "인생 승리의 비결"이라는 가르침을 역설한다. 『시문독본』의 글이 그에게 가르쳐주고 길러주는 것은 자기 수양의 마음과 방법이다. 그는 유학길의 불안감을 이를 통해 떨쳐내려 했다.

유학생 민성기가 다음으로 새긴 것은 어머니의 말씀이다.

> 내가 평생에 영귀한 것을 지녀보지 못하였으며 일상에 쾌락한 것을 알지 못하고 먹는 것을 아껴 쓰며 입는 것을 절약하여 쓰고자 하는 일과 하고자 하는 것을 감히 소홀히 처사處事치 못하고 전전경경戰戰兢兢히 날을 보내는 것은, 오직 자식의 장래를 위하며 가문의 행복을 굳게 하고자 하는 바이며, 괴로움을 즐거움으로 수愁를 흥興으로 여기고, 심지어 남의 상구桑龜의 액厄도 많이 당하였으며, 참방讒謗의 원怨도 많이 당하였으되 모두 다 돌아보지 않고, 다만 유수광음流水光陰이 어서어서 쉬 가서 이 자식이 표변의 미와 아술峨述의 공을 이루어 일문의 영광이 되고 일신의 행복이 많을 자격이 되게 하기를 …(하략)….
>
> —민성기, 「동경으로 향하면서(3)」, 『매일신보』 1922. 1. 26.

유학 가는 아들에게 어머니가 들려주신 말씀이다. 유학이 가문의 행복과 자식의 장래를 위한 길이라며 개인적 소망을 노골적으로 드러내고 있다. 어머니의 주문은 아들의 소망이 되어 입신출세라는 유학의 목적이 된다. 유학생 김기수와 민성기는 최남선의 『시문독본』과 어머니의 말씀을 통해 당대 유학생들에게 수양론과 입신출세주의가 어떻게 연관되는지를 잘 보여준다.[24]

이 시기 유학생들의 도쿄를 향한 꿈에는 신학문에 대한 동경과 입신출세주의에 대한 기대가 함께 얽혀 있다. 여기에서 눈여겨볼 지점은 '남에게 뒤지지 않겠다'는 그들의 생각이다. 춘파 박달성은 "남만 못하고는 조선은 그만두고 일신을 장차 지키기 어려운지라" 도쿄 유학을 떠나게 되었노라고 적으면서 "우리로서 누가 남만큼 알아야 되겠다 함을 말지 아니하며, 남만큼 알아야 되겠다는 우리로서 누가 배우지 아니하려 하며 나아가지 아니하려 할까. 이것은 현재 우리 조선 청년 된 자의 공통한 주의이며 또 각성일 것이다"[25]라고도 했다. 그가 기준으로 제시하는 '남'은 경쟁의 대상이라기보다 모방의 대상 또는 목표이다. 즉, '남에게 뒤지지 않겠다'는 말은 '남만큼은 되어야겠다'는 의미이다.

일본에서는 메이지유신 이후 학문을 통한 입신출세의 욕망이 약육강식의 사회적 경쟁을 유발했고, 마침내 사회를 활기차게 만드는 원동력이 되어 일본을 강력한 국가로 만드는 데 기여했다. 이것이 후쿠자와 유키치福澤諭吉가 학문의 권장을 통해 궁극적으로 의도한 정치적 목적이다.[26] 입신출세 서사의 저변에 깔린 낙오에 대한 두려움이 일본 국가 만들기에서 준비론으로 작용

---

24 수양론과 입신출세주의의 관련성에 대해서는 소영현, 「근대 인쇄 매체와 수양론·교양론·입신출세주의」, 『상허학보』 18, 2006, 상허학회, 206~210쪽을 참고하기 바란다.

25 박춘파, 「현해의 서로 현해의 동에(일기중)」, 『개벽』, 1921. 2, 65쪽.

26 오구마 에이지小熊英二에 따르면 입신출세주의와 이로 인해 촉발된 자유경쟁 의식이 심층에서 작용하는 바는 지극히 정치적이다. 즉, 후쿠자와 유키치의 『학문의 권장』에 시원을 둔 일본의 신학문에 대한 열정은 궁극적으로 일본이라는 강력한 정체성을 형성했으며, 바로 이로부터 일본이 서구의 식민지가 되지 않기 위한 전략이었다는 것이다. 오구마 에이지 지음, 한철호 옮김, 『일본이라는 나라?』, 책과함께, 2007, 11~31쪽.

한 셈이다. 그 결과 학문은 일본이라는 정체성 형성을 위해 국가 내부적으로 수렴되었다. 일본에서 학문이 수행했던 전략을 고려할 때, 유학생들이 조선에서 품었던 도쿄를 향한 꿈은 그러한 전략에 포섭될 수 있는 위험한 도정이기 쉽다. 물론 그렇다고 해서 간단하게 일원화할 수는 없다. 식민지 지식인으로서 유학생 주체와 식민 제국의 수도인 도쿄의 상호작용이 다양하고 복합적인 방식으로 이루어지기 때문이다.

3. 도쿄의 토포스

국민 통합 공간으로서의 도쿄와 비국민으로서의 유학생

1908년 옥구생은 「동도잡시東渡雜詩」[27]에서 다음과 같이 노래했다.

> 밤 되어 시모노세키下關 항에 정박을 하고
> 히로시마현에서 아침 해 바라보았지.
> 해군과 육군을 양성하느라
> 산자락 바닷가에 길을 내었고
> 산은 푸르게 숲이 우거졌으니
> 국방의 위력을 알 수 있었네.

그가 일본에 도착하면서 처음으로 본 것은 일본의 군대와 울창한 삼림이다. 그것은 튼튼한 국력의 상징이다. 일본과는 대조적으로 기울어가는 조선

---

27 옥구생, 앞의 글, 1908.

을 떠올리며 그는 "조국을 크게 세우고 다시금 억만세를 외쳐보리라"는 말로 긴 시를 마무리 짓는다. 이 시기 유학생들은 일본으로 건너가면서 가장 먼저 국가적 경계를 예민하게 감지한다. 군대는 물론이거니와 삼림마저도 그 나라의 힘으로 의미화된다. 이는 자연스럽게 유학생의 의식에 조선이라는 관념을 형성한다.

1900년대 후반 도쿄 유학생의 일상 체험도 유사하다. 생활공간이었던 도쿄는 메이지 정부에 의해 제국의 수도로 계획화된 정치적 공간이었다. 도쿄는 1888년부터 시행된 시구개정市區改正(urban planning) 사업에 따라 근대적 도시로 개조되기 시작했다. 이후 더욱 본격적인 개조가 이루어진 것은 1919년 '도시계획법'이 제정되면서부터이다. 1888년부터 1919년까지 시구개정 사업은 도시 공간 자체의 내적 필요성 때문에 시행되었다기보다 강력한 정치적 목적, 즉 국민국가의 중앙집권적 공간으로 재구성하기 위해 수행되었다.[28]

메이지 시기 도쿄의 공원은 국민국가 형성에 동원된 중요한 문화정치적 공간이다. 오노 료헤이小野良平에 따르면 일본의 공원은 도시계획과 국민 통합이라는 두 가지 목적으로 건설되었다.[29] 공원은 기념식전, 박람회, 전승 개선식과 같은 국가적 축제나 행사를 위해 더욱 필요한 장소였다. 이러한 의미에서 공원은 일본의 국민국가 형성기에 문화 통합과 상징 통합을 통해 국민을 정신적으로 통합하기 위한 의례적인 행위가 이루어지는 장치로서 계획되고 편성된 공간이었다. 시구개정 사업기의 도시계획 또한 근대적 문명 도시

---

28 김백영, 「왕조 수도로부터 식민도시로 — 경성과 도쿄의 시구개정에 대한 비교연구」, 『한국학보』 112, 2003, 일지사, 78~84쪽.

29 小野良平, 『公園の誕生』, 京都: 吉川弘文館, 2003, 5~6쪽.

의 계획보다는 국가의 경제 통합 및 국민 통합의 목적이 강했음을 상기할 때 도시계획의 차원에서 성립된 공원 역시 국민 통합을 목적으로 하는 장치에 포함된다. 하지만 이러한 계획은 히비야日比谷 공원을 제외하고는 거의 실현되지 않았다. 사실상 계획의 차원에서 그쳤다.

도쿄 유학생들에게 공원은 하나의 휴식 공간이었다. 도쿄 생활을 기술한 글에는 '공원'이 자주 언급된다. 이 시기 공원의 전략을 감안하면 공원에서 이루어진 유학생들의 휴식도 그 전략 안에 놓여 있었다고 볼 수 있다. 문화정치적 의도인 '국민으로 묶기'가 공원이라는 휴식 공간에서 어떻게 가능할까? 정부가 제공한 공공장소인 공원은 신분제도로 인해 분절되었던 도시의 공간을 일원화할 뿐만 아니라, 동일하게 분절되었던 국민들까지도 하나의 공간 속에서 통합시킨다.[30] 공원에서 이루어지는 박람회나 국가적 의례 등의 행사도 광장에 모인 사람들을 하나의 국민으로 포섭한다.

저녁 식사 후 또는 휴일에 공원을 찾았던 유학생의 공원 체험은 어떠할까? 춘몽 김원극은 친구들과 함께 다녀온 아사쿠사淺草 공원과 히비야 공원에 대해 적어 놓았다.[31] 그가 공원에서 본 것들은 "한 종류도 심상한 유희가 전혀 없고 무비국민無非國民으로 하여금 진화하는 도구"이다. 그는, 인민을 교육하고 인민과 화락하면서 국민을 형성하려는 공원의 전략을 정확히 읽어낸다.[32] 여기에서 그가 발견하는 것은 조선이라는 민족이며, 그의 내면에 형성된 것은 조선인으로서의 민족적 자의식이다. 이에 토대한 그의 모습은 비판

---

30 위의 책, 13쪽.

31 송남 춘몽, 「遊淺草公園記(아사쿠사공원유람기)」, 『태극학보』, 1908. 7; 춘몽자, 「遊日比谷公園(히비야공원유람기)」, 『태극학보』, 1908. 7.

32 이에 대해서는 김진량, 앞의 논문, 258~259쪽에서 구체적으로 분석하고 있다.

적 산책자에 가깝다. 즉, 일본의 공원을 거닐면서 문화정치적 자장에 포섭되지 않고 거리를 유지하면서 성찰한다. 이 시기 공원이 갖는 국민 통합적 전략은 신분과 계급의 무화에 기초하고 있다. 요컨대 신분제도에 따라 분열되고 단절되었던 사람들이 동등하게 제공되는 공원이라는 장소를 통해 일본인으로 일원화되었던 것이다. 조선의 유학생이 이로부터 거리를 유지할 수 있었던 이유는 그의 정체성이 계급보다는 민족에 토대했기 때문일 것이다. 김원극이 일본의 국민과 달리 공원의 전략에 포섭되지 않았던 이유는 그러한 차이의 인식에서 기인한다.

조선 유학생이 공원을 계급적 차별성의 무화 관점에서 해석하기 시작한 것은 1920년대에 이르러서다.[33] 그렇다고 하여 그들의 입지점이 바뀌는 것은 아니다. 그들은 일본의 가난하거나 무력한 하층민이 아닌 조선인이다. 문화정치적 전략이 제대로 힘을 발휘하는 것은 이들이 소비 대중이 되었을 때이다. 이는 1920년대 후반에서 1930년대에 이르러야 가능해진다.

일본이라는 타지에서 유학생의 민족적 자의식은 예민하게 작동한다. 이는 공원이라는 장소에만 국한되지 않는다. 해수욕장에서도 그들은 "국가의 인민을 보호함"에 경탄하며,[34] 우에노 공원에서 개최된 박람회를 구경하면서도 "고향 땅 생각하니 뜨거운 맘이 일어, 몇 잔 술 통음하며 발길을 돌"린다.[35] 이런 점에서 도쿄는 유학생들에게 민족적 자기 각성의 공간이요, 세계

---

33 이러한 관점은 이 시기 사회주의 사상의 영향과 관련지어 해석할 수 있다. 구체적인 예는 김춘강, 「동경화신」, 『조선일보』 1923. 4. 18; 후인(吼人), 「日比谷公園(히비야공원)」, 『현대평론』, 1928. 7 등에서 찾을 수 있다.

34 백악생, 「해수욕의 일일」, 『태극학보』, 1906. 9, 55쪽.

35 이희철, 「夜觀上野博覽會(밤에 우에노 공원 박람회를 관람하다)」, 『태극학보』, 1907. 5, 54쪽.

적 좌표 속에서 조선의 현실을 가늠하게 하는 장소이다.

　현상윤과 문일평에게는 '학교'가 이러한 자각의 장소이다. 현상윤은 학교에서 조선 사회와 자신의 관계를 자각하게 되었노라고 적었다.

> 나는 학교에 들어와 몇 해 동안 학문의 연찬硏鑽을 시작한 후로는 조선 사회에 대한 관계가 몹시 긴절하고 밀접한 것을 느꼈다. 그리하여 나는 학교에서 선생에게 한마디를 얻어들어도, 그것이 이어 조선이란 실지에 응용적 해석을 요하게 되고, 한마디만 (논)변을 울려도 곧 그것을 우리 사회에 비춰보게 되었다. 그러므로 학교 칠판 밑에서 선생이 강의하는 말은 어디로 지나가는지 알 수 없이 나 혼자 우두커니 앉아서 딴 세계, 딴 배포를 하는 것이 하루면 몇 번씩, 몇 시간씩이었다. …(중략)… 좌우간 나는 조선 사회를 생각할 때에는 무엇이 타는 듯하고 불 이는 듯하여 아무리 누르려도 누를 수 없는 무엇이 생가슴에 차는 듯하고, 갑갑한 마음과 보채는 마음이 생기는 것을 느꼈다. 이것은 무슨 나의 성격이 이렇게 하게 하는 것이 아니요, 내가 그동안 학교에서 배운 지식이 이렇게 함임을 스스로 인식하였다.
>
> —현상윤, 「졸업증서를 받는 날에(일기에서)」, 『학지광』, 1919. 1, 73쪽.

　학교는 가장 첨예한 국민 양성의 현장이다. 현상윤은 수업 시간에 조선과 자신의 관계를 깨닫고, 선생의 말 사이에서 부단히 조선을 떠올린다. 그는 일본 국민화의 교육 현장 속 비국민이다. 이 위치에서 그는 새롭게 조선인의 자의식을 더욱 강화하게 된다. 문일평이 조선을 발견하는 방식도 이러하다.[36]

36　장인성, 「문일평의 '문명'과 조선아」, 서연호 외, 『한국 근대 지식인의 민족적 자아형성』, 소화, 2004, 126~127쪽 참고.

기준으로서 도쿄와 유학생의 이중적 위치

유학지인 일본에서 국민 통합 전략을 직감하고 이를 멀리서 바라보는 유학생들에 대해 살펴보았다. 거리감은 유학생들을 조선인으로 정체화한다. 이는 일본의 국민화 전략이 그들에게 역으로 작용한 결과이다. 이 지점에서 그들은 도쿄라는 국민의 공간 속 비국민이 된다. 한편 그들은 도쿄에서 말 그대로 학생의 위치에 있다. 그래서 철저하게 학생의 자세를 취하며 도쿄의 모든 것을 배워 자기 것으로 소화하고자 하는 이도 있다. 이때 도쿄는 유학생의 사유의 기준 또는 중심이 된다.

「일본잡감 병서日本雜感幷序」[37]는 일본 근대 문명의 토대와 배경을 역사지리, 인정풍속, 정교문물, 사농공상, 육해군의 전비戰備, 사회의 상태 등에 대한 고금의 분석을 통해 알아보고자 했다. "형세를 미루어 때를 살피고, 사례에 의거하여 고증하고, 부지런히 연구하여 우리의 사업을 개발하고, 우리의 권력을 신장시킬 방법을 생각하여 선진국과 어깨를 나란히 하고 똑같이 행복을 누리"기 위해서이다. 그러나 개괄적 소개로 그치고 만다. 이런 특징으로 쓰여진 글은 이 시기에 흔히 볼 수 있다. 도쿄 시내의 명소 15군데를 선정하여 소개한 「에도江戶 15경」 또한 이에 속한다. 한 예를 들면, 15경 가운데 하나인 우에노 공원에 대한 감흥은 사이고 다카모리西鄕隆盛의 동상이 중심을 차지한다. "시타야구下谷區 우에노 공원에는 사이고西鄕의 동상이 천년을 서 있구나, 도쿠가와德川의 옛 자취는 지금 어디 있는가. 에도성江戶城 안에는 물만 절로 흐르네"[38]라는 표현을 통해 옛 도쿄, 즉 에도에 대한 회고의 감정을 드러낸다. 이 시에서 정한론자征韓論者였던 사이고 다카모리에 대한 비판 의

---

37 강전, 「일본잡감 병서」, 『대한학회월보』, 1908. 11, 43~45쪽.

38 이승근, 「江戶十五景(에도 15경)」, 『태극학보』, 1907. 4, 38~39쪽.

식은 찾아볼 수 없다. 단지 도쿄를 알아야 한다는, 혹은 알려야 한다는 목적에 충실할 뿐이다.

지적 욕구에서 비롯된 개괄적 소개는 곧 문명에 대한 자기 계몽 의지의 발현이다. 동시에 문명화에 뒤진 조선인을 계몽시켜야 한다는 사명감에서 비롯된 것이기도 하다. 이처럼 유학생의 도쿄 소개에는 자기 각성과 타자 계몽 의식이 혼재한다. 이러한 태도는 도쿄(또는 일본)와 조선 사이에 놓인 유학생의 위치 때문에 나타난다. 귀국 여정을 적은 한 유학생의 글은 이를 잘 말해 준다. 그는 "도쿄에서 부산까지 조선 두루막이 처치하기에 은근히 힘이 들던 것이 부산 기차 안에서는 배를 내밀고 앉게 되었었나이다"[39]라고 적고 있다. 이 표현에는 일본에서 돌아오는 동안, 그리고 조선에 들어와서 느낀 유학생의 심리가 드러나 있다. 그는 일본에서는 주변인의 심정이었다가 조선에 들어서면서 중심, 곧 주인의 심정을 갖게 된다.

일본과 조선이라는 두 세계를 체험하면서 그는 주변인 동시에 중심이라는 이중적 위치에 처한다. 이로부터 그는 모든 것을 비교하게 된다. 이 시기 유학생들의 비교 의식은 강박증에 가깝다.

> 학교에 처음 입학하여 어느 날 학교 가는 길에 한 늙은 차부가 청년 신사를 태우고 이마에 슬인 땀을 이리 씻고 저리 씻고 달려오더니 그 신사는 어느 큰 집으로 들어가고 그 늙은 차부는 문 앞에 그대로 앉아서 준비하였던 신문을 펴 들고 열심히 구주 전보와 기타 사회상 천차만별한 기사를 재미있게 보는 모양이 나의 가는 말을 멈추고 한 번 보게 히는도다. 나의 머리에 화살같이 쏘인 감상 전기같이 반도 사회가 눈앞에 보이는도다. 아— 제군이여 우리나라에 신문을 보

---

39 백웅, 「모학교 교장에게」, 『학지광』, 1918. 3. 75~76쪽.

는 사람이 몇이며 또 볼 만한 안목을 가진 사람은 몇일까. 혹 안목을 가진 사람은 보기 싫어 안 보고 안목을 갖지 못한 사람은 몰라서 보지 못하니 식견상 어느 범위 내에서는 타방他邦의 차부 사회에 미치지 못한다 하여도 과언이 아니로다. 이에 당하여 조선 청년이 어찌 한 면 개탄 감각함이 없으리오..

—박승수, 「동도지감상東渡之感想」, 『학지광』, 1917. 7, 14쪽.

이 유학생은 학교 가는 길에 차부(인력거꾼)가 신문을 읽는 장면을 목격한다. 이를 본 순간 그는 '화살같이' '전기같이' 빠르게 조선을 떠올린다. 도쿄는 유학생들에게 자신을 비추는 거울이다. 거울로서 도쿄는 이상이 되어 현실과 부단한 비교를 만들어낸다. 비교 사유는 타자를 통해 자기를 인식하는 방식이다. 이때의 자신은 개인이 아니라 조선이라는 집단적 자기이다. 차부역시 한 사람의 인력거꾼이 아닌 일본인이다. 위 글의 필자는 인력거꾼을 일본인이라는 추상적 집합체로 비약시킴으로써 신문을 읽는 그와 조선인이라는 집합체를 동일한 차원에서 비교한다. 이러한 비교의 사유는 타자가 자기보다 도덕적으로 우월하거나 물리적으로 강력하다고 지각할 때 발생한다.[40]

『매일신보』에 발표된 이광수의 「동경잡신」[41]은 이를 더욱 깊이 있게 보여준다. 먼저 중심으로서의 도쿄에 대한 욕망이 잘 드러난다. 이광수가 보기에 이 시대 유학생의 첫 번째 목적은 "분골쇄신을 하더라도 세계 최고 문명국의 최고 문명인과 동일한 정도에 추급하려 함이니, 즉 자신 최고 문명인이 되려

---

40 장인성, 앞의 논문, 7쪽.

41 이광수, 「동경잡신」, 『이광수전집』 17, 삼중당, 1962, 475~514쪽. 이 글은 『매일신보』에 1916년 9월 27일부터 11월 9일까지 연재되었다. 김윤식은, 춘원이 이 글을 쓴 2차 유학기에 이르러서야 도쿄를 주체적인 시선으로 바라보기 시작했다고 지적하였다. 김윤식, 앞의 책, 148쪽.

함"에 있다. 이광수가 도쿄에서 공부하는 이유와 목표 또한 여기에 있을 것이다. 이를 위해 그는 조선에 있는 "재능과 금전을 겸비한 유복 청년 제군"들도 "분연히 지志를 결決하고 최고 학부에 학學하여서 최고 인물되기를 힘쓸" 것을 강권한다. 그에게 최고 학부는 일본의 제국대학이다. 이곳을 나와야 최고의 인물이 될 수 있다는 것이 그의 생각이다. 중심을 향한 열망은 곧 최고를 향한 욕망이기도 하다. 근대 문명을 실현한 것으로 인식되는 도쿄, 그리고 문명의 지식을 배울 수 있는 일본의 대학은 그 자신을 최고로 만들어줄 수 있는 곳이다.

이광수의 목표는 도쿄에서 공부하여 스스로 문명인이 되는 것이다. 그런 그의 눈에 우선적으로 들어오는 도쿄의 풍경은 문명의 모습이다. 그에게 도쿄는 '총망怱忙'의 도시다. 문명인은 바쁘다. 이에 비해 야만인은 게으르다. 이런 관점으로 그는 문명의 도시 도쿄에서 도쿄인의 바쁜 생활상을 특징적으로 꼽아 예찬한다. 그가 예로 든 도쿄 공원의 풍경을 보자.

여름날 황혼이나 일요일 기타 휴일에 도쿄 근교나 시내 공원이나 연극장, 활동사진관 등처에 가장 한가하게 소요 관람하는 사녀士女를 보나니, 이는 경성에서도 탑동공원이나 삼청동, 청량리 등처에서 볼 수 있을 경황이라. 그러나 이와 저에는 서로 다름이 있으니, 이는 긴긴 시간에 할 일은 없고 적막을 불금不禁하여 유락으로 세월을 보내려 하는 자요, 저는 종일 또는 수일간 번극한 사무에 피곤한 심신을 일시의 쾌활한 소창消暢으로 회복하려 함이라. 지금 공원에 산보하는 사는 수數 시간 진 진차니 지동차로 분주하던 자니, 이 분주가 있었는지라 이 산보에 쾌미와 의의와 가치가 있거니와, 저 청량리, 삼청동의 유객들은 무슨 일로 심신이 피곤하였관데 감히 소창을 도모하나요.

— 이광수, 「동경잡신」, 『이광수전집』 17, 삼중당, 1962, 488쪽.

이광수는 공원을 일상이 바쁜 이들을 위한 휴식의 장소로 파악한다. 휴식은 또다시 일상 속으로 돌아가 열심히 일하기 위한 충전 행위로 본다. 하지만 조선 공원에서 보이는 조선인의 처지는 이와 다르다. 조선인들에겐 일이 없다. 바쁜 '사무'가 없다. 따라서 군이 노동 공간과 공원 사이의 단절이 필요 없다. 조선인에게 공원은 소모적인 유락의 장소일 뿐이다. 이처럼 도쿄의 공원을 보면서 이광수는 도쿄 문명인의 분주함과 할 일 없는 경성인의 게으름을 대비한다. 이 과정에서 도쿄는 문명의 중심 공간이 되고, 경성은 그 주변으로 밀려난다.

경성의 주변화는 자기 주변화로 이어진다. 이러한 양상은 저녁 식사 후 방문했던 일본인 친구의 방에서 느낀 바를 적은 '지식욕과 독서열'에서 극단적으로 드러난다. 마침 친구는 식사 중이고 이광수는 홀로 친구의 방에서 기다리게 되었다. 이때 그의 시선이 닿은 곳은 책상과 책꽂이다. 그는 서가에 꽂힌 책들의 제목을 일일이 점검하고 책들을 꺼내 하나하나 펼쳐 본다. 친구가 무엇을 얼마나 그리고 어떻게 읽는지를 유심히 살핀다. 친구는 전공 이외에도 교육, 사학, 경제, 농촌, 고문학 등 폭넓은 분야의 책을 아주 꼼꼼하게 읽고 있었다. 이를 보고 이광수는 놀라움을 금치 못한다. 학교 성적은 자신이 뛰어나지만 정작 독서는 친구에게 견줄 바가 아니었기 때문이다. 그 이유를 이광수는 문명화된 족속의 유전적 혈통에서 찾는다.

나는 야생이요, 3, 4대 문명한 공기 중에서 생육한 사람이라 친구의 세포와 혈액에는 이미 문명이 침윤되었나니 친구의 아버지는 신문명의 생활을 하던 자요, 어머니도 신문명을 이해할 만한 지식을 갖춘 자라. 친구는 태중에서 이미 문명의 유乳를 흡吸하였으며, 강보에서 문명의 소리를 들었고, 가정의 담화와 학교의 교육과 붕우의 교제와 서적과 잡지와 사회의 공기에서 문명의 지식을 흡수한 사람이라. 친구는 나이는 비록 24, 5세이나 그 실은 50여 년 문명의 교육을 받은 자요, 또 사회의 요구가 친구로 하여금 지식을 갈구하게 한 것이다.

—이광수, 앞의 글, 511쪽.

일본인 친구는 누대에 걸친 일본의 문명화 속에서 유전적으로 개종된 문명인이다. 이에 비해 자신은 야생인이다. 그 결과 나이는 스물네댓 살로 서로 비슷할지라도 친구는 어른이고 자신은 미숙아이다. 이에 그는 "오늘 밤에 기숙사에 돌아가면 자정 되도록 독서하고 매일 이와 같이 하리라 결심하였노라" 하면서, 집으로 돌아와 다짐했던 대로 늦게까지 공부를 한다. 이후 잠자리에 들려는 그에게 들려온 것은 "주야불식하는 공장의 기적" 소리다. 저녁나절 이광수가 친구의 방에서 본 서가에 꽂힌 책들과 부단히 돌아가는 공장의 소리는 근본적으로 동일하다. 곧 문명인의 모습이며, 문명화된 도시의 소리이다. 이것들은 문명이라는 관점에서 도쿄의 이미지를 형성하는 각각의 요소이다.

도쿄에서 주변인의 위치와 도쿄인에 대한 모방적인 태도는 조선과 관련될 때 중심인과 계몽의 태도로 전환한다. 이광수의 「동경잡신」이 전자를 잘 보여주고 있다면, 후자를 보여주는 것은 현상윤의 「경성소감」이다. 현상윤은 이 글에서 도쿄 체험을 기준으로 경성을 평가하고 판단한다. '다른 나라'라는 표현으로 문명국의 도시와 경성을 비교하면서 경성의 후진성을 비판하지만, 실제 '다른 나라'의 도시는 도쿄이다.[42] 도쿄는 비교의 기준이자 사유의 기준

---

42 이를 구체적으로 명시한 구절은 다음과 같다. '내가 도쿄에 간 후에 제일 부럽고 제일 귀엽게 생각한 것은 저곳에 있는 청년들이 자기네 선배를 가리켜 아무 선생, 아무 씨라고 부를 때 그 선생이라 씨라 불리는 사람이 많은 것을 본 일이라. 남의 곳은 저렇게 청년 후생에게 모범될 만한 사람이 그 수를 헤아릴 수 없거늘 지금 우리 곳에는 청년

이다.

> 이 위에 여러 가지로 고언신구古言新句를 기탄없이 열거하여 내려온 것은 내가 경성에 대하여 무슨 악의를 가져 그런 것도 아니요, 참으로 경성 현재의 상황이 그러함이니, 경성의 시민이여 이것을 다만 무책임한 매도로만 듣지 말고 일종의 충고로 생각하면 쓰는 나도 대단한 영광으로 생각하려 하노라.

> ―소성, 「경성소감」, 『청춘』, 1917. 11, 129쪽.

현상윤('소성'은 현상윤의 호)은 경성과 도쿄를 계속 비교하면서 차이를 강조한다. 도쿄를 기준으로 경성이 하루바삐 문명의 도시가 되기를 촉구한다. 경성의 미래상을 제시하면서 조선인을 계몽하고자 한다. 여기에서 도쿄와의 거리는 마땅히 소멸되어야 할 것이 된다.

자존감의 회복과 개별 장소로서 도쿄

「동경잡신」에서는 도쿄의 풍광에 대한 기술은 찾아볼 수 없다. 1910년대 후반의 이광수에게 도쿄는 문명의 표상 공간이었다. 문명화가 최고의 목적이었던 그의 시선에 풍경은 포착되지 않았다. 그만큼 심리적 여유가 없었던 탓이기도 하다. 여유 없음은 일본이라는 공간에 들어서면서부터 배타적 민족 관념의 시선으로 도쿄를 바라보았던 이들에게서도 발견되는데, 1920년대 초반에 이르러서야 이러한 관념에서 벗어난 글이 보인다.

에게 선생이라 씨라 불릴 사람이 과연 몇 사람이나 되는고 하고 이 일을 생각하면 마음이 서늘해짐을 스스로 깨닫지 못하겠다. 아무려나 경성에는 선생이 없고 선배가 없는 것은 사실인 듯하다." 소성, 「경성소감」, 『청춘』, 1917. 11, 129쪽.

아— 처음 발 디딘 도쿄야! 내 너에게 기대함이 많고 배울 바가 많은 도쿄야! 지식에 주리고 문화에 목마른 나로 하여금 장차 가르침이 많고 지도함이 많은 도쿄야! 내가 이제야 처음 너를 밟아보는구나. 첫 대면의 도쿄야! 평안하더냐, 하고 나는 속살거렸다.

도쿄 정차장 앞 넓은 거리에서 나는 한참 이리저리 둘러보았다. 앞으로 큰 건축물이 줄지어 섰음을 보고 놀랐다. 팔구층 되는 큰 집은 아마 처음 보는 것이었다. 사진으로는 많이 보았지만 실지로 쳐다보기는 이것이 처음이었다.

—윤갑용, 「동경에서(2)」, 『동명』, 1923. 5, 16쪽.

이 시기에도 조선의 학생들은 여전히 도쿄에 대한 동경으로 가득하다. 그러나 도쿄역에 내린 필자가 "도쿄 정차장 앞 넓은 거리"에서 "한참 이리저리 둘러"본다는 점에 주목할 필요가 있다. 도쿄에 처음 들어선 이전의 유학생과 마찬가지로 "큰 건축물"과 "큰 집"에 감탄하긴 하지만, 그에게는 미미하나마 조망의 여유가 보인다. 이로부터 도쿄는 문명 또는 민족의 시선으로부터 벗어나, 보이는 그대로 묘사될 수 있는 지점에 놓인다.

이보다 앞선 1920년 김기수의 글은 도쿄의 음식 체험을 기술하고 있다.

얼마 지나지 않아 시모노세키에 정박하였나이다. 시간은 홀홀忽忽한데 국수집을 찾아다니는 중 밥집에서 들어오라고 조른다. 아무 데나 하고 들어갔다 큰 접시를 열고 보니 기가 막힌다. 새끼손가락 한 마디만 한 무쪽들이다. 결코 거짓말이 아니올시다. 전부터 알던 것이지만 모두가 다 새삼스레 감상이 일어나나이다.

내가 만일 처음 일본인을 보고 민정 시찰하러 오던 길 같으면 나는 더 안 보고 그곳에서 환귀하였겠나이다. 그러나 가격은 1원 50전. 아! 일개 학생인 나에게는 참 부당하였나이다. 다시 차에 몸을 실어 도쿄를 바라고 오나이다. 도처에

인가가 끊이지 않았음으로 사실상 우리보다 조금 더 발달되었다고 아니할 수는 없나이다. 세토나이카이瀬戶內海를 끼고 줄곧 돌아올 때 미상불 쾌미도 느꼈으나 일본 (4)경의 (하나) 되는 미야지마宮島에 이르러서는 얼마나 심유한 경치가 있는지 나의 어두운 눈으로 발견하지 못하고 혼잣말로 우리 금강산의 돌 한 개만 가져왔더라면 일본 4경의 제1위를 차지할 것이요, 탐승인도 한량없을 것이다. 이 다음에는 그 영업이나 (하)여볼까 하였나이다. 차 안은 어떠한가. 도시락보다 식당에서 배나 좀 불(릴)까 하고 가보니 밥은 10전씩만 더 주면 따로 얼마든지 먹지만, 반찬 없이는 들어가지 않는다. 음식 먹고 돈 낼 때마다 수업료를 주고 일본 음식을 배웠다 하였다.

—김기수, 「동경여행기 일편을 이긍석 군에게」, 『조선일보』 1920. 6. 29~7. 1.

윗글의 필자 김기수는 "새끼손가락 한 마디만 한 무쪽들"을 통해 처음으로 일본을 체험한다. 음식 체험으로 일본을 이야기할 수 있다는 것은 유학생이 막강한 국력의 나라, 앞선 문명의 나라인 일본이 주는 압도감에서 벗어나 자신의 감각을 회복하고 있다는 표시이다. 감각의 소생은 곧 주체적 시선의 회복으로 연결된다. 이는 윗글의 둘째 단락에서 세토나이카이를 지나 미야지마에 이르러 "우리 금강산의 돌 한 개만 가져왔더라면 일본 4경의 제1위를 차지할" 것이라는 말을 통해 알 수 있다. 글쓴이는 일본의 자연 풍경을 조선의 그것과 일대일로 비교해 서술하고, 나아가 조선 풍경이 우월하다고 말할 수 있을 만큼 자존감을 내비친다.

이러한 태도는 난파 홍영후의 글에서도 발견된다. 그는 두 번째 유학길에서 후지산富士山을 바라보며 "대화족大華族이 노유老幼의 구별이 없이 칭찬하고 자랑함도 무리 아니라고, 그뿐 아니라 만일 그들로 하여금 만고의 명산인 금강의 절경을 접견케 하였으면 얼마나 부끄러워할까? 하는 생각도 없지 않았다"[43]라고 적는다. 김기수와 마찬가지로 난파 또한 후지산을 보면서 금강산을 떠올린다. 이는 이광수가 후지산을 보면서 "천녀가 하계에 내려왔다가 닭의 소리에 놀라 미처 치마고름도 매지 못하고 천상으로 오르려는 모양"이라고 「동경에서 경성까지」에서 했던 말과 비교된다.

1920년대 초반에 유학생들의 인식에 나타난 변화는 1910년대 후반의 세계정세 변화와 1919년 3·1운동의 영향에서 기인한다. 1910년대 후반 일본 유학생들의 사상은 신이상주의의 영향 아래 있었다.[44] 이는 사상적으로 제1차 세계대전 이후 물질 중심의 인생관을 비판하고, 절대적인 국가주의의 전제에 반대하며, 인격적 이상 생활을 실현하려는 경향을 띠었다. 국제 정세의 변화와 그에 따른 사상적 흐름 속에서 유학생들은 우승열패의 사회진화론적 관점에서 점차 벗어나게 되었다.[45] 이 과정에서 일본을 주체적 시선으로 바라볼 수 있는 심리적 여유와 객관적 안목을 확보하게 된다.[46] 눈에 띄는 것은 일단 문명과 야만의 도식에 균열이 보인다는 사실이다. 오천석은 미국으로 가면서 경유한 도쿄에 대해 "불결한 도회"라고 적고 있다.[47] 도쿄는 문명의 도시이며 문명은 불결한 야만에 비해 청결하다는 선입관을 어느 정도 떨쳐

---

43 홍영후, 「경성에서 동경까지」, 『서광』, 1920. 7, 100쪽.

44 박찬승, 「1920년대 도일유학생과 그 사상적 동향」, 『한국근현대사연구』 30, 한국근현대사학회, 2004, 125쪽.

45 류시현, 「1910~1920년대 일본유학 출신 지식인의 국제정세 및 일본인식」, 『한국사학보』 7, 고려사학회, 1999, 293~294쪽.

46 1920년대 초의 이러한 분위기 속에서 일본에 대한 변화된 인식을 잘 보여주는 글은 성관호의 「나의 본 일본 서울」(『개벽』, 1921. 6, 65~71쪽)이다. 당시 성관호가 유학생 신분이 아니기 때문에 이 책에서는 제외했다. 이에 대해서는 류시현이 위의 논문에서 간단하게 분석하고 있다.

47 산호성, 「태평양 건느는 길, 인천에서 동경까지(9)」, 『동아일보』 1921. 10. 1.

낸 자유로운 표현이다. 그는 자신의 눈에 보이는 대로, 느끼는 대로 적었다.

당시 유학생들의 도쿄 문화 체험을 구체적으로 기술한 글로는 「여행잡감」과 「동경화신東京花信」을 들 수 있다. 전자는 일본 군함 '휴가日向' 승선기이며, 후자는 벚꽃놀이에 대해 적은 글이다.

「여행잡감」은 김준연의 글이다. 그는 학교에서 "해법실지강의"를 위해 실시하는 "일본 해군의 최신 최대한 군함 휴가日向" 견학을 신청했다. 이유인즉슨 "강화조약 후 세계열강은 더욱 군비 확장에 급급해서 유공불급唯恐不及하는 상태에 있다. 이러한 때에 군사 방면 더구나 해사海事 방면에 얼마쯤 지식을 얻어 두는 것은 대단히 필요하다는"[48] 생각이 들었기 때문이다. 견학 후 그는 군함의 특징과 해군의 장점을 간단히 언급했을 뿐, 과장되게 감격하거나 이를 일본의 위력과 연관 지어 소감을 풀어놓지 않는다. 견학의 목적이 뚜렷했던 만큼 일본의 함대와 해군을 보는 태도 또한 중심이 잡혀 있다.

김춘강의 「동경화신」[49]은 도쿄에 건너간 지 얼마 안 되었을 때 친구들과 함께 간 벚꽃놀이에 대해 적고 있다. 그들의 꽃놀이는 "진실로 꽃에 일흥一興, 술에 일흥, 자기 자신에 또 일흥"하였고, "술에 취하고 꽃에 취"한 놀이였다. 이처럼 자신들이 꽃놀이에 흠뻑 빠져 논 일을 적고 있지만 일본인들의 특유한 꽃놀이 체험에 대해서 적는 것도 놓치지 않았다.

> 피나이다. 벚꽃이 피나이다. 일본인들은 예년에 비하여 올해는 얼마쯤 늦었다고 안달을 떠나이다. 4월 1일 이래 계속하여 불어오는 훈풍은 하룻밤 사이에 벚

---

48 김준연, 「여행잡감」, 『학지광』, 1920. 1, 53쪽.

49 김춘강의 「동경화신」은 『조선일보』에 총 3회가 실렸는데, 1회와 2회는 1923년 4월 15일 자에, 3회는 4월 18일 자에 실렸다.

꽃도 7분쯤은 피우더이다. 이제부터 기후의 별 차이만 없이 사오일 후면 담홍색의 구름이 어지럽게 보이는 아름다운 볼거리를 드러내겠더이다. 아! 꽃은 드디어 붓님에게 가까운 미소를 주나이다. 실로 3일 보지 못할 벚꽃 삼사일만 지나면 부내府內 도처에, 아니 도쿄(전체)는 꽃 세계로 변하겠더이다.

— 김춘강, 「동경화신(1)」, 『조선일보』 1923. 4. 15.

꽃구경이 예년보다 늦었다고 안달하던 일본인들이 오늘부터는 오월 초순치고 이렇게 따뜻한 천기는 보기 드물다고 만면희색을 띠고 혹은 가족, 혹은 붕우, 혹은 정남정녀情男情女 삼삼오오 작대하여 꽃구경을 나섰나이다.

— 김춘강, 「동경화신(2)」, 『조선일보』 1923. 4. 15.

김준연이나 김춘강의 글에서 일본 또는 도쿄의 문화는 이제 더 이상 보편의 문화가 아니다. 그들은 일본의 문명과 문화에 대해 뚜렷한 주관을 갖고 시찰하거나 한 국가의 특수한 문화로 관찰한다. 이들에 이르면 도쿄는 이질적인 문화 체험의 장소, 즉 개별적인 공간으로서 인식되기 시작한다. 이들에게서는 타문화에 대한 단순한 적대감이나 일방적인 모방 의식이 발견되지 않는다.

1920년대 후반과 1930년대에 이르면 도쿄의 의미는 또 다른 차원에서 전개된다. 염상섭의 「6년 후의 동경에 와서」[50]라든가 1930년대 지식인들이 도쿄의 문화 공간을 체험한 뒤 쓴 글에서 이전과 다르게 근대 대도시로서 도쿄를 인식하는 것을 볼 수 있다. 흥미로운 점은 1930년대 경성에 대한 인식

---

50 염상섭, 「6년 후의 동경에 와서」, 『신민』, 1926. 5.

이 소비도시로 변모한 도쿄와 별반 차이가 나지 않는다는 것이다.[51]

---

[51] 이에 대한 논의는 제4부 04장 '식민지 지식인과 제국의 도시 도쿄, 1925~1936'으로 이어진다.

02

나혜석·박인덕·허정숙의 서양

1. 신여성의 제한된 외출과 기억으로서의 여행기

최남선의 「평양행」[52]은 "너에게 감사한다"로 시작되는 편지체 기행문이다. 이 기행문에서 "너"는 바로 기차이다. 늘 마음으로만 그리던 평양을 볼 수 있게 해준 기차에게 감사를 표하는 글이다. 기차와 철도가 있었기에 여행은 대중화될 수 있었다. 이 시기 여행은 세계로 뻗어나가려는 욕망의 적극적인 표현이자 실천으로서 강조되었다.[53]

여행이 대중화되면서 권장되고 강조되었지만 여성에게는 현실적으로 어려웠다. 조선시대의 전통적 삶이 여전히 지속되던 19세기 말과 20세기 초의 시대적 상황에서 여성에게 여행이란 결코 쉽게 할 수 있는 일이 아니었다. 당시 양반가 여성이 가마를 타지 않고 대낮에 길을 나서는 일은 생각할 수도

---

52 N. S, 「평양행」, 『소년』, 1909. 11, 133~152쪽.
53 「수양과 여행」, 『청춘』, 1917. 7; 「산에 가거라」, 『청춘』, 1917. 9.

없었다. 여성은 주로 밤을 이용하여 외출했는데, 이때도 반드시 쓰개치마를 착용해야만 했다. 이러한 바깥출입 제한은 여성의 야간 통행 허용과 장옷 착용 폐지가 발표된 1904년까지 계속되었다.[54]

외출에 엄격한 통제를 받던 조선의 여성들을 바깥 세계로 불러낸 합법적인 장치는 1886년부터 시작된 여성 교육이었다. 여성 교육이 공식적으로 제도 교육의 안에 포함된 것은 1908년이다. 교육기관은 여성에게 정당한 외출의 기회를 제공했다. 특히 학교에서 실시하는 소풍이나 수학여행을 통해 그들은 처음으로 단순한 외출의 즐거움을 넘어 여행의 호사를 누리게 되었다. 1899년 이화학당 학생들의 첫 봄소풍은 "500년 내 처음 있는 여학도의 화류"[55]로 기사화될 만큼 경이로운 일이었다. 여성들의 여행기는 그들의 외출 기회가 확대되면서 씌어지기 시작한다.

종일토록 즐기다가 석양에 돌아오니 그 아기자기하고 재미있고 기쁜 말을 어찌 다 하겠습니까.

아— 우리 동무들이여! 우리가 일 년에 두 번씩 가는 이 원족遠足이 아니면 가정이나 학교에서는 맛볼 수 없는 이런 유쾌한 느낌을 어찌 맛볼 수 있겠습니까. 참 원족이란 좋은 것이외다. 나는 원족이 우리 학생들의 심신을 건강하게 하고 문견도 넓히는 의미로 보아 없지 못할 것임을 깊이깊이 깨달았습니다.

틈만 있으면 가봅시다. 산으로 바다로.

—정애, 「삼막사의 가을」, 『신여성』, 1923. 11, 45쪽.

---

54 『대한일보』 1904. 7. 5.

55 『그리스도인 회보』, 1899. 5. 10. 개화기부터 1910년까지 여성의 외출에 관한 기록과 자료는 최숙경, 「개화기 여성 생활 문화의 변동과 전개」, 『여성학논집』 제16권, 이화여자대학교 한국여성연구원, 1999를 참고했다.

원족, 즉 소풍은 집과 학교의 울타리를 벗어날 수 있는 기회였다. 윗글은 1920년대에도 여성에게 이러한 기회가 흔치 않았음을 알려준다. 이후에도 여성의 여행은 쉽게 이루어지지 못했다. 1937년 강경애는 "언제나 여행하기까지 한가로움을 갖지 못한 나는 이때까지 여행한 일이 극히 적다. 몇 번 고향을 다녀온 것뿐 외에 전무하다고 해도 옳을 게다"라고 여행기에 썼다.[56] 여행을 거의 하지 못했다는 그녀의 말은 그 시대 여성 일반의 현실이라고 보아도 무방하다. 그녀의 경우에는 가난한 형편 때문에 여행이 힘들기도 했지만, 실상 여성의 여행은 이러한 경제적 사정을 초월한다.

근대 여성 교육이 실시되면서 여성이 학교로 외출할 수 있는 길을 열어주었지만 그것은 일시적인 외출에 지나지 않았다. 여성에게 근대의 교육은 두 개의 얼굴을 들이밀었다. 한편으로는 자의식을 싹트게 함으로써 주체적 의식을 자극했던 반면, 다른 한편에서는 다시 가정으로 돌아가 '현모양처'가 될 것을 강요했다.[57] 따라서 이들의 외출은 가정으로 다시 돌아가기 위한 외출이었다. 여행 장벽이 높았던 현실에서 신여성의 여행은 주로 결혼에 따른 신혼여행과 학교에서 가는 원족 혹은 수학여행 정도로 국한된다. 그 결과 신여성의 국내 여행기는 주로 원족기, 수학여행기, 신혼여행기 등이며, 그 외에는 여성 문인 작가들의 여행기가 조금 있을 뿐이다.

근대의 여행은 단순한 호기심의 수준을 넘어 자국에 대한 영토 인식 및 영토 확장의 욕망이 깔린 제국주의적 지리의 관점에 토대하고 있다.[58] 그러

---

56 강경애, 「기억에 남은 봉남포」, 『여성』, 1937. 8, 8쪽.

57 박정애, 「초기 '신여성'의 사회진출과 여성교육 — 1910~1920년대 초반 여자 일본유학생을 중심으로」, 『여성과 사회』 제11호, 한국여성연구회, 2000, 48~51쪽.

58 이 시기의 여행이 단순한 관광의 차원을 넘어 정치적 의미가 내포되어 있음은 조선인 일본관광단에 대해 "사인士人 모양으로 관광단 노릇을 하지 말고 진정한 의미의 시찰

나 이러한 의미의 근대적 여행은 당시 여성이 처한 물리적 제약을 고려하면 신여성의 여행과 거리가 있을 수밖에 없다.

남성들의 원족기 또는 수학여행기는 1920년을 전후해서 발견되기 시작한다.[59] 1920년대 초반에는 일본이 정책적으로 식민지민에게 일본 관광을 장려했을 뿐만 아니라 조선에서 산수 유람의 사회 풍조까지 만연하던 시대였다.[60] 그 영향으로 1920년을 전후한 시기에는 이미 여행 또는 관광이 적지 않게 이루어졌다. 이를 감안하면 『신여성』에 실린 여학생들의 여행기는 시기적으로 뒤늦은 감이 있다. 뒤늦은 출발은 여성 잡지의 발간 시기에서 이유를 찾을 수 있다. 1920년대에 접어들면서 많은 신문과 잡지가 간행되기 시작했는데, 『신여자』·『신가정』·『신여성』·『여성』·『부녀세계』·『현대부인』·『만국부인』 등 여성 관련 잡지들도 이 시기부터 출판되었다.

여성의 여행기는 기획에 의한 경우가 대부분이다. 『신여성』 1923년 11월 호에는 '청추淸秋의 일일─日 ── 각 학교 여행기'라는 제목 아래 세 편의 여행

자가 되기를 바'란다는 유학생의 비판을 통해서도 알 수 있다. 특히 남의 나라를 여행할 때 여행자가 대상 국가를 적극적으로 응시하고 관찰하지 않으면 "발달한 문명을 보고 공포증만 얻고 돌아오며, 또 우리의 추태만 남들에게 광고하는 결과가"(S생, 「관광단을 평론함」, 『학지광』, 1921. 6)되어, 오히려 "인물 표본으로 다른 나라 사람의 구경거리가"(취몽생, 「수감수록隨感隨錄」, 『학지광』, 1921. 6) 될 수 있다는 지적이 제기되었는데, 이를 통해 그 속에 내포된 정치 역학적인 긴장을 읽을 수 있다.

59 김윤경, 「인천원족기」, 『청춘』, 1918. 9; 애유생, 「북성기」, 『청춘』, 1918. 9; 박춘파, 「청추의 소요산」, 『개벽』, 1920. 11; 茄子峯人, 「청추의 여旅, 강화행」, 이병도, 「청추의 여, 개성행」, 『개벽』, 1921. 11 등.

60 "근일 우리 사회에 명산수를 유람하는 풍조가 유행하게 되어 금강산을 탐승하는 인사도 많으며 백두산을 탐험하는 인사도 있음은 자연미에 대하여 일반 사회의 취미가 향상된 표증이니, 어찌 가회可喜할 현상이 아니랴." 문일평, 「북한의 일일」, 『개벽』, 1921. 10.

기가 실려 있다.[61] 이 글들은 여성 잡지의 기획하에 생산되었다. 물론 이전에도 여학생의 원족은 있었으며, 그들은 이를 통해 일탈감을 느꼈을 것이다. 하지만 원족을 다녀오는 것으로 그치지 않고 그것이 일탈감을 기록한 원족기의 형태로 탄생하는 데에는 잡지사의 기획이라는 촉매가 필요했다.[62] 다양한 잡지들이 발간되면서 남성들의 여행기도 기획과 청탁으로 씌어지는 경우가 적지 않았다. 그러나 초기 여행기의 집필 형태를 보면 그 차이점이 입체적으로 드러난다. 『소년』 등에 실린 기행문들이 말해주듯 남성들의 여행기는 '찾아낸' 테마로서의 성격이 짙다.[63] 이에 비해 여성 여행기의 초기 형태인 원족기는 기획을 통해 '찾아진' 테마이다. 따라서 여성에게 재구성되는 여행은 주로 기억에 의존한다. 그들의 여행기는 기억으로서의 여행기인 셈이다.

> 벌써 신혼이라는 그러그러한 때가 저 먼 옛날같이 되어버린 이때에 새삼스럽게 달콤하고 아기자기한 신혼여행기를 쓰라는 명령을 받고 펜을 들게 되기(에) 공연히 웃음만 납니다.
>
> ―백신애, 「슈-크림」, 『삼천리』, 1935. 7, 76쪽.

작가 백신애의 신혼여행기 「슈-크림」의 첫 구절이다. 이 글은 '신록의 신

---

61 『신여성』 1923년 11월호에는 정애의 「삼막사의 가을」 외에 진묘순의 「처음 본 개성」과 연옥의 「북악산의 하로」 등 2편이 더 실려 있다.

62 『신가정』 1936년 5월호 163 169쪽에는 '영생여고생 작품'이라는 제목 아래 여학생들의 작품이 실렸다. 이 가운데 이봉순의 「경주여행기」와 김옥선의 「금강산탐승기」라는 여행기가 두 편 있는데, 후자는 수학여행기이다.

63 그러나 『소년』에 실린 기행문을 순수하게 찾아낸 테마로 볼 수 있을지는 더 확인해보아야 한다. 최남선은 일본 대학의 지리과에 적을 둔 적이 있는데, 이때 그의 지리 인식이 어떻게 일본의 근대 교육을 통해 매개되었는지 살펴볼 필요가 있다.

혼여행'이라는 제목 아래 『삼천리』가 기획한 여성 유명 인사의 신혼여행기 특집 중 한 편이다. 이 외에도 허영숙은 10년 전, 최승희는 만 3년 전, 그리고 장덕조는 만 2년 전의 신혼여행을 쓴 여행기를 같은 잡지에 실었다.[64]

여성 유명 인사뿐 아니라 전문적 글쓰기를 하는 여성 작가들도 여행에 제약과 한계가 따르기는 마찬가지라서 잡지사의 기획에 의한 성격이 강했다.[65] 여행이 어디 소풍과 수학여행, 신혼여행뿐일까. 여행의 참맛은 유랑이나 방랑 또는 탐험에 있다. 그러나 이러한 자유로운 여행을 꿈꾸고 실천하기에는 여성에게 가해진 제약이 너무도 많았다. 이 때문에 여성들은 여행을 꿈꾸는 것, 나아가 여행적 사유를 추구하는 것 자체가 쉽지 않았다. 그 결과 여행을 하고서도 그에 대한 의식을 가지지 못하거나, 청탁을 받고서야 기억을 통해 여행의 의미를 재구성하게 되는 경우가 대부분이다. 흔치 않은 여행의 경험을 떠올리는 과정에서 여행은 추억이 되고, 여행기는 낭만화·이상화의 경향을 띠게 된다.

여성의 여행기 중에서 가장 적극적으로 자의식이 표출된 것은 유학생들의 글이다. 교육을 받은 여성들은 현모양처의 삶을 강요하는 국내에서는 그들의 뜻을 확장시켜나갈 수가 없었다. 이러한 한계를 극복할 수 있는 통로가 바로 해외 유학이었다. 해외 유학생 가운데 여행 관련 글을 남긴 나혜석, 박인덕, 허정숙을 통해 이 시기 여성 의식의 한 면을 살펴보기로 하자.

---

64 『삼천리』 1935년 7월호에 함께 실린 글은 허영숙의 「눈물의 소항주」, 최승희의 「꿈의 동경」, 장덕조의 「그 밤의 달빛」, 박길래의 「낙랑의 고분」 등이다.
65 『조광』, 1937. 8, 59~62쪽에 실린 백신애의 「동화사」의 탄생 조건도 동일하다.

2. 구미 여행, 주체화·타자화의 길

두 개의 층위, 여성과 비서양인

나혜석, 허정숙, 박인덕이 구미 또는 세계를 일주한 시기는 주로 1920년
대 후반이다.[66] 이들은 여행을 하면서 공통적으로 서양 여성의 삶을 눈여겨
보았다. 조선 여성과 대비되는 서양 여성의 삶을 통해 이들은 여성으로서 주
체성을 자각하고, 나아가 조선 여성이 살아갈 방향에 대해서도 적극적으로
모색하게 된다. 여성이라는 층위에서 볼 때 이들의 구미 여행은 스스로를 주
체로 세워야 할 필요성을 절감하고 자각한 주체화의 도정이었다.

> 그 외에 나는 여성인 것을 확실히 깨달았다(지금까지는 중성 같았던 것이). 그리고
> 여성은 위대한 것이요, 행복된 자인 것을 깨달았다. 모든 물정이 이 여성의 지배
> 하에 있는 것을 보았고 알았다. 그리하여 나는 큰 것이 존귀한 동시에 작은 것
> 이 값있는 것으로 보고 싶고, 나뿐 아니라 이것을 모든 조선 사람이 알았으면 싶
> 으다.
>
> —나혜석, 「아아 자유의 파리가 그리워」, 『삼천리』, 1932. 1, 44쪽.

나혜석은 구미 여행 이후 처음으로 자신이 여성임을 인정한다. 그녀에게
구미는 "사람으로서의 삶을 맛보게 해준 곳"이었다. 그곳은 가정에서조차 어
린아이라도 자기 것은 제가 알아서 하고 자기의 주의·주장을 당당하게 내세

---

66 나혜석은 1927년 6월부터 1929년 2월까지 1년 6개월 동안 유럽과 미국을 여행했다.
허정숙은 1926년 5월 아버지 허헌을 따라 세계일주 여행을 갔다가 미국에 남아서
1927년 말까지 유학 생활을 했다. 두 차례에 걸쳐 이루어진 박인덕의 세계 여행 시기
는 1926년 8월부터 1931년 6월에 해당한다.

우는 합리적인 공간이었으며, 감성과 이지가 절충되면서 창의성이 충분히 인정되는 공간이었다. 그녀는 그곳에서 여성, 가족의 일원 및 예술가로서 조화를 이루는 삶의 가능성을 확인한다.

박인덕의 경우에도 여행은 자신이 여성임을 인정하고 여성으로서 주체적인 삶에 대해 고민하도록 자극받는 계기가 되었다. 그녀는 유학을 간 지 2년이 채 안 되었을 때 북미조선유학생회 기관지에 발표한 글에서 여성의 노예적 삶의 원인을 경제력의 부재에서 찾았다. 이를 극복하기 위해선 교육을 통해 여성들이 직업을 갖는 수밖에 없으므로 조선에도 여자실업기관의 설립이 필요하다고 역설한다.[67]

여성의 입장에서 보면 그들의 여행은 스스로를 더욱더 주체적인 여성으로 단련시킨 길이었다. 하지만 비서양과 서양의 층위에서 보면 그들은 서양에 대한 적극적인 지향을 드러낸다. 나혜석의 그림 〈자화상〉은 이를 단적으로 보여준다. 구미 여행 이후에 그렸을 것으로 추정되는 이 작품에서 그녀는 자신을 서양 여자처럼 표현했다. 〈자화상〉의 얼굴 모습은 입체감이 강하게 표현되어 마치 서양인인 듯하다.[68] 오리엔탈리즘은 부단히 차별성을 강조하면서 동양을 타자로 만들어낸 서양의 자기 주체 구성 방식의 결과이다. 비서양 여성이 서양 여행을 통해 자신을 주체로 구성하는 방식은 이와 반대이다. 즉, 그들은 서양과의 동일성을 끊임없이 지향하면서 스스로를 타자로 만들어간다. 전자가 '타자 만들기'라면 후자는 '타자 되기'이다. 스스로 타자가 되는 양상은 나혜석과 박인덕의 여행기 곳곳에서 발견된다. 이에 대해서는 그들의

---

67 박인덕, 「조선여자와 직업문제」, 『우라키』, 1928. 4, 46~49쪽.

68 김현화, 「한국 근대 여성 화가들의 서구 미술의 수용과 재해석에 관한 연구」, 『아세아여성연구』 제38호, 숙명여자대학교 아세아여성문제연구소, 1999, 131쪽.

여행에 작동하는 원리를 다룬 다음 절에서 구체적으로 살펴보도록 하자.

　허정숙의 구미여행기는 4쪽에 달하는 짧은 분량이다. 그럼에도 미국에 대한 관점을 분명하게 드러내고 있다.

> 이 나라의 부인에 대하여는 나는 처음 그들을 대할 때에 놀란 것이 있습니다. 그들은 조금도 부족한 점이 없는 완전한 인형(능히 움직일 수 있는)인 그 점이외다. 일본의 여자가 인형 같다고 하는 말은 전에 누구에게 들었던 바, 미주의 여자를 대할 때는 정말로 이것이 인형이다 하는 느낌이 들었습니다. 일본의 인형은 흔들어도 울 줄 모르는 인형이지만 미주의 인형은 남자에게는 임의 자재한 인형이면서도 역시 감각이 있는, 울 줄도 알고 움직일 수도 있는 인형이외다. 조각가가 만드는 인형은 생명이 없는 인형이지만 자본주의 문명은 생명 있는 인형을 제조하는 힘까지 있는 것입니다. 이렇게 아름답고 생명 있는 인형, 돈이라면 얼른 삼키는 인형은 자본주의국가인 이 나라가 아니면 볼 수 없을 것이외다.
>
> 　또 이 인형의 특색은 돈! 돈을 잘 아는 것입니다. 이 돈의 나라는 인간인 여자를 돈 잘 아는 인형으로 제조하는 공장이외다.
>
> 　　　　　　　　—허정숙, 「울 줄 아는 인형의 여자국 — 북미인상기」, 『별건곤』, 1927. 12, 76쪽.

　허정숙은 미국 여성을 상당히 비판적으로 바라본다. 미국의 여자들은 매우 아름답지만 그들이 추구하는 것이 오직 돈 혹은 물질이라는 점에는 문제가 있다는 식이다. 그들은 여권女權에 대해 말하지만 "여류 정객들은 가끔 의회에서 남자들의 희롱거리가 되"기도 하는 상황을 고려할 때 "이 나라의 여권은 인형에 비위 맞추는 한 수단에 불과"하다고 그녀는 말한다. 또 미국에서 돈의 위력과 폐해를 보면서 자본주의 제도에 대한 증오심을 노골적으로 드러냈다. 미국 여성에 대한 비판은 곧 자본에 무비판적인 여성에 대한 비판이었다.

나혜석과 박인덕의 서구 여행에는 타자화와 주체화의 과정이 뒤섞여 있다. 그들의 여행은 서구와의 관계에서 본다면 타자 되기의 길이지만, 여성의 입장에서 본다면 주체적인 삶에 대한 자각의 길이다. 이것은 이 시기 여성의 중층성, 즉 서양인에 대해서는 비서양인이며, 남성에 대해서는 여성이라는 두 개의 층위에서 발생한다.

한편 허정숙의 경우에는 비서양인으로서 느끼는 타자적 의식은 보이지 않는다. 그녀의 사회주의적 생각이 동서양의 지역적 위계를 초월하여 작용한 결과이다. 하지만 그녀 또한 미국 여행을 거치면서 여성으로서의 주체적 입장이 더욱 확고해졌다. 그녀는 1년 6개월여 동안 미국에 머물면서 여성해방 이론에 대해 좀 더 체계적인 학습을 한 것으로 보인다. 귀국하자마자 이를 정리하는 일부터 했다. 1928년 『동아일보』에 실은 「부인운동과 부인문제 연구: 조선 여성 지위는 특수」라는 글을 필두로 한 그녀의 이후 활동이[69] 이를 뒷받침한다.

구미 여행에 작동하는 동일화의 원리

허정숙에게서는 여행지인 미국에 대한 동경을 전혀 발견할 수 없다. 그녀는 어렸을 때부터 미국에 좋은 감정을 가지고 있지 않았으며, 유학을 떠날 즈음에도 "(서)양행의 기쁨이나 외국 유람의 즐거움이라는 것은 없"었다고 한다. 본인이 사회주의자였기에 그럴 수도 있지만 더욱 직접적인 이유는 여행의 동기에 있다. 그녀의 미국행은 자발적인 선택이 아니었다. 남편이 감옥

---

69 서형실, 「허정숙 ─ 근우회에서 독립동맹투쟁으로」, 『역사비평』 19, 역사비평사, 1992, 280~287쪽.

에 있는 상황에서 또 다른 남자와 동거를 하자 세상 여론뿐 아니라 조선공산당 내에서도 그녀의 생활 태도에 민감하게 반응했다. 따가운 시선과 세상 여론에 지칠 대로 지친 상태에서 선택한 것이 미국 유학이었다.[70] 그녀의 표현에 따르면 "돌에 맞은 듯한 무거운 머리와 수습할 수 없는 혼탁한 정신"으로 오른 여정이었다.

나혜석과 박인덕의 경우는 다르다. 그들은 여행을 떠나기에 앞서 이미 서구에 경도되어 있었다. 허정숙의 말처럼 "북미주는 학구배와 성금가들에게 많은 동경을 던져주는 땅"이었다. 서구에 대한 동경이 여성에게만 국한되지 않음은 물론이다. 일찍이 미국이나 독일 등지로 길을 떠났던 박승철,[71] 노정일[72] 등의 글에서도 똑같은 동경을 읽을 수 있다. 이 시기의 지식 청년들에게 서구는 신사상의 근원지로서 삶의 변화를 가져다줄 이상적인 공간이었다. 개항을 전후하여 국제 정세가 재편되면서 조선인의 이상적 공간이 중국에서 일본 및 서양으로 전이된 것이다.

국제 관계 인식이 이렇게 재편된 데에는 일차적으로 교육의 영향이 컸다. 교육 사업의 주체인 서구에서 온 선교사들의 교육 내용은 당연히 자신들의 사상에 기반해 있었다. 또 그들의 주선으로 유학을 하고 돌아온 조선의 지식인들은 새로운 교육의 주체로서 서구 사상을 전도하고 재생산하는 역할을 했다.[73] 『소년』에 실린 "브리튼국 그리니치 천상대를 통과한 경선을 본초로

---

70 위의 글, 280쪽.

71 박승철, 「독일지방의 이주간二週間」, 『개벽』, 1922. 8.

72 노정일, 「세계일주 산 넘고 물 건너(2)」, 『개벽』, 1922. 2.

73 최초의 여성교육기관인 이화학당의 설립 배경을 통해 교육 주체로서 지식인의 역할을 짐작할 수 있다. 이화학당 출신의 황메리는 "선교사를 따라 미국에 건너가 그 나라 문화를 폐부에 가득 들이마시고 돌아온 뒤" 숙명학교와 진명학교를 창설하는 등 여성 교

하여 그 동쪽으로부터 180도를 동경東經이라 하고, 그 서쪽으로부터 180도를 서경西經이라 하오"[74]라는 글은 지식을 통해 서양중심주의가 전파되는 시발점의 현장이다. 이러한 담론 속에서 서양이라는 개념은 모양새를 갖추어갔고,[75] 그 영향권 내에서 지식 청년들은 서양이라는 세계의 중심을 꿈꾸게 되었다.

여행을 소재로 한 서사에서는 시간적 추이에 따른 주체의 인식 변화가 중요하다. 그러나 나혜석과 박인덕의 여행기를 시간적 추이에 따라 살펴보면 그들의 여행에는 초시간적인 의식의 수렴점이 있다. 여행 이전, 여행 시기, 여행 이후로 나누어 볼 때 그들의 지향점은 서양화라는 하나의 지점으로 수렴된다. 그들은 여행 이전부터 이미 서구에 대한 동경과 선입견을 안고 떠난다. 여행은 그들에게 자신의 생각을 확인하고 구체적인 체험과 학습을 통해 그 생각을 더욱 공고하게 다지는 계기가 된다. 여행을 하는 동안 자신들이 출발 전에 가졌던 생각이 편견임을 알고 수정하는 경우는 거의 없다. 이러한 과정을 통해 더욱 확고해진 서양 우월적인 사고는 귀국 후에도 그녀들에게 삶의 모델로 작용한다.

이와 같은 일련의 과정에서 시간의 흐름과는 무관하게 이들의 사유가 하나의 지점으로 수렴되고 있으며, 그 지점이 시간을 일관되게 지배함을 알 수 있다. 하나의 지점은 강력한 구심으로서 여기에는 서구 중심적 혹은 서구로 일원화되는 동일화의 원리가 작동한다. 동일화의 원리란 서로 전혀 다른 것

육 사업을 적극적으로 전개했다. 「광무·경희시대의 신여성총관」, 『삼천리』, 1931. 5.

74 「봉길이 지리공부 ─ 북극·남극이란 어떠한 곳인가(上)」, 『소년』, 1909. 3.

75 스튜어트 홀 외 지음, 전효관·김수진·박병영 옮김, 『현대성과 현대문화』, 현실문화연구, 2001, 406~412쪽.

마저 자기중심적인 하나로 포섭하기 때문에 이질적인 것이 수용되기 어렵다. 그 결과 서양과 다른 조선의 현실은 절대 그 자체로 받아들여질 수 없으며, 다른 제2, 제3의 모색 또한 있을 수 없다. 두 공간의 차별성은 그녀들을 괴롭힐 뿐이다. 여행을 통해 형성된 서양 중심적 세계관은 그들이 대상을 규정하는 유일한 잣대로 작용하며, 그것은 기억 속에서 더욱더 이상화되고 낭만화된다.

동일화의 원리가 더욱 힘을 받는 것은 그들의 여행이 유학의 형식을 취하기 때문이다. 그들의 여행은 단순한 관광도 유랑도 아니었다. 박인덕은 덴마크에 머물 때 엘시노 국제고등학교에서 2주간 날마다 수업을 들으면서 그곳 학생들과 같이 공부했다. 덴마크는 당시 조선과 비슷한 농업국이었다. 이곳의 실용적 고등교육은 그녀에게 큰 감흥을 주었으며 귀국 후 그녀의 행적에도 큰 영향을 끼쳤다. 이런 유학 경험은 나혜석뿐 아니라 허정숙에게도 똑같이 적용된다. 이들의 여행은 결국 학습으로서의 여행이었다. 나혜석의 「구미여행기」 중 상당 부분이 백과사전식 정리의 형식을 취하고 있다는 점은 그같은 여행의 특성을 더욱 극명하게 보여준다.[76] 이는 서구 여행의 내용과 결과를 전달해야 한다는 의무감에서 발생한 계몽적 서술 태도이다.

여행 이전에 가졌던 서구에 대한 동경은 학습을 통해 더욱 체계적으로 그들의 내면에 각인된다. 그들이 학습한 것이 여행 대상국인 서양의 사상과 문화였음은 너무도 자명하다. 그것을 일방적으로 배우려는 열의에 가득 찬 그들로서는 대상에 대해 비판적 거리를 두기가 어려웠다. 비판적 거리의 부재는 대상에 대한 무사無邪한 접근을 방해한다. 그 결과 대상이 신비화되거나

---

76 「구미여행기」 11편 중 3편을 제외한 8편의 기술 방식이 백과사전식 정리 형태를 띠고 있다.

이상화될 수 있다. 프랑스의 자치적인 가정생활에 경탄하면서 "여덟 살 된 사내아이가 살림살이를 다 하다시피"[77]한다는 표현이나, 사교성이 없어 동족들에게 호의적인 평가를 받지 못하는 파리의 예비 철학 박사를 보면서 "아는 것이 오죽 많겠나, 각국 방어方語로부터 각 방면 과학이 머릿속에 꽉 차서 있을 것이다"[78]라는 나혜석의 표현은 지나친 비약이다. 이러한 사례는 서구에 대한 신비화·이상화의 경향을 그대로 보여준다.

그럼에도 불구하고 여행은 그들에게 사람다운 삶을 깨닫게 해준 행복한 시간이었다. 문제는 여행 이후이다. 삶에 대한 자기 주도적인 태도의 중요성을 자각한 그들은 귀국 후에 그러한 삶을 현실화하고자 노력한다. 그러나 조선의 현실은 그들의 변화된 의식을 받아들여주지 않았다. 바로 이 지점에서 그들의 서구 체험은 더욱 낭만화되고, 내면에서 더욱더 강한 응집력을 가지며 공고화된다. 균열은 현실과 의식 간 불일치의 지점에서 발생한다. 나혜석은 마치 이러한 앞날을 예감한 듯하다. 1년 6개월여의 여행을 마치고 부산을 통해 귀국하면서 "이로부터 우리의 앞길은 어떻게 전개되려는고" 하면서 강한 불안감을 드러냈다.

박인덕은 두 번에 걸쳐 이루어진 만 55개월간의 여행을 끝내고 1931년에 귀국했다. 이후 몇 년 있다가 그녀는 다시 여행길에 오른다. 세 번째 여행길을 떠나는 그녀의 마음은 그전과는 사뭇 다르다.

> 사랑하는 경성 저 속에는 얼마나 반가운 사람과 저주할 사람들이 있는가? 거기서 어머니가 계시고 친구가 있고 많은 동지가 있다. 그러나 나는 조선같이 쓸쓸

---

77 이상경 편집 교열, 『나혜석 전집』, 태학사, 2000, 296쪽.
78 위의 책, 310쪽.

하고 딱딱하고 재미없는 곳은 별로 없다고 생각한다. 내가 미국에서 처음 조선에 올 때에는 많은 포부를 가지고 이 땅과 이 하늘에 많은 애착과 따스한 감흥을 가지고 첫 자국을 경성에 새겼다.

그러나 무정하다. 경성이여. 너는 나에게 그리 즐거움을 주지 못하였고, 내 포부를 알아주지 못하였고, 내 부름을 들어주지 않았다. 번민과 초조와 방황. 나는 이제 이 땅을 떠나는 하나의 실향자라고 할까? 태평양아, 로스엔젤레스여, 시카고여, 미시간 호수여! 나는 다시금 너의 따뜻한 날개를 찾아 이 땅을 떠나노라.

—박인덕, 「태평양 삼만리 가는 길」, 『신인문학』, 1936. 3, 70~71쪽.

세계 여행에 대한 설렘으로 가득했던 이전의 여행들과 달리 이번 여행은 패배자가 되어 출발한다. 박인덕은 두 차례의 세계 여행을 끝내고 귀국한 뒤 여권 존중 및 부인 해방을 주장하며 잡지에 기고를 하는 등 다양한 활동을 했다.[79] 그러나 한편으로는 남편과의 이혼 등으로 갈등하고 시달렸다.[80] 그녀는 결국 귀국하면서 가졌던 포부를 조선 땅에서 펴지 못하고 "실향자"가 되어 다시 길을 떠난다. 실향자 의식에는 이러한 개인적인 상황도 크게 반영되었을 것이다.

박인덕은 새로운 희망을 찾아 다시 길을 나섰지만, 나혜석은 그렇지 못했다. 나혜석 역시 또 한 번 외국으로 나가고자 했으나, 이는 끝내 이루어지지 않았다. 그녀의 서구 체험은 이후의 삶을 질곡으로 몰아넣는 계기가 된다.

조선 와서의 나의 생활은 어떠하었니. 깎았던 머리를 부리나케 기르고 깡뚱한

---

79 「조선 여류 10거물 열전(1), 박인덕, 황애시덕 양씨」, 『삼천리』, 1931. 11, 37~38쪽.
80 「조선의 노라로 인형의 집을 나온 박인덕 씨」, 『삼천리』, 1933. 1, 73~74쪽.

(아랫도리가 드러날 정도로 짧은) 양복을 벗고 긴 치마를 입었다. 쌀밥을 먹으니 숨이 가쁘고 우럭우럭 취하였다. 잠자리는 배기고 늘어선 것은 보기 싫었다. 부엌에 들어가 반찬을 만들고 온돌방에 앉아 바느질을 하게 되었다.

시가 친척들은 의리를 말하고, 시어머니는 효도를 말하며, 시누이는 돈 모으라고 야단이다. 아, 내 귀에는 아이들이 어머니라고 부르는 소리가 이상스럽게 들릴 만치 모든 지난 일은 기억이 아니나고 지금 당한 일은 귀에 들리지 아니하며 아직 깨지 아니한 꿈속에 사는 것이었고, 그 꿈속에서 깨어보려고 허덕이는 것은 나 외에 아무도 알 사람이 없었다.

—나혜석, 「아아 자유의 파리가 그리워」, 『삼천리』, 1932. 1, 43~44쪽.

나혜석은 귀국하여 조선에 들어선 느낌을 "외국에" 온 듯하다고 적었다. 이는 서구화된 그녀가 느끼는 낯섦인 동시에 조선 현실에 대한 괴리감의 표현이다. 그녀는 구미 여행 1년 6개월 동안 느꼈던 충만함, 그로 비롯된 기쁨과 자유로움을 안으로 숨긴 채 의식주의 모든 생활을 조선식으로 바꾸어야 했다. 여행 기간이 얼마나 길었다고 "쌀밥을 먹으니 숨이 가쁘고 우럭우럭 취"할 정도일까마는, 이런 표현은 그녀가 느끼는 괴리감의 강도로 볼 수 있을 것이다. 결국 "내 머리로는 딴 생각을 하면서 몸으로는 그들에게 싸이게 하느라고 애를 무한히 쓰게 되고 남 보기에는 얼빠진 사람같이 된다"[81]는 식의 분열은 여행이 가져다준 결과이다. 여행을 통해 박인덕이 실향자가 되었다면 나혜석은 이방인이 되었다.

---

81 이상경 편집 교열, 앞의 책, 322쪽.

3. 민족·젠더·인종의 관점에서 본 신여성의 자기모순

젠더와 민족의 상호 충돌

여행지에서의 낯선 체험은 이전까지 익숙했던 자신 또한 낯설게 바라보게 한다. 여성 여행가들도 문명화된 서구를 체험하면서 서구인과 비교되는 자기의 처지를 발견한다. 이는 같은 여성을 보면서 더욱 크게 인지된다.

> 샌프란시스코에서 시카고시를 향해 올 때 역장마다 여역원들이 간단한 행장을 차리고 일하는 것을 본 일이 있다. 어디든지 사업이란 명칭이 있는 곳에는 남녀가 같은 권리를 가지고 일을 한다. 혹자는 직업 여자에 대하여 가정을 등한시한다고 혹평을 한다. 그러나 구미 가정 제도가 간략히 된 고로 여자가 가정에서 볼 일을 다보고 나서도 능히 다른 사업을 행하게 조직이 되었다. 우리 가정 같아서야 일은 아침부터 늦은 밤까지 가정 사업에 헤매기에 감히 다른 일은 염두에도 못 두게 되고, 더구나 설상가상으로 어린아이가 하나둘 생기게 되면 어머니의 손은 영영 가정 안에 꽉 잠기고 만다.
>
> —박인덕, 「조선여자와 직업문제」, 『우라키』, 1928. 4, 47쪽.

박인덕이 북미조선유학생회에서 발간한 잡지에 실은 글의 일부이다. 웨슬리안대학에 재학하면서 경험한 미국 생활을 토대로 조선의 여성에겐 왜 경제력이 없는지를 분석한 글이다. 가정에 얽매여 자유로울 수 없는 조선 여성의 생활 조선을 경세력 부재의 가장 큰 이유로 들었다. 이 글에는 조선과 미국 여성의 삶의 조건이 갖는 차이가 객관적으로 기술되어 있다. 박인덕이 미국에 처음 도착하여 인상적으로 본 여성은 여자 역무원이다. 위의 글을 포함하여 『세계일주기』에서도 그녀는 일하는 여성에 대한 인상을 반복적으로 기술한다.

미국과 조선 여성의 삶의 차이를 기술하는 박인덕의 어조는 담담한 편이며, 다름에 대한 인지가 분노나 자기 비하의 감정으로 전환되지는 않는다. 이는 『대한유학생회학보』에 「울산행」을 번역해 실은 영빈생이나 「해삼위로서」의 이광수가 보여준 격정에 찬 분노나 모욕감과 구별된다. 「울산행」[82]은 일본 잡지 『다이요우太陽』에 실린 글을 유학생(영빈생)이 보고 옮겨 실은 것이다. 일본인이 우리를 바라보는 시선에서 그는 분노와 모욕감을 느낀다. 이러한 느낌은 이광수에 이르면 수치심과 자기 비하로 나타난다.[83] 이것은 일본과 우리 민족을 차별적으로 인식하면서 일어나는 감정이다.

이와 달리 나혜석이나 박인덕에게 발견되는 감정은 잔잔하면서도 가슴속 깊은 곳에서 우러나는 연민이다. 나혜석은 프랑스의 파리와 유럽의 예술을, 박인덕은 영국을 경탄하고 찬탄한다. 프랑스나 영국에 대비되는 자국은 언제나 불쌍함의 대상이다. 나혜석은 이국에서 떠오르는 고국의 풍경 때문에 "소리 없는 한숨을 목구멍"으로 삼키거나, 여행의 행복감에 감사드릴 때 "삶에 허덕이는" 불쌍한 "고국 동포"를 떠올린다.[84] 이러한 표현들을 통해 이들의

---

82 에미 스이인江見水蔭 지음, 영빈생 옮김, 「울산행」, 『대한유학생회학보』, 1907. 5. 25. 일본인의 조선여행기를 우연히 읽게 된 유학생 영빈생은 "일자반구도 우리나라를 기롱하고 모욕하는 뜻을 머금지 않은 곳이 없"다고 분노하면서, 우리를 바라보는 외국인의 시선을 알리려는 목적으로 이 글을 옮긴다고 후기에서 밝혔다.

83 「해삼위로서(제1신)」, 『청춘』, 1915. 3, 879~881쪽.

84 이상경 편집 교열, 앞의 책, 350쪽·531쪽. 박인덕도 "자기가 낳은 자식이 눈이 멀었다든가 귀가 먹었다든가, 또는 한편 다리가 병신이 되어서 남에게 뒤떨어진 불구의 자식이란 말을 들을 때 불쌍하게! 가엾게! 애처롭게 생각하듯이 내가 조선의 땅을 밟으면서 무엇보다도 먼저 '가엾은 조선아! 애처로운 내 땅아!' 하고 부르짖었습니다"라면서 고국에 대한 연민을 숨김없이 표현했다. 박인덕, 「(만국부인) 육년 만의 나의 반도, 아메리카로부터 돌아와서 여장을 풀면서 옛 형제에게」, 『삼천리』, 1931. 11, 89쪽.

민족적 자각이 연민이라는 감정과 연동되고 있음을 알 수 있다.

다만 이러한 연민의 감정이 여행기 전체에서 많은 부분을 차지하지는 않는다. 잠깐 언급될 뿐이다. 단발적 연민. 이들의 여행기에서 민족에 대한 표현이나 여행 대상국에 대한 비판적 인식을 찾기 힘든 이유는 하나로 모아진다. 여성 여행가들이 유럽과 미국 등지를 여행하면서 얻은 가장 큰 수확은 바로 젠더로서의 자기 발견이다. 그들은 여행을 통해 조선의 식민지적 현실을 절감하기에 앞서 조선에서 여성으로 살아간다는 것의 의미를 먼저 깨닫는다. 이는 조선의 가부장적 현실이 일제하 식민 상황보다 더 우위에서 여성을 억압하고 있다는 의미이다. 그렇기에 그들에게는 제국에 대한 증오보다 조선 여성의 현실에 대한 증오가 더 크다.

나혜석이 파리를 "여성이요 학생이요 처녀로서의" 기분을 유지할 수 있었던 곳으로 회상하듯, 그녀에게 서양은 인간이자 여성으로서 삶이 실현되는 공간이었다. 이에 비해 조선은 "부엌에 들어가 반찬을 만들고 온돌방에 앉아 바느질을" 해야 하는 얽매인 삶의 공간이다. 그녀가 보기에 구미 여성은 "창조적이요 예술적"일 뿐만 아니라 "인격으로나 두뇌로나 기술로나 학술상 조금도 남자의 그것보다 결핍이 있지 아니하여 당당한 사람 지위에 있"다.[85] 따라서 서양은 모방의 대상이자 도달해야 할 목표가 될 수밖에 없다. 이러한 상황에서 구미 여성과 동일해지고자 하는 욕망은 자민족에 대한 연민보다 우위를 차지하게 된다.

서양에 대한 동일화의 기저에는 여성으로서 주체적 삶을 살고자 하는 강한 욕망이 자리 잡고 있다. 여성의 인간적 삶은 서양적 삶으로 변화하는 것을 통해 가능하기 때문이다. 이러한 지향 속에서 민족 의식은 젠더 의식에

---

85 이상경 편집 교열, 앞의 책, 440쪽.

의해 은폐되거나 뒷전으로 밀려난다.

다음 글은 서양화西洋化를 대표하는 문명인의 시선 속에서 민족의 구분이 무화되는 예다.

> 그러나 요코하마橫濱에 도착되는 때부터 가옥은 나뭇간 같고, 길은 시궁창 같고, 사람들의 얼굴은 노랗고, 등은 새우등같이 꼬부라져 있다. 조선 오니 길에 먼지가 뒤집어씌우는 것이 자못 불쾌하였고 송이버섯 같은 납작한 집 속에서 울려 나오는 다듬이 소리는 처량하였고, 흰옷을 입고 시름없이 걸어가는 사람은 불쌍하였다.
>
> 이와 같이 활짝 피었던 꽃이 바람에 떨어지듯 푸근하고 늘씬하던 기분은 전후 좌우로 바싹바싹 오그라들기를 시작하였다.
>
> —나혜석, 「아아 자유의 파리가 그리워」, 『삼천리』, 1932. 1, 43쪽.

귀국길에 본 풍경을 묘사한 나혜석의 글이다. 여기에서 조선과 일본은 서양 문명국에 대해 비문명국이라는 점에서 동일한 차원에 놓인다. 그녀의 표현은 서양인의 동양여행기에서 동양에 대한 첫인상으로 자주 언급되는 "더럽고" "냄새나고" 등의 표현과 별 차이가 없다. 윗글에서 여행자의 시선은 곧 서양 문명인의 시선이다. 그녀가 볼 때 서양에 비한다면 일본도 조선과 마찬가지로 지저분한 야만국일 따름이다. 처음 여행을 떠날 때 일본에 들렀던 박인덕이 일본의 깨끗함을 찬탄했던 것과는 다르다.

여행기에 국한할 때, 나혜석·박인덕의 젠더 의식과 민족의식의 힘겨루기에서는 대부분 전자가 승리한다. 그러나 젠더로서의 자기 발견과 조선인으로서의 자기 발견은 결코 배타적인 문제로 지속될 수 없다. 그녀들에게 민족의식과 여성으로서의 자의식은 양립하기 힘든 것으로서 갈등의 진원지였다. 전통적 삶과 여성의 주체적인 삶, 민족적 삶과 여성으로서의 삶이 부딪히는 상황에서 자아는 분열되었으며 자기모순은 심화되었다.[86] 여행 이후를 포함한 나혜석의 삶에서 이중적 민족의식이 논의되는 것 또한 이러한 맥락에 연원한다.[87]

나혜석과 박인덕의 여행기에서 민족의식적 차원의 언급이나 여행 대상국에 대한 비판을 발견하기 어려운 반면, 허정숙은 이와 다르다. 허정숙은 미국에서 자본주의화 되어가는 동포들을 보며 느끼는 한심함과 동정심, 그들과 조선 민족을 떠올리며 드는 창연한 감정 등 격정적인 모습을 숨김없이 드러내고 있다. 그녀는 한심해하면서도 동정의 눈물을 감추지 못하고, 그러다가 또 자본주의에 분노한다. 이러한 격정적인 감정의 교차는 민족에게 갖는 따스한 감정에 토대한 사회주의적 신념에서 비롯되었다. 그녀는 조선인이 한심스럽지만 동포라는 점에서 동정심을 금치 못한다. 이 시기 느낀 것을 미국 유학에서 돌아온 후 더욱 체계적이고 논리적인 여성운동을 통해 풀어나간다. 다만 여행기에서만큼은 여성보다 반자본주의와 민족의 관점에서 자신의 견해를 피력했다.

바라보는 동시에 보여지는

박인덕의 『세계일주기』는 말 그대로 세계를 두루 여행하고 쓴 여행기다. 그녀는 이 책에 다양한 인종 경험을 담았다. 『세계일주기』에서는 그녀의 시선을 통해 홍인(인디언), 흑인, 백인 사이에 황인으로서 그녀의 존재 양상을 살펴볼 수 있다. 서양의 변방으로서 동양, 남성의 변방으로서 여성이라는 이중

---

86 김경일, 『여성의 근대, 근대의 여성』, 푸른역사, 2004, 92~108쪽.

87 위의 책, 104쪽.

적 변방의 존재인 박인덕이 구체적으로 어떤 시선과 관계하는지를 보도록 하자.

앞에서 언급한 일본인의 조선기행문인 「울산행」이 번역되어 『대한유학생 회학보』에 실리게 된 배경은 유학생이 '자신/우리'를 바라보는 외국인(일본인) 의 시선을 의식한 결과이다. 여기에는 이미 '나/우리(조선)'와 '그들(일본)'의 경계가 전제되어 있다. 외부 시선에 대한 의식은 안과 밖의 경계가 형성된 이후에 일어나기 때문이다. 그러나 그 경계를 무화하려고 할 때에는 그러한 의식이 억압되고 만다. 동일화를 지향함에 따라 경계의 발생이 사전에 차단되는 것이다. 박인덕이 벨기에 어느 도시에서 강연한 경험을 서술한 부분에서 이러한 예를 발견할 수 있다. 그녀는 500명가량을 모아놓고 강연을 하였다. 강연이 끝난 뒤 소감을 이렇게 적었다.

> 이날 이렇게 군중이 모여든 것은 강연에 취미가 있어서 모여든 것보다도 동양 여자가 어떻게 생겼나 하고 구경 온 것이 좀 더 정확한 이유인 듯하다.
>
> —박인덕, 『세계일주기』, 조선출판사, 1941, 102~103쪽.

강연을 들으러 온 사람들이 동양 여자인 그녀를 구경하기 위해 "얼마나 돌아서서 바라보고 흩어져 가지 않는지 총무가 (그녀를) 얼른 데리고 강당 문 밖으로 나가서 호텔로" 갔다고 한다. 그녀는 나폴리의 전차 안에서도 동양 여자로서 관심이 집중되거나 구경거리가 된 적이 있다. 박인덕이 이러한 광경을 묘사하는 태도는 지극히 중립적이다. 거기에는 어떤 논평도 없다. 그녀는 이에 대해 사실적 현상의 하나로서 언급하고 지나갈 뿐이다. 이런 태도는 그녀가 서양인의 호기심 어린 시선이 자신에게 쏠리고 있다는 사실을 인정하긴 하지만 그 시선 자체를 크게 문제 삼지 않는다는 의미이다. 어쩌면 동양 여성의 특수성을 개인적 우월성으로 여겼을 수도 있다. 어쨌든 그녀는 자신이 구경거리가 되고 있다는 상황을 불쾌해하지 않았으며, 그 시선을 부정적으로 평가하지도 않았다. 이는 서양과의 동일화를 지향하는 그녀였기에 가능하다.

그녀의 이 같은 태도는 홍인종(인디언), 흑인 및 동양인을 바라보는 그 자신의 시선에도 재반영된다. 즉, 박인덕은 서구인의 시선으로 그들을 바라본다. 구미인들은 인디언이나 원주민의 문화를 구경거리로 만듦으로서 그들의 문화를 박제화했다. 박인덕 또한 그들과 같은 자리에서 서 있다. 그녀는 동물원이나 관광지에서 인디언이나 원주민들을 접한다. 그녀는 그랜드캐니언을 여행하면서 그곳에서 구경거리가 된 인디언의 문화를 접하게 된다. 그들의 집과 생활 모습을 보면서 그녀는 "모방성이 적어서 그런지 혹은 완고성이 많고 고집스러워 그런지 그들이 구미 사람들과 접촉된 지 벌써 3세기 반이나 되나, 그들의 생활은 일호도 변치 않고 원시적 생활을 그대로 계속한다"[88]라고 서술했다. 미국인의 위치에 서 있는 만큼 그녀가 인디언의 편에 서서 기술하는 태도를 기대하기란 어렵다.

인도인 안두루쓰와 관련된 일화에서는 동양인을 바라보는 박인덕의 시선을 발견할 수 있다. 몹시 추운 날 그들은 일행이 되어, 말이 끄는 썰매를 타고 몬트리올에서 쇠흐 섬(Île des Sœurs)으로 가게 되었다. 도중에 안두루쓰가 일행을 남겨두고 우편소에 잠시 들렀다가 온다고 했다. 아무리 기다려도 오지 않아서 일행 중 한 사람을 보냈는데, 안두루쓰는 그곳에서 편지를 쓰고 있었다. "우리 인도에서는 시간이 무한량이라"고 한 그의 변명을 적은 뒤 박인덕은 비아냥거리는 어조로 "그동안 우리들은 탱탱 얼었다"라고 덧붙였

---

88 박인덕, 『세계일주기』, 조선출판사, 1941, 51쪽.

다.[89] 그녀에게 인도인은 타인에 대한 배려가 부족할 뿐만 아니라 시간관도 비경제적이다. 어느덧 박인덕은 서양인과 동일한 시선으로 홍인종과 인도인을 바라보고 있다.

동양인으로서 박인덕의 시선은 단순 명쾌할 수만 없다. 비서양인이라는 그녀의 위치는 시선을 분열시킨다. 동물원에 갔다가 구경거리가 된 흑인들을 바라보면서 든 생각이 이 같은 분열적인 시선을 드러내고 있다. 그녀는 흑인들을 동물원의 동물을 묘사하듯이 아주 구체적으로 서술한 뒤, 마지막으로 다음과 같이 적는다.

> 그들의 풍속이 하도 이상하여 우리의 풍속 중에 외국인에게 저렇게 이상스럽게 보일 것이나 없나 하고 반성이 된다.
>
> —박인덕, 앞의 책, 128~130쪽.

그들을 한참 구경하다가 문득 박인덕은 '나/우리'도 저들처럼 외국인에게 비치지 않을까 되짚는다. 여기에서 그녀의 의식이 분열되면서 발생하는 두 개의 중첩된 시선이 발견된다. 지금까지 그녀는 서양 백인의 시선으로 흑인들을 바라보았다. 그러다가 돌연 자신을 흑인의 위치에 두면서, 자신을 타자로 만들어버릴 백인의 시선을 의식한다. 서양인과 동일한 위치에서 흑인을 바라보는 그녀의 시선에 자신이 흑인의 위치에서 보여질 것을 의식하는 또 다른 시선이 중첩된다. 서양인을 지향하는 그녀이지만 동시에 그녀에겐 동양인으로서의 자기 인식 또한 강하게 깔려 있는 것이다. 여기에 박인덕의 자기모순이 있다. 시선이 아무리 서양적이라 한들 그녀의 몸이 동양인이라는 사

---

89 위의 책, 235쪽.

실은 어쩔 수 없기 때문이다. 그 결과 그녀는 바라봄의 대상이 될까 두려워하면서 흑인을 바라보는 자가 될 수밖에 없다. 이처럼 서양을 여행하는 동양여성의 시선은 중첩적이다. 그들은 바라봄의 대상이 되는 동시에 바라봄의 주체가 되기도 한다. 나아가 이러한 시선이 혼재하기도 한다. 이러한 복잡성은 식민지 여성이 갖는 중층성에서 비롯된 것이다.

03

최영숙의 포부와 사장된 삶

1. 사장된 삶, 윤색된 기록

최영숙[90]은 '조선 최초의 여류 경제학사'로 주목받았던 인물이다. 만 4년
남짓한 중국 유학, 만 4년 7개월여의 스웨덴 유학, 그리고 10개월에 걸친 세

---

90 다음은 「홍사단입단이력서」(『미주홍사단문건』, 독립기념관 소장)와 최영숙에 관한 글을 토
   대로 그녀의 이력을 정리한 것이다.
   ● 1905. 12. 19. : 경기도 여주군 주내면 홍문리 출생
   ● 1910 ~ 1914 : 여주공립보통학교
   ● 1914 ~ 1917 : 휴업
   ● 1917 ~ 1921 : 경성 이화여자고등보통학교
   ● 1922. 4 ~ 1922. 7. : 이천 양정학교 교사
   ● 1922. 9 ~ 1923. 7. : 중국 난징南京 명덕학교
   ● 1923. 9 ~ 1926. ? : 중국 난징 회문여자중학교
   ● 1926. 7 : 스웨덴행
   ● 1927. 9 ~ 1931. 2. : 스웨덴 스톡홀름대학 사회경제학과
   ● 1931. 2 ~ 1931. 11. : 세계만유
   ● 1931. 11. : 귀국
   ● 1932. 4. 23. : 사망

계만유라는 이력은 식민지 조선에서 세인의 관심을 끌기에 충분했다.[91] 여자 고등보통학교나 실업학교 등 중등 정도의 졸업 또는 중도퇴학의 학력만으로도 '신여성'이라 불리며[92] 그들의 말과 행동이 사회적으로 회자되던 시대였다. 그러나 최영숙은 비범한 경험과 높은 학력, 뛰어난 능력을 현실에서 펼칠 겨를도 없이 귀국 5개월 만인 1932년 4월 23일 세상을 등지고 말았다.

10년에 가까운 세월을 중국과 스웨덴에서 공부하고 세계를 두루 여행하면서 쌓은 학덕에 비해 최영숙에게 주어진 시간은 너무도 짧았다. 그 결과 그녀가 식민지 조선에서 펼치고자 했던 여성·노동·경제운동에 대한 계획은 이루지 못한 꿈으로 그치고 말았다. 그러나 18세에서 27세까지 유학 시기의 나이를 고려하면 그녀의 계획은 단순히 학생의 무모한 생각으로만 치부될 수 없다. 스웨덴 유학 중에도, 인도 여행 중에도 그녀는 식민지 조선의 문제를 해결하기 위해 모색했다.

죽음과 함께 조명된 것은 그녀의 사생활이다. 조선 잡지계는 처녀로 알고 있던 엘리트 여성 최영숙이 인도 청년과의 사이에서 생긴 혼혈 사생아를 낳다가 죽었다는 사실을 대서특필했다.[93] 그녀의 죽음은 진지한 애도의 기회를

---

91 최영숙의 유학과 귀국 소식을 전한 신문 자료는 다음과 같다. 「서전의 학해로 사회학을 배우려고 합시哈市(하얼빈)를 통과한 최영숙 양」, 『동아일보』 1927. 7. 23; 「엘렌 케이 찾아가 서전 있는 최영숙 양」, 『조선일보』 1928. 4. 10; 「서전에 유학 9년 만에 귀국한 최영숙 씨 고학으로 경제학을 전공, 5개 국어를 능통」, 『동아일보』 1931. 11. 29; 「조선 최초의 여류 경제학사 최영숙, 서전에서 돌아온 최영숙 양은 다섯 나라 말을 능통하는 재원」, 『조선일보』 1931. 12. 22.

92 「기로에 선 신여성」, 『제일선』, 1933. 2.

93 최영숙이 죽은 후 그녀의 삶과 죽음을 다룬 글은 다음과 같다. 「구십 춘광을 등지고 애석! 여인麗人의 요절」, 『조선일보』 1932. 4. 25; 「인도 청년과 가약 맺은 채 세상 떠난 최 양의 비련, 서전 대학에서 인도 청년 만나 가약 맺고 애아愛兒까지 나은 뒤에, 서전 경제학사 최영숙 양 일대기」, 『삼천리』, 1932. 5. 1; 일기자, 「경제학사 최영숙 여사와

얻기에 앞서 세상 사람들의 입방아에 먼저 오르내렸다. 힘들었던 유학 생활과 조선을 향한 꿈은 윤색된 연애사에 묻혀 사라졌다.

신여성의 행보는 근대 언론 매체의 중요한 관심사 중 하나였다. 신여성과 대중을 연결했던 신문과 잡지는 자주 이들의 삶을 선정적인 구경거리로 만들었다. 유쾌한 이야기든 비극적인 이야기든, 신여성의 이야기는 공공연히 대중적인 소비의 차원에서 눈요깃거리가 되었다.[94] 김일엽·김명순·나혜석과 같은 1세대 신여성이 겪는 시달림은 더욱 혹독했다. 이 과정에서 세계에 대한 그들의 진정성은 고려의 대상이 되지 못한다. 이들의 삶을 다룬 근대 잡지의 기사나 소설 등이 이를 잘 말해준다.[95]

다행히 그들은 자신들의 목소리를 담은 문학작품을 여러 편 남겼고, 이를 토대로 삶에 대한 그들의 진지한 태도와 주체적인 목소리가 복원될 수 있었다. 최영숙은 그들보다 10년 정도 늦은 세대이다. 그럼에도 불구하고 1930년대 초반 그녀의 죽음을 둘러싼 잡지 기사의 시각과 기술 방식은 1세대에게 적용되었던 기준과 다를 바 없었다. 애초 그녀에게 보인 관심은 우리나라 최초의 스웨덴 유학생이자 최초의 경제 여학사라는 표면적인 조건에서 촉발되었다. 사회 현장에 뛰어들기 전인 학생 시절이었기 때문에 언론 매체의 관심은 그녀의 내적 사유에까지 이르지는 못했다. 여기에 죽음마저 절절한 사연

인도 청년과의 연애관계의 진상」, 『동광』, 1932. 6; 여강산인, 「청춘에 요절한 최영숙 애사」, 『제일선』, 1932. 5; 웅초, 「최영숙 지하 방문기, 명부행 열차를 추격하면서」, 『별 건곤』, 1932. 6.

94 켈리 Y. 정, 「신여성, 구경거리(a spectacle)로서의 여성성: 가시성과 접근성」, 『한국문 학연구』 제29권, 동국대학교 한국문학연구소, 2005. 12, 130쪽.

95 최혜실은 이러한 관점에서 염상섭의 「제야」, 「너희는 무엇을 얻었더냐」, 「해바라기」 등 과 김동인의 「김연실전」 등을 분석한 바 있다. 최혜실, 『신여성들은 무엇을 꿈꾸었는 가』, 생각의나무, 2000, 265~276쪽.

을 갖게 되자, 그녀의 삶은 대중적 시선에 맞추어 재구성되기에 급급했다.

『삼천리』 1932년 5월호는 발 빠르게 최영숙의 부고를 실었다. 제목은 「인도 청년과 가약 맺은 채 세상 떠난 최 양의 비련, 서전瑞典(스웨덴) 대학에서 인도 청년 만나 가약 맺고 애아愛兒까지 나은 뒤에, 서전 경제학사 최영숙 양 일대기」이다. 구체적으로 쓴 기다란 기사 제목부터 추도의 의미보다는 자극적인 소재를 끄집어내어 사람들의 눈길을 붙잡으려는 의도가 강하게 드러난다. 글은 첫 문장부터 통속적이고 자극적인 문체로 시작한다. "여러분은 4월 스무사흘날 C신문을 보셨습니까. 거기에는 최영숙 양이 서울 동대문 부인병원의 쓸쓸한 병실 한 모퉁이에서 피를 토하면서 자기 애인인 인도 청년 '마하드 젠나' 씨를 마지막으로 부르다가 목이 쉬도록 부르다가 그만 맥이 진하여 저 세상으로 영원히 흘러갔다는 슬픈 기별이 실려 있었습니다." 이렇게 시작하는 글은 최영숙의 유학기를 한 편의 연애사로 바꿔놓았다. 꿈 많은 경제학사 최영숙을 이색적인 연애의 주인공으로 만들어버렸다.

『삼천리』는 예전에 실었던 그녀의 글을 편집하여 이야기를 꾸몄다.

① 스웨덴은 눈의 나라입니다. 스웨덴의 설경은 다른 곳에서 찾아볼 수 없는 아름다운 경치라고 생각합니다. 눈이 몹시 쌓인 그 위에 **동무**와 손을 잡고 스키 하러 다니던 일도! 호숫가에 우거진 꽃을 젖히고 푸른 잔디가 쪽 깔린 넓은 들을 거쳐 물 맑은 호수를 찾아다니던 일도 모두가 다시 돌아오지 못할 옛날의 기억으로만 남아 있게 되니 끝없이 안타까울 뿐입니다.

재미있는 타임은 가는 줄 모르게 흘러서 재미있던 학창을 떠난 지도 벌써 만 1개년이 넘었습니다.

난징南京에서 4개년간의 학창 시대의 일은 벌써 희미한 옛일로 돌려보낼 뿐이지만 스웨덴의 4개 성상의 즐겁던 생활은 잊으려고 해도 잊혀지지 않습니다. 졸업하고 교문을 나서던 날의 즐겁던 일도 잊혀지지 않지만은 동무들과 서로 떨어지기 애처로워하던 일은 지금까지 나의 가슴을 아프게 할 뿐입니다.

— 최영숙, 「그리운 옛날의 학창 시대」, 『삼천리』, 1932. 1, 74쪽.

② 최영숙 양의 일기 일절을 소개하지요.

"스웨덴은 눈의 나라입니다. 스웨덴의 설경은 다른 곳에서 찾아볼 수 없는 아름다운 경치라고 생각합니다. 눈이 몹시 쌓인 그 위에 <u>그</u>와 손을 잡고 스키하러 다니던 일! 호숫가에 우거진 꽃을 젖히고 푸른 잔디가 쭉 깔린 넓은 들을 거쳐 물 맑은 호수를 찾아다니던 일도 모두가 다시 돌아오지 못할 옛날의 기억으로 사라지지 않을까 함에 끝없이 안타까울 뿐입니다.

재미있는 타임은 가는 줄 모르게 흘러서 재미있던 ……"

그 아래는 너무 정열적인 문구가 있기에 생략합니다. 그 (청년이)라 함은 '마하드 젠나'라는 스물아홉 살 되는 인도 학생입니다.

—「스웨덴 경제학사 최영숙 양 일대기」, 『삼천리』, 1932. 5, 15쪽.

①은 최영숙이 스웨덴의 유학 시절을 회고한 글이다. 몇 달 전 같은 잡지에 실린 글임에도 ②는 원문의 '동무'를 '그'로 바꾸어 실었다. 단어 하나를 바꾼 데 불과하지만 글의 분위기는 전혀 다르다. 학창 시절을 회고하는 글이 유학 기간의 연애담을 말하는 듯한 분위기로 바뀌었다. 원문을 읽어보면 알겠지만, ②에서 말하는 "정열적인" 문구는 없다. ②에서 최영숙의 유학 생활은 인도 청년과의 행복한 연애 시절로 탈바꿈한다. 그녀가 가졌던 세상에 대한 진지한 탐색과 도전의 자세는 전혀 언급되지 않는다. "그는 빠르고 편한 시베리아(西伯利亞)의 철도편을 택하지 않고 일부러 프랑스의 마르세유 항구를 거쳐 인도양으로 가는 배에 올랐습니다"라는 표현에서 보듯이 그녀가 '실

지적 생의 싸움을 실험하고' 각국을 '시찰 학습'하기 위한 목적으로 행했던 각국 만유의 길도 애인을 찾아 떠나는 길로 해석되어버린다. 제목에 '일대기'라고 했지만, 『삼천리』는 인도 청년과의 연애담에만 비중을 두어 그녀의 삶을 조명했다.

최영숙의 일대기 가운데 일부분만 조명되었더라도 그 기록이 사실이라면 크게 문제되지 않는다. 하지만 잡지에 실린 그녀의 이야기가 사실과는 무관하게 허구적으로 창작되었다는 데 문제가 있다. 『삼천리』의 이러한 태도를 어떻게 해석해야 할까? 자사 잡지에 기고했던 필자의 삶을 이렇게 허구적으로 통속화하는 이유를 어디에서 찾아야 할까? 이와 관련해서는 대중사회의 문화적 상상력과 이에 대한 생산과 소비 체계 속에 놓인 근대 대중잡지의 성격을 함께 고려해야 한다. 최영숙에 대한 허구화와 왜곡은 『삼천리』에서만 끝나지 않는다. 도산 안창호의 전기 속에서도 이와 관련된 구체적인 예를 발견할 수 있다.[96] 그녀에 대한 태도는 잡지사의 편집 방식이나 남성 전기의 서술에서나 동일하다.[97]

그녀의 이야기에서 사실성이나 진정성은 중요하지 않았다. 최영숙이 「인도유람」에서 인도 청년의 정체를 이미 밝힌 바 있으나,[98] 그녀의 이야기를 다

---

[96] 안창호의 전기적 사실 속에 최영숙을 언급한 대표적 자료를 제시하면 다음과 같다. 이광수, 「도산 안창호」, 『도산안창호전집』 제12권, 도산안창호선생기념사업회 편, 도산안창호선생기념사업회, 2000, 409~438쪽; 주요한, 「안도산전서」, 같은 책, 851~874쪽; 한승인, 「민족의 빛 도산 안창호」, 같은 책 제11권, 872~875쪽; 선우훈, 「최양과 안도산」, 『민족의 수난―105인 사건 진상』, 독립정신보급회, 1955, 142~150쪽.

[97] 이에 대해서는 우미영, 「신여성 최영숙론: 여성의 삶과 재현의 거리」, 『민족문화연구』 45, 고려대학교 민족문화연구원, 2006, 310~319쪽 참고.

[98] "아침 일찍 나는 나이두 여사의 생질이 되는 이로 이집트에서부터 우연히 동행이 되었고 그동안 나에게 많은 도움을 준 친구 로씨와 함께 국민회 장소로 향하였다."(「인도유람」, 『조선일보』 1932. 2. 4) 이와 같이 최영숙이 로씨의 정체에 대해 스스로 밝히고 있

룬 글들은 어디에서도 이를 확인하지 않았다. 호기심에 촉발된 허구화되고 통속화된 이야기 속에서 결국 최영숙이라는 한 인간의 꿈과 포부는 사장되고 만다. 실제 활동 시기가 짧았던 까닭에 그녀가 남긴 글은 두 편의 기행문과 단편적인 글 몇 편뿐이다.[99] 28세라는 젊은 나이로 삶을 마감했지만, 한 편의 재미있는 이야기로 단순하게 정리하고 지나치기에는 그녀의 삶이 걸쳐져 있는 의미망은 꽤 깊고도 넓다.[100] 제2부 03장에서는 유학의 여정에서 그녀가 남긴 글들을 통해 죽음 이후의 담론으로 인해 윤색되고 사장된 최영숙의 삶을 복원해보고자 한다. 이를 통해, 희망의 차원으로 그친 미완의 계획이긴 하지만 여성 사회경제학도로서 그녀가 식민지 조선에서 실현하고자 했던

음에도 당시의 글들은 어디에서도 이를 확인하지 않았다. 최영숙의 이야기를 다룬 바 있는 전봉관은 『조선일보』에 실린 그녀의 글을 토대로 '미스터 로'가 당시 알려진 것과 같은, 즉 조선인과 인도인의 혼혈이 아님을 밝혔다. 그에 따르면 혼혈인 운운은 당시 폐쇄적인 조선인들의 편견을 염려한 친구 임효정의 배려에서 나온 말이다. 명문가 태생의 여성 정치가인 사로지니 나이두의 집안이라면 로씨는 순수 인도인일 가능성이 크다는 것이 그의 주장이다. 전봉관, 「명예·사랑 버리고 조국 택한 여☆ 인텔리, 고국에 버림받고 가난으로 죽다」, 『신동아』, 동아일보사, 2006. 5, 552쪽.

99 최영숙이 남긴 글을 시간순으로 정리하면 다음과 같다.
「신여성의 신년 신신호新信號─대중의 단결」, 『동광』, 1931. 12. 27.
「민족적 중심 단체 양 조직의 필요와 방법, 각 방면 명사의 복안(3)」, 『동아일보』 1932. 1. 3.
「해외의 체험을 들어 우리 가정에 기휴함(2), 활동적인 그들 감복할 그들의 시간 경제」, 『동아일보』 1932. 1. 3.
「그리운 옛날의 학창 시대─서전대학생 생활」, 『삼천리』, 1932. 1.
「간디와 나이두 회견기, 인도에 4개월 체류하면서」, 『삼천리』, 1932. 1.
「인도유람」, 『조선일보』 1932. 2. 3 ~ 2. 7.
「부인 문제에 대한 비판─금강산이 보고 싶다」, 『삼천리』, 1932. 2.
「최영숙 여사의 남긴 일기」, 『동광』, 1932. 6.
100 바로 이 때문에 아직까지 최영숙은 본격적으로 연구된 적이 없다. 최근 근대 자료 읽기의 흐름 속에서 그녀의 삶과 이야기가 정리되고 복원된 바 있다. 다만 이 역시 이야기의 차원이다. 전봉관, 앞의 글, 542~555쪽.

바를 구체적으로 살펴볼 수 있을 것이다.

2. 중국 유학과 홍사단 활동

최영숙은 1922년 중국 유학길에 올랐다. 그녀의 중국행은 당시의 시대적 분위기에 힘입은 바 크다.

> 나는 남달리 일본 유학을 싫어하였으며 까닭도 없이 중국 유학을 즐거함에 따라서 그 땅을 몹시 동경했던 것입니다.
> 그렇기 때문에 처음 난징 땅을 밟았을 때에도 그다지 외국이라는 서투른 감을 가지지 않았으며 학교에 입학하면서부터 곧 재미를 붙이게 되었습니다.
> ─최영숙, 「그리운 옛날의 학창 시대」, 『삼천리』, 1932. 1, 72쪽.

3·1운동이 일어난 1919년에 그녀는 고등보통학교 3학년이었다. 반일 분위기가 극도로 고조된 시기에 3, 4학년의 학창 시절을 보냈다. 일본이 아닌 중국을 유학지로 선택한 이유는 이러한 시대적 분위기의 연장선에서 파악되어야 할 것이다. 이 시기 중국에 대한 동경은 전 조선적 현상이었다. 3·1운동 이후 높아진 향학열과 반일 감정으로 인해 중국은 조선 학생들에게 새로운 유학지로 부상했다.[101]

그녀가 선택한 난징南京은 상하이권에 속하는 도시이다. 일제시대 상하이

---

101 「중국 유학의 신경향」, 『동아일보』 1922. 3. 26.

라는 도시가 갖는 의미는 중층적이다.[102] 먼저 을사늑약과 3·1운동 이후 그곳은 조선의 독립지사들에게 항일 투쟁의 본거지로 자리 잡았다. 1919년 4월 13일 대한민국임시정부가 독립운동의 총기관으로 상하이에서 출범함으로써 이러한 의미는 더욱 커졌다. 그러나 일찍이 근대도시로 발전한 상하이는 국내에 비해 익명성이 보장된 공간이라는 이유로 반민족적 행태와 환락, 한탕주의가 판친 곳이기도 하다. 즉, 상하이는 조선의 입장에서 볼 때 민족적인 동시에 반민족적인 공간이었다. 유학생으로서 본다면 조선에서 지리적으로 가장 가까운 도시요, 동서양 문화가 혼재한 국제도시이자 세계 첨단 문화가 숨 쉬는 신세계로서 근대 문화를 수용할 수 있는 기회의 땅이었다.[103]

상하이·난징·쑤저우蘇州·항저우杭州·퉁저우通州 등의 중국 동부 지방 가운데서 난징은 조선인 유학생들과 인연이 가장 깊은 곳이다. 상하이·난징 유학사의 첫 장을 연 사람은 윤치호이다. 그는 광서光緒 연간(1875~1908)에 쑤저우 동오대학東吳大學의 전신인 화영서원華英書院과 상하이 남양대학의 전신인 남양공학南洋公學을 졸업하여 상하이·난징 최초의 조선인 유학생이 되었다. 이후 한일병합을 거치면서 많은 망명 독립투사들이 난징 금릉대학金陵大學과 신학중학神學中學에 적을 두게 되었다. 여운형, 김홍서, 김현식, 서병호, 현창운, 신국권 등이 대표적이다. 이에 따라 조선인 유학생과 난징의 인연은 더욱 깊어졌으며, 특히 난징의 금릉대학과 신학중학은 조선인이 가장 많이 유학하는 학교가 되었다.[104] 금릉대학은 조선인에게 호의적이었으며, 베이징 등 다

102 김희곤, 「19세기 말~20세기 전반, 한국인의 눈으로 본 상해」, 『지방사와 지방문화』 제9권 1호, 역사문화학회, 2006, 258~259쪽.

103 위의 글, 281~282쪽.

104 송아, 「중국 유학, 과거·현재·장래(2)」, 『동아일보』 1925. 11. 22.

른 지역의 대학보다 조선인의 입학이 비교적 용이했다.[105]

최영숙은 1922년 9월 난징의 명덕학교에 적을 두면서 중국 유학을 시작한다. 그녀가 난징에서 공부하던 때는 바야흐로 상하이 – 닝보寧波 간에 조선 학생이 전성기를 구가하던 시대였다.[106] 그녀는 이미 조선에서 여자고등보통학교를 졸업했지만, 조선과 중국의 학제가 달라 바로 대학에 진학할 수 없었다. 학제의 차이로 인해 가장 문제가 된 것은 어학이었다. 이 시기 중국의 학교들은 대체로 초등소학 3년, 고등소학 3년, 초급중학 3년, 고급중학 3년 및 초급과 고급대학 각각 2년으로 구성된 신학제를 채택하고 있었다. 이에 따르면 그들은 고등소학 1학년 때부터 영어를 학습했다. 외국인이 경영하는 학교에서는 중학교 1학년 때부터 산수나 과학 교과서에서 영문을 사용했으며, 고학년이 되면 자국어인 한문 이외의 모든 과목 수업이 영어 중심으로 이루어졌다.[107] 이런 상황 때문에 중국에서 공부하는 유학생은 조선에서 중학 과정을 졸업하고도 중국 학제에 따라 3년 혹은 4년의 중학 과정을 다시 거쳐야 했다. 이 과정이 힘들어서 낙심하거나 불만을 품고 중도에 유학을 포기하는 학생도 적지 않았다.[108] 조선에서 이화여고보를 졸업한 최영숙이 중국 난징의 명덕학교를 거쳐 회문여자중학교에서 다시 중학 과정을 밟았던 이유가 여기에 있다.

난징 회문여중에 입학한 후 최영숙이 관심을 보인 것은 흥사단이다. 최영

---

105 양해청, 「북경에서 ─ 중국유학안내(4)」, 『동아일보』 1922. 6. 9.

106 주요한은 1923년 겨울의 난징을 "滬寧間에 朝鮮學生全盛時代"라고 표현했다. '호滬'는 상하이, '영寧'은 닝보寧波를 가리킨다. 「중국 유학, 과거·현재·장래(3)」, 『동아일보』 1925. 11. 27.

107 양해청, 「북경에서 ─ 중국유학안내(2)」, 『동아일보』 1922. 6. 7.

108 송아, 「중국 유학, 과거·현재·장래(2)」, 『동아일보』 1925. 11. 22.

숙이 중국에 유학을 갔던 1922년은 상하이에서 흥사단 원동위원부遠東委員部가 안정적인 조직과 체계를 갖추고 활동하던 시기이다. 그녀와 흥사단의 관련 기록은 제10회 흥사단 원동대회[109]에서부터 발견된다. 그녀는 1924년 2월 8일에 개최된 대회에서 음악회 행사의 일부로 공연되는 연극 〈국교 단절〉에 친구 임효정과 함께 참가했다. 이 연극에서 임효정은 남자 주인공을, 최영숙은 노복奴僕의 역할을 맡아 연기했다. 이로부터 석 달 후인 1924년 5월 3일, 그녀는 정식으로 흥사단에 입단했다. 상하이의 영국 조계에 있던 흥사단의 거처가 1924년 3월 난징으로 이전하면서 원동위원부의 난징시대가 열렸다.[110] 그 덕에 상하이와 난징을 오가던 최영숙은 더욱 적극적으로 흥사단 활동에 참여할 수 있었다.

최영숙의 활동은 이 시기 흥사단 단원들이 기본적으로 수행했던 활동을 통해 유추해볼 수 있다. 안창호는 이 당시 독립운동 세력의 통합을 위해 중국 각지를 다니며 유세하면서 조선 유학생들을 흥사단으로 끌어들였다. 단원들은 지역에 따라 구성된 각 반 소속의 단원들과 함께 매월 월례회를 갖고 각자의 활동 사항을 보고하며, 동맹저축 등 갖가지 의무 활동을 했다. 그리고 정규적인 강론회를 열어 사상과 주의에 대해서도 서로의 의견을 나누면서 이념과 운동 방략을 합치시켜나갔다.[111] 1925년 흥사단 원동위원들의 활동

---

109 「제10회 원동대회 음악회 석상에 출연한 연극 '국교 단절'의 大意」, 독립기념관 소장.

110 흥사단은 1913년 미국 샌프란시스코에서 창단되었는데, 1919년 안창호가 상하이로 가서 임시정부에 참여하면서부터 중국을 포함해 러시아·일본·국내 등지에서도 흥사단 운동의 필요성을 절감하고 '원동遠東'이라는 지역 단위의 흥사단 조직을 확장시켜 나가기 시작했다. 1920년 1월에 흥사단 원동위원부의 단원이 확보되면서 구체적인 활동을 개시했다. 이명화, 『도산 안창호의 독립운동과 통일노선』, 경인문화사, 2002, 309~315쪽.

111 구익균, 『새 역사의 여명에 서서』, 일월서각, 1994, 102쪽.

지역과 인원수는 국내 31인, 중국 57인, 일본 2인, 러시아 1인, 독일 5인, 프랑스 4인, 미국 14인, 멕시코 3인으로 기록되어 있다.[112] 최영숙은 중국의 원동 단원이었다. 흥사단 단원의 입단 조건은 매우 엄격하고 까다로웠다. 이는 길고도 집요한 문답식의 입단 심사 과정만으로도 충분히 짐작할 수 있다.[113] 입단 8개월여 만인 1925년 1월에 최영숙은 흥사단의 통상단우가 된다. 입단하고 2개월 이상의 의무를 수행한 이들 중 다시 문답식의 면접과 맹약례를 통과한 예비단우만 통상단우가 될 수 있었다. 통상단우 회원은 흥사단이 요구하는 동맹독서·저금·동맹체육의 의무와 통상 보고의 의무를 이행해야 했다.[114] 그녀가 스웨덴으로 떠날 즈음에 사회주의 서적을 탐독했던 배경도 흥사단 활동의 연장선에서 파악할 수 있다.

3. 엘렌 케이의 스웨덴

최영숙이 스웨덴으로 유학을 떠날 결심을 하게 된 것은 엘렌 케이 때문이다. 엘렌 케이는 스웨덴 태생으로, 1920년대 한국·중국·일본에서 가장 영향력 있는 서양 사상가 중 한 사람이었다.[115] 『아동의 세기』(1900), 『생명선生

---

112 이명화, 앞의 책, 317쪽.

113 흥사단 입단 심사를 위해 입단 신청자와 안창호가 주고받았던 질의응답에 대해서는 이광수가 쓴 「도산 안창호」(『도산안창호전집』 제12권, 도산안창호선생기념사업회 편, 도산안창호선생기념사업회, 2000, 291~364쪽)에 아주 자세히 석혀 있다.

114 이명화, 앞의 책, 366쪽.

115 천성림, 「모성의 '발견' — 엘렌 케이(Ellen Key, 1849~1926)와 1920년대의 중국」, 『동양사학연구』 제87집, 동양사학회, 2004, 190쪽. 엘렌 케이가 조선과 일본에 끼친 영향력에 대해서는 최혜실, 앞의 책, 145~159쪽과 구인모, 「한일 근대문학과 엘렌 케이」,

命線』(1903~1906) 제1부「연애와 결혼」등 케이가 쓴 책들이 영어로 번역되어 영어권 국가에 알려지고 또 일본에 소개된 것은 1910년대이다. 중국과 한국에는 1920년대에 이르러 소개되기 시작했다. 이광수의『무정』, 김동인의「김연실전」, 염상섭의「너희는 무엇을 얻었더냐」에서 여권론자의 대명사로 케이가 인용되고 있긴 하지만, 한국에서 그녀에 대한 논의가 확대되기 시작한 때는 1925년 이후다.[116] 그 전의 글로는 노자영이『개벽』1921년 1~2월호에 발표한「여성운동의 제1인자 엘렌 케이」가 유일하다. 이 시기는 최영숙이 이화여고보를 졸업할 즈음이다. 중국으로 떠날 무렵을 회고한 최영숙의 글에서는 케이에 대한 언급을 찾아볼 수 없다. 이로 보건대 그녀가 중국으로 처음 유학을 갈 때부터 스웨덴행을 염두에 둔 것은 아니며, 엘렌 케이에 관심을 갖기 시작하고 스웨덴행을 결심한 것은 중국 유학 시절이라는 추정이 가능해진다.

최영숙에게 엘렌 케이는 서양을 환유하는 하나의 기호이다. 그렇기에 최영숙의 내면세계를 엘렌 케이의 사상과 직결시키는 것은 올바르지 않다. 스웨덴으로 유학을 떠날 무렵 최영숙은 케이가 주창한 '연애의 자유'라는 문제보다 사회주의 사상에 더 빠져 있었다. 1926년 7월, 구아연락열차歐亞聯絡列車를 타기 위해 상하이에서 하얼빈으로 가던 중 그녀는 경유지인 다롄大連에서 체포되었다. 이유는 사회주의 서적의 과다 소유였다.[117] 스웨덴 유학을 떠나기 전부터 그녀가 관심을 갖고 공부한 분야는 사회주의 사상이었다. 이는 스톡홀름에 가서도 계속되었다.

『여성문학연구』제12호, 한국여성문학학회, 2004. 12에서 구체적으로 논하고 있다.

116 최혜실, 앞의 책, 47쪽.

117 『동아일보』1926. 7. 23.

세상에 제일 빠른 것이 무엇이냐? 공중의 솔개냐? 화살이냐? 기차냐? 비행기냐? 다 빠르다.

그러나 사상만큼 빠를 수는 없다. 나는 지금 책상 위에 놓인 『사회구제』란 책을 보고 있다. 10분이 지나지 못한 그동안에 나의 사상은 멀리 동쪽 하늘 끝 ○○에 돌아갔다가 왔다. 사상은 과연 빠른 것이다.

10분 동안에 조선의 걸인들을 모아놓고 노동의 신성을 가르치며 크나큰 작업장을 열어놓고 그들에게 일을 주었다. 이 어찌 빠르지 않을 것이냐?

—「최영숙 여사의 남긴 일기」, 『동광』, 1932. 6, 39쪽.

1930년 4월 2일에 쓴 짧은 일기이다. 책에서 읽은 사회주의와 노동의 문제를 조선의 처지와 결부하며 고민하는 모습이 보인다. 최영숙이 엘렌 케이의 사상에 대한 적극적인 동의에서, 또는 엘렌 케이의 고향이라는 특정한 의미에서 스웨덴을 선택한 것은 아니다. 엘렌 케이는 1919년 중국에 처음 알려진 이래 조선에서는 1920년대에 『부녀잡지』, 『신여성』과 같은 여성 대상 잡지와 가족·여성 문제를 논하는 단행본에 끊임없이 등장하며 인기를 누렸다. 특히 1920년대 초에서 중반까지 엘렌 케이는 『부녀잡지』의 '최고 스타' 중하나였다.[118] 엘렌 케이의 글은 주로 연애론과 자유이혼론을 중심으로 조선에 소개되었으며, 모성주의를 논할 때에도 간략하게 소개되었다. 그러나 최영숙의 글에서는 이러한 내용을 찾아보기 어렵다. 그녀는 연애나 성도덕의 문제보다는 '여성' 일반의 문제, 특히 노동하는 여성의 삶에 관심을 보였다.

그곳 사람들은 외국 사람 대접을 극진하게들 합니다. 더욱이 나는 동양 여자로

---

118 천성림, 앞의 글, 202~205쪽.

처음이었기 때문에 많은 후대를 한 몸에 모았댔어요. 아이들과 여성들이 자유로운 천지에서 힘 있게 뻗어나가는 것이 제일 부러웠습니다. 특히 그곳에 제일 많은 여공들, 예를 들면 연초 전매국이나 성냥 제조장 같은 데서 노동하는 여성들까지도 정신상으로나 경제상으로나 풍유한 생활을 하는 것이 퍽 부러웠습니다. 그들에겐 일정한 노동시간과 휴가가 있을 뿐 아니라 그들이 받는 임금은 생활비를 빼고도 반은 남습니다. 그들은 노동복만 벗어놓으면 가장 유족한 숙녀들입니다.

—『동아일보』 1931. 11. 29.

최영숙이 귀국한 뒤 『동아일보』와 가진 인터뷰 기사 중 일부이다. 그녀가 스웨덴에서 눈여겨본 것은 아이들과 여성, 특히 여성 노동자의 생활이다. 엘렌 케이 사상의 흔적은 찾아보기 어렵다. 따라서 당시 인기 있었던 서양의 사상가 엘렌 케이는 최영숙에게 '서양'에 대한 동경을 추동하고 자극한 매개물 정도로 보는 편이 타당하다. 여기에서 스웨덴은 엘렌 케이 또는 엘렌 케이의 사상이라는 특수하고도 개별적인 의미로 환원되지 않는다.

이 시기 서양과 동양, 또는 본국과 외국의 상호 인식 방식은 '집합적'이다. 이는 서양인들의 동양여행기를 살펴보면 확연히 드러난다. 즉, 그들의 눈에 비친 동양인은 개별적인 존재로 파악되지 않는다. 동양인은 개인적 세부 사항들이 생략된 채 뚜렷이 구분되지 않는 집단이나 그저 덩어리로 묘사된다.[119] 반대로 동양인이 서양인을 바라보는 시선 또한 마찬가지이다. 이에 대한 구체적인 예는 외국 유학 출신 여성들이 자신들이 경험했던 서양에 대해

---

119 Sara Mills, *Discourses of Difference: An Analysis of Women's Travel Writing and Colonialism*, Routledge, 1992, p. 88.

이야기하는 장면에서 잘 드러난다. 박인덕, 최영숙, 황애시덕(황에스터)은 삼천리사에서 마련한 한 좌담회에서 각자 본인의 외국 경험에 대해 서로 얘기를 나눈 적이 있다.[120] 이 대화에서 그들이 경험했던 서양 각국의 특수성은 거의 부각되지 않는다. 외국의 여성들은 합리적으로, 조선의 여성들은 모순적으로 아이를 양육한다는 식으로 대립과 차이는 그들(서양)/우리의 관점에서 단순화된다. 미국, 스웨덴, 러시아라는 국가의 특수성은 고려되지 않는다. 요컨대 모두 서양이라는 집합적인 전체의 개념으로 수렴된다.

최영숙이 엘렌 케이라는 구체적인 개인을 동경하고 스웨덴이라는 구체적인 국가를 선택해서 유학을 갔지만, 그 구체성은 서양이라는 보편성 아래 위치한다. 즉, 중국에서 출발할 때 스웨덴은 그녀에게 막연히 뭉뚱그려진 서양의 일부였다. 엘렌 케이, 스웨덴 그리고 최영숙이 맺는 관계의 실상이 이렇다고 하여 스웨덴행을 촉발한 엘렌 케이의 의미를 평가절하해서는 안 된다. 엘렌 케이와 스웨덴이라는 구체성과 특수성은 최영숙의 선택이 그만큼 강한 자의식과 목적의식에 따라 이루어졌음을 의미하기 때문이다. 비슷한 시기에 유럽 여행을 했던 나혜석이 여행을 통해 여성으로서의 주체성을 인정하고 자각한 것과 비교하면 그 차이는 쉽게 드러난다.[121]

유학 생활 중 최영숙이 관심을 보인 것 가운데 하나는 여성 노동자의 삶이다. 이는 여성에 대한 그녀의 인식이 추상적이지 않고 구체적이었음을 의미한다. 이런 인식을 갖고 스웨덴으로 유학을 떠났기 때문에 그녀의 대학 생

---

120 「외국 대학 출신 여류 3학사 좌담회」, 『삼천리』, 1932. 4, 37쪽.

121 우미영, 「서양 체험을 통한 신여성의 자기 구성 방식 ― 나혜석·박인덕·허정숙의 서양 여행기를 중심으로」, 『여성문학연구』 제12호, 한국여성문학학회, 2004. 12, 140~149쪽.

활은 "녹색의 아름다운 꿈으로써 하늘 위에 신기루(mirage)를 그"리는[122] 차원을 넘어설 수 있었다.

그녀가 스웨덴에서 깨달은 것은 구체적인 실천의 중요성이다. 다음은 스톡홀름대학에서 공부한 지 얼마 되지 않은 무렵 조선에 있는 지인에게 보낸 편지의 일부분이다.

> 1개월이라는 짧은 시일에 저의 생활은 무서운 변동을 보게 되었습니다. 그 변동이 내 장래 사업에 도움이 될지 해가 될지는 아직 알 수 없는 일이올시다. 물론 이곳에 온 나의 목적을 말한다면 순전히 장래 사업에 기초적 준비를 위함일 것뿐이겠지요. 그러나 오늘까지 생각하니 수양이란 것이 오직 서적을 읽는 데만 있는 것이 아니고 실지적 생의 싸움을 실험하는 데 있는 것을 깨닫게 됩니다. 따라서 오늘 나의 처지 형편으로는 독서만 하고 있지 못할 것은 사실입니다. 그렇지만 오직 한 가지 애달프게 생각되는 것은 아직 나에게는 실험장에 나설 만한 준비가 없음이외다. 저는 이로부터 스웨덴의 사회 사정과 조직에 대한 연구를 하고자 합니다. 이제 결정적으로 말할 수는 없으나 1928년 반년 안에 스웨덴 각 지방을 시찰 학습하고, 그 다음으로 덴마크(단맥국丹麥國)·노르웨이(야위挪威)를 두루 돌아서 중구 스웨덴을 가보면 좋겠다는 희망을 가지고 있습니다.
>
> —『조선일보』 1928. 4. 10.

책과 독서라는 관념의 차원에서 벗어나 "실지적 생의 싸움을 실험"하는 현실의 영역으로 자신의 관심이 옮겨 감을 말하고 있다. 이에 따라 최영숙은 학교 공부에만 전념하지 않고 실제 스웨덴을 시찰하고 두루 편답하면서 서

---

[122] 김메리, 「녹색의 꿈」, 『신인문학』, 1935. 1, 27쪽.

구 사회를 연구해보겠다는 계획을 세운다. 그녀는 시찰이나 여행 등을 통해 실제 대상과 부딪히면서 공부하는 방식을 즐겼다. 스웨덴에 오기 전, 엘렌 케이와 서신을 직접 주고받은 일도 이러한 공부 방식의 연장선이었다.

조선의 지인에게 보낸 위 편지에는 국제회의 참석차 스웨덴에 온 스위스 대표를 만나서 직접 이야기를 나눈 경험도 함께 적고 있다. 1928년 1월 스웨덴에서는 국제부인자유평화회의가 개최되었다. 이때 그녀는 한 강연회에서 '제국주의자들의 식민정책'이라는 강연을 들었다. 강연 내용에 크게 공감한 최영숙은 그 강의를 맡은 스위스 대표를 직접 찾아가 담화를 나누었으며, 그를 따라 스위스의 국제대학으로 학교를 옮길 생각까지 구체적으로 한 적이 있다. 경제적인 사정이 여의치 않아 스위스의 학교로 옮기는 일은 결국 계획에 그치고 말았지만, 이 일화만으로도 그녀가 얼마나 대담하고 적극적이었는지를 가늠해볼 수 있다. 이 시기 그녀는 스웨덴 신문에 글도 싣고, 이 기고가 계기가 되어 민중공회당에서 '동양 여자의 해방운동'이라는 주제로 강연을 하기도 했다.

최영숙은 스웨덴의 여성 노동자를 보면서 조선의 여성 노동자, 나아가 동양 여성의 해방운동에 대해 고민한다. 그녀가 스웨덴에서 보는 것들의 이면에는 항상 조선의 것들이 겹쳐진다. 식민지 유학생의 고민과 모색은 겹쳐짐의 형식을 통해 이루어진다. 그녀가 유학생인 이상 스웨덴과 조선이 겹쳐지는 방식은 위계화되기 쉽다. 무언가를 배우겠다는 자세가 대상과 자신의 관계를 수직화하기 때문이다. 그러나 그녀의 고민과 모색은 무조건적인 추종의 자세를 취하지 않는다. 그녀는 노동자와 여성의 관점에서 조선 문제의 해결책을 모색한다. 다만 그 모색의 방식이 모방하는 것과 뫼비우스의 띠처럼 얽혀 있기에 구분이 모호하기는 하다.

4. 간디와 나이두의 인도

최영숙의 이러한 태도는 인도를 인식하는 데서 더욱 분명해진다. 그녀가 남긴 두 편의 인도여행기, 곧 「간디와 나이두 회견기, 인도에 4개월 체류하면서」와 「인도유람」에서 인도에 대한 인식 태도가 드러난다. 그녀가 인도를 바라보는 방식과 태도는 다음의 글이 상징적으로 보여준다.

(인도국민회의) 장소에 이르니 벌써 만원이라 이삼층 양옥집 유리창 앞마다 사람이 가득가득 단청 위며 길거리까지 인산인해를 이루었다. 나는 로씨가 안내하는 대로 홍수 밀리듯 하는 사람 속을 헤치고 앞으로 들어가느라고 옆에 들었던 모자가 어디로 달아나는지도 몰랐다.

　이리하여 마침내 세계 역사적 위인 간디 씨 이하로 나이두 여사며 젊은 사자라는 별명을 듣는 네루 씨, 키 크기로 유명한 회회교(이슬람교) 수령 알리 씨 등이외에 다수한 인도의 남녀 영웅들이 모인 그 자리에 가까이 오니 내 자신은 개미보다도 적은 느낌이 생겼다. 거기서 두 시간 동안이나 중요 인물들의 연설이 있은 후 나이두 여사의 소개로 간디 씨와 하우두 유두 인사를 하니 이것이 인도의 성인 간디 씨를 처음 만나는 기회였다.

— 최영숙, 「인도유람(2)」, 『조선일보』 1932. 2. 4.

인도국민회의의 연설을 듣기 위해 참석한 집회에 대해 묘사한 글이다. 최영숙은 이 집회에 모인 여느 사람들과 마찬가지로 수많은 군중 가운데 한 사람일 뿐이다. 간디를 비롯한 국민회의의 연설 인사는 '영웅'이며, 그녀는 그들을 추종하는 '개미'이다. 이 비유에서 그녀가 인도와 관계를 맺는 방식이 드러난다. 즉, 그녀가 보기에 인도는 몇몇 지도자의 나라이다. 특히 간디와 사로지니 나이두의 나라이다. 그녀의 인도여행기가 간디와 나이두의 이야기로만 채워지고 있다는 점이 이를 더욱 뒷받침한다. 인도에 이들이 있기 때문에 "일개 섬나라인 영국의 지배 밑에" 있다 할지라도 "인도의 장래는 낙관이요, 결코 비관"적이지 않다고 그녀는 말한다.[123] 그러나 당시 인도의 실상은 낙관할 만한 상황이 아니었다. "지금의 인도는 꿈을 잃고, 종교를 잃고, 신비를 잃고, 주림에 시달리다 못하여 피골이 상련한 새까만 몸뚱이를 그들의 정복자인 코 크고 눈이 노란 사람들의 총부리에 들이대며 생명으로 자유를 겨루려드는, 물 끓듯이 뒤끓는 인도가 되고 말았다."[124] '살길을 찾으려고 분발하는' 인도의 추동력을 간디와 나이두에게서 찾는 그녀에게 인도의 이러한 고통은 쉽게 인식되지 않는다.

간디와 나이두라는 '영웅'을 바라보는 최영숙의 자세에는 절대적인 존경과 흠모의 마음이 배어 있다. 그녀는 자신이 인도를 찾아가 4개월 동안이나 머문 이유를 이 두 사람에게서 찾는다.[125] 인도는 그녀에게 이상적인 모방의 대상이다. 비록 식민지 상태이긴 하지만 인도에는 간디와 나이두 같은 구심력 있는 지도자가 존재하고, 그들이 이끄는 국민회의라는 민족적 단일 단체가 있으며, 범국민적 차원에서 국민운동 또한 활발하게 전개되고 있기 때문이다. 귀국한 뒤 쓴 글에서 그녀는 조선의 "민중을 대표할 만한 단체"의 탄생을 촉구하며 그 기준을 인도에서 찾는다.[126] 그로부터 며칠 뒤의 글에서는 "민족의 중심 단체를 조직하는 데는 반드시 민족적 경제생활의 공통된 조건

---

123 최영숙, 「인도유람(1)」, 『조선일보』 1932. 2. 3.

124 북웅생, 「세계 각국 약소 민족의 생활상, 고민하는 인도」, 『별건곤』, 1930. 9, 73쪽.

125 최영숙, 「인도유람(2)」, 『조선일보』 1932. 2. 4.

126 최영숙, 「신여성의 신년 신신호新信號―대중의 단결」, 『동광』, 1931. 12. 27, 71쪽.

을 갖추지" 않으면 안 된다고 역설함으로써[127] 그에 대한 문제를 구체적으로 숙고하고 있음을 보여준다.

이처럼 최영숙은 서양의 어떤 나라보다 인도에서 조선의 문제를 해결할 수 있는 구체적인 방향을 찾아보고자 했다. 인도가 본보기로서 절대적인 모방의 대상이 된 데에는 그녀가 느끼는 인도에 대한 동질감이 크게 작용했다. 이는 그녀가 나이두에게 느끼는 동질감과도 같다. 최영숙은 스웨덴에서 공부할 때 인도의 시인이자 사회운동가이며 정치가로서 인도국민회의의 최초 여성 의장을 지낸 사로지니 나이두와 알고 지내는 사이였다. 최영숙은 "그가 훌륭한 인물이라는 느낌에서 친하고 싶다는 것보다 은연중에 그가 믿음직한 한 동지로 생각되었으니 아마도 같은 입장을 가지고 있기 때문인가" 싶다고 나이두와 가까워진 이유를 적었다.[128] 인도는 조선과 동일한 식민지 상태였고, 나이두는 여성이었다. '같은 입장'이라는 표현을 통해 나이두에게서 무한한 동질감을 느낀다는 것은 이에 근거한다. 식민지 조선이 좇아가야 할 절대적인 모방의 대상으로 인도를 내세우는 것도 이러한 동질감 때문이다.

귀국해서도 그녀는 미리 가입해둔 동우회의 경성여자소조에서 활동한다.[129] 또 조선의 급선무가 경제운동과 노동운동이라고 파악하여 이에 몸을 던질 뜻을 보인다. 스웨덴 등의 서구 각국과 인도의 구체적인 사례들은 조선의 문제를 해결하기 위해 적극적으로 검토해야 하는 본보기였다. 최영숙이 스웨덴과 인도에 보이는 모방의 태도는 긍정적이고 생산적이다. 식민지 조선

---

127 『동아일보』 1932. 1. 3.

128 최영숙, 「간디와 나이두 회견기, 인도에 4개월 체류하면서」, 『삼천리』, 1932. 1, 48쪽.

129 동우회 소식지인 「동우회 공함」 제4회(1931. 1. 12)와 제5회(1932. 2. 29)에 따르면 최영숙은 귀국 전인 1931년 1월 동우회에 가입하여 귀국 후인 1932년에는 경성여자 소조에서 활동했다. 「동우회 공함」, 독립기념관 소장.

의 상황보다 나은 외국의 경우를 보면서 그녀는 자기 비하나 자기부정에 빠지지 않는다. 다만 서양과 인도의 모방을 통해 조선 문제의 해결책을 모색하고자 한 그녀의 태도는 단선적이다. 이들 국가를 조선이 따라야 할 하나의 모범 사례로 바라보는 그녀의 시선에 의심의 여지가 없다는 점에서 그러하다. 스웨덴과 인도를 향한 최영숙의 태도에서 조선과 외국의 차이에 따른 분열적 시선을 발견하기 어려운 까닭은 그녀가 조선에서 활동한 시간이 지극히 짧았기 때문일 것이다. 활동 기간이 지속되었다면 그녀는 자신이 체험한 외국의 사례와 조선의 차이를 인식했을 것이다. 그렇지 못했기 때문에 그녀가 지닌 태도와 시선은 외국과 조선 사이의 유사성에만 초점이 맞추어져 있었다. 최영숙의 짧은 삶이 현실적이고 구체적인 사유로까지 나아가는 것을 막은 것은 두말할 필요도 없다.

> 그는 불쌍한 조선 사회를 위하여 한 조각 붉은 마음을 가지고 발버둥 치는 여성이니, 그가 고국에 돌아오는 날은 반드시 한 줄기 희망의 불이 비칠 것입니다.
> —「엘렌 케이 찾아가 서전 있는 최영숙 양」, 『조선일보』 1928. 4. 10.

최영숙이 스톡홀름대학에 재학 중이던 1928년 4월 10일 『조선일보』에 실린 기사의 한 부분이다. 스웨덴 유학생 최영숙은 식민지 조선의 기대주 중 한 사람이었다. 그러나 귀국 5개월 만에 삶을 마감함으로써 그 기대는 실현되지 못했다. 5개월이라는 시간 동안 그녀의 활동이 전무했던 것은 아니다. 그러나 10년의 외국 유학에서 기워온 포부를 펼치기에는 5개월이란 시간은 너무도 짧았다. 그녀의 계획은 몇 편의 글을 통해 확인할 수 있을 뿐이다. 이 계획들은 현실에 뿌리도 내리지 못한 채 죽음과 함께 구상의 수준으로 영원히 머물고 말았다.

04

5인의 독일 유학생과 유럽으로 가는 40여 일

1. 근대 지식 청년 5인의 독일 유학

근대 조선의 해외 유학사에서 1881년은 유학 원년으로 큰 의미를 갖는다. 중국과 일본의 선진 문물을 배우기 위해 청국에는 영선사를, 일본에는 조사시찰단을 파견함으로써 이들 시찰단을 통해 근대적 의미의 최초 유학생이 탄생한 해이기 때문이다. 뒤이어 1883년 보빙사 단원으로 미국에 갔던 유길준이 남아 계속 공부하기로 함으로써 미국 유학도 시작되었다.[130] 이렇듯 1800년대 초반 해외 사절을 통해 시작된 조선인의 해외 유학은 청국, 일본, 미국이 대상국이었다. 그러나 유학 초기의 세 국가로 나뉜 대상국의 균형은 지속되지 않았으며, 이후 유학의 주요 대상국은 일본으로 편중되었다.

1904~1905년 사비 유학이 본격화되기 전까지 유학은 주로 관에서 파견

---

130 송병기, 「개화기 일본유학생 파견과 실태(1881~1903)」, 『동양학』 18집, 단국대학교 동양학연구소, 1988, 249~250쪽.

하는 형식으로 이루어졌다. 이 시기 조선의 개화파가 가장 중요하게 생각했던 정책 가운데 하나는 유학, 실질적으로는 일본에 유학생을 파견하는 사업이었다.[131] 유학이 새로운 지식의 수용을 목적으로 한다는 점에서 개화를 선취한 일본은 유학의 대상국으로 선호되었던 반면, 청나라 즉 중국은 오히려 후진국으로 인식되었기 때문에 그다지 선호되지 않았다.[132] 한편, 중국과 달리 미국 유학은 유길준 이래 꾸준히 지속되었지만 1910년 이후부터는 조선총독부의 정식 허가를 받아야 했기에 수월하지 않았다.[133] 그럼에도 불구하고 미국 유학생은 계속 증가세를 나타냈다. 이처럼 일본과 미국, 두 국가는 조선인 유학생의 역할을 통해 조선의 근대적 지식과 문물의 양대 생산지로 기능했다.

1919년 이후 근대 조선의 교육열은 급격히 증가했다. 이는 3·1운동 후 고양된 민족의식의 결과일 뿐만 아니라, 제도적인 측면에서 근대 교육이 도입과 정착의 단계를 지나 확산과 대중화의 단계로 들어서는 시점과 맞물린 결과이기도 하다.[134] 해외 유학의 경우 조선총독부의 정책이 개방적인 방향

---

131 최덕수, 「구한말 일본유학과 친일세력의 형성」, 『역사비평』 15, 역사비평사, 1991, 116~120쪽. 1904~1905년 유학생 격증에 관한 구체적인 자료는 「일본유학생사」, 『학지광』 6호, 1917, 12쪽에 실린 일본 유학생 현황을 정리한 표를 참고할 것.

132 1933년 유학생 현황을 조사 정리한 『숫자조선연구數字朝鮮研究』에서 이 시기 조선인들이 중국 유학을 많이 가지 않은 이유 중 하나로 '문화 후진국'을 꼽았는데, 이를 통해 당시 중국에 대한 인식의 한 단면을 엿볼 수 있다. 이여성·김세용 공저, 『숫자조선연구』 제4집, 세광사, 1933, 122쪽.

133 홍선표, 「일제하 미국유학연구」, 『국사관논총』 96, 국사편찬위원회, 2001, 154~157쪽.

134 1920년대의 교육열 증가는 3·1운동의 결과로만 볼 수 없다. 이는 한국 사회에서 근대적인 학교 제도를 통해 교육이 대중화된 결과인 동시에, 학력의 사회적 분배 효과에 대한 인식의 확산과도 맞물려 있다고 보아야 할 것이다. 김현경, 「근대교육의 확산과 유학의 제도화」, 『사회와 역사』 70, 한국사회사학회, 2006, 6~7쪽; 이광호, 『구한말 근대교육체제와 학력주의 연구』, 문음사, 1996, 179쪽.

으로 바뀌면서 유학생의 수도 증가하고, 유학 대상국도 일본·미국·유럽 등으로 다변화되었다. 여전히 일본이 압도적으로 우위를 차지하긴 했지만, 이전과 비교할 때 미국이나 유럽 유학의 증가율도 급격히 상승했다.[135]

1933년 이여성과 김세용이 발간한 『숫자조선연구』에서는 유학지를 '일본', '미국', '중국 및 기타 외국'의 세 지역으로 구분하고 있다. 이 가운데서 구주歐洲, 즉 유럽 유학생은 사실상 통계 수치조차 얻지 못하고 있다. 이는 유럽이 일본이나 미국의 조건과 비교할 때 조선인 학생의 접근이 쉽지 않았음을 말해준다.[136] 이여성과 김세용은 구주 유학생에 대해서는 '극소수'라고만 표현했을 뿐 이들에 대한 어떤 통계도 내지 못했다.

---

135 박찬승, 「1920년대 도일 유학생과 그 사상적 동향」, 『한국근현대사연구』 30, 한국근현 대사학회, 2004, 100~101쪽; 홍선표, 앞의 글, 2001, 166쪽.
   1920년대 유학생의 급증 및 유학처의 다변화에 대해서는 다음 글이 잘 말해준다. "그 다음은 유학생의 증가라 할 수 있습니다. 작년 겨울까지 600 내지 700명이라 던 — 일본 도쿄에 금년으로써 우리 유학생이 1,700 내지 2,000여 명에 달한 것은 실로 대현상의 대현상이며, 기타 중국에 80명 내지 100명이 증가하였다 하며, 또 유일준, 이성용, 이석신, 김준연, 박승철 제씨의 독일 유학이며, 최호렬 씨의 호주 유학이며, 구자옥, 오천석 씨(기외 성명 미상)의 미국 유학 등은 이 또한 우리의 경하할 바의 일대 사실입니다." 「범신유의 회고(하)」, 『개벽』, 1922. 1, 81쪽.

136 이여성과 김세용은 유학생의 수가 일본＞미국＞중국의 순서를 차지하는 이유를 분석 하여 기술하고 있다. 일본 유학생이 가장 많은 이유는 ① 정치적 관계, ② 지리적 관계, ③ 문화적 관계, ④ 경제적 관계(구미보다 싼 학비 및 교통비)에서 찾을 수 있으며, 이에 비춰볼 때 이러한 현상은 '당연한 일'이라고 보았다. 이에 비해 중국 유학생이 적은 이유는 ① 중국을 문화 후진국으로 인식한 점, ② 조선 중등 정도의 학교에서 중국어 과목을 가르치는 곳이 전무하기 때문에 중국어에 능통하지 못한 점, ③ 정치적 관계가 복잡한 까닭에 학생으로서 생활하기에는 부적합 곳으로 판단한 점 등에서 찾았다. 마지막으로 구미 유학에서 미국이 단연 우위를 차지하는 이유로는 ① 조선의 중등 및 전문 정도의 학교에서 영어 교육에 많이 치중한 점, ② 미국인이 경영하는 미션스쿨이 많다는 점, ③ 구한국 시대부터 미국으로 건너간 자들이 많다는 점, ④ 고학하기 편리한 점 등을 들었다. 그러나 유럽 각국의 유학생에 대해서는 극소수에 불과하다고 하면서, 그 이유를 미국이 갖춘 조건과 비교할 때 유럽 쪽은 그 모든 조건을 거의 결여한 데 있다고 보았다. 이여성·김세용, 앞의 책, 122쪽.

유럽 유학생이 숫자상으로 열세인 것은 절차상의 까다로움 때문이 아니다. 특히 독일의 경우, 경제적 조건만 허락된다면 유학은 어렵지 않았다. 경제적 여유만 있으면 일본 여권을 가지고 그대로 독일로 갈 수 있기 때문이었다. 미국으로 유학 가려면 미국 비자가 있어야 했지만, 독일은 별도의 비자가 필요하지 않았다.[137] 독일 유학생들은 독일이 지원하는 경제적 기반 위에서 학생 생활 자체에 충실할 수 있었다. 이에 비해 미국에서는 경제적 지원을 받기 어려웠다. 이런 이유로 미국 유학생들은 고학의 경험을 자주 토로했다.[138] 이처럼 유학 대상국이 어디냐에 따라 유학생의 조건, 관심 및 세계 인식 등은 서로 구별된다.

독일 유학생과 관련해서는 정확한 통계가 나와 있지 않다. 1883년 체결된 조독수호통상조약에 따라 공식적인 유학의 길은 열려 있는 상태였다. 그러나 이는 공식적 가능성일 뿐 실제 독일 유학생은 매우 드물었다. 한국인 최초의 독일 유학생은 김중세金重世로 알려져 있다. 그는 도쿄 세이소쿠학교 正則學校에서 수학한 뒤 1908년 8월 독일로 떠나 베를린대학에서 정치경제학과 철학을 공부하고 1923년 철학박사학위를 받았다.[139] 1910년대에 독일을 내왕한 인물로 안중근의 사촌 형인 안봉근이 언급되나, 이에 대해서는 정확한 정보를 찾기 어렵다. 3·1운동 직후 독일로 건너간 이로는 『압록강은 흐른다』로 잘 알려진 이미륵(본명: 이의경李儀景)이 있다. 이렇듯 한두 명이 잠깐 언급되면서 이어지던 독일 유학생의 흐름이 10여 명을 넘어선 시점이 1920년대

137 최종고, 『한독교섭사』, 홍성사, 1983, 203쪽.

138 주요섭의 미국체험기 및 이를 토대로 한 소설은 미국 고학 생활을 잘 보여준다. 주요섭, 「구미유기」, 『동아일보』, 1930. 2. 2~4. 11; 「구름을 잡으려고」, 『한국문학전집』 13, 민중서관, 1974.

139 이용관, 「동양학계의 명성=김중세 씨」, 『개벽』, 1924. 4, 79쪽 참고.

초반이다.[140]

이번 장에서 다루고자 하는 인물은 모두 이 시기에 독일로 유학을 간 세대로, 구체적으로는 1920년에서 1930년대 초반 독일 유학생인 김준연, 박승철, 김현준, 계정식, 도유호 다섯 사람이다. 이들의 장편 연재 기행문은 이 시기 지식 청년의 개별적이고 연속적인 세계 체험의 양상을 살펴볼 수 있다는 점에서 의의가 크다.[141] 특히 도구기渡歐記는 유학 생활에 정착하기 전의 근대 지식 청년이 조선·일본·중국 및 동남아시아와 인도양을 거쳐 어떻게 유럽까지 도착하게 되는지를 보여준다.[142] 이는 독일에서 수년간 공부하고 생활하면서 받아들이게 된 세계와는 또 다른 차이가 있다. 이러한 변화와 차이는 이들이 유학을 하면서, 혹은 유학을 마친 후 쓴 글들을 통해 드러난다. 타 문

---

140 독일 유학생에 관한 기초적 내용은 최종고, 앞의 책, 201~206쪽을 참고하여 정리했다. 최종고의 『한독교섭사』에서는 1920년대 대표적인 독일 유학생으로서 안남규, 안동혁, 안호상, 유재성, 배운성, 김형태, 이한호, 최정우, 이극로, 김백평, 이갑수, 윤치형, 정석태, 정석해, 이성용, 신용, 최두선 등을 꼽았다.

141 1920년대 해외 유학생이 남긴 장편 연재 기행문은 지역별로 다양하다. 대표적인 지역으로는 미국, 독일, 영국 등을 들 수 있다. 필자가 이 책에 조선 청년이 유럽으로 가는 도정의 기행문을 다루면서 특히 독일 유학생의 글을 대상으로 한 이유는 이들의 글이 편수로나 각 편의 양으로나 가장 우세하기 때문이다. 양적 우세는 이들 독일 유학생이 갖는 전공에 대한 학구적 진지함과 관련된다고 볼 수 있다. 이 외에 영국 유학생도 장편 연재 기행문을 남겼는데, 대표적인 필자로는 김선기·박석윤·이관용 등이 있다. 이에 대해서는 별도의 논의가 필요하리라 본다.

142 이 책에서 주요 텍스트로 삼은 도구기渡歐記는 다음과 같다.
김준연, 「독일 가는 길에」(1~4), 『동아일보』, 1921. 12. 15~12. 18; 「독일 가는 길에」
(1~7), 『동아일보』 1922. 1. 30~2. 5; 「백림근신伯林近信」, 『동아일보』 1922. 4. 1.
김현준, 「독일 가는 길에」, 『신생활』, 1922. 9.
박승철, 「독일 가는 길에」(1~3), 『개벽』, 1922. 3~5; 「파리와 백림」, 『개벽』, 1922. 6.
계정식, 「인도양과 지중해—도구 수기渡歐手記」(1~9), 『동아일보』, 1926. 7. 17~8. 9;
「파리와 백림, 불도佛都의 표리表裏 세계인종전람회」(1~4), 『동아일보』 1926. 9.
30~10. 30; 「유독잡기留獨雜記」(1~4), 『동아일보』 1926. 11. 19~11. 23.
도유호, 「구주행: 인도양 건너서서」(1~33), 『동아일보』 1930. 9. 2~10. 5.

화에 대한 체험과 인식의 관계에서는 '시간'이 중요한 변수로 작용하기 때문이다. 주요하게 살핀 글은 이들이 주로 경성에서 독일까지의 여로를 기록한 것으로, 독일에 정착하기 전 또는 정착 초기의 기행문이다.[143]

다섯 사람의 인물별 특징을 정리하면 〈표 2〉와 같다. 여기에서 주목해야 할 사항은 각 인물의 전공 분야, 유학 연령, 그리고 학위의 세 가지이다. 이를 통해 일본·미국 유학생과 대비되는 독일 유학생의 특성을 찾을 수 있다.

먼저 전공 분야를 살펴보면, 정치학과 법학(김준연), 사회학과 사학(박승철), 철학(김현준), 음악과 철학(계정식), 고고학(도유호) 등이다. 이들의 전공은 정치학, 법학, 음악, 철학 등 순수 학문 분야가 대부분을 차지한다.[144] 이런 특징은 일본 및 미국 유학생의 전공과 비교할 때 더욱 분명하게 드러난다.[145] 1930년대까지 포함하면 일본 유학생의 경우 법학·경제·경영학·문학 전공자의

---

143 도구기渡歐記, 즉 '유럽으로 건너간 기록'이라는 말이 시사하듯, 필자가 이 주제에 쏟는 주된 관심은 경성에서 유럽에 도착하기까지 조선 지식 청년의 여정이 갖는 의미에 있다. 독일 유학생과 독일, 나아가 유럽의 문화지정학적 의미를 살피기 위해서는 또 다른 논의의 장이 필요하다. 문화지정학의 개념에 대해서는 마루카와 데쓰시 지음, 백지운·윤여일 옮김, 『리저널리즘: 동아시아의 문화지정학』, 그린비, 2008, 17~30쪽 참고.

144 이는 이 시기 독일 유학생의 일반적 경향이라 할 수 있다. 예컨대 안호상(독일 예나대학에서 철학과 법학 공부, 1929년 동 대학에서 철학박사학위), 이극로(1928년 베를린대학에서 인류학으로 박사학위), 최두선(1922년 도독渡獨, 마르부르크대학, 예나대학, 베를린대학 철학 전공), 백성욱(뷔르츠부르크대학, 1925 철학박사학위) 등이 모두 순수 학문을 전공했다. 최종고, 앞의 책, 202~205쪽 참고.

145 일본 및 미국 유학생의 전공별 학생 수를 정리하면 다음과 같다.

〈표 3〉 일본 유학생의 전공별 학생 수

학과	정경	법률	군인	중학	상업	경찰	농업	공업	문예	의학	합계
학생 수	76	155	60	64	44	17	42	17	11	18	504

※ 「일본유학생사」, 『학지광』 6호, 1915. 7, 12~13쪽.

<표 2> 5인의 독일 유학생

		김준연金俊淵
1	생몰년, 출생지	1895~1971, 전라남도 영암 출생
	직업	언론인·정치가
	학력	● 14세(1908) 가을, 영암보통학교 보습과에 입학 ● 16세(1910) 4월, 한성고등학교(현 경기중고등학교의 전신) 입학 ● 오카야마岡山 제6고등학교 독법과獨法科에 입학, 졸업 ● 1917년 도쿄제국대학 독법과 합격 ● 1920년 도쿄제국대학 독법과 졸업 ● 독일 베를린대학 입학 ● 영국 런던대학에서 정치학 수학
	독일 체류 시기(연령)	1921. 10. 22. 출발 ~ 1925. 2. 8. 귀국(27~31세)
		박승철朴勝喆
2	생몰년, 출생지	1897~? (6·25 때 납북)
	직업	중앙, 보성 등의 학교에서 서양사 강의
	학력	● 1915년 도쿄 와세다대학早稲田大學 사학과 수학 ● 1921년 12월 독일 베를린으로 유학 ● 1924년 8월 영국 런던에서 사학 관련 자료 수집
	독일 체류 시기(연령)	1921. 12. 출발 ~ 1925. 6. 6. 귀국(25~29세)
		김현준金賢準
3	생몰년, 출생지	1898~1950, 전라남도 영암 출생
	직업	언론인
	학력	● 일본 도요대학東洋大學 ● 독일 라이프치히대학 법문학부 졸업 ● 1928년 독일 국립대학원에서 철학박사 학위 수여(첫 신문학박사)
	독일 체류 시기(연령)	1922. 4. 9. 출발 ~ 1928 귀국(25~31세)

<표 4> 미국 유학생의 전공별 학생 수

학과	신학	의학	화학	경제 상업	교육	화학	사회	정치	철학	미술	음악	직조	宗敎 育	역사	문학	합계
학생 수	22	20	17	17	13	12	8	7	7	6	4	5	4	4	4	
학과	생물	수학	체육	의학	천문	제약	물리	법률	심리	청년 회	농학	건축	간호	가정	광산	174
학생 수	4	3	3	3	2	2	2	2	2	2	1	1	1	1	1	

※ 「최근의 유미학생계」, 『우라키』 2호, 1926. 9, 1·2쪽.

		계정식桂貞植
4	생몰년, 출생지	1904~1974, 평안남도 평양 출생
	직업	음악가(연주, 지휘)
	학력	● 숭덕보통학교, 숭인상업학교, 숭실전문학교 ● 도쿄 동양음악학교 ● 1923년 독일 뷔르츠부르크 음악학교 바이올린 전공 ● 1929년 독일 뷔르츠부르크 음악학교 바이올린과 졸업 ● 1929년 뷔르츠부르크 고등학교 음악과 강사 ● 1935년 스위스 바젤대학에서 철학박사학위
	독일 체류 시기(연령)	1923 ~ 1935. 3. 9 귀국(20~32세)
		도유호都宥浩
5	생몰년, 출생지	1905~1981?, 함경남도 함흥시 남문리 출생
	직업	고고학자
	학력	● 함경남도 함흥시 영생학교 졸업, 휘문중학교 편입 및 졸업(1923. 3), 서울시 경성고등상업학교(경기상고) 입학(1924. 4), 1년 휴학 및 졸업(1929. 3) ● 1929. 4. 일본 도쿄상과대학商科大學 입학 ● 1929. 8. 도쿄상과대학 자퇴 ● 1929. 9. 중국 베이징시 연경대학 문학원 영문과 입학 ● 1930. 9. 연경대학 문학원 영문과 수학을 그만두고 유학 ● 1931. 10. 독일 프랑크푸르트대학 사회철학과 입학 ● 1935. 5. 오스트리아 비엔나대학 철학부 사학과 입학, 고고학 전공 ● 1935. 비엔나대학에서 박사학위 취득
	독일 체류 시기(연령)	1930 ~ 1940. 1. 귀국(26~36세)

비율이 높고, 미국 유학생의 경우는 이공계의 비율이 높다. 이 같은 수치는 일본 유학생의 경우 관료 지향성을, 미국 유학생의 경우 실용과학의 가치와 실력 양성을 중시한 것으로 해석할 수 있다.[146] 일본이나 미국 유학생과 달리 독일 유학생의 전공 분야가 한정적인 것은 그만큼 독일 유학이 양적으로 빈약했음을 의미하기도 한다. 하지만 주목해야 할 사실은 이들의 독일 유학이

---

146 장규식, 「일제하 미국 유학생의 근대지식 수용과 국민국가 구상」, 『한국근현대사연구』 34, 한국근현대사학회, 2005 가을, 125~126쪽.

박사학위 취득으로 이어지는 일련의 연구 과정이라는 점이다.

　일본 유학의 경우에는 고등교육과정뿐만 아니라 중학교육과정도 포함되어 있었다. 1910년대에는 미국 유학에서도 중학 과정이 포함된 경우를 찾아볼 수 있다.

> 당시(1919년 이전)의 유학생은 흔히 본국에서 상당한 학업 준비가 없었던 까닭에 대학 특별생으로, 중학생으로, 심지어 소학생으로까지 재학하는 경우가 그 대다수를 점하였고, 설혹 전문학교 본과에 재적한 학생이 있다고 하면 그의 다수가 신학을 전공하였음에 그치고 말았다.
>
> 　이에 반하여 금일의 유학생은 미국으로 건너오기 전 준비가 비교적 원만한 이유로 도래 즉시 상당한 대학 혹 전문학교에 입학하게 되고, 그 전공학과의 범위도 넓다.
>
> —「최근의 유미학생계留美學生計」, 『우라키』, 1926. 9, 1쪽.

　일본이나 미국 유학생의 경우에는 조선에서 중등교육과정을 거친 후 고등교육을 받기 위해 유학을 가는 경우가 많았다. 심지어는 중등교육부터 유학을 가서 받는 경우도 있었음을 윗글을 통해 알 수 있다. 이와 달리 독일 유학생의 경우는 고등교육을 받는 데에만 목적이 있지 않고 대부분 박사학위 과정까지 끝내고 귀국하거나 독일에 머물러 연구 활동을 계속했다. 전공 분야가 대개 순수 학문이라는 특성은 독일 유학의 목적이 단순히 고등교육과정이 아닌 전문 학위 과정을 수료하기 위한 것이었음을 말해준다.

　이러한 특성은 이들 유학생의 연령대와도 관련 있다. 계정식을 제외하면 네 명 모두 20대 중·후반에 독일로 갔다. 연령대가 낮지 않은 것은 중국이나 일본에서 고등 과정을 거치고 갔기 때문이다. 김준연은 일본에서 오카야마

고등학교와 도쿄제국대학을 졸업한 후 독일로 유학을 떠났다. 박승철, 김현준, 계정식도 같은 수순을 밟았다. 도유호는 일본의 도쿄상과대학과 중국 베이징의 연경대학 문학원을 거쳤다. 일본·중국에서 대학 과정을 졸업했거나 대학에 적을 두고 있다가 독일로 떠났기 때문에 이들 유학생의 연령대가 높을 수밖에 없다.[147]

2. 유럽으로 가는 여로의 지점들

도유호를 제외한 김준연, 박승철, 김현준, 계정식은 모두 1920년대 초반에 독일 유학의 길을 떠났다. 정확한 연도로 보면 김준연이 1921년 10월, 박승철이 1921년 12월, 김현준이 1922년 4월, 계정식이 1923년이다. 이들은 모두 일본 고베神戸에서 배를 타고 유럽으로 갔는데, 경로는 거의 유사하다. 1930년에 유학길에 오른 도유호만 중국 다롄大連에서 출발한다는 점이 다른 유학생 4인과 구별된다. 이들이 유럽으로 가는 경로를 기행문을 참고하여 정리하면 다음과 같다.

- 김준연 : 일본 도쿄 → 고베 → 모지門司 → 상하이 → (타이완 베이난卑南) → 상하이 → 홍콩香港 → 스리랑카 콜롬보 → 이집트 포트사이드 → 카이로 → 프랑스

---

[147] 경성에서 베를린에 이르는 긴 여로를 대상으로 하다 보니 5명 유학생들의 개별적인 특성이나 유럽 정착 이후의 기행문까지는 다루지 못했다. 이 책에서 대상으로 삼은 독일 유학생 5인은 독일에서 박사학위를 받은 후 귀국하여 근대 조선 사회를 이끈 엘리트로서 활발한 활동을 펼친 자들이다. 따라서 좀 더 정밀한 연구를 통해 당시 독일 유학생들의 문화 의식을 살펴볼 필요가 있다.

마르세유

- 박승철 : 고베 → 모지 → 상하이 → 싱가포르 → 수에즈 → 포트사이드 → 마르세유

- 김현준 : 나주 → 경성 → 부산 → 도쿄 → 고베 → 모지 → 상하이 → 홍콩 → 싱가포르 (※이후 여정은 기록되지 않았음)

- 계정식 : 도쿄 → 고베 → 모지 → 상하이 → 홍콩 → 싱가포르 → 말레이시아 페낭(피남彼南) → 콜롬보 → 수에즈 → 포트사이드 → 마르세유 → 파리

- 도유호 : 다롄 → 상하이 → 홍콩 → 필리핀 마닐라 → 싱가포르 → 인도네시아 벨라완 → 콜롬보 → 수에즈 → 이탈리아 제노바 → 밀라노 → 독일 뮌헨 → 뉘른베르크 → 뷔르츠부르크 → 프랑크푸르트

김준연, 박승철, 계정식은 고베에서 마르세유까지 거의 유사한 경로를 통해 유럽으로 갔다. 굵직한 경로는 유사하지만 세부적으로 들여다보면 이들의 경로는 조금씩 차이가 있다. 김현준의 기행문은 고향인 나주에서 출발하여 경성, 부산의 경로를 포함하고 있다. 김준연의 「독일 가는 길에」는 이집트를 중점적으로 기술한 점이 특이하다. 도유호의 경로는 다롄에서 출발한다는 점, 필리핀의 마닐라와 인도네시아 수마트라섬 등을 경유하는 과정이 서술된 점 외에도 이탈리아 제노바를 거쳐 프랑크푸르트에 이르기까지 유럽의 노선이 중점적으로 기술되어 있다는 점이 특징이다. 그의 기행문은 첫 유럽 문화 체험에 대한 감상이 중심이다. 유럽으로 건너가는 과정 자체에 가장 충실한 기행문은 9회에 걸쳐 『동아일보』에 연재된 계정식의 「인도양과 지중해 — 도구渡歐 수기」이다.

이들은 경성에서 출발하여 베를린에 도착할 때까지 40여 일에 걸쳐 배를 타고 항해하면서 선중 생활과 기항지 관광을 했다. 그 체험기인 기행문에는

각 지역에 대한 여행자들의 경계 의식이 드러난다. 기항지 관광을 통해 드러나는 공통적인 특징에 주목할 때 출발지에서 도착지까지의 여로는 크게 여섯 구간으로 나눠 볼 수 있다.

1. 경성 – 모지門司
2. 상하이
3. 홍콩 – 싱가포르·콜롬보 경유 남중국해와 인도양
4. 아라비아해와 홍해
5. 지중해
6. 마르세유(혹은 제노바) – 베를린

위의 구간은 여행자들의 지역적 경계 의식에 토대한 지역 분할[148]이다. 여기에서는 조선, 일본, 중국 등 국민국가의 영토 인식만이 지역 분할의 유일한 기준으로 작용하지 않는다. 지역적 사고는 정치적 차원을 포함할 수밖에 없기에 이로부터 완전히 벗어나기란 불가능하다. 하지만 이들의 여행은 항구 도시를 중심으로 기술되므로 일차적으로는 '국가' 중심의 지역 인식으로부터 자유롭다. 이러한 분할 지역의 특성과 의미를 살펴보기로 한다.

---

148 '지역 분할'이란 지역주의, 즉 리저널리즘(regionalism)의 다른 표현이기도 하다. 마루카와 데쓰시丸川哲史에 따르면 "리저널리즘이란 일국에 갇힌 정치사나 정치학적 패러다임을 넘어 지역적 유동성을 전제로 삼은 공간 감각이자, 이른바 오늘날의 국제관계론, 국제정치학 속에서 무시되곤 하는, 역사적으로 깊이 누적된 구조적 연과성을 찾아내는 역사 감각을 말한다." 또한 지역(region)의 어원은 군사적인 의미를 배경으로 하는 '통치(regime)'와 깊이 관련되어 있으므로 지역적 사고란 처음부터 정치적 차원을 포함할 수밖에 없다. 하지만 국가 중심적 영토 경계는 정치적 차원에서 재편된 것일 뿐 영구적이지 않다. 이에 따라 '지역주의'는 지적·전략적 활동의 일환으로 접근할 필요가 있다. 마루카와 데쓰시, 앞의 책, 8~20쪽.

경성 - 모지 : 출발의 공간

이들의 여행이 시작되는 곳은 김현준 - 나주, 김준연과 계정식 - 도쿄, 박승철 - 고베, 도유호 - 다롄이다. 식민지 시대 경성에서 도쿄까지의 여로에는 흔히 조선과 일본이라는 민족적 경계 의식이 작동한다.[149] 그런데 목적지가 독일인 이들의 기행문에서는 이와 다른 양상을 보인다. 나주에서 부산을 거쳐 도쿄까지의 여정을 기록한 김현준의 경우에 조선은 가족과, 일본은 친구와 이별하는 공간이다. 그의 의식에서 조선과 일본의 거리는 발견되지 않는다. 이때의 거리 소멸은 의식의 차원이 아니라 생활의 차원에서 발견되는 특성이다. 이는 김준연과 계정식도 동일하다. 김준연이 유럽까지 가는 여로에서 일관되게 유지하는 것은 피식민지인의 시선이다. 하지만 그에게도 여행전 일본은 그곳에 머물고 있는 친구들과 이별하는 공간인 동시에 여행을 구체적으로 준비하는 공간일 뿐이다. 그의 여행을 도와주는 이는 도쿄의 대학 은사이다. 은사의 적극적인 주선으로 그는 외국여행권을 수월하게 발급받는다.[150] 이 과정에서 일본 혹은 도쿄라는 지역에 대한 피식민지인의 시선이 발현되기는 어렵다. 생활의 차원에서 정치적 정체성은 희석된다.

모지 항은 유럽으로 출발하는 배를 타는 곳이다. 모지까지 가는 길에 놓인 지역은 조선이든 일본이든 모두 여행을 준비한다는 차원에서 성격상 동일하다. 이들은 일본에 대한 문화적 이질감도 그다지 없다. 모두 일본에서 유학 생활을 했기 때문이기도 하다. 김준연은 고등학교와 대학을 오카야마와 도쿄에서, 박승철·김현준·계정식은 대학을 도쿄에서 다녔다. 이런 이유로 이 지역은 이들에겐 가족·친구와의 이별, 사무적인 온갖 절차 등을 포함하여 일

---

149 대표적인 예로 염상섭의 「만세전」, 이태준의 「여잔잡기旅棧雜記」를 들 수 있다.

150 김준연, 「독일 가는 길에(1)」, 『동아일보』 1921. 12. 15.

상의 차원에서 여행을 준비하는 생활공간이다. 박승철은 모지 항을 출발하여 상하이에 도착할 즈음의 심정을 이렇게 적었다.

> 다음 날 모지 항에 와서 이틀 밤이나 지내고 상하이를 향해 출범하였나이다. 이 때껏 배 탄 것 같지 않더니 모지 항을 떠나서부터는 동양 천지를 떠나는 것 같더이다. 눈에 익은 일본을 뒤로 두고 눈 서투른 타지로 가는 까닭이외다. 3일 낮 밤 만에 상하이에 왔나이다. 말과 글로 듣고 읽은 곳이라 얼마쯤 반갑기는 하나 언어가 통하지 않음으로 그리 흥미는 없더이다. 그러나 모든 것이 서양식인 데는 일본 가옥을 보던 눈으로는 매우 웅장하게 보이더이다.
> ―박승철, 「독일 가는 길에(1)」, 『개벽』, 1922. 3, 73쪽.

여행을 낯선 문화 체험이라는 관점에서 본다면 박승철에게 여행의 실질적인 출발지는 모지 항이다. 모지와 상하이는 문화적 친숙함과 낯섦에 의해 구별된다. 그에게 일본은 낯선 곳이 아니다. "눈에 익은 일본", "눈 서투른 타지"와 같은 표현에서 보듯, 상하이는 타지가 시작되는 지점이다. 상하이는 언어 또한 생소하다. 일본어는 그에게 모국어만큼이나 편한 언어일 것이다. 이에 비해 중국어는 이 시기 조선의 학제 내에서는 가르치지 않았기 때문에 이곳에서 그는 의사소통을 할 수 없었다.[151] 위에 인용한 글의 뒤에는 중국어를 몰라 불편을 겪었던 일이 이어진다. 그렇다면 박승철로서는 언어 소통이 되지 않아 상하이가 상당히 불편한 공간이었을 터다. 상하이는 낯섦과 불편함이 시작되는 곳이다. 이를 감안할 때 유럽으로 건너가는 여행에서 모지를 제1구간이 끝나는 지점, 상하이를 제2구간의 시작 지점이라 할 만하다.

---

151 이여성·김세용, 앞의 책, 122쪽.

상하이: 디아스포라의 공간

모지를 떠나 처음으로 도착한 항구인 상하이에서부터 낯선 문화 체험은 시작된다. 이들이 본 상하이는 디아스포라의 공간인 동시에 다국적 공간이다. 전자는 조선인의 관점에서 본 상하이다. 김준연은 상하이에 대한 감정을 이렇게 표현했다.

> 나는 상하이를 사랑합니다. 그것이 중국의 제일 큰 개항장이라 하여서 그러는 것이 아니올시다. …(중략)… 내가 상하이를 사랑함은 거기에 우리 동포가 많이 있는 까닭이올시다.
>
> — 김준연, 「독일 가는 길에(2)」, 『동아일보』 1921. 12. 16.

상하이에는 조선의 억압적 상황을 피해 온 조선인이 많았다. 독립운동가뿐만 아니라 가난한 일반 조선인도 많이 이주해 있었다. 이 시기 상하이 거주 조선인들은 식민지적 상황이라는 외부적 요인으로 인해 옮겨 왔다는 면에서 넓은 의미의 디아스포라에 속한다.[152] 조선인에게 상하이는 디아스포라, 곧 이산離散의 공간이다. "우리나라 사람은 상하이란 말을 들을 때에는 누구나 단순한 지명 이외에 무슨 느낌을 품게 된다"[153]라는 김현준의 표현에도 상하이에 흩어져 사는 조선인의 디아스포라적 삶에 대한 애틋함이 묻어 있다.

상하이에는 조선인뿐 아니라 인도인도 많았다. 박승철에게 상하이는 '망국의 걸인 집합소'였다. 인도인보다 중국인이 더 빈한하고 비참해 보였기에

---

152 디아스포라 개념에 대해서는 김웅교, 「이방인, 자이니치 디아스포라 문학」, 『한국근대문학연구』 21, 한국근대문학회, 2010, 123~128쪽 참고.

153 김현준, 「독일 가는 길에」, 『신생활』, 1922. 9, 113쪽.

그는 중국의 위력을 느끼지 못하였다.[154] 그에게 상하이는 아시아의 걸인이 모인 빈민의 공간일 뿐이었다. 한편 계정식은 상하이의 다국성을 먼저 의식했다. 그의 눈에는 서양화된 시가지와 건축물, 항구에 정박한 "오사카大阪 상선 일청기선日淸汽船, 기타 외국 선박이며, 이탈리아(이국伊國) 군함" 등이 먼저 들어왔다.[155] 그 또한 이러한 풍경에 위축되지 않았다. 이처럼 조선인 여행자는 다국적·다인종의 도시 상하이에서 그 일부로 살아가는 가난하고 힘든 조선인을 발견한다. 상하이는 외국으로 향하는 젊은 조선인에게 애틋함을 더하는 곳이다.

홍콩 ─싱가포르·콜롬보 경유 남중국해와 인도양: 제국의 위력적 공간

상하이를 떠나 도착한 곳은 홍콩이다. 당시 홍콩은 1842년 난징조약에 따라 영국령에 속했다. 1920년대 즈음이면 영국의 홍콩 지배가 80여 년에 이른 시점이다. 박승철, 김현준, 계정식이 홍콩에서 대영제국을 발견한 것은 자연스러운 결과였다. 이들은 특히 불야성을 이룬 홍콩의 야경,[156] "황무지"였던 빅토리아산이 울창한 삼림으로 변한 모습,[157] "마적의 소굴로 유명하던" 소어촌이 어엿한 도시로 변모한 모습[158]에서 대영제국의 위엄과 노력, 그리고 비범한 외교 수단을 읽어낸다. 상하이는 다양한 국가와 민족이 모여 있는 곳이긴 하지만 여행자들에게 서구 제국의 위력을 구체적으로 느끼게 한

---

154 박승철, 「독일 가는 길에(1)」, 『개벽』, 1922. 3, 74쪽.

155 계정식, 「인도양과 지중해 ─도구 수기(2)」, 『동아일보』 1926. 7. 20.

156 박승철, 「독일 가는 길에(1)」, 『개벽』, 1922. 3, 75쪽.

157 김현준, 「독일 가는 길에」, 『신생활』, 1922. 9, 114쪽.

158 계정식, 「인도양과 지중해 ─도구 수기(4)」, 『동아일보』 1926. 7. 27.

곳은 아니었다. 오히려 이들이 상하이에서 만나고 본 사람들은 조선인을 포함하여 중국인까지 대부분 정신적·물질적으로 힘들게 살아가는 자들이었다. 여행자들이 구체적으로 위력적인 서양을 만나는 곳은 홍콩이며, 이때의 '서양'은 곧 영국을 뜻한다.

이후의 경로인 싱가포르와 스리랑카의 콜롬보 등지에서도 이들은 대영제국의 힘을 실감한다. 박승철은 "모든 것이 대영제국 금력金力과 무력을 말하는 것 같으외다"[159]라며 싱가포르에서 영국의 위력에 놀란다. 그는 영국의 싱가포르 지배에 대해 비판적이기보다는 제국적 통치 능력에 감탄한다. 이러한 태도는 스리랑카 콜롬보의 유명 사찰에 들렀을 때 단적으로 드러난다. 스리랑카의 왕조시대부터 유지되어온 재판을 당시 영국 관헌이 맡아 진행했는데, 박승철은 이를 영국이 스리랑카의 제도를 포용하는 차원에서 읽는다. 즉, 기독교 국가인 영국이 불교 국가인 스리랑카의 제도를 존중하면서 통치하는 것으로 받아들이고 이것이야말로 영국의 이민족 통치술이 돋보이는 하나의 사례라고 강조한다. 제도의 포용 자체가 피통치 대상인 이민족의 문화에 대한 존중이며, 이는 곧 이민족 통치의 "경험과 재기"[160]에서 비롯한 것이라고 보았다.

박승철이 홍콩–싱가포르–콜롬보를 거치면서 영국의 위력을 느꼈다면 도유호는 필리핀에서 스페인과 미국의 위력을 본다.[161] 박승철이 영국의 이민족 통치술에 감탄하면서 영국의 식민 통치에 동조했던 반면, 도유호에게서는 이러한 태도를 찾아볼 수 없다. 도유호는 스페인어와 영어의 대중화 현상

---

159 박승철, 「독일 가는 길에(1)」, 『개벽』, 1922. 3, 76쪽.

160 박승철, 「독일 가는 길에(3)」, 『개벽』, 1922. 5, 108쪽.

161 도유호, 「구주행: 인도양 건너서서(1)」, 『동아일보』, 1930. 9. 2.

을 중점적으로 기술했는데, 이를 통해 토착어가 사라지는 필리핀의 언어문화 현상을 부각한다. 스페인과 미국의 필리핀 지배에 대해 적극적인 옹호도 부정도 하지는 않지만, 언어문화의 상실을 언급함으로써 이에 대한 문제점을 에둘러 드러냈다.

자연 생태의 차원에서 여행자들이 가장 큰 변화를 느끼는 곳은 싱가포르와 필리핀이다. 이곳에 이르면 기온이 급격히 상승하여 기후적 변화가 뚜렷이 감지되기 때문이다. 더불어 문화적 경계 또한 명확해지는데, 도유호는 이를 한자 문화권과 결별하는 데서 오는 신선한 낯섦으로 표현했다.

> 마닐라에 내려 먼저 느낀 것은 거기에는 제가 여태껏 노닐던 곳과는 아주 딴 데라는 것이었습니다. 거기 사람들은 저희와는 얼굴도 달리 생겼을뿐더러 저희들이 쓸 줄 아는 한문자를 아에 모릅니다. 무엇보다도 먼저 한자를 모르는 곳에 이른 것이 조선과 일본과 중국을 활동의 범위로 해온 저에게는 가장 엑조틱(Exotic)하였습니다. 거기 사람들은 중국의 오랜 문화도 모르고 지냈답니다. 그리고 그들이 처음 문화인을 본 것은 스페인(서반아西班牙) 사람들로 비롯했다고 합니다. 스페인 사람들은 처음부터 그들을 속이기 시작하여 거기 사람들은 스페인 사람 아래 300여 년 동안 지내왔습니다. 그러는 동안에 그들은 한편으로 서양 문물도 배우기 시작하였습니다. 스페인 세력 아래에서 오랫동안 지내온 그들에게는 미국 통치 아래에 있는 오늘에도 아직까지 스페인풍이 많습니다.
>
> ─도유호, 「구주행: 인도양 건너서서(1)」, 『동아일보』 1930. 9. 2.

도유호는 다른 여행자들과 달리 마닐라를 거쳐 싱가포르로 갔다. "엑조틱"하다는 표현이 말해주듯, 도유호에게 마닐라는 전혀 새로운 느낌으로 다가왔다. 그 이유를 마닐라에서는 한자를 쓰지 않는다는 점, 일반 문화에서도 중국의 힘이 느껴지지 않는다는 데서 찾았다. 한자 또는 중국 문화를 대신한 자리에서 그는 먼저 스페인을 발견했다. 도유호가 방문했을 때 필리핀은 미국의 식민지 상태였지만 그 이전 오랜 세월 동안 스페인의 지배하에 있었기 때문이다. 그는 필리핀에서 서구 제국의 흔적과 힘을 스페인어와 영어 및 토착어의 사용 양상에서 찾았다.

마닐라 다음에 들른 싱가포르에서는 다시 중국인과 중국 문화의 모습이 살아났다. 하지만 중국과 기후 차이가 크고 인종도 다양한 싱가포르는 상하이와 분명 다른 곳이었다. 싱가포르를 비롯한 남아시아 지역은 달라지는 피부색뿐만 아니라 다인종·혼혈의 공간이라는 점에서도 상하이와 뚜렷이 구분된다. 상하이에서도 인도인 순사 등을 만났지만 남아시아 지역만큼 특기할 만하지는 않았다. 박승철은 싱가포르 입항 시 "얼굴 검은 말레이시아인"이라든가 "이곳 토인은 검기가 숯빛이외다. 눈하고 입속에 흰 이만 번쩍거리더이다"라면서 피부색의 차이를 언급한다.[162] 단순히 피부색의 차이가 아니라 다양한 인종을 만날 수 있고 혼혈이 많다는 사실 또한 큰 특징으로 꼽는다. 계정식이나 도유호는 싱가포르와 마닐라 등지에 영국인, 스페인인, 미국인 등이 많이 있을 뿐만 아니라 그들과 본토 지역인 사이에 태어난 혼혈인이 많다는 점을 강조한다.[163] 이들의 여로에서 싱가포르와 마닐라는 기후적·문화적으로 볼 때 명확한 경계의 선이 그어지는 곳이다.

---

162 박승철, 「독일 가는 길에(1)」, 『개벽』, 1922. 3, 76쪽.

163 계정식은 싱가포르를 "대부분 아세아 인종으로, 중국인이 최다하고 말레이 인(마래인 馬來人), 인도인은 물론이요, 구미 각국인도 다수 산재하여 있고, 특히 혼혈아가" 많다면서 '세계인종전람회장'이라고 표현했다.(계정식, 「인도양과 지중해─도구 수기(5)」, 『동아일보』 1926. 7. 31) 도유호도 필리핀에는 혼혈 계통이 많다는 사실을 특징으로 적고 있으며, 그들이 대부분 세력가라는 말도 덧붙였다.(도유호, 「구주행: 인도양 건너서서(1)」, 『동아일보』 1930. 9. 2)

아라비아해와 홍해: 선중 생활 구간, 서양식 오락 문화 체험

콜롬보에서 수에즈에 이르는 이 노정은 유럽으로 가는 항로에서 최장 거리의 구간이다. 12~13일가량의 시간이 걸린다. 이 기간에 승객들은 배에서만 생활한다. 이 구간은 유럽 여행객들에게 '제일 곤란한 지역' 혹은 '최고의 험로'이다. 열흘 이상을 배에서만 생활하는 데서 오는 무료함 때문이다. 여행객의 무료한 시간을 달래주기 위해 이 기간에는 다양한 선중 문화 행사들이 개최된다. 이때 선상 음악회를 겸한 야유회나 운동회는 빠지지 않는 문화 행사이다.

계정식은 음악회에 참여했던 경험을, 박승철과 김준연은 선상 운동회의 경험을 구체적으로 적었다. 김준연이 탔던 '가모마루賀茂丸'에서는 이틀에 걸쳐 운동회가 열렸는데, 경기 종류는 "골프, 줄 끌기, 바둑, 장기, 양인 삼각 도보경주, 장애물경주" 등이었다.[164] 박승철은 "수영복 입은 여자들의 수영경기는 일반 군중의 환영을 받았으며, 특히 우리 동양인의 안목으로 보기에는 놀랐나이다"[165]라며 운동회 관람에서 인상적이었던 것으로 여성의 수영경기를 꼽았다. 선중의 문화 행사는 서양식 음악회, 골프, 수영 등 서양 문화 중심으로 채워졌다.

예비 유학생들이 스리랑카의 콜롬보에 이르는 동남 아시아의 여정에서 서양 제국의 정치적 힘을 간접적으로 보았다면, 약 열흘 간의 선중 행사에서는 생활 차원에서 서구를 체험했다.

---

164 김준연, 「독일 가는 길에(1)」, 『동아일보』 1922. 1. 30.

165 박승철, 「독일 가는 길에(3)」, 『개벽』, 1922. 5, 109쪽.

지중해: 유럽이 시작되는 곳

수에즈 항은 콜롬보 항에서 출발하여 아라비아해와 홍해를 거쳐 처음으로 닻을 내리는 곳이다. 수에즈운하는 홍해를 지나 지중해로 들어가기 위해 반드시 거쳐야 하는 관문으로서 사실상 유럽의 입구이다. 여행자들은 수에즈 운하에 들면서 유럽의 경지 내로 들어섰다고 생각한다. 하지만 여기에서 바로 유럽의 항구로 출발하지는 않는다. 수에즈 항에서 운하를 거쳐 이르는 곳은 포트사이드 항이다. 이곳에서는 카이로 등의 이집트 관광이 가능하다. 물론 이는 여행자들의 시간적·경제적 여건에 따라 차이가 있다.

박승철은 시간이 부족하여 카이로를 보지 못했다. 도유호는 카이로를 구경한 뒤 이집트를 좀 더 보고 싶었으나 경제적 여건상 배로 돌아와야 했다. 둘 다 이를 몹시 안타까워했다.[166] 계정식도 포트사이드 시내만 한 바퀴 돌고 지중해로 향한 것을 보면, 유럽으로 가는 여로에서는 카이로나 포트사이드 정도만 잠시 돌아본 뒤 지중해로 향하는 것이 일반적이었던 듯하다.

포트사이드는 유럽에 도착하기 전의 마지막 항구이다. 이곳을 떠나 지중해 구간에 들면서 유학생들은 진정으로 유럽에 도착했다고 생각한다. 지중해에 들면 여행자들은 유럽 도착 전 마지막 구간으로서 한편으로는 지금까지의 여행을 마무리하고, 또 한편으로는 새로운 여행지에 대한 감회로 들뜬다. 마무리의 자세를 취하는 이는 계정식이다. 그는 이 구간에서 지나치는 이탈리아 해변에 대해 소략하게 적고 있다. 이는 수에즈운하에 대한 구체적이고도 장황한 설명과 대비되는데, 그 이유는 지중해 구간을 여행의 마무리 구간이라고 보기 때문이다. 40여 일에 걸친 긴 여행을 마무리하는 그에게서 지중해에 대한 깊은 감회를 찾아보기는 어렵다. 반면, 유럽의 지경 내에 들어섰다

---

166 도유호, 「구주행: 인도양 건너서서(2)」, 『동아일보』, 1930. 9. 3.

는 감회를 강조하는 이도 있다. 박승철은 지중해를 "유럽 문명의 연원"이요, "유럽인의 모든 활동의 중심점"이라고 표현하면서 찬탄을 연발한다. 하지만 그 역시도 지중해에 대한 감회에 많은 분량을 할애하지 않는다. 지중해를 여행의 마무리 지점으로 보는 시각은 계정식과 다를 바 없다.

지중해를 보면서 가장 강하게 지속적으로 감탄한 이는 도유호이다. 그는 지중해를 가리켜 "태서泰西(서양)의 옛 세계를 결정하던 한계이오며 태서의 역사를 좌우로 희학戱謔하던 곳"[167]이라고 표현했다. 그는 이곳을 비너스와 헬렌, 그리고 오디세우스의 공간으로 받아들이며, 나아가 그리스 신화의 공간으로 확대한다.[168] "그러던 지중해! 이것이 바로 그 지중해로소이다"라는 그의 감탄은 지중해가 단순히 그리스 신화의 공간에 그치지 않음을 보여준다. 다시 말해 지중해는 비서구인에게는 그리스 신화를 통해 유포된 서구적 신화의 공간이었다. 실제 도유호는 「구주행: 인도양 건너서서」의 첫 회에서 기행문을 쓰려고 마음먹은 것은 이탈리아에 상륙한 다음이라고 밝혔다. 기행문의 전체로 볼 때도 이탈리아 및 독일 여행 부분이 많은 비중을 차지한다. 이렇게 보건대 지중해는 도유호에게 여행의 출발 지점이나 마찬가지이다. 박승철과 계정식이 지중해 구간을 급하게 마무리한 것과 대비되는 것도 이러한 연유가 있었다.

마르세유(혹은 제노바) - 베를린: 진화론적 문화 인식과 비판적 해석

이탈리아 제노바로 입항한 도유호를 제외하면 나머지 4인의 유학생은 모두 미르세유를 통해 유럽에 도착했다. 도착 후 연속하여 기행문을 남기 이

---

167   도유호, 「구주행: 인도양 건너서서(3)」, 『동아일보』 1930. 9. 4.

168   도유호, 「구주행: 인도양 건너서서(4)」, 『동아일보』 1930. 9. 5.

는 박승철, 계정식, 도유호이다. 박승철과 계정식은 각각 「파리와 백림伯林(베를린)」(『개벽』 24호, 1926. 6), 「파리와 백림, 불도佛都의 표리表裏 세계인종전람회」(『동아일보』, 1926. 9. 30 ~ 10. 30)를 통해 별도의 기행문을 남겼으며, 도유호는 연재해온 기행문에 이어서 적었다. 이들이 유럽을 기술하는 방식은 계정식에게서 가장 전형적으로 드러난다. 그를 중심으로 유럽의 문화 체험 양상을 살피고, 도유호를 경우를 덧붙이고자 한다.

계정식은 마르세유에 도착한 뒤 파리를 거쳐 목적지인 베를린에 도착한다. 이 여정에서 그가 제대로 된 관광을 한 곳은 파리다. 마르세유와 베를린은 각각 출발지와 목적지이므로 시간적 여유를 가지고 둘러보지 못했다. 파리에서 그의 일정을 보자.

- 〈마담 버터플라이〉를 비롯한 두 편의 오페라 관람
- 개선문 관광
- 박물관 및 미술관(루브르박물관, 뤽상부르미술관, 로댕미술관) 관람
- 베르사유 궁전 관광

주로 명소 관광이다. 명물 체험으로는 주로 음식 문화를 기술했다. 계정식은 파리에서 대개 박물관과 미술관을 관람했는데, 박승철도 비슷하다. 박승철 역시 파리에 도착하여 주로 극장, 미술관, 박물관, 공원, 성당 등을 찾았다. 문화 장소 관광은 제국주의 시대 식민지인의 흔한 여행 방식이다. 여기에는 선진 프랑스의 역사와 문화를 배운다는 의식이 깔려 있다. 넓은 의미에서 프랑스는 그들이 찾아가 공부해야 할 거대한 '박물관'이다.[169] 이는 서양

---

169 식민지인이 제국 관광에서 취한 이러한 태도에 대해서는 차혜영, 「1920년대 해외 기

의 문화와 사회를 "의심의 여지없이 완벽한 세계이자 지구상의 다른 모든 문명이 빠르건 늦건 언젠가 본받고 갈망해야 할 세계로 추켜세웠"던 일종의 진화론적 문화 이론에 계몽된 결과이다.[170]

계정식의 서양 문화 기술에서 눈여겨볼 지점은 그것을 받아들이는 자세이다. 그는 단순히 견학하는 학생의 자세로 일관하지는 않는다. 오페라를 본 뒤 소감을 적은 다음 글을 보자.

> 반나체와 망사로 전纏한 전 나체에 금·은·주옥으로 화장하고 호접의 난무를 교자염태嬌姿艷態로 연연함에는 처음 보는 나는 놀랐다. 일본 같으면 풍속괴란風俗壞亂으로 공연 금지를 당할 것인데, 경찰의 간섭 없이 공연되어 관객의 갈채를 받는다. 대도시에서 생生하는 강도强度의 신경쇠약자와 변태성욕자는 이와 같이 강렬한 자극을 받지 않으면 감응치 않는 연고일까 한다.
> —계정식, 「파리와 백림伯林, 불도佛都의 표리 세계인종전람회(1)」, 『동아일보』 1926. 9. 30.

파리에서 그가 처음 본 오페라는 문화 충격이었다. 거의 알몸에 가까운 모습으로 무대에 선 배우의 모습은 특히나 충격적이었다. 이런 문화를 해석할 때 그가 드는 비교 기준은 일본이다. 계정식은 충격적인 무대의상을 입은 배우의 공연을 보면서 "일본 같으면"이라며 비교 대상을 일본으로 삼고, 그러한 비교가 매우 자연스럽다. 이는 당시 조선의 문화 활동이 일본의 통제하에 있었던 까닭에, 그에게는 문화 활동의 통제 주체로서 일본이 내재화되어

행문을 통해 본 식민지근대의 내면 형성 경로」, 『국어국문학』 137, 국어국문학회, 2009 참고.

170 지그문트 바우만 지음, 윤태준 옮김, 『유행의 시대』, 오월의봄, 2013, 19~20쪽.

있었음을 말해준다.

계정식의 서양 문화 기술에서 또 하나 살필 것은 그의 분석적인 태도이
다. 그는 오페라 무대의상의 자극성과 대도시 문화를 연결 짓는다. 대도시가
낳은 정신적 문제들이 이러한 문화 공연을 초래했다는 것이 그의 해석이자
분석이다. 그는 프랑스 오페라에 무조건적인 비판이나 무조건적 갈채를 보
내지 않는다. 이러한 자세를 취하고 있기에 그는 프랑스 문화에 맹목적인 우
월성을 부여하지 않는 것이다. 프랑스 열차를 처음 타본 소감에서도 이 같은
태도가 드러난다.

> 프랑스 제일 상업항 인구 50만이 거주하는 마르세유에 일박하여 40여 일 동안
> 선중 생활의 피로를 위로하고 파리행 급행열차에 몸을 던졌다. 유럽 가운데 위
> 치하고 당당히 전승국이라고 하는 프랑스 열차 설비의 조악함에는 경탄하지 않
> 을 수 없었다. 열차 이등실이라고 하는 차실도 협애하기 한이 없으며, 변소의 불
> 결한 것이며 세면소의 조말粗末한 것에는 더욱 놀랐다. 그리고 열차의 차 형태
> 가 구식이다. 내가 어려서부터 맹목적으로 유럽에 웅장이며 화려를 동경하던 까
> 닭이 아닌가 생각된다.
>
> —계정식, 앞의 글.

계정식은 프랑스 열차의 조악한 설비, 협소한 차실, 불결한 위생 등에 놀
라면서 어릴 때 유럽을 맹목적으로 동경했던 자신을 되돌아본다. 이러한 소
감은 독일인의 일상 위생을 바라보는 관점에서도 드러난다. 그는 독일의 의
학이 발달했다고 생각한 만큼 독일인의 생활도 매우 위생적일 것이라고 짐
작했다. 그러나 그들이 우유를 먹는 모습을 보면서 그러한 생각이 얼마나 잘
못되었는지를 알게 된다. 마침내 그는 "습관에도 우열이 있는 것은 동서가

둘이 아님"을 깨닫게 되었노라고 적는다.[171] 그는 프랑스와 독일의 문화를 실제로 접하면서 자신이 이전에 생각했던 것과 큰 차이가 있음을 확인한다. 이같은 인식은 그가 차이 자체를 보는 안목을 갖고 있었기에 가능했다. 이처럼 계정식이 파리의 문화를 대하는 태도는 유연하다. 비판적인 태도를 취하기도 하고, 맹목적인 배움의 자세를 취하기도 한다. 후자는 진화론적 문화 인식과 관계있다. 그에게 유럽의 문화는 배워야 할 대상, 즉 우월하고 선진적인 문화이다. 이러한 인식 아래 여행자는 스스로를 문화적 계몽의 대상으로 타자화한다. 그럼에도 그의 태도가 유연하다고 한 것은 무조건적으로 맹목적인 태도만 나타내지는 않기 때문이다. 이런 면모는 그의 비판적 분석의 태도에서 엿볼 수 있다.

도유호는 유럽 문화를 대하면서 소신에 가득 찬 문화애호론자의 모습을 보여준다. 도유호는 '문화' 자체의 힘을 예찬한다. 정치적·경제적 힘이 아무리 강해도 문화적으로 융성한 민족에게는 이길 수 없다는 것이 그의 지론이다. 그는 제네바 시내 묘지공원의 조각들을 감상하면서 일견 무가치한 듯 보이는 조각의 가치를 인정하는 태도가 얼마나 소중한지를 역설한다.[172] 그가 강조하는 것은 경제적 가치가 아닌 문화적 혹은 미학적 가치이다. 그는 식사를 하기 위해 찾은 식당이나 술집에 적혀 있는 글에도 관심을 갖는다. 그는 300여 년 된 음식점, 그 벽에 걸린 예술품들, 유명인들이 드나들었다는 술집 등의 분위기에 흠뻑 젖어든다. 그에게는 작은 술집과 음식점까지도 역사이고 작품이다.

이러한 관점에서 그는 미국과 유럽을 대비한다.

171　계정식, 「유독잡기留獨雜記(3)」, 『동아일보』 1926. 11. 21.

172　도유호, 「구주행: 인도양 건너서서(6)」, 『동아일보』 1930. 9. 10.

음악뿐만 아니라 과학에 있어서, 아니 모든 학문에 있어서 유럽 사람들은 아직까지 유럽을 이르고 그중에도 특히 독일 사람들은 독일이 독일이라고 합니다. 학문의 극을 끝까지 기계에 제한시키는 미국. 학문의 척도를 실제에 구하며 진리의 근거를 실리에 두는 미국! 그들은 그들의 공장에서 나는 기적 소리를 온 지구에 올려 보냅니다. 그들은 지구 위에 널린 돈, 더구나 가난한 백성들이 호미 끝으로 모은 돈들을 슬금슬금 긁어갑니다. 그들은 그것으로 노래를 부릅니다. 그들은 그것으로 옛날의 바벨탑을 지금 다시 짓고 있습니다. …(중략)… 그럼에도 불구하고 그들의 과학을 왜 유럽의 다음 자리에 놓습니까? 그것은 아마 다음과 같은 이유로 인함인 듯합니다. 그들은 모든 것을 이해라는 안경을 통하여 보는 까닭에 공평한 비판을 못하는가봅니다. 그것은 특히 문화 과학에 있어서 그렇습니다. 모든 과학을 지배하는 철학에 있어서 그렇습니다. 기적 소리로 처리하는 학문은 기적 소리가 들리는 한에서 진리입니다.

—도유호, 「구주행: 인도양 건너서서(12)」, 『동아일보』 1930. 9. 18.

도유호는 미국에 상당히 비판적이다. 미국을 경제적 가치만 중요하게 여기는 나라라고 생각하기 때문이다. 이는 그가 왜 군이 미국이 아닌 유럽 대륙으로 유학을 갔는지를 유추할 수 있게 해주는 대목이기도 하다. 그는 유럽인, 특히 독일인의 강한 자존 의식을 높이 평가한다. "모든 학문에 있어서 유럽 사람들은 아직까지 유럽을 이르고 그중에도 특히 독일 사람들은 독일이 독일이라"는 구절은 바로 유럽인-독일인의 독보적 자존심을 표현한 말이다. 도유호의 관점에서 볼 때 음악과 철학 등이 발전한 유럽은 물질문화 중심의 미국과 변별되는 '문화'적 생명이 살아 있는 곳이다.

3. 예외 구간, 김준연의 이집트와 도유호의 이탈리아

유럽으로 향한 5인의 여로 가운데 예외적인 구간이 있다. 김준연이 들른 이집트와 도유호가 거쳐 간 이탈리아가 여기에 속한다. '예외'라 함은 유럽으로 가는 도중에 특별히 시간을 내서 여행을 했다는 의미이다. 이는 이집트와 이탈리아에 대한 두 사람의 강한 애착과도 관련 있다. 물론 김준연과 도유호가 각각 이집트와 이탈리아 전역을 관광한 것은 아니다. 하지만 이들 스스로는 각 국가의 도시 혹은 한 지역을 여행한다기보다 이집트·이탈리아라는 나라를 여행한다는 의식을 강하게 갖고 있었다.

김준연은 「독일 가는 길에」를 『동아일보』에 1921년 12월 15일부터 18일까지 연재했다가 잠시 중단한 뒤 이듬해 1월 30일부터 다시 연재하면서 "금번 통신에는 매우 재미있는 부분이 있다고 생각하는 까닭으로 매우 풍성한 감격을 가지고" 글을 쓴다고 했다.[173] '매우 재미있는 부분'이란 이집트 구간을 가리킨다. 한편 도유호는 기행문 첫 회에서 서울을 떠난 후 기차에서나 배에서나 "머릿속에는 이것저것의 음울한 광경들이 끊임없이 번득"여서 무언가를 쓸 여유를 갖지 못했는데, 이탈리아에 와서야 기행문을 쓸 마음을 갖게 되었노라고 적었다.[174] 김준연은 이집트의 카이로와 기자 지역에서 1박 2일, 도유호는 이탈리아의 제노바와 밀라노에서 3박 4일을 여행했다. 이들의 이집트 기행(문)과 이탈리아 기행(문)은 유럽에 대한 인식의 한 특징을 보여 준다.

---

173 김준연, 「독일 가는 길에(1)」, 『동아일보』 1922. 1. 30.

174 도유호, 「구주행: 인도양 건너서서(1)」, 『동아일보』 1930. 9. 2.

김준연이 이집트 여행에 부여하는 의미는 세 가지이다.

첫째, 근대 문명 기관을 가장 잘 이용했다는 점(무선전신을 이용하여 여행 절차를 진행했다는 점).

둘째, 세계 문명의 3대 발상지 중 하나를 보았다는 점.

셋째, 조선과 같이 남의 압박하에 신음하는 자들을 방문했다는 점.

김준연은 카이로와 기자 지역을 여행하면서 이집트 풍속이 '이상하다'는 생각을 한다. 보통 이상함이나 기이함 등은 문명국의 여행자가 비문명국의 문화를 접할 때 갖는 생각 중 하나이다. 그는 이집트 가옥의 지붕 형태와 여인들의 의복을 보고 특히 이러한 생각에 잠긴다. 이집트 전통 가옥의 지붕은 단단하게 고정되어 있지 않고 짓다 만 듯 풀잎 등을 얼기설기 얹어놓은 불안정한 모양새를 취하고 있었다. 이를 이상히 여기던 그는 "그것(전통 가옥뿐만 아니라 양옥의 지붕도 같은 형태인 것)을 보고 이집트인이 미개하다며 웃기를 그치고, 이 지방에는 강우가 전혀 없다는 것을 알았습니다. 다만 태양 빛만 가리면 되었지 별로 견고한 천장을 만들어서 우설을 피할 필요가 없는 까닭이올시다"[175]라면서 마침내 합당한 이유를 찾아낸다. 이집트 여성의 의복에 대해서도 마찬가지이다.

이상하다는 생각은 좀 그만두고 그 이유를 생각하면서 차를 타고 행진을 계속하였습니다. 그 이유를 금자탑 근처에 가서야 발견하였습니다. …(중략)… 우리는 금자탑 구경을 갈 때에 어찌도 먼지가 많은지 눈을 뜨지 못하였습니다. 해서 수

---

175 김준연, 「독일 가는 길에(3)」, 『동아일보』 1922. 2. 1.

건으로 전부 안면을 쌌습니다. 이때에 이집트 부인이 상하노소 없이 어느 때든
지 외출할 때에는 전부 안면을 싸는 이유를 발견하였습니다.

— 김준연, 「독일 가는 길에(3)」, 『동아일보』 1922. 2. 1.

김준연은 이집트 여성의 옷이 단순히 이상하다고만 생각하는 데 그치지
않았다. 왜 저럴까? 그 이유를 진지하게 탐구했다. 이는 자신의 관점으로 대
상을 일방적으로 파악하지 않고 그 나라 문화양식이 형성하게 된 타당한 이
유를 그들의 입장에서 생각하고자 하는 태도이다. 결국 그는 사막의 먼지를
경험한 뒤에 그 이유를 깨닫는다. 그들의 문화가 '이상'한 것이 아니라 풍토
를 고려할 때 '정당'한 양식임을 인정하게 된 것이다.

김준연이 이집트 문화에 갖는 객관적이고 탐구적인 자세는 이집트의 식
민지적 상황에 대한 공감과 무관하지 않다. 그가 이집트 여행을 하면서 가장
많이 생각하는 것은 이 나라가 지닌 찬란한 문화와 현재의 식민 상태에 관한
문제이다.[176] 이집트는 피라미드와 스핑크스 같은 빛나는 문화를 자랑하지만
현재는 영국의 식민 치하에 있다. 이 상황은 뛰어난 인쇄 문화를 보유하고
거북선을 만들었던 조선의 처지와 유사하다. 이런 이유로 그는 짧은 시간이
지만 이집트의 상황과 이 지역 사람들의 삶이 어떤지를 유심히 살핀다.[177] 김
준연은 독일로 가는 여정에서도 이처럼 식민지 조선 청년의 정체성을 버리
지 않는다. 홍콩의 화려한 야경을 내려다보면서도 "달 없는 동방洞房에서 화
촉을 구하듯이 기대期待 리고 바라고 한탄하는 우리 동포"를 떠올린다.[178] 싱

---

176 김준연, 「독일 가는 길에(4)」, 『동아일보』 1922. 2. 2.

177 김준연, 「독일 가는 길에(5)」, 『동아일보』 1922. 2. 3.

178 김준연, 「독일 가는 길에(3)」, 『동아일보』 1921. 12. 17.

가포르에서도 영국의 힘보다는 중국 상인들을 통해 중국의 경제적 가능성을 본다. 정치적으로 멸망한 민족은 다시 자립할 수 있지만 경제적으로 멸망하면 가능성이 없다는 것이 그의 생각이다. 중국은 비록 정치적으로는 힘을 잃었지만 경제적으로는 재생의 가능성이 있기에 결코 망하지 않았다는 것이다. 따라서 "불행하다, 경제적으로 멸망한 민족이여! 불행하다, 경제적으로 멸망한 민족이여!"라는 반복된 탄식 속에는 조선에 대한 깊은 우려가 깔려 있다고 볼 수 있다.[179] 민족적 정체성을 고민하여 조정된 그의 시선은 식민지적 감정이나 비하의 태도로 이어지지 않는다. 중국 상인을 보면서 경제적 재생의 가능성을 모색하고 이집트의 스핑크스 등을 보면서 조선 문화를 떠올리지만, 반성 이상의 과도한 좌절로 나아가지도 않는다. 새로운 길을 모색하러 떠나는 유학생의 자신감이 시각의 안정성으로 연결된 것이다.

한편 도유호는 제노바에 도착한 후 3박 4일 동안 제노바와 밀라노의 성당 및 묘지를 둘러본다. 그는 유학 이전부터 서구 문화에 대한 이해가 높았던 것 같다. 홍해에 들어섰을 때는 주변의 풍경을 보기보다 '모세'를 먼저 떠올렸고, 지중해에 들어섰을 때는 그리스 신화를 통해 그 공간을 풀어냈다. 그는 각 공간을 그에 반영된 상징과 서사를 통해 읽고 해석하려는 경향이 강하다. 이는 그가 '문화'에 각별한 관심과 애정이 있다는 사실과 통한다. 그가 이탈리아에서 본 것은 제노바와 밀라노의 성당 내 건축, 조각, 회화 등 미술 작품이다. 그는 이 작품들이 실질적으로는 가치가 없는 듯 보이지만 생명의 가치와 인간의 가치는 바로 이러한 예술품 혹은 문화로부터 나온다는 점을 강조한다.[180] 로마가 주변 국가를 정복할 수 있었던 배경도 이러한 문화가 지닌

---

179 김준연, 「독일 가는 길에(4)」, 『동아일보』, 1921. 12. 18.
180 "선생님 거기에 가치를 인정하고 활동을 시작하는 데에서 생명은 가치성 있습니다.

힘의 결과라는 것이 그의 지론이다. 로마 주변의 "무지하고 사나운 외번外藩의 무리들도 이 절의 종소리에는 머리를 숙였고, 이 절의 금제탑金祭塔 앞에서는 눈을 감았"다는 것이다. 이렇게 보면 로마의 문화야말로 "실제적 무기"였다.[181] 그가 굳이 시간을 내서 이탈리아를 여행한 이유도 이곳이 바로 문화의 나라이기 때문이다.

> 선생님, 문화의 힘은 큽니다. 문화를 정복하는 자는 문화뿐입니다. 몽고의 맹악
> 한 백성들이 한漢의 문화에 정복당한 것이나 미개한 만주족들이 한족의 문화에
> 감화되어 저희 미래의 언어까지 잊어버린 것이나, 모두가 다 문화의 힘을 충분
> 히 설명할 따름이로소이다. 그들의 주먹은 문화를 때렸으나, 문화의 빛은 그들
> 의 마음을 밝혀주었습니다.
>
> ―도유호, 「구주행: 인도양 건너서서(9)」, 『동아일보』 1930. 9. 13.

도유호는 '문화의 힘'을 반복해서 강조한다. 문화적 성숙도가 정치 및 경제적 성숙보다 우월하다는 것이다. 이탈리아와 독일에서 자주 보게 되는 미국인에 대해 다소 냉소적인 태도를 취하는 것 또한 이러한 인식 때문이다. 그가 생각하는 미국은 기계와 실제에서 학문의 척도를 구하고 "공장에서 나는 기적 소리" 혹은 '돈'으로 세계를 지배하고자 하는 나라이다. 현실적으로는 경제성장을 통해 권력을 확장해가기 때문에 그로서도 미국과 미국인을 인정할 수밖에 없지만, 그들이 '이해利害'라는 잣대만으로 모든 것을 보는 한

거기에서 인간의 활동은 가치 있습니다. 불과 이삼의 석괴에 일생의 노력을 들여서 거기에 자기 생명의 꽃을 피우는 그것에 생은 의미를 가지웁니다." 도유호, 「구주행: 인도양 건너서서(7)」, 『동아일보』 1930. 9. 11.

181 도유호, 「구주행: 인도양 건너서서(9)」, 『동아일보』 1930. 9. 13.

근본적인 한계가 있다고 판단한다.[182] 그는 유럽의 문화적 성숙도를 인정하고 그로부터 가능성을 모색하고자 한다. 이것이 그가 유럽으로 향한 이유이다.

---

182 도유호, 「구주행: 인도양 건너서서(12)」, 『동아일보』 1930. 9. 18.

05
미국 유학생과 이주 노동자

1. 문명의 진경지, 미국으로!

미국 샌프란시스코의 교포 단체인 공립협회가 발행하는 기관지 『공립신보共立新報』 1908년 7월 8일 자는 「우리나라 청년은 구미 각국에 유학함이 가함(我靑年可遊學渡美)」이라는 제목의 사설을 실었다. 이 글을 쓴 논자는 신학문을 배우고자 하는 조선의 청년들이 지리, 재정 및 언어적인 사정 등으로 인해 구미 열국보다 일본으로 가는 유학을 선호하지만, 일본이 모범으로 하는 바가 결국 구미 열국이니 "문명의 실지 진경"을 보고자 하는 자는 유럽이나 미국으로 유학 갈 것을 적극적으로 권한다. 이에 더해 "그림을 아무리 잘 그려도 본형만 같지 못하고 그림자가 아무리 분명하여도 원체만 같지 못하나니" 일본에서 배우는 학문이란 "그림자의 그림자요, 그림의 그림"이라면서 원체이자 본형인 구미 열국과 직접 접촉할 것을 강조한다. 그에 따르면 유럽과 미국의 문명은 조선이 따라야 할 "완전무결"한 모범이다. 영국·프랑스·독일·미국의 특성을 언급하고 있긴 하지만, 이 나라들은 모두 "본질적으로 하나의 장소"[183]인 '서양'이다.[184] 각 나라들은 "한 나라도 신선하지 않은 것이" 없는 까닭에 어느 곳을 가더라도 "탈태환형奪胎換形한 새사람"이 될 수 있다.

서양이란 지정학적 범주를 넘어선 하나의 관념, 곧 역사적 구성물이다. 이는 상상 혹은 추상화된 개념이다. 앞서 『공립신보』 사설의 논자는 서양인의 자기중심주의를 그대로 재생산하고 있다. 사설의 논자가 조선이 당면한 문제의 해결책을 유럽이나 미국에서 찾고자 하는 것이나, 이인직의 『혈의 누』와 이광수의 『무정』에서 주인공이 구국의 열정을 안고 미국으로 향하는 것도 모두 이렇게 '서양'을 인식한 결과이다. 이때의 '서양'에는 직접적인 체험에 근거한 장소 인식이 결여되어 있다. 그렇다면 실제 현지로 건너간 조선인들이 느낀 구체적인 서양은 어떤 것이었을까? 이를 체험한 조선인의 내면은 어떠했을까?

「유미외기留米外記」와 「구름을 잡으려고」는 주요섭이 만 2년간(1927~1929)의 미국 유학 체험을 토대로 쓴 소설이다.[185] 그는 이외에도 「유미근신留米近信」, 「미국 문명의 측면관」, 「상항桑港(샌프란시스코)의 첫 여름」 등의 산문을 통해 미국 생활의 소감을 발표한 바 있다.[186] 이러한 일련의 글이 갖는 의의는

---

183 스튜어트 홀 외 지음, 전효관·김수진·박병영 옮김, 『현대성과 현대문화』, 현실문화연구, 2001, 406~412쪽 참조.

184 이 시기 일본과 서양 인식의 관계 및 의미망에 대해서는 앙드레 슈미드 지음, 정여울 옮김, 『제국 그 사이의 한국 1895~1919』, 휴머니스트, 2007, 259~277쪽 참조.

185 텍스트로 삼은 원본은 다음과 같다. 주요섭, 「유미외기」(전 26회), 『동아일보』 1930. 2. 22~4. 11; 주요섭, 「구름을 잡으려고」, 『한국문학전집』 13, 민중서관, 1974.[원작 연재, 「구름을 잡으려고」(전 156회), 『동아일보』 1935. 2. 16~8. 4]

186 「유미근신」, 『동아일보』 1928. 8. 19; 8. 21; 「미국문명의 측면관」, 『동아일보』 1930. 2. 6~2. 15; 「상항의 첫 여름」, 『신인문학』 창간호, 1934. 7.
주요섭에 대한 독자적인 개별 논의는 별로 많지 않은 편이다. 한점돌은 그 이유를 주요섭이 50여 년 동안의 창작 기간에 남긴 작품이 40여 편 남짓의 과작형 작가라

무엇보다도 작가가 실제로 경험한 미국 사회의 구체적인 실상을 표현했으며, 이것이 식민지 조선에서 발간된 매체를 통해 조선 대중에게 직접 전달되었다는 점이다. 주요섭의 소설은 조선에 '미국이라는 곳'을 소개하고 알린다. 주인공인 재미 조선인은 현지 생활인의 차원에서 미국 사회를 바라보고, 그가 당면한 현실의 문제를 제기한다. 당시 조선의 매체에는 기행문, 논설 또는 기타 잡문의 형식을 통해 미국의 소식이 실리기는 했다. 그러나 주요섭의 작품은 단순 여행자가 아닌 생활인으로 미국과 관계하고 있다는 점에서 다른 글과 변별된다.[187] 이를 통해 환기되는 미국은 추상적인 공간이 아니라 현실적인 생활의 장소이다. 즉, 주인공에게 미국은 일시적이든 영구적이든 자기 삶의 터전이며 거주지이다. 이주자들은 삶의 터전으로서 미국과 구체적인 관계를 맺으며 자신의 정체성을 형성해나간다. 개인의 정체성이 개인과 그를 둘러싼 세계 속에서 구성된다고 할 때, 재미 조선 이주자의 정체성은 이주자가 느끼는 미국에 대한 장소 의식 및 그것과의 상관관계 속에서 구성된다.[188]

소설 「유미외기」의 주인공은 유학생 출신으로서 이주 노동자로 변모한 자이다. 그를 통해 서양 또는 미국에 대한 근대 조선인들의 판타지가 그려진다. 그의 미국 이주는 추상적인 '서양'이라는 관념에 의해 추동되었다. 출발

는 점, 그의 작품이 변화·발전형이라기보다는 유사성의 지속과 반복형이라는 점에서 찾았다.(한점돌, 「주요섭 소설의 계보학적 고찰」, 『국어교육』 103, 한국어교육학회, 2000, 314~342쪽) 특히, 이 책에서 다루는 「유미외기」와 「구름을 잡으려고」 두 작품에 대해서는 거의 논의된 적이 없다.

187　주요섭의 소설이 연재되는 시기에도 도미기 및 미국 여행기들은 적지 않게 발견된다. 산호성(오천석), 송진우, 김동성, 임영빈, 노재명, 윤성순, 이훈구 등이 그 대표적인 필자이다.

188　장소와 정체성에 관한 논의는 장인성, 「토포스와 아이덴티티」, 『국제정치논총』 제37집, 한국국제정치학회, 1998. 9, 4~5쪽을 참고했다.

지점에서 보이는 미국에 대한 기대는 『혈의 누』나 『무정』의 경우와 다르지 않다. 전자가 후자의 두 소설과 다른 점은 서사 전개를 통해 미국이 구체적인 체험의 장소로 형상화된다는 것이다. 이에 이르러 미국은 재미 조선인 이주자의 터전이자 현실적인 삶의 문제들을 파생시키는 장소로 인식된다. 이제 미국은 더 이상 추상적인 꿈의 공간이 아니라 실제 삶이 펼쳐지는 장소이다.

2. 바람의 노예, 이주 노동자가 된 미국 유학생

미국 초기 이민자의 교육 수준은 상당히 낮았고 문맹률도 높았기 때문에 미국 생활에 대한 기록은 미미하다.[189] 「구름을 잡으려고」는 1899년 도미하여 근 30년의 세월을 하층 노동자로 전전한 박준식의 삶을, 「유미외기」는 고학생이었다가 노동자로 전락한 이전李栓의 10여 개월에 걸친 노동 과정을 형상화한 소설이다. 「구름을 잡으려고」의 박준식은 1899년 멕시코 노동 이민에 끌려갔다가 미국으로 탈출한 이주 노동자이며, 「유미외기」의 이전은 유학생 출신의 노동자이다. 박준식은 일생 동안 노동의 쳇바퀴에서 벗어나지 못하다가 교통사고로 죽고, 이전은 노동자로 전전하다가 결국 행방불명된다. 두 작품은 1930년대의 이주·이민 노동자에 대한 흔치 않은 기록이다. 이들은 모두 미국 사회의 최하층민 삶을 살며 노동의 악순환에서 벗어나지 못한 채 비극적인 결말을 맞는다는 점에서 동일한 삶의 구조를 지니고 있다. 또한 두 작품은 미국 사회뿐만 아니라 재미 조선인과 미국의 관계에 비판적이라

---

189 김영목, 「미국 서부 한국인의 역사에 관한 개요」, 『미주지역 한인이민사』, 국사편찬위원회, 2003, 5~6쪽.

는 점도 비슷하다. 이러한 유사성을 바탕으로 두 작품을 묶어서 논의하고자 한다.

「유미외기」의 주인공 이전의 도미 목적은 "돈도 벌 겸 공부도 할 겸" 해서였다. 이 두 가지 목적은 식민지 시기 미국의 표상—황금의 땅이자 서구 문명 수용처—을 단적으로 말해준다. 개항 이후 근대 초기에 이르기까지 미국 체험 담론은 문명 학습을 과제로 한 것들이 주를 이루었다. 이런 관점은 1883년 조미수호통상조약 비준 후 파견된 민영익 대사 일행과 그 뒤 서재필·박영효 등의 미국 망명객 및 유길준·윤치호 등의 유학생으로 이어지는 일련의 계보를 통해 형성된다. 담론의 차원에서 미국은 서구의 근대 문명과 직결되었지만, 가난한 조선인에게는 '황금'의 욕망을 실현시켜줄 꿈의 나라라는 인식이 강했다.[190] 1903년부터 시작된 공식 이민이 대부분 노동자를 중심으로 이루어졌다는 사실이 이를 입증한다.

노동자로 전락한 이전에게 '공부'는 과거형이며, 현재 미국에서 그의 목적은 '돈'이다. 한편, 박준식은 출발할 때부터 '밥', '돈', '부자'의 꿈을 안고 미국으로 향했다. 미국에 도착하기 전까지 준식에게 미국은 오로지 "돈이 길에 디굴디굴 굴러다닌다는" 나라로서, 황금에 대한 간절한 소망을 실현시켜줄 땅이었다.

그러나 준식에게 미국은 연속되는 좌절의 땅이다. 목적지를 미국으로 알고 있던 그가 실제 도착한 곳은 멕시코 목화농장이었다. 이로부터 좌절의 삶은 시작된다. 미국으로 탈출하지만 준식의 삶은 '근면하고 억센 노동으로 돈

---

190 이러한 인식이 구체적인 담론으로 형성된 시기는 제1차 세계대전 이후이다. 전쟁이 끝난 뒤 미국이 세계경제의 중심을 차지하게 되면서 부의 축적을 꿈꾸는 자들에게 새로운 본보기로 부각되었기 때문이다. 박로영, 「미국의 부를 소개하야 본국 동포의 각성을 촉함」, 『개벽』, 1921. 5, 5쪽 참조.

모으기 – 목표한 액수까지 채우기 – 우연한 사고 – 빈털터리가 되어 다시 노동 현장으로 복귀'라는 일련의 과정을 반복한다. 첫 번째 좌절을 딛고 준식이 재기를 다짐하는 과정에서 조국을 떠난 이주자에게 '돈'이 어떤 의미를 갖는지가 드러난다. "준식이의 돈, 비록 그것이 일시적 위안에 지나지 못하였지만 그러나 사고무친하고 역경에 처해 있는 재미 조선 노동자에게는" "잠시간의 '마음 붙일 곳'이"며, 이를 통해 그는 "자기가 꿈꾸는 바 그 갈밭과 기와집의 실현이 가까워온다는 즐거운 기대를 가슴에 품고" 삶을 견뎌간다.[191] 그에게 돈은 꿈을 이루는 수단이 아니라 그 자체가 하나의 목적이다. 즉, 자신의 존재를 확인시켜주는 대상물이다. 준식은 생을 마감할 때까지 경제적 안정을 한 번도 누리지 못한다. 돈을 벌면 어떻게 하겠다는 꿈을 안고 그 기대감만으로 힘든 노동의 나날을 이겨내는 것이 그의 삶이다.

준식은 매번 목적 달성에 실패하지만 돈벌이를 새로 시작할 때마다 돈을 모아 조선으로 돌아갈 희망을 키운다. 그의 진짜 꿈은 미국에서 돈을 벌어 조선의 고향으로 돌아가는 것이다. 이런 이유로 그는 미국에 대해서는 정주민 의식이 전혀 없다. 예컨대 그는 "여관에 들 때 자기 본이름을 숙박부에 써본 적이 없다. 그저 그 순간에 생각나는 아무 이름이나 쓰고 주소도 역시 그때 생각나는 곳으로 아무 데나 써놓"을 뿐이다. 미국 사회에 정착하지 못한 준식의 삶이 단적으로 드러나는 대목이다. 그의 생활은 "파선된 배의 나뭇조각처럼 아무 데고 한곳에 오래 머물러 있을 수가 없는 생활"이며, 그의 마음은 "지향 없이 항상 들떠" 있고, 그의 몸 또한 "지향 없이 들떠 돌아다니기를 요구"한다. 결국 미국에서 그는 "노동력을 유일의 재산으로 방랑하는" 자이다. 이렇듯 미국은 준식이 오랜 세월 동안 몸담고 있는 생활의 공간이기는

---

191 주요섭, 「구름을 잡으려고」, 앞의 책, 330쪽.

하지만 정착의 공간은 아니다. 고국으로 돌아가기 위해 준비하는 공간일 뿐이다. 준식의 이런 처지는 이민국 관리의 눈을 속여가며 일하는 떠돌이 노동자 신세인 「유미외기」의 이전 또한 다를 바 없다. 여기에서 그들의 위치는 정주민과 여행자의 사이에 놓여 있다. 미국은 고국으로 돌아가기 위해 잠시 머무는 과정으로서의 공간일 뿐이다.

이들 주인공의 위치와 처지는 미국인의 생활상을 주체적으로 들여다보게 한다. 「유미외기」 총 26회 중 10회에서 19회에 해당하는 '아파트'(1~10) 부분에서 단적인 예를 찾을 수 있다. '아파트'에서는 아파트 청소부로 일하게 된 이전의 시선을 통해 30호에 이르는 개별 가구들의 생활상을 보여준다. 이곳에는 대학생, 홀아비, 늙은 과부, 노처녀, 중년 부부, 술장사 모녀, 젊은 과부와 그 아들, 모 대학 교수, 젊은 부부와 어린 딸, 소학교 여교원, 퇴직 노인, 간호사, 쉰 남짓한 부인과 아들, 술집 주인, 아파트 주인 홀아비, 변호사 서기, 홀로 사는 노인 등이 세 들어 산다. 다양한 직업을 가진 미국인들의 집을 일일이 청소하면서 이전은 그들의 삶과 미국의 이면을 엿보게 된다. 이 과정에서 이전은 서양인들에게 보여지는 수동적인 대상이 아니라 그들의 생활을 샅샅이 살피는 관찰자적인 주체가 된다. 이처럼 이 작품은 열악한 하층 노동자의 눈을 통해 미국 사회의 실상을 보여준다.

관찰자의 시선을 통해 주인공은 비판적 안목을 갖게 된다. "세상 제일 더러운 방 구경을 하려거든 미국 대학생 방을 보"라든가, "참으로 미국 대학생들처럼 되는 대로 사는 사람은 없을 것이다"는 식으로 미국 대학생의 생활 태도를 비판한다. 이 관점은 미국 상류층을 대할 때 더욱 극단적으로 드러난다. 그는 한때 미국 부잣집의 잡일꾼직에 취직되었는데, 주인은 농사짓던 땅에서 나온 석유로 졸지에 부자가 된 독일계 미국인이었다. 「유미외기(24)」에서 이전은 "부자 행세를 억지로 내어서 어떤 때는 구역이 날 때가 많았다. 더욱이 북두갈구리 같은 손가락에 금강석 반지를 칠팔 개씩 낀 것이 곱기는커녕 도리어 징그러웠다"라며 주인 가족의 천박한 졸부 행태를 꼬집는다. 이러한 비판성은 소설의 지은이, 곧 주요섭이 실제 미국 체험을 통해 얻은 결론이다. 주인공 이전이 생각하는 미국은 다음과 같다.

> 그들은 모두 도미 이래 별의별 고생을 다했다. 혹은 공부에 성공하고, 혹은 돈을 이삼천 불ᆃ 모아놓았으나 다대수는 공부도 못하고 돈도 못 벌고, 피상적으로 보자면 아주 타락해버렸다고 단정할 수 있었다. 그리고 누구나 (십년 전에 왔거나 일전에 왔거나) 도미한 것을 후회하였다. 이ᆃ도 진심으로 거기 찬성이었다.
>
> 공통한 의견의 귀결은 이러했다. "미국 문명에는 기계 발달 외에는 다른 아무 것도 없다. 그 힘으로 공학이나 기계학을 학습하려는 이는 잠깐 와서 실습해 가면 유리할 것이다. 그 외에는 조선 청년으로 도미할 다른 아무런 이유도 없다. 더욱이 고학으로 오는 것은 어리석은 자의 짓이다."
>
> —주요섭, 「유미외기(25)」, 『동아일보』 1930. 4. 10.

이전은 문명국 미국, 황금의 나라 미국에 대한 환상을 버릴 것을 강하게 주장한다. 「구름을 잡으려고」의 준식도 미국에서의 삶은 "안 잡히는 구름을 잡아보겠다고 바라고 바라고, 언제까지나 바라는" "바람의 노예" 같은 삶이었다. 이전이나 박준식에게서 미국에 대한 맹목적인 동경이나 미국인의 삶을 모방하려는 태도는 찾아보기 어렵다.[192] 그들이 처음 품었던 미국에 대한 환

---

192 미국에 대한 이 같은 비판적 태도는 주요섭의 다른 산문에서도 보인다. 그는 미국을 "데모크라시라는 것은 문자뿐이고 모든 정치적 지위는 현금과 교환"되는 "실로 황금 만능"(요섭, 「유미근신(1)」, 『동아일보』 1928. 8. 19)의 사회이며, "도박과 주색으로 만가한 암흑의 도회"(요섭, 「유미근신(2)」, 『동아일보』 1928. 8. 21)라고 강조한다.

상과 동경이 완벽하게 전복되는 부분은 행방불명과 죽음으로 처리되는 결말
이다. 이전과 박준식은 결국 미국이라는 장소와 부딪혀 '고사枯死'한 자들이
다. 타락한 사회인 미국은 그들의 처지에서 볼 때 삶과 노동력을 착취당하고
심지어 생명마저도 빼앗긴 곳이다.

3. 미국의 장소 규율성과 이주자의 유동적 정체성

민족 정체성에 우선하는 생존의 문제

주요섭의 소설에서 인물은 단순한 노동자에 머물지 않는다. 미국에서 살
아가는 조선인 노동자의 자기 인식은 조선인, 동양인, 황인종 등의 경계를 통
해 중층적으로 형성되며, 주관적인 한 방향에서만 형성되지는 않는다. 미국
이라는 장소 자체가 그들의 자기 인식에 힘을 가하기 때문이다. 「유미외기」
와 「구름을 잡으려고」에서 이전과 박준식의 삶을 규정하는 첫 번째 조건은
노동자의 위치이지만, 그들의 삶을 더욱 구체적으로 특징짓는 것은 재미 조
선인이라는 조건이다.

「구름을 잡으려고」의 준식에게 '돈'은 "마음 붙일 곳"으로서, 자신의 존재
를 확인할 수 있는 중요한 대상이다. 돈과 더불어 그가 또 하나 마음 붙일 곳
으로 삼고 있는 것이 '조선인'이라는 사실이다. 하지만 이 둘에 대한 준식의
태도는 확고하지도 지속적이지도 않다. 그는 고국에 돌아갈 미래를 꿈꾸며
돈 벌기에나마 마음을 붙이고 현재를 견딘다. 돈은 어쩌면 일시적인 위안물
일 뿐이다. 조선인으로서 자기 인식 또한 일회적인 안정감을 줄 뿐이다. 그
결과 준식에게 강한 민족의식을 발견하기 어렵다. 그의 의식 밑바닥에 가라
앉은 민족 정체성을 표층으로 이끌어낸 자들은 조선에서 건너온 민족 지도

자들이다. 그들 덕에 준식은 조선인으로 호출되고, 이러한 확실한 소속감은 잠시나마 준식의 심리를 안정시켜주고 삶의 중심도 잡아준다. 그러나 이 역시 지속적이지도 자생적이지도 않다.

> 일천 구백 십년을 전후하여 미국으로 건너간 조선 사람 중에는 시국에 불만을 품고 망명된 지사들도 얼마간 있었다. 그런데 망명객이란 대개 또 감정에 흐르기 쉬운 사람들이다. 더욱이 당시 조선 사람은 '비분강개'한 언동으로써 한 행세거리로 알 때였으리오!
> 그래서 이 '비분강개'는 조선 노동자들을 감동시키기 가장 쉬운 방도이었다. 따라서 개인적 희망이나 목표를 세우지 못한 그들에게 광막하게나마 집단적 희망과 목표를 세워줄 수가 있었다.
> 물론 이 목표는 너무 광막한 것이어서 때때로의 진흥운동이 없이는 그들로 하여금 이 목표를 확인하고 거기 대한 의무를 이행하도록 시키기가 곤란하였다. 그러하므로 선생님들은 때때로 여기저기 널려 있는 조선 노동자들을 방문하고 그들의 열정을 부흥시키고 하지 않으면 안 되었다.
> ―주요섭, 「구름을 잡으려고」, 『한국문학전집』 13, 민중서관, 1974, 330~331쪽.

재미 조선인 노동자들의 민족의식은 미국으로 망명해온 민족 지사들의 '비분강개'한 목소리에 의할 때만 부흥된다. 준식 또한 "선생님이 오실 때마다" "자신의 약한 것을 자복하고 통분하"며 흐트러진 삶의 자세를 고쳐 잡고는 한다. 이처럼 약화된 조선인 의식은 미국이라는 장소의 힘과 관련지어 설명할 수 있다. 즉, 민족 정체성은 미국에서 그들의 생존 문제에 관한 한 최우선적으로 고려되어야 할 사항이 아닌 것이다. 이곳에서 재미 조선인들이 "국가에 대한 열성"을 확인할 수 있는 것은 "오직 ○○회관의 경사비와 ○○민보에 출판비를 부담하는" 경비를 통해서만 가능할 뿐이다.[193] 이는 국가·민족적 정체성이란 재미 조선인의 정체성을 구성하는 하나의 요소에 불과함을 말해준다.

주인공의 자기 인식에서 국가·민족적 정체성이 강한 구속력을 발휘하지 못하는 주된 까닭은 이주자의 생존 논리에서 찾을 수 있다. 경제적으로 넉넉하지 못한 고학 유학생 이전과 이주 노동자인 준식이 미국에 살면서 일차적으로 부딪힌 문제는 생계 방편이다. 생존의 문제 앞에 선 이들에게 국가·민족적 정체성은 중요하지 않다. 이전은 '나카이 보ー로中井保羅'라는 이름으로 위장하여 일본인 과일 가게의 점원으로, 박준식 또한 일본인으로 위장하여 대저택의 정원지기로 취직을 한다. '일본인은 정원 관리를 잘한다'고 알고 있는 미국인이 "얼굴이 노라니까 그저 일본 사람인 줄로만 알고" 준식을 정원지기로 고용한 것이다. 일자리가 급한 상황에서 준식은 굳이 자신이 조선인임을 밝힐 필요성을 느끼지 않는다. 생존의 문제 앞에서 국가·민족적 정체성은 중요하지 않았던 것이다. 준식과 마찬가지로 이전 역시 "삼 년 고학 중 뼛속까지 깊이 느끼고 배운 생활철학"은 "굶어 죽고 싶거든 정직하라!"이다.[194] 요컨대 이들이 가장 중요하게 여긴 것은 생존의 문제이다. 이주자에게 중요한 것은 그곳에 삶의 뿌리를 내리고 정착하는 일이며, 구체적으로는 자신을 온전한 경제주체로 정립하는 문제이다. 그 때문에 국가적·민족적 정체성은 필요에 따라 해체되기도 하고 새롭게 구성될 수도 있다.

---

193 주요섭, 「구름을 잡으려고」, 『한국문학전집』 13, 민중서관, 1974, 332쪽.

194 실제 주요섭은 이와 유사한 경험을 했던 적이 있음을 수필에서 밝혔다. 주요섭, 「상항桑港의 첫 여름」, 『신인문학』, 1934. 7, 52~53쪽.

강제된 자기 인식, 동양(인)

재미 조선인의 자기 인식은 주로 두 가지 차원에서 구성된다. 한편으로는 '조선인'이라는 국가·민족적 정체성, 또 다른 한편으로는 '동양인'이라는 의식이다. '동양인'의 정체성은 서양인 혹은 미국인에 의해 타자적으로 강제된 의식이다. '황인종'이라는 인종 의식 또한 마찬가지이다. 「구름을 잡으려고」에서 준식의 동양인 의식은 미국으로 가기 위해 탄 배에서부터 외적으로 강제되었다.

> 조선 사람인 일준이가 개처럼 죽어버리었다. 그것을 보고 외국인인 이 청인이 소동을 시작하다가 양인의 총에 얻어 맞아가지고 지금 또 길에 내다 버린 개처럼 죽어간다. 그것을 다시 외국인인 준식이가 그러안고 어떻게 했으면 살려볼까, 살리지는 못하더라도 마지막 소원인 물이라도 한 방울 먹여줄 수 없을까 하고 궁리를 하고 있다. 이것이야말로 참으로 이상한 인연이 아닌가?
>
> 준식이는 이 죽어가는 젊은 청인에게 대한 끝없는 애착심이 용출함을 감각하였다. 이름도 모르고 내력도 모르고 또 말도 통하지 못하는 이 외국 청년에게 대한 불꽃같이 일어나는 사랑을 막을 재간이 없었다. 얼마나 준식이는 이 청년의 목숨을 살려주고 싶었을까?
>
> —주요섭, 「구름을 잡으려고」, 앞의 책, 243~245쪽.

요코하마와 하와이를 거치는 동안 이 배에는 일본인, 청국인, 조선인 노동자들이 함께 승선한다. 조선인과 청국인은 같은 선실에 묵게 되는데, 야만적인 동양 노동자를 통제해야 한다는 서양 선부들의 방침에 따라 우리에 갇힌 동물 취급을 받는다. 결국 열악한 선실 환경을 견디지 못한 조선인 한 명과 청국 청년 한 명이 죽음을 맞게 된다. 이 과정에서 조선인과 청국인 사이에는 민족적 경계 의식이 사라지고, 서양인 선부의 감금 행위에 맞서 연대감이 형성된다. 이 연대감이 서양인과 대립된 동양인 의식으로 구체화된다. 그것은 곧 서양에 대한 저항적 정서에 근거한 연대감이다.

저항적 정서는 주요섭의 소설에서 드러나는 '동양=야만'/'서양=문명'이라는 이분법의 해체와도 관련 있다. 이러한 이분법은 미국인의 입장에서만 성립된다. 「구름을 잡으려고」에서 박준식이 멕시코 사탕수수 농장에서 탈출하여 처음 미국에 도착했을 때 "지나가던 사람마다 준식이를 보고는 이상한 동물을 본다는 듯이 서서 물끄러미 바라다"본다. 구경거리가 된 것이다. 이때 준식은 제물포에서 서양인을 처음 보았을 때를 떠올린다. "미상불 이상스러운 것이다. 몇 해 전에 제물포에서 양인을 처음 볼 적에 사람 같지 않고 기이한 짐승 같더니, 이 양인들로 가득 찬 도회지에 온 준식이 모양은 물론 이 양인들 눈에 이상스럽게 보였을 것이다." 소설의 작자는 준식을 바라보는 미국인들의 시선을 차이와 다름의 관점에서 받아들인다. 즉, 제물포의 서양인이나 미국 거리의 조선인이나 낯선 존재라는 점에서는 동일하다는 식이다. 여기에서는 서양은 문명국이요, 동양 또는 조선은 야만국이라는 위계적 사유를 발견할 수 없다. 주요섭의 두 작품이 서양 또는 미국의 문명에 비판적인 태도로 일관할 수 있었던 것은 이러한 사유가 바탕에 깔려 있기 때문이다.

주요섭의 소설에서 동양(인) 의식은 노동자 의식에 기반한 하층계급의 연대 의식으로 발전한다. 이는 권력적으로 약한 동양인을 억압하는 서양의 억압자에 대한 대항 심리에 근거한다. 실제 미국을 체험하면서 그것은 통제와 피통제, 자본가와 노동자의 대립 구도로 발전한다. 노동자로서 자기 인식은 '서양–동양'에 대한 '문명–야만'의 이분법에 미혹되지 않는 자기중심적 시선을 확보하게 한다. 「구름을 잡으려고」에서 샌프란시스코 지진과 화재 사건 이후의 혼란상을 묘사한 부분에서도 동일한 관점을 발견할 수 있다. 여기에서 서술자는 문명과 야만의 이분법으로 백인과 황인을 설명한다. 그러나 그것은 황인을 야만시하는 백인의 행동이 얼마나 더 폭력적이고 야만적인지를 강조하기 위해 끌어들인 장치이다. 즉, 문명과 야만의 이분법으로 황인종을 배척하는 백인의 사유를 비판하고 조롱하기 위함이다.[195]

「구름을 잡으려고」에서 박준식의 인종 의식은 노동자의 관점으로 수렴된다. 이 작품에서 미국 문명의 존립을 위해 착취받는 자들에는 동양인뿐만 아니라 흑인도 포함되며, 이들은 소수자의 관점에서 모두 하나로 연대한다. 주요섭의 소설에서 '비서구적인' 하층 집단의 연대 개념인 동양(동양인)은 억압받는 하층 노동자를 중심으로 한 연대 개념으로 확대된다.

> 종의 피와 땀으로 빚어놓은 문명! 남방 목화밭 이랑마다 흑인의 땀방울이 스며 있고 서방 과수원 이랑마다 또는 대륙횡단철도 마디마디마다 동양인의 땀방울이 스며 있는 것이다. 그러나 그 결과로 나타난 문명은 흑인의 것도 아니고 동양인의 것도 아니며 오직 앵글로색슨의 것이었다.
>
> ─주요섭, 「구름을 잡으려고」, 앞의 책, 404쪽.

「유미외기」에서도 이런 의식은 다르지 않다. 「유미외기」에서 민족과 인종적 경계가 사라지고 미국 사회의 주변인들끼리 정서적으로 연대하는 양상을 보여주는 공간은 '공원'과 '길거리'다. 이전은 공원과 거리에서 노숙하는 미국 사회의 주변인들을 만난다. "독일인 같기도 하고 이태리인 같기도" 한 팔십 노인, '토인'(홍인종), 러시아인, 백인 남녀 노동자 등 국가와 인종의 차원에서 다양한 구성원들이지만, 이들 사이에는 빈민층이라는 계급의식에 토대한

---

195 주요섭, 「구름을 잡으려고」, 앞의 책, 326쪽.

정서적인 연대감이 존재한다. 길거리에서 자신을 유혹하는 매춘 여성에 대해 "'그것도 모두 먹을 것이 없는 탓이어니' 하고 생각하니 그 여자가 도리어 불쌍한 생각이 낫다"라면서 동정감을 드러내는 것도 동일한 맥락이다.[196]

식민지 시대 조선인의 정체성은 국가·민족적 정체성과 관련하여 빈번히 논의되었다. 그들의 체험이 일본과 관련될 때는 더욱 그러하다. 그러나 '미국'이라는 장소에서 그것은 다른 차원으로 전개된다. 각각의 소설에서 재미 조선인의 정체성은 계급, 인종 및 민족적 사유와 관련하여 중층적으로 구성되고 결정됨을 보여준다. 이를 통해 '보편'으로 구성된 '서양', 특히 미국과의 관계 속에서 식민지 시대 조선인의 문화적 정체성이 새롭게 구성되는 양상을 알 수 있다.

---

196   이에 대해서는 「유미외기」 2·3·21·23회(『동아일보』 1930. 2. 25; 2. 26; 4. 5; 4. 8)에서 구체적으로 묘사되고 있다.

제3부

매체의 기획과 전 조선의 답사자

01

근대 매체의 기획과 조선이라는 장소

1. 잡지사와 신문사의 조선 답사 기획

이광수는 1917년 6월 26일 5도 답파 여행길에 오른다. 그가 『매일신보』
에 「무정」 연재를 끝낸 때가 14일이니, 이로부터 얼마 되지 않아 시작된 여
행이었다. 이 여행은 같은 신문사의 감사로 있는 나카무라 겐타로中村健太郎
로부터 "여름방학을 이용해서, 정치를 시작한 5년의 민정 시찰로 조선 행각
을 해볼 의향이 없는가라는" 권유의 편지를 받은 것이 계기가 되었다.[1] 1917

---

1 이광수가 5도 답파 여행을 하게 된 계기는 주로 그가 쓴 일본어 수필인 「무불옹無佛翁의
   추억」에 근거하여 추정된다. "옹(『매일신보』 3대 사장 아베 미쓰이에阿部充家, 그의 호가 '무
   불'임)을 처음 만난 그 다음 해인 대정 6년(1917)의 여름방학을 이용해서, 정치를 시작
   한 5년의 민정 시찰로 조선 행각을 해볼 의향이 없는가라는, 당시 『매일신보』 감사인 나
   카무라 겐타로中村健太郎 씨의 편지가 도쿄에 있는 나에게 왔다. 그때 나는 『매일신보』
   에 연재한 내 소설 「무정」을 끝내고 「개척자」라는 두 번째 소설과 「동경잡신」이라는 기
   행문, 수필 등을 연재하고 있었다. 이리하여 나는 이른바 오도 답파 여행의 길에 올랐는
   데, 조선인 기자로서는 처음 있는 일인 만큼 신문사나 총독부에서도 각 지방 관헌에 통
   첩하여 이르는 곳마다 송구할 정도의 환영을 받았다." 이광수, 「無佛翁의 추억」, 김윤식

년 6월 26일부터 9월 12일까지 강행한 이광수의 여행은 『매일신보』의 기획에 따른 결과물이다.

비슷한 시기에 백대진과 최찬식은 『반도시론』에 각각 「서선시찰일기」(1917. 8, 여행 일자 : 1917. 6. 18~6. 29)와 「이십일간 삼천리 여행」(1918. 1, 여행 일자 : 1917. 10. 16~11. 4)을 발표한다. 이 두 사람의 여행과 기행문은 『반도시론』의 '조선 13도 일대 조사'라는 기획에 따른 것이다. 기획을 주도한 이는 사장인 다케우치 로쿠노스케竹內錄之助이다. 여행 목적과 일정 등을 고려할 때 이광수의 「오도답파여행」, 백대진의 「서선시찰일기」와 최찬식의 「이십일간 삼천리 여행」은 유사한 부분이 많다. 여행 시기가 모두 1910년대 후반, 정확하게는 1917년에 이루어졌다는 점, 『매일신보』와 『반도시론』[2]이라는 매체가 모두 친일적 경향을 띤다는 점, 여행의 목적이 조선 시찰에 있다는 점 등을 통해 볼 때 그러하다.

이 같은 유사성은 단지 위의 두 매체, 세 편의 글에만 국한되지 않는다.

편역, 『이광수의 일어 창작 및 산문선』, 역락, 2007, 75쪽.

최주한은 시기에 대한 이광수의 기억이 사실과 맞지 않음을 지적했다. 「개척자」(1917. 10. 27~1918. 3. 14)와 「동경잡신」(1916. 9. 27~1916. 11. 9)의 연재 시기를 비교해보면 그 착오를 확인할 수 있다. 이를 통해 그는 이광수가 여행 제안의 편지를 6월 초순 무렵에 받았을 것으로 추정했다. 최주한, 「이광수의 이중어 글쓰기와 「오도답파여행」」, 『민족문학사연구』 55, 민족문학사학회·민족문학사연구소, 2014, 34쪽.

2 『반도시론』은 1917년 4월 10일에 창간되어 1921년 4월 통권 25호로 종간된 시사종합지이다. 편집 겸 발행인, 인쇄인, 사장 모두 일본인이며, 인쇄와 발행도 일본 도쿄에서 이루어졌다. 경성에 발매소가 있었으며, 판매는 우편 주문을 통해 이루어졌다. 사장인 다케우치 로쿠노스케는 『신문계新文界』(1913. 4~1917. 3)의 발행인이기도 하다. 『신문계』와 『반도시론』은 발행인이 동일 인물이라는 점에서 연속선상으로 파악할 수 있는데, 전자가 학생층을 대상으로 했다면 후자는 일반 대중을 대상으로 했다는 점에서 차이가 있다. 이에 대한 구체적인 논의는 한기형, 「무단통치기 문화정책의 성격—잡지 『신문계』를 통한 사례 분석」, 『민족문학사연구』 9, 민족문학사학회·민족문학사연구소, 1996, 226~227쪽 참고.

심원섭에 따르면 1910년대에는 조선 시찰에 목적을 둔 여행과 기행문이 하나의 계통을 이룰 만큼 다량으로 존재했다.[3] 주로 『경성일보』와 『매일신보』에 실린 일본인 기자들의 기행문이다. 심원섭은 이 글들을 '일본제 조선기행문'이라 명명하며, 조선의 신영토를 효율적으로 통치하기 위한 일본의 정치·문화 시스템의 일부로서 작동하는 강력한 정치적 장르의 하나로 규정한다. 이광수의 「오도답파여행」은 내용과 형식 면에서 이로부터 벗어나 있지 않으며, 그런 까닭에 '일본제 조선기행문'과 동일한 양식적·정치적 맥락에서 평가될 필요가 있다는 것이 그의 주장이다. 당시 5도 답파 여행이 일본 식민 통치의 성과를 선전하기 위한 정치적 기획의 일환으로 추동되었으며, 이광수의 기행문이 이를 충실하게 수행했다는 평가는 새삼스럽지 않다.[4]

오히려 주목할 것은 '만들어진' 기행문의 맥락과 의미이다. 『매일신보』의 기획 결과물인 「오도답파여행」과 『반도시론』의 기획 결과물인 지역시찰기, 일본'제' 조선기행문에 보이는 기획, '-제'라는 표현은 이들 기행문이 '만들어진' 것임을 말한다. 기행문의 시선은 독자의 시선을 유도한다. 근대 매체가 만들어낸 기행문은 당대 대중이 조선의 각 지역을 인식하는 데 큰 영향을 미친다. 결국 독자는 기행문의 시선을 통해 조선을 새롭게 발견하게 된다.

조선 일주를 목표로 한 기획은 이 시기에만 국한되지 않는다. 1923~1925년 『개벽』의 '조선 문화의 기본 조사', 1925~1930년 『신민』의 지방 답사, 1929~1940년 『삼천리』의 반도 8경 답사 등에 이르기까지 지속적으로 이루어졌다. 신문과 잡지는 이 시기 대중에게 강한 영향력을 행사하는 주요 매체

---

3 심원섭, 「'일본제 조선기행문'과 이광수의 「오도답파여행」」, 『현대문학의 연구』 52, 한국문학연구학회, 2014, 136~141쪽 참조.

4 김재관, 「「오도답파여행」에 나타난 일제 식민지 교통 체계 연구」, 『어문논집』 46, 중앙어문학회, 2011.

였다. 이런 까닭에 1917년부터 1940년에 걸쳐 이들 잡지가 진행한 조선 각 지역에 대한 답사 및 여행기는 각 시기마다 해당 지역을 인식하는 방식 및 지역의 의미를 창출하는 데 주도적인 역할을 했다. 특히 이 기획의 결과물인 전국일주형 기행문은 '조선'이라는 민족적 혹은 추상적 개념과 이를 구성하는 각 지역의 관계가 어떻게 전체와 부분으로서, 또 추상과 구체로서 관계를 맺게 되는지를 살펴볼 수 있다는 점에서 의의가 크다. 각 지역에 대한 답사 및 여행기는 전체 기획과의 관계 속에서 파악할 때 그 의미가 제대로 살아나기 때문이다.

2. 전국 답사와 지역의 장소성

전국일주 여행은 신문이나 잡지 등 언론 매체의 기획을 통해 사업적인 차원에서 이루어진 경우가 대부분이다. 개인의 여행도 대체로 그로부터 비롯되었다. 이때 여행자는 신문사나 잡지사 소속의 기자이므로, 이 여행은 단순한 관광이 아니라 시찰·조사·답사 등의 성격을 갖는다. 이들의 여행은 조선의 구체적인 장소성에 상당히 밀착해 있다. 물론 이는 각 지역에 뿌리를 내리고 살아온 조선인들의 장소 인식과는 거리가 있다. 여행 및 여행자의 성격에 따라 세분되어야 하겠지만, 이들에게 공통적으로 보이는 것은 민족지적 차원의 전국 답사와 조사의 태도이다. 이는 기획을 통해 이루어진 매체 및 시기에 따라 각각의 의미를 달리한다.[5] 여기에서 중요한 것은 이로부터 각 지역의

---

5 지금까지 1910년대의 기행문에 대한 논의는 신문 매체를 중심으로 이루어졌으며, 그 중에서도 『매일신보』에 기행문을 연재한 이광수를 주요 대상으로 진행되어왔다. 정혜

특성과 의미가 드러남으로써 조선의 각 지역이 구체적으로 발견된다는 점이다.

『반도시론』의 '조선 13도 일대 조사'와 『개벽』의 '조선 문화의 기본 조사'는 근본적으로 각 지역을 '조선'이라는 네이션의 관점에서 파악했다는 점에서는 동일하다. 그러나 구체적인 의미는 일본과 조선, 제국과 식민지라는 관점 및 위치의 상이함에 따라 분별된다. 『반도시론』의 조선 지역 조사에서 각 지역은 시찰자에게 조선이라는 네이션의 개념으로 접근되고 인식되었다. 『반도시론』의 이 같은 네이션으로서 조선 지역에 대한 태도에는 1910년대 초기 식민지에 대한 일본의 관점이 반영되어 있다. 한편, 『신민』이 내세운 '지방'으로서의 각 지역 인식은 오히려 '조선'이라는 네이션을 지워버리고자 한다. 『신민』의 기획물은 식민 정치의 안정화를 위해 네이션을 지우고자 한 1920년대 중반 이후 일본 지배 정책의 반영이다.

『반도시론』은 1910년대의 대표적인 관제 잡지이다. 반도시론사의 조선 일주 기획은 정치적 목적이 농후하다. 조선인 기자 백대진과 최찬식의 시찰 일지는 식민지 조선 개발을 목적으로 한 반도시론사의 기획에 충실하다. 잡지사가 꾀하는 목적 이상의 다른 시선은 발견하기가 어렵다. 여기에는 일제

영, 「〈오도답파여행〉과 1910년대 조선의 풍경」, 『현대소설연구』 40, 한국현대소설학회, 2009; 김경남, 「1910년대 기행 담론과 기행문의 성격―1910년대 〈매일신보〉 소재 기행 담론과 기행문을 중심으로」, 『인문과학연구』 37, 강원대학교 인문과학연구소, 2013. 6; 류시현, 「1910년대 이광수의 시대인식과 전망―『매일신보』 글쓰기를 중심으로」, 『역사학연구』(구 『전남사학』) 54, 2014 등.
잡지의 경우에는 『개벽』의 '조선 문화의 기본 조사'가 중점적으로 논의되었다. 김진량, 「근대 산문의 글쓰기와 지역인식: 〈개벽〉의 "조선 문화의 기본 조사" 연재를 중심으로」, 『우리말글』 40, 우리말글학회, 2007; 이희정, 「식민지 시기 글쓰기의 전략과 『개벽』―「조선 문화의 기본 조사」를 중심으로」, 『한중인문학연구』 31, 한중인문학회, 2010. 12 등.

의 정치적 의도가 직선적으로 반영되었다. 그렇다면 매체와 필자의 정치성에 대해서도 재고해볼 필요가 있다. 매체와 필자의 정치성이 항상 일치하거나 직선적으로 반영되지는 않기 때문이다. 일례로 『매일신보』의 기획과 이광수의 「오도답파여행」은 단선적이지 않고 복합적이다. 이렇게 볼 때 『반도시론』의 조선인 기자가 쓴 시찰 기행문은 그가 식민지 조선이라는 장소를 어떻게 토착 정보화하는지, 나아가 결국 어떻게 제국의 정보 제공자가 되는지를 보여주는 전형적인 예에 속한다.

1920년 6월에 창간된 『개벽』은 1923년 1월 '조선 문화의 기본 조사' 사업을 기획했다. 조선의 기초부터 조사하여 "조선을 알자. 분명히 알자"라는 기치 아래 1923년 4월부터 1925년 12월에 이르기까지 3년여에 걸쳐 각 도 기념호를 발행했다. 이는 민족 차원의 주체성이 자신들의 삶의 정형과 형편을 실질적으로 아는 데서부터 비롯된다는 자각에서 기획된 사업이다. 『개벽』의 조선 답사는 민족 차원에서 조선의 주권을 회복하려는 정치적 실천이었다.

1920년대 중반 이후 '신문지법'에 따라 유일하게 발행 허가를 받은 잡지인 『신민』(1925. 5 ~ 1933)도 지역 잡관 및 답사기를 꾸준히 실었다. 『신민』이 창간호부터 지속적으로 강조한 것은 '지방'과 '개인'이다. 특히 '개인'은 "극기"라는 용어를 통해 그 성격이 드러난다. 극기의 관점으로 보면 현재적 삶의 결과는 모두 개인적 차원에서 해석된다. 『신민』이 부각하는 '지방'과 '개인'은 조선 혹은 조선인에서 '민족'적 차원의 이념성을 제거한 개념이다. 『신민』에 따르면 현재 조선에서 중요한 것은 '먹고사는 문제'이며, 이념이나 운동적 차원의 행위나 논의는 허황할 뿐이다.[6] '지방'을 강조하기는 하지만 이

---

6 이에 대한 논의는 이경돈, 「신민(新民)의 신민(臣民): 식민지의 여론시대와 관제 매체」, 『상허학보』 32, 상허학회, 2011 참고.

는 개발의 차원에서 강조될 뿐, 민족적 영토의 부분 개념이 아니다. 즉, 『신민』이 내세운 '지방' 인식에는 네이션의 개념을 소거하려는 의도가 강하게 내포되어 있다. 제1신 「남행잡관」(1925. 11)부터 「남행천리」(1930. 2)에 이르는 20여 편의 지역 순회 기사는 1920년대 중반 이후의 일제 식민 정책과 결코 무관하지 않으며, 그 지배 정책의 일환 속에서 파악될 수 있다.

1929년 6월에 선포되어 1930년대 전반에 걸쳐 진행된 『삼천리』의 반도 8경 답사 및 그 기행문 게재는 이와는 다른 차원에서 조선에 대한 인식을 이끌어낸다. 『삼천리』가 기획한 답사의 목적은 조사나 시찰이 아니라 자연경관과 유적지 탐방이다. 그 결과물인 기행문은 여행지를 명소와 풍경으로서 인식한다.

이렇듯 각 잡지는 목적에 따라 조선의 지역을 상이한 방식으로 드러낸다. 하지만 조선의 각 장소가 여행지로 인식됨으로써 그 지역을 터전 삼아 살고 있는 지역민과 분리된다는 점에서는 공통적이다. 『반도시론』, 『개벽』, 『신민』이 정치적인 목적으로 조선의 전 지역을 대상화했다면, 『삼천리』는 문화적인 차원에서 각각의 지역을 대상화한다. 그 결과 각각의 지역에서 터전을 잡아 살아가고 있는 조선인의 목소리는 기자나 문인들의 목소리로 치환되고, 결국 그곳에서 살아가는 조선인은 자신이 살아가는 땅으로부터 분리된다. 마침내 터전으로서 장소 그 자체의 개별성은 사라지고, 상징적으로 단일화된 장소의 의미가 그 지역의 특성을 대신하게 된다.

지금까지 살펴본 매체의 기획은 기행문이 놓여 있는 틀이다. 최찬식의 경우 각 편당 글로 볼 때는 해당 지역의 답사기에 국한되지만 전체 기획의 차원에서 보면 조선 전도 답사의 일부분에 해당한다. 따라서 이들 기행문은 전체 기획과의 관련 속에서 평가해볼 필요가 있다. 그리고 이보다 더 먼저 살펴야 할 것은 전국 '일주'라는 개념의 의미이다. 다음에 이어지는 순행巡行에 대한 논의는 이를 위한 것이다.

3. 순행의 근대적 변주와 조선 일주 양식의 정치성

"앞으로 며칠을 더 다닐 것이다. 너의 땅을 눈여겨보아두어야 하느니라."

—박경리, 『토지』 2, 솔, 1994, 316쪽.

　박경리의 『토지』에서 "최 참판댁 소유의 전답을 찾아서 실정을 살피러" 나선 행정行程 중에 윤씨 부인이 서희에게 하는 말이다. 윤씨 부인은 봄부터 시작된 심한 가뭄으로 흉작을 각오할 수밖에 없게 되자 소작농들의 정황 등을 살필 목적으로 전답지 행각[7]을 결행한다. 그녀는 이 짧지 않은 길에 어린 손녀 서희를 데리고 가는데, 여기에는 어리긴 하지만 전답의 소유자가 될 서희에게 자신과 같은 권위를 실어주려는 의도가 숨어 있다. 이들이 지나는 길 위의 농부들에게 윤씨 부인과 서희가 탄 두 대의 가마는 노유와 대소를 막론하고 땅의 주인이 탄 가마 그 자체로서 인식될 뿐이다. "너의 땅을 눈여겨보아두어야 하느니라"는 말이 뜻하는 바는 '이 땅의 주인은 서희 바로 너'라는 점이다. 여기에서 윤씨 부인의 또 다른 의도가 드러난다. 서희의 내면에 미래의 지주로서 책임 의식을 심어주고자 함이 그것이다. 이들의 행각은 소유자로서 권리·권위 의식, 곧 지주 의식의 행사이다. 자신의 땅을 살피고 관리함으로써 그에 대한 주인성을 지속하고자 하는 것이 행각의 궁극적 목적인

7　실제 작품에서 '행정' 또는 '행각'이라는 용어를 쓰고 있으므로 이 책에서도 이를 그대로 따른다.

것이다. 이는 곧 소작농들을 더욱 잘 다스리기 위한 정치적 목적을 띤 발길이었다.

윤씨 부인과 서희의 나들이는 행각이 갖는 정치성을 잘 보여준다. 실제이같이 목적을 띠고 돌아다니는 일이 정치성을 갖게 된 것은 꽤 옛날부터다. 이는 먼저 '순수巡狩'라는 용어로 표현되었다. 순수는 순행과 의미상 동일하다. 식민지 시기에는 다양한 용어로 표현되었는데, 흔히 기행문에서 발견되는 일주·종횡·횡단·행의가 이에 해당한다.[8] 아울러 '일주一周(一週)'라는 용어도 같이 사용했는데,[9] 의미상 '순수' 혹은 '순행'의 용어적 변주이다. 처음에 '순수'는 천자가 수렵을 통해 군사를 훈련시키기도 하고 한편으로는 제후국의 정치와 민정을 시찰하는 일을 의미했지만, 시간이 지남에 따라 단순히 천자가 제후국을 순방하여 정치의 득실과 백성의 휴척休戚을 살피는 것으로 전화되었다.[10] 『사기』에 쓰인 '순수'는 "중국 고대사회에서 통치자가 수행하는 직접 정치의 한 형태로서 천자가 경사京師의 중앙 정치를 떠나 지방 제후를 통제하던 정치 활동"으로 해석된다.[11]

조선시대에는 임금의 순행이 없었다. 임금의 행차는 선대 왕의 능을 찾는다든가 요양차 길을 나선다든가 전란을 피한다든가 하는 정도에서 이루어졌다. 이처럼 전대에 없었던 순행이 대한제국기 순종조에 이루어졌다. 1909년

---

8 해당 기행문을 간단히 열거해보면 「조선종횡담」, 「충남종횡기」, 「삼도수행기」, 「서조선순람기」, 「호남유력」, 「주유삼남」 등이 이에 속한다.

9 『매일신보』 등 1910년대 신문 기사를 보면 '일주'의 한자어는 '一周'와 '一週'가 함께 사용됨을 확인할 수 있다.

10 諸橋徹次, 『大漢和辭典』 권4, '巡狩條', 東京: 大修館書店, 1968, 336쪽; 김영하, 「신라시대 순수의 성격」, 『민족문화연구』 14, 고려대학교 민족문화연구원, 1979, 202쪽 참조.

11 김영하, 위의 글, 206쪽.

1월 7일부터 13일까지 6박 7일간 순종은 돈화문을 출발하여 남대문 정거장에서 대구, 부산, 마산을 거쳐 남대문, 덕수궁을 경유하여 창덕궁으로 돌아왔다.[12] 순종은 같은 해 1월 27일부터 2월 6일까지 개성, 평양, 의주 등지로 또다시 순행을 떠났다.[13] 각각 남순행南巡幸, 서순행西巡幸이라 불린 순종의 순행은 통감인 이토 히로부미伊藤博文와 통감부 및 일본 정부가 주도면밀하게 준비하고 진행한 일이었다. 일본은 순종의 순행을 통해 당시 격화되고 있는 반일 감정을 완화시키거나 친일로 전환시킴으로써 대한제국을 식민지화할 계획을 실현해나갔다. 순종의 순행에는 이토 히로부미를 비롯하여 통감부 직원 및 다수의 일본군이 수행했으며, 일본제국이 설치해놓은 근대적 문물과 장비가 이용되었다. 순행을 구경 나온 조선인들에게 일본의 힘을 과시하고 식민 통치를 정당화하려는 일제의 전략이 내포되어 있었던 것이다.[14]

순종 순행의 효과는 메이지 천황의 경우와는 차이가 있다. 후자가 천황의 순행 의례를 통해 일본의 국민적 통합에 기여했다면, 전자는 일본의 조선 통치 정당성을 가시화했다. 일본은 메이지 연간 100여 회에 걸쳐 천황의 순행을 거행함으로써 민중의 대대적인 천황 숭배 현상을 이끌어냈고, 이를 통해 일본의 국가적 구심점을 만들어내는 데 성공했다.[15] 이 시기 천황의 순행은 일본열도의 공간 통합을 위한 의례였다. 원래 일본에서 천황의 순행은 수

---

12 이왕무, 「대한제국기 純宗의 南巡幸 연구」, 『정신문화연구』 30권 2호, 한국학중앙연구원, 2007, 59~63쪽 참조.

13 이왕무, 「대한제국기 순종이 西巡幸 연구」, 『동북아역사논총』 31, 동북아역사재단, 2011, 291~292쪽 참조.

14 이왕무, 「대한제국기 純宗의 南巡幸 연구」, 앞의 책, 85쪽.

15 박진우, 「천황 순행의 전개와 민중」, 『역사와 세계』 23, 효원사학회, 1999. 6, 381~382쪽.

도인 도쿄 안이나 수도 주변 지역으로 제한되었다. 일본열도의 4대 섬인 혼슈·규슈·시코쿠·홋카이도를 구석구석 돌아다닌 천황은 메이지 천황이 처음이었다. 그의 순행은 영토에 대한 상징적 장악 행위였다. 곧, 군주라는 상징적 존재를 중심으로 영토의 공간적 일치가 이루어지는 것이다.[16] 일본은 메이지 천황의 성공적 순행 경험을 조선에 전략적으로 적용했는데, 순종의 순행이 그에 해당한다. 고대에도 순행은 왕의 정치 활동으로 해석되었지만 이는 근대의 순행에 내포된 의미나 양상과는 변별된다. 전자가 민정 시찰이나 지방 통제라는 넓은 의미의 정치 활동이라면, 후자는 국민적 통합을 위한 상징적 의례에 속한다.

1910년대부터 격증한 일본인 및 조선인의 시찰 여행은 통치자의 수준에서 행해지던 순행이 민간 차원으로 변형된 사례이다. 순행은 왕의 행차라는 가시적 의례를 통해 정치적인 효과를 기대한다. 일반인의 시찰 여행은 왕의 행차만큼 가시성이 두드러지지 않지만, 좀 더 지적인 양상을 띤다. "지식을 갖는다고 하는 것은 그것을 지배한다는 것, 그것에 대하여 권위를 미치고자"[17] 하는 것이라는 에드워드 사이드Edward Wadie Said의 관점에 따를 때, 여행지를 직접 보고 조사 관찰하여 기록하는 행위는 곧 대상을 지배하고자 하는 것이다. 대상에 대한 지배적 욕망이 바탕에 깔려 있다는 점에서 왕의 순행과 일반인의 시찰 여행은 공히 정치적이다. 이 시기 일본인의 조선 여행, 일본인의 주도하에 조선인이 했던 조선 여행에는 형식 자체에 이미 정치적인 목적이 깔려 있다. '일주' 양식의 여행은 이러한 성격이 더욱 강하다. '일주' 형식에는 여행에 포함된 지리적 영역을 공간적으로 통합하고 장악하고자 하는

---

16 다카시 후지타니 지음, 한석정 옮김, 『화려한 군주』, 이산, 2003, 79~86쪽.

17 에드워드 W. 사이드 지음, 박홍규 옮김, 『오리엔탈리즘』, 교보문고, 1995, 64쪽.

의도가 강하게 내재되어 있다. 이때 여행자는 기존 순행에서 통치자가 맡았던 역할을 대신한다.

식민지 시기 잡지사를 통해 지속적으로 이루어진 전국일주 기획 기사 혹은 사업에도 순행의 정치적 의식이 깔려 있다. 1910년대의 『반도시론』, 1920년대 전반기의 『개벽』, 1920년대 중·후반기의 『신민』, 1930년대 전후반의 『삼천리』 등에서도 그 예를 찾아볼 수 있다. 각 잡지사의 기획에 따라 파생된 기행문들의 의미는 좀 더 구체적으로 살펴볼 필요가 있다. 다만 여기에서는 전체적인 기획과 그것이 갖는 구조적인 의미를 중점적으로 살폈다. 편편의 기행문이 갖는 의미는 각각의 맥락에서 접근해야 할 것이다. 다음에 바로 이어지는 02장과 03장에서는 전 조선 답사에 초점을 맞추어 『반도시론』, 『개벽』, 『신민』, 『삼천리』의 기행문을 좀 더 구체적으로 들여다볼 것이다.

02
1917년 여름의 조선 행각

1. 『반도시론』과 조선 13도 일대 조사

기획에 따라 생산되었다고 할지라도 의도와 결과가 반드시 일치하지는 않는다. 기행문이 친일 매체가 기획한 문화정치의 결과물이라 해도 여기에는 기획자의 일방적 의도 이외의 요소가 개입할 수 있기 때문이다. 이광수의 기행문을 보며 그 틈새에서 "민족의 자기 구성을 향한 노력"[18] 혹은 "조선의 근대에 대한 의식의 혼란과 분열"[19]을 읽어낼 수 있는 것은 이러한 이유에서이다. 이런 점에서 이광수의 「오도답파여행」은 『반도시론』의 기행문보다 더 복합적이다. 최찬식을 비롯하여 『반도시론』 기자들의 기행문은 기획자의 의도를 충실하게 반영했다는 면에서 일제의 주도하에 작성된 시찰 여행기의 전

---

18 최주한, 「이광수의 이중어 글쓰기와 「오도답파여행」」, 『민족문학사연구』 55, 민족문학사학회·민족문학사연구소, 2014, 53쪽.

19 정혜영, 「〈오도답파여행〉과 1910년대 조선의 풍경」, 『현대소설연구』 40, 한국현대소설학회, 2009, 330쪽.

형이다. 이번 장에서는 매체의 의도를 일방적으로 따른 『반도시론』에 대해 좀 더 중점적으로 살펴볼 것이다. 이후 『반도시론』의 기자 및 이광수의 기행 문을 구체적으로 읽어보기로 한다.

『반도시론』은 일본의 조선 식민지 개척과 개발 및 이를 위한 지도를 사명 으로 내세우고 출발했다. 이는 발간사에 해당하는 「반도시론의 발간과 오인 吾人의 주의」 중 '반도 개발과 오인의 사명'에서 분명히 드러난다. 개발의 대 상으로 내세운 분야는 교육·산업·농업·공업·광업·잠업·임업·목축·종교 등 으로서 산업 전반에 걸쳐 있으며, 조선의 개발을 위해 각 분야별 산업에 대 한 조사를 시행하고자 했다. 『반도시론』은 조선의 현 상황에 대한 조사에 토 대하여 총독부의 조선 정책을 비평하고, 나아가 취해야 할 방향까지 제시하 고 있다.[20] 이와 더불어 『반도시론』이 지속적으로 관심을 갖고 실시한 것은 조선의 각 지방에 대한 조사이다.

'조선 13도 일대 조사'는 1917년 8월부터 1918년 10월에 이르는 1년여 동안 실시한 조선 전역 조사 사업이다. 사업의 의도는 다음 글을 통해 드러 난다.

본 잡지가 한 번 이 세상에 태어남이 큰 가뭄에 구름과 무지개를 기다림과 같이

---

[20] 초기에 발간된 『반도시론』의 1~4호 목차만 보아도 발간 목적을 쉽게 알 수 있다. 「반 도산업의 현상과 공업의 장래」, 「반도개발은 교육에 기초 건립建立」, 「공업상으로 관한 금일의 반도」, 「범죄상으로 관한 조선인의 현상」, 「유망한 반도의 산업」, 「조선광업일 람」, 「반도 금융급신업계의 시문時聞」(이상 1호, 1917. 4)이라든가, 「반도 맹아의 교육敎育」, 「조선경제계의 근상」, 「조선광업 일람」(이상 2호, 1917. 5) 등을 보면 조선의 현 상황을 각 방면별로 조사하여 싣고 있음을 확인할 수 있다. 3호에는 「경성 직유織紐주식회사 참관기」와 같은 참관 기사가, 4호에는 「조선농업의 개량할 만한 이대 요점」, 「반도사업 상 유망한 염료사업」, 「조선에 대학을 설하라」와 같은 조선에서 필요한 정책적 사업에 대한 제안 기사도 싣고 있다.

전 반도의 동포가 본 잡지를 환영하여 오늘에 겨우 3호를 발간하였으나, 전 조선에 다대한 반향을 일으킴에 거의 반도의 언론을 한손에 장악한 느낌이 있도다. 그러나 본지는 현상에 만족하지 아니하고 더욱 그 주의의 선전에 노력하여 반도 개발의 목적을 달성치 아니하면 안 되는 까닭에, 이에 본지는 그 첫걸음으로 13도에 걸치는 일대 조사를 시도코자 하니, 그 조사 사항의 내용은 다기다양하여 일일이 가리켜 보여주고자 하면 번쇄함을 감당하지 못하겠으나, 그 요목만은 …(중략)… 더하고자 하며, 특히 이 조사의 임무를 맡은 기자는 조선 안팎의 사정에 정통하여, 오직 본지에만 있는 권위로 그 눈빛이 종이를 뚫는 식견과 예리한 필봉은 반도를 종횡으로 해부하되 남김이 없게 하여 반도의 산하는 지기를 비로소 만나리니, 청컨대 괄목하고 다음 호 이하의 본지를 기다리시오.

—「긴급 사고」, 『반도시론』, 1917. 6, 66쪽.

「긴급 사고社告」에서 밝힌 '조선 13도 일대 조사' 사업의 목적은 "반도 개발"이다. 조사의 요목은 "지방, 행정, 산업, 교육"으로부터 "교통 운수와 기타 지방에 파동되는 전 방면의 문제"이며, 구체적인 방법으로는 "관찰"과 "비평" 및 반도에 대한 종횡의 "해부"를 제시했다. 이 사업에 따라 4호부터 각 지역 발전기념호가 발간되었다. 이는 1, 2, 3호에 실린 「지방통신」의 연장선에 있다. 『반도시론』은 「지방통신」이라는 제목으로 수원·용인·파주·황해도(이상 1호), 장단·영천(이상 2호), 대구·여주(이상 3호) 등 각 지방의 호구, 산업, 산물 상황 등에 대한 개관을 실었다. 「지방통신」과 각 도 발전기념호의 연계성이 기사를 통해 명시된 바는 없다. 다만 4호부터는 「지방통신」이 없어지고 각 도의 발전기념호가 발간된다는 점에서 이를 미루어 짐작할 수 있다.

『반도시론』은 식민지 조선 개발이라는 원대한 목적 아래 조선 13도 답사를 표방했지만 결과적으로는 8개의 각 도를 시찰하는 데 그쳤다. 1917년 8

〈표 5〉 『반도시론』의 조선 각 지역발전기념호

번호	1	2	3	4	5
제호 (발행 연월)	서선西鮮발전 기념호 (1917. 8)	중앙발전 특집호 (1917. 10)	금강산 탐승기념호 (1917. 11)	경상남북 발전호 (1917. 12)	충남발전 기념호 (1918. 3)
번호	6	7	8	(9)	
제호 (발행 연월)	전라남북발전 기념호 (1918. 6)	개성호 (1918. 7)	대경성호 (1918. 10)	인천집중조명 (1918. 11)	

월부터 1918년 11월에 이르는 1년여 동안 경기도(중앙), 경상남북도, 충청남도, 전라남북도, 평안남북도 8개 도와 개성, 경성, 인천 등 3개 도시 및 금강산을 소개했다. 이를 정리하면 〈표 5〉와 같다.

각 호별 기사의 내용을 보면 「긴급 사고」에서 밝힌 애초의 목적을 충실히 따랐음을 알 수 있다. 이 가운데 첫 번째 지역발전기념호인 '서선西鮮발전기념호'의 목차는 다음과 같다.

> 평안남도 장관 工藤英一, 공업 중심의 평양(文責在記者)
> 평안남도 경무부장 瀧元次郎, 余의 평안남도에 대한 소감(文責在記者)
> 평안북도 장관 藤川利三郎, 무진장인 평북의 富源(文責在記者)
> 충청북도 장관 張憲植, 평안남도에 대한 三大 유쾌는 何요(文責在記者)
> 평양 부윤 本田常吉, 대평양을 건설하라(文責在記者)
> 일기자, 경의선 차중에서
> 음월생, 경의선을 대표한 평양역
> 조선은행 평양지점장 津村甚之助, 경제상으로 觀한 평양의 장래(文責在記者)
> 일기자, 평양 경찰의 활동

제3부 매체의 기획과 전 조선의 답사자 | **207**

평양상업회의소 서기장 川上淨助, 상업上으로 見한 평양(文責在記者)

진남포상업회의소 서기장 堀貞吉, 대발전의 진남포

일기자, 평양에서

백대진, 서선시찰일기

서선의 인물

일기자, 진남포 창고업에 대한 불평

평안남도 도참사 林祐敦 씨 談, 진남포의 금일

평양부참사 박경석 씨 談, 평양의 금일

의주군 義州面議所 金用禎 씨 談, 의주의 금일

일기자, 서선 명물 久原 제련소

東亞煙草 평양분공장장 外山石英, 서선 東亞煙草分 공장의 활동

위 목차는 『반도시론』에서 추진한 조선 지역 시찰의 양상을 잘 보여준다. 필자는 주로 해당 지역의 행정 관료이거나 경제 단체의 인사로 지역 유지이다. 현지에서 활동 중인 지도층 인사를 통해 평양을 비롯하여 평안남북도 지역의 행정·산업 현황과 문제점 등이 조목조목 정리되어 있다. 하지만 면밀히 살펴보면 필자로 제시된 이들은 엄밀하게 말해 글쓴이가 아니라 발화자이다. 이는 제목별 마지막에 괄호로 처리되어 명시된 '글의 책임은 기자에게(文責在記者)'라는 문구를 통해 입증된다. 이로써 기사 작성의 정황을 짐작할 수 있다. 즉, 『반도시론』의 기자가 해당 지역의 관료 혹은 유지를 방문하여 그들로부터 지역 상황을 전해 듣고, 이를 기사로 작성하였다.

여기에서 주목할 점은 기사 작성의 소재, 즉 누가 집필했느냐의 문제가 아니라 조선에 대한 발언의 기원이다. 민간적 차원에서 일제의 식민지 정책을 옹호한 잡지 『반도시론』은 조선에 파견된 일본인 관료와 친일적 지역 인

사를 명목상의 필자로 내세워 그들로 하여금 조선의 "지방, 행정, 산업, 교육" 문제뿐 아니라 "교통 운수와 기타 지방에 파동되는 전 방면의 문제"를 "관찰"하고 "비평"하게끔 하였다. 이는 바로 일본적 시선을 통해 조선의 문제가 제기되고 정리되는 풍경이다. 여기에서 기자들은 대필자일뿐이다.

현지 조사를 통해 기자들이 직접 쓴 기사는 아래 〈표 6〉에서 보듯 전체 글에서 차지하는 비중이 높지 않다.[21] '서선발전기념호'(1917. 8)의 경우 20편의 기사 가운데 기자 명의의 글은 8편이다. 「경의선 차중에서」를 비롯하여 앞의 목차에서 밑줄 친 글이 그에 해당한다. 이 가운데 실질적인 조사에 토대하여 쓴 글은 「평양 경찰의 활동」, 「서선西鮮의 인물」, 「진남포 창고업에 대한 불평」, 「서선 명물 구하라久原 제련소」 등 4편이다. 기자들이 실제 해당 지역의 산업 관련 기사를 작성하는 경우도 있지만, 주로 맡은 일은 인상기 차원의 글이다. '금강산탐승기념호'(1917. 11)나 '대경성호'(1918. 10)에서 기자들

---

21 각 도 지역발전기념호에서 지역 인사와 잡지사 기자가 쓴 글의 편 수를 정리하면 다음과 같다.

〈표 6〉 『반도시론』의 기사 중 현지 인사와 기자의 글 비중

번호	1	2	3	4	5
제호 (발행 연월)	서선발전기념호 (1917. 8)	중앙발전특집호 (1917. 10)	금강산탐승기념호 (1917. 11)	경상남북발전호 (1917. 12)	충남발전기념호 (1918. 3)
관련 기사 편 수	20	18	11	16	8
현 지역 인사 명의의 글	12	14	4	11	4
기자의 글	8	4	7	5	4
번호	6	7	8	(9)	
제호 (발행 연월)	진남북발전기 념호(1918. 6)	개성호 (1918. 7)	대경성호 (1918. 10)	인천집중조명 (1918. 11)	
관련 기사 편 수	11	17	11	6	
현 지역 인사 명의의 글	9	11	6	4	
기자의 글	2	6	5	4	

이 쓴 글의 비중이 높은 까닭은 인상기 자체가 하나의 주제로 성립 가능한 지역적 특성에서 기인한다.

『반도시론』의 기자들이 어떻게 해당 지역을 직접 시찰했는지는 이들의 시찰 일기가 잘 보여준다. 특히 백대진의 「서선시찰일기」(1917. 8)는 시찰이 이루어지는 양상과 과정이 잘 나타나 있다. 「서선시찰일기」에 따르면 주로 사장 다케우치와 기자 1~2인, 답사 보조원 2인 및 해당 출장소 직원들이 시찰에 참여했다.

〈표 7〉은 『반도시론』 서선 지역 시찰단의 10여 일에 걸친 일정을 보여준다. 이들의 시찰은 주로 지역 인사를 방문하여 지역의 문제를 듣는 형식으로 이루어졌다. 기자들의 주요 업무는 지역 인사를 찾아가 관련 자료를 확보하고, 그로부터 전해 들은 정보로 기사 내용을 확보하는 일이었다.

앞서 제시한 '서선발전기념호'의 목차를 보면 필자는 해당 지역 관료, 경제계 인사, 그리고 『반도시론』 소속 기자이다. 이처럼 『반도시론』의 조선 시찰 기획에는 각 도 장관, 부윤 등의 최고 책임자가 발화자(명의상의 필자)로 참여했으며, 사장을 비롯한 소속 기자들은 민정·문화 및 각 지역의 인상기 등을 맡았다. 이런 방식은 '지역발전기념호' 전체에 일관되게 적용되었다. '금강산탐승기념호'를 제외한 8개 지역 호號는 행정·산업·문화 등의 각 분야에서 지역 관료와 유지의 목소리를 통해 조선의 문제를 파헤치고 있다. 잡지사 사장과 기자들이 지역 시찰을 나설 때 가장 중요한 일은 지도층 인사 방문이었다. 시찰기에 그들을 자세히 소개하고 있지는 않지만 그들의 사진을 실었다는 사실만으로도 이는 입증된다. 한편 기자들은 주로 문화 및 민정 시찰을 맡아 유적지를 소개하고 지역에 대한 인상을 쓰는 형식으로 기사를 작성했다. 예컨대 최찬식의 「대자연의 금강」, 「교남嶠南의 명승과 고적」, 「백제 고도 부여의 팔경」 등이 그에 해당한다. 민정 시찰의 결과를 기록한 글은 독자적

〈표 7〉「서선시찰일기」에 나타난 평안남북도 시찰 일정

● 시찰 지역 : 평양, 진남포, 신의주 등의 서선 지역
● 시찰 일자 : 1917. 6. 18 ~ 6. 29.
● 참가자 : 사장 다케우치 로쿠노스케, 기자 백대진, 영업부원 태군太君

일(요일)	구분	일정
18(월)	이동 관광	● 오전 9시 10분 남대문발 경의선 탑승 후 평양역 하차 ● 이인묵의 안내로 평양 시가 구경 ● 대동문, 연광정, 대동강, 평양 야시 구경
19(화)	방문 조사	● 사장 다케우치 : 내지인 측 방문, 도 장관, 경무부장, 부윤, 도청 제일부장 방문 ● 백대진 : 조선인 측 방문, 평양 청년 유지 김수철(평양사립일신학교장), 평양장로교회의 거인이자 저술가 정익로, 부참사 박경석, 실업가 이춘석 방문 ● 북감리교회 연회 참석 ● 영업부 태군 : 평양 영업 사무를 위해 출장
20(수)	방문 조사	● 사장 다케우치 : 평양경찰서 경부, 충북도 장관으로 영전한 장도식, 상의소 서기장 방문 ● 백대진 : 평양 원로 김리수, 실업가 박봉보, 광업가 정관조 방문 ● 오후 6시경 다케우치 사장, 백대진, 출장소원 이군 : 평양 영계靈界의 거인 길 목사 방문
21(목)	이동 방문 조사 관광	● 진남포 도착 ● 평남의 대표적 인물인 임우교 씨 방문 ● 점심 후 조사에 착수 ● 사장 : 진남포부청 서무주임, 영업회의소 서기장, 구하라 제련소 방문 ● 백대진 : 진남포 객주조합장이자 부참사인 이표견 씨 방문 ● 진남포 풍경 일별 ● 오후 9시 평양 도착
22(금)	방문 조사	● 사장 다케우치 : 조선은행 지점장, 평안농공은행 지점 지배인, 동중근 영업과장, 평양역장 방문 ● 기자 백대진 : 평양 유지 방문
23(토)	방문 조사 관광	● 사장 다케우치와 백대진 : 평양 사립 광성학교장 김득수 씨 주택 방문(북감리연회 참석차 온 최 감리사, 배재고보장, 이익모 목사를 만남) ● 출장소로 돌아와 조반 후 각자 방문 조사에 착수 ● 평양 단오 축제 구경 및 평양 관광
24(일)	방문 조사	● 평양여자보통교육계 대표 인사 방문 ● 태군 : 치통으로 귀환
25(월)	이동	● 비로 인해 오후 3시 평양발 신의주행, 신의주 도착 ● 사장과 기자 : 안내자를 따라 내지인 여관에 투숙

26(화)	방문 조사	● 사장 다케우치 : 평북도 장관, 경무부장 방문 ● 기자 백대진 : 당지 면역소 방문 ● 사장, 기자 : 의주군청 방문, 민간 유지와 실업가 심방
27(수)	방문 조사 관광	● 의주 신사와 실업가들 방문 ● 통군정 관광 ● 저녁에 의주 신사와 실업가들 계속 방문
28(목)	이동 관광	● 신의주를 들러 안둥현安東縣 도착 ● 안둥현 시가 일별
29(금)	이동	● 오후 7시 47분 경성행 신의주 기차
30(토)	이동	● 오전 8시경 남대문 도착

인 구성으로 꾸미지 않고 시찰 일지에 포함하여 적었다.

기자들은 익명의 대필자였다. 필자로 내세워진 일본인 관료나 지방 인사는 조선의 상황에 대해 발언하는 발화자로서 권위를 갖는다. 그 영역은 주요 산업 분야이다. 기자들이 맡은 분야는 주로 문화와 생활상에 관련된 영역이다. 특히 시찰 일기는 기자가 본 것을 직접적으로 기술했다는 점에서 시찰 형식이나 대상에 대한 기자의 생각을 잘 보여준다.

2. 『반도시론』 기자의 시찰 일기와 식민정보원의 글쓰기

『반도시론』의 지역기념호에 시찰 일기를 게재한 이는 일본인 사장 다케우치 로쿠노스케, 조선인 기자 백대진과 최찬식이다. 백대진은 서선西鮮, 즉 평안남북도를, 음월생은 전라남북도를, 최찬식은 경상남북도를 맡아 시찰한 후 글을 실었다. 제목이 말해주듯 이들의 글은 시찰 일지로서 일기 형식의 기행문이다. 이들이 쓴 글을 목록화하면 〈표 8〉과 같다.

<표 8> 『반도시론』에 실린 기자들의 시찰 일지

제목	필자	기념호 제호	발행 연월	여행 일자
서선시찰일기	백대진	서선발전기념호	1917. 8	1917. 6. 18 ~ 6. 29.
이십일간 삼천리 여행(일)[23]	최찬식	경상남북발전호	1917. 12	1917. 10. 16 ~ 11. 4.
이십일간 삼천리 여행(일)	최찬식		1918. 1	
호남선 시찰의 십일간	음월생[24]	전라남북발전기념호	1918. 6	1918. 4. 15 ~ 4. 24.

백대진은 「서선시찰일기」에서 6월 20일은 연속된 방문으로 인한 "무미건조"한 날이었으며 21일에는 바쁜 일정 속에서 "먹을 사이 없이 돌아다"녔다고 적고 있다.[24] 6월 23일의 기록을 보면 이들의 일정이 방문과 조사의 연속임을 알 수 있다.

22　2회에 걸쳐 실린 최찬식의 기행문은 실제 원문에서 모두 「이십일간 삼천리 여행(일)」로 표기되어 있다. 첫 회인 1917년 12월호 목차에는 「이십일간 삼천리 여행」으로, 본문에는 1회임을 나타내는 「이십일간 삼천리 여행(일)」로 표기되었다. 목차 없이 바로 본문으로 시작한 1918년 1월호에는 두 번째 글임에도 여전히 제목을 「이십일간 삼천리 여행(일)」로 표기했다. 이 책에서는 원문의 제목을 그대로 따르고 잡지 발행 연월을 통해 두 글을 구분한다.

23　음월생은 반도시론사 사장인 다케우치 로쿠노스케竹内綠之助의 필명으로 추정된다. 창간호에 실린 「유망한 반도의 산업」의 필자는 竹内吟月인데, 이는 「반도시론의 발간과 오인吾人의 주의」라는 글을 사상의 이름으로 실었기 때문에 반복을 피하기 위해서 다른 이름을 쓴 듯하다. 또한 음월생의 이름으로 발표한 「경부선 차중에서」(『반도시론』, 1917. 5)와 지역 시찰기에 해당하는 「남선시찰잡관」(『반도시론』, 1917. 12) 등의 내용으로 미루어 그가 사장인 다케우치 로쿠노스케임을 짐작할 수 있다.

24　백대진, 「서선시찰일기」, 『반도시론』, 1917. 8, 54쪽.

다케우치 사장과 기자는 평양 사립 광성학교 교장 김득수 씨를 그의 주택에서 방문하게 되었다. 우리는 그의 학교의 상황이며, 우리 잡지의 주의주장을 열술^{說述}하였다. 그의 주택에서, 북감리연회로 인하여 두류^{逗留}하는 최 감리사, 신배재고보 교장, 이익모 목사를 만났다. 이 방문을 마친 후에 다시 출장소로 돌아와 조반을 먹은 후 또한 제각기 방문 조사에 착수하였다.

— 백대진, 「서선시찰일기」, 『반도시론』, 1917. 8, 54쪽.

백대진이 쓴 시찰 일기의 주요 핵심어는 방문과 조사이다. 그를 지배하는 단어는 '분망'과 '피곤'이다. 물론 분주하게 방문하고 조사하는 일정 사이에서도 을밀대나 대동강 등 아름다운 풍광지와 문화재를 둘러보고 감탄하기도 한다. 하지만 이런 여유는 답사일과 단오날이 겹쳤기 때문에 가능했다. '기자'라는 자기 호칭뿐만 아니라 중심 업무인 방문지·방문자에 대한 기록 등은 그가 서선행에서 출장 이상의 여유를 갖기 어려웠던 상황을 보여준다.

최찬식의 경우도 이와 크게 다르지 않다. 그는 시찰 과정에서 조선인의 삶에 큰 관심을 두지 않는다. 이는 기자의 사명에 충실한 결과일 것이다. 사장은 "조선의 민정을 시찰하는 것이 본직"[25]이라고 할 정도로 '조선'에 대한 관심을 강하게 드러낸다. 하지만 최찬식은 업무 상황을 일지로, 혹은 별도의 관련 기사로 정리해야 한다는 압박감에 시찰 중 느끼는 감상을 일일이 적기가 어려웠다. 그가 본 것들은 여러 편의 기사로 분산되어 실렸는데, 이는 사유 자체의 분산을 의미한다. 그렇기에 그는 각 지역을 돌아다니면서 다양한 볼거리와 대면하지만 정작 그 자체로 즐기지는 못한다. 백대진과 최찬식을 강하게 지배하는 것은 기자로서의 직업의식이다. 이것은 곧 기사에 대한 압

---

25 음월생, 「남선시찰잡관」, 『반도시론』, 1917. 12, 74쪽.

박감이었다. 기자로서 충실한 태도는 지방 인사들을 방문할 때뿐만 아니라 문화 유적지나 명승지, 생활의 공간인 장터 등을 방문할 때에도 바탕에 깔려 있다. 최찬식이 지역발전기념호에 실은 글들은 기행문도 그러하지만 주로 문화 분야에 속하는 내용이다. 「대자연의 금강」, 「교남의 명승과 고적」, 「백제 고도 부여의 팔경」 등이 그가 쓴 글이다. 그가 주로 찾아가는 곳은 문화 유적지나 명승지, 생활의 공간이다. 이런 곳에서조차 그는 대상 공간이 주는 여행의 분위기에 빠지지 못한다. 백대진의 글과 마찬가지로 최찬식의 글에서도 자주 발견되는 '시찰', '기사', '기자', '사무', '활동' 등의 용어가 이를 말해준다. 경주의 경우, 괄호 속에 "별견항瞥見項 교남 고적"이라 제목을 붙인 뒤 불국사와 석굴암에 대해서만 간단하게 적고 그 밖의 여러 고적들은 이름만 열거하는 데 그친다. 이 과정에서 고적에 대한 감상 또한 괄호 안으로 숨어버린다.

　최찬식, 백대진 등 『반도시론』의 조선인 기자들이 보여주는 업무적 충실성은 물리적 차원에만 머물지 않는다. 의식적으로도 그들은 『반도시론』의 기획에서 한 치도 벗어나 있지 않다. 애초에 계획했던 이상도 이하도 그들의 글에서는 발견할 수 없다. 시찰 과정에서 볼 수밖에 없는 조선인의 구체적인 삶이 그들의 글에서는 언급되지 않는 이유가 여기에 있다. 그 결과 이들의 조선시찰기는 『반도시론』이 본래 계획했던 식민 개발을 위한 산업적 차원의 현지 조사 과정에 대한 기록으로서의 의의를 넘어서지 못했다. 『반도시론』의 지역 시찰에서 간혹 보이는 휴식에 대한 기술의 맥락적 의미 역시 그 한계 내에 있다. 휴식조차 업무와의 관계 속에서 의미가 발생하기 때문이다. 이들은 시찰이 끝날 때까지 휴식이나 여가 의식을 가지지 못한다. 모든 시찰을 종료한 뒤에야 휴식과 같은 온천욕을 즐긴다. 이들은 각 지역을 돌아다니며 갖가지 구경거리와 마주치지만 이를 완상하지는 못한다. 그 또한 시찰의 한 대상이기 때문이다. 이들의 시찰 일지는 충실한 업무 기록 그 자체이다.

　이 같은 분위기에서 쓴 기행문은 철저하게 잡지사의 기획에 따른 조선지역발전기념호 발간을 위한 시찰이라는 자장 속에 놓여 있다. 요컨대 이들의 여행기는 친일적 매체의 속성에서 조금도 벗어나 있지 않은 것이다. 최찬식의 「이십일간 삼천리 여행」 중 밀양과 마산에 관한 기술에서도 비슷한 특징을 발견할 수 있다. 이에 따르면 밀양은 "읍내를 향하여 진입할새 막막한 교야에 추색이 양양한 중, 정정용립亭亭聳立한 내지 농민의 가옥, 흡연히 내지의 농촌을 여행함과 방불"[26]한 느낌을 주는 곳이다. 이곳에는 일본인이 많이 들어와 살고 있다. 이에 기자는 밀집한 일본인의 농사 방식은 선진적인 경향이 있으니 조선 농민들에게 이를 모범으로 삼아 농사를 개량할 것을 권한다. 밀양과 더불어 마산에 대해서도 호감을 드러내는데, 마치 일본인에게 이들 두 도시의 장점을 소개하는 듯한 기술이다. 이는 곧 일본인의 관점에서 밀양과 마산을 살핀다는 것이기도 하다. 기자의 시찰 기준을 보여주는 대목이다. 이에 비해 조선인의 형편 등을 기술한 내용은 발견하기 어렵다. 그의 주된 관심은 이들 지역의 발전 가능성이기 때문에 철도 건설이나 농사 방법의 개량 등을 강조하여 기술한다. 그는 지역 발전의 가능성을 일본인이 주도하는 산업 속에서 찾는다. 그러므로 시찰의 초점은 일본인의 조선 개발에 맞춰질 수밖에 없다. 결국 이는 조선인의 삶의 실상과 무관하다.

　「이십일간 삼천리 여행」에는 잡지가 의도한 시찰과 다른 별도의 소감은 부재한다. 조선인에 대한 강한 비판도 강한 옹호도 찾아보기 어렵다. 반면, 같은 지역을 함께 시찰한 음월생의 「남선시찰잡관」에는 조선인에 대한 강한 비판이 드러난다. "시찰 여행기는 최 군에게" 맡기고 자신은 남선 시찰 중 느

26　최찬식, 「이십일간 삼천리 여행(일)」, 『반도시론』, 1918. 1, 62쪽.

긴 각종 잡관에 대해 적겠노라면서 시작되는 이 글은 경상북도와 대구를 간단히 소개한 뒤 조선의 양반, 부호, 청년 들에게서 느낀 문제점들을 하나하나 기술한다. 그는 이들을 가리켜 "자기의 이익 본위만 생각하거나" "경박"한 면이 있음을 지적하고, 이들을 개량할 기관을 설치하여 구제할 필요가 있음을 강조한다.[27] 나아가 일본어 보급의 필요성, 조선 부인 풍속의 개량 등을 역설한다. 그의 눈에 비친 조선과 조선인은 구제와 개량의 대상이다.

「남선시찰잡관」에 드러난 이 같은 관점은 반도시론사 사장이 조선에 대해 가진 기본적인 태도에서 비롯된다. 그에게 조선은 철저하게 투자와 개발의 땅이다. 이는 「경부선 차중에서」라는 짧은 글에 잘 나타나 있다. 잡지 창간을 위해 도움을 청하고자 일본에 다녀온 일을 적은 이 글에서 조선을 대하는 그의 태도가 분명하게 드러난다. 애초 그가 조선에 온 이유는 실력을 키우기 위함이었다. 하지만 실제로 본 "조선은 나의 희망과 상반하니 조선은 즉 실력을 얻을 곳이 아니요, 자금을 투자할 땅"[28]임을 깨닫고 조선 국토의 개발을 사명으로 삼게 되었다. 이러한 일련의 생각은 『반도시론』과 조선의 개발, 그 개발을 위한 13도 조사가 연결되는 경위이기도 하다. 조선 및 조선인에 대한 음월생, 즉 다케우치 로쿠노스케 사장의 태도는 이같이 뚜렷한 목적 아래서 나온 것이다.

『반도시론』의 사장을 비롯한 일본인 관료들에게 조선이 어떻게 대상화되는지는 다음 글에서도 잘 드러난다.

군산은 이미 가본 곳이요 조선 측은 한 군이 이미 조사한 까닭에 방문할 이유가

---

27 음월생, 「남선시찰잡관」, 『반도시론』, 1917. 12, 72~73쪽.

28 음월생, 「경부선 차중에서」, 『반도시론』, 1917. 5, 26쪽.

거의 없다. 제일 먼저 상업회의소를 방문하여 다니가키谷垣 서기장과 얘기를 나누니 다니가키 씨는 11시 50분 기차로 상경하겠다 하여 자세한 얘기를 나누지 못했다. 다음으로 부청을 방문하여 아마노天野 부윤에게 군산 발전에 관한 의견을 구하고 11시경에 공원에 올라 언덕 위를 노니는 7, 8인의 조선인 학생들에게 5분간 연설을 펼치고 우편국에서 동성東城 본사로 연락을 띄웠다. 11시 30분 여관에 들어 여행 장비를 옮겨 인부 편에 정거장으로 보내고 11시 50분발 차로 귀경하고자 하였다. 차중에는 다니가키 서기장이 동승하였는데, 담화는 전주평야의 농업 문제였다. 목포는 면화항이요, 군산은 특히 쌀의 항구인 까닭에 상업회의소는 농업에 대하여 심히 주의하고, 특히 전주평야는 군산의 풍부한 창고요 생명이므로 농촌과 농사 개량에 대하여 (주의하노라고) 다니가키 서기장은 긴 얘기를 펼쳤다.

—음월생, 「호남선 시찰의 십일간 — (일지에서)」, 『반도시론』, 1918. 6, 61쪽.

음월생은 군산부청을 방문하여 부윤으로부터 군산 발전에 대한 의견을 듣는다. 군산, 나아가 조선의 발전에 대해 말하는 이는 일본인 관료이다. 시찰을 마치고 귀경하는 기차 안에서 전주평야의 발전에 대하여 논의하는 이들 또한 일본인 — 『반도시론』 사장과 군산 상업회의소 서기장 다니가키 — 이다. 이에 비해 음월생이 군산의 공원에서 만난 조선인은 일본인(음월생)으로부터 얘기를 듣는 자이다. 여기에 조선인의 말은 없다. 이는 호남 시찰의 한 장면이지만 궁극적으로는 『반도시론』이 조선을 시찰하는 원형적 방식이기도 하다.

백대진과 최찬식이 보여준 기자적 충실성은 『반도시론』의 문화정치적 자장, 즉 일본 제국주의의 관점으로 포섭됨을 의미한다. 이들은 시찰기에서 그 경계를 넘어선 이질적인 발언은 하지 않는다. 이들의 시찰기 속에서 일본에 의한 기획과 여행자, 그리고 조선이라는 장소는 하나의 고리로 묶여 있다. 결국 이들은 일본의 의도와 기획에 충실하게 조선의 제반 상황을 시찰·보고하는 역할을 맡고 있다. 이에 비춰 이들은 제국과 식민지의 문화정치적 관계에서 '식민정보원'의 위치에 있다고 할 수 있다.[29] 스피박Gayatri Spivak은 제국적 인류학의 대상이자 원천을 '토착정보원'이라는 용어로 명명했다. 토착정보원은 제국주의자에게 텍스트로서 요구되면서도 그들 스스로는 발언할 수 없는 빈 존재이다. 백대진과 최찬식이 여행하면서 본 조선(인)은 모두 그들에 의해 토착정보원이 된다. 조선인 기자는 조선 혹은 조선인을 토착정보원화 하는 식민화된 정보원이다. 그들은 토착정보원을 대상으로 하여 글을 쓰고 있기 때문에, 발언할 수 없는, 그래서 대상화될 수밖에 없는 조선 및 조선인과는 위치가 전적으로 다르다. 하지만 그들 또한 제국에게 식민지의 정보를 알리고 전달한다는 점에서 식민지의 정보원인 것만은 분명하다. 그들은 정보원인 동시에 정보 발굴자이기에 토착정보원은 될 수 없다. 『반도시론』의 조선 13도 일대 조사는 식민지적 정보로써 제국과 식민지 사이에서 의미 작용을 했다고 볼 수 있다. 이렇게 볼 때 『반도시론』의 조선 13도 일대 조사 자체가 조선이라는 장소를 토착적 정보의 대상물로 인식하고 접근하는 제국주의적 작업이다.

---

[29] '식민정보원' 개념은 '토착정보원(Native Informant)'이라는 스피박의 용어를 변용하여 사용한 것이다. 토착정보원이란 "서구 식민주의 팽창과 더불어 전개된 인류학, 특히 인종문화기술학에서 나온 것이다. 문자 그대로 '인류학을 먹여 살리는 사람'이다. 이는 서구인에게 식민지에 관한 정보를 제공하므로 서구 지식의 원천이면서 또한 대상이 된다." 가야트리 스피박 지음, 태혜숙·박미선 옮김, 『포스트식민 이성 비판』, 갈무리, 2005, 10쪽.

3. 이광수의 조선 5도 답파

『반도시론』에 '조선 13도 일대 조사'를 발표한 「긴급 사고」가 공고된 것은 1917년 6월호(발행일 6월 10일)이다. 또, 이광수의 5도 답파 여행이 『매일신보』에 '사고社告'의 형식으로 공고된 것은 1917년 6월 16일 자 신문이다. 『반도시론』은 식민지 조선 개발이라는 원대한 목표 아래 조선 13도 답사를 표방했지만 결과적으로는 평안남북도, 경기도, 경상남북도, 충청남도, 전라남북도 등 8개 도를 1년여 동안 시찰했다. 『반도시론』이 향후의 조선에 대한 일본의 정치적·산업적 지배를 목적으로 했다면, 『매일신보』 기획의 목적은 한일병합 뒤 일본의 조선 지배 정치가 얼마나 효과를 나타냈는지 되돌아보고, 이를 더욱 안착시키는 데 있었다. 구체적인 목적에서는 차이가 있지만 '조선 지배'라는 궁극적 목적은 동일하다. "사원을 파견하여 각 지방을 편력하며, 유지를 심방하여 신정 보급의 정세를 찰察하며, 경제, 산업, 교육, 교통의 발달, 인정 풍속의 변천을 관찰하고, 병並하여 은몰隱沒한 명소 구적을 탐하며, 명현일사名賢逸士의 적蹟을"[30] 찾아보고자 한다는 『매일신보』의 기본적인 방법론은 『반도시론』이 내세운 조사 방식과 크게 차이 나지 않는다.

최찬식 등 조선인 기자들은 자신이 소속된 잡지사의 기획 목적과 방법론에 부합하는 기행문을 실었음을 앞에서 살폈다. 이에 비해 이광수는 신문사의 기획을 일방적으로만 받아들이지 않는다. 『매일신보』의 기획 목적과 방법론 및 실제 여행자인 이광수의 관계는 단선적이지 않다. 이 둘의 관계는 출발 전 여행에 관한 생각을 밝힌 「여정에 오르면서」에서부터 드러난다. 이광수는 자신의 여행이 "일개 서생의 소하완경차銷夏玩景次에 불과"하며 "예고에

---

30 「오도답파여행」, 『매일신보』, 1917. 6. 16.

는 경제, 인정, 풍속 등 여행의 목적이 게재되었으나 원래 아무 동안烔眼도 없는 나는 무엇을 어떻게 보아야 할는지 향방을 알 수 없"다고 하면서도 여행의 목적을 다섯 가지로 정리하여 제시했다.

> 이번 여행의 목적에 대하여 일언이 없을 수 없소.
>
> 첫째, 조선의 현상이 어떠한가.
>
> 둘째, 최근 조선이 어떻게, 또한 얼마나 변천하였으며 진보하였는가.
>
> 셋째, 현금 조선에는 어떠한 중추인물이 있어 사회를 지도하며, 또 그분네는 우리의 발전에 대하여 어떠한 포부를 가지셨는가.
>
> 넷째, 현금 조선의 생활 경제 상태는 어떠한가. 어찌하면 부하고 즐겁게 살아 볼 수가 있는가.
>
> 다섯째, 제도 인정 풍속 중에 어떤 것이 추천할 만하며 어떤 것이 개량할 만한가, 그리고 각 지방의 특색이 어떠한가. 이 밖에 승경이며 고적을 구경함도 내 중요한 목적이거니와 각 지방 고래의 전설과 민요와 기풍이속을 채집함이 내 간절 희망이외다.
>
> ─「여정에 오르면서」,『매일신보』1917. 6. 26.

이광수가 제시한 여행의 목적도『매일신보』가 '사고'를 통해 밝힌 목적에서 크게 벗어나지 않는다. 그가 덧붙인 것이 있다면 "일개 서생의 소하완경銷夏玩景"이다. '소하완경', 곧 더위를 피해 경치를 감상한다는 개인적 목적과 신문사의 요구에 부응한 다섯 가지 목적, 「오도답파여행」을 지배하는 요소는 이 두 가지이다.[31] 이는 이광수 개인과『매일신보』의 관계라고 할 수 있으

---

31 「오도답파여행」에 나타난 이광수의 태도를 바라보는 양분된 관점(민족적 관점과 친일적

며, 기행문에서는 조선인으로서의 자의식과 관제적 글쓰기에 동원된 친일적 면모의 공존과 충돌로 드러난다. 이 둘의 복합적 관계에서 「오도답파여행」의 의미가 발생한다.

이광수의 지역 답사 방식은 『반도시론』의 '조선 13도 일대 조사' 방식과 많이 다르지 않다. 『반도시론』의 기자들이 각 지역의 고위 행정 관료 및 주요 인사들을 방문하고 담화를 나누었듯이, 이광수의 중요 업무 역시 이들을 만나는 일이었다. 시찰이든 단순한 여행이든, 중요한 것은 무엇을 보고 누구를 만나느냐이다. 기자들의 업무에서는 전자보다 후자가 더 중요하게 다루어졌다. 이광수의 「오도답파여행」에서도 마찬가지이다. 이광수가 첫 도착지인 공주에 내려 여장도 풀지 않고 가장 먼저 한 일은 충청도 장관을 만나는 일이었다. 지방의 행정 관료를 만나는 자리에서 이광수의 위치는 질문자이다. 조선의 상황과 방향에 대해 주로 조선인 이광수는 질문을 하고 일본인 지방 고위 관리는 답변을 한다. 조선인 질의자와 일본인 답변자의 구도는 『매일신보』의 기획적 결과물이자 이광수의 여행을 주조하는 기본 틀이다. 「오도답파여행」에서 질의자와 답변자의 기본 구도는 그 둘의 상호 관계에 입각하여 세 가지 형식으로 변주된다. 첫째 답변을 충실하게 전달하는 정보 전달자의 모습, 둘째 질의자와 답변자의 위치 전도, 셋째 답변을 통한 질의자의 생각 변화 등이 변주의 구체적 양상이다.

지방 관료와 면담을 진행한 글을 작성할 때 이광수의 역할은 관료의 답

<hr />

관점)은 바로 이 두 가지 요소로부터 비롯한다. 최주한은 이광수의 텍스트에 나타난 이러한 양면성 혹은 이중성을 "두 관점 간의 미묘한 긴장과 길항 관계"라고 표현하면서 이에 대해 꼼꼼하게 분석했다. 그의 분석은 긴장과 길항 관계 그 자체의 의미를 궁구하기보다는 그러한 틈새를 통해 드러난 이광수의 민족적 자의식에 초점을 맞춰 강조하는 것으로 귀결된다. 최주한, 앞의 글, 44~53쪽.

변에 대한 중간 전달자이다. 1917년 7월 1일 자의 '제3신'에는 충청도 장관으로부터 들은 이야기가 양반, 산업, 삼림의 세 항목으로 요약되어 제시된다. 장관의 이야기를 일목요연하게 세 항목으로 정리하는 이광수는 충실한 전달자의 모습, 그 자체이다. "경상도에 부산, 마산 등 대상업 도회가 있으니 조선인의 상업 상황이 어떠하뇨"라는 이광수의 질의로 시작된 경상남도 장관과의 면담에서도 장관의 답변 내용은 그에 대한 별 논평이나 이견 없이 간략하게 정리되어 제시된다(『매일신보』 1917. 8. 15). 전달자의 모습은 이광수가 여행을 떠나면서 품었던 완경자玩景者의 모습과는 거리가 멀다. 완경자란 여행의 과정에서 보고 만나는 것들에 대해 온전히 '보는' 주체로 존재할 때 가능하다. 전달의 형식에서도 여행자를 통해 대상이 여과되어 전달될 때에는 완경자로 존재할 수 있다. 하지만 지방 관리들의 답변 혹은 그의 이야기를 단순 정리하거나 간접적으로 전달하는 방식에서는 보는 주체의 의식이 개입될 여지가 없다. 결국 단순 정보 전달자는 온전한 완경자가 될 수 없다.

「오도답파여행」에서 가장 인상적인 질의응답은 진주 경무부장과 만난 자리에서이다. 언제나 질문자의 위치에 있었던 이광수는 도리어 경무부장으로부터 질문을 받음으로써 위치가 전도된다. "'어떠시오? 경성을 떠날 때의 조선관과 지금의 조선관에 차이가 없소?' 이상하게 묻는다. 질문하러 간 내가 역으로 질문을 받게 되었다. 나는 그 질문의 정예함에 놀랐다"[32]로 시작하는 이들의 대화는 제국 일본과 식민지 조선의 대면이 노골화되는 장면이다. "상상했던 바와는 퍽 다르다"는 이광수의 답변에 경무부장은 "그것 보시오. 도쿄東京에 있는 조선 청년들은 청년의 실상도 모르고서 공연히 사첩반四疊半(일본의 전통적 방 크기인 '다다미 4장 반'을 가리키는 말인데, 여기서는 탁상공론을 의미함)의

---

32 「오도답파여행」, 『매일신보』 1917. 8. 16.

공론만 하지요. 사첩반에서 흔히 떠드는 것이야 상관이 있겠소마는 조선에 돌아와서 전반 사회에 해독을 끼치는 것은 용서할 수가 없소. 아배我輩의 직무가 있으니까 상당한 처분이 있어야지요." 하면서 도쿄 유학생을 대화의 주제로 끌어온다. 이로써 이들의 자리는 조선 통치를 담당하는 일본인과 도쿄 유학생을 대표하는 조선 청년의 대면 자리가 된다. 답변을 받아 적는 자리에서 답변을 해야 하는 자리의 위치 전도. 게다가 실제 유학생인 이광수 자신이 '도쿄 유학생에 대한 경고성 엄포'에 답변해야 하는 상황은 그 또한 전혀 예기치 못했을 것이다.

경무부장의 질문에 이광수의 반응은 즉각적이고도 감정적이었다. 질문에 바로 이은 "이상하게 묻는다" "정예함에 놀랐다"라는 표현과 여관에 돌아오니 "모처럼 곱게 빨아 입은 양복이 땀에 젖었다", 또 "함부로 냉수를 끼얹고 방에" 들어왔다에 이르는 일련의 서술에서 이를 읽을 수 있다. 물론 그는 예기치 못한 질문에 도쿄 유학생의 한 사람으로서 "도도히 수천 언을 변辨하였다"며 답변에 대한 자신의 태도를 자평했다. 이 같은 그의 표현에 주목하게 되는 데에는 이 장면에서 드러나는 기술상의 변화 때문이다. 이광수와 진주 경무부장의 첫 대화 내용은 요약적으로 제시되지 않았다. 이들의 대화는 주고받음의 형식이 그대로 드러나 있으며, 질의자의 감정과 태도는 묘사적으로 기술되었다. 이는 지금까지 유지해오던 면담 내용의 요약정리가 아닌 상황 자체에 대한 묘사이다. 이러한 전환은 우선 장면의 문제성을 강하게 부각한다.[33] 나아가 묘사적 기술은 유연한 해석적 상황을 창출한다. 그 결과 이러

---

33 '조선 범죄'에 관한 질문의 답변을 경무부장으로부터 들은 뒤 이어지는 내용은 『매일신보』와 1939년 단행본으로 나온 『반도강산: 춘원기행문집』(영창서관)이 상이하다. "무엇이나 자세히 조사할 것이 있거든 사양 말고 아무 때나 물으라 하는 말을 작별로 경무부를 사辭하고 여관에 돌아왔다."(『매일신보』 1917. 8. 16) "무엇이나 더 자세히 물을

한 일련의 표현을 통해 혹자는 조선인 이광수의 번민을,[34] 혹자는 그의 심리적 압박감과 위기감 및 굴욕을 읽는다.[35] 또 혹자는 "도도히" 변론하고자 한 그의 태도에서 심리적 균형, 나아가 민족적 자의식을 잃지 않으려는 긴장감을 읽기도 한다.[36]

태도와 반응을 고려하면서 그가 어떻게 답변했는가를 살펴보자.

나도 유학생의 한 사람임에 유학생을 위하여 무誣를 변辨할 기회를 얻음을 다행히 여겨 도도히 수천 언을 변하였다.

도쿄 유학생들이 소위 위험 사상을 구拘한 듯이 치의致疑받는 것은 진眞이 아니다. 그네 중에 일류로 자임하는 자들은 결코 시세에 역행하는 우愚를 학學하지 아니한다. 그네가 필筆로 설舌로 절규하며 또 학생의 정력을 다하여 노력하려 하는 바는 산업의 발달, 교육의 보급, 사회의 개량 등이라, 어떻게 하면 조선을 지知케 하고 부富케 할까 하는 것이 그네의 이상하는 바요, 정치 같은 데 대하여서는 차라리 냉연히 불관하는 태도를 취한다. 칠팔 년 전에 보던 바 격렬한 사상은 지금에는 거의 종적을 수收족하였다 하여도 마땅하다. 그네는 조선에 돌아와 극히 온건한 방면으로 활동하려 한다. 도리어 당국에서 그네의 의사를 오

것이 있거든 사양하지 말라고 했으나, 더 다른 이야기를 묻지 않고 나왔다."(1939년 단행본판, 『이광수전집 9』, 삼중당, 1973, 113쪽) 1939년에 단행본을 낼 때는 『매일신보』의 글에 '더 다른 이야기를 묻지 않고 나왔다'는 문장을 보탬으로써 경무부장과 담화할 때 이광수의 심경이 썩 좋지 않았음을 더욱 부각했다. 이러한 수정·보충은 그 자체로 또 다른 차원에서 해석될 사항이다. 다만 이를 통해 이광수의 여행에서 이들의 만남 자리가 문제적이었음을 미루어 짐작할 수 있다.

34 정혜영, 앞의 글, 325쪽.

35 심원섭, 앞의 글, 152~157쪽.

36 최주한, 앞의 글, 5쪽.

해하기를 두려워한다는 뜻을 말하였다.

부장은 이윽히 경청하더니 이렇게 말한다. 유학생은 상당한 교육을 받고 능히 세계의 대세를 요해了解하는 선각자라. 조선의 진보를 위하여 유학생은 실로 귀중한 일꾼이다. 그네가 만일 온건 착실한 방면으로 활동한다 하면 당국에서는 쌍수를 거하여 그네를 환영하고 응분의 권장과 원조를 불석不惜할 것이다. 과연 도쿄 유학생의 현상이 군언君言과 같다 하면 그만 대행大幸이 없다. 원컨대 더욱 자중하기를 바란다.

이에 유학생에 관한 말을 그치고 나는 조선에 어떠한 범죄가 많은가를 물었다.

—「오도답파여행」, 『매일신보』 1917. 8. 16.

'도도한' 태도로 이광수가 답변한 내용은 유학생들의 생각이 조선에서 일본이 성취하려는 바, 곧 경무부장의 생각과 다르지 않다는 것이다. "산업의 발달, 교육의 보급, 사회의 개량 등"은 일본이 강조하는 바이기 때문이다. 이들의 대화 내용을 보면 심정적인 긴장이 주제적 대립으로까지 나아가지는 않았다. 태도와 대화 내용을 종합해보면 '긴장된 상황이었지만 유학생에 대한 변론을 도도하게 펼치고 나왔으며, 그 결과 유학생에 대한 경무부장의 오해를 불식시켰다'가 될 것이다. 이 장면에서 '도도한 변론자' 이광수의 모습이 강조된다. 그는 질문자에서 답변자가 되었다. 이 변화의 과정에 주목할 점은 태도의 도도함이지, 의식 혹은 주제의 대립이 아니다. 경무부장의 오해를 불식시킨 후 이광수는 다시 묻는 자의 위치로 되돌아간다.

지방 관료와 가진 질의응답에서 이광수의 세 번째 모습은 부산을 방문했을 때 드러난다.

이에 나는 다만 부산의 조선인 측에 관한 몇 가지를 관찰하기로 하였다.

부산 조선인의 상업은 극도로 피폐하였었다. 관내의 급격한 발달에 따라 지력 자력이 공히 결핍한 조선인 상인은 일패도지一敗塗地하여 경쟁권 외에 칩복蟄伏하고 말았었다. 이러한 현상은 다만 부산뿐 아니라 경성을 위시하여 대구, 평양 할 것 없이 어느 도회든지 다 이러하였다. 근 십수 년 래에 대도회의 조선 거상의 실패에 실패를 가하여 파산의 경지에 지도한 자 천백으로써 수數할 것이다. 현재 대도회의 번화한 시가에 조선인 상점의 쌍영雙影을 보지 못함이 실로 그 때문이다.

부산은 그 최초의 희생이라고 할 만하다 하더니 최초의 희생은 드디어 최초의 소생자가 되었다.

사사키佐佐木 장관의 말과 같이 근래에 부산의 조선인 상업계는 미증유한 대활기를 정呈하게 되었다. 경남은행은 오사카, 고베 등 제 은행과 직접 거래를 개시하여 그 영업 성적이 부산 제일이라 하며, 고려상회 백산상회 기타 미곡무역 상회들도 종래와 같이 간접으로 하지 아니하고 직접 오사카 시장과 거래를 개시하여 현금現今에는 부산 곡물 무역 전액의 약 3할에 달하였다 하며, 미곡 무역과 경남은행과는 상조상의의 밀접한 관계가 있다고 한다. 이리하여 초량동 만주동의 컴컴한 산 밑에만 칩복하였던 조선 상인도 점차로 번화한 본정통本町通에 거포를 개開하고 나와 앉게 된다.

경쟁에 견디어낼 자격 없는 자는 다 도태가 되고, 시세에 쥐밀리고 갈리어 정신과 근육이 빼땅빼땅하게 긴장한 청년들이 발발勃勃한 신생기를 가지고 궐기한 것이다. 아아 축복받은 부산 인사여.

—「오도답파여행」, 『매일신보』 1917. 8. 17.

위의 글에서 두 번째 단락(부산 조선인의 상업은~실로 그 때문이다)은 이광수가 부산을 보고 느낀 점이다. 조선인 상인들의 삶이 얼마나 피폐해졌는지를 말하고 있다. 하지만 사사키佐佐木 장관의 말을 듣고 난 뒤 그의 생각은 바뀐다. 즉, 부산은 일본과 관계하면서 더욱 발전하게 되었으며, "경쟁에 견디어낼 자격 없는 자"는 전부 도태되었다는 것이다. 이광수가 부산을 '관찰'하면서 얻은 결론은 장관의 답변을 듣는 과정에서 뒤집어진다. 그의 관찰이 무효화되는 지점이다.

『매일신보』의 기획이 만들어낸 질의응답의 기본 구도에서 이광수는 질의자의 위치에서 크게 벗어나지 못했다. 답변자의 위치로 전도되었을 때에도 내용의 측면에서는 질의자와 큰 차이를 보이지 않았으며, 심지어 답변자를 통해 자신의 생각이 바뀌는 모습까지 보여주었다. 물론 이광수에게 답변자의 면모만 있었다고 볼 수는 없다. '완경자'가 되고 싶었던 이광수의 바람은 분명 여행하는 내내 그를 지배했다. 부산에서 사사키 장관의 말을 듣고 생각이 바뀌었음을 적고 있기는 하지만, 이는 그의 시찰이 놓인 현실적 한계이기도 하다.

> 인구 6만의 대도회는 나 같은 서생의 안목에는 너무 크다. 게다가 부산은 명승이나 고적으로 완상할 곳이 아니라 경제상으로 연구할 도회. 명승고적에서는 아무렇게나 지껄여도 상관없지마는 경제상·상업상으로 연구해야 할 도회에서는 그렇게 되는 대로 지껄일 수도 없다. 함구하고 가만히 있는 것이 제격이련마는 부산 인사의 고마운 환영값을 보아서도 그렇게 할 수는 없다.
>
> 부산에서는 『부산일보』, 『조선시보』 등 쟁쟁한 신문지가 있고, 게다가 동안炯眼으로 유문有聞한 본사의 가슈加集 지국장이 있으니 부산의 사정은 세대細大 없이 발굴되었을 것이다. 욕심 같아서는 자기 독특의 입각지에서 새로 부산을 연구하여 전인미발의 신기록을 작作하여 제 선배를 당약瞠若케 할 야심도 없지 아

니하지마는 불과 24, 5시간의 일견으로는 크나큰 시가를 일순할 수도 없다.

—「오도답파여행」, 『매일신보』 1917. 8. 17.

윗글에서 주목할 점은 두 가지이다. 첫째 명승고적과 경제·상업 시찰을 분리해서 말해야 하고, 둘째 경제·상업 문제를 자기 나름대로 연구한 뒤 스스로 생각을 펼치고자 하는 이광수의 바람이다. 특히 부산과 같은 대도시의 상업과 경제 문제는 지방행정관의 말을 단순히 정리하여 전달하는 데 그치지 않고 좀 더 연구를 거쳐 자신의 생각을 보태고 싶었던 모양이다. 그렇게 하지 못할 바에야 '함구하는 것이 제격'이지만, 그럴 수도 없는 것이 『매일신보』 특파원으로서 자신의 한계이다.

다음으로, 명승고적에 대해서는 "아무렇게나 지껄여도 상관없"다는 그의 생각도 중요하게 살펴보아야 할 지점이다. 이는 그가 제시한 5도 답파 여행의 다섯 가지 목적 가운데 본인의 주체적인 안목을 발휘할 수 있는 분야가 '명승고적'이며, 그 외에는 『매일신보』의 기획적 자장으로부터 자유롭지 못함을 말하는 것으로 볼 수 있기 때문이다. 이러한 분리에서 비롯된 자유와 부자유의 느낌은 기자적 업무와 휴가에 대한 대립적 인식에서도 그대로 드러난다.

모두 다 휴가가 있는데 나도 이삼일 휴가를 가지리라는 대결심으로 친우의 말을 좇아 자전거로 해운대에 갔다. 일주일이나 연해두고 본사 탐량단探凉團을 위하여 해운대와 동래온천을 소개하였으니까 내가 다시 소개할 필요는 전혀 없다. 나는 본래 보고 싶은 것을 보고, 쓰고 싶은 것을 쓰는 사람이니까, 어떤 지방이나 인물을 소개하는 데는 극히 졸렬하다.

—「오도답파여행」, 『매일신보』 1917. 8. 10.

「오도답파여행」의 '해운대에서'는 가장 자유로운 여행기의 한 부분으로
언급된다.[37] 이 글은 여행 기간 중 스스로 가진 휴가 때 썼다. 그에게 여행은
노동, 곧 신문사 특파원으로서 업무 수행이다. 휴가란 노동을 전제로 한다.
'해운대에서'의 자유로운 기술은 노동으로서의 지방 시찰에서 벗어나 해운대
의 풍경을 그 자체로 만끽할 수 있을 때에야 비로소 가능했다.[38] 이 순간 그
는 자신이 소망했던 완경자가 될 수 있었다. "보고 싶은 것을 보고, 쓰고 싶
은 것을 쓰는" 태도는 "명승고적에서는(-에 대해서는) 아무렇게나 지껄여도 상
관없"다는 의미와 통한다. 이는 「여정에 오르면서」에서 제시한 다섯 가지의
여행 목적 가운데 맨 마지막인 다섯 번째 목적에 부합한다. 그는 이를 가리
켜 "내 간절 희망"이라 표현했다.

이광수의 여행 목적에는 『매일신보』 특파원으로서 신문사의 기획 목적
과 자신의 개인적 목적이 섞여 있다. 여로의 감상에도 이 두 개의 목적은 혼
재되어 드러나지만, 전자는 지방행정관과 면담할 때, 후자는 휴가를 가질 때
나 명승고적지 견학에서 가장 분명하게 드러난다. 지금까지는 주로 전자와

---

37 김현주, 「근대 초기 기행문의 전개 양상과 문학적 기행문의 기원―국토기행을 중심으
    로」, 『현대문학의 연구』 16, 한국문학연구학회, 2001, 115~116쪽 참고.

38 『반도시론』의 지역 시찰에서, 휴가는 아니지만 그와 의미가 동일한 휴식에 대한 기술
    을 찾아볼 수 있다. 『반도시론』의 기자들에게 업무와 휴식은 분명하게 구분되며, 시찰
    이 끝날 때까지는 휴식을 갖지 않는다. 그들은 모든 시찰을 종료한 뒤 휴식과 같은 온
    천욕을 즐긴다. 이러한 분명한 구분은 글쓰기에도 영향을 끼친다. 그들의 시찰기가 업
    무 기록에 충실한 일지의 특징을 띠는 것이 그러하다. 이 점이 이광수의 「오도답파여
    행」과 변별된다. 예컨대 『반도시론』의 기자인 최찬식의 글에서 그 같은 특징을 알 수
    있다. "'우리들의 남(조)선 시찰은 이로써 원만하게 끝나 확실하게 목적을 달성하였으
    나 여기까지 와서 동래온천을 한 번 보지 못하면 돌아가서 유감이 될지라. 내일 하루
    는 온천의 풍경을 호흡함이 어떠하뇨' 하는지라, 또한 함께 기뻐하며 오늘 밤에 전차
    를 타고 사장과 동행하여 동래 온천장 봉래여관의 손님이 되었다." 최찬식, 「이십일 간
    의 삼천리 여행(일)」, 『반도시론』, 1918. 1, 66쪽.

관련하여 질의응답 과정에서 나타난 이광수의 면모를 살펴보았다. 그 경우에는 이광수 본인도 『매일신보』 기획의 수행자라는 사실을 의식적으로 분명하게 인지하고 있다. 그는 완경자라는 소망에 충실할 수 없음을 스스로도 알고 있다. 그렇다면 완경 가능 지역이라 할 만한 명승고적을 바라보는 그의 방식은 어떠한가? 진정 이광수는 "명승고적에서는 아무렇게나 지껄여도 상관없"기에 "보고 싶은 것을 보고, 쓰고 싶은 것을" 씀으로써 완경자의 면모를 갖추었을까? 결론적으로 말하면 의식적 차원에서 그는 완경자이다. 하지만 의식이 놓여 있는 틀에서 볼 때 그는 끝내 진정한 완경자가 될 수 없는 기자일 뿐이다.

이광수가 애정을 가졌던 명승고적 탐방은 경주에서 이루어진다. 8월 16일에서 18일까지 2박 3일간의 경주 방문은 '서라벌에서'라는 제목으로 8월 29일부터 9월 12일까지 13회에 걸쳐 연재되었다. 총 53회에 걸쳐 연재된 「오도답파여행」에서 이광수는 마지막 13회분을 경주 기행문에 할애했다. 연재 횟수로 보건대, 이는 5도 각 도시의 소개 가운데 가장 많은 분량을 차지한다.[39] 그 다음으로 많은 횟수를 차지하는 부여, 다도해, 진주의 각각 4회분씩과 비교하면 경주에 대한 각별함을 알 수 있다. 이 각별함과 애정은 「오도답파여행」을 통해 강조된 '완경 – 휴가 – 명승고적'의 의식을 경주 여행으로 실현하고자 한 데서 비롯되지 않았을까? 경주에서 이광수는 질문자의 위치를 벗어나 완경자, 곧 보는 자가 되고자 한다. 경주를 소개할 때에는 지방행정관과 나눈 대화를 중요하게 다루지 않는다. 군청을 방문한 이야기도 군수에 대

---

39 「오도답파여행」에 소개된 5도의 각 도시 순람 순서 및 연재 횟수를 정리해보면 다음과 같다. 공주(3회) → 부여(4회) → 군산(2회) → 전주(3회) → 이리·나주(3회) → 목포(2회) → 광주(3회) → 다도해(4회) → 통영(2회) → 동래온천(2회) → 해운대(1회) → 진주(4회) → 부산(2회) → 마산(2회) → 대구(2회) → 서라벌(13회)

해서만 간단히 소개했을 뿐이다.[40] 이광수 스스로 경주 '관광기'라고 표현했듯이, 그는 경주의 명승고적 사이를 거닐면서 『매일신보』의 특파원이 아니라 "보고 싶은 것을 보고" "아무렇게나 지껄여도 상관없"는 자유로운 완경자가 된다.

이광수가 추구한 자유로운 완경에 대해 좀 더 살펴보자. 그는 한 손에는 경주 군수를 방문했을 때 얻어온 안내장을 들고, 경주경찰서 내의 "제일 경주통"이라는 후루카와古川 순사 부장의 안내를 받으면서 유적지를 탐방했다. 이때의 상황을 그는 어떻게 적었을까? 다음은 석굴암을 둘러보고 쓴 글이다.

그중에도 그 본존인 석가불의 좌상은 실로 신라의 예술의 결정이니 이것 곧 없었던들 신라 문화의 존재조차 의문일지도 모를 만한, 그렇게 위대한 예술적 작품이라고 도쿄제국대학 도리이鳥居 씨가 격상激賞하였다.

이에 동씨同氏의 평의 일절을 게揭하건대,

"이 불상을 보니 무론 대지원만한 불상을 구비하였으나 조금도 숭고존엄한 감정을 주지 아니한다. 차라리 현세적이요, 사람으로의 육체미를 발휘하였다. …… 이 불상은 남성적이 아니요, 여성적이다. 가장 다정스럽고 가장 온화하고 가장 정다운 성격을 구비하였다. …… 이것이 남성이라 하면 퍽 미남자일 것이

---

40 경주군청 방문 및 군 상황에 대해서는 다음과 같은 언급으로 그친다. "아침에 군청에 가서 양 군수를 방문하고 경찰서에서 세서장稅署長를 찾았다. 양 군수는 이전 외교관 출신이라는데 영어도 잘하고 교제도 한열嫻熱하며, 게다가 인물조차 잘나신 장년 호신사好紳士다. 여기는 신라의 구도이니까 총무부의 고관들이며 내외 지명지사知名之士들의 내유가 빈번함으로 차등 내객의 송영은 군수의 사무의 일반을 점한다 한다. 그런데 나와 같은 한서생寒書生까지 폐를 끼치는 것이 미안하여 경주 안내 일장一張을 얻어가지고 나왔다. 경찰서에 오니 인망 좋은 세서장이 친절하게 맞아준다. 경주의 고적이며 당지 청년의 나태 부패며 불량권유원不良勸誘員의 폐해 등에 관하여 수십 분간이나 담화하였다." 「오도답파여행」, 『매일신보』 1917. 9. 6.

라."

과연 적평이다. 더구나 이 불상을 옆으로 보면, 물고 매어달리고 싶도록 아름답다.

또 도리이 씨는 이렇게 말하였다.

"이 불상은 원래 어떤 모델(실물)을 보고 제작한 것이요, 결코 상상으로 된 것은 아닌 듯하다. 그리고 그 모델은 당시 왕궁의 미인이거나 그렇지 아니하면 미남자인 것 같다. …… 이상의 이유로 보건대 이 불상은 분명히 신라인의 체질, 특히 신라의 여성을 모델로 한 것인가보다. 과연 그럴진댄 이 불상은 신라인의 미적 대표라 하여도 가하며, 또 그 체질은 신라족을 대표한 것이라 할지니 실로 인종학상, 민족적 예술사상에 가장 중요한 재료라 하겠다."

지금도 경주 지방은 물론이거니와 경북 일대의 부인의 체질 중에 이 불상의 특징과 비슷한 점이 많다 한다.

나와 같이 예술적 심미안도 없고 인종학적 지식에 전매全昧한 자는 타설他說이 나오기까지는 (도리이) 씨의 설을 믿을 수밖에 없다.

만일 (도리이) 씨의 언言과 같다 하면 석굴암의 석불은 더욱 의미가 깊어진다. 이 석불은 다만 신라의 예술을 대표할뿐더러 신라인의 정신과 육체를, 환언하면 신라인 전체를 대표하였다 할 수 있다.

—「오도답파여행」, 『매일신보』 1917. 9. 8.

석굴암에 대한 소개가 일본의 고고학자인 도리이 류조鳥居龍藏의 관점을 통해 이루어지고 있다.[41] 이는 완경의 순간에 이광수의 시선을 지배하는

---

41 이광수의 기행문과 일본제국의 고고학적 조사의 관련성에 대해서는 심원섭이 간략하게 언급했다. 심원섭, 앞의 글, 143쪽.

것이 무엇인지를 단적으로 보여주는 장면이다. 조선의 상황과 미래가 일본인 혹은 친일적인 지방 고위 행정관을 통해 설명되었다면, 조선의 과거 역사를 품고 있는 유적지에 대한 설명은 일본 고고학자를 통해 이루어지고 있다. 「오도답파여행」에서 이광수는 전자에 대한 전달자로 존재했으며, 그 스스로도 이를 의식했다. 『매일신보』의 특파원인 이광수로서는 이를 불가피한 일로 여겼으며, 그랬기에 종종 그 한계를 언급했던 것이다. 후자에서는 다른 양상을 보인다. 즉, 그는 유적지에서는 자신의 설명 방식의 한계를 자각하지 못한다. "나와 같이 예술적 심미안도 없고 인종학적 지식에 전매한 자는 타설이 나오기까지는 씨의 설을 믿을 수밖에 없"노라고 쓰긴 했지만, 그는 자신의 발과 눈을 지배하는 틀을 구속이라고 느끼지 않는다. 불국사에 대한 기술에서는 세키노 다다시關野貞의 고증을 정정하기도 함으로써[42] 이광수는 스스로 더욱 주체적인 설명 방식을 취하고 있는 듯이 보인다. 그러나 이는 역설적으로 불국사에 대한 정밀한 인식의 기준이 세키노로부터 비롯되었음을 반증한다. 이광수에게 '예술적 심미안'과 '인종학적 지식'의 기준은 그들로부터 성립한다. 이광수의 인식은 제국의 고고학적 자장 속에서 이루어지고 있다. 문제는 이광수 본인이 이 사실을 크게 의식하지 못한다는 점이다. 그에게 경주의 명승고적은 "보고 싶은 것을 보고, 쓰고 싶은 것을" 쓸 수 있는 영역이기 때문이다. 위의 글은 완경의 순간 그의 시선을 매개하고 굴절하는 것이 무엇인지, 즉 그가 누구의 눈으로 보는지를 정확하게 알려준다.

---

42 "조반 후 불국사를 보았다. 세키노關野 박사의 고증에 의하면, 사寺는 거금 약 1,400년 전에 법흥왕 시에 창립되었다 하나, 고사에는 눌지왕 시 승僧 아도我道의 창립으로 법흥왕 시 중창하였다 했다. 그 사이가 약 100년간의 차다." 「오도답파여행」, 『매일신보』, 1917. 9. 9.

03
『개벽』·『신민』·『삼천리』, 1923~1940

1. 1923~1925년 『개벽』의 '조선 문화의 기본 조사':
민족적 차원의 자기 이해를 위한 답사

1920년 6월에 창간된 『개벽』은 1923년 1월 '조선 문화의 기본 조사' 사업을 기획한다. '기본'이란 기초이다. 조선의 기초부터 조사하여 "조선을 알자. 분명히 알자"라는 기치 아래 『개벽』은 1923년 4월부터 1925년 12월에 이르기까지 약 만 3년에 걸쳐 각 도 기념호를 발행한다. 민족적 차원의 주체성이 자신들의 삶의 정형과 형편을 실질적으로 아는 데서부터 비롯된다는 자각에서 기획한 사업이었다. 기획 의도는 다음 글에 잘 드러나 있다.

천하의 무식이 남의 일은 알되 자기의 일을 모르는 것만큼 무식한 일이 없고, 그보다 더 무식한 것은 자기네 살림살이 내용이 어떻게 되어가는 것을 모르고 사는 사람같이 무식한 일이 없다. 보라, 우리 조선 사람이 조선 형편이라 하는 자기네 살림살이 내용을 아는 사람이 얼마나 되는가? 우리는 남의 일은 잘 알되 자기의 일은 비교적 모르는 사람이 많으며 남의 살림살이는 잘 비평하되 자기의 살림살이는 어찌 되어가는지 모르는 사람이 많다. 우리는 이 점을 심히 개탄하여 지금의 새로운 사업으로 조선 문화의 기본 조사에 착수하며, 이어 각 도 도호를 간행하기로 하였나니, 이는 순전히 조선 사람으로 조선을 잘 이해하자는 데 있으며, 조선 사람으로 자기네 살림살이 내용을 잘 알아가지고 그를 자기네의 손으로 처리하고 판단하고 정리하는 총명을 가지려는 데 있을 뿐이다. 그러나 조선 사람으로 조선을 잘 이해하는 지식을 가지게 할 만한 지도와 방침은 결코 쉬운 일이 아니다. 적어도 삼천리라는 강토와 2천만이라는 식구의 살림살이를 잘 알고자 하면 1년 내지 2년의 긴 세월을 갖지 않으면 안 될 것이다. 그래서 우리는 조선을 13도로 나누어 13개월에 13도의 내용을 조사하기로 하였다.

이번 달 1일부터 시작하여 첫 번째를 경상남도로 하게 되었으며, 다음 달 1일부터 경상북도로 옮겨 차례대로 조선 전토全土에 이를 것이다. 전도全道 인사는 분발하여 재료와 품질을 일일이 정돈하라. 그리고 어떠한 형용과 어떠한 시비곡직이 『개벽』 또는 『부인』의 지상에 나타날지 기다려라. 그래서 우리 일반 형제들은 오늘의 이 움직임으로 인하여 처음으로 자기네의 살림살이를 자세히 알게 되며, 그리하여 조선의 전반을 우리들 머릿속에 명기하게 될 것을 기뻐하라.

—「조선 문화의 기본 조사!!」, 『개벽』 제33호, 1923. 3.

1923년 1월에 선포된 『개벽』의 조선 답사는 주간 김기전 등이 2월 2일 경성역발 오후 7시 20분 경부선 열차를 타고 떠나면서 시작되었다. 「경남에서」(1923. 3)와 「우리의 족적 — 경성에서 함양까지」(1923. 4)에는 이들의 답사가 어떻게 이루어졌는지가 자세히 기술되어 있다.

조선 각 도호 발간 상황을 간단히 정리하면 〈표 9〉와 같다. 전국일주형 답사에 딱 맞아떨어지는 기행문은 「우리의 족적 — 경성에서 함양까지」(1923.

<표 9> 『개벽』의 조선 각 도호 발간 상황

번호	도호	발행 연월	비고
		1923. 1.	조선 문화의 기본 조사 사업 계획 및 취지 발표
		1923. 3.	● 경남형제慶南兄弟에게 사고謝告하고 경북인 사慶北人士에게 촉망囑望합니다. ● 경남慶南에서, 기전起瀍(기행문)
1	경남도호	1923. 4.	
2	경북도호 상	1923. 6.	
3	평북도호	1923. 8.	
	평북도호 계속 경북도호 계속	1923. 9.	
	경북도호 계속	1923. 10.	
4	강원도호	1923. 12.	
5	함북도호	1924. 1.	
6	충남도호	1924. 4.	
		1924. 5.	등하불명의 근기近畿 정형情形
7	경기도호	1924. 6.	
	경기도호 계속	1924. 8.	
8	평남도호	1924. 9.	
9	함남도호 기일	1924. 11.	
	함남도호 기이	1924. 12.	
10	충청북도답사기	1925. 4.	
11	황해도답사기	1925. 6.	
12	전남답사기	1925. 11.	
13	전북답사기	1925. 12.	

4), 「십삼도의 답사를 마치고서」(1925. 12), 「북국일천리행」(1924. 12) 정도이다. 하지만 1923년 4월부터 1925년 12월까지 13도에 걸친 각 도의 기념호 및 답사기 전체를 묶는다면, 기획된 하나의 전국일주형 기행문 혹은 답사기로 볼 수도 있다. 각 도호는 조선 전체의 답사라는 구조 속에서 그 의미가 더욱 분명하게 드러나기 때문이다. 나아가 지역의 기행문 또한 이로부터 파생된다. 이러한 과정 속에서 생산된 기행문을 정리해보면 다음과 같다.

- 「경남에서」, 기전(기행문), 1923. 3.
- 「우리의 족적 — 경성에서 함양까지」, 차상찬(기행문), 1923. 4.(경남도호)
- 「일천리 국경으로 다시 묘향산까지」, 춘파(기행문), 1923. 8.(평북도호)
- 「내가 본 국경의 1부 7군」, 달성(기행문), 1923. 8.(평북도호)
- 「묘향산으로부터 다시 국경 천리에」, 춘파(기행문), 1923. 9.(평북도호 계속)
- 「내가 본 평북의 각 군」, 일기자(기행문), 1923. 9.(평북도호 계속)
- 「조선의 처녀지인 관동 지역」(기행문), 1923. 12.(강원도호)
- 「함북종횡 사십육칠일」, 박달성(기행문), 1924. 1.(함북도호)
- 「호서잡감, 청오」(기행문), 1924. 4.(충남도호)
- 「명승과 고적」(기행문), 1924. 4.(충남도호)
- 「강도답사기」, 1924. 8.(경기도호 계속)
- 「평남의 이대 민폐, 잠견蠶繭 공동 판매와 도로경진회」(기행문), 1924. 9.(평남도호)
- 「함남에서 본 이꼴 저꼴」(기행문), 1924. 11.(함남도호 기일)
- 「황해도답사기」, 1925. 6.(황해도답사기)
- 「영남 지방 순회편감」, 1925. 12.(전북답사기)

지역 답사의 횟수가 쌓이면서 답사 참여자들은 각 지역의 특성을 비교하는 안목이 생긴다. 「서선과 남선의 사상상 분야, 정치운동에 앞장서고 사회운동에 뒤떨어진 서선」(1924. 9)과 같은 글은 다양한 지역 답사의 부산물이다. 특히 「십삼도의 답사를 마치고서」(1925. 12)는 가장 전형적으로 각 지역별 특성이 정리되어 있다.

먼저 경상남북도로 말하면 인심 질박한 것이 제일 좋고, 한문학자, 백정, 나병자가 상당히 많으며, 종가宗家, 부가富豪, 일본인의 세력이 큰 것도 놀랄 만하다. 고적 많기로는 경주가 전국 중 제일이요, 기생 많기로는 창원, 마산, 진주가 다른 도의 다음가라면 싫어할 것이다. 그리고 근래에 사회운동(특히 남도)이 격렬히 일어나는 것에서도 주목할 곳이다.

충청남북도는 아직까지 양반 세력이 많고 계룡산 부근에 미신자 많은 것은 참으로 놀랄 만하다. 어쨌든 충청남북도는 무엇이든지 황폐조잔한 감이 퍽 많다.

강원도는 교통 불편한 것이 제일 고통이요, 산수의 천연적 경치가 좋기는 전국뿐 아니라 세계 무비無比할 듯하며, 생활 낙지樂地로는 강릉이 어느 도에서든지 그와 같은 부류를 못 보았다. 사상으로는 영동이 영서보다 진보된 듯하다. 그리고 승려의 세력이 많은 것은 누구나 놀랄 것이요, 인심순후는 전국 중 제일일 것이다.

전라남북도로 말하면 양 도가 공통적으로 토지가 옥고하고 물산이 풍부하고 빈부 치이기 심하며, 남자는 대개 예술적으로 생긴 미남자가 많으나 여자는 그리 미인이 적고 또 여자 교육이 뒤떨어졌다. 그리고 모르핀 주사자와 나병 환자가 많으며 사치가 심하고 노래를 잘한다. 또 일본인의 세력이 많은 특히 북도에 조선인의 토지 전부가 일본인의 소유가 되고 수리조합 많은 데는 놀랐다. 그리고 부채(扇子), 칠기, 죽공, 기타 수공물을 잘하는 것에 매우 감탄하였다. 또 토지로 말하면 남도는 섬이 전국에서 제일 많고 북도는 전국 중 비옥한 들이 제일 많다.

등잔 밑이 어둡다고 경기도는 경성, 인천, 개성, 강화 몇 곳을 제외하고는 물질로나 사상으로나 경제력으로나 각 도 중 제일 뒤떨어진 것 같다. 그런데 경성의 천연경치 좋은 것은 보편적으로 말하면 전국 어느 도시보다 좋을 듯하다.

그 다음에 황해도는 소맥이 전국에 제일 많이 나고 온천 많기도 제일이요, 교통도 매우 편리하다. 또 근래에 소작운동이 서조선에서는 제일 격렬한 것이 한 주목할 일이다.

평안도. 남남북녀라 하지만은 서북 중에도 여자의 물색 좋기는 아마도 평안도를 제일로 꼽을 것이다. 그리고 제일 불쌍한 것은 국경 동포가 독립군과 경찰대에 부대끼어 생활이 안정되지 못하고 경궁지조驚弓之鳥 모양으로 표박 생활을 하는 것이다. 또 일반의 생각은 너무 보수적이 되어 아직까지 광무, 융희 시대의 '오호! 통재'를 부르면서 국수주의를 많이 가진 사상상으로 보아 뒤떨어진 듯하다. 또 평북에 천도교 세력 많은 것도 주목할 만하다.

함경남북도는 전국 중 생활이 그중 안전하고 여자 노동이 전 조선에서 제일 뛰어나다 하겠고, 또 교육 보급도 아마 전국 중 제일일 것이다. 또 함흥에서부터 삼수, 갑산, 풍산 등을 다닐 때에 범 1,800리여를 걸고 조선 유수의 고령인 청산령, 설매령(범 70리 무인지경)을 넘던 것은 제일 장쾌하고 또 큰 기억이다.

—「십삼도의 답사를 마치고서」, 『개벽』, 1925. 12.

『개벽』은 1926년 8월에 1차 종간을 맞는다. '조선 문화의 기본 조사' 마지막 호인 전북답사기를 발표한 지 8개월이 지난 시점이다. 『개벽』은 1920년 6월 창간하여 1926년 8월 종간할 때까지 6년여의 기간 중 만 3년을 조선 답사에 힘을 쏟았다. 조선 답사에 들인 시간 자체가 이 기획에 대한 필진의 의지를 반증한다. 『개벽』의 종간 이후 이를 이어받은 잡지는 『조선농민』(1925. 12~1930. 6)과 『농민』(1930. 5~1933. 12)이다. 이 잡지들은 천도교 청년단의 신문화운동과 관련되었다는 점에서 공통된 기반을 가진다. 『개벽』은 창간호에서 긴급히 해결할 조선의 2대 문제로 '교육 문제'와 '농촌 문제'를 들었다.(「시급히 해결할 조선의 이대 문제」, 1920. 6) 『농민』은 이러한 문제의식의 실천적 결과물이라 할 수 있다. 『개벽』의 주간으로서 실제 조선 13도의 답사에 참여했던 김기전은 이후 조선의 농촌으로 관심을 돌렸다. 「평안도 지방의 농촌을 보고서」(『조선농민』, 1926. 4), 「충청도 지방 농촌 구경」(『농민』, 1930. 6) 등은 조선 농촌에 대한 그의 관심을 보여준다. 이보다 더 전국적인 차원의 기행문은 『농민』에서 발견할 수 있다. 그것은 바로 농촌 순강기巡講記이다.

- 「동북순행기」, 김형준, 『농민』, 1930. 9.
- 「관서순행기」, 김정주, 『농민』, 1930. 10.
- 「농민순강 함남행」, 김병순, 『농민』, 1931. 7.
- 「서북 양천리의 국경을 답파하고서」, 현당, 『농민』, 1932. 12.
- 「남선순회를 마치고」, 김공선, 『농민』, 1933. 3.
- 「북국행」, 김병순, 『농민』, 1933. 5.
- 「평북 순회를 마치고」, 임문호, 『농민』, 1933. 8.
- 「지방조합을 순방하고서」, 승관하, 『농민』, 1933. 8.

"올 여름 휴가는 농촌 순방에 이용하자. 이것이 우리들이 순회 강연을 떠나게 된 동기였다. 그리하여 도쿄에 있는 유학생 네 사람은 하기 순회 강연단을 조직하여 두 집단으로 나누어 경의선과 경함선의 연변 여러 읍을 순방

하게 되었다." 김형준의 「동북순행기」(『농민』, 1930. 9) 첫머리 부분이다. 1930
년 여름방학을 틈타 도쿄 유학생 4인이 농촌 순강단을 조직하여 떠났음을 알
수 있다. 『농민』은 잡지를 발행한 4년 동안 매해 조선 청년들의 농촌 순회 강
좌기를 실었다.

1926년 8월에 종간되었던 『개벽』은 1934년 11월에 속간되어 다음 해 3
월까지 1~4호를 새롭게 발행했다.

- 「팔도강산편답기」, 권덕규, 『개벽』 신간 제1호, 1934. 11.
- 「팔도강산편답기(2)」, 박노철, 『개벽』 신간 2호, 1934. 12.
- 「조선팔도편답기(3)—사비 고도 근례(기이)」, 박노철, 『개벽』, 1935. 1.
- 「팔도강산편답기—사비 고도 근례(속) 6」, 박노철, 『개벽』, 1935. 3.

신간 제1호에 권덕규의 「팔도강산편답기」가 찾아간 첫 번째 행선지는 제
주도이다. 권덕규는 제주도로 가는 배에서 본 다도해의 풍경과 서귀포 천지
연 폭포에 대한 감상을 적었다. 이 글에는 이전 『개벽』의 '조선 문화의 기본
조사'가 취했던 답사기의 태도는 없다. 「팔도강산편답기」가 자연경관에 대한
감상기라면, 같은 제목으로 이어 실린 박노철의 글은 사비성, 즉 부여 기행문
으로서 역사 유적지 탐방기이다. 속간된 『개벽』에 실린 이들의 기행문은 향
후 전 조선의 편답기를 계속 실을 계획이었음을 '팔도강산'이라는 제목으로
미루어 짐작할 수 있다. 이는 미완에 그쳤다. 이들의 기행문은 전 조선을 둘
러본다는 의미에서는 이전 『개벽』에서 기획했던 '조선 문화의 기본 조사'의
정신을 외형적으로 따르고 있지만, 태도와 시선은 상당히 변화했다.

2. 1925~1930년 『신민』의 지역 잡관 및 답사기: 탈사상과 '생활 개조', 조선/조선인에서 지방/개인으로

『신민』은 관제 매체로서 1920년대 중반 이후 '신문지법'에 따라 유일하게 발행 허가를 받은 잡지이다. 기행문과 관련지어 볼 때 이 잡지가 갖는 의의는 지역 잡관 및 답사기를 꾸준히 실었다는 점이다. 전 조선에 걸쳐 각 지역별 답사기를 싣고 있다는 점에서는 『반도시론』이나 『개벽』과 유사하다. 다만 『신민』은 답사의 기획 의도를 미리 공표하지 않았다. 『신민』의 전 조선 지역 답사는 잡지의 기본 방향에서 비롯되었기 때문에 이를 굳이 기획 기사 등의 명목으로 특화할 필요가 없을 만큼 중요했다. 먼저 잡지의 기본 방향부터 살펴보자.

생활 문제를 해결하자.

우리는 우선 먹고살고야보자. 우리는 낙천자도 아니고 염세자도 아니다. 자못 우리의 손발을 놀려 자기의 힘으로 자기의 실제 생활 문제를 해결해보자. 이제 우리는 경제적 고통이 오늘같이 절박함이 없나니, 이러하고야 군자의 강청이 무슨 권위가 있으며 일선융화의 권설이 무슨 감격이 있을까? 공자 왈 무엇이며, 맹자 왈 무엇이며, 윌슨 왈 무엇이며, 레닌 왈 무엇인가? 그는 다 살고본 이후의 일이 아닌가.

─이각종, 「신흥 민족의 초발심」, 『신민』 창간호, 1925. 5.

『신민』이 창간하면서 내세운 것은 사회 교화 또는 민중 지도이며, 그것은 '생활 개조'라는 용어로 모아진다. 잡지의 편집 겸 발행인인 이각종이 창간사에 해당하는 「신흥 민족의 초발심」에서 주장하는 것은 "우선 먹고살고야보자"이다. 그는 "의기 있는 조선 사람", "희망 가진 조선 사람", "사람다운 조선 사람"이 되기 위해 필요한 것은 "극기적, 의무적, 범인류적" 태도로서, 이를 위해 더욱더 급선무는 "우선 먹고살고야보자"임을 강조한다.

생계의 중요성과 함께 이어서 말하고자 하는 바는 운동적·이념적 차원의 모든 행위에 대한 폄하이다. 그는 "군자의 강청이 무슨 권위가 있으며 일선 융화의 권설이 무슨 감격이 있을까? 공자 왈 무엇이며, 맹자 왈 무엇이며, 윌슨 왈 무엇이며, 레닌 왈 무엇인가? 그는 다 살고본 이후의 일이 아닌가"라고 역설한다. 『신민』이 내세운 '극기'라는 용어는 이들의 지향을 무엇보다 잘 보여준다. '극기'를 강조하게 되면 삶의 모든 문제는 개인의 노력 여하에 따라 달라지고, 사회적 혹은 구조적 차원의 문제는 사상될 수밖에 없다. 이는 『신민』이 놓여 있는 지점 혹은 잡지의 입장과 관계있다. 바로 그 지점에서 3·1운동 이후 1920년대 전반기 조선에 팽배해진 다양한 차원의 사회운동적 관심들을 지극히 개인적인 생계의 문제와 도덕의 문제로 전환시키고자 하는 『신민』의 방향성을 읽을 수 있다.

사회개조는 국가적 시설보다도 차라리 지방의 공공단체 또는 개인의 각성에 의함이 첩경이고 또 유효할 것이다. 대개 공공단체의 행정은 각 개인의 이해에도 직결되므로 국민의 본질 강약이 이에는 명료히 드러날 뿐 아니라 신지식의 응용, 능률의 증감 등이 안전에 시험되는 까닭에 우리의 행정이니 사회 개선이니 하는 사업의 효과가 이로부터 발생하기 쉽다. 저 영국 사회는 국가가 본체인지 각 지방자치체가 본체인지 사회조직의 중심이 어디에 있는지 판명하기 어려울 만큼 공공단체의 기능이 발달하였다. 그 결과로 국가의 안태安泰를 세계에 자랑하고 있는 사실은 타산지석으로 삼아 깊이 살펴볼 만하다. 국가는 지방단체의 집합이므로 건전한 단체를 가진 국가가 가장 확고한 기초를 가진 줄은 여러 말이 필요하지 않을 것이다. 그러므로 참으로 사회개조에 뜻을 두는 자는 제일 먼저 지방단체 개선에 힘씀이 필요하다.

그뿐만 아니라 사회개조운동은 마침내 개인 개조에까지 미치지 않으면 철저하지 못한 것은 물론이라. '개인에 대한 요해了解가 없고는 인생을 요해할 수 없다'고 스피노자는 말하였거니와 개인의 개조가 안 되면 사회의 개조는 말할 수 없다.

　　　　— 오츠카 쓰네사부로大塚常三郎, 「신민에 여與함」, 『신민』 창간호, 1925. 5, 59~60쪽.

『신민』의 창간 축사라 할 만한 「신민에 여함」은 이각종이 주장한 잡지의 방향을 더욱 구체적으로 말해준다. 그것은 곧 '지방'과 '개인'이다. 이각종의 논의와 연결지어 보면 결국 '국가'에서 이념성을 제거한 것이다. 그 결과 '조선'이라는 민족적 개념은 자연스럽게 제거되거나 은폐된다. 이들에 의하면 현재 조선에서 중요한 것은 '먹고사는 문제'이고, 따라서 이념이나 운동적 차원의 행위와 논의는 허황될 뿐이다.

가장 중시하는 '먹고사는 문제'를 위해 『신민』이 우선적으로 강조한 것은 지방 개발이다. 그에 따라 창간호부터 꾸준히 지방에 관한 기사를 실었다. 「지방 방랑의 자취」와 「지방휘보」가 대표적인데, 지방 소식 및 지역 개관이 주요 내용을 이루는 일종의 지방 소식 기사이다. 『신민』은 '지방부'를 별도로 두고, 류순근에게 지방부장을 맡겨 관리했다.

창간호에는 「지방 방랑의 자취」라는 주제 아래 '생활개선 실행에 취就하야', '장학재단의 창립에 쥐하야', '도림리의 교풍부업계', '전담청년회의 노력', '여주청년회를 보고' 등의 기사가 실렸다. 이 기사들이 다룬 지역은 주로 경기도 권역이며, '생활개선' 및 '장학제도' 등 지방에서 중요하게 처리해야 할 문제를 적었다. 또한 매 호마다 조선 13도별 소식을 '휘보'라는 이름으로 정리하여 실었다. 2호와 3호에는 각 지역의 단신을 수필 형식으로 써서 별도로 싣기도 했다. 「충주단신」, 「청주소식」, 「대구일별」, 「부산에서」, 「평양의 요즈음」(이상 2호) 및 「청주에서」, 「진주에서」(이상 3호)가 그에 해당한다.

'지방'과 더불어 『신민』이 강조한 '개인'은 "극기"라는 용어를 통해 그 성격을 파악할 수 있다. 극기의 관점으로 보면 현재적 삶의 결과는 모두 개인적 차원에서 해석된다. 이는 「우리의 경제 노력은 아직 빈약하다」, 「나의 노력주의관」(이상 창간호), 「청년아 각성하라」, 「자기 완성 노력하자」, 「자신을 돌아보라」(이상 4호) 등의 글을 통해 분명하게 드러난다. 여기에서 사회적 차원의 문제점은 거론될 여지가 없다. 모든 것은 개인의 노력 여하에 달려 있기 때문이다. 지방과 개인의 중요성이 합쳐진 지점에서 강조되는 것은 지방 '공민'이다. 공민의 의미와 중요성은 아래 글에서 잘 드러난다.

> 현재 조선 사회는 대부분 아직도 공민이라는 계급에 의해 지지되고 있다. 누가 뭐라 해도 이들이 중견이며 지방의 책임자이다. (그들은) 지방의원으로 도와 군의 정치 계획에 참여하며, 혹은 문묘에 봉직하고 향교의 으뜸 자리를 차지하며, 학무에 위촉되어 문교에 힘을 다하며, 농업, 금융, 기타 지방 산업 단체에 종사하여 직접 간접으로 지방의 개발에 성의를 다하고 힘을 다한다. 모든 공민들의 남모르는 고심과 공헌이 불소한 것을 생각하며 나는 (그들에게) 깊은 경의를 표하고자 한다.
>
> —「공민의 벗으로」, 『신민』 창간호, 1925. 5, 50쪽.

이 글의 필자는 지방이 개발되기 위해서는 공민의 힘이 필요하다는 점을 강조하고, 그들에게 지방 개발의 조력자가 되어줄 것을 촉구했다. 개인, 공민 등을 강조하는 관점은 지방에서 성공한 인물에 대한 부각을 통해 드러난다.

일례가 5호에 실린 「부업저축 농촌 일 청년의 성공 실화」이다. 이러한 인물 소개는 실제 지역 답사기에서는 양적으로 더욱 확대되면서 중요하게 다루어진다.

〈표 10〉에서 보듯 1925년 5월 창간호부터 지속적으로 실리던 「지방 방랑의 자취」가 10월호 이후, 「지방휘보」가 11월호 이후 없어진다. 대신 지방 관련 기사들은 '잡관'이나 '답사기'라는 제목의 기사 하나로 통합된다. '제1신'이라는 순차를 단 「남행잡관」이 그 첫 번째 글이다. 지방 잡관이나 답사기는 이전의 관련 기사와 연장선상에 있다. 제목이 바뀌고 하나의 지역에 집중했다는 점을 제외하면 내용이나 형식 모두 이전의 구성과 의도에 토대했다는 사실이 이를 입증한다. 전국일주 기행문으로 굳이 구별해본다면 제1신인 「남행잡관」(1925. 11)부터 「남행천리」(1930. 2)에 이르는 20여 편의 기행문 전체가 한 편의 전국일주 기행문이 될 것이다. 각 편으로 본다면 지역 기행문이지만, 하나의 기획 아래 일관되게 실시되고 정리된 글이므로 전체가 한 편이기도 하다. 물론 몇 개의 지역에 걸쳐 있는 「남행잡관」, 「남행 칠일의 여담」, 「남행천리」와 같은 글은 그 범주를 유연하게 설정하여 전국일주형 기행문에 포함시킬 수 있다고 본다.

잡관과 답사기를 주로 담당한 이는 지방부장인 류순근이다. 하산, 윤용구, 홍인택 등의 기자가 쓴 경우도 있지만, 류순근의 글이 차지하는 비중이 압도적이다. 류순근은 취재차 지방에 내려갈 때면 '우리 생활의 진로'와 같은 내용으로 강연하기도 했다.[43] 「지방 방랑의 자취」와 「지방휘보」를 비롯하여 단일 지역에 대한 잡관 또는 답사기에 이르기까지 『신민』의 지역 관련 기사는 『반도시론』이나 『개벽』과 같은 분야별 시찰·조사기를 싣고 있지 않다.

---

43 『동아일보』, 1926. 9. 20.

〈표 10〉 『신민』에 수록된 지역 잡관 및 답사기 목록

발간 연월	관련 기사 목록	필자, 비고
1925. 5.(창간호)	● 지방 방랑의 자취 ● 지방휘보 : 경기 / 충북 / 충남 / 경북 / 경남 / 전북 / 전남 / 황해 / 평남 / 평북 / 강원 / 함남 / 함북 13도 ● 지방성 질평質評	
1925. 6.	● 지방 방랑의 자취 ● 지방휘보 : 13도별 휘보	
	충주단신	김홍규
	청주소식	제원생
	대구일별	오생
	부산에서	A생
	평양의 요즈음	최생
1925. 7.	● 지방 방랑의 자취 ● 지방휘보	
	청주에서	제원생
	진주에서	홍생
1925. 8		확인 불가
1925. 9.	● 지방 방랑의 자취 ● 부업저축 농촌 일 청년의 성공 실화 ● 지방휘보 ● 대구잡필	'지방휘보'에서 13도 중 강원도 누락
1925. 10.	● 지방휘보 ● 평양잡관	'지방 방랑의 자취' 기사 없어짐
1925. 11.	남행잡관(제1신)	류순근
1926. 7.	제삼신	류순근
1926. 8.	경북잡관(제4신)	류순근
1926. 9.	경북잡관(제5신)	류순근

1926. 10.	충남잡관(제6신)	류순근
	남행산필	하산
1927. 3.	북선별견	류순근
	경남잡관(제2신)	윤용규, 홍인택
1927. 4.	기호잡관	윤용규, 홍인택
	광나주유기	하산생
1927. 5	기호잡관(2)	윤용규, 홍인택
1927. 10.	개성, 평양, 진남포행	류순근
	남행 칠일의 여담	김해성
1928. 1.	남국순유잡기	하산생
	지방순회기(1)(안성)	윤명진
1928. 2.	지방순회기(2)(죽산 장호원 소개)	순회기자
1928. 6.	남선답사기	류순근
1928. 9.	서선답사기	류순근
1928. 10.	북선여행기	류순근
1928. 11.	호남답사기 — 칠백리잡관	류순근
1928. 12.	호남근기답사기	류순근
1929. 1.	지주순방기	일기자
1929. 1.	영남답사기 — 부 근기주유기의 속	류순근
1929. 4.	해서답파기	류순근
1929. 7.	영남여행기	류순근
1929. 8.	호남답사기	류순근
1929. 11.	개성답사기	류순근, 권일
1929. 12.	북선여행기	류순근
1930. 2.	남행천리	류순근
1930. 7.	미로면 순방기	일기자

『신민』의 잡관 및 답사기에는 여행지에서 느끼는 소감과 조사 내용 등이 한 편의 글에 섞여 있다. 제1신인 「남행잡관」의 경우 '인천을 떠나 수원까지 – 화성 추색모 – 공주 도중 – 사양의 쌍수산성 – 도청 이전 문제 – 촉망되는 장학회재단 – 공주의 독지가 김윤환 씨'와 같은 소제목으로 이루어져 있다. 이후의 글에서도 내용의 기본 항목은 크게 다르지 않다. 대체로 필자의 여정 감상, 지역 유망 사업체, 명승고적 등을 함께 쓰고 있다.

『신민』의 지역 관련 기사에서 빠지지 않는 내용은 지방 인물에 대한 소개이다. 이는 잡지가 강조해온 '개인' 혹은 '공민'의 구체적인 사례로서, 『신민』의 지방 답사에서 중요한 사항이었다. 잡지에 소개되는 인사는 주로 경제적으로 성공한 인물, 도덕적으로 평판이 좋은 인물, 모범적인 지역 관료 등이다. '공주의 독지가 김윤환 씨', '기특한 순사부장', '변호사 홍선연 씨', '열성 있는 엄주철 씨', '순후공정한 정은후 씨' 등이 그에 해당되는데, 제목만으로도 강조하는 바를 짐작할 수 있다.

3. 1929~1940년 『삼천리』의 반도 8경 선정: 역사와 풍경으로서 조선

『삼천리』는 1929년 6월 창간 기획 사업으로 문인들에게 반도 8경을 공천 받은 후 최종 통계 결과를 발표했다. 설문에 참여한 문인은 37인이다.[44] 이

---

44 37인은 다음과 같다. 고한승, 김기진, 김동인, 김동환, 김억, 김영팔, 김일엽, 김형원, 류광렬, 류도순, 류완희, 문일평, 박영희, 박팔양, 방인근, 송영, 심훈, 안석영, 안재홍, 양건식, 염상섭, 윤기정, 이광수, 이기영, 이서구, 이은상, 이익상, 임화, 조춘광, 주요한, 최사덕, 최서해, 최승일, 하영로, 한설야, 현진건, 홍명희.

들이 선정한 8경은 제1경 금강산(강원도), 제2경 대동강(평양), 제3경 부여(충남), 제4경 경주(경북), 제5경 명사십리(원산), 제6경 해운대(동래), 제7경 백두산(함북), 제8경 촉석루(진주)이다. 『삼천리』가 밝힌 바에 따르면 반도 8경 선정 사업의 취지는 산천의 아름다움을 소개함으로써 젊은이들과 민중의 인식을 새롭게 하고, 조선에 대한 자부심을 심어주며, 나아가 직접 산하를 밟아볼 것을 권장하기 위해서이다. 산천의 소개는 애초 그림과 글(기행문)의 두 가지 형식을 자유롭게 취하기로 했으나, 나중에는 문인들의 8경 답사 기행문이 주된 형식으로 채택되었다. 구체적인 답사 계획은 1929년 12월호 말미에 실린 '반도팔경 신년부터 답사'라는 제목의 공고를 통해 드러났다. 금강산 - 홍명희, 대동강 - 최상덕, 부여 - 주요한, 경주 - 김동인, 명사십리 - 김기진, 해운대 - 염상섭, 백두산 - 이광수, 촉석루 - 최서해 등이 발표된 명단의 내용이다.

이상의 내용에 따르면 『삼천리』의 '반도 8경 선정 사업'은 뚜렷한 목표와 구체적인 계획에 입각한 것처럼 보인다. 하지만 실상은 그렇지 않다. 잡지사 측의 기획 의도와 계획은 분명했지만, 이를 실질적으로 수행하는 답사자들은 청탁을 받은 문인이었다. 앞에서 살핀 『반도시론』, 『개벽』, 『신민』의 경우에는 각 잡지사의 기획을 수행한 이들이 소속 기자였다. 이 잡지들의 기획이 일정 정도 성과를 낼 수 있었던 것은 실행 주체가 잡지사 소속의 직업 기자였다는 데 힘입은 바가 크다. 하지만 『삼천리』처럼 청탁 필자를 따로 두어 운영한다면 잡지사 측의 기획을 일관되게 이끌어가는 데 어려움으로 작용할 수 있다.

문제는 반도 8경 선정 작업에서부터 드러나기 시작했다. 삼천리사의 기획에 문인들도 참여하기는 했지만 그 의도와 진행 방식에 그들 모두가 흔연히 공감한 것은 아니었다. 그들의 반응은 8경을 선정하면서 덧붙인 글을 통해 알 수 있다. 그중에서도 문일평은 이 선정 작업이 갖는 근본적인 문제에 의문을 제기한다. 그는 "팔경八景이란 아주 부자연한 것입니다. 여덟의 숫자에 구속되어 경치가 그 실은 여덟이 되지도 못하는 것을 억지로 여덟을 채우기 위하여 이것저것 가져다가 팔경이라고 칭하는 것은 자연미를 선정하는 본의에 어그러짐이니, 경치대로 이경二景도 가可하고 삼경三景도 가합니다. 하필 팔경이겠습니까. 그러나 재래 중국의 소상瀟湘 팔경을 모방하여 무슨 팔경이니 무슨 팔경이니 하던 우리네 관습이 아직도 남아 있어 흔히 팔경이라고 하게 되므로 비록 나의 이상에 합치 못하나 물으신 대로 대답할 뿐입니다"라고 덧붙였다. 결과에 대한 김동인의 분석 또한 이런 생각에서 크게 벗어나지 않는다.

금강산이 제1위로 당선된 데 대해서는 아무 불만이 없습니다.

그러나 제2위의 대동강은 좀 어떤가 하지 않을 수 없습니다. 산야를 조금이라도 여행해본 이는 대동강과 모란봉 일대의 경치보다 백승한 곳을 도처에서 발견할 것입니다. 다만 대동강 일대는 평양이라 하는 도시를 끼고 있어 교통이 편리해 많이 눈에 띄는 까닭이겠습니다. 많이 눈에 띄지 못한 까닭에 대동강과 모란봉 일대보다 백승한 경치를 가지고도 다만 근처 농부의 낮잠터가 된 곳이 많을 줄 아나이다.

백두산이 겨우 8표로 제8위가 된 것도[45] 그와 같은 이유겠지요. 묘향산과 다도해가 겨우 2표로 낙선된 것도 선정자의 눈이 미처 가지 못한 까닭입니다. 장수산도 또한 뽑지 못할 곳이 3표밖에는 얻지 못한 것도 불만이외다.

부여, 경주, 촉석루 등지는 역사적 배경의 관념과 인공을 제외하면 아무런 기

---

45 『삼천리』의 발표에 따르면 백두산은 7위로 제7경이 되었다. '제8위'라는 표현은 김동인의 오인으로 보인다.

이함도 없는 평범한 경치외다.

— 김동인, 「반도팔경」, 『삼천리』 제3호, 1929. 11.

문일평과 김동인은 둘 다 8경 선정의 작위성과 상투성을 지적했다. 문일평은 '8경'이라는 개념 혹은 발상 자체가 그렇다고 했다. 김동인은 좀 더 구체적으로 부여, 경주, 촉석루 등지가 굳이 조선에서 가장 아름다운 곳인지에 대해 근본적으로 의문을 제기한다. 그곳의 아름다움은 역사적으로 형성된 관념에서 비롯되었다는 것이다. 다시 말해 순수 자연의 승경이 아니라 인공적인 역사의 승경이라는 말이다. 이러한 문제 제기는, 비록 잡지사의 설문에 응하기는 했지만 그 결과에 대해서는 전적으로 공감하지 않는다는 태도를 반영한다. 이런 인식은 정도의 차이는 있지만 두 사람만의 차원에 그치지 않는다. 조선 팔도 자체가 8경이라거나, 여행한 곳이 많지 않아 8경을 선정하기가 어렵다는 문인들의 진술을 통해서도 잡지사 기획 측과 설문 참여 문인 측의 거리가 드러난다.

참여 문인들의 문제의식을 안고 출발한 삼천리사의 기획은 계획대로 실행되지 못했다. 삼천리사는 1929년 6월에 8경을 발표하고 12월에는 답사할 문인의 명단까지 발표했다. 하지만 반도 8경 기행문이 『삼천리』에 실린 것은 1931년 3월에 이르러서다. 안재홍의 「희嘻! 대'백두산'의 장엄」이 그 첫 번째 글로 실렸다. 애초의 계획대로라면 백두산 답사는 이광수의 몫이었다. 1930년 신년부터 싣겠다는 공고는 1년이 훌쩍 지나서야 답사자까지 바뀐 뒤 첫 번째 결실을 맺었다. 이 글이 실리기까지 1년여 동안 『삼천리』는 계속해서 반도 8경 산천의 소개를 빨리 수행하겠다는 알림을 '사고社告' 혹은 '편집 후기'에 실었다. '반도팔경의 탐방 기행은 여러 가지 사정으로 그동안 천연遷延이 되어왔으나 내호來號부터 주요한 씨의 부여 기행부터 시작하여 매월 싣겠

<표 11> 『삼천리』에 게재된 기행문

발간 연월	기사 목록(괄호 안은 집필자)	반도 8경 관련 답사
1929. 6.	전조선문사공천全朝鮮文士公薦 신선新選 '반도팔경' 발표 : 백두산, 금강산, 대동강, 경주, 부여, 해운대, 명사십리, 촉석루	
1931. 3.	회! 대'백두산'의 장엄(안재홍)	백두산
1933. 4.	아아. 낙화암(이광수)	부여
1938. 10.	기행 청추의 반월성(김동환)	경주
1940. 4	기행 남한산성(박종화)	
1940. 5	기행 대동강 — 초하의 패강을 예찬하며(양주동)	대동강
1940. 6.	해인사 기행(이기영)	
1940. 7	선경 묘향산(노천명)	
1940. 9	부전고원(모윤숙)	
1940. 10	낙화암(이병기)	부여
1940. 12	기행 통군정(전영택)	
1941	단행본(기행) 『반도산하』(경성: 삼천리사 발행) **승경勝景 중심의 팔경** ● 운봉 금강산(춘원 이광수) ● 수원 화홍문(상섭想涉 염상섭廉尙燮) ● 명사십리(만해 한용운) ● 천안 삼거리(춘성 노자영) ● 약산동대(안서 김억) ● 선경 묘향산(노천명) ● 부전고원(영운 모윤숙) ● 남원 광한루(일보 함대훈) **사적史蹟 중심의 팔경** ● 부여 낙화암(가람 이병기) ● 남한산성(월탄 박종화) ● 합천 해인사(민촌 이기영) ● 탐라 한라산(노산 이은상) ● 패성 모란봉(무애 양주동) ● 의주 통군정(추호 전영택) ● 개성 만월대(최정희) ● 경주 반월성(파인 김동환)	

나이다"(1930. 1. 사고)라면서 주요한의 부여 기행 계획을 1930년 5월호에 이어 6월호에도 반복적으로 공고한다. 그러나 9월호에 이르러서 안재홍의 백두산 기행문이 결정되고 재공고된다.

1931년 3월 안재홍의 백두산 기행문으로 시작된 8경 답사 및 기행문 게 재는 『삼천리』의 계획과 달리 부정기적으로 이루어졌으며 끝내 제대로 완수 되지도 못했다. 계획대로 이루어진 곳은 백두산(안재홍), 부여(이광수, 이병기), 경 주(김동환), 대동강(양주동) 등의 네 군데이다. 이병기의 낙화암 기행이 1940년 10월에 실렸으니, 『삼천리』의 8경 답사 기획은 1929년 6월부터 1940년 10월 까지 지난하게 이루어진 셈이다. 편집 겸 발행인이었던 김동환은 이와 관련 된 일련의 기행문들을 함께 묶어 『반도산하』(삼천리사, 1941)라는 단행본을 발 간함으로써 이 기획을 마무리했다.

계획대로 수행되진 않았지만 『삼천리』의 기획 정신은 일관되게 이 잡지 를 지배했다. 이는 『반도산하』의 '승경 중심의 팔경', '사적 중심의 팔경'이라 는 제목에서 잘 드러난다. 이 8경은 조선 전 지역을 일일이 여행한 경험에 토대하여 선정한 것이 아니기 때문에 '지적 상상력'의 범주에서 크게 벗어나 지 않는다. 문일평과 김동인의 지적대로 『삼천리』에 선정된 8경은 사실 그다 지 새롭지 않다. 이는 앞에서 살핀 『반도시론』, 『개벽』, 『신민』 등의 기획과 크게 변별되는 점이다. 세 잡지사의 조선 일주는 모두 조사와 시찰 등에 기 반한 답사 여행이었다. 이에 비해 『삼천리』의 기획 답사는 선입견이 강하게 작용하는 선先 구성, 후後 확인의 성격을 띨 수밖에 없었다. 또 전자의 답사 기는 산업에서 문화에 이르기까지 해당 지역의 현황에 대한 전반적인 조사 가 목적이었다. 자연의 경치나 역사적 명소에 대한 기록은 일부분에 불과했 다. 반면, 『삼천리』는 '승경'이나 '사적'이 중심을 이루어 경치나 역사에 대한 감상이 전면적으로 부각된다. 그 결과 조사·시찰의 답사 기행문과 명소 감상기행문의 관계가 좀 더 명료하게 분리된다. 또한 집필을 전적으로 문인들이 담당함으로써 『삼천리』의 기행문은 상대적으로 문학적 성격이 강하다. 이러한 특성 때문에 반도 8경 기행문은 조선을 상징적·경관적 차원의 명소 중심으로 인식하게 되는 대중적 분위기를 형성하는 데 일조했다.

1941년 3월호에 실린 「문인이 본 남북 십육 도시의 인상」도 이러한 맥락 위에 놓여 있다. 남북 16개 도시(선천, 청주, 신의주, 목포, 공주, 함흥, 진주, 광주, 청진, 대구, 대전, 이리, 군산, 성진, 마산, 부산)에 대한 각 문인들의 인상기인데, 기행문은 아니지만 인상 혹은 이미지 창출의 성격이 강한 『삼천리』식 기행문의 관점에서 볼 때 반도 8경의 기획 정신과 상통한다.

이로부터 여행의 성격 또한 조사와 시찰 중심의 답사에서 역사 유적지나 풍광 중심의 관광으로 전환된다. 창간호 표지 다음의 첫 페이지에 실린 공고를 통해 볼 때, 이는 1929년 6월 반도 8경 선정 및 답사의 선포와 동시에 실질적으로 진행되었음을 알 수 있다.

〈사고社告 2〉

　　새로 뽑은 '반도팔경'을 통하여 산하 답파의 장거를 촉진하는 기연을 짓고자 본
　　사에서는 각 경치마다 탐승단 혹은 산악정복회를 주최하여 실시할까 합니다.

8경의 각 경마다 탐승단 혹은 산악정복회를 조직하여 답사를 실시하겠다는 삼천리사의 공고이다. 탐승단이나 산악회 등은 삼천리사에서만 주최하지는 않았다. 사실 이런 행사는 신문사나 잡지사의 주요 행사이면서, 그 무렵 성행하던 조선의 관광 문화를 반영한 것이었다. 실제 『삼천리』에 실린 기행문에서 관광이나 휴양 성격의 여행기가 눈에 많이 띄는 것도 조선의 명소를 대하는 이러한 태도와 관련지어 볼 수 있다. 김성목의 「서도西道의 천리 풍

광―송도를 거쳐 백천으로」(1935. 8), 「관서팔경 두루 돌아(1) ― 평양에서 약산동대까지」(1935. 10), 「관서팔경 두루 돌아(2) ― 지하 금강 동룡굴에서 묘향산까지」(1935. 11) 등이 그 같은 특징을 갖는 대표적인 글이다. 직장인으로서 꿀 같은 휴가를 얻어 묘향산을 찾은 이야기를 적은 노천명의 「선경 묘향산」(1940. 7)도 대표적인 휴가여행기에 속한다.

물론 『삼천리』에 실린 기행문의 성격을 전적으로 단일화할 수는 없다. 『반도산하』에 실린 글로만 국한해서 살펴보더라도 필자에 따라 그 관점은 상이하다. 이는 앞에서도 말했듯이 기획의 실행 주체가 소속 기자가 아닌 청탁받은 문인이었다는 점에서 기인한 바가 크다. 또 다른 한편으로 이는 『반도시론』, 『개벽』, 『신민』의 경우와 달리 『삼천리』의 기획이 더 자유롭고 다양한 성과를 낳았다는 의미이기도 하다.

제4부
식민주의와 문화 관광객

01

관광이라는 이름의 동원과 탐승

1. 관광과 박람회의 시선

일본 관광 붐과 폐해

오늘날 여행은 일상의 한 부분이 되었다. 휴가철에 여행 계획을 세우는 모습은 전혀 낯설지 않으며, 이를 겨냥한 여행 사업은 현대사회에 굳건하게 자리 잡았다. 여행이 문화적 제도의 하나로 형성되고 정착된 시기는 쇄국의 문을 연 1876년부터 20세기 초 사이다. 다시 말해 제도의 차원에서 여행이 우리의 일상으로 들어온 지는 100여 년의 세월이 흘렀을 뿐이다. 개항과 동시에 이전과는 비교될 수 없는 역동적인 여행의 행보가 물결을 이루기 시작했다. 김기수·김홍집 등의 일본 수신사로부터 비롯된 외교상의 여행, 유길준·유정수·윤치호 등 유학 1세대로부터 비롯된 교육 여행, 봄·가을이 되면 꽃과 단풍을 찾아 나서는 관광객들의 행렬 등 다양한 성격의 여행이 점점 그 규모가 확대되면서 생활 속으로 파고들었다.

여행은 성격이 다양한 만큼 거기에 반영된 시각 또한 복합적이고 다양하다. 이번 장에서는 식민지와 제국의 정체성을 형성하는 전략으로 동원된 여행의 양상을 살펴보고자 한다. 조선의 근대는 식민지와 제국의 경험이 상충하면서 형성되었다. 그 때문에 여행의 논리에는 식민지 조선과 제국 일본의 논리가 함께 반영되어 있다. 따라서 1920년대 일본이 조선에서 실시한 일본 관광의 성격을 먼저 살펴보는 과정이 필요하다.

한일병합 이래로 총독부 당국자는 조선인의 일본 내지內地 관광을 권장하고 기회 있을 때마다 관광단을 조직했다. 3·1운동 이후 무단정치에서 문화정치로 식민지 정책을 전환하면서 일본관광단 정책은 더욱 강화되었다. 관광단을 조직하는 일이 지방 관리의 중요 임무가 되었을 정도이다.[1] 조선인의 일본 여행뿐만 아니라 일본인의 조선 및 대륙 여행도 활발했다. 한일병합 6년 전인 1904년부터 이미 일본인들은 여권 없이 조선을 드나들 수 있었다.[2] 활발해진 여행 문화는 자국의 영토에서 벗어나 이국의 산천과 문화를 체험할 수 있도록 함으로써 여행자의 정체성 형성에 큰 영향을 끼쳤다. 조선총독부의 강권으로 추진된 일본 관광 정책은 대표적이고 중요한 예이다.

개항 이후 조선인의 일본 관광은 말 그대로 문명 시찰 관광이었다. 이는 병합 이후에도 변함이 없었다. 그것은 즉, "이웃 나라 문명의 기운 받기 위함이지 물화를 감상하는 놀이 여행이 아니었다."[3] 일본관광단은 조선 교원 또는 조선의 학부모들을 중심으로 한 교육관광단, 수학여행, 각 지방 재산가와 유력자 및 관공서의 임원들로 구성된 관광단 등 다양한 방식으로 조직되었다. 조선인 교원을 중심으로 한 교육관광단은 1918년부터 시행되었으며, 교

---

1 「관광단 정책 득불보실得不補失」, 『동아일보』 1922. 5. 12.

2 서기재, 「전략으로서의 리얼리티」, 『비교문학』 34집, 한국비교문학회, 2004. 10, 73쪽.

3 성낙현, 「기증 관광단 일행」, 『대동학회월보』, 1905. 5. 25, 27쪽.

원들은 일본에서 "학사 및 농상공업 등에 관한 각 시설"을 시찰했다.[4] 조선총독부는 이들의 관광을 적극적으로 지원했다. 일본 관광을 위해 관광객 개인이 부담하는 여비는 총비용의 30% 남짓이었던 것으로 추산된다.[5] 정책적으로 실시된 여비 보조를 통해서도 짐작할 수 있듯이 일본관광단은 주로 조선총독부 또는 각 관청의 강권에 의해 구성되었다.[6]

이렇게 동원된 관광단은 여러 문제점을 갖고 있었다. 1921년 5월 20일자 『동아일보』 사설에서는 일본 관광이 투자 경비와 시간에 비해 조선인에게 유익한 것은 아무것도 없다고 단언한다.[7] "일본관광단을 조직하는 본의가 결코 일개인의 홍락을 취하기 위한 것이 아니라 필히 그 사이에 무슨 사회적 가치를 발견하기 위한" 것일진대, 이를 위해서는 실업가든 정치가든 교육가, 문학자, 지역 유지 등을 막론하고 일본 관광에 대한 준비가 있어야 한다. 그러나 이러한 준비 없이 인원만 채워 떠나는 길에서는 어떤 소득도 있을 수 없으며, 이 시기의 일본 관광은 이러한 수준을 면치 못한다는 점을 이 사설은 지적했다.

당시 관광단의 폐해를 가장 가까이에서 지켜본 이들은 일본 유학생이다. 이들 또한, 꼬리를 물고 들어오는 "흰옷 입은 관광단"의 발걸음이 진정한 의미의 시찰이 되어야 하거늘 결과는 전혀 엉뚱한 방향으로 치닫고 있음에 안타까움을 표시한다.

---

4 「조선 교원 일본 시찰」, 『동아일보』 1920. 5. 2.

5 당시 1인당 200원의 여비 중 80원은 지방비로 보조하고, 50원은 면 경비로 지출하여 실제 개인의 부담은 70원이었다고 한다. 「금춘의 유행물인 일본관광단」, 『동아일보』 1921. 4. 30.

6 「저주하라! 평화박람회」, 『동아일보』 1922. 5. 4.

7 「근래 유행의 일본 관광, 그 목적이 무엇」, 『동아일보』 1921. 5. 20.

유학생들이 일본에서 그들을 만날 때 드는 "미안하고, 섭섭하고, 가슴 답답한"[8] 감정을 분노로 폭발케 한 사건이 있었다. 이 사건의 발단은 도쿄 우에노上野 공원에서 1922년 3월 10일부터 7월 30일까지 평화 기념 박람회장에 설치된 조선관과 거기에 진열된 상품들에서 비롯되었다. 평화박람회 제2회장에 설치된 조선관에는 조선 가옥의 모형과 조선인의 풍속 사진이 전시되었는데, 그것은 조선인이 보기에도 구역질이 날 정도로 추악하고 괴상망측했다고 한다. 제작해놓은 조선관 건물도 허술했을뿐더러, 입구에 세워 놓은 조선 농부 인형은 험상궂기 짝이 없었다. 외국 사람이 보면 마치 조선 사람은 다 야만인이라고 생각되게 할 정도의 모양새였다. 조선의 상품으로 진열해놓은 것은 수수비나 바구니, 조선쌀 등이었는데, 조선쌀에는 방부제를 넣어 흡사 돌이 섞인 쌀처럼 품질이 나빠 보였다. 조선쌀은 좋지 않다는 사실을 광고하기 위해 전시해놓은 것처럼 보였다. 게다가 조선관 앞에서 파는 조선 음식은 조선인조차 먹기 힘들 정도여서 이 역시 야만인의 음식처럼 보였다.[9] 이를 보고 분개한 유학생들은 조선관의 진열품을 모두 치울 것을 박람회 당국에 요구했다. 당국은 이를 이행하지 않았고, 이에 유학생들은 조선관을 소각하려고 했다. 하지만 일본 경시청과 관내 각 경찰서의 삼엄한 경계로 이들의 실행은 결국 무산되고 말았다.[10]

평화 기념 도쿄 박람회는 제국의 '식민주의 전시'의 전형을 보여준다. 만국박람회의 식민지 전시가 문화적·이데올로기적 경향을 강하게 띠기 시작한 것은 1855년 파리 만국박람회 이후이다. 일본도 러일전쟁을 전후하여 식

---

8 취몽생, 「수감수록」, 『학지광』 22호, 1921. 6. 79쪽.

9 『동아일보』 1922. 5. 4.

10 『동아일보』 1922. 4. 18~19.

민지의 인간, 식민지 전쟁의 전리품 등을 전시하면서 제국적 이데올로기를 전파하기 시작했다.[11] 도쿄 평화박람회의 조선관 사건은 제국적 박람회의 이데올로기에 의해 조선의 문화가 어떻게 야만의 문화로 이미지화되는가를 잘 보여준다.

박람회는 언제나 관광객들로 북적거렸다. 1921년과 1922년 조선에서 일본관광단 붐이 일어났던 데에는 일본에서 개최된 각종 박람회가 큰 몫을 했다. 일본관광단의 주요 목적지는 1921년의 경우 오이타현大分縣 공진회와 오사카大阪 도시박람회, 1922년에는 도쿄 평화박람회였다. 여기에 동원된 관광객들의 모양새는 평화 기념 도쿄 박람회에 설치된 조선관만큼이나 유학생들을 참담케 했다.

> 고국에 있는 동포는 도저히 생각하지 못할 만큼 도쿄의 가로에서 보는 조선 관광단의 모양은 참혹하여, 도쿄에 있는 조선 사람들은 뜨거운 눈물이 흐를 지경이다.
>
> 요사이 의복은 대개 흰 것이요, 풀 기운으로 입는 것인데, 행장을 많이 가지고 다니지 못하게 한 까닭에 의복은 대개 입고 온 것뿐이다. 의복 한 벌을 가지고 수십 일을 객지로 끌려다니노라니 그 모양이 과연 어떠할까. 더욱이 일본은 비가 많이 오고 누습한 곳이라 더럽고 젖은 옷에 다 해진 더러운[12] 신발짝을 끌고 우산에다가 물통이나 둘러메고 떼를 지어 영솔자에게 몰려다니며 고루 거각이나 쳐다보고 입을 딱 벌리는 모양을 볼 때에는 무엇이라고 형용할 수 없이 아프

---

11 이에 대해서는 요시미 순야 지음, 이태문 옮김, 『박람회 — 근대의 시선』, 논형, 2004, 241~246쪽에 구체적인 예시와 함께 잘 설명되어 있다.

12 '다 해진 더러운' 구절은 원문에 띄어쓰기 없이 '다가인도고'로 표기되어 있는데, 인용자가 '다 / 가인→해진 / 도고→독오瀆汚→더러운'으로 추론해서 풀어 썼다.

고 쓰리다.

　아! 이러한 관광단을 조직하여 조선 사람의 치욕을 도쿄에까지 가져다가 광고를 하는 자는 과연 누구인가. '조선 단체'라는 이름은 요사이 도쿄에서 구접스러운 것을 형용할 때에 쓰는 한 별명이 되었다.

—「저주하라! 평화박람회」, 『동아일보』 1922. 5. 4.

　일본 유학생들의 눈에 비친 조선인 관광단은 문명화된 일본인에 대비되는 '토인', 즉 야만인이었다. 도쿄 평화박람회의 조선관 진열품에 대해 유학생들이 분노했던 이유도 조선인을 야만인으로, 조선의 문화를 야만의 문화로 전시하는 일본의 처사 때문이었다. 일본의 도시 거리를 돌아다니는 조선인 관광단의 모습 또한 외국인과 일본인에게는 조선관에 진열된 농사꾼 인형과 별반 다르지 않았다.

문명의 위협과 공포의 도발

　그렇다면 일본 관광길에서 조선인들이 보고 느낀 것은 무엇일까? 앞서 언급한 1921년 5월 20일 자 『동아일보』 사설에서는 긍정적 의미의 소득은 거의 없지만, 얻는 것이 있다면 "참 장한데" "참 훌륭한데" "어떻게 그렇게 발달이 되었는지" "놀랄 일이데" 하는 일본의 발달상에 대한 놀라운 자각이라고 말한다. 이러한 자각이 조선의 발달에 긍정적으로 기여한다면 바람직한 시찰 관광일 수 있다. 그러나 일본 관광을 하는 조선인들은 발달한 문명을 보고 공포증만 얻었으며, 조선인의 추태만 남에게 광고하는 결과를 낳았다.[13]

　조선인 관광단을 기획하고 지원한 일본의 정치적 의도는 분명했다. 조선

13　S생, 「관광단을 평론함」, 『학지광』 22호, 1921. 6, 53~54쪽.

총독부의 일본관광단 정책은 일선융화의 촉진책으로 장려된 것이다.[14] 그 때문에 일본의 신사神社와 천황릉 참배가 하나의 관광 코스로 짜여지는 것은 당연했다.[15] 일본의 궁극적 목적은 "조선의 발달에 미치는 실제적인 이익 여하는 아랑곳하지 않고 어떠한 방법으로 어떠한 단체를 조직하든지 한 사람이라도 더 많이 일본 문명의 피상적인 눈부심에 심취하여 일본의 장대함에 경탄하고 일본의 위력에 두려워 굴복함으로써 다시는 일본에 대항할 생각을 품지 못하게"[16] 하는 것이었다. 조선 지식인과 언론의 지속적인 비판이 제기되었음에도 불구하고 관광단 정책은 계속해서 강행되었다.

　일본관광단의 기획과 추진 전략은 조선에만 국한되지 않았다. 중국, 몽골, 태평양의 국가들에게도 동일한 방식으로 실시되었다.[17] 특히, 남양南洋 '토인'들의 일본 관광은 그들을 바라보는 조선의 지식인 또는 유학생에게도 타산지석이 되었다. 이들이 일본 군사시설을 탐방하는 남양인의 눈에서 읽은 것은 문명을 이해하고 자각하려는 열의가 아니라 일본에 대한 공포감과 경외심이다. 조선인 관광단도 남양 '식인종'과 다름없이 취급되고 그들과 똑같은 존재가 되지 않을까 하는 우려를 가지면서 일본 유학생은 그에 대한 경계

---

14 『독립신문』 1920. 5. 6.

15 「청년회원 일본 관광」, 『신한민보』 1912. 12. 9.

16 『동아일보』 1922. 5. 12.

17 일본의 제국주의적 야욕으로 기획된 일본 관광은 조선에만 국한되지 않고 범아시아적 차원에서 이루어졌다. 일본은 만주, 아라비아 등 아시아 제 민족 대표자 15명으로 구성된 관광단을 조직하여 그들로 하여금 일본 각지에서 강연을 하도록 주선하고 관광도 겸할 수 있게 해주었다. 그 명분은 전 아시아 민족의 자유 해방에 대한 기초 확립과 민족적 대아시아 건설이었으며, 그 맹주가 일본임을 강조하는 것 또한 잊지 않았다. 「대아시아 건설의 계획─관광 겸 유설하러 가는 각 민족 대표자 십오 명」, 『독립신문』 1921. 1. 27 참조.

를 늦추지 않았다.[18]

조선인이 일본에서 본 것은 주로 박람회장, 대도시, 공장 등의 산업 시설, 근대화된 교육기관 등이다. 주로 근대 문명의 시설이다. 또 군함 관광 등 일본의 근대적 군사시설 견학도 중요한 관광 대상에 포함되었다.[19] 일본의 근대 문화 공간 속에서 조선인은 야만인에 가까운 구경거리로 전락하고, 그들의 내면은 일본에 대한 경외심으로 가득 채워진다. 이 과정에서 조선의 부정적 이미지는 강화되고, 일본은 지배 국가로서 정당성을 확보한다. 바로 이것이 내선일체를 목적으로 한 일본관광단 정책의 내적 전략이다. 이는 곧 문명화된 일본과 야만으로서의 비일본이라는 이분법을 통해 일본 이외의 국가들을 타자화하는 일본 중심의 논리이다. 일본의 근대화된 문물 시찰을 통해 조선 관광객의 눈에 비친 일본은 '문명'의 나라라는 이미지가 공고해진다. 이는 물질의 차원을 넘어 정신적인 우월함으로 확대되어 해석되기에 이른다. 일본 문명은 "국민의 협동 단체심" "모험 진취의 마음" "인내 지구의 힘"의 결과이며, 우리는 인내와 근면성이 부족한 민족이 되어버린다.[20]

일본 박람회의 관람객으로 동원된 조선인 관광단에게 각인되는 것은 제국과 식민지를 문명과 야만으로 이분하는 제국의 식민 이데올로기이다. 프랑스, 영국, 미국, 일본에서 개최된 박람회에는 제국주의 및 소비사회와 대중오락이라는 세 가지 요소가 결합되어 있다. 이 세 가지의 의미 작용을 통해 관람객의 감각과 욕망은 근대적으로 재편되어갔다. 즉, 절약과 노동을 제일의

18 『동아일보』 1921. 5. 20.

19 군함 등 일본의 근대 군사시설 관광은 일본 학생들의 수학여행 대상으로도 곧잘 꼽혔으며(김준연, 「여행잡감」, 『학지광』 19호, 1920. 1), 국내에 입항한 일본 군함은 조선 대중의 관광지 중 하나이기도 했다.(「군함관광단 모집」, 『동아일보』 1926. 9. 16)

20 「내지 수학여행의 감상」, 『매일신보』 1914. 11. 20.

미덕으로 삼았던 중산계급의 사람들은 박람회를 통해 상품을 욕망하고 소비하는 대중으로 변모한다. 박람회가 촉발하는 소비문화 속에서 그들은 소비하는 대중이 되어갔다.[21] 그러나 식민지 관람객은 박람회의 상품 소비자로 동원되기에 앞서 제국 문화의 이데올로기적 전략에 따라 강제적으로 호출된 박람회의 또 다른 전시품이었다. 1910년대와 1920년대에 걸친 조선인 일본 관광단은 이런 성격을 잘 보여준다.

2. 탐승과 1930년대: 순례에서 탐승으로

신화의 공간 순례: 단군의 묘향산

근대의 국토 여행에는 성지순례로서의 '여행'과 탐승적 차원의 '관광'이라는 의미가 혼재한다.[22] 묘향산 기행문은 이러한 특성을 잘 보여준다. 묘향산은 1926년경 최남선에 의해 민족의 성지로 부각된 바 있지만 좀 더 본격적으로 관심이 모아지기 시작한 것은 1930년을 전후해서이다.[23] 백두산과 금강산

---

21 요시미 순야, 앞의 책, 45쪽·71~72쪽.

22 여행, 관광, 순례의 기본 개념에 대해서는 서영채의 논문을 참조하기 바란다. 그는 "관광은 무엇보다도 자기 목적적인 여행이라는 점에서 교역이나 전쟁이나 이민 등을 위한 여행과, 또한 지식을 위한 탐사나 종교적인 제의로서의 순례 등과 구분된다. 그리고 산업적으로 구현되는, 대중들을 위한 여행이라는 점에서" 관광은 "대중적인 이동 순간과 숙박 시설을 전제로 하는 근대 세계의 산물이라고" 정리하고 있다. 서영채, 「최남선과 이광수의 금강산 기행문에 대하여」, 『민족문학사 연구』 24호, 2004. 3, 249쪽.

23 1920년대 초반에는 단군 탄생지로서의 묘향산에 대한 관심은 크게 높지 않았던 것 같다. 박달성을 비롯한 일행 30명 가운데 단군대로 향하는 길을 아는 자가 한 사람도 없었다는 사실이 이를 말해준다.(「묘향산으로부터 다시 국경 천리에」, 『개벽』, 1923. 9) 이러한 사정은 1932년 현진건이 이곳을 찾았던 때에도 크게 달라지지 않았다. "금일

이 근대 초기부터 국토 순례의 대상지로 주목받았던 것과 비교된다. 최남선에서 시작되어 이은상의 「향산유기香山遊記」(『동아일보』 1931. 6. 11~1931. 8. 7)와 현진건의 「단군성적순례檀君聖跡巡禮」(『동아일보』 1932. 7. 29~1932. 11. 9)에 이르면 묘향산은 민족의 성지로 적극적으로 추앙된다. 이은상과 현진건의 묘향산 기행은 국토 순례로서의 여행과 관광 여행의 사이에 위치한다. 이 시기 이후에는 묘향산을 아름다운 풍광을 즐길 수 있는 관광지로 인식하는 글들이 발견된다.

묘향산에 대한 관심은 민족의 문화지리적 관점에서 국토를 재발견하고 이를 통해 새로운 문화적 민족 건설을 시도한 『개벽』으로부터 시작한다. 『개벽』은 1923년 4월부터 1925년 12월까지 2년 8개월여에 걸쳐 '조선 문화의 기본 조사' 사업을 대대적으로 전개했다. 이 사업에 따라 전국을 도별로 나눈 뒤 각 호마다 주요 지역을 직접 답사하고 그에 대한 인문·역사·지리 탐방기를 실었다. 이는 단순히 감성에 호소하여 민족성을 고양하려 하지 않고, 전국 각 지역을 구석구석 발로 밟아보며 그 실상을 정치·경제·문화적인 시찰의 차원에서 구체적이고 객관적으로 보고한 답사기라는 점에서 의의가 크다. 이 기획하에 구성된 묘향산과 관련된 대표적인 글은 『개벽』 1923년 8, 9월호에 실린 춘파 박달성의 기행문 두 편이다. 「일천리 국경으로 다시 묘향산까지」와 「묘향산으로부터 다시 국경 천리에」라는 글을 통해 춘파는 압록강에서 묘향산에 이르는 관서 지방 일대를 조감하고 있다. 그의 노정을 살펴보면, 신

행정은 단군굴, 만폭동, 금강굴인데 1년치고도 순례자가 한 번 있을까 말까 한 탓에 그 소삽한 길—의젓한 길이 있는 것이 아니라 산용山容 수태水態를 보아 그 방향을 더듬어 길을 만들어가는 길—을 혼자 아노라고 장담하고 나서는 이는 하나도 없었다."(현길언 편, 현진건 지음, 『현진건 산문집』, 한양대학교 출판부, 2003, 41쪽)라는 말을 통해 짐작할 수 있다. 이로 보건대 묘향산 단군대와 단군굴 여행은 1930년대 초반 성지 순례를 의도한 몇몇 지식인들이 의식적인 차원에서 주도했음을 알 수 있다.

의주에서 출발하여 압록강과 그 너머 안둥시安東市(지금의 단둥丹束)를 구경하고 의주 통군정에 오른 뒤, 신안주와 희천을 거쳐 만포진에 도착한다. 그 후 초산에서부터는 압록강의 물길을 이용해서 다시 신의주로 돌아온다. 노정 하나하나에 여행자의 감상을 싣고 있긴 하지만, 그 중심과 정점에 있는 것은 묘향산이다.

춘파는 묘향산의 이적異跡과 전설, 단군·해모수·금와왕·주몽왕의 사적 등을 소개하여 묘향산이 조선의 역사적 발원지임을 강조한다. 그에게 묘향산은 "조선 국조 단군신인의 탄강처誕降處"이다. 특히 단군대에 올라서서는, 단군암이 한때 독립당의 휴식처였다는 이유로 일본 순사들에 의해 "처마와 기둥이 엇갈리고 기왓장이 널려 있는 처참한 난색亂色"을 보면서 여지없이 불쾌해지는 심사를 토로한다. 이처럼 단군대와 단군암이 환기하는 민족 감정은 우리 민족과 저들 일본 순사들 사이에 강한 경계선을 형성한다. 여기에서 묘향산은 민족적 국토의 개념으로 환기된다.

1920년대 초반까지의 묘향산 기행문은 민족적 자기 발견 서사의 한 부분에 속하는 정도이다. 『개벽』에서도 전체 국토의 한 부분으로서 묘향산을 언급했을 뿐이다. 묘향산만 특화시켜 조명하고 있지는 않다. 묘향산만을 집중적으로 조명하고, 나아가 이를 민족적 성지로 서사화하기 시작한 때는 1920년대 후반과 1930년대 초반에 이르러서다. 최남선은 묘향산의 단군굴을 가볼 수밖에 없는 필연적인 이유를 나/민족의 "열림"이 이로부터 비롯되었다는 데에서 찾는다.[24] 이후 그의 인식은 묘향산의 지맥상 원위源委, 역사, 경승, 교통 및 유적을 구체적으로 설명해놓은 묘향산 안내서 격인 「단군굴의 영적을 가진 영변의 묘향산」으로 이어진다. 이 글에서 최남선은 "단군 때문에 묘향

---

24 최남선, 「단군굴에서」, 『동광』, 1926. 8.

산"임을 강조하면서 묘향산의 의의를 단군의 존재에서 찾는다.[25]

단군에 대한 관심이 고조되면서 묘향산은 단군 탄생지로서 주목받게 되었다. 이를 촉발시킨 구체적인 계기는 단군을 부인한 「소위 단군 전설에 대하여」(『문교의 조선』, 1926. 2)라는 오다 쇼고小田省吾의 글이다. 이 글에 대한 맞대응으로서 단군 건국신화에 나오는 민족적 발상지로 먼저 주목을 받은 곳은 백두산이다. 『동아일보』는 1926년 6월 22일과 23일 자 사설로 「백두산의 신비」라는 글을 싣고, 최남선과 박영한을 백두산에 파견했다. 그 결과물이 『백두산근참기白頭山覲參記』이다. 최남선에게 묘향산은 의미상 백두산과 다르지 않으며, 단군의 존재와 떨어뜨려 생각할 수 없는 곳이다. 그런 까닭에 묘향산을 바라보는 최남선의 글에서는 경승과 풍경을 음미하고 향유하는 개인의 미적 태도는 전혀 발견할 수 없다.

시적 거리와 사적史蹟 순례

이은상과 현진건의 경우는 최남선과 같이 철저히 순례적인 여행에서 순수한 관광으로 변이되는 중간 지점에 위치한다. 이들에게도 우선적으로 묘향산은 성스러운 공간이요, 민족의 육화된 공간이다. 이들의 기행문도 다분히 순례기의 성격을 띤다. 묘향산의 민족적 의미를 살리기 위해 이들이 취한 방식은 주로 공간을 성역화하고 역사화하는 방식이다. 이은상에게 묘향산은 "태백님"이 계신 곳이며, 현진건에게 그곳은 "성조聖祖" "왕검님"의 "영능"이 서려 있는 공간이다. 묘향산에 대한 이은상의 마음가짐은 「향산유기」에서 시종일관 유지되는 경어체 문체가 잘 말해준다. 현진건에게는 등정 자체도 성스럽기만 하다. 그렇기에 현진건은 단군굴로 가는 도중에 있다는 '가단군굴

---

25 최남선, 「단군굴의 영적을 가진 영변의 묘향산」, 『한빛』, 1928. 5.

假檀君窟' 답사도 생략한다. 진짜 단군굴을 보기에 앞서 "그런 것을 보는 것이 도리어 불결하다는 생각이" 들었기 때문이다. 이처럼 묘향산을 대하는 그들의 태도는 매우 경건하다.

이은상은 1931년 6월에, 현진건은 이듬해인 1932년 7월에 묘향산을 찾았다. 시기는 다르지만, 이들이 단군굴에서 보인 태도는 흡사하다.

> 나는 이 굴 앞에 이르자 무조건으로 무릎을 꿇었으며 무의식으로 눈물을 흘렸습니다.
>
> 한쪽 구석에 목비木碑 셋이 계시다 하므로 자세히 찾으니 땅바닥 진흙에 넘어져 있습니다. 나는 경건한 마음으로 목비를 모셔 안고 그 몸에 발린 흙을 씻은 뒤에 바위 벽에 세 위位를 모셔 세우니 중앙 목비에 단군천신지위壇君天神之位라 쓰였고, 좌우의 목비에는 남무환인천왕지위南無桓因天王之位, 남무환웅천왕지위南無桓雄天王之位라 씌어 있습니다. 남무란 곧 귀명歸命이란 뜻이니 우리 천왕에게로 돌아오라는 말입니다.
>
> "돌아오라."
>
> 얼마나 우리 마음을 일깨워주는 말입니까. 나는 이 '귀명' 일언一言으로써 우리의 표어를 삼고자 하거니와 이 말이야말로 더럽고 적고 낮고 약하고 어리석고 무디고 간사하고 조라지고 어둡고 미지근하고…… 이러한 온갖 악점밖에 못 가진 우리에게 내려주시는 명령이요 또한 복음입니다.
>
> —이은상,「향산유기」,『동아일보』1931. 7. 23.

우리는 의논이나 한 듯이 일제히 무릎을 꿇고, 낮추낮추 고개를 숙이었다. 나는 만감이 전신에 소용돌이를 치며 고개를 다시 쳐들 수가 없었다. 약자로 잔손殘孫으로 어버이 앞에 엎드린 것이다. 무안하고, 얼 없고, 부끄럽고, 무섭고 …(중랴)… 해서, 숙인 이 고개를 감히 들 수가 없는 것이다.

—현길언 편, 현진건 지음, 『현진건 산문집』, 한양대학교 출판부, 2003, 53쪽.

첫 번째 글은 이은상의 「향산유기」 중 '단군굴'의 일부이며, 두 번째 글은 현진건이 동일한 장소에 대해 쓴 「단군성적순례」 중 '단군천신지위檀君天神之位'의 일부이다. 단군의 위패 앞에서 두 사람은 모두 성지를 찾아와 참회하는 자가 된다. 이은상은 무릎을 꿇고 자신도 모르게 눈물을 흘렸으며, 현진건도 무릎을 꿇고 고개를 숙인다. 이 숭배의 대상지는 곧 민족 현실을 비추는 거울이 된다. 단군의 성업을 생각하면서 이은상은 그와 대비되는 온갖 "악점" 밖에 가지지 못한 민족 현실을 떠올리고, 현진건은 "무안하고, 얼 없고, 부끄럽고" 또 무서워서 고개를 들지 못한다. 이는 성지에 이른 순례자가 참회를 통해 자신의 현실을 확인하고 자각하는 모습, 바로 그것이다.

이와 더불어 자신을 확인하는 또 하나의 방식은 묘향산의 사적 순례로서, 역사를 통한 자기 확인이다. 이은상은 밤 기차를 타고 출발하면서 행주성을 지날 때는 권율 장군을 생각하고, 임진강을 지날 때는 이규보의 시를 떠올린다. 공간에 대한 그의 인식은 역사적·문학적 상상력에 근거하고 있으며, 세계 인식의 방식은 은유적이다. 개성과 평양은 고려로부터 자유롭지 못하고, 철원과 태봉은 궁예로부터 자유롭지 못한 것과 동일한 인식 방식이다.

이러한 특성은 이은상의 「향산유기」보다 더 격한 감정적 표현이 드러난 현진건의 「단군성적순례」에서 더 강하게 보인다.[26] 현진건은 '곡哭! 을지장군'에서 석양 무렵의 흰 구름이 "시의屍衣" 같고, "산하도 혈색이요 초목도 혈색"

---

26 「단군성적순례」에 인용된 한시와 전설에 대해서는 현길언 편, 앞의 책, 289쪽에 잘 정리되어 있다.

처럼 보인다고 한다. 또 세 동강으로 부서진 을지문덕 장군의 석상을 보고는 "열화와 같은 적기가 가슴에 치밀어 오르다가, 비애와 참괴에 지질"리고 만다. 그에게 묘향산은 비애와 참회와 부끄러움의 공간인 동시에 분노의 공간이다. 또 다른 한편으로 우리의 문화 유적과 유물을 만나는 곳에서는 황홀함의 공간으로 바뀐다. 그의 격정의 정도는 현실 확인의 정도와 비례한다. 묘향산의 나무 하나, 유물 하나도 그에게는 민족 현실의 대치물로만 보인다. 이은상과 현진건에게 국토가 민족을 표상하는 방식은 공간에 얽힌 역사적 서사 읽기이다. 그들이 보는 것은 화려했던 과거의 역사와 그에 대비된 퇴락한 현실이다. 이것은 곧 순례객에게 자신의 민족적 현실을 환기시킨다.

이들의 태도는 민족을 맹목적인 신앙의 대상으로 추앙하고자 하는 최남선과 변별된다. 특히 이은상은 「육당의 근업 「백두산기」를 읽고」[27]에서 자신의 입장을 드러낸 바 있다. 그는 최남선의 풍부한 어휘력과 역사학자로서의 문학적 자질을 높이 평가하면서도 백두산을 바라보는 태도에 대해서는 과감히 비판한다. 즉, "모든 산중의 성스러운 산이라 하여" 백두산을 "신앙의 대상으로 삼는 것"을 비판하면서, "그는 과학적임을 주장하지만, 필자가 보기에는 언제나 신앙적이며 너무나 객관성이 모자라는 만큼 너무나 주관적이며, 실재적이거나 현실적인 것에 반하여 너무나 신화적이고 이상적"이라 이러한 사상은 "받아들일 수 없"고, "이러한 태도에 대하여는 오히려 극렬히 반대하고자 하는 마음이 없지 않다"라고 했다. 따라서 "문예인인 나로 하여금 보라 한다면 백두산은" 최남선과 같이 "조선인에게 운명이 드리운 탑", "동방 조화의 법상의 연기"로 "세상에서 가장 성스러운 역사적 존재"와 같은 "신비"의 영산이 아니라, "시적" 신비의 영산으로 볼 것이라고 자신의 견해를 밝히고

27 『동아일보』 1927. 9. 8~9. 12.

있다.

이은상이 강조하는 것은 성지를 대하는 '시적' 태도이다. 「향산유기」에서 그것은 곧 폐허가 된 현실 앞에서 좌절하지 않고 평정심을 유지할 수 있는 미적 관조의 태도로 드러난다. 단군굴 앞에서 "나는 여기서 폐허의 노래를 부르고 싶지 아니합니다. 가시풀에 묻히고 임 모신 향각이 다 무너진 때라고 슬픈 노래를 부르고 싶지 아니합니다. 성지가 이 모양이 되도록 무심무엄無心無嚴한 우리 자손들의 죄를 스스로 불쌍히 여기고 스스로 분하게 여기는 한편, 다만 하나 '돌아오라'의 노래를 부를 뿐입니다"[28]라고 한 부분이 바로 그러한 태도의 구체적인 표현이다. 그는 "우리 병을 낫게 할 영방靈方"과 "우리를 어둠 속에서 구출하여 살게 해줄 광명"은 단군으로 귀의하는 귀명찬가歸命讚歌를 부르는 방법밖에 없음을 역설한다. 요컨대 귀명찬가를 통해서 이은상은 자각된 현실을 미적으로 초월하고자 한다. 또한 이를 통해 민족적 현실뿐만 아니라 개인적인 삶까지 되비춰 보는 거리와 여유를 얻고자 한다.[29] 이은상의 「향산유기」는 민족 성지의 순례기적인 특성을 띠면서도 민족을 맹목적으로 신앙화하지 않으려는 노력 속에서 관조적 거리를 유지하고 있다. 이러한 점이 이은상의 묘향산 기행문을 순수한 순례와 관광의 중간 지점에 위치시킨다.

한편 현진건의 「단군성적순례」가 갖는 중간적 위치는 문학적·역사적 상상력의 발현에서 찾을 수 있다. 「단군성적순례」에서 역사적 사실은 역사적

---

28 이은상, 「향산유기」, 『동아일보』 1931. 7. 23.

29 단군동 산야에서 저녁 반찬으로 먹을 '고사리'를 꺾으며 하는 생각은 그의 사유가 개인적 삶에 대한 성찰로 이어지고 있음을 보여준다. 「향산유기」, 『동아일보』 1931. 7. 25.

안목 그 자체로 이해되지 않고 문학적 인식을 통해 재구성된다.[30] 그가 곧잘 인용하는 한시 및 재구성된 설화와 전설이 이를 구체적으로 보여준다. 「향산 유기」의 시적 태도와 「단군성적순례」의 문학적 상상력이 『백두산근참기』의 "신화적이고 이상적"인 태도에서 벗어났다고는 하나, 이들의 상상력이 민족 이라는 궁극적인 지점으로 귀결되고 있다는 점에서는 최남선과 다르지 않다. 현진건과 이은상의 기행문에 흐르는 주된 정서가 민족적 의미망의 범위 안 에서 이루어지고 있음은 부인할 수 없는 사실이기 때문이다.

관광: 묘향산 동룡굴 탐승

순수한 탐승의 차원에서 바라보는 자의 눈에 비친 묘향산은 이은상과 현 진건이 바라보는 묘향산과는 전혀 다르다. 묘향산을 바라보는 탐승적 시선 의 대중적인 발현은 1929년 동룡굴의 발견으로부터 나타나기 시작한다. 이 를 계기로 관광지로서의 묘향산 개발이 본격화되었다. 청년 몇몇이 답사하던 중 의외로 큰 종유동을 발견하면서 보승회保勝會가 조직되고, 평안북도에서 이를 관리하게 되었다. 이때부터 묘향산은 탐승객이 끊이지 않는 관광지로 변모했다.[31] 지방관청뿐만 아니라 신문사에서도 관광객을 모집했다. "묘향산 탐승대원 모집"에 적극적으로 참여하는 사람이 늘어나면서 1936년 이후 묘 향산 탐승은 더욱 성황을 이루었다.[32] 이 이후로 나온 묘향산 기행문에서는 이은상이나 현진건이 보여주었던 출발할 때의 비장미나 단군에 대한 추앙은 찾아보기 어렵다. 이제 사람들은 묘향산 하면 단군굴이나 단군대를 떠올리기

---

30 현길언 편, 앞의 책, 285~292쪽.

31 김창강, 「지하금강 동용굴 탐승기」, 『삼천리』, 1931. 11. 62쪽.

32 『조선중앙일보』 1936. 6. 4.

보다 동룡굴을 먼저 떠올렸다.

단군의 의미가 소거된 순수한 관광지로서 묘향산을 여행할 때 살아나는 것은 시각적 묘사이다.[33] 탐승의 시선으로 바라본 묘향산은 한 폭의 그림 같은 공간이다. 그 예를 현상윤의 「묘향산별견기」에서 찾아볼 수 있다.

> 또 청천강 좌우 연안에는 풀밭이 있다. 이것이 넓은 데는 수백 미터 되는 것도 있고 좁다고 하여도 팔구십 미터는 모두 다 넉넉히 된다. 그러므로 이 위에는 무수한 농우들이 방목되어 있다. 이것이 또한 한낱 운치 있는 광경이다.
>
> 혹은 누런 놈, 혹은 검은 놈, 또 혹은 얼룩얼룩한 놈, 혹은 큰 놈, 혹은 작은 놈이 누워서 새김질하는 놈도 있고, 서서 풀을 먹는 놈도 있으며, 또 혹은 강가에 가서 물을 마시는 놈도 있다. 이것이 연로 수백 리에 이어져 있다. 매우 볼만하다.
>
> 천리연안 푸른 풀에
>
> 마음대로 먹고 누웠으니
>
> 채찍질 꾸짖는 소리
>
> 들을 길이 바이없다
>
> 아마도 소의 천국은
>
> 옌가 하노라.
>
> ― 현상윤, 「묘향산별견기」, 『동아일보』 1939. 8. 31.

---

33 이에 부합하는 대표적인 묘향산 기행문은 다음과 같다.
김창강, 앞의 글; 김도태, 「팔도명승편답기, 동용굴과 묘향산」, 『중앙』, 1935. 2. 3; 김성목, 「관서팔경 두루 돌아, 지하금강 동용굴에서 묘향산까지(2)」, 『삼천리』, 1935. 11; 박석관, 「묘향산 기행」, 『조선중앙일보』 1936. 7. 17~7. 22; 현상윤, 「묘향산별견기」, 『동아일보』 1939. 8. 31.

현상윤의 이 글에서 민족으로 치환된 공간 인식은 발견되지 않는다. 끝내 창씨개명을 거부한 현상윤의 삶과, 일제에 의해 조선어 과목이 폐지되고 각 신문과 잡지가 폐간되기 직전의 시대적 분위기를 감안할 때 위와 같은 글쓰기는 오히려 위장적 은폐의 전략으로 해석될 수도 있다. 그러나 이러한 해석이 과도하다는 것은 글의 첫머리에서부터 드러난다. 그는 묘향산으로 출발하면서 그곳에 자신의 관향貫鄕인 영변이 있다는 사실에 더욱 고무된다. 그에게 묘향산은 민족의 시조가 태어난 곳이 아니라 가문의 시조산始祖山으로서 의미가 더 크다. 게다가 관광지로 유명해진 동룡굴을 볼 수 있다는 마음에 그는 오랜 숙원을 하나 푸는 기분으로 가볍게 출발한다. 이런 태도는 이은상이 "태백어로써 혀를 놀리고 태백혈로써 몸을 살리고 태백혼으로써 마음을 채운, 그리고 그 밖에는 아무것에도 영광과 안락을 느끼지 아니하는 태백국의 순결한 국민이 되려 하는 내 마음은 지금 기원과 희망과 자존과 우월의 정으로 가득"[34]하다며 북행 열차에 오른 것과는 대조적이다. 반면에 발걸음이 가벼운 현상윤은 기차의 창밖 풍경, 혹은 산을 오르면서 보는 풍경 등이 주는 아름다움을 그 자체로 만끽한다.

최남선으로부터 이은상과 현진건, 그리고 현상윤이 묘향산을 바라보는 관점의 차이에서 풍경이 시각적 감각의 대상물로 재배치되는 과정을 볼 수 있다. 그것은 풍경이 그 내적 역사를 상실하는 과정인 동시에 민족적 은유의 의미망으로부터 독자성을 획득하는 과정이기도 하다. 이는 또한 조선의 영토 전체가 관광지화되는 과정이기도 하다. 1920년대 후반 이후 1930년대의 식민지 조선에는 자연 관광의 물결이 넘쳐흐르게 된다. "봄빛의 뒤를 따라 남조선 5천"의 상춘객이 서울을 찾았다거나, 꽃의 계절을 앞두고 관광단

---

34 이은상, 「향산유기」, 『동아일보』 1931. 6. 11.

이 홍수를 이룬다거나, 관광객이 뿌린 돈이 5개월간 3,000만 원이라는 소식은 1930년대 중반을 전후한 신문에서 쉽게 찾아볼 수 있다.[35] 이처럼 봄, 가을로 꽃과 단풍을 찾아 유동하는 관광의 물결은 식민지 조선에 "꽃의 조선"이라는, 지금으로서는 이해하기 어려운 이름을 붙여준다.[36]

3. 식민지 / 제국의 자기 구성 논리와 풍경의 정치성

담론으로서의 아름다운 조선

식민지의 영토는 제국과 식민지의 시선이 교차하고 경합을 벌이는 과정에서 다양하고 중층적인 시선이 창출되는 장이다. 묘향산 기행문을 통해 이러한 시선의 힘겨루기에 대해 살펴보기로 하자.

유럽 제국의 권위적인 이미지가 19세기 '전통의 창조'를 통해 토대가 마련되고 재형성되었다면, 식민지의 경우에는 반제국주의 운동의 일환으로 식민지 시대 이전을 신성시하고 그로부터 자신의 이미지를 창출하려는 일련의 움직임이 있었다.[37] 민족주의적 국토 순례에 담긴 근대 지식인의 노력은 후자의 한 예다. 묘향산에 대한 최남선, 이은상, 현진건의 관심과 여행도 이러한 맥락에서 이해할 수 있다. 일본의 단군부인론이 오히려 단군에 대한 관심을 촉발했고, 또한 묘향산에 대한 관심을 유발한 것이다. 이은상과 현진건의

---

35 『동아일보』 1933. 4. 23; 1934. 4. 18; 1935. 7. 14

36 「꽃의 조선 찾아 호화선이 온다」, 『동아일보』 1937. 10. 3.

37 에드워드 W. 사이드 지음, 김성곤·정정호 옮김, 『문화와 제국주의』, 창, 1995, 65~66쪽.

묘향산 기행문에서는 현실적인 영토의 상실을 시적·문학적 상상력을 통해 복원하려는 의도가 뚜렷했다.

하지만 문제는 이들과 같이 '단지 민족의 역사만을 말하는 것은 제국주의의 새로운 형태를 반복·확대하고 창출하는 것'이 될 수밖에 없다는 데 있다.[38] 이들의 태도에는 이미 오리엔탈리즘의 "지리학적 폭력"이 내재한다. 그것은 곧 제국주의가 부과한 분열과 서열화를 수용하는 태도이다.[39] 이를 통해 '이쪽' '우리'와 '저쪽' '그들' 사이에 '인식론적이자 존재론적인' 지리학상의 경계를 설정하게 되고, 어느 한쪽의 특권적인 장으로부터 나머지 한쪽을 일정한 담론 질서 속에 가두게 되는 태도를 수용하게 된다.[40] 이는 결국 이들의 '민족' 담론 자체가 제국주의적 인식의 내적 담론 중 하나로 출발할 수밖에 없는 한계를 노정하고 있음을 의미한다. 그 결과 표면적으로는 반제국주의적 기획하에 이루어진 묘향산 여행이 결국 제국 논리의 범위에서 벗어나지 못하고, 제국 자체를 지탱하는 담론으로 작용하게 된다.[41] 이들의 묘향산 순례가 개인적인 의례 차원에서 그칠 수밖에 없었던 것도 이러한 연유에서 비롯한다.

1930년대 초반부터 묘향산 여행은 동룡굴 중심의 관광으로 활기를 띠었다. 이은상과 현진건이 묘향산을 순례하던 때에도 일반인들에게 묘향산은 동룡굴이 있는 곳으로 더욱 명성을 얻는 상황이었다. 『삼천리』에 실린 김창강

---

38 강상중 지음, 이경덕·임경모 옮김, 『오리엔탈리즘을 넘어서』, 이산, 2000, 197쪽.

39 에드워드 W. 사이드, 앞의 책, 401쪽.

40 강상중, 앞의 책, 192~193쪽.

41 와타나베 나오키는 근대 국토기행문의 위상을 이러한 맥락에서 살펴볼 필요가 있음을 간단하게 제기한 바 있다. 와타나베 나오키, 「식민지기 국토기행문을 다시 보는 의의」, 『한국문학연구』 27, 동국대학교 한국문학연구소, 2004, 159~160쪽.

의 「지하금강 동용굴 탐승기」는 묘향산을 간단히 언급한 뒤 동룡굴에 대한 소개만으로 글을 채우고 있다. 이러한 흐름은 점점 확대되어 1930년대 중반 이후에 이르면 순례적인 의미의 여행은 거의 사라지고 단순한 관광 차원의 여행이 주를 이루게 된다. 마침내 조선은 개항 이후 관광의 최전성기를 맞이한다. 이 시기 묘향산 기행문으로 한정해 살펴보면 묘향산 여행에서 '단군굴'은 더 이상 큰 의미를 갖지 못한다.

> 단군굴은 우리 선조들을 통치하시던 왕조의 탄생처라 전하는 곳이므로 적확한 증명은 없다 할지나 이곳까지 왔다가 찾지 않고는 발길이 돌아설 것 같지 않다. …(중략)…
>
> 그리고 이곳이 단군께서 탄생하셨다 하는 기록, 태백산 단목하檀木下에 나셨다는 기록으로 인하여 이곳이 그의 탄생지라 하나 태백산이 묘향산만이 아니고, 또한 묘향산이 태백산이라 가정하더라도 단목하에서 나셨다는 기록은 있어도 굴속에서 탄생하셨다는 말은 믿을 수 없는 일이다.
>
> 나시기야 어디서 나셨든지 지금 그것을 변증할 필요는 없고, 오직 전설이나마 이곳에서 나셨다 하니 생각할수록 우리 후손된 사람으로서 경모의 염을 금할 수 없어 향화香火라도 피웠으면 하는 생각도 있었으나, 아무 도구도 가지지 못하였으므로 물끄러미 서서 잠시 동안 추억의 뜻을 표할 뿐이었다.
>
> ― 김도태, 「동용굴과 묘향산(완)」, 『중앙』, 1935. 3, 76쪽.

김도태의 글에서는 단군굴과 단군, 묘향산과 단군의 관계가 절대적이지 않다. 이는 「단군굴에서」라는 시를 통해 보여준 최남선의 태도, 그리고 이은 상과 현진건이 그곳에 도착하여 보인 태도와는 확연하게 구별된다. 박석관의 「묘향산 기행」은 김도태의 글보다 더 묘향산과 단군의 관계가 무관해지고 있음을 보여준다. 그의 글에 이르면 묘향산 여행은 이제 단순히 휴식을 위한 목적이 더 크다. 다시 말해 사업과 일상의 시달림으로부터 벗어나 "오래간만에 고마운 시간을 맛보"는 행위이다. 그로서는 일상에서 벗어나 아름다운 풍경을 맛보는 상황 자체가 여행의 큰 수확이 될 수 있다. 이것만으로도 자신의 "목적은 완전히 달한 것이라고 생각"하게 된다.

여기에 이르러 강조되는 것은 시각화된 자연의 아름다움이다. 중립적 개념의 '자연'이 민족주의 지식인들에 의해 민족이 살고 있는 땅인 '국토'로 바꾸었다면,[42] 이 시기 '국토'는 다시 '자연'의 의미로 회복되고 있다. 그러나 탐승 대상으로서의 자연 또는 순수한 풍광의 의미에 대해서는 좀 더 생각해볼 여지가 있다. 관광 문화가 일반화되면서 제국주의의 관광 담론 기저에 깔린 문명과 야만의 논리는 문명과 자연의 이분법으로 그 외피를 바꾸고 있기 때문이다. 즉, 조선을 야만과 동일시하려는 일본의 논리는 아름다운 '자연'의 나라로서 조선을 강조하는 논리와 상통한다. 이는 일본을 바라보는 조선 관광객의 시선과 조선을 바라보는 일본 관광객의 시선을 통해 발견된다. 일본에 대한 조선인의 관심은 발달된 근대 문명상으로부터 벗어나지 않는다. 이와 달리 일본인에게 조선의 근대화된 문명은 큰 관심거리가 되지 못한다. 그렇다면 일본인이 조선에 와서 보는 것은 무엇인가? 그리고 그들은 무엇을 느끼는가?

조선총독부가 발행한 잡지 『조선』 1935년 8월호는 그에 대한 한 예를 제공한다. 이 잡지에는 조선의 산수를 주제로 한 '수필 산수호'라는 기획 아래 오대산 월정사 영월암, 묘향산, 백제의 옛 도읍 부여, 평양, 천마산, 한강 등

---

42 이동원, 「기행문학연구 — 1910~1920년대를 중심으로」, 연세대학교 석사학위논문, 2001. 12, 62쪽.

일본인 필자의 수필 총 49편이 실려 있다. 이 글들이 강조하는 것은 단연 조선의 아름다운 산수이다.

> 역에서 간신히 자동차가 다닐 수 있는 허술한 길을 강가를 따라서 약 1리 반 정도 헤치고 들어가면 산중에 있는 거찰 보현에 도착한다. 과연 허술한 것은 길뿐만 아니라 자동차도, 그리고 실례되는 이야기지만, 운전기사도 그에 버금가게 참기 어렵다. 나는 자리에서 튀어 올라 몇 번이나 머리를 천장에 부딪쳤다. 하지만 길의 허술함에 반해서 강은 실로 훌륭하다. …(중략)…
>
> 산이 속진에 물들지 않았다는 것도 여기 산수미를 지지한다는 의미에서 특필할 가치가 있다. 절에서 맥주를 파는 것을 금지했다는 뉴스는 여기에서는 통용되지 않을 것 같다. 이 산에서도 문전의 집 한 채를 여관으로 사용하고 있는데, 그것은 단순히 산에 참배하러 온 여객들을 위해서 설치한 신성한 곳이고, 양반들이 기생을 데리고 놀러오는 곳이 아니다. (맥주를 금지한다는 말조차도 필요치 않을 것 같은 분위기다) …(중략)… 새벽 3시 승려들의 근행에 잠이 깼다. 원근의 어디에서 독경 소리, 종소리가 들리고 안에는 뜰 내를 거닐고 도는 자도 있는 것 같고, 목어 소리가 방을 가로질러 스치듯 멀어져 가곤 한다. 나는 베개 위에 매달린 어두운 램프를 바라보면서 생각했다. 낮 동안에는 저렇게 가고 오는 흰 구름에 씻기고 밤은 이런 승려의 독경에 정화하는 향산, 이곳이 바로 참되고 빼어나고 장하고 아름답고도 또한 친근한 우리들의 산수가 아닐까라고 생각했다.
>
> ―다카기 이치노스케高木市之助, 「묘향산수」, 『조선』, 1935. 8, 9~12쪽.

묘향산이 어떻게 인간과 자연의 조화를 이루며 아름다운 산수의 세계를 담아냈는지를 적고 있는 글이다. 묘향산 역에서 보현사로 가는 길은 잘 포장되지 않아 거칠기만 하고, 자동차도 운전기사도 일본인 여행객에게는 허술하게만 보인다. 길 사정이 좋지 않아 자동차가 덜컹거리는 바람에 그 안에 탄 승객인 필자는 자꾸만 자동차 천장에 머리를 찧는다. 그러나 이 같은 불편함이 묘향산의 아름다움을 반감시키지는 않는다. 오히려 그러한 불편은 여행객에게 속진에 물들지 않은 묘향산의 순수성을 더욱 절감하게 하는 요인으로 작용한다. 이처럼 '조선의 산수'는 근대화·문명화의 타자로서 근대화된 일본인의 정서에 향수의 공간, 근대 문명에 찌들지 않은 순수의 공간으로 자리매김된다.

'수필 산수호'에 실린 49편의 글은 모두 조선의 자연과 역사적 유적지를 대상으로 삼고 있다. 일본인에게 의미 있게 다가오는 것은 조선의 '비근대적' 문물이다. 그들은 조선의 전통적인 유물이나 유적지, 명승지에 매력을 느낀다. 「묘향산과 내장산」이라는 글에서도 묘향산에 관심을 갖는 방식은 특별히 다르지 않다. 이 글은 묘향산의 등산 코스를 세 가지로 나누어 친절하게 안내하는 방식을 취하고 있다. 가장 주안점을 두어 서술하는 부분은 산을 오르면서 마주치는 풍광의 아름다움이다. 필자는 두 번째 코스에 있는 단군굴을 소개하면서 "동굴 일체는 지나치게 밝고 그윽함이 없어 아무런 감흥을 일으키지 않는다"[43]라고 적었다. '동굴'에 얽힌 조선의 민족적·역사적 의미는 중요하지 않다. 그것이 어떤 시각적 풍경을 만들어내면서 보는 이에게 정취를 느끼게 하는가에 관심을 쏟는다. 그는 어떤 나무들, 어떤 꽃들을 만날 수 있는가, 그리고 문화적 유물이 풍기는 정취는 어떠한가에 초점을 두고 각각의 길을 소개한다. 일본인은 '볼거리'의 일부로서 조선의 영토를 응시한다. 이 과정에서 조선의 명소, 명물, 유적 및 전통은 시각적 소비의 대상이 된다.

일본인이 찬미하는 조선 유적의 아름다움, 전통미, 자연미 등은 이러한

---

[43] 前田寬, 「妙香山と内藏山」, 『朝鮮』, 1935. 8, 72쪽.

차원에서 조선의 이미지를 만들어내고 식민지 조선의 정체성을 형성하는 데 기여한다. 박람회의 조선관을 통해 만들어진 야만의 이미지와 유서 깊은 역사 및 아름다운 자연을 가진 나라 조선의 이미지는 상반되는 듯하지만, 그 저변의 논리는 동일하다. 제국의 관광 정책이 초래한 문명과 야만의 이분화된 시선은 위계적 사유를 통해 제국과 식민지를 서열화했다. 그런데 이것은 오히려 식민지의 민족성을 자극하는 결과를 낳을 수도 있다. 또 한편 식민지 조선의 아름다움에 대한 예찬은 조선의 영토를 하나의 볼거리에 한정 지음으로써 민족의식 자체를 무화시키는 방향으로 작동한다. 결국 조선이라는 장소의 주체성은 객체, 즉 시각화된 풍경 안에 함몰되어버린다. 남는 것은 그림과 같은 풍경 자체 또는 시각적 감각뿐이고, 순례객은 풍경을 즐기는 소비적인 관광객으로 변모한다. 이렇게 볼 때 제국의 식민지 자연 및 산수 예찬은 결과적으로 정치적 행위이다.

8경의 논리

이와 같은 풍경 인식은 신문과 잡지 등 대중 언론 매체의 역할과 맞물리면서 더욱 고조된다.[44] 각 신문사 지국들은 탐승단 모집을 주최하고, 신문에

---

44 최남선의 『백두산근참기』나 현진건의 「단군성적순례」 등을 주선한 것이 동아일보사라는 사실, 금강산·백두산·묘향산 등지의 탐승단 모집이 신문사의 각 지국을 통해 이루어졌다는 사실로 미루어 볼 때, 근대의 국토 순례 및 관광은 신문사의 기획에 따라 구체적으로 추동되었다고 할 수 있다. 이는 발행 부수의 확장을 통해 신문사를 유지하기 위한 '미디어 이벤트'의 하나라고 볼 수 있다. 이러한 현상은 일본의 경우에도 동일하다. 일본의 만한滿韓 관광은 1906년 6월 아사히신문사朝日新聞社가 최초로 기획한 일이다.(임성모, 「팽창하는 경계와 제국의 시선: 근대 일본의 만주여행」, 『동아시아의 공간 체험과 타자 인식』, 연세대학교 국학연구원 학술회의 발표논문집, 2005. 6, 160쪽) 이처럼 근대의 순례자와 관광객은 저널리즘의 생존 논리와 밀접히 관련되어 있다는 점에서 이미 근대 자본주의 소비문화의 자장 안에서 소비자로서의 속성을 강하게 부여받는다.

실린 기행문들은 시각적으로 감각화된 풍경의 창출에 큰 영향력을 행사하기 때문이다. 신문사와 잡지사는 근대 소비문화와도 밀접하게 관련되어 있다. 그렇기에 이들의 탐승단 모집과 관광단 기획 등은 소비문화로서의 여행 창출에 지대한 공헌을 했다.

이러한 맥락에서 볼 때, 1929년 6월 『삼천리』 창간호의 발간은 역사와 자연을 시각화된 풍경으로 인식하고, 나아가 풍경의 소비를 하나의 문화로 정착시키는 데 계기를 마련한 작은 사건이다. 삼천리사는 조선의 문인 37인을 선정하여 그들에게 8경 선정을 부탁한 뒤 순위를 매겨 반도팔경을 공표하고 각 호마다 문인의 팔경 기행문을 차례로 싣겠다는 계획을 밝혔다. 이에 따라 『삼천리』 창간호의 「전조선문사공천全朝鮮文士公薦 신선新選 '반도팔경' 발표」에서 반도의 8경으로 선정된 곳은 금강산, 대동강, 부여, 경주, 명사십리, 해운대, 백두산, 촉석루이다. 8경을 선정한 이유는 "젊은이들 사이에 산천까지 남의 것을 더 낫게 찬탄하는 가통할 경향이 보임으로 그를 크게 광정匡正하여 놓으려 함과" 또 "산자명미山紫明眉하기로 아시아에 으뜸인 이 산천을 소개함으로써" "우리 조선인의 자부심을 굳게"[45] 하고자 한다는 뜻이라고 밝혔다. 이후 잡지 『삼천리』에 실린 글들은 『반도산하』(삼천리사, 1941)라는 단행본으로 간행되었다. 『반도산하』에는 '승경勝景 중심의 8경'과 '사적史蹟 중심의 8경'으로 양분하여 각지의 기행문을 싣고 있다(〈표 11〉 참조). '승경'과 '사적'이 동일한 수준에서 다루어졌는데, 이는 아름다운 풍광뿐만 아니라 역사적 유적까지 탐승의 대상이 되고 있음을 보여준다. 결국 삼천리사의 '반도 8경 선정 사업'은 조선 산천의 아름다움을 소비하는 탐승의 시대를 열어젖힌 촉매 역할을 한 셈이다. 풍경 관광은 여행이 인식의 변화에 영향을 끼친다는 전통적

---

45 「전조선문사공천全朝鮮文士公薦 신선新選 '반도팔경' 발표」, 『삼천리』, 1929. 6, 34~35쪽.

인 생각을 뒤집는다. 즉, 시각적 감각을 극대화하는 관광은 주체의 세계 인식 변화와는 무관하며, 본질적으로는 보수적이다. 이는 "스스로 자신만의 즐거움에 몰입하고 있다고 생각하면서 자신도 모르는 사이에" 지배 이데올로기를 강화하는 데 기여하기 때문이다. 앱빌리Van den Abbeele가 관광을 "근대 대중의 아편"이라 일컬은 까닭은 바로 이러한 맥락에서이다.[46]

『삼천리』 기획의 한 편으로 실린 노천명의 「선경 묘향산」 또한 관광지화된 묘향산 여행의 일면을 잘 보여준다. 그녀가 묘향산을 여행하기로 한 것은 휴가를 즐기기 위해서였다. 직장에서 일로 쌓인 피로를 풀고자 그녀는 휴가를 얻었고, 묘향산 여행 가이드북을 들고 먼저 관광지로 유명해진 동룡굴로 향했다. 말 그대로 휴가객의 모양새이다. 휴가 여행자로서 그녀의 시선에 들어온 단군굴은 현진건 등의 눈에 비친 단군굴과는 사뭇 다르다.

> 상원上院에서 우리는 잠깐 지친 다리를 쉬고 걸머졌던 점심들을 달게 먹은 후 상원을 떠나 일조一條의 장폭長瀑들을 뒤로 두고 산록으로 돌아가 머루 다래 넝쿨들이 엉킨 데로 내려서다가 갈대를 헤치며 다시 기어오르는 산마루에 금리탑金利塔이 높게 서 있는데, 여기서 우리는 맞은편에 있는 단군굴을 바라본다. 암혈이 궁륭穹窿하여 집같이 되었는데 혈구穴口의 높이는 1장 반, 넓이가 50척尺 속의 길이가 3척이나 된다고 하나, 골짜구니를 하나 사이에 두고 바라보기에는 별로 큰 것 같지 않았다.
>
> —노천명, 「선경 묘향산」, 『삼천리』, 1940. 7, 122쪽.

---

46 닝왕 지음, 이진형·최석호 옮김, 『관광과 근대성 — 사회학적 분석』, 일신사, 2004, 49쪽.

앞에서 살핀 몇몇 기행문과 마찬가지로 노천명도 단군굴에는 큰 관심을 보이지 않는다. 단지 단군굴의 외형적인 모습만 간단하게 기술했을 뿐이다. 곧 그녀에게 단군굴은 단군 또는 민족이라는 내적 의미로 연결되지 않는다. 여기에서 중요한 것은 시각적으로 감각되는 외형이다. 이는 동룡굴뿐만 아니라 단군의 성적聖跡인 단군굴과 묘향산도 소비 대상으로서 한 공간에 지나지 않음을 의미한다. 순례로서의 국토 여행이 이 시기에 이르러 공간을 소비하는 행위로 변화했음을 알 수 있다.

02

꽃의 조선과 영토의 소비

1. 역사의 시각화와 영토의 소비

『반도시론』 1917년 11월호는 '금강산탐승기념호'라는 제목으로 발간되었
다. 이를 위해 금강산 탐승단이 조직되었고, 기념호는 이 기획에 참석한 자들
의 글을 실었다. 식민지 시기에 탐승의 대상이 된 곳은 명승지와 고도古都 등
역사적 공간이었다. 1920년대부터는 실정법 내에서 '고적보존회', '보승회'
등이 조직되면서 각 지방의 관광이 더욱 대중화되기에 이른다.[47] 그뿐만 아
니라 동아일보사와 조선일보사 등의 신문사도 적극적으로 탐승단 조직을 후
원했다. 고도로서 이러한 여행의 중심에 있던 경주에는 1910년대부터 1930
년대에 이르기까지 관광객의 발길이 끊이지 않고 이어졌다.[48] 새롭게 발굴되

---

47 최석영, 「식민지 시대 '고적보존회'와 지방의 관광화」, 『아세아문화』 18호, 한림대학교
아시아문화연구소, 2002, 112쪽.

48 음월생, 「경부선 차중에서」, 『반도시론』, 1917. 5; 「천년고도를 찾아서: 경주견학단수행
기(4)」, 『조선일보』 1925. 11. 7; 「경주의 탐승객 이만 명 돌파」, 『조선일보』 1931. 10.

고 구성된 역사적 내용은 고도 여행을 뒷받침하는 중요한 요소였다. 신문과 잡지는 기행문이나 답사기, 시찰기와 함께 유적·유물의 사진을 함께 실었다. 역사에 대한 시각적 재현물인 사진을 통해 독자는 역사를 시각적으로 감각하고 인식하게 되었다.

조선일보사와 경성여행안내사는 1925년 10월 말 경주 고적 견학 주말여행을 기획했다. 최남선을 강사로 초빙한 이 기획 여행에 대해 『조선일보』는 수회에 걸쳐 기사광고를 냈을 뿐 아니라, 견학이 끝난 후에는 이를 수행한 기자의 '경주견학단 탐승기'를 11월 4일부터 12일까지 9회에 걸쳐 실었다. 특히 "실익과 취미를 겸한 곳에 독자 제씨를 안내하여 반액의 경비와 여러 가지 편리를 돕기로 한 것이오니 이 다시 얻기 어려운 기회를 이용하여주"기를 홍보했다.[49] '실익'이란 최남선의 신라 역사 강의를 통한 교육적 효과와 주최 측의 경비 지원에 따른 저렴한 여행 비용을 가리킨다. 경주 고적 견학은 고도 역사 체험인 동시에 문화적 소비 행위였다. 고도의 역사를 통해 조선을 환기하는 것이 기획의 목적이었지만 여행자들이 더욱 관심을 가진 것은 여행 그 자체였다.

> 탐승단 일행의 얼굴에는 곤비한 빛이 가득하다. 말을 듣건대 그 전날 밤에 경부선 차중이 대단 혼잡하여 거의 잠을 한 잠도 이루지 못하고, 그 위에 또 그날 아침 경편철도에서 몹시 까불렸으며 아침밥이라 하여도 국물 한 모금도 없이 일본 벤또를 그대로 먹었다 한다. 그러나 탐승단 일행 가운데에서는 이러한 것을

---

21 등의 자료는 봄가을의 여행 계절이나 주말에 경주행 관광객들이 꽤 많았음을 알려준다.

49 「천고기량한 월말내초에 나선羅鮮 고적을 찾아 경주에」, 『조선일보』 1925. 10. 24.

불평하는 사람은 하나도 없는 듯하다. "구경이 좋기는 좋은 것이야" 하는 말이 그들의 곤비에 못 이겨 나오는 다만 하나의 불평이라면 불평이라 할 수 있다.

얼마 아니되어 경편차는 불국사역에 도착하였다. 일행은 역에서 어림 10리쯤되는 불국사를 향하여 도보로 길을 떠났다. 이날은 토요일이요, 또 그 이튿날이 일요일(인) 까닭에 우리 일행 외에도 불국사 석굴암의 고적을 찾아오는 사람이 헤아릴 수 없이 많았다.

북편 하늘에 무딘 곡선을 그리고 우뚝 서 있는 토함산 산줄기로부터 불국사역을 향하여 비스듬히 내리지른 곧은길은 삼삼오오로 걸어가는 탐승객의 그림자로 거의 절반이 덮였다. 이와 같이 서로서로 말벗을 구하고 길동무를 찾아 쉬엄쉬엄 걸어가는 일행의 늘어진 걸음이야말로 "죽장 짚고 마혜 끌어 천리강산 들어간다" 하는 노래를 연상할 만한 유산객의 기분이 분명하다.

—「천년고도를 찾아서」, 『조선일보』 1925. 11. 7.

주말을 택해 탐승단이 경주로 향했는데, 차내와 여행지가 꽤 혼잡했던 모양이다. 윗글을 보면 여행자에게 경주 여행이란 조선적인 민족성을 환기하겠다는 목적보다 휴식과 일탈로서 의미가 더 크다. 그들은 단순히 '구경'의 길을 나섰으나, 목록화된 고적을 되도록 많이 보는 데도 관심을 쏟는다. 이는 대상에 대한 지적 욕망에서 비롯된 교양적 관심이기도 하다. 그러나 그들이 보기에 산과 바다 그리고 석굴암 등의 유적지는 크게 차이가 없다. 석굴암이나 불국사 등의 유적에 대해 간단하게 혹은 장황하게 설명을 덧붙이기는 하지만, 이는 고적지 기행문이 갖는 관습적 기술일 뿐이다. 견학단에 참여한 여행자는 조선 역사보다 '구경'에 더 큰 의미를 부여한다. 여기서 견학이라는 조건을 단 고도 여행은 역사 공간의 소비 행위이며, 이 견학단에 참여한 여행자는 역사 공간의 소비자이다. '국토'의 정서를 환기하고자 한 고도 여행에서 조선의 영토는 시각적 소비물로서 하나의 상품이 된다.

베네딕트 앤더슨Benedict R. O'G. Anderson에 따르면 이러한 과정은 고적이 세속화되는 과정이기도 하다.[50] 이 말은 고도 견학이 갖는 실제적인 의미가 무엇인지를 가늠할 수 있도록 해준다. 『조선일보』는 경주 견학을 '실익'과 '취미'라는 두 마리 토끼를 잡는 여행으로 광고했지만, 사실 이런 견학 행위 자체를 통해 경주라는 공간의 신성성은 박탈된다. 이는 무엇보다 고도 경주가 신문지면에서 소비 행위의 대상으로 반복 언급되는 과정을 통해 이루어진다. 표면적으로 볼 때 경주 견학은 민족적 전통의 수호 행위로 비칠 수 있지만, 궁극적으로는 고도로서의 경주를, 혹은 그 유물과 유적을 근대 식민 국가가 주도한 박물관적 분류의 한 항목으로 배치시키는 역할을 한다. 고적 견학이 이러한 이중성을 갖게 된 것은 소비문화 행위라는 외적인 포장 속에 식민 국가의 문화정치 논리가 은폐되어 있기 때문이다.

경주와 관련된 몇 편의 글을 통해 이에 대해 좀 더 살펴보자.

① 경주는 신라 천년의 도성지이니, 지금의 읍성을 중심 삼고 사방 몇 리에 이르는도다. 산악전포山嶽田圃의 사이에 신라 문명의 전성을 다시금 추억하기에 충분한 성곽 당탑堂塔이 끼친 자취가 어디든지 없는 곳이 없으며, 나아가 그 조각의 기교한 흔적, 그 건축, 그 불상의 장엄을 초월한 얼굴 모습, 실로 반도에서는 다시 구해보기 어려운 인문 문명의 총수라 칭하겠도다. 아니 반도에 대한 인문 문명의 발원지라 부를 수밖에 없는 경주라 하겠느니라.

—「고적의 경주」, 『반도시론』, 1918. 12, 39쪽.

50 베네딕트 앤더슨 지음, 윤형숙 옮김, 『상상의 공동체 — 민족주의의 기원과 전파에 대한 성찰』, 나남출판, 2002, 228~233쪽.

② 경주는 신라 일천 년 고도요 고려의 동경東京이던 빛나는 역사를 거듭한 남
조선의 문치적 중심지였다. 이조李朝에서는 특히 진경부鎭慶府를 두어 안동과 같
이 경북의 중진으로 동지의 유수는 특별권한을 부여한 일도 있었다 한다. 지금
도 고도의 면영을 존석存惜하는 미술적 건물이 많이 남아 역사가 예술가로 하여
금 한번 장리杖履(지팡이와 짚신)를 이끌며 배회망반徘徊忘返할 만한 가치가 있다.
또 신라가 특히 이 지방을 택하여 국가의 중심으로 삼았던 당시와 같이 오늘도
오히려 산업상의 교통상의 지위를 보지한다. 즉 동으로 감포와 같은 연해 지방
을 통하는 도로는 험준한 개소가 많아 육상 교통의 불편이 적지 않으나, 그 나머
지는 이삼등도로二三等路가 사통팔달한 평원지뿐이다. 서로는 대구 영천, 동남으론
포항과 울산을 통하는 중앙철도, 그리고 자동차가 연락부절하는 지석砥石과 같
은 이등도로는 해류의 물산이 이 지방으로 집배되는 집중 선로가 되었다.

　　　　　　　　　　—「일천 년 고도 경주 지방」, 『개벽』, 1923. 8, 103쪽.

　①에서는 신라의 도성지, 나아가 조선 문명의 발원지이자 조선 역사상 다
시없을 최고의 문명지로서 경주의 공간적 의미를 단정하고 있다. 1914년 『신
문계』에 실린 글에서 보이는 시각 또한 이와 거의 동일하다.[51] 경주의 의미는
시간적으로 신라시대에 고착되어 있다. 『신문계』와 『반도시론』의 친일적 성
향을 고려할 때 경주를 신라의 시간에 고착시키려는 데에는 식민 국가의 문
화 논리가 깔려 있다.

　반면 ②는 ①의 시각과 달리 일제의 논리에 대립하여 조선 영토를 새롭게
영역화하려는 『개벽』의 지역 인식이 드러난다. 신라뿐 아니라 고려와 조선시
대, 나아가 1923년 당대 상황까지 모두 포괄하여 경주라는 물리적 공간의 연

51　「경주의 기승 급及 신라고적」, 『신문계』, 1914. 4, 172쪽.

대기를 정리해 소개하고 있다. 이러한 기술 방식을 통해 신라라는 특수한 시대에 국한되지 않고 이후 시기부터 현재에 이르기까지 경주의 전반적인 면모를 간략하게나마 드러내 보인다. 무엇보다 중요한 것은 현재 시점의 경주가 근간을 이룸으로써 경주의 현실을 마주하게 된다는 점이다.[52]

그런데 실제 경주 여행이 대부분 개인적인 차원보다는 단체관광의 형식으로 이루어졌다는 점을 상기할 필요가 있다. 수학여행단, 탐승단, 견학단, 부인견학단 등이 경주를 찾았다. 이 가운데에서 으뜸은 수학여행단이었다.[53] 1925년 조선일보사의 후원으로 추진된 경주견학단을 통해서도 알 수 있듯이, 단체관광에서 의식적으로 표방하는 바는 조선적인 것의 환기이지만 여행자의 실제적인 체험은 고적의 시각적 소비에 그쳤다고 보아야 한다. 이들의 여행기 가운데 현실적 관점에서 경주를 인식한 글은 발견하기 어렵다.

대중소비문화로서의 여행을 가장 잘 보여주는 예로 삼천리사의 '반도팔경 선정 사업'을 들 수 있다.[54] 1929년 6월 창간호의 사고社告는 "새로 뽑은 '반도팔경'을 통하여 산하 답파의 장거를 촉진하는 기연을 짓고자" 단체관광을 주최할 계획이라고 밝혔지만, 끝내 적극적으로 추진되지 못했다. 다만 반도 8경 기행문은 1940년 10월호에 실린 이병기의 부여 낙화암 기행문에 이르기까지 계속 게재되었다. 반도 8경 답사를 기획한 첫 번째 이유로 "근래에 그릇된 어떤 작위作爲의 소치로 젊은이들 사이에 산천까지 남의 것을 더 낫

---

52 이와 동일하게 경주 인식을 보여주는 글로 임원근, 「영남지방 순회편감」, 『개벽』, 1925. 12와 박영희의 「반월성을 떠나면서」, 『개벽』, 1926. 5를 들 수 있다.

53 「경주의 탐승객 이만 명 돌파」, 『조선일보』 1931. 10. 21; 「춘색의 고도 찾아 평양에 여객 홍수」, 『조선일보』 1935. 5. 7.

54 『삼천리』와 1930년대 대중문화의 관계는 천정환, 「초기 『삼천리』의 지향과 1930년대 문화민족주의」, 『민족문학사연구』 36, 민족문학사학회, 2008 참고.

게 찬탄하는 가통할 경향이 보이므로 그를 크게 광정匡正하여 놓으려 함과 또 한 가지는 우리의 명승이란 대개 역사적 배경이 있는 곳이 되어 천대 후인의 가슴에조차 핍逼하는 바 많은 터인즉, 모름지기 새로운 사안史眼을 여기에 던져 갱장의 의기에 끓는 오늘 민중으로 하여금 무엇을 느끼고 무엇을 깨닫게 하도록 하여야 할 것인 줄 아노라"[55]라고 밝혔다. 이로 미루어 보건대 이 사업의 중요한 목적은 조선 산천의 뛰어남과 명승에 얽힌 조선의 역사를 통해 민중을 각성시키는 것이다.

그러나 삼천리사의 이 같은 산하 인식이 얼마나 감각적으로 흘렀는지는 김억, 박종화, 노자영, 전영택과 김동환의 대담으로 꾸며진 「반도산하를 말하다」(『삼천리』, 1939. 4)에 잘 나타난다. 박종화는 석굴암의 아름다움을 "그 가는 눈썹, 그 부드러운 손길을 그린 듯이 새겨 놓았으며, 그 부처님의 표정의 미, 금시에 귀를 대면 가슴속에서 심장 치는 소리 뚝뚝뚝 하고 들릴 것 같으며 입술도 방그레 터지면서 하하하 하고 웃음소리 들릴 것 같은 그 표정의 핍진한 미"라면서 감각적으로 묘사한다. 이러한 예찬은 김동환이 「기행 청추의 반월성」에서 경주를 신성성의 공간으로 예우하는 태도와 동일하다. "내 발이 경주 산성 첫 문턱에 다다를 때 나는 그 앞 버들 강변에서 이 몸을 깨끗이 씻고 머리도 정하게 빗질하고, 그러고는 왕조에 근행勤行하려거든 1,000년 전 옛 선비들 모양으로 사모관대한 뒤 북향 삼읍三揖하고 이 도성으로 들어서려 하나이다"[56]라는 표현에서 보듯이 김동환에게 경주는 속화되지 않은 신성한 공간이다. 이렇게 비현실적 인식 속에서 그는 천년 전의 경주라는 상상의 세

---

55 「전조선문사공천 신선 '반도팔경' 발표, 그 취지와 본사의 계획」, 『삼천리』 창간호, 1929. 6, 34~35쪽.

56 김동환, 「기행 청추의 반월성」, 『삼천리』, 1938. 10, 137쪽.

계로 빠져든다. 신라시대의 경주를 지상의 낙원으로 상상하는 과정에서 당대 현실에 대한 고려는 누락된다.

> 아아, 어서 이 서울로 달려들어 옛날과 같은 만萬 호의 집이 없으면 그 터전에 난 잔디 위에 엎드려 열 손가락으로 이 산천의 이 초목을 움켜잡고 냄새라도 맡아보고 싶거니, 왕성도 성터도 다 없더라도 그 성 앉았던 자리에 귀 떨어진 기왓장이라도 한 개 얻어 쥐고 그를 품에 품고 뛰고 싶거니, 진실로 그리운 것이 반월성일레라, 어서 반월성으로 가자구나.
>
> — 김동환, 「기행 청추의 반월성」, 『삼천리』, 1938. 10, 139쪽.

천년 전의 낙원이 사라진 현재의 경주에 서서 그는 그 시절에 대한 감상적 그리움을 말한다. 김동환의 글에서 철저히 신라라는 시간대에 고착된 경주는 『신문계』나 『반도시론』이 보여주는 경주 인식과 다를 바 없다. 이는 애초에 '반도팔경 선정 사업'이 여행 문화를 통해 의도했던 조선 역사에 대한 계몽이 어떤 방식으로 나아갔는지를 보여준다. 고도 여행을 통해 조선의 역사는 심미적으로 감각화되거나 비현실적 상상 혹은 감상적 정서에 매몰된다. 그로 인해 식민지 시기 경주의 현실을 읽어내기는 어렵다. 고도 경주 여행은 소재적 차원에서만 조선적인 것을 환기할 뿐이다. 고적 중심의 경주 여행은 식민 국가의 고고학이 구성한 박물관적 시선에 의해 통제된다. 여기에서 경주의 현실을 볼 수 있는 여행자의 눈은 가려지고, 그 결과 현실적 터전으로서 경주의 장소는 설 자리를 잃어버리게 된다.

2. 꽃의 조선

1920년대 후반에서 1930년대는 여행 또는 관광이 일반화되고 대중화된 시기이다. 이는 이 시기가 소비대중문화의 시대였다는 점과도 관련있다. 이 시기 조선인들은 역사 공간뿐만 아니라 자연 풍광이 수려한 명승지를 향유 하는 관광객으로 호출되었는데, 이 과정에서 식민지의 영토는 소비 상품이 되었다. 이 시기 조선은 봄, 가을에는 상춘객과 단풍객이 홍수를 이루어 "꽃 의 조선"으로 불렸으며[57] 고도 관광도 절정을 이룬다. 개성, 부여, 경주가 그 대표적인 관광지이다. 고도 관광의 한 양상을 당시 신문 기사로 살펴보면, 1930년대 후반 개성은 풍부한 고적과 아름다운 벚꽃으로 "봄이 되면 전 조 선 각처에서 수학여행단과 관광단이 몰려와서 사해를" 이루어 관광객을 수 용할 여관이 부족했을 정도였다.[58] 관광객의 증가는 자연스럽게 이 도시를 유람 도시, 즉 관광도시로 변화시켰다.

> 개성을 유람 도시로 발전시킨다 하여 공원의 미화와 가로수의 식수와 유람 도 로 작성 등 각 방면으로 개성을 유람 도시의 면목을 갖추려고 관계 당국자가 활 동하고 있는 것을 필자 역시 모르는 바 아니지만, 공원에나 선죽교에나 만월대 등 명승처를 찾아가 보면 유람 온 내객에 대한 설비의 불완전하고 불결함은 진 실로 한심하다.
>
> 피로한 다리를 쉴 벤치 한 개가 없고, 공동변소의 불비不備로 대소변을 함부

---

57 우미영, 「근대 여행의 의미 변이와 식민지/제국의 자기 구성 논리」, 『동방학지』 133집,
연세대학교 국학연구원, 2006. 3, 331쪽.

58 「고문화 유적 찾아 매일 답지, 삼천 이상」, 『동아일보』 1936. 5. 5.

제4부 식민주의와 문화 관광객 | **297**

로 보아 잔디밭 위에도 안심하고 앉을 수가 없으며, 목이 말라도 물 한 모금 얻어먹을 설비도 없다. 그런 중에서도 개성을 오면 누구나 반드시 찾아보는 고려 왕궁의 옛터 만월대에는 더욱 그러한 설비가 전혀 없어 원성이 자자할 뿐이라. 어른 아이가 아무리 지금은 없어진 궁터라 할지라도 함부로 여기저기다 대소변을 보아 위생상으로든지 풍기상으로든지 정신상으로든지 어디를 살펴보아도 통탄을 마지않은 바인데, 관계 당국자들은 그것을 아는지 모르는지 아무 설비도 하려는 기맥이 보이지를 아니하니, 어찌 된 셈인지 필자는 심히 탁하여 관계 당국자에게 이 졸렬한 일문일망정 드리는 바이며 속히 반성이 있기를 바라며 각필閣筆한다.

— 「유람 도시의 면모를 갖추어라」, 『동아일보』 1936. 6. 14.

관계 당국이 개성을 유람 도시로 발전시키기 위해 이미 가로수를 정비하고 도로를 증설하고 있긴 하지만, 관광객이 날로 증가하므로 유적지 주변에 위생 설비와 편의 시설을 서둘러 갖추어야 한다고 촉구하는 기사이다. 이 글을 통해 관광도시로서 개성의 변모 방향과 양상을 짐작해볼 수 있다. 즉, 개성의 발전을 위해 신경 쓰는 것은 시각적 미화, 관광의 편의성과 위생성의 강화 등이다. 이는 개성이라는 도시의 소비 상품성을 어떻게 높일 것인가의 문제와 다르지 않다. 2년 후의 기사는 개성이 '유람 도시'로서 면모를 갖추었노라고 자랑스럽게 전한다.[59]

개성의 사례를 통해 역사적 공간이 소비되는 방식을 살펴볼 수 있다. 이는 곧 근대적 관광의 형식 속에서 조선의 역사 공간이 어떻게 신성성을 상실하고 세속적인 공간으로 변모하는지에 대한 구체적인 예이기도 하다. 베네딕

---

59 「송도의 고적 찾아 탐승객이 범람」, 『동아일보』 1938. 4. 26.

트 앤더슨은 진정한 식민지는 식민지 고고학의 연구를 통해 등장했다고 말한다.[60] 특히 관광은 식민지의 고대성을 기념비화하고, 그 결과 식민지를 박물관화한다. 이 과정에서 식민지의 성지와 역사는 하나의 기장紀章(regalia)으로 재위치된다. 인쇄물과 사진을 통해 재생산되는 식민지의 기념물들, 특히 유적지와 관련된 사진, 그림엽서, 고고학적 자료집과 책 등의 공공 소비를 통해 식민지 역사의 신성한 공간은 세속화의 과정을 겪게 된다. 그는 이러한 기계적 재생산을 통한 제국주의 식민지 고고학의 정치성이 "매우 심층적인 수준"에서 작동하기 때문에 "식민지 관리를 포함한 거의 모든 사람들이" 그 정치적 전략을 간파하기가 어렵다고 지적한다. 요컨대 식민지 역사 공간 기행은 '역사'라는 명분 뒤에 식민지 공간을 세속화하고 소비화하는 전략을 은폐하고 있다.

그 결과를 1928년 조선총독부가 『조선공론』에 낸 철도국 광고 내용을 통해 단적으로 확인할 수 있다.[61] 한 면으로 이루어진 광고에는 "여름 신록을 쫓아서"라는 문구와 더불어 "사적의 경주, 산수미의 금강산, 고사리를 캐는 삼방계곡"이 나란히 적혀 있다. 역사적인 고도(경주), 명승지(금강산), 휴양지(삼방계곡)가 단일하고도 동일한 의미 차원에서 홍보된 것이다. 즉, 경주, 금강산, 삼방계곡은 관광객이 선택할 수 있는 관광지 중 하나일 뿐이다. 제국에게 식민지는 그 자체가 하나의 물적 대상이다. 식민지의 산물이 제국의 박람회에

60 베네딕트 앤더슨 지음, 윤형숙 옮김, 『상상의 공동체―민족주의의 기원과 전파에 대한 성찰』, 나남출판, 2002, 228~237쪽.

61 「조선철도국 광고」, 『조선공론』, 1928. 7. 이 자료는 윤소영, 「일본인의 여행기에 나타난 '식민지 조선'의 표상―1920년대 경주 관광을 중심으로」, 『여행기를 통해 본 한·일 양국의 표상』, 2008 한국학연구소 학술대회 발표논문집, 한양대학교 한국학연구소 동아시아문화네트워크 연구단, 2008. 10. 10, 63~64쪽 참조.

서 그들이 지배하고 소유하는 물적 대상이라는 단일한 의미로 전시되는 것과 동일한 방식으로 식민지의 영토는 관광의 형식을 통해 시각적 소비 대상으로 제시된다. 이 과정에서 식민지인들은 자국의 영토를 소비하는 소비자가 된다.

특히 식민 지배하의 역사 공간 여행을 통해 조선인은 자기 발견의 역설을 경험한다. 즉, 역사적인 고도를 여행함으로써 표면적으로는 자신의 역사적 정체성이 강화되는 것처럼 보이지만 결국 일본제국의 프레임에 갇힌다는 것이다. 이는 식민지의 자기 역사 인식이라는 주체적 태도가 제국의 포섭적 전략 아래에서 이루어지기 때문이다. 김원근의 경주 기행문을 통해 경주 문화유적 인식이 걸쳐져 있는 제국적 토대를 엿볼 수 있다.

> 경주에 박물관이 설립되는 수산면 전에 한 사람이 길가에서 흙을 파다가 열대여섯 상자에 담을 만한 고물을 얻었다. 그것을 총독부에 바쳤더니 경주 인사들이 그 고물을 본 군에 보관해둘 뜻으로 총독부에 청원하였다. 총독부에서는 말하기를 이런 고물은 고물 중에도 귀중품인즉, 보관하는 데 적당한 재산이 있어야 허가한다 하였다. 그러므로 경주 인사들은 6만 원의 거액을 모집하여 재단법인을 조직하고 위에 기록한 것과 같이 경주 부윤 시대의 내동 헌 집을 빌려 박물관으로 정한 결과 총독부에서 그 고물을 곧 내주었고, 그 외 석관과 석기와 자기 등을 진설하여 일반 유람하는 사람들이 관람하기에 요족하게 되었다.
>
> …(중략)… 지금은 고적보관회가 설립되었다. 이는 잔존한 유물에 대하여 행복되는 시대가 되었다. 잘 보전만 할 뿐 아니라 고대 기술을 후생에 장려하여 신묘한 예술을 다시 발전케 하기를 바라는 바이다.
>
> — 김원근, 「경주고적유람기(4)」, 『청년』, 1926. 2, 38~40쪽.

김원근의 「경주고적유람기」는 경주 수학여행 후에 적은 글이지만 여행기라기보다는 세밀한 경주안내기에 가깝다. 4회에 걸쳐 경주의 연혁, 지형, 성씨와 풍속, 유명 고적 등을 23개의 항목으로 나누어 설명했다. 위의 글은 경주박물관에 대해 기술한 부분이다. 경주의 문화 유적에 대한 관리권 및 고적 관리는 출발부터 전적으로 총독부 관할이었다. '고적보관회'란 경주고적보존회(1913년 발기, 1915년 설립)를 말하는 것으로서, 이 또한 1915년부터 본격적으로 고고학 발굴 사업을 전개한 조선총독부의 정책과 관련 있다.[62] 경주의 "잔존한 유물"의 "행복"이 총독부의 사업에 의해 이루어지고 있음을 알 수 있다.

권덕규의 「경주행」에서는 이 같은 역설이 더 구체적으로 드러난다. 그는 식민지 시대 제국과 민족의 "경계"[63] 지점에서 민족적 주체의 입장을 분명히 드러낸다.

① 이 불국사의 다보탑은 석굴암과 아울러 천하의 절보絕寶라는 세키노關野 박사의 설명을 들었다. 그 말에 이 불국사의 다보탑이나 석굴암과 비슷한 건축 조각이 인도나 당에 없는 것이요, 있다 하더라도 거기의 것은 이것과 같이 정교하지 못할 뿐이라. 그 의장意匠은 오직 조선 사람의 생각으로 만들어낸 것이며, 설령 이와 비슷한 것이 인도나 지나에 이것보다 먼저 된 것이 있다 하더라도 이것은 조선 사람의 손으로 된 것임에 이것들이 조선의 보배가 되는 동시에 또한 세

---

62 최석영, 앞의 논문, 116쪽.

63 허병식 또한 권덕규의 기행문에서 "'제국'과 '민족'의 경계에 놓"인 "식민주의의 무의식"을 읽어내고 있다. 특히 "일본 박사의 혜안을 통해 자신의 문화 가치를 추인받는 내러티브" 속에서 "'제국의 시선'을 가진 누군가의 존재를 상정하고서야 자신의 정체성을 상상할 수 있는 식민지인의 자기 인식"은 본 필자가 말하는 식민지인의 '의식 및 무의식의 협주'와 논의의 맥락이 동일하다. 허병식, 「식민지 조선과 '신라'의 심상지리」, 『비교문학』 41집, 한국비교문학회, 2007. 2, 91~92쪽.

계의 보배라 하며, 더욱 다보탑은 형태가 유려하고 기상이 종횡치밀하여 화강석을 가지고 나무를 맘대로 말라 만들듯이 정교한 수공을 베풀었다고 연해 말을 거푸 하며, 다보탑과 마주 서 있는 곳에 무영탑이라 하는 석가탑도 수법이 간단하나 규모가 크고 권충權衡이 득의하여 매우 우미경쾌한 특질이 있다 하고 …(중략)… 그 박사의 침이 말라 하는 설명에 어깨가 으쓱하였다.

…(중략)… 그리하여 일동日東의 학자 도리이鳥居 씨가 이렇게 말하였다. 이 조상彫像(석굴암 ― 인용자)을 보면 그리 장중하고 숭엄한 생각이 나지 않고 사랑하고 정다운 생각이 난다. 말하면 아주 여성이라, 만일 남성이라 하면 애적愛的 정적 남성이라고 하였다.

― 권덕규, 「경주행」, 『개벽』, 1921. 12, 71~73쪽.

② 수리 공사에 감역監役하는 기사가 …(중략)… 이 석굴암은 구축이 기하학적 구상이 아니고는 도저히 이에 이를 수가 없으며 위치를 잘 가려 아침 해 돋을 때나 저녁 달 뜰 때면 그 광선이 바로 굴 안으로 비쳐 참으로 장관이라 하며, 조선 사람들은 이 굴을 동해상에 쌓은 것은 일본을 정복하려는 의미로 하였다 하나, 나(수리 공사를 감역하는 기사 ― 인용자)는 그와 같이 생각지 아니하나니 이 굴 자리를 여기에 잡음은 일월을 숭배하는 의미나 또는 항해선을 보호하는 뜻으로 한 것이라 하며 사천왕 중 하나가 신은 신발의 뒤는 조선 짚신 꾸미듯 하고 앞은 일본 와라지草鞋(일본의 전통 짚신) 꾸미듯 하였으니 이것으로 보면 그때에 일선융화가 의미되었다고 매우 자득自得해한다. 나(권덕규 ― 인용자)는 이에 딴 의론이 있다. 고대에 있어 문물제도가 대륙으로부터 섬나라에 유입된 것은 설명할 것이 없거니와 이 신발에도 또한 그 영향이 비쳤나니, 그는 이현석의 유제집游齋集을 보면 넉넉히 일본의 짚신과 나막신 제도가 대륙으로부터 들어간 실제 증거를 얻을 수 있으며, 그리고 이 석굴암 쌓은 연기緣起도 9층탑과 불국사 석교에 비추

어 그 설명의 (빈)약함을 찾을 수 있다. 그리하면 나는 석굴암 쌓인 연기를 말할 때에 그 기사가 빼려는 설명까지 보태는 것이 옳다고 (생각)한다.

—같은 글, 74쪽.

권덕규의 글에는 고적을 바라보는 식민지 여행자의 시선 형성 방식이 구체적으로 제시되어 있다. ①에는 다보탑, 석가탑 및 석굴암에 대한 '세키노 박사'와 '도리이 씨'의 설명, 그리고 이를 통해 유물을 인식하고 감상하는 모습이 드러나 있다. '세키노 박사'란 세키노 다다시關野貞를 가리키며, '도리이 씨'는 도리이 류조鳥居龍藏이다. 세키노 다다시는 1902년 도쿄제국대학의 명령을 받아 한국의 고건축을 조사한 인물이고, 도리이 류조는 1910년부터 1917년까지 조선총독부의 촉탁으로 한국의 구석기 문화, 종교 등의 조사와 연구에 종사한 인물이다.[64] ①에서 자국의 유물을 바라보는 여행자의 시선은 제국 고고학자의 중개를 거쳐 형성된다. 그는 제국 고고학자의 유물 인식에 대해서는 비판적 의식을 갖지 못한 채, ②에서 보듯 고적 수리 공사에 참여한 기사의 일선동화론에는 발끈한다. 표층의 지엽적인 일선동화론에 대해서는 비판적일 수 있지만, 제도로서 바탕에 깔린 제국주의의 시선에 대해서는 무의식적으로 동화될 수밖에 없는 식민지인의 한계가 여실히 드러나는 장면이다.

식민지 시기 역사 공간 기행의 특성을 가장 잘 보여주는 것은 수학여행이다. 일례로 송도고등보통학교의 2~5학년까지의 수학여행지는 평양·함흥/부

---

64 세키노 다다시와 도리이 류조에 관한 정보는 다음 논문을 참조했다. 조선미, 「일제치하 일본관학자들의 한국미술사학 연구에 관하여」, 『미술사학』 3권, 미술사학연구회, 1991. 12; 최석영, 「조선총독부박물관의 출현과 '식민지의 기획'」, 『호서사학』 27집, 호서사학회, 1999. 9.

여/경주/중국 펑톈奉天(지금의 선양瀋陽)(1924년), 경성/평양 방면/경주/중국 만주(1926년), 박연/부여/경주/중국 펑톈(1929년), 부여/경주/중국 만주(1930년), 경성/인천·수원 방면/금강산/경주(1933년)였다. 또 경성제이고보에서는 매년 봄 1학년은 인천 또는 수원, 2학년은 개성, 3학년은 경주, 4학년은 금강산, 5학년은 만주 또는 일본으로 가는 것을 원칙으로 했다. 1, 2학년 때는 가까운 곳으로 원족을 가고 고학년으로 올라갈수록 수학여행지가 점점 멀어짐을 알 수 있다.[65]

평양, 경주, 부여 등의 고도는 수학여행의 주된 장소였다. 주로 최고 학년인 5학년을 중심으로 이루어진 만주와 일본 수학여행의 궁극적인 목적은 조선인 학생들로 하여금 일본의 국력, 국체國體, 국민 된 도리를 자각케 하는 데 있었다.[66] 학교교육에서 실시하는 수학여행에는 이렇듯 일본의 정책이 더욱 직접적으로 드러난다. 평양·경주·부여 등 고도를 찾아가는 수학여행 또한 일본의 동화정책과 무관하지 않다. 다만 수학여행지로서 조선의 고도는 만주와 일본처럼 그 의도가 노골적으로 드러나지 않고 은폐되어 있다는 점이 다를 뿐이다. 경주와 부여는 일본의 정책적인 조선고적보존사업과 관련되어 발견된 공간이다. 경주는 일본 고대 역사서 『일본서기』에 진구神功 황후의 삼한정벌이 이루어진 곳으로 기록되어 있으며,[67] 부여는 내선일체의 성지 또는

---

65 박철희, 「식민지기 한국 중등교육 연구: 1920~30년대 고등보통학교를 중심으로」, 서울대학교 박사학위논문, 2002. 8, 143~144쪽 참조.

66 만주 지역 수학여행지는 주로 일본의 경제력을 느낄 수 있는 산업 현장이나 근대적 도시, 그리고 국가에 대한 충성심을 고무시킬 수 있는 전적지 중심으로 짜여졌으며, 일본으로 가는 수학여행은 일본의 역사와 현대 일본의 경제적·군사적 힘을 보여줌으로써 일본이라는 나라의 유서 깊은 역사와 힘을 느끼게 하여 조선 학생들로 하여금 황국 신민의 일원이라는 자각을 일깨워주는 데 목적을 두었다. 위의 논문, 143~154쪽.

67 세키노 다다시는 조선총독부의 명령을 받고 1910년 9월 20일부터 12월 17일까지 조

일본의 영지로서 명소화된 곳이다.[68] 평양은 러일전쟁의 전승지로 일본의 위력을 과시하기 위해 홍보되는 곳이다.

조선의 학생들이 찾는 고도의 의미는 이와 전혀 다르다. 경주 수학여행기 중 한 편인 이소란의 「경주기행문」은 조선 학생의 고도 인식을 잘 보여준다. 그녀에게 경주는 "사모하며 늘 꿈에 보던" "우리들을 낳은" 곳이다. "새 각시 같이 산뜻하고 어여쁘게 조선식 기와집으로 건축한" 정거장의 모습에서부터 조선(인)의 정체적 장소임이 환기된다. 이곳을 여행하면서 느끼는 그녀의 감회는 다음 글을 통해 드러난다.

> 첨성대─ 후! 슬픔이 있은 후에 기쁨이 오고 추운 겨울이 간 후 따뜻한 봄이 오며 홍진비래하는 것은 자연의 이치라 하겠지. 수천 년 전에는 남부럽지 않게 살아 심지어 천문학까지도 남의 선도자가 되었던 우리가 오늘에 와서는 모든 것이 남에게 뒤진 것뿐이다. 이것이 자연의 원칙일까? 나가자!! 힘쓰자!! 우리도 사람인 이상에야 힘쓰면 못할 것이 없겠다는 생각을 나 혼자 하면서 다시 걷기를 시작했다. …(중략)…
>
> 우리가 고대하던 수학여행은 이것으로서 다 마쳤구나. 내가 이 땅에 와서 깨달은 것이 무엇일까? 다만 우리도 남보다 초월한 재능을 가진 종족이라는 것을

선 남부 지방의 유적들을 조사했는데, 그 목적 중 하나가 일본 태고 문화의 흔적을 찾기 위함이었다고 한다.(최석영, 앞의 논문, 103쪽) 또 "우리의 입장에서 보면 진구 황후가 친히 정벌한 곳이 경주로서, 가까이는 호타이코豊太閤(도요토미 히데요시)가 침략한 곳도 이곳이다. 또한 이 야마토 민족인 신라왕이 있었으며 신라로 귀화한 일본인도 적지 않다. 따라서 이 땅은 고대에 일본의 일부였고, 이 지방은 일본의 옛 식민지를 이루었다'라는 기록도 발견된다.(「慶州ノ古蹟ニ就テ」, 『조선총독부월보』 2권 11호, 1912, 45쪽; 윤소영, 앞의 논문, 64쪽 재인용)

68 최석영, 「일제 식민지 상황에서의 부여 고적에 대한 재해석과 '관광명소'화」, 『비교문화연구』 9호, 서울대학교 비교문화연구소, 2003.

깨닫고 앞으로 나아갈 용기와 군센 힘을 얻게 된 것이 아닐까?

—이소란, 「경주기행문」, 『청년』, 1926. 12, 47~50쪽.

수천 년 전의 찬란함과 현재의 비참함 속에서 학생 여행자는 애써 스스로를 격려한다. 그러나 "이것이 자연의 원칙일까?"라는 표현에는 현재 식민지화된 조선의 현실을 자연의 순리로 받아들이려는 순응주의가 내재되어 있다. 스스로를 고무하고 격려하는 의식 속에서 필자의 무의식이 언뜻 비쳤다.

수학여행에는 학교교육에 내재된 제국주의의 전략이 밑바탕에 깔려 있다. 수학여행은 이와 더불어 또 하나 근대 여행의 한 특성을 보여준다. 이 시기 수학여행의 목적을 주요섭은 첫째 역사와 지리의 보충 학습, 둘째 휴식, 셋째 쾌락이라는 세 가지를 들었다.[69] 이 중에서도 "고적을 구경하여 역사 지식을 넓히고 아름다운 경치와 외국의 여러 도시를 구경하여 지리에 관한 실감을" 얻는 것을 가장 중요한 목적으로 꼽았다.

그러나 "통상 생도들의 말을 들으면 수학여행에서 아무것도 배운 것이 없다고 불평이다. 얼마 전 동아일보사에서 열었던 교육자 좌담회 석상에서 견문한 바로 보아도 각 중등학교 교장의 통일된 의견이 수학여행 무용론이었다"라는 말을 통해 알 수 있듯이 경제적 비용에 비해 학생들이 수학여행에서 얻는 바가 거의 없었음을 알 수 있다. 수학여행 존폐론은 1920년대 후반부터 시작되어 1930년대에 지속적으로 논의되었다. 폐지론의 주된 근거는 경제적 이유였다. 수학여행비뿐만 아니라 학생들의 잡비 등 여행지에서 소비하는 비용도 하나의 이유로 언급된다.[70]

---

69 주요섭, 「수학여행 시비 과연 소득이 있느냐 없느냐」, 『별건곤』, 1935. 11, 16쪽.

70 김팔봉, 「수학여행 문제 논의 —사치화해가는 수학여행」, 『별건곤』, 1929. 4; 「수학여행

결국 수학여행은 역사 지리에 대한 학습보다는 조선의 역사 공간 자체를 시각적으로 소비하는 소비문화의 하나로 정착되었다. 따라서 식민지 시대 역사 공간 기행의 의미망은 단순히 조선의 민족적 역사의식을 환기하는 차원에서만 논의될 수 없다.

의 가부可좀(5)—중앙, 경신도 중지, 잡비 남용이 큰 폐풍」, 『조선일보』 1931. 10. 5.

03

수학여행, 학교와 여행이라는 두 제도의 결합

1. 수학여행 존폐론과 교양론의 허구성

조선에서 수학여행이 학교의 정기 행사로 정착된 시기는 1920년쯤부터 이다.[71] 이는 인문 중등교육이 본격적으로 실시된 시기와 맞물린다.[72] 일제는 제1차 조선교육령(1911. 8) 이후 실용주의라는 구호 아래 조선의 고등보통학 교에서 실업교육에만 치중했으며 인문교육은 등한시했다.[73] 3·1운동 이후에 야 일제의 교육정책 변화에 따라 중등 과정에서 제대로 된 인문교육이 시작

---

71 경기제일고보는 "1920년경부터 연중행사의 하나로 정기적으로 수학여행을 계획하고 실시하였다"고 교사에 기록되어 있다. 경기구십년사편찬위원회 편, 『경기구십년사』, 경 기고등학교동창회, 1990, 166쪽.

72 박철희, 앞의 글, 2쪽.

73 경성고등보통학교의 경우에는 학생들에게 상과와 농과 중 어느 한 가지를 선택하게 하거나 아예 학교에서 지정해주기까지 했다. 이러한 상황에서 인문 관련 학과 수업이 충실하게 이행되기란 불가능했다. 경기구십년사편찬위원회 편, 앞의 책, 121~122쪽.

되었다. 이 변화는, 일본의 상급 학교에 진학하고자 할 때 조선의 학력을 인정하지 않는 차별적 정책을 비판하고 일본 학제와 동일한 교육제도를 획득하고자 한 조선 학생들의 요구가 얻어낸 결과물이었다. 이로부터 남녀 고등보통학교가 증설되고 제2차 조선교육령(1922. 2)을 통해 학제의 인정 범위가 더욱 확대되면서 학교의 교과 내용은 일본과 유사한 모양을 갖추게 되었다. 일본에서 정례화된 수학여행 또한 이 시기에 이르러 조선의 학교에서도 자연스럽게 자리를 잡게 되었다.

수학여행이 학교의 정기 행사로 정착되면서 그에 대한 인식도 교실 밖 혹은 학교 밖 교과목의 위상을 갖게 되었다. 『동아일보』 기사는 수학여행이 갖추어야 할 점을 다음과 같이 항목화했다.[74]

① 학생 자신들로 하여금 미리 원족에 대한 계획을 세우게 하고, 또 도중에 견학할 만한 곳을 조사 연구하게 할 것.
② 지리·역사·이과·인문 등의 모든 현상을 시찰하여 각종 지식을 함양하는 것을 목적으로 할 것.
③ 원족을 마친 후에는 자신들이 얻은 결과를 정리하게 할 것.
④ 선생은 학생들이 미리 계획했던 것이 제대로 실현되었는지를 비교할 수 있도록 원족 후 비평 작업을 거칠 것.
⑤ 학부모들도 자녀들의 계획과 소감을 원족 전후에 각각 들어본 뒤 잘못된 점이 있으면 교정해줄 것.
⑥ 반드시 공책과 연필 등을 챙겨서 듣고 보는 것은 일일이 기입하도록 할 것.

---

74 「수학여행을 의의 있게 하려면(1)」, 『동아일보』, 1927. 10. 4.

위 항목들은 1920년대 이후 수학여행의 지향점을 잘 보여준다. 수학여행이 비교과 활동임에도 여기에서 휴식이나 놀이의 개념을 발견하기는 어렵다. 수학여행의 목적에는 역사, 지리 등의 인문 지식뿐만 아니라 이과적인 지식의 함양도 들어 있다. 이러한 관점에서 위 기사는 "유흥 기분만 내고 지식 함양이라는 점은 조금도 돌아보지" 않는 점을 속히 "교정"해야 한다고 주장한다. 이는 내적인 수양을 강조했던 1920년대 이전의 인식과 구별된다. 『황성신문』은 1909년 보성중학교의 평양 수학여행에 대해 "안목을 상쾌하게 하며 흉우胸宇를 개척하여 공명웅대한 기운을 흡수하여 문장의 기기奇氣를 기르는 재료가" 될 것으로 설명한다.[75] 이는 1910년대 후반 『청춘』에 실린 「수양과 여행」에서 말하는 '여행'의 의미와 같은 선상에 있다.[76] 이처럼 1910년대까지는 수양론의 관점에서 학생의 여행 혹은 수학여행을 강조했지만, 1920년대에 이르면 구체적인 지식 함양으로서의 교양론으로 그 방향이 전환된다. 위 글의 글쓴이가 학업의 연장선에서 원족과 수학여행을 받아들이는 것 또한 그러한 예에 속한다.

이 시기 수학여행의 문제는 더욱 현실적인 데 있었다. 논자들은 교양론에 기반하여 수학여행의 의미를 적극적으로 강조했지만, 그것은 단지 지극히 당위적인 차원에서 받아들여질 뿐이었다. 여행을 위해 무엇보다 필요한 것은 시간과 돈이다. 수학여행이라고 예외일 수는 없다. 조선 학부모의 경제적 수준은 대부분 자식들을 학교에 보내는 일조차도 쉽지 않은 형편이었다.[77] 이

---

75 「보성학교 수학여행」, 『황성신문』 1909. 5. 9.

76 「수양과 여행」, 『청춘』 9호, 1917. 7, 311쪽.

77 1924년 보성고보, 중동학교, 배화여고보 등 세 학교는 해마다 실시하던 수학여행을 중지하기로 결정했다. 이해에 심한 재해가 겹쳐 학부모의 경제 상황이 악화되었기 때문이다. "글공부도 어려운데 여행까지는 못할 일"이라며 "밥 걱정도 괴로운데 (학부모의)

런 까닭에 수학여행이 정례화된 지 몇 년 지나지 않아 '존폐론'이 제기되었다. 이 논의는 1940년을 전후하여 일제의 전시체제가 점점 강화되면서 각 학교의 수학여행을 정책적으로 제한하기 전까지[78] 지속되었다.

수학여행의 문제점을 정식으로 제기한 것은 1926년 10월 11일 자 『동아일보』의 사설이다. 조선의 경제 상태에 비해 비용이 너무 많이 든다는 점과 여행 시기가 농가의 추수기와 맞물려 인력적으로도 낭비라고 지적했다. 그러면서 조선의 실정에 맞는 수학여행의 방식에 대해 고려해볼 것을 제안한다. 이를 시작으로 전개된 수학여행 가부可否에 대한 논의는 애초의 논점에서 크게 벗어나지 않은 채 반복되었다.

1920~1930년대의 수학여행 논의에서 가장 중심을 차지했던 것은 경비와 관련된 경제적인 문제였다.[79] 1931년 가을 『조선일보』는 여행 철을 맞이하여 수학여행의 문제점을 진단하는 기획 기사를 6회에 걸쳐 연재한다. 이 기사에서는 각 학교의 상황이 자세히 기술되었다. 이에 따르면 각 학교에서는 매달 일정 금액을 저축하여 목돈을 마련하는 방식으로 여행비를 조달하는데, 당해 연도에는 이조차도 부담스러워 네 개 학교(정신여학교, 중앙고보, 경신학교, 동성상업학교)에서 수학여행을 중지하기로 결정했다. 이 기획 기사에서 강조하는 것

부담이나 적게 하려" 한다는 것이 수학여행을 중지한 이유였다. 「수학여행을 중지」, 『동아일보』 1924. 10. 3.

78 1930년대 후반 일제의 전시체제하에서 '학원소비절약운동' 등의 명목으로 수학여행을 자제할 것이 권유되었으며, 1940년 이후에는 자제가 아닌 아예 금지의 분위기가 조성되었다.

79 수학여행에 들어가는 경비 외에 또 다른 문제점으로 조선인 내부의 경제적 격차로 인해 발생하는 문제를 거론한 이도 있었다. 그에 따르면 생활수준의 차이 때문에 학생들 사이에 위화감이 조성된다는 것이다. 이석, 「수학여행 문제 논의─방식을 개량치 못한다면 영#히 폐지가 가可」, 『별건곤』, 1929. 4, 120~121쪽.

은 조선의 경제적 현실과 수학여행의 관련성이다. 즉, 수학여행이 조선의 경제 현실을 고려하지 않은 채 실시되고 있다는 것이다.

문제점은 경제적 부담에만 국한되지 않는다. 실상 경제적 부담에도 불구하고 실시하는 여행이 과연 그만큼의 효과가 있는가? 한 논자는 여행지에서 학생들의 행동과 의식의 문제점을 제시하며 이에 대해 묻는다.

> 여행의 동기와 목적은 좋다 해도 그 폐풍이 또 얼마나 큰가를 생각해볼 필요가 있다. 좋은 것을 보고 오는 반면에 보아서 안 될 것을 보고 배워 온다든가, 필요 이외의 물건을 사온다든가 하는 것도 문제겠지마는, 그런 것보다는 여행 그것이 현재의 방법으로는 극히 찬성 못할 점이 많다. 명승고적의 탐승이란 것은 일시 학식을 넓힌다는 것보다도 유쾌히 놀고 돌아온다는 얼떠서 당한(들뜸에 빠진) 기분을 어린 마음에 넣어주는 편이 적지 않다. 좀 하면 현재의 교육 그것이 기계적으로 흐르고 사회의 실정과의 연락을 잘못 잡아 어린 남녀 학생들을 호화로운 집 자녀의 경박한 생활 의식을 갖게 하는 편이 많은 이때라, 여행도 한 교육의 방편이라면 학교 당국자나 학부형들은 좀 더 깊이 생각해볼 여지가 없을까?
>
> —「수학여행의 가부可否(6)」, 『조선일보』 1931. 10. 6.

이 글은 수학여행을 통해 학생들이 소비 – 유흥 – 허영 의식에 빠지는 상황을 우려하고 비판한다. 배재고보 교장 아펜젤러도 동일한 관점에서 수학여행의 문제점을 지적한다. 즉, 수학여행은 "돈과 수업 시간을 소모하는 데 비하여 동비례의 유익한 점을" 주지 못한다는 것이다. 그에 따르면 "보통 수학여행은 과외 항목으로 불가결할 것이라고 말하나, 실제에 있어서는 그와 같은 효과를 보지 못할 뿐만 아니라 여행하는 동안에 학생들이 좋지 못한 행동을 하여 학생으로서는 물론이요 학교 명예에 적지 않은 타격을 주는 일도 종종 있다."[80] 학생들이 여행지에서 보이는 분방한 행동은 '풍기 문란'이라며 비판받기까지 한다.[81] 게다가 1920~1930년대 일간신문에는 각 학교의 수학여행 공지 기사 외에 여행지에서 벌어진 사건·사고가 적지 않게 보도되었다. 그것만 놓고 보면 수학여행은 교육의 시간이라기보다 사건·사고의 시간이라는 표현이 더욱 적합하다고 할 정도이다. 그렇다면 경제적 부담을 덜 수 있을 뿐 아니라 학생들의 일탈적 행동을 방지하기 위해서라도 수학여행은 폐지되어야 할 것처럼 보인다.

한편 여행 당사자인 학생의 생각은 이론적 차원에서 수학여행 폐지를 주장하는 자의 생각과는 거리가 있다. 『동광』에 실린 한 학생의 글에 따르면 "학생 시대에 있어서 가장 의의가 있고 평소에 새로운 추억이 될 것"이 있다면, 그것은 바로 수학여행이다. "적은 돈과 짧은 시일에 실제에 접근하여 교육을 받을 수" 있기 때문이다.[82] 그 학생은 '교육'보다는 실제의 현장을 본다는 데 더 큰 의의를 부여한다. 학생들은 교과서를 통해 배운 바를 실제의 현장에서 확인하고 싶은 욕구로, 또는 학교라는 울타리에서 벗어난다는 일탈의 기분으로 수학여행에 환호한다. 수학여행기의 첫머리를 장식하는 여행지에 대한 설렘과 기대 등을 보아도 그 같은 생각과 인식이 확인된다. 학생의 입장에서 수학여행은 일상의 공간을 떠나는 일탈의 행위이자, 보고 싶었던 곳을 보는 시각적 욕망의 충족 행위이다.

80 아펀설라(아펜젤러), 「수학여행 문제 논의 ─ 우리 학교는 벌서 전폐까지」, 『별건곤』, 1929. 4, 119쪽.

81 일기자, 「수학여행 학생의 풍기 문제」, 『동아일보』 1932. 10. 2.

82 김송봉, 「수학여행론」, 『동광』 31호, 1932. 3, 97쪽.

학생들의 기대와 욕망이 얼마나 크고 강했는지는 수학여행과 관련된 몇몇의 학내 분규를 통해 확인할 수 있다. 1924년 배화여고 4학년생 전원의 무기정학 처분 사건과 1926년 원산보광중학교 2학년생들의 무기정학 처분 사건이 그에 속한다.[83] 전자는 1924년의 극심한 자연재해로 인한 경제난으로 수학여행을 가지 않고 당일 원족으로 대신한다는 학교 방침에 불만을 품은 4학년 학생 전원이 원족에 불참했을 뿐만 아니라 학교를 상대로 계속해서 수학여행을 요구한 사건이다. 원산보광중학교 학생의 사건은 원족 장소에 대한 불만에서 비롯되었다. 여행지 선택에서 학교 당국과 충돌이 생기자 학생들은 동맹휴학을 도모했다. 이 사건들에서 공통적으로 학생들은 자신들이 원하는 바를 분명하고 강력하게 주장한다. 그만큼 수학여행에 대한 이들의 입장과 바람은 명확했다.

학생들에게 수학여행은 학업의 연장이 아니다. 학업의 연장으로 보는 것은 그저 당위론으로서 받아들일 뿐이다. 학생들은 감각과 욕망의 차원에서 여행을 받아들이고 체험한다. 여행의 준비 과정은 이러한 성격을 더욱 강화시킨다. 학생들은 한 달에 얼마씩 모아서 경비를 마련했는데, 이 과정에서 상품을 사기 위한 구매객 혹은 소비자가 되기 마련이다. 실제 여행을 하는 중에도 소비자적인 면모는 쉽게 나타난다. 이는 1920~1930년대 도시 대중문화의 소비 방식과 크게 다르지 않다.[84] 학교 행사인 수학여행을 통해 학생들은

---

83 「수학여행 문제로 배화여교에 분규」, 『조선일보』 1924. 10. 5; 「원족지가 불만하야 맹휴를 획책하던 이십 명은 무기정학에」, 『조선일보』 1926. 5. 13.

84 김백영에 따르면 "1920~30년대 도시 대중문화의 중핵을 차지한 사람들은 도시 중간 계층의 여성과 학생들이었다. 이들만이 대중문화 상품의 구매에 필요한 삶의 여가, 도시에의 거주, 현금 구매력 등의 조건들을 갖추고 있었다." 김백영, 「제국의 스펙터클 효과와 식민지 대중의 도시경험」, 『사회와 역사』 75집, 한국사회사학회, 2007. 9, 101쪽.

공식적으로 소비 대중으로서 체험을 하게 되는 셈이다. 여행 상품에 대한 소비자라는 점에서 대중적인 관광객과 학생의 차이는 없다.

1920~1930년대 수학여행은 당위적 지향과 현실적 양상의 괴리 속에서 존폐 논의가 반복되는 중에도 지속되었다. 수학여행이 지속된 데에는 또 다른 차원의 목적이 있었기에 가능했다. 그 이면에는 '자본주의적 소비'와 '식민 정치 동원'이라는 원리가 작동했다. 식민 정치로 동원되는 성격은 수학여행이 학교라는 제도 내의 행사라는 점에서 기인한다. 수학여행은 학교 제도 내에 있기 때문에 일제 지배 정책의 직접적인 영향을 받는다. 이를 잘 보여주는 예가 만주 수학여행이다. 해주고보의 규정에 따르면 일본이나 만주 쪽 수학여행은 식민 제국인 일본의 국민으로서 '자각 자중의 마음을 함양'시키고자 한다는 목적을 분명히 하고 있다.[85] 만주라는 공간은 조선인이 초대받은 일본제국의 전시회장이다. 여행이라는 매력적인 형식을 취하고 있긴 하지만, 이에 참여한 조선인 인솔자 및 학생들은 제국이 가진 가공할 만한 전쟁 능력과 승전담을 통해 제국의 감정 정치 논리에 쉽게 빠져든다. 만주 수학여행은 의미상 일본으로 가는 여행보다 더 복합적이다. 이는 만주라는 공간 자체가 갖는 복합적인 성격으로 말미암은 것이다.[86]

---

85 위의 글, 143쪽.

86 지금까지 만주 혹은 만주 여행과 관련한 논의는 많이 이루어진 편이다. 그러나 식민지 시대 수학여행에 관한 담론 및 수학여행기를 본격적으로 분석하고 논의한 연구는 발견하기 어렵다. 식민지 시대 수학여행에 관한 연구는 주로 교육학계에서 논의되었으며, 최근에는 역사학 및 문학 쪽에서도 관심을 확대하고 있다. 이와 관련된 논문을 정리해보면 다음과 같다. 박철희, 앞의 글; 임성모, 「팽창하는 경계와 제국의 시선」, 『일본역사연구』 23집, 일본사학회, 2006. 6; 까오유엔, 「'낙토樂土'를 달리는 관광버스」, 요시미 순야 외 지음, 연구공간 수유+너머 '일본근대와 젠더 세미나팀' 옮김, 『확장하는 모더니티—1920~30년대 근대 일본의 문화사』, 소명출판, 2007.

2. 제국 전시회의 스토리텔링과 만주

수학여행지로 만주가 주목을 받기 시작한 것은 1930년대에 들어서면서이다. 고등보통학교의 교우회에서 발행한 교우회지의 중요 주제 중 하나는 각각의 해에 실시되었던 수학여행에 관한 글이다. 주로 일정표를 먼저 소개한 뒤 수학여행기를 싣고 있다. 각 학교에서는 1, 2, 3학년의 경우 국내로 원족 또는 수학여행을 갔으며, 고학년에 해당하는 4, 5학년의 경우에는 짧게는 7일에서 길게는 20일 정도의 기간으로 일본 또는 만주로 여행을 떠났다.[87] 만주 쪽 수학여행 일정은 열흘 전후가 일반적이었다. 이 시기 만주에 대한 관심이 증폭된 데에는 만주사변의 영향이 컸다. 만주사변 전에는 생계를 위해 국경을 건너는 사람이 대부분이었지만, 이 시기에는 일제의 만주국 선전에 영향을 받은 지식층과 부호층이 더 많은 관심을 갖고 만주로 향했다.[88] 수학여행 또한 이 시기를 전후하여 더욱 붐을 이루었다.

수학여행에 보이는 비판적인 태도는 만주 수학여행에 대해서도 예외가 아니었다.

가끔 보건대 수학여행단의 유일한 프로그램은 만철 연선에 산재한 만철 소속의 건물들을 위시하여 인력거 혹은 마차 전차로써 펑톈奉天 서탑 거리를 통과하여 펑톈 성내에 있는 중국 경영의 상점인 길순사방吉順絲房, 청 태조의 능인 북릉 등을 순시하면 고만 만주 수학여행은 잘된 줄 안다. 어찌 남만주의 중앙이요 동

87　각 학년별 수학여행지에 대해서는 「수학여행의 가부」(4)~(6), 『조선일보』 1931. 10. 4~6 참고.

88　우석, 「현대 조선의 사대광: 만주광·황금광·미두광·잡지광」, 『제일선』, 1932. 9, 32~33쪽.

삼성의 수부首府인 대선양大瀋陽에서 앞에서 적은 몇 개 장소로서 만주를 잘 알고 선양을 잘 알았다 하랴. …(중략)…

조선 학생이 만주에 온다면 첫날은 우리 동포들의 생활 실상 그 가운데서도 농촌 생활, 둘째 날은 중국의 풍토와 국민성, 셋째 날은 상공업의 발전 정도와 신흥 중국의 교육제도 등일 것이다.

—봉천 일기자, 「조선인 학생의 만주 수학여행」, 『동아일보』 1931. 5. 7.

기자는 학생들이 만주에 와서 '보는 것'을 문제 삼고 있다. 만주의 몇몇 대표적인 관광지를 "순시"했다고 하여 만주를 제대로 보았다고 할 수 있는가라는 문제를 제기하면서 기자는 바람직한 만주 여행이란 우리 동포의 실상을 돌아보거나 중국에 관심을 갖는 것이라고 조언한다. 만주까지 와서 '일본만'을 보아서는 안 된다는 것이 그의 생각이다.[89] 그는 학생들이 일본의 한 부분으로서만 만주를 보게 되는 이유를 "수학여행단의 유일한 프로그램"에서 찾는다. 근대 단체여행의 속성을 정확하게 간파한 것이다. 일정표의 중요성을 거론하는 일조차 새삼스럽다. 일정표에 따라 여행자의 시선, 여행의 성격 등이 모두 결정되기 때문이다. 그렇다면 먼저 살펴보아야 할 것은 일정표의 내용이다.

만주의 주요 도시로는 펑톈奉天(선양瀋陽), 신징新京(창춘長春), 하얼빈, 푸순撫順, 뤼순旅順, 다롄大連을 꼽을 수 있다. 이들 주요 도시는 만주 수학여행의 일정 속에 거의 포함되지만, 하얼빈만 발견하기 어렵다. 만주 수학여행지는 주

---

89 이런 생각이 명확히 드러나 있는 것은 수학여행과 관련된 또 다른 글에서 발견된다. "제군이 이곳에 여행 오는 표어는 만주 여행입니다. 그러면 다롄·뤼순을 자세히 보았다고 만주 여행을 하였다 못하겠지요. 차라리 일본 여행을 하였다는 것이 나을 것입니다." 김봉수, 「봉천에 수학여행 오는 학우에게(완)」, 『조선일보』 1930. 11. 12.

로 신징의 남쪽 지역이었던 것으로 추정된다. 이들 지역에서 조선 학생들이 견학한 곳은 〈표 13〉을 통해 알 수 있듯이 대개 청일전쟁과 러일전쟁 관련 일본의 전적지, 일본이 만주에 건설한 근대적 설비, 만주의 주요 국가기관 시설 및 명승고적이다. 특히 일본의 전쟁 유적지 견학은 만주 수학여행에서 가장 중요한 일정이다. 하얼빈이 제외된 이유도 일본의 전쟁 유적지가 아니기 때문이다. 만주여행단의 프로그램이 다양하지 않았음은 위 글의 기자가 "유일"다고 표현한 데에서도 알 수 있다. 이런 여행 방식은 일본 학생의 수학여행도 비슷하다.[90] 일본인의 만주 관광은 처음부터 일본의 국민정신을 불러일으키고자 하는 "분명한 사명"을 가지고 기획되었으며,[91] 그러한 의도를 가장 분명하게 보여주는 여행지가 전쟁 유적지였다.

뤼순은 만주 수학여행의 이 같은 특징을 가장 분명하게 보여주는 공간이다.

> 오전 8시경에 뤼순旅順 도착. 이곳에서는 특히 재향군인협회의 안내에 따라 바로 뤼순 충령탑을 참관. 전 시가를 전망하면서 안내인에게 일찍 일로전쟁 당시 뤼순 봉쇄의 전황을 들으니 절로 눈물이 고이고 감격할 뿐이었다.
>
> 크고 작은 흰 벽으로 된 건물은 전부 러시아가 세웠으나 지금은 도통 일본의

---

90 일본 학교의 만주 수학여행 일정과 비교해보면 그 유사성을 확인할 수 있다. 구체적인 일정은 임성모, 앞의 글, 105쪽 참고.

91 까오유엔, 앞의 글, 227쪽. 북릉·궁전·황거 등 만주국의 명승고적은 중국의 전통에 대한 감격을 불러일으키기보다는 일본에게 패배한 현재의 상황이 주는 허무감으로 연결된다. 만주국에 건설된 근대적 설비, 특히 공장에서 힘들게 일하는 노동자는 모두 중국인이다. 결국 명승고적과 근대적 설비 견학은 중국의 비참함과 일본의 위대함을 환기시키는 것으로 귀결된다. 이러한 점에서 전쟁 유적 기념지 – 명승고적 – 만주국의 근대 시설 및 국가 시설에 대한 견학을 통해 의도하는 바는 일본제국의 위력 전시라는 하나의 지점으로 수렴된다.

<표 12> 『학우회지』(1936)에 실린 수학여행 일정표

일차	월/일	역명	출발	도착	숙박	견학 장소
1	5/9	경성	오전 8:00		차중	경의선 연선
2	5/10	펑톈		오전 6:00		역전
		〃	오전 9:10			
		푸순		오전 10:20		노천굴, 대산갱, 오일 셀 공장, 몬도기와 공장
		〃	오후 4:00			
		펑톈		오후 5:10		
		〃	오후 10:35		차중	석식 후 시내 견학
3	5/11	신징		오전 7:00		집정부, 국무원 공안국, 부속지, 시내
		〃	오후 2:40			철도 연선
		펑톈		오후 9:20	여관	동서여관
4	5/12	〃	오후 9:40		차중	상부지商埠地, 성내 북릉, 북대영
5	5/13	다롄		오전 7:25		철도 연선
		〃	오전 7:50			
		뤼순		오전 9:15		표충탑, 203 계관산, 박물관
		〃		오후 4:35		
		다롄		오후 6:10	여관	
6	5/14	〃	오후 9:00		차중	부두, 자원관, 유방油房, 호시가우라星ヶ浦 공원
7	5/15	펑톈		오전 6:50		
		〃	오전 7:00			
		안둥		오후 2:00		재목공사 신의주
		〃	오후 10:50		차중	
	5/16	경성		오전 10:30		점호 주의 해산

※ 「만주여행기」, 『학우회지』 4호, 경성제일공립고등보통학교 학우회, 1936. 5, 60~62쪽.

〈표 13〉 「만주국수학여행일기」(1935)에 의거한 수학여행 일정표

일차	월/일	발착지	견학 장소		만주국		생활상
			전쟁 유적 기념지	근대적 시설	국가 시설	명승고적	
1	10/10	경성 –평양					
2	10/11	안둥		압록강제재 무한공사, 진강산 공원			
3	10/12	펑톈	충령탑	연극 구경	영사관	궁전, 동선당, 북릉	
4	10/13	펑톈발 신징착			공주령에 도중하차, 만철 경영 농사시험장		밤 : 신징 시가 –환락의 거리 –카페, 댄스홀 등
5	10/14	신징	남령 전적		국무원 건물	황거	
6	10/15	푸순		오일 셀 공장			
7	10/16	뤼순 –다롄행	뤼순 충령탑, 동계관산 북루의 전적, 전리품 진열관				
8	10/17	다롄		주방注房	만주자원국		부두에서 선박 출입 상황 구경, 세관소 7층 위에서 전시가 전망, 시내로 가서 자유행동
9	10/18	즈푸芝罘 도착, 인천행					즈푸 시가 순례
10	10/19	인천 도착					

※ 김두헌, 「만주국수학여행일기」, 『일광』 제5호, 중앙불교전문학교 교우회, 1935. 1.

소유이니 뤼순공과대학도 당시 러시아군이 주둔하던 영사였다. 기타 관공서도 모두 그렇다.

사변에 보이는 옛 러시아군의 보루! 그 백년지계는 드디어 흩어지고 말았다. 이룡산 보루, 송수산 보루, 203고지(이령산靈山) 동계관산 북보루 등 산봉우리 위의 러시아군 진지가 두 눈에 생생하다.

그중 가장 대표적인 동쪽 계관산 북루의 전적만을 견학하기로 하였다. 일동 다섯 대의 마차로 산상 전적에 향하니 오직 지나간 옛날의 회포뿐일레라. 도착해보니 과연 러시아군 보루는 견고함 자체였다. 그러나 이것을 격퇴한 일본군의 악전고투의 남은 흔적은 다만 우리로 하여금 아연케 할 뿐이요, 그 전사에 대한 일화, 전투 경과에 관한 설화는 다만 귀신을 울리게 할 만한 것뿐이었다. 보루의 한구석에는 당시 러시아군 총사령관이던 콘드라텐코 장군의 전사비가 서 있으니, 한편 적막한 느낌을 더할 뿐이었다.

그 길로 전리품 진열관에 도착하여 점심을 마치고 견학에 나섰다. 이 건물은 원래 러시아 군사 집회소였던 곳으로, 일본군 포탄의 흔적이 그대로 남아 있었다. 진열관에는 2,500여 점의 진열품, 전시의 포대 모형, 전시 실황의 사진, 전쟁에 참여한 여러 장군의 초상화 등 당시의 비장했던 전쟁 상황이 그대로 남아 있었다.

— 김두헌, 「만주국수학여행일기」, 『일광』 제5호, 1935. 1, 18~19쪽.

뤼순에 있는 러일전쟁 테마파크에서 조선인 학생은 일본의 승전 드라마를 보고, 또 그에 관한 일화를 전해 듣는 관람객이자 청자가 된다. 위 글의 필자 김두헌은 학생들을 이끌고 수학여행을 간 인솔자이다. 고등교육기관에 해당하는 전문학교의 교수이지만, 제국의 전쟁 테마파크에서 선생과 학생의 위계·구별은 사라진다.

위의 글에서 주시할 것은 제국의 승전 서사를 중개해주는 안내인이다. 그는 "뷰로bureau 직원", 즉 여행사 안내원이다.[92] 또 다른 수학여행기인 「만주까지의 수학여행기」에는 하루치 4원을 지불하고서 일본인 안내원을 고용하여 현장에 대한 설명을 들었다는 내용이 나온다. "쓰리스토 뷰로ツーリストビューロー(tourist bureau)" 등의 여행사에서 지원해준 안내원이다.[93] 1930년대에는 일본의 여행사가 조선에 지부 형식으로 들어와서 각 지역단체를 통해 조선인들의 여행을 주선하는 사업을 하고 있었다.[94] 만철 또한 여행 업무를 담당했다. 이처럼 만주 여행에서 여행객을 이끄는 이들은 일본인 여행안내원이었다.

> 오전 8시경부터 쓰리스토 뷰로에서 온 안내자를 따라 오전에는 만몽자원관, 지질조사소, 러시아정, 중앙대광장, 부두사무소(엘리베이터로 8층 전망대에 올라 잠깐 다롄 항에 대한 설명을 들었다. 즉 다롄 항은 동양의 제일이요, 그 시설은 오로지 만철의 팔천여만 원의 자본으로 시설된 것이요, 부두 하나에 이백여만 원이나 들었다 한다. 아주 과장하는 듯이 말하였다.) 하루빈환이라는 기선의 내부 대두백 제조 공장(직공은 전부 중국인 노동자인데 전부 나체 노동을 하고 있었다) 등을 견학하고 …(하략)…
> ― 정낙승(충남농교), 「만주까지의 수학여행기(4)」, 『매일신보』 1931. 1. 30.

위 수학여행기에서는 일본인 안내원의 태도를 살짝 엿볼 수 있다. 학생의 표현에 따르면 안내원은 만주의 근대 시설 규모에 대해 과장하는 듯 말하는

92 김두헌, 「만주국수학여행일기」, 『일광』 제5호, 중앙불교전문학교교우회, 1935. 1, 15쪽.
93 정낙승(충남농교), 「만주까지의 수학여행기(4)」, 『매일신보』 1931. 1. 30.
94 「째팬 투리스트 뷰로」, 『동아일보』 1932. 12. 20.

데, 이는 곧 그에 대한 자랑과 과시의 태도이다. 이런 태도는 승전지의 유적들을 설명하고 승전의 일화를 풀어낼 때에도 일관되게 나타났을 것이다. 앞서 김두헌이 만주 여행을 정리하면서 "무엇보다 첫 감상은 만철의 대규모였던 것. 그리고 일본의 세력이 너무도 크게 보였던 것"이라는 말은 이 시기 만주를 여행하는 단체여행객의 보편적인 감상일 것이다.[95]

『조선일보』 '학생란'에 실린 「봉천에 수학여행 오는 학우에게」라는 글에서 필자는, 만주 여행은 일본 여행이 아님을 강조하면서 만주 여행 일정을 새롭게 바꾸자고 제안한다. 그러고는 여행 장소 및 일정까지 구체적으로 제시한다. 일정표 자체가 여행자의 시선과 여행의 의미를 규정한다는 사실을 이미 그가 간파했음은 앞서 말한 바 있다. 만주에 거주하는 조선인이 소망하는 만주 수학여행과 실제 여행 프로그램의 불일치는 식민지 시대 수학여행이 놓인 구조적 위치에서 비롯한다. 1920~1930년대의 만주 수학여행 일정은 일본제국의 전력과 근대화의 힘을 보여주는 한 편의 전시회로 기획되었다. 이는 당시 일본이 추진했던 정책의 한 부분이었다.[96] 일본인 여행안내원의 설명은 조선 학생들의 시선을 제국이 의도하는 방향으로 제한하는 데 큰 몫을 했다. 여행 프로그램 및 대행 여행사의 사업 자체가 제국 전시회의 일부였기에 조선인이 기획한 만주 여행 프로그램의 현실화는 기대하기 어려운 소망이었다.

95 김두헌, 앞의 글, 21쪽.

96 까오유엔, 앞의 글, 213~224쪽.

3. 자유 시간의 일탈과 초월

만주 수학여행은 여행 일정의 구조 자체가 일본제국의 위력을 과시하는 전시회로 기획된 한 편의 구성물이다. 이 때문에 학생들은 주최자의 의도를 넘어서기 어려웠을 것이다. 그러나 그 의도는 조선의 학생들에게 일방적으로 전달되지만 않았다. 굴절의 가능성은 여행 일정 안에 내재되어 있다. 바로 자유 시간이 그것을 가능케 한다.

송도고보의 교우회지 『교우』에 실린 「남만주기행」은 개인적인 감상과 자유 시간의 개인적인 일정이 잘 기술되어 있는 글이다. 그 글에 따라 여행 일정을 정리해보면 〈표 14〉와 같다. 송도고보의 수학여행 일정도 일반적인 만주 단체여행의 일정과 크게 다를 바 없다. 다만 그 글을 쓴 학생이 자유 시간에 체험한 내용과 그에 대한 감상을 구체적으로 기술하고 있어, 이를 통해 단체여행의 틈새를 들여다볼 수 있다. 특히 〈표 14〉의 ①~⑥에 해당하는 내용은 단체의 공통 일정과 다른 자유 시간의 개인 일정을 보여준다. 개인 일정은 기획된 단체여행 속에서 여행자가 일탈하는 지점이며, 이런 까닭에 기획 의도에서 벗어난 체험이 가능해지는 지점이기도 하다.

자유 시간에 이 학생은 주로 시가지의 거리를 돌아다니면서 만주인의 생활상을 체험하기도 하고, 만주에 사는 조선인의 삶을 엿볼 기회도 갖는다. 여기에서 그는 이방의 도시를 배회하는 배회자[97]의 면모를 보여준다.

---

[97] 자유 시간에 여행자로서 학생이 보여주는 모습은 얼핏 산책자를 연상시킨다. 그러나 「남만주기행」에서 만주의 시가를 거니는, 혹은 헤매는 학생의 모습은 산책자라기보다는 배회자에 가깝다. 벤야민이 언급한 산책자는 자본주의적 도시에 대한 관조적 관찰자를 의미하며, 이때 중요한 것은 관조적 여유이다. 이에 비해 배회자는 처음부터 자본주의적인 것들과 거리를 유지하고 있는 산책자와 달리 "근대에 대한 매혹과 거부 사이에서, 근대적 욕망의 추구와 억제 사이에서 심하게 동요하는 인물"이다. 「남만주기

일차	월/일	견학 지역	견학 장소		만주국		생활상
			전쟁 유적 기념지	근대적 설비	국가 시설	명승 고적	
1	5/18	송도-푸순		노천굴, 석유 공장			
2		푸순발 펑톈착 (오후 3시)					① 자유 시간 : 시가지 구경
3	5/20	펑톈			만주의과대학, 구시가, 신시가, 만주국 군인 훈련소		② 자유 시간 : 서탑 거리, 밤에는 네온사인의 펑톈 시가 배회 ③ 주수 자역에서 1시간 동안 차를 기다리며 조선 동포의 삶 체험
4	5/21	뤼순	이령산 고지, 박물관, 동계관산, 수사영				
5	5/22	다롄(오전 7:30 도착)	박물관	다롄 부두, 제유 공장			노천시장, 만주인 경영의 탕옥 구경, 호시가우라 공원-보트 타기, ④ 밤 : 다롄 시가 구경
6	5/23	다롄	다롄 신사	만철 병원	대광장		⑤ 오후 : 자유 시간-돌아다님, 저녁 식사 후 다롄역으로 향함
7	5/24	펑톈 도착 오전 6:50					주로 방에서 보냄(우천), ⑥ 밤 : 중국인 화류가 구경-인육시장, 조선인 화류가 배회

행」의 학생 여행자는 제국-식민-자본주의적·도시적 의미가 복합화된 만주라는 도시에서 그를 유혹하는 온갖 것들과 이에 대한 심리적 거부감 사이에서 혼란스러워하는 모습을 보여준다. 이러한 점에서 그는 만주 도시의 배회자라 할 수 있다. 산책자와 배회자에 대한 개념 정리는 김명인, 「근대소설과 도시성의 문제—박태원의 「소설가 구보씨의 일일」을 중심으로」, 『민족문학사연구』, 민족문학사학회, 2000, 222쪽 참고.

8	5/25	안둥 도착 (아침)	제재 공장		압록강변, 신의주로 건너 갔다 옴
9	5/26	송도 도착 (새벽)			

※ ㅅ.ㅈ.ㅇ, 「남만주기행」, 『송우』, 송도고등보통학교 교우회 학예부, 1937. 3.

약속한 6시에 여관에 돌아오니 곧 저녁밥을 먹게 되었소이다. 밤에는 네온사인의 거리를 헤매다가 알지 못하는 사이에 야시장에 들어갔소이다. 경성에도 야시에는 고정된 정가가 없는 것을 형은 잘 알지요.…… 나의 동무 한 사람이 3원 50전을 달라는 물건을, 놀라지 말라, 50전에 샀다는 것이올시다. 야시장에서 돌아오다가 서양인 걸인을 만났으니, 처음에는 서양에도 걸인이 있나…… 이렇게 실없는 생각을 하였소이다. 서양은 별 곳인가? 그곳도 인간 사회지! 이렇게 생각하고나니 서양의 걸인도 그렇게 이상하지는 아니하였소이다. …(중략)…

오늘의 견학을 마치고 여관에 돌아오니 예정한 시간보다 세 시간이나 빨랐소이다. 나는 이 세 시간을 이용하여 한 동무와 같이 동포가 제일 많이 사는 서탑이라는 거리를 찾았소이다. 거기에는 가옥도 조선식, 사람마다 조선 의복, 들려오는 담화 소리도 조선말, 참으로 우리의 땅 같소이다. 학교에 갔다 오는 듯한 어린애들을 보고 머리를 어루만져주며 말을 걸었더니 그 애들은 반가이 웃으면서 평안도 사투리로 말대답을 분명히 친절히 합디다. 서탑에 사는 우리 동포는 대개가 평안도 사람이라고 합디다. …(중략)… 친절히 말하여주는 그 주인에게 평톈에 있는 동포의 동정을 각 방면으로 잘 알았소이다.

— ㅅ.ㅈ.ㅇ, 「남만주기행」, 『송우』, 송도고등보통학교 교우회 학예부, 1937. 3, 41쪽.

배회자에게 만주 각 도시의 거리는 깨달음의 공간이다. 펑톈 거리에서 만난 "서양인 걸인"은 '서양은 곧 선진적'이라는 도식적 관념으로부터 벗어나는 한 계기가 된다. 또 '서탑 거리'를 찾아가, 단체 일정에서는 볼 수 없는 펑톈 지역 조선인의 삶을 잠시나마 들여다보는 시간을 갖는다. 이처럼 학생 여행자는 자유 시간을 통해 깨달음의 순간을 마련하기도 한다.

하지만 이 경험이 심각한 자기 회의로까지 나아가지는 못한다. 순간적 깨달음과 그에 대한 일회적 기술은 기행문이라는 글쓰기의 특성에서 비롯되었다고 볼 수 있다. 이는 근대도시로서 다롄에 대하여 환호하는 부분에서도 드러난다. 이 학생은 다롄을 떠나면서 느끼는 강한 아쉬움을 "다롄에서 영구히 살고" 싶다는 말로 드러낸다.

> 만철 병원을 나와서 다롄 신사에 참배하고 여관에 돌아오니 아직 12시 전. 오후부터는 자유 시간이외다. 이 대도시를 어디가 어딘지 알지도 못하고 자동차, 마차, 전차가 번잡하게 왕래하는 거리를 뚫고 사방으로 돌아다녔소이다. 다리도 피곤하외다. 저녁밥을 먹은 후에는 곧 다롄역으로 향하게 되었소이다. 역 앞에서 세관 관리에게 우리 일행의 여장은 일일이 검사를 받고, 시계가 9시를 가리켰을 때 기차의 요란한 기적 소리는 네온사인의 다롄 하늘을 몇 번이나 날았소이다. 그때 나는 어쩐지 내 고향을 떠나는 것처럼 이 곳을 떠나기 싫었소이다. 다롄에서 영구히 살고 싶소이다. 그러나 휘황한 전등불은 점점 멀어져가고 그 번잡하던 모양은 아른아른 꿈으로 나타나려 합니다.
>
> — ㅅ.ㅈ.ㅇ, 앞의 글, 44쪽.

이는 단순히 여행지를 떠나는 아쉬움만이라고 볼 수 없다. 근대적 도시의 유혹에 대한 반응인 것이다. 그렇다고 만주가 글쓴이를 유혹하는 곳만은 또 아니다. 구경 삼아 나온 밤거리에서 그는 "그저 외관을 알려고 했을 뿐인데,

정말 이곳은 추하고 끔찍하고 인육이 썩은 악취가 코를 찌르는 듯한" 인육시장, 곧 화류가를 보는 순간 공포감에 휩싸인다. 이처럼 자유 시간에 만주의 도시 거리를 배회하면서 그는 유혹과 혐오의 이중적이고도 복합적인 감정적 자극을 받는다. 이러한 자극들이 자각과 깨달음이라는 완결적인 서사로 나아가지는 않지만, 표피적인 수준에서나마 여행자를 자극하고 있는 것만은 분명하다.

한편 수학여행지에서 학생들의 자유 시간은 인솔자들에겐 불안의 시간이다. 이 시간대에 각종 사건 사고가 발생하기 때문이다. 학교를 떠나 여행을 왔으나 통제와 규율마저 해제된 것은 아니다. 학생의 단체여행에서는 이러한 통제가 지속될 수밖에 없었으며, 자유 시간도 정해져 있으므로 학생은 시간을 엄수하여 숙소로 돌아와야 했다. 학생의 통제가 중요 임무이기도 한 교원으로서는 수학여행을 학생이 탈선할 수도 있는 불안한 시간으로 여겼다.

김교신은 양정고보 4학년생들을 인솔하여 만주로 수학여행 갔던 때의 기록을 「남만잡감」이라는 제목으로 발표한 바 있다. 이 여행단에서도 10시 취침 시간을 어기고 14명의 학생이 밤에 남몰래 외출하여 선생들이 뜬눈으로 새벽을 맞아야 했던 일이 있었다. 김교신은 자신의 반 학생들이 그중 한 명도 끼어 있지 않음에 감사를 표한다. 그는 반 학생들이 다행히 밤 외출을 하지 않았던 이유 중 하나가 "만주 방면의 수학여행이 도리어 생도들의 심령을 상해하는 기회가 된다" 혹은 "심신상의 유혹이 많다"[98]는 경고를 들은 뒤 학생들 스스로 경계를 늦추지 않은 덕분이라고 말한다. 그 말로 미루어 만주가 위험한 곳으로 인식되었음을 알 수 있다.

---

[98] 김교신, 「남만잡감」, 『성서조선』, 성서조선사, 1936. 11, 17쪽.

학생에게 자유를 준다면 가는 곳이라는 게 제일 불합리한 장소로 출몰하는 것입니다. 그것도 적지 않은 문제지요. 그것은 불량한 몇몇 학생의 탓으로 전체에 불미한 물을 들이는 것입니다. 여관 주인놈 뽀이놈 그 속에서 요정의 중매인 등의 괴혹도 있지만, 대개는 학생들이 내지에서 미리 알고 오는 것이 일종의 괴현상입니다. 여행 온 제군이 요정을 방문하여 참담한 인생인 기녀를 희롱한대야 이로운 게 무엇입니까? 몇몇 학생은 그 행동을 하다가 수십 명이 어떤 사람에게 대수치의 모욕을 당한 실례가 아마 한두 번이 아니겠지요!

— 김봉수, 「봉천에 수학여행 오는 학우에게(1)」, 『조선일보』 1930. 11. 9.

위의 글은 만주로 여행 온 학생들이 요정을 찾아가 기녀를 희롱하는 따위의 불량한 행동을 인솔자들로 하여금 잘 단속시키도록 해야 한다며 경고하고 있다. 그러나 실상 학생들에게 일탈의 유혹을 던지는 곳은 만주만은 아니었던 듯하다. 「수학여행 학생의 풍기 문제」라는 기사를 보면 경주 수학여행에서도 학생들의 풍기 문란을 지적하고 있다.[99] 경주뿐 아니라 각 도시는 학생의 입장에서 볼 때 공통점이 있는데, 그것은 바로 학교 밖이라는 점이다. 그렇다면 수학여행에서 벌어지는 학생들의 일탈적 행동은 만주의 특수성 때문이 아니라 학교와 수학여행의 관계에서 비롯되었다고 보아야 할 것이다. 이는 당위적 교양론과 현실 수학여행의 괴리에서 기인하는 문제이기도 하다. 근대의 학교는 여행이 갖는 감각적이고 일탈적인 욕망 충족의 근본적인 속성을 포용할 수 없었고, 이러한 한계는 수학여행지에서 학생들에게 일탈적 행동의 여지를 남겨놓는 것으로 작용할 수 있다.

이를 감안하면 여행지에서 학생들의 일탈 욕망은 통제와 규율의 근대적

---

99 일기자, 「수학여행 학생의 풍기 문제」, 『동아일보』 1932. 10. 2.

인 학교 제도 안에 이미 내재되어 있다. 학생들이 공식 일정을 벗어난 시간과 장소에서 제국적 시선의 경계를 넘어서기 어려웠던 것 또한 이로부터 기인한다. 바로 이 지점에서 만주라는 공간은 학생들에게 특수성을 상실한 초월적 공간이 된다. 자유 시간에 본 만주의 또 다른 풍경이 정체성에 대한 자극으로까지 이어지지 않는 이유도 여기에서 찾을 수 있다.

4. '낙토'의 공포와 조선인의 위치

일본의 만주 여행은 1905년 러일전쟁 승리 이후 시작되었으며 1923년 간토대지진 이후 활발해진 일본의 국내 여행과 더불어 본격적인 붐이 일어났다. 이러한 분위기는 1940년을 고비로 만주 단체관광객의 중심을 차지하는 수학여행이 제한되기 전까지 지속된다. 까오유엔高媛은 이 시기의 만주를 '관광 낙토'라 이른다.[100] 이 책에서는 조선의 만주 수학여행이 일본의 그 같은 분위기와 밀접했음을 염두에 두고 '낙토'에 안내된 조선인 수학여행자의 의식이 어떠했는지를 살펴보고자 한다.

앞서 살펴보았듯이 학생들에게 만주 수학여행은 무엇보다 '여행'이라는 점에 방점이 찍힌다. 일단 그들에게는 시야에 펼쳐진 풍경이 우선적으로 다가왔고, 만주의 풍경이 갖는 다양한 성격상 그들의 여행이 일본의 위력에 압도되는 것만으로 귀결되지는 않았다. 이는 한 회고담을 통해서도 확인할 수 있다.[101] 하지만 이 역시 만주 수학여행의 일부분일 수밖에 없다. 이 시기 만

---

100 까오유엔, 앞의 글, 213~218쪽.

101 "4학년의 만주 여행은 6박 7일 예정으로 만주의 추위가 풀린 화창한 봄 계절을 택하

주 단체여행에 제국의 전략적 의도가 강하게 내포되어 있으며, 여행자들이 이로부터 자유로울 수 없는 것 또한 사실이기 때문이다. 무엇보다 조선인 학생들에게 만주는 일본의 위력을 절대적으로 느낄 수 있는 곳이다. 러일전쟁의 전적을 전시해놓은 박물관들을 돌아보며 느끼는 제국의 힘은 가공할 정도이다.

여장을 내려놓자마자 곧 마차를 타고 견학을 계속해서 전적戰跡으로 유명한 이령산爾靈山 고지에 닿았지요. 안내자의 말을 들으면서 나는 일로전쟁의 참극을 눈앞에 그려보았소이다. 백옥산에 올라 충령탑 정상에 서서 뤼순 시가와 뤼순항 일대를 감개무량하여 내려다보고 다시 박물관으로 왔소이다. 이 박물관에는 일로전쟁 당시에 쓴 전쟁 용구, 즉 인간의 생명을 빼앗던 도구만이 진열되어 있소이다. 동쪽 계관산을 향하여 험한 산길로 나를 실은 마차는 숨을 바쁘게 쉬며 달아나고 있소이다. 동쪽 계관산에 올라 그 지세를 흔들어 놓은 비참한 전적을 보고 나는 소름이 쭉 끼쳤소이다. 이 산을 내려와 또 험로를 통하여 수사영에 닿으니 일로전쟁의 종막, 양국의 장군이 회견하였던 집이 그대로 남아 있으며 테이블도 그대로 남아 있는 것을 보고 또다시 나의 눈은 옛날로 더듬어 올라가고 있소이다.

ㅡㅅ.ㅈ.ㅇ, 앞의 글, 42쪽.

여 5월 중순에 거행되었다. 여기서도 두 반으로 갈라져 펑텐, 푸순, 신징(당시 만주국의 수도로 오늘날의 창춘), 뤼순, 다롄, 안둥을 구경하고 돌아왔다. 만주 여행의 의도는 1904, 5년의 노일전쟁 격전지를 구경시키고, 특히 만주사변 이후에는 일본이 괴뢰국으로 세운 만주국을 또한 구경시켜 일본제국의 위대함을 실감하도록 하는 데 있었으나, 그 의도는 어떻든 간에 학생들은 생후 처음으로 접하는 이국 풍취에 크게 흥미를 느꼈다." 경기구십년사편찬위원회 편, 앞의 책, 166쪽.

일본인에게 '왕도 낙토' 혹은 '관광 낙토'로서의 만주는 조선인 학생에게
는 복합적인 '공포'의 감정을 유발한다. 송도고보 5학년생의 수학여행기인
「남만주기행」은 이러한 공포감의 다양한 차원이 잘 드러나 있다. 먼저 그것
은 위의 글에 나타나듯 제국의 위협으로부터 비롯되며, 만철을 비롯한 일본
의 근대적 사업체에 대한 놀라움과도 동일한 계열을 이룬다.[102]

그러나 그가 느끼는 공포는 비단 거기에서 끝나지 않는다. 그는 중국 하
층계급의 시장을 보면서도 공포를 느낀다.

> 안내의 말에 의하면 이 노천시장은 이 다롄에서도 하류계급의 중국인들이 상품
> 을 교환하는 일대 시장이라고 —잘못 상품을 사다가는 봉변당한다고 —구경을
> 하는데도 수 명 대를 지어서 다니지 않으면 위험한 곳이라고, 정말 그 흑색의 군
> 중이 올챙이 떼처럼 모여서 알지 못하게 지껄이고 덤벼대는 모양에 이국에 온
> 나는 공포를 여지없이 느낍니다. 이 노천시장에는 물가가 퍽도 싸다는 말을 들
> 은 나는 트렁크 한 개를 사려고 하였지요. 이 사람들은 우리를 막 위협합디다.
> …(중략)… 이 시장은 외관으로도 컴컴하고 추한 것이 일대 마굴같이만 보입니다.
> 어서 빨리 이곳을 피하고 싶소이다.
>
> —ㅅ.ㅈ.ㅇ, 앞의 글, 43쪽.

이 시기 만주는 일본의 제국 의식, 중국의 본토 혹은 원주原主 의식, 그리

---

102 "대광장 맞은편에 있는 만철 병원을 구경하였는데, 그 규모가 큰 것은 말할 수 없소
이다. 조선에서는 아직까지 그렇게 설비가 완전한, 또 그렇게 굉대한 병원은 꿈도 꾸
지 못할 것 같습니다. 놀라지 마시오. 간호부가 900명이라오. 그만하면 얼마나 크다
는 것을 넉넉히 알 수 있지요." ㅅ.ㅈ.ㅇ, 「남만주기행」, 『송우』, 송도고등보통학교 교
우회 학예부, 1937. 3, 44쪽.

고 조선의 고토 혹은 식민 의식이 혼재하는 공간이다. 일본의 식민정책에 포섭된 수학여행을 통해 조선인 학생이 느끼는 것은 고토 의식보다는 강한 식민 의식이다. 이것은 여행안내원으로부터 러일전쟁 당시 일본의 승전 서사를 설명 들으면서 감격해하는 조선인 학생의 모습에서 더욱 잘 드러난다.[103] 이들이 만주에서 일본 관련 장소들을 돌아보며 느끼는 공포는 경외와 동경에서 생겨난 것이다.

이에 비해 중국인의 삶과 생활 풍경을 보면서 느끼는 공포는 경시와 배제의 감정에 속한다. 조선 학생들이 만주에서 보는 중국인은 주로 일본의 근대적 시설에서 일하는 노동자(苦力)이다. 김두헌은 만주 수학여행기에서 중국인 노동자의 노동 풍경을 "진묘 무쌍의 광경"이라고 표현한다.[104] 이는 중국인 노동자가 옷을 거의 걸치지 않고 맨몸 상태로 일하는 모습을 두고 한 말이다. 수학여행을 온 학생들이 견학하는 공장은 모두 일본인이 경영하는 곳이며 노동자는 모두 중국인이다. 이곳에서 조선 학생은 중국인에 대해 상대적인 우월감을 느낀다. 그가 본 중국인은 모두 인건비가 저렴한 노동자이거나 "올챙이 떼"처럼 달려드는 시장의 하층계급뿐이기 때문이다. '진묘 무쌍'

---

103 다음과 같은 몇몇 여행기에서 그 같은 예를 찾아볼 수 있다.
"오전 7시 50분발의 열차로 9시 5분에 뤼순에 도착하여 즉시 다 각기 마차를 타고 전적안내인(1일 4원 일본인)의 뒤를 따라갔었다. 최초에 기념품 진열관(일본이 일로전쟁에 점령한 제반 군기가 진열되어 있었다), 동계관산 보루(일러 양군이 수일간 악전고투한 장소였다), 백옥산 표충탑, 203고지를 점령한 고로 뤼순 항을 함락한 것이므로 1만 7,000명의 전사자는 오히려 아깝지 않다고 말하겠다." 정낙승, 「만주까지의 수학여행기(4)」, 『매일신보』 1931. 1. 30.
"뤼순 충령탑을 참관. 전 시가를 전망하면서 안내인에게 일찍 일로전쟁 당시 뤼순 봉쇄의 전황을 들으니 절로 눈물이 고이고 감격할 뿐이었다." 김두헌, 「만주국수학여행일기」, 『일광』 제5호, 중앙불교전문학교 교우회, 1935. 1, 18쪽.
104 김두헌, 위의 글, 19쪽.

하다는 표현에는 중국인을 업신여기는 비웃음의 의미가 깔려 있다.

이 지점에서 조선인 여행자는 준일본인의 위치에 서 있다. 실제 위 수학여행기의 필자는 열차에서 만주 청년 두 명을 만났는데, 그들은 이 조선인 학생을 일본인으로 알고 대우한다.[105] 여행기에는 이에 대한 감상을 특화하여 적고 있지는 않다. 일본을 우방으로 여기는 만주 청년의 생각을 만주인 전체의 생각으로 간주하면서 다시 한 번 일본의 힘을 확인할 뿐이다. 특화되지 않는 감정은 묵인이며, 그것은 곧 일본의 제국성을 인정하는 것과 다름없다. 따라서 만주에 대한 조선인의 우월감은 조선과 만주의 거리보다는 일본과 만주의 거리에 기반한 것이다. 일본의 제국주의적 기획에 의해 짜인 만주 수학여행은 조선인 학생이 일본제국의 일원으로 포섭되는 과정이다. 이 과정에서 조선인으로서의 정체성은 교란되거나 희석된다.

수학여행지로서 만주가 조선인에게 선사하는 감격은 조선인의 민족적 감정에 혼란을 야기한다. 일본의 전적지, 승전담, 근대적 성취 등이 보여주는 위력이 감각적으로 다가오면서 조선인 여행자들은 자신도 모르게 여행의 전략에 빠져든다. 그러한 예를 볼 수 있는 것이 다음 글이다.

오전 7시에 여관을 출발하여 뤼순旅順으로 향하다. 철로 옆으로 보이는 농작물이 북조선 지방의 광경과 흡사한 것과 농가의 구조가 건축상에 유리하게 보이는 것 등이 흥미를 끌다. 뤼순 항 봉쇄 시의 해전과 계관산 참호 전투의 설명

---

105 또 다른 사람의 회고록에도 비슷한 내용이 있는 것으로 보아, 실제 일본인으로 오인된 조선 사람이 좋은 대우를 받는 일이 적지 않았던 것 같다. "1933년 봄 만주 수학여행을 따라갔던 일본군 예비역 중과 일본인 교사 후쿠다福田의 학교 동기생이 만주 관동군 사령관으로 부임하고 있었던 덕분에 만주 안동을 거쳐 평톈을 지나 신징까지 가면서 좋은 대우를 받고, 가는 곳마다 일본인 대우를 받으면서 구경을 잘했다." 동래고등학교 동창회, 『동고 100년사』, 1998, 145쪽.

을 들을 때는 울렁거리는 가슴을 진정할 길이 없고 소리 없이 흐르는 눈물이 갈증을 채우고도 남는다. 천국을 위하여 영을 위하여 아가페의 싸움을 저렇게 영악하게 싸울진대 못 당할 대적이 무엇이랴. 매일의 장난 같은 생활이 회한 또한 회한. 영웅 열사를 설명하는 안내자까지도 충신같이 보이며 호걸같이 보이니 그도 그럴 듯한 일. 시간 부족으로 203고지에 올라 조망하지 못하니 함 형(함석헌—인용자)의 조선 역사에 대하여 뜨겁지 못한 듯해서 미안 천만. 단 오랜 기도가 순간에 돌변하는 세상사의 한 예였다. 관동주關東州의 시정 30주년 기념으로 뤼순 시가가 뒤죽박죽. 박물관에서 고구려 호태왕(영락대왕) 비문을 보고 불초의 자손으로서 황공함을 금할 수 없었다.

— 김교신, 「남만잡감」, 『성서조선』, 1936. 11, 16쪽.

김교신이 양정고보 4학년생들을 인솔하여 만주로 수학여행을 다녀온 뒤 『성서조선』에 실은 글이다. 이 글에는 피식민 주체로서 글쓴이의 복잡한 심사가 잘 드러난다. 그는 만주 수학여행을 통해 일본제국의 위력을 감각적으로 체험한다. 러일전쟁의 전승담은 "울렁거리는 가슴을 진정할 길이 없"을 정도로 격한 감정을 불러일으킨다. 전투에서 죽은 일본의 전사자는 "영웅 열사"가 되며, 이를 설명하는 안내원은 "충신"이자 "호걸"이 된다. 이러한 감정적 경도가 조선인으로서 중심을 잃었다고 생각했는지 김교신은 곧이어 함석헌을 언급한다. 함석헌은 김교신과 함께 『성서조선』의 발행에 관여하면서 조선의 역사의식을 환기시켰던 인물이다. 함석헌의 '조선 역사'를 운운한 것은, 감각적으로 다가오는 일본제국의 위력에 순간적이나마 민족적 정체성이 흔들렸던 본인에 대한 반성이라고 볼 수 있다. 흔들림은 호태왕(광개토대왕)의 비문을 보면서 다시 제자리를 찾는다.

김교신의 감정적 흐름은 만주 수학여행의 일정이 조선인의 정체성을 어떻게 교란시키는지를 보여준다. 나아가 이는 만주 수학여행이 여행의 형식을 취하고 있긴 하지만 단순한 놀이나 교양의 관점에서만 해석될 수 없음을 보여준다. 이렇듯 만주 수학여행은 조선인을 일본제국의 자장 속으로 끌어들이는 강한 자력을 품고 있었다.

04

식민지 지식인과 제국의 도시 도쿄, 1925~1936

1. 신메트로폴리스 도쿄 여행:
담론 여행에서 문화 관광으로

 식민지 시기 조선의 지식인이 바라본 일본은 지식의 요람이자 근대 문화 체험의 주된 장이었다. 일본의 수도이자 제국의 중심인 도쿄는 이들 체험의 가장 중심에 놓인 공간이다. 이런 이유로 한국의 경험적 근대와 관련하여 도쿄라는 도시에 주목할 필요가 있다.

 개항 전까지 한일 간 문화 교류는 정부에서 파견한 공식 사신인 통신사 위주로 이루어졌으나, 개항 이후에는 양국의 민간인이 교류의 주축이 되었다. 조선에서 개항 직후 근대 문물을 접할 수 있었던 이들은 주로 외교사절단이었으며, 민간인의 경우는 유학생이 대부분이었다. 개항 직후부터 1910년대까지 일본 및 도쿄 인식의 기저에는 문명과 야만, 제국과 식민지라는 이분법이 강하게 깔려 있었다. 이 같은 인식은 이 시기 유학생들의 자기와 타자 인식에 강한 힘을 발휘했다. 각각의 시기에 드러나는 차이에도 불구하고

1881년 조사시찰단이 파견될 때부터 1920년대 초반에 이르기까지 일본 도쿄행의 중요한 목적과 성격은 문명 학습이거나 혹은 그에 종속된 유람으로 수렴된다.

1920년대 후반에 이르면 조선인의 도일渡日 목적이 다양해질 뿐만 아니라, 그에 따른 체험 양상 또한 이전과 달라진다.[106] 이 시기 도쿄 여행의 중심은 선진적인 근대 문명 학습에서 근대도시의 문화 체험으로 옮겨간다. 문명 학습을 목적으로 한 여행은 담론을 확인하는 기회로서의 여행(touring as an opportunity for discourse)이라고 할 수 있다.[107] 이에 비해 도시 문화 체험에 비중을 둔 여행은 대상을 눈으로 직접 보고 관찰하는 감각적인 체험으로서의 여행에 해당한다.

도시 문화 체험적 성격의 여행이 늘어난 배경은 무엇보다 도쿄 자체의 변화에 기인한다. 도쿄는 1923년 대지진 이후 더욱더 근대적 대도시로 탈바꿈하면서 '모던 라이프'의 중심 공간으로 부흥한다.[108] 조선 지식인의 도쿄 체

---

106 식민지 시기 조선인의 도쿄 체험은 체험자의 성격에 따라 더욱더 다양하게 드러난다. 그 때문에 여행자와 정착민 혹은 디아스포라의 관점은 변별될 수밖에 없다. 이 책에서는 여행자에 논의의 초점을 맞추었다. 여행자와 정착민의 기본적인 차이에 대해서는 닝왕의 논의가 하나의 참조가 될 수 있다. "우리는 단지 방문객, 특히 관광객만이 관점을 가지고 있다고 말할 수 있다. 관광객의 지각은 그림을 그릴 때와 똑같은 시각을 사용한다. 이와 대조적으로 토착민들은 자신들의 환경의 총체성에 깊이 침잠해 있음으로 해서 복합적인 태도를 갖는다. 방문객의 견해는 단순하기 때문에 쉽게 진술될 수 있다. 그래서 방문객은 신기성을 만났을 때 즉각적으로 의사를 표현한다. 다른 한편으로 토착민들의 복합적인 태도는 오직 아주 어렵게만 표현된다." 닝왕 지음, 이진형·최석호 옮김, 『관광과 근대성─사회학적 분석』, 일신사, 2004, 229쪽.

107 위의 책, 228~229쪽.

108 간토대지진 이후 도쿄의 변화 양상에 대해서는 요시미 순야, 「제국 수도 도쿄와 모더니티의 문화정치」, 요시미 순야 외 지음, 연구공간 수유+너머 '일본근대와 젠더 세미나팀' 옮김, 『확장하는 모더니티─1920~30년대 근대 일본의 문화사』, 소명출판, 2007, 27~41쪽 참고.

험에서 백화점, 댄스홀, 카페 등 대중적인 소비문화 공간이 차지하는 비중이 늘어나는 것도 이러한 변화와 함께한다. 이와 같은 양상의 여행은 간토대진 재 이후 1937년 중일전쟁이 발발하기 직전까지 절정을 이룬다. 사노 마사토 佐野正人는 1934~1937년에 상당히 많은 중국 작가나 조선 문인이 일본으로 건너갔음을 지적한 바 있다.[109] 그러나 1937년 중일전쟁 이후에는 작가를 비 롯한 조선 지식인의 일본 여행이 두드러지지 않는다. 따라서 이번 장에서는 간토대진재 이후 중일전쟁 직전인 1936년까지로 논의의 시기를 한정했다.

도쿄가 근대 일본의 수도로 정해진 때는 메이지유신 이듬해인 1869년이 다. 일본의 문명개화기에 해당하는 메이지 전기의 도쿄는 에도江戸라는 전 통 공간의 기반을 계승하면서 근대화, 즉 서양화를 적극적으로 추진했다. 이 를 통해 이루어진 도쿄의 변화와 번창은 "에도의 개막 이래 없었던 일"로 얘 기될 만큼 놀라운 수준이었지만,[110] 도시 전체를 놓고 본다면 일부분에 국한 되었다. 실제 도쿄 전체를 대상으로 한 본격적인 도시화는 1888년 8월에 공 포된 '도쿄시구개정東京市區改正' 사업을 통해 이루어졌다. 이 사업은 같은 해 에 제정된 '도쿄시구개정조례'에 따라 옛 에도를 개조하여 도쿄를 일국의 수 도에 걸맞게 계획하고 정비하는 일로서, 30년에 걸쳐 진행되었다. 이를 통 해 도쿄는 에도시대와 선을 긋고 근대도시의 면모를 갖추면서 제국의 수도 로 거듭났다.[111] 도쿄의 변모는 거대한 기획의 결과로 이룩되었으며, 그 자체

109 사노 마사토, 「〈여행의 시대〉로서의 1930년대 문학」, 『일본문학연구』 3, 동아시아일 본학회(구 한국일본문학회), 2000, 366~367쪽.

110 김필동, 「문명 개화기의 「도표 표상」의 연구」, 『일본어문학』 36, 일본어문학회, 2007. 2, 375~376쪽.

111 정형·이권희·손지연·한경자, 「전환기 메이지 문학의 도쿄표상과 일본인의 심상지 리」, 『일본학연구』 22집, 단국대학교 일본연구소, 2007. 9, 64~67쪽.

가 관심의 대상으로 떠올랐다. 근대도시로서 도쿄의 건설은 '도쿄시구개정조 례'가 프랑스의 오스망 남작이 주도한 '파리개조사업'을 모방하여 도쿄를 근 대적인 거대 도시로 개조하려는 의도하에 제정된 법률이라는 점을 감안하면 이해할 수 있다. 프랑스 파리가 기획으로 완성된 결과물로서 도시를 하나의 작품처럼 관찰하고 분석할 수 있듯이, 도쿄 또한 그와 다르지 않다.[112] 이들 도시는 근대적 사유 방식을 구현한 "하나의 독자적인 우주, 하나의 자족적인 세계"이다.[113]

이후 도쿄는 1923년 간토대지진을 계기로 또 한 번의 변화를 겪는다. 시 구개정기 도쿄에 대한 관심이 도쿄(인)라는 자의식 생성에 비중이 주어졌다 면, 1923년 이후 도쿄는 당시 일본 모더니즘의 상징이라 할 만큼 전면적인 차원에서 모더니즘의 공간으로 변한다. 모던한 삶의 장소로서 도쿄의 이모저 모가 신문과 잡지에 기사화되면서 대도시 도쿄의 풍경과 일상은 그 자체가 하나의 독자적인 대상으로 떠오른다.[114] 진재 전의 도쿄에 대한 관심이 근대 적 도시의 문물과 형태를 구축하는 과정과 관련된다면, 진재 이후 그것은 도 시의 일상생활 문화에 더욱 밀착해 있다.

---

112 이명규, 「일본의 동경시구개정조례에 관한 연구」, 『산업기술연구』 92집, 광주대학교, 1997, 173~174쪽.

113 이성욱, 『한국 근대문학과 도시문화』, 문화과학사, 2004, 92쪽.
도시가 하나의 사물이자 분석 가능한 대상으로 인식되었다는 것은 근대도시 도쿄에 대한 콘 와지로의 표현에서도 알 수 있다. 1929년에 간행된 『신판 대도쿄 안내』에서 "새로운 도쿄는 이 도쿄역 부근을 연결 고리로 자동차·도로·빌딩·백화점·카페 등이 맞물린 일종의 거대한 기계장치다"라는 표현이 그것이다. 요시미 순야, 앞의 책, 28 쪽 참고.

114 요시미 순야, 앞의 책, 27~28쪽.

도쿄 정거장에서 내려서 놀란 것은 전차와 자동차가 무섭게 많아진 것이다. 뚜뚜 우루루하는 사이로 사람들이 말없이 다니는 것은 비참한 광경이다.

— 장백산인, 「묵상록」, 『조선문단』, 1925. 3, 98쪽.

진재 이후 도쿄를 보고 느낀 이광수('장백산인'은 이광수의 필명)의 소감이다. 그가 볼 때 변화한 도쿄역은 "비참"했다. 1916년 「동경잡신」에서 도쿄를 보는 태도와는 차이가 있다. 1910년대 도쿄는 '총망悤忙'의 도시였으며, "번극繁劇한 사무"를 위해 전차나 자동차로 분주하게 돌아다니는 도쿄인은 "최고 문명국의 최고 문명인"이었다. '총망'은 문명 공간으로서 도쿄의 특징 중 하나이자 조선인이 배워야 할 삶의 자세로서 예찬되었다.[115] 그러나 1925년의 「묵상록」에 이르면 이러한 예찬 일변도의 태도에 균열이 생긴다.

이광수는 6년 만에 도쿄를 방문했다. 그 사이 간토대지진이 있었고, 이후 도쿄의 도시화는 더욱 가속화되었다. 다시 방문한 도쿄에서 그는 문명인의 분주가 아니라 도시인의 비참을 읽지만, 그렇다고 이러한 태도 변화가 일본 전반에 대한 인식의 변화와 연결되지는 않는다. 조선과 비교하면서 일본을 부러워하는 태도에는 변함이 없다. 다만 도쿄에 대한 인식에 균열이 생겼음은 분명하다. 도쿄를 내셔널의 차원에서 제국의 공간에만 국한하지 않고 자본주의적 도시 발전의 관점에서 바라보고 있다는 점에서 그러하다. 이 지점에서 도쿄는 제국적인 동시에 자본주의적인 복합적 공간으로 인식된다. 이로부터 이광수는 도쿄에 대한 절대적 예찬에서 벗어난다.

이광수가 본 도쿄인의 '비참'은 근대도시로부터 비롯된 풍경이다. 박태원

---

115 우미영, 「동도東渡의 욕망과 동경이라는 장소(Topos)」, 『정신문화연구』 제30권 제4호, 2007, 104~107쪽.

의 「반년간」[116]이라는 소설 속에서도 이와 같은 도쿄의 모습이 발견된다. 소설에는 진재를 전후한 신주쿠新宿의 모습이 비교 기술되고 있다. "겨우 십 년의 시일" 사이에 온갖 근대도시적 요소를 구비한 신주쿠는 이미 진재 전의 그곳이 아니었다. "유곽 같은 것쯤으로 대표하기에는, 너무나 복잡하고 너무나 광대하였다."[117]

신주쿠는 고슈甲州 방면에서 올라온 길손이 에도로 들어가기 전에 하룻밤 묵는 역참으로, 에도시대 대표적인 유곽이 있던 곳 중 하나였다. 신주쿠가 도심으로 출퇴근하는 직장인들에게 주택지로 선호되자, 상대적으로 규모가 작았던 유곽은 뒷골목으로 이전했다가 진재 이후에는 거의 사라져버렸다. 신주쿠를 대표하던 유곽이 사라지는 과정은 곧 신주쿠가 전통적인 모습에서 벗어나 메트로폴리스로서의 도쿄에 편입되는 과정이다. 「반년간」에서는 진재후 도시 거리의 면모를 완연히 갖춘 신주쿠의 밤거리에 대해 자세히 적고 있다. 변화된 신주쿠의 거리는 주인공의 사유의 원천이기도 하다. 즉, 근대적 문물의 물리적 기반을 갖춘 도시 자체가 사유의 근거지로 작용한다.

거리는 애달픈 꿈을 안고 있는 것이다.
철수는 아스팔트 위를 내려다보았다. 그는 그곳에 주검과 같이 가혹하고 얼음장같이 싸늘한 도회의 외곽을 보았다. 허리를 굽혀 손으로 그것을 어루만질 때 사람은 응당 그 차디찬 촉각에 진저리 칠 것이다.

---

116 「반년간」은 도쿄에 사는 조선 청년들의 생활을 그리려는 의도 아래 『동아일보』(1933. 6. 15~8. 20, 전 57회)에 연재된 소설이다. 애초에는 근린군부近隣郡部를 편입시켜 새로운 도쿄가 되기 이전의 도쿄를 무대로 1930년 10월부터 1931년 3월까지의 반년간을 장편소설로 그리고자 했으나, 실제로는 중편에 그쳤다.

117 박태원, 「반년간(42)」, 『동아일보』 1933. 8. 2.

그는 이미 전차가 굴러다니지 않는 역사 레일을 그 위에 보았다. 레일은 서로 가지런히 일정한 간격을 보지한 채 어디까지든 연장되어 있는 듯싶었다.

철수는 그 마물과 같이 굼틀거리는 레일을 눈으로 쫓고 있는 중에 거리 위를 달리는 한 채의 인력거를 보았다.

시대가 저를 잊고 시대가 저를 내어버리고, 그리고 시대가 저를 돌보지 않는 것을 슬퍼하는 듯이 하소연하는 듯이, 그러면서도 그의 옷자락에 매달려 몸부림하기까지의 기운이 없는 듯이 밤 깊은 대도시의 거리 위를 달리는 인력거는 그렇게도 기력이 없었고, 또 그렇게도 초라하였다.

인력거는 그래도 그렇게 얼마를 달려갔다. 그러다가 이 깊은 밤이건만 그렇게도 환하고 눈부시고, 또 횅한 길거리 위에 야릇하고 언짢고, 또 어울리지 않는 제 자신을 새삼스레 깨달은 듯이 두어 번 몸을 부르르 떨고, 그리고 다음 순간 옆 골목으로 자체를 숨겨버렸다.

—박태원, 「반년간(16)」, 『동아일보』 1933. 7. 3.

주인공 철수는 아스팔트와 전차 레일을 유심히 바라본다. 아스팔트로 상징되는 신주쿠의 거리는 그에게 "주검과 같이 가혹하고 얼음장같이 싸늘"하고 "차다"차며, 전차의 레일은 "마물"과 같다. 아스팔트가 깔리고 전차가 지나다니는 도시의 거리를 여전히 달리고 있는 인력거는 곧 사라질 유물이다. 인력거도 근대 초기에는 새롭고 중요한 교통수단이었으나 자동차와 전차의 시대가 도래하면서, "시대"가 잊고 버리고 돌보지 않음으로써 "야릇하고 언짢고, 또 어울리지 않는" 것이 되어버렸다.

주인공도 서술사노 도회의 문물을 응시하고 관찰하는 자, 즉 "보는 자"이다. 이들을 하나의 관찰자로 만든 것은 새로 생긴 지하도와 역사驛舍 같은 도시 구성물의 힘이다. 근대도시의 외관뿐만 아니라 그것과 도시인이 어울려 만들어낸 새로운 풍속은 그 자체가 새로움으로서 구경거리이다.[118] 지하도와 역사는 도쿄를 하나의 풍경으로 드러내는 '풍경적 표현물'[119]이다. 벤야민에 따르면 파리의 아케이드 풍경은 19세기 후반과 20세기 초반의 자본주의적 발전 양상을 형상적으로 보여준다. 아케이드에서 펼쳐지는 다양한 파편들의 만화경은 자신을 배태하고 있는 갖가지 맥락을 이미 내장한 일종의 소우주이다. 그 때문에 아케이드라는 풍경 속에서 일차적으로 의미를 갖는 것은 대상을 보는 것 또는 보여주는 것이다. 도쿄 풍경의 구경꾼인 서술자도 마찬가지이다. 그의 사유 역시도 지하도와 역사에 기반하여 뻗어나간다.

이광수와 「반년간」의 서술자가 도쿄를 사유하는 방식은 모던 도쿄를 구성하는 물적 요소들에 의거한다. 실제 서술의 주체는 도시를 체험하는 개인들이지만, 이를 가능케 하는 진정한 주체는 모던 도시 도쿄이다. 이들의 관계에서 중요한 것은 시각적 체험이다. 진재 이후 다양한 소비문화 공간으로 구성되고 화려한 볼거리로 가득해진 모던 도시 도쿄는 체험자를 도시에 몰두할 수 있도록 끌어들인다. 그에 이끌려 도쿄를 여행하는 조선의 지식인은 도시가 제공하는 볼거리의 감상자이자 관찰자가 된다. 이 시기 조선 지식인의 도쿄 여행기에는 직접 눈으로 본 풍경에 대한 기록과 도시의 이미지 등이 중요한 부분을 차지한다. 도쿄의 시각적 위력에 압도된 결과이다. 이 과정에서 도쿄 여행은 구경(sightseeing)의 성격이 더욱 강화된다.

---

118 도시의 새로움은 단순한 시각적 눈요기의 차원이 아니다. 산업과 소비의 중심지로서 도시의 탄생은 사람들을 자신들이 살던 땅과 고향으로부터 분리시켰고, 이는 사회경제 및 문화에 일대 지각변동을 가지고 왔다. 이런 관점에서 레이몬드 윌리엄즈는 도시가 예술사적 문화적 '전환'을 가져오는 계기로 작용했다고 본다. 이성욱, 앞의 책, 42~43쪽.

119 김홍중, 『마음의 사회학』, 문학동네, 2010, 162~168쪽 참고.

J. 아들러Judith Adler에 따르면 유럽 여행의 역사에서 여행과 시각적 행위 즉 본다는 것의 관계는 처음부터 자연스럽지는 않았다. 여행의 성격이 담론에서 유람 중심으로 변화하면서 시각적 체험이 특화되기 시작했다. 그가 말하는 담론으로서의 여행은 담론이 여행의 목적이 됨을 의미한다. 16세기 초 유럽 엘리트들의 여행은 교육적인 목적이 주를 이루었다. 그들의 해외 여행은 외국어를 배우고 외국 법정에 입장할 기회를 갖고, 저명인사와 접촉하며, 특수한 방면의 고전 텍스트를 소화하는 등 해외의 담론을 접하고 배워 자신의 세계를 넓히고 위치를 확고하게 하려는 목적에서 이루어졌다. 이러한 세계 체험 방식은 귀와 혀를 우선적으로 동원하는 반성적이고 규율적인 훈련에 속했다. 자연 풍광의 아름다움이나 그림, 조각품 등에 대한 미적인 관심은 거의 없었다. 그러다가 17~18세기에 이르러 학자들이 사실(facts)에 대한 참된 설명으로 직접적인 관찰에 기반한 여행을 역사의 한 지류로 주목함에 따라 여행은 객관성의 토대로서 중요하게 여겨졌다. 이로써 관찰 행위로서의 여행에서 시각이 중요한 역할을 담당하게 되었다. 본 것 자체에 주목하는 유람으로서의 여행이 시작된 것이다.[120]

여행의 성격으로 살펴보면, 근대 초기와 진재 이후 조선 지식인의 도쿄 여행 양상은 담론에서 유람으로 변화하는 것을 통해 구별된다. 근대 문명의 학습을 목적으로 이루어진 근대 초기의 도쿄행은 근대 문명 담론에 관한 여행이라고 할 수 있다. 이광수의 「동경잡신」에서 도쿄의 도시 풍광을 발견할 수 없는 것은 이러한 이유에서이다.

그렇다면 조선의 지식인이 간토대지진 이후 근대적 대도시로 탈바꿈한

---

120 Judith Adler, "Origins of sightseeing", *Annals of tourism research* v. 16 no. 1, 1989, pp. 8~21 참고.

도쿄를 방문했을 때 직접 보고 체험한 곳은 구체적으로 어디일까?[121] 이 시기 도쿄는 대중소비문화의 도시로 변했다. 여행자가 찾은 곳도 문화 소비 공간이다. 댄스홀, 백화점, 다방과 같은 유흥 공간이 있는가 하면, 서점도 있고, 스모가 벌어지는 민속 공간인 국기관國技館도 있었다. 도쿄 체험 및 소개는 주로 이러한 문화 공간과 관련되어 이루어진다. 바야흐로 도쿄 문화 관광 시대가 열린 것이다. 이들이 찾은 곳을 정리해보면 다음과 같다.[122]

---

121 일본 여행기와 도쿄 여행기에서 도쿄에만 국한하여 조선 지식인들이 체험하거나 언급한 공간을 정리하면 다음과 같다.

〈표 15〉 1926~1937년에 조선 지식인들이 도쿄에서 체험한 곳

저자	제목 및 출처	체험 혹은 언급 공간
하산생 霞山生	「동도심춘」, 『신민』, 1926. 5~6.	우에노 공원(시노바즈이케不忍池 화학공예품박람회)-전차로 시가하회연선市街下廻沿線 회람
후인呵人	「日比谷公園」, 『현대평론』, 1928. 7.	히비야日比谷 공원
최태준	「일본여행기」, 『조선일보』, 1930. 11. 22.	도쿄역(丸비루)-우에노역-긴자銀座: 미쓰코시三越, 마쓰자카야松坂屋, 시로키야白木屋, 다카시마야高島屋
양재하	「동경견문 이삼」, 『조선일보』, 1932. 11. 27~12. 9.	이노카시라井之頭 공원-댄스홀-도쿄제대 정문 앞 학생촌
유치진	「시골뜨기 동경견문록」, 『동아일보』, 1934. 7. 3.	다방-댄스홀-백화점
이태준	「여잔잡기」(7)~(9), 『조선중앙일보』, 1936. 4. 26~5. 1.	아파트(에도가와 아파트)-긴자: 다방(코롬보)-서점(러스킨 문고)-골동품점-간다神田 서점가 순례-긴자: 서점(기노쿠니야紀伊國屋 서점: 백만회양화전 관람)-고적전시관(경화당京華堂-시로키야-마쓰자카야)
이광수	「동경구경기」, 『조광』, 1936. 9~11.	국기관-긴자-[교토: 아라시야마嵐山농사학교-고려촌 고려신사(사이타마현埼玉縣 이루마군入間郡)]-도쿄 가부키좌
최재서	「무장야통신」(1)~(5), 『조선일보』, 1937. 7. 3~7. 8.	아사쿠사浅草-서점 및 다방-이발소-대학(호세이法政대학 강당, 호세이대학 영문학회 주최 강연회)-러스킨 카티지(영문학 평론가 주최 좌담회)-소극장(쓰키지築地 소극장)

122 조선 지식인들의 도쿄 체험 장소에 대한 분류 방식은 여성 지리학자인 린다 맥도웰의 장소 구분을 참고했다. 린다 맥도웰, 여성과 공간 연구회 옮김, 『젠더, 정체성, 장소』, 한울, 2010, 259쪽.

- 공공 장소 : 거리, 역, 공원, 학교
- 유사 공공 여가 장소 : 근대 예술 공간 – 미술관, 소극장, 영화관
- 민속 예술 공간 : 국기관, 가부키좌歌舞伎座
- 소비문화 공간 : 서점, 백화점, 골동품점, 꽃집
- 유흥 문화 공간 : 다방, 카페, 댄스홀

　모던 도시 도쿄는 여행자에게 단순한 대상 곧 정체된 공간이 아니라, 적극적으로 의미를 생산하는 하나의 주체이다. 도시는 자신이 구비한 다양한 구성 요소들을 통해 적극 드러내면서 여행자에게 다가온다. 여행자는 시간보다는 공간을 통해 도쿄를 이해하고 기술한다. 도쿄에서 여행자들이 가장 많이 찾은 곳이 소비문화 공간이다. 박태원의 「반년간」에서 신주쿠 거리를 채운 실상은 백화점, 극장, 영화관, 요리점, 카페, 음식점, 댄스홀, 술집, 마작 구락부 등이다. 소설 속에서도 조선 젊은이들의 도쿄 체험은 문화 소비 공간 중심으로 이루어진다. 사실 이는 결코 소설 속의 이야기가 아니다. 도쿄를 찾는 실제 조선 여행자가 그러했다. 이처럼 도쿄의 소비문화 공간은 도시로서의 도쿄가 자신을 표현하는 하나의 풍경적 표현물인 동시에 체험자에게는 도쿄를 이해하는 틀로 작용한다.

2. 피식민 주체와 도쿄 인식의 분화

　이 시기에 이르면 도쿄는 경성과 별다를 바 없는 곳으로 인식된다. 1930년대의 도쿄는 "지리상으로 1일이면 도달할 만큼 인접하여 있으므로 우리는 그의 모든 것을 너무 잘 알고 있으며, 조선의 인텔리와 노동자의 대부분은

한 번씩" 밟아보았을 땅[123]이거나, "경성의 상품이 전부 도쿄, 오사카, 고베에서 오는 것이요, 경성에 있는 온갖 서적이 다 도쿄에서 오는 것이며, 영화, 의복지, 유행 등 모든 것이 도쿄에서 오는 것이니, 도쿄가 경성과 다를 것이 무엇인가"[124]라고 물을 정도로 조선인에게 익숙한 곳이 된다. 이때의 익숙함이란 도쿄의 도시 문화와 조선이 갖는 밀접한 관계에 대한 다른 표현이다. 도쿄는 문화 소비 공간으로 거듭나면서 더욱 복합적인 성격의 도시가 된 것이다. 이에 따라 도쿄 여행자와 도쿄의 관계 또한 변화한다. 제국 일본과 식민지 조선이라는 단일한 이항 대립의 관점에서 파악했던 도쿄에 대한 인식은 분기한다. 도쿄 공간의 정치성은 직접적이고도 단일한 방향으로 드러나지 않고 문화라는 의복을 입고 다층화된다.

피식민 주체와 제국의 환유로서의 도쿄

염상섭의 「육년 후의 동경에 와서」[125]는 대진재 이후 도쿄의 변화를 잘 보여준다. 이 글의 첫 문장에서 염상섭은 자신이 도쿄로 가는 이유를 "잠깐 산보 삼아서……"라고 적었다. 그가 처음 도쿄에 갔을 때는 유학이라는 뚜렷한 목적이 있었다. 그러나 1926년의 도쿄행은 익숙하지만 낯선 공간으로 잠시 산보 나오듯 "일정한 목적" 없이 이루어진 행보이다. 하지만 학습과 모방이라는 점에 비추면 두 차례의 도쿄행에서 보여준 그의 태도는 사실 변함이 없다.

다시 찾아간 도쿄를 보면서 그 역시 근대도시로 변모한 모습에 놀란 일을

---

123 양재하, 「동경견문 이삼」, 『조선일보』 1932. 11. 27~12. 9.

124 박영희, 「경잡감」, 『삼천리』, 1938. 10.

125 염상섭, 「육년 후의 동경에 와서」, 『신민』 1926. 5.

먼저 적었다. 이 시기에 이르면, 1917년 『학지광』에 실린 글[126]에서 보인 도쿄 거리의 인력거는 유물 취급을 받는다. 높은 인구밀도, 자동차, 안테나 등은 도쿄가 이제 근대적 대도시의 공간임을 말해준다. 염상섭은 1920년 이후 7년 만인 1926년에 도쿄로 갈 때 300만 도쿄 시민들이 "극도로 흥분된 신경 과민 속에서 긴박한 현실의 일초점에만 일절을 가탁하고 불안 초조에 싸여 후비적거리는 형자"를 머리에 그렸다고 한다. 그러나 그를 맞은 도쿄는 7년 전과 조금도 다르지 않았다. "도쿄의 구태는 흔적도 찾을 수 없으리라"는 생각, 곧 대지진으로 인해 도쿄가 망가졌으리라는 짐작이 "버스러진 것"을 깨달으면서 그가 느낀 것은 "일본의 힘"이다. 도쿄가 이전과 달라지지 않았다는 사실은 재해의 여파가 보이지 않을 만큼 신속하게 재건되었음을 말한다. 일본의 힘은 곧 "물질문화"의 힘이다. 도쿄의 기민한 재건을 보면서 그는 조선을 떠올린다. 이어 조선(인)에 대해 돌아보고,[127] 나아가 조선의 향방을 모색한다. 그는 "사람은 빵만으로 살지 않는다"는 '매우 훌륭하고도 아름다운 교육'을 할 것이 아니라, "엔진을 부리고 모터를 움직이는 법을 배우고 실행하여" 물질문화를 다량으로 섭취할 것을 강조한다. 일례로 그는 일본 비행기술의 발달을 든다. "미국의 처녀가 일본에 와서 날을 제, 일본의 조인鳥人은 날마다 한둘씩은 땅에 곤두박질을 쳤다. 그리하여 그들은 마침내 구미인이 간 곳까지 쫓아가고 말았다." 그가 보기에 일본의 힘은 서구에도 뒤지지 않고 쫓아갈 정도로 뻗어가고 있었다.

　하지만 염상섭이 개인적 차원에서도 도쿄를 인정하고 추수하는 것은 아

126　박승수, 「동도지감상東渡之感想」, 『학지광』, 1917. 7.

127　『신민』의 한 기자도 이러한 관점에서 도쿄인의 생활 심리까지 깊이 들여다본다. 진재 후의 도쿄에서 그는 "생존경쟁이라기보다는 차라리 생존전쟁이라 할가, '인생 이 자체가 전장'(임)을 실감"한다. 하산생, 「동도심춘」, 『신민』, 1926. 7, 108쪽.

니다. 그는 도시의 화려함에 매혹되지 않는다.

> "조선이 싫어서…… 조선 생활에 염증이 나서"
>
> 이것은 사실이다. 한 방 안에 갇혀 있으면 싫증도 나고 울화도 뜨는 것이다. 7년간, 그다지 대수롭게 알아주지 않는 조선이라는 제 집 구석에서 식객이나 다름없는 신세로 눈칫밥을 흘려 넣었으니 조금은 세상 바람도 쏘이고 싶을 것이다. 그러나 도쿄은 나의 폐부에 울적한 휘정거려진 공기를 빼기에는 가장 부적당한 곳이었다. 도쿄가 좋아서 싫은 조선을 떨치고 나선 것은 아니었다. 싫은 한 곳에서 또다시 싫은 다른 한 곳을 택하는 수밖에 없건만, 다만 지금까지와는 다른 주위에 싸여볼 수 있다는 데에 만족하는 수밖에 없는 것이다. 1평방 리에 26, 7인 평균이라는 밀도를 가진 도쿄의 공기, 1만 이상의 자동차를 구치함으로써 자랑 삼는 도쿄의 도시 문명, 슬레이트 지붕 위에 조잡한 안테나의 임립으로써만 진보의 (바로)미터를 삼으려는 도쿄인의 생활은, 침통하고 울민한 나의 영혼에게 드디어 아무것도 주는 것이 없다. 그 피로를 위무하기에는 너무나 격렬한 자극으로 임한다. 그 기갈을 의료하기에는 너무나 윤택함을 잃었다.
>
> ― 염상섭, 「육년 후의 동경에 와서」, 『신민』, 1926. 5, 96-97쪽.

염상섭으로서는 도쿄가 조선에서 느끼는 갑갑증을 풀어줄 수 있는 차선의 공간이다. 사실 도쿄도 "부적당한 곳"이라 그의 우울한 영혼을 위로해주지도 피로를 위무해주지도 못한다. 이 지점에서 염상섭의 개인적 자아와 민족적 자아는 분리된다. 그는 도쿄라는 도시를 개인적 차원에서는 받아들이지 않는다. 단지 조선이라는 민족적 입장에서 제국의 중심을 눈여겨볼 뿐이다. 염상섭에게 도쿄는 이중적이다. 개인적인 차원에서는 그다지 좋을 것이 없는 폐해의 대도시, 민족적 차원에서는 모방할 수밖에 없는 발전적인 제국의 대도시라는 점에서 그러하다.

6년이 흐른 뒤 방문한 도쿄에서 염상섭이 개인적 느낌을 자제한 것은 좀 더 살펴볼 필요가 있다. 다시 찾은 도쿄에서 그를 자극한 것은 제국의 힘이다. 그는 자신을 피식민 주체인 조선인으로, 도쿄(인)는 일본(인)으로 추상화하고, 이로부터 조선의 과제를 찾아낸다.

> 5년 후 10년 후에 조영될 대도쿄─ 그것이 어찌 한갓 일 도쿄 문제에 그칠 것이냐. 도쿄의 은성은 곧 일본 전체의 그것을 이서裏書함이 아니냐.
>
> ─염상섭, 앞의 글, 98쪽.

염상섭이 볼 때 도쿄는 일본이다. 일본의 환유이다. 근대도시의 특성을 갖춘 구체적인 한 도시가 아니라, 제국의 중심 공간이자 제국으로 추상화된 일본이다. 그렇기 때문에 「육년 후의 동경에 와서」에서는 도쿄의 구체적인 장소와 그에 대한 특징 등이 언급되지 않는다. 염상섭이 강조하는 것은 조선이 배우고 모방해야 할 제국의 공간으로서 도쿄의 특징이다. 이러한 사유는 근본적으로 위계적이다. 하지만 이는 조선 혹은 경성을 제국의 지방으로 고정시키는 것과는 다소 차이가 있다. 예컨대 유치진은 도쿄의 문화를 체험하면서 자신을 시골뜨기라고 표현한다.[128] 혹자는 촌계村鷄라는 말을 쓰기도 한다. 제국의 지방으로 고착된 조선은 바로 이 같은 표현에서 보이는 것이다. 반면 염상섭의 사유에 드러난 위계성은 이러한 고착화를 부정하고 발전론적인 차원에서 단계적 위계론을 상정한다. 그에게 조선 혹은 경성 또한 언젠가는 도쿄처럼 발전할 가능성의 공간이다.

---

128 유치진, 「시골띠기 동경견문록」, 『동아일보』 1934. 7. 3.

고급문화 소비자와 볼거리로서의 도쿄

이태준은 1936년에 1주일가량 도쿄를 여행했다. 가장 중요한 일거리는 도쿄를 보는 것 그 자체였다. 그가 도쿄에 도착하여 가장 먼저 찾은 곳은 다방이다. 그로서는 넓은 도시 공간 가운데서 보고 싶은 것을 잘 골라 보는 일이 중요했다. 그런 만큼 도쿄에서 들른 다방도 잘 살펴보아야 할 대상이었다. 다방의 현란함에 "눈이 피곤"해진 그는 결국 "눈을 쉬일 데"를 찾는다.[129] 이는 그가 얼마나 대상에 시각적으로 집중했는가, 혹은 대상이 그에게 얼마나 시각적 감각을 요구했는가를 역설적으로 보여준다.

이 시기 도쿄는 이태준에게 거대한 볼거리였고 관찰해야 할 것이 많은 곳이었다. 최재서에게도 그러했다. 이제 도쿄는 제국 일본의 환유인 추상적 도시가 아니라 구체적 공간 하나하나가 볼거리로 살아나는 역동적인 근대도시이다. 도쿄의 공간은 개별적인 이름을 통해 장소성을 드러낸다.

그들은 도쿄에서 개인적 취향에 맞는 장소를 선택적으로 취하여 단순한 구경꾼이 아니라 꼼꼼한 관찰자로서 구경한다.

① 좀 한참 앉아서 눈을 쉬일 데가 없느냐 물으니 K군은 '러스킨 문고'라는 데로 안내해준다.

이층 양옥관인데 아래층엔 상품으로 영국류의 신사 숙녀 의장품 약간과 존 러스킨의 저서들이 원문과 일문역으로 진열되었고, 위층에는 역시 차를 파는데 구석구석이 러스킨의 면영, 러스킨식 수공 문화의 편영을 볼 수 있는 수집품들이 적의한 장소마다 놓여 있다. 영리라기보다 모 부호의 취미 사업으로 런던에 있는 '러스킨 티하우스'처럼 한번 해보기 위해 해보는 것이라 한다. 자리에서 창

---

129 이태준, 「여잔잡기(7)」, 『조선중앙일보』 1936. 4. 26.

이 먼 것과 걸상마다 푹신히 묻히는 것과 고전적인 파이어플레이스, 그리고 녹슨 램프들, 불은 켜지 않은 낮이나 그 램프 밑을 이내 일어서고 싶지 않았다.

— 이태준, 「여잔잡기(7)」, 『조선중앙일보』 1936. 4. 26.

② 끝으로 이 좌담회의 회장會場이 된 러스킨 카티지에 대단히 흥미를 느꼈기에 간단히 부기하려 합니다. 이것은 러스킨 연구의 권위자라기보다는 러스킨 숭배자로 유명한 미키모토 류조御木本降三 씨의 경영으로, 그 자매 관계에 있는 러스킨 문고, 러스킨 카티지, 러스킨 홀은 모두 다 긴자 방면에 있다 합니다.

　도겐자카道玄坂에 있는 카티지는 이층으로 된 조그만 끽다점의 울긋불긋하게 꾸며 놓은 상점들 틈에 끼여 간판도 없고 장식도 없이 다만 A JOY FOR EVER 라는 러스킨의 문구를 날염한 조그만 삼각기를 붙여 놓았을 뿐, 처음엔 그 앞을 두서너 번 지나면서도 알아보지 못하였습니다.

　들어가 보니 어둠한 가운데 정연하게 벌여 놓은 전아고귀한 가구점물과 사벽에 걸려 있는 그림, 리리−표 등이 서로 어울려 방 안에 말할 수 없이 침잠하고 안온한 분위기를 주고 있습니다. 그리고 벽 위에 드문드문 놓여 있는 은촛대에 타다 남은 양초 그르케기는 이 방의 아취를 더욱 돋우고 있습니다.

— 최재서, 「무장야통신(5)」, 『조선일보』 1937. 7. 8.

　①은 "눈이 피곤"해진 이태준이 "눈을 쉬일 데"로 찾아간 긴자 거리의 '러스킨 문고'를 묘사하고 있다. 러스킨 문고는 당시 러스킨을 숭배하던 일본의 미키모토 류조御木本降三가 설립한 서점이다. 그는 상당한 재산가로서 런던의 러스킨 디하우스를 모방하여 도쿄에 러스킨 문고 – 러스킨 카티지cottage – 러스킨 홀hall을 지었는데, 이곳은 그 시절 도쿄의 명소로 꼽혔다.

　최재서가 일본에 머무는 동안 개최된 영문학 평론 좌담회도 이 가게에서 진행되었다. 최재서는 「무장야통신」에서 좌담회가 열린 러스킨 카티지에 대해 자세히 묘사했는데, ②가 바로 그 글이다. 러스킨 문고와 러스킨 카티지는 모두 도쿄에 새롭게 들어선 소비문화 공간이다. 이곳은 도쿄라는 도시를 구성하는 중요한 문화적 기반 공간이었다.

이러한 방식의 도쿄 체험은 무엇보다 화려한 볼거리와 관련되며 그 중심에는 '상품'이 놓여 있다. 도쿄 자체가 하나의 상품인 셈이다. 대도시의 소비 공간에 진열된 다양한 상품은 도시를 거니는 자를 유혹한다. 그는 때로 단순히 보는 자가, 때로 구매자가 되어 자신의 욕망을 충족한다.

> 도쿄에서 간행되는 책이 대체로는 경성에도 나오나, 좀 급이 높다든지 혹은 한정판 같은 특수한 책은 좀처럼 구경할 수가 없다.
>
> 그래 오래간만에 도쿄에 와, 간다神田라면 마루젠丸善 지점이나 산세이도三省堂나, 긴자銀座라면 기노쿠니야紀伊國屋 같은 호화한 서점에 처음 들어서는 맛은 몇 달 잊을 수 없는 행복이 된다.
>
> 그달에 신간 된 것은 문학 방면만도 무려 수십 종, 어제오늘에 나온 책도 으레 몇 권씩은 꽂혀 있다. 이런 여름의 과실점처럼 늘 신선한 서점, 경성에도 하나쯤 있었으면 해진다.
>
> 도쿄 책들을 볼 때마다 내용도 부럽지만 책 그 물건의 출판술도 부럽지 않을 수 없다.
>
> 지질에서부터 인쇄 제본에까지. …(중략)…
>
> 나는 책 치장은 몸치장 이상으로 관심하고 싶은 성미다.
>
> 여기는 서점들도 대개 진열창이 있다. 몇 권의 신간서를 내어놓고는 꺾어 꽂은 카네이션이 아니면 춘란 한 분씩을 내어놓았다. 상업도 이만하면 아름답다.
>
> — 이태준, 「여잔잡기(8)」, 『조선중앙일보』 1936. 4. 29.

도쿄에서 이태준을 매혹하는 장소는 골동가, 서점가, 잡화점 등이다. 그는 골동품, 책, 난蘭 등을 보는 것만으로도 크게 만족한다. 그가 도쿄에서 얻는 것이 무엇인지는 골동가를 순례하면서 "명품을 구하기 위해서가 아니라 나의 욕망은 보는 것만으로도 반 이상의 만족이 있다"라든가 "천 송이의 카네이션보다 만 송이의 포도보다 단 한 송이 꽃이로되 명란 한 분을 구경하는 것은 이번 도쿄 여행에 가장 큰 기쁨이다"라는 구절에 잘 드러난다. 위의 글은 도쿄 서점가를 예찬하고 있다. 서점의 진열창에 놓인 신간, 그 옆에 장식된 꽃을 감상하는 그는 단순한 구매자가 아니다. 그의 서점가 순방은 미술관의 전시회 관람과 다르지 않다. 책이 상품이라는 점은 분명하지만 그에겐 그 이상이다. 책 자체가 그에겐 하나의 예술품이다. 책을 대하는 그의 태도에서 미적 호사가의 취미를 엿볼 수 있다.

최재서는 그와 좀 다르다. 서점에 진열된 책은 미술관에 진열된 미술품이 아니라 하나의 상품일 따름이다.

여하튼 도쿄의 책사冊肆는 신구를 막론하고 참으로 장관입니다. 산세이도三省堂, 후잔보富山房, 도쿄도東京堂 등 이름난 소매장에 가면 도서관의 서고 모양으로 종교, 철학서부터 취미, 오락에 이르기까지 수십 항목으로 분류하여 놓은 신간서가 무려 수만 권 포문같이 사벽을 무장하고 저를 위압합디다. 나는 어안이 벙벙하여 그만 손도 못 내밀고 잡지 진열장으로 발을 옮깁니다. 그러나 이곳에서도 경쾌하고 신속한 소총 무려 8만여 종이 산병선散兵線을 늘어놓고 있습니다. …(중략)…

이것이 책사에 다는 나오지 않는다 하더라도 그 대부분이 점두에 진을 치고 독서자의 눈을 쏘고 가슴을 두드릴 것입니다. 눈이 약하거나 심장이 튼튼하지 못한 사람이 더욱 식후에 책사에 발을 들여놓는다는 것은 대금물입니다.

그나마도 큰 회사의 소매장 모양으로 분류하여서 진열이나 하여 놓았다면 또 낫겠습니다. 간다神田나 혼고本鄕 일대의 조그만 책사에 가보면, 신간 서적 동서양 것을 막론하고 늘어놓다 못하여 선반이 부족하면 땅바닥과 길거리까지 쌓아 놓았습니다. 시장 앞 바닥에 쌓아 놓은 눅거리 참외나 왕십리에 부려 놓은 쓰레기와 별반 다를 것이 없습니다. 나는 병서 한 권을 필사하기 위하여 매일 밤 수십 리 길을 걸었다는 이곳 위인의 이야기를 회상하고 지식이 이렇게도 천해진 현대를 저주하고 싶었습니다.

—최재서, 「무장야통신(3)」, 『조선일보』 1937. 7. 6.

미처 정리되지 못한 채 길바닥에 쌓여 있는 책들을 보며 최재서는 "시장 앞 바닥에 쌓아 놓은 눅거리 참외나 왕십리에 부려 놓은 쓰레기"를 연상한다. 도쿄의 서점가에서 시장 바닥에 내놓인 현대의 지식을 읽는다. 책이 상품화되었다는 것은 지식이 상품화되었다는 뜻이다. 그는 이를 통해 현대사회의 또 다른 일면을 읽는다. 그에게 도쿄는 단순한 완상의 대상이 아니라 하나의 기호이다. 서점 바닥과 길거리에 쌓인 수많은 책을 보면서 현대 사상의 혼란을 읽듯이, 그는 도쿄의 전반적인 인상에 대해서도 같은 태도를 보인다. "도쿄에 내린 지 사흘 만에 나는 완전히 혼란에 빠"졌노라고 말하는 그는 도쿄의 건축, 의상, 지성의 "다종다양", "형형색색"에 놀란다. 그 속에서 변해가는 현대인의 감성과 지성을 읽고자 한다. 도쿄가 보여주는 모습 하나하나는 그에게 사회와 시대를 읽는 징표이다.

도쿄를 받아들이는 태도에 차이가 있긴 하지만 이태준과 최재서 둘 다에게 도쿄는 문화적으로 매력적인 도시이다. 나아가 부르주아의 문화적 욕망을 충족시켜주는 곳이기도 하다. 하지만 이들은 공통적으로 그 매력에 쉽게 현혹되지 않고 거리를 유지한다. 이태준은 "도쿄도 가서 일주일 동안 더 있을 맛은 조금도 없었다"[130]라고 적었다. 이를 통해 그는 자신이 보고 싶은 것을 감상하고 즐기는 일 외에는 도쿄에 기대하는 바가 없음을 드러낸다.

이러한 태도는 최재서의 경우에 좀 더 분명하다. 그는 "우선 도쿄가 주는 무수한 자극 중에서 책사와 찻집만을 받아들이기로 하였습니다"[131]라는 표현을 통해 자신의 선택적 취향을 분명히 한다.[132] 선택적 거리 조절에는 소비문화에 대한 최재서의 반감이 작용한 것으로 보인다. 그는 일본의 친절 또한 문화소비주의와 관련하여 해석한다. "실상은 문화 커머셜리즘의 손 위에서 꼭두춤을 추고 있는 것이 아닌가 하여 쓸쓸하기 짝이 없었습니다."[133]

민족적 국제주의자의 시선에 들어온 도쿄의 하층민

안재홍은 22년 만에 다시 도쿄를 찾았다. 발전한 도쿄를 보면서 지극한 부러움을 토로했다. "부럽고 또 부럽고, 부럽다 못하여 자연히 슬픈 생각조차 들고, 무엇인지 자기가 잘 못하여 우리들의 다닥친 집단적 조제遭際가 하도 불행하게 되거나 한듯이 이 나라의 진보와 번창을 볼수록 제 홀로 무한 회한의 정을 자아"[134]낸다. 그에게 도쿄는 "혁명적 대비약"이자 "혁명적 대시설"

---

130 이태준, 「여잔잡기(9)」, 『조선중앙일보』 1936. 5. 1.

131 최재서, 「무장야통신(3)」, 『조선일보』 1937. 7. 6.

132 책사와 찻집 외에 특별한 관심을 보인 소극장에 대해서는 물론 좀 더 호의적인 태도를 보인다. '쓰키지築地 소극장'에 갔을 때 최재서는 학생이나 청년, 부르주아 여성뿐 아니라 신사와 노부인에 이르기까지 관람층이 다양한 데서 또 다른 일본의 근대적 문화력을 느낀다. 이때는 문화적 도쿄로 인식하는 태도를 보이기도 한다. 그러나 어쨌든 그는 도쿄의 문화적 상품들에 쉽게 호감을 드러내지는 않는다. 최재서, 「동경통신(1)」, 『조선일보』 1937. 8. 3.

133 최재서, 「무장야통신(4)」, 『조선일보』 1937. 7. 7.

134 안재홍, 「구문명의 붕괴, 신문명의 건설, 이십 년 만의 동경을 보고 와서」, 『삼천리』, 1935. 7, 34~35쪽.

이다. "조선의 일서생 낭인"으로서 이를 바라보는 심정은 참담하다. 도쿄를 돌아보고 와서 "여창旅窓에서 홀로 오뇌번민의 신마장新魔障의 속에 허덕대고 있는" 자신의 모습에 자조할 정도이다. 비류왕이 온조왕의 흥성함을 보고 "부럽고 분통이 터져" 죽었다는 얘기를 언급하면서 그는 자신의 극한 부러움을 죽은 비류왕의 그것에 견준다. 그의 부러움은 비감한 자조이다.

안재홍은 먼저 피식민 주체로서 제국의 발전상에 대해 느끼는 선망과 분노를 적극적으로 드러냈다. 하지만 그것은 무조건적인 추앙이나 단순한 비판으로 이어지지 않는다. 그는 도쿄 도시 문화를 선택적으로 수용하지도 않는다. 개인적인 차원에서는 도쿄의 소비문화가 빚어내는 유흥적이고 퇴폐적인 측면에 대해 거부와 회의의 태도로 드러내기도 한다. 다만 발전이 갖는 어쩔 수 없는 양면성, 즉 "국가적 발전의 반면"으로 파악한다.[135] 그 때문에 도시의 발전적인 측면에 대해서도 따르거나 취하려 하지 않는다.

안재홍이 보는 도쿄는 다양하다. 그가 보는 것은 건설과 부흥기의 발전상과 그것의 반면인 퇴폐적인 모습만이 아니다. 그는 도쿄의 사람들, 특히 식당 등의 가게에 출퇴근하는 점원들과 대진재의 참상이 남아 있는 도쿄의 골목과 번화가의 거지에게도 관심을 갖는다. 이는 대도시 도쿄의 소수자에 대한

---

135 "만일 매일 오후 대여섯 시부터 이후나 되어 긴자 통通의 큰 거리를 기웃거리다가 간다구神田區의 책전冊廛 거리에 나설 때에는 각종으로 사치와 호화를 자랑하는 각층의 남녀들이 몇 만으로 떼를 지어 몰려가고 몰려오고 하는 것이 또한 은성과 잡답은 (지)겹도록 하는데 '네온사인'의 찬연한 광채와 라디오와 레코드와 또 그곳마다에서 취주하는 각종의 '오케스트라'를 통하여 그 모던적인 선정적인 '멜로디'가 사람들을 호리고 꾀고 하여 현대의 남녀들로 (하여금) 모두 도시광이 되게 하고 화사華奢에 들뜨도록 하고 있습니다. 그야말로 고혹蠱惑의 요염색이요 광상적 교향악이라고 할는지? 보아서 여기까지 온 때에는 반드시 부럽고 한 될 것이 없지만은 이것도 그 국가적 발전의 반면이요, 은성한 시대의 '온 퍼레이드(on parade)'라고 하면 소조蕭條와 산망散亡의 그것에 비하여 그윽이 꿈과 같은 맑은 근심이 도리어 깊고 먼 낙후자의 회한을 자아내게 합니다." 위의 글, 37~38쪽.

관심이다.

이처럼 넓게 펼쳐져 있는 관심의 폭은 '민족적 국제주의'의 관점을 견지했던 그의 태도에서 비롯되었다. 안재홍은 '민족적인 것'을 강조하면서도 "세계 인류는 다 동포"이며, "인류애의 고조는 현대 문명의 한 큰 추진의 방향이어야 한다"고 생각했다.[136] '민족적 국제주의자'인 안재홍의 시선을 통해 제국과 문명의 도시라는 도쿄의 외피는 벗겨진다. 도쿄의 발전상은 그에게 극한 부러움에 죽음까지 상상하게 했으며 "골수에서 우러나오는 심각하고 정원한 감회"를 주었다. 그로부터 비롯된 그의 "번뇌우분煩惱憂憤"은 민족적 관점에서 발현된 것이다. 하지만 이는 또 다른 차원에서 발현되는 도쿄의 그늘진 곳에서 군중이 느끼는 "번뇌우분"과도 만난다. 그가 관념이 아닌 현실적인 차원에서 민족과 국제(혹은 세계)의 관계에 대한 답을 찾고자 했기에 이루어낼 수 있는 교감의 지점이었다.

이러한 관점을 통해 그는 지금까지 살펴본 도쿄의 모습과 다른 면모를 읽는다.

나는 도쿄에 있는 우리의 각계 인사의 초유招誘에 맡기어 각종 중류 이상의 다

---

136 민세 안재홍의 당대 인식은 '민족적 국제주의' 또는 '국제적 민족주의'로 명명된다. 이에 대해 정윤재는 다음과 같이 정리한다. "민세는 시간과 공간 차원에서 미래의 지구사회에서 기대되는 '세계적 대동大同'의 인류 공통의 희망을 인정한다 하더라도 그러한 비전은 각 민족들이 정상적으로 상호 왕래 교통하는 가운데 자주적인 문화적 성숙을 바탕으로 구체화되어야 한다는 논지에서, 민족주의든 국제주의든 두 차원에서의 상호작용의 주체인 각 민족들의 줏대 있는 인식과 선택에 기초해서 대내외적 처방을 강구하는 '국제적 민족주의' 혹은 '민족적 국제주의'가 당대 식민지 조선이 택할 수 있는 가장 합리적인 선택이라고 생각했던 것이다." 정윤재, 「1930년대 안재홍의 문화건설론」, 『정신문화연구』 제28권 2호, 2005 여름호, 한국학중앙연구원, 252~256쪽 참고.

정茶亭 요정料亭 식당 등과 기타 각종 기관 점포의 속을 다녀보았습니다. 소위 스마트한 모던풍의 남녀의 직업군은 종교적 체재의 속에까지 침윤되어 있습니다. 그러나 한 가지 식자의 주목을 끄는 것은 식당, 차점, 기타 소위 '레스토랑'의 체재를 갖춘 화사한 장소까지 아울러 오정 지나 두 시 전까지 또는 넉 점 반쯤 지나 예닐곱 점까지 출근하는 각층 남녀들의 점심시간, 저녁밥 시간을 때맞추어 단결에 매우 번창하여지되 대체로는 정숙과 명랑한 기분 속에 식사 시간이 지나는 것이요, '바'나 '카페'에서 흥청대고 개구쟁이 노릇하는 것과는 크게 다른 것입니다. '카페'라고는 긴자에서 가장 유명한 어느 집에 어느 호걸을 앞장세우고 앞문으로 들어가 뒷문으로 들어 나가는, 검은 구름에 흰 백로 식의 구경밖에는 아니 해보았으나 이러한 식당, 다정, 요정 등에 봉직하는 남녀 점원들이 아무리 소위 스마트하고 모던적인 장신을 하였더라도 그 이면의 생활은 어떤지 논외로 하고, 그 공식의 생활에는 자못 엄격하고 도아함이 무슨 화주華冑의 집이 귀빈을 모시는 시녀·시자적인 훈련이 되었습니다. 그들은 이미 현대 자본주의의 상층 시민들의 전형적인 생활양식의 좋은 모델을 구성하고 있는 것입니다.

—안재홍, 「구문명의 붕괴, 신문명의 건설, 이십 년 만의 동경을 보고 와서」,

『삼천리』, 1935. 7, 38~39쪽.

안재홍이 도쿄의 찻집, 요정, 식당 등에서 눈여겨본 것은 남녀 종업원들이다. 건축물이나 내부 실내장식의 화려함 혹은 이곳을 찾는 손님들의 면면 등은 논외다. 그는 소비자의 입장이 아니라 생산자 또는 경영자의 입장에서 이 가게를 유지하는 말단 직업군에 속한 점원을 관찰하고 분석했다. "웬만한 호텔의 지배인으로부터 회계와 서기와 보이들까지" 모두 "통제, 균정, 정결을 표현하고 있고, 그중에 움직이고 있는 것은 책임 및 책임감의 발로"이다. 그가 보기에 이 배경으로 작용한 것은 일본 전통문화에서 계속 이어져 온 강한 책임 의식, 근대 구미 자본주의 문명에서 얻은 집중·통제·분업의 규율, 일본의 국가 비상시국으로부터 비롯된 전투 의식 등이다. 대도시 도쿄의 다방, 음식점, 카페 등에서 그는 일본을 움직이는 궁극의 힘을 읽고자 한다. 종업원은 제국으로서 일본의 힘을 보여주는 키워드이다.

대도시 도쿄의 이면으로 향하는 그의 시선에는 또 다른 면모도 포착된다.

> 한편으로 보면 또 식자의 착안着眼을 요하는 갖은 현상이 있는 것입니다. 이와 같이 번창한 도쿄이지만 대진재 이래의 참상이 구석구석 남아 있는 것이니, 교바시구京橋區 다카시마야高島屋의 높은 층에서 앉아 보면 바로 그 맞은쪽 행랑 뒷골목에는 구지레한 양철 지붕의 외층집이 빈 마당에 늘어놓여 움 묻은 속에서 화초를 꺼내 오는 데 이용되고 있고, 다른 데라도 빈터에 무초茂草가 우거져서 제법 만목황량滿目荒凉을 생각게 하는 데가 군데군데 있습니다. 모某 노사상가의 말에 의하면 그리 은부殷富하여 보이는 토오카이도오東海道 연선의 농민들만도 작년도에 35만 석의 식량미 부족을 만났다고 합니다. 긴자銀座 통通의 번화한 시가에 주린 거지가 매대기를 치며 추위를 읊조리고 있건만 그 명랑 화려한 모던 남녀들은 쑥스럽게 들여다보려고도 아니합니다. 그것은 풍치와 기분을 상할까 저어함인가?
>
> —안재홍, 앞의 글, 40~41쪽.

대진재 후 10년이 지났지만 안재홍은 아직도 도쿄에 남아 있는 상처를 발견한다. 토오카이도오東海道 연선에는 농민들이 굶주리고 있으며, 긴자銀座의 번화가에도 거지들이 돌아다닌다. 그의 시선은 일본의 대중매체를 통해 전달되고 표현되는 도시인의 애한을 보는 데까지 나아간다. "정사情死의 소녀의 비명"을 전하는 신문 기사를 통해 드러난 "청춘 남녀들"의 "회색의 비수

悲愁", 또 "요곡謠曲과 가사"를 통해 표현된 "비수처원悲愁悽怨의 정"에서 그는 대도시 도쿄에서 살아가는 사람들의 "번뇌우분"을 읽어낸다. 이것은 그의 표현대로 그 자신이 "무한 회한의 정을 골수에 차게 품었을 때 그 번뇌우분의 음조에 들어 더욱 황연히 감격함"이다.

제국의 도시 도쿄에서 그는 근대도시가 만들어내는 회색빛 정서에 공감하면서 화려한 도쿄의 또 다른 면에 반응하는 도시 군중의 정서를 예리하게 읽어낸다. "명랑 활약하는 그늘에서 그들의 음조와 운율을 통하여 표현되는 요곡과 가사의 중에는 어찌 때때로 그 비수처원의 정을 실어 보내는 자 적지 않음"을 스스로 느끼지 않을 수 없다고 말한다. 이러한 공감은 곧 민중의 차원에서 혹은 국제적인 인류애의 차원에서 도쿄 소수자 민중의 삶을 들여다보는 데에서 생겨난다. 그는 도쿄, 나아가 일본의 발전상을 보며 낙오자로서의 회한에 잠기기도 하지만, 바로 그로 인해 대도시 도쿄의 발전상만을 부각하는 일면적 시선에 머물지 않는다. 도쿄의 그늘을 조명하는 일도 놓치지 않는다. 이 지점에서 도쿄는 제국의 수도라는 피식민 주체의 시선을 벗어나 국제주의자의 시선에 비친 소수자의 공간이 된다.

3. 1925~1936년 도쿄의 포섭력과 관찰자의 주체성

1925~1936년까지는 도쿄가 소비문화 도시로서의 면모를 강하게 발휘하던 시기이다. 이 시기 도쿄를 여행하고 체험하는 조선 지식인들에게서 도쿄 인식의 차이점을 발견할 수 있다. 지금까지 살펴본 염상섭을 비롯한 이태준, 최재서, 안재홍 등은 도쿄의 소비문화가 빚어내는 양상 혹은 근대도시화의 폐해에 대해서는 공통적으로 부정적인 태도를 취한다. 그들은 한편으로는

조선인이라는 의식을 통해, 또 한편으로는 지식인이라는 의식을 통해 거리를 두고 그것을 감상하거나 읽고자 했다.

유치진이 일본의 백화점을 보는 태도 또한 그러하다.[137] 그는 "나는 무엇보다 도쿄의 외면적인 감각성과" "근본적으로 타협할 수 없다"라고 말하며 백화점에서 본 소비문화적인 행태에 부정적인 태도를 취한다. 그러나 그가 간과하고 있는 것은 자신 역시 백화점에 발을 들여놓은 소비 대중의 한 사람이라는 사실이다. 즉, 의식적으로는 비판을 하고 있지만 물리적으로는 이미 소비 공간 속에 몸을 담고 있다.[138] 이 때문에 그 순간 그의 의식적 거부는 무화되고 소비문화 공간이 갖는 장소성에 의해 문화 정체성의 경계가 흔들려 버린다. 요컨대 소비문화 공간의 정치적 전략은 궁극적으로 그를 소비 대중으로 포섭한다. 그는 의식적 차원에서는 도시 소비문화에 대한 비판자이지만, 무의식의 차원에서는 소비 대중인 것이다.

한편 이 시기 도쿄가 여행자를 소비자로 불러 세운다는 점은 조선의 지식인에게 식민지인의 의식에서 일면적이나마 벗어날 수 있는 계기로 작용하기도 한다. 도쿄에서 이들은 자신들이 소비하는 문화에 대해 적극적인 관찰자

---

137 유치진, 「시골띠기 동경견문록」, 『동아일보』 1934. 7. 3.

138 『조선일보』에 연재된 다음 글에서도 비슷한 관점에서 볼 수 있다. "긴자銀座 가두─ 그는 듣기만 해도 퍽 어여쁜 에로의 심볼이다. 우리는 거기 얼마나 동경하였으며 얼마만큼의 애착심을 두어왔을 것이냐. 그곳에는 아메리카니즘의 세력이 태반이고, 그 여류로 에로티시즘도 그로테스크도 범람의 자취를 볼 수 있는 것이다. 각양각색의 인종이 다 나는 시대의 첨단을 가는 사람이라는 듯이 의기양양히도 긴자 가두에 활개치며 다니고 있다. 그러한 가면을 쓰고도 남모르게 있다는 것은 어느 도시를 물론하고 진리며 공통점이다. 그러고 보니 역시 윤택하고 소박하고 착실한 고국의 농촌이 그리웠다. 도회 동경자여 적어도 에로 중독자가 아니면 꼭 나와 같은 느낌이었을 것이다. 미쓰코시三越·마쓰자카야松坂屋·시모키야白木屋·다카시마야高島屋라는 곳은 일 없는 사람의 회합소이며 오락장이다. 나도 아무런 할 일도 없이 그런 사람과 꽤 이리저리 돌아다녔다." 최태준(진주농업 5년), 「일본여행기(2)」, 『조선일보』 1930. 11. 28.

의 태도를 취한다. 대도시 도쿄를 여행하면서 이들의 주체성이 발휘되는 지점이 바로 이 부분이다. 이태준의 「여잔잡기」 중 시모노세키에서 도쿄까지의 여정을 살펴보면 그 같은 태도를 발견할 수 있다. 이태준이 소비문화 공간으로서의 도쿄를 적극적인 관찰자의 태도로 파악했다는 점은 앞서 살펴보았다. 그의 관찰자적 면모는 다른 도시보다 특히 도쿄라는 공간에서 두드러진다.

다음은 그가 시모노세키에서 오사카까지 가는 과정에 겪은 일을 적은 부분이다.

> 차가 거의 떠날 시각인데 웬 차림이 수다스런 조선 할머니 한 분이 창 앞을 지난다. 내다보니 바로 내가 탄 찻간으로 오른다. 올라서더니 얼른 들어오지는 않고 빈자리가 있을까 생각부터 하는 듯 두 눈이 휘둥그레져서 입까지 벌리고 들여다보기만 한다. …(중략)…
>
> 그 높고 꺽둑꺽둑한 말씨에 조선 사람을 처음 보는 듯한 오카미상들은 나까지 유심히 보면서 저희끼리 수군거린다.
>
> "어디까지 가십니까?"
>
> 나는 또 노파에게 물었다.
>
> "대판大版(오사카) 갑네더어."
>
> 하는 그의 대답은 필요 이상으로 억세고 높다. 나는 오카미상들의 시선이 근지러워 사 놓았던 신문을 펴 들었다.
>
> ─이태준, 「여잔잡기」(4)~(5), 『조선중앙일보』 1936. 4. 23 ~4. 24.

경상도 출신의 조선인 할머니는 억양과 차림새로 인해 일본인의 관심을 끈다. 할머니를 보면서 수군대는 일본인의 모습은 피식민지인을 구경거리로 삼는 전형적인 제국인의 모습이다. 조선인 할머니는 제국인의 시선 속에서 대상화된, 보여지는 자이다. 이태준 역시 이러한 시선으로부터 자유롭지 않다. 이런 연유로 그는 일본행에서 조선인을 만나는 것을 꺼린다고 했다. 그러나 도쿄에 이르면 그의 위치는 바뀐다. 그는 도시 문화의 적극적인 소비자가 되어 이를 유심히 관찰하는, 보는 주체가 된다.

지금까지 간토대진재 이후 대도시로 변모한 도쿄라는 공간과 식민지 지식인의 관계를 여행자의 의식에 초점을 맞춰 살펴보았다. 제국의 수도인 도쿄에서 피식민 주체는 제국적 환경 속에 노출된다. 그러나 이 시기 도쿄가 지닌 근대도시적 특성으로 인해 이를 대하는 태도 혹은 시선은 제국과 식민이라는 단일한 이분법에서 벗어나 한층 복합적인 양상으로 펼쳐진다. 이는 피식민 주체로서 조선 지식인의 도쿄 인식이 다양하게 분화됨을 의미한다.

염상섭에게 도쿄는 구체적이고 개별적인 공간이 아닌 제국의 환유적 공간으로 추상화되었다. 한편 이태준, 최재서, 안재홍 등은 도쿄를 훨씬 구체적이고 개별적인 공간으로 체험하고 인식한다. 단, 이태준과 최재서에게 도쿄는 부르주아적 문화 욕망을 충족시키는 공간이다. 그들이 체험하고 즐기는 장소 또한 부르주아적 문화 공간이 차지하는 비중이 크다. 여기에서 도쿄는 볼거리 혹은 하나의 상품이 된다. 이들과 달리 안재홍은 민족주의자의 입장과 국제주의자의 입장이 공존하는 민족적 국제주의자의 관점에서 도쿄를 바라본다. 도쿄에 대한 인식의 폭은 안재홍이 가장 넓다. 도쿄에 대한 그의 정서는 피식민 주체의 선망과 분노로부터 출발하여 국제주의자의 인류애적 입장에서 도쿄의 소수자에 공감하는 데까지 이른다.

이들은 각각의 차이점에도 불구하고 도쿄를 적극적으로 관찰하고 읽어내려는 주체적 시선과 태도를 담보하고 있다. 이는 피식민 주체가 제국의 공간에 대해 갖는 비판적 거리 확보라는 점에서 의의를 갖는다.

제5부
시각화된 역사와 고도의 관람자

01

지知와 과거, 고도 경주

1. 지리의 박물학과 고도의 근대적 배치

1904년 경부선이 완공된 지 14년 후 1918년 대구에서 경주를 통과해 불국사에 이르는 경편철도가 개통되었다. 이로부터 1930년대 중후반[1]에 이르기까지 경주는 조선에서 가장 많은 여행객들이 찾은 관광지 중 하나였다.[2] 경주를 비롯하여 평양, 부여 등 조선 역사상의 고도는 식민 지배를 목적으로 일본이 실시한 '고적조사보존사업'의 대상으로 부각되면서 관광지로 개발되

---

1 제5부 01장에서는 경주 관광이 가장 활발하게 이루어졌던 1920~1938년까지의 기행문을 연구의 대상으로 삼았다. 조성운은 식민지 조선에서 이루어진 일본의 관광 정책을 1938년 5월 국가총동원법의 시행을 전후로 하여 제1기와 2기로 나누어서 살피고 있다. 정책의 변화와 더불어 여행의 성격 또한 변화한다. 이 책에서 시기 구분은 조성운의 글에 근거했다. 조성운, 「1930년대 식민지 조선의 근대 관광」, 『한국독립운동사연구』 36, 독립기념관 한국독립운동연구소, 2010, 378쪽.

2 김신재, 「1920년대 경주의 고적 조사·정비와 도시변화」, 『신라문화』 38, 동국대학교 신라문화연구소, 2011.

었다.[3] 결과적으로 관광도시 경주는 일본의 제국 식민정책의 산물이다.[4] 이런 까닭에 이 시기 경주 여행은 제국의 정책적 전략과 연결되어 있으며, 여행자의 시선 또한 그 자장으로부터 자유롭기 어렵다.[5]

1917년 4월에서 1919년 4월까지 총 25호가 발간된 『반도시론』은 조선의 주요 도시 및 지역을 기획 특집 주제로 정하여 집중적으로 조명했다. 특히 각 지역의 역사, 중점산업의 현황, 시찰기 등을 통해 그 특성을 분석했다. 주요 대상지는 경성, 개성, 인천 및 경상남북도, 충청남도, 전라남북도이다.[6] 이 일련의 기획은 식민지 지리 공간에 대한 제국의 관심을 잘 보여준다. 그런데 『반도시론』의 특집에서 드러나는 것은 관료가 아닌 잡지사 사장, 즉 사업가인 다케우치 로쿠노스케竹內錄之助가 조선에 대해 갖는 관심이다.

나의 오늘 내지행은 한가한 세월에 느긋하게 유산객이 되고자 함이 아니요, 매우 중요한 임무를 띠었도다. 내가 조선에서 13년 풍상을 열진閱盡함은 취중도

---

3 경주의 관광도시화에 대해서는 위의 글 참조.

4 조성운이 수행한 일련의 연구 성과는 이를 매우 잘 보여준다. 조성운, 「매일신보를 통해 본 1910년대 일본시찰단」, 『한일민족문제연구』 6, 한일민족문제학회, 2004; 「1910년대 일제의 동화정책과 일본시찰단」, 『사학연구』 80, 한국사학회, 2005; 「1910년대 식민지 조선의 근대 관광의 탄생」, 『한국민족운동사연구』 56, 한국민족운동사학회, 2008; 「일본 여행협회의 활동을 통해 본 1910년대 조선관광」, 『한국민족운동사연구』 65, 한국민족운동사학회, 2010 등.

5 지금까지 경주 및 경주기행(문)에 대한 논의도 이와 같은 맥락, 즉 일본제국 치하에서 형성된 고도 혹은 관광지 경주에 대한 계보학적 규명을 중심으로 이루어졌다. 황종연 엮음, 『신라의 발견』, 동국대학교 출판부, 2008.

6 『반도시론』은 중앙발전호-경성(1917. 10), 금강산탐승기념호(1917. 11), 경상남북발전호(1917. 12), 충남발전기념호(1918. 3), 전라남북발전기념호(1918. 6), 개성호(1918. 7)를 기념 특집호로 간행하고, 또 비록 특집호로 명명하지는 않았으나 평양(1917. 8), 경성(1918. 10), 인천(1918. 11), 개성(1918. 12) 등의 주요 도시도 집중적으로 다루었다.

아니요, 물론 몽상도 아니다. 조선에 온 목적은 단단短端하면 실력을 욕망함이니 메이지明治 37, 8년경의 일본 청년은 총總히 실업을 희망하였으니 나도 또한 그 중의 한 사람이라.

실력을 작作고자 온 조선은 나의 희망과 상반하니, 조선은 즉 실력을 얻을 곳이 아니요 자금을 투자할 땅이라, 10년의 계획은 나무를 심고 100년의 계획은 덕을 뿌린다는 옛사람의 말이 조선을 위하여 지은 예비어로다. 나는 이에 실망하지 않고 인문이 나보다 비열한 국토의 개발은 우리 청년의 사명으로 느끼는 동시에, 나의 심주心柱를 건립하여 받는 것보다 주는 것이 행복됨으로 확신을 얻었노라.(밑줄―인용자)

―음월생吟月生,[7] 「경부선 차중에서」, 『반도시론』, 1917. 5, 28쪽.

유럽의 아시아 진출이 일종의 전략적 기획(project)에서 비롯되었음은 주지의 사실이다.[8] 『반도시론』의 일본인 사장이 조선에 온 목적도 그와 다르지 않다. 그에게 조선은 적절한 투자의 장소, 곧 사업처였다. 투자지의 개발을 사명이라고 표현했는데, 이를 위해 그가 중요하게 생각하는 일 중의 하나가 '눈으로 직접 보고 귀로 직접 들은 바'를 정리하여 『반도시론』에 싣는 것이다. "시선의 자극과 고막의 파동을 채집"[9]한다는 말로 표현된 그것은 곧 시찰의 형식을 띤다. 『반도시론』의 각 지역 특집 기념호라든가 그 여정을 기록한 기행문은 그러한 시찰의 결과물이다. '지방 시찰원'을 따로 두었을 정도로

7　『반도시론』의 기사에서 竹內生, 竹內吟月, 吟月生 등의 필명은 모두 다케우치 로쿠노스케竹內錄之助로 추정된다.

8　서구의 동양 진출에 나타난 전략적 기획의 양상은 에드워드 W. 사이드 지음, 박홍규 옮김, 『오리엔탈리즘』, 교보문고, 1995, 129~159쪽에 구체적으로 기술되어 있다.

9　竹內錄之助, 「오인吾人의 반도관」, 『반도시론』, 1917. 4, 11쪽.

이 잡지의 기획에서 각 지역 시찰은 중요한 임무였다.

이렇듯 각 지역을 직접 둘러보면서 관찰하고 그에 대해 세세하게 분석하여 기록으로 정리하는 과정을 통해 조선의 지리 공간은 박물학적인 체계를 갖추게 된다.[10] 이 기획은 단순히 본 것을 기록하는 수준에 그치지 않고, 일정한 체계 속에서 분류하고 분석하여 각 지역별 특성을 규명한다. 이 작업을 거치면서 조선의 공간은 조사 및 연구의 대상으로 객체화되며, 나아가 각각의 공간들과 병치되면서 항목화된 분류표 상의 한 지점에 위치하게 된다.

『반도시론』의 기획에서 개성·평양·부여·경주와 같은 조선 역사상의 옛 도읍은 고적 및 유물과 더불어 더욱 특별하다.[11] 「이십 일간 삼천리 여행」을 쓴 잡지사 기자 최찬식은 사장을 수행하여 남선 곧 경상남북도 일대를 시찰했다. 이후 최찬식은 이렇게 적었다.

> 경주는 고적으로서 이름이 높을 뿐으로 산업 발전의 희망은 전혀 없고, 이 땅에 경편철도가 포항까지 관통하는 동시에는 점차 상업이 전개되리라 관측하였노라.
>
> ─ 최찬식, 「이십 일간 삼천리 여행」, 『반도시론』, 1917. 12, 81쪽.

이들에게 중요한 일은 시찰을 통해 경주를 아는 것이다. 따라서 유물과

---

10 1900년대 교과목의 하나였던 박물학이란 "물리·화학의 이화학과 함께 이과의 한 부분을 이루는 것으로, 인간 생활의 세 가지 필수 요소인 의식주의 원료이자 지구 표면의 만물을 이루는 식물, 동물, 광물에 대해 연구하는 분야"이다.(이영아, 『육체의 탄생』, 민음사, 2008, 77쪽) 본 필자가 주목한 것은 식물·동물·광물 등의 대상을 분류하고 그에 따라 체계화하는 박물학적 지식의 질서화 방식이다.(미셸 푸코 지음, 이광래 옮김, 『말과 사물』, 민음사, 1989, 173~186쪽 참조)

11 최석영, 『일제의 동화이데올로기의 창출』, 서경문화사, 1997, 249~251쪽.

유적도 같은 목적에서 탐구되고 분석되었다.[12] 「교남의 명승과 고적」은 이러한 방식으로 경상남북도를 탐구하고 분석한 결과물이다.

> 석굴암은 토함산을 넘어 산의 동쪽 중턱에 위치하였으니 불국사로부터 약 5리의 거리에 있는 바, 암자는 전부 화강석으로 공교히 석굴을 등拏하고 내부는 궁륭상을 만들었으며 입구의 좌우 석벽에는 사천왕, 인왕, 팔금강의 상을 새겼으며, 암자의 중앙에는 천연석을 이용하여 연화대상에 석가 대불상을 조성하였으니 높이가 아울러 17자 5치라. 이와 같은 웅장과 이와 같은 미술은 금강산의 불상 세계에서도 일찍이 보지 못한 바이요, 내부의 주위 석벽에는 10대 제자, 4대 보살을 박육薄肉 조각하였는데 그 형태는 병풍석을 둘러 세운 것 같으며, 불상의 뒤쪽 제일 중앙 석벽에는 십일면관세음을 새겼고 위쪽 벽에는 석감형을 만들고 작은 불상을 안치하였는데 구조와 기공, 어느 것을 보든지 우아미와 기교가 실로 세상에 보기 드문 작품이라. 신라 미술의 정화는 이곳에 드러나 동양 제일의 가치를 보유하였도다.
>
> —「교남의 명승과 고적」, 『반도시론』, 1917. 12, 61~62쪽.

「교남의 명승과 고적」은 영남 지방의 대구와 경주 쪽 명승고적에 대한 조사 보고서이다. 위에 인용한 부분에서는 석굴암의 위치와 형태를 자세히 설명한 뒤 그에 대한 가치 평가를 덧붙였다. 이는 각 유적의 소재지를 발굴·촬

---

12 이 시대 일본인들의 조선 지리에 대한 탐구적 자세는 유물과 유적뿐만 아니라 명산의 풍경에 대해서도 동일하게 나타난다. "조선에 명산이 많으나 내가 지금 명산의 전부는 아직 탐구치 못하였고, 다만 내가 탐승한 명산 일부에 관한 실지 실찰의 경계를 기술하고자 한다"라는 말은 이러한 태도를 단적으로 보여준다. 關野眞 氏 談, 「조선의 명산과 사적」, 『반도시론』, 1918. 1, 27쪽.

영·측량하고, 현상·시대·성질, 보존의 가부를 조사하여 보고하는 고적조사위원회의 방식과 유사하다.[13] 또한 오늘날에도 쉽게 발견할 수 있는 고적에 대한 사전적 설명 방식이기도 하다.

분류·비교를 통한 평가와 설명의 방식은 주목할 필요가 있다. 조선시대 대표적 인문지리서인 『신증동국여지승람』에서는 지역에 대한 기술에서 이런 방식의 분류와 설명을 찾기 어렵다. 경주의 대표적 신라 유적인 첨성대를 기술한 부분에서 그 차이점을 살펴보자.

> 부의 동남쪽 3리에 있다.
>
> - 선덕여왕 때에 돌을 다듬어서 대를 쌓았는데, 위는 모가 나고 아래는 둥글다. 높이는 19척이며, 그 속은 트여서 사람이 속으로부터 오르내리면서 천문을 관측한다.
> - 안축의 시에, "전 시대의 흥망이 세월을 지났는데, 석대 천 자千尺만 하늘에 솟았네. 누군가 오늘날 천상을 살핀다면, 한 점 문성文星이 사성使星되었다 하리라." 하였다.
> - 정몽주의 시에, "반월성 가운데 첨성대 우뚝하고, 옥피리 소리는 만고의 바람을 머금었는데, 문물은 이미 신라와 함께 다하였건만, 슬프다. 산과 물은 예와 지금이 같구나." 하였다.
> - 조위의 시에, "우거진 기장밭에 어둠이 내리는데, 그 가운데 대(첨성대)가 있어 높이가 백 자일세. 뿌리는 땅속 깊이 뻗쳤고, 그림자는 청산을 마주하여 구름 밖에 뾰족하다. 이빨 수로 임금을 정하던 그 시절에 민심은 순후한데, 천문의

---

13 이순자, 「일제강점기 고적조사사업 연구」, 숙명여자대학교 박사학위논문, 2007. 6, 263쪽.

관측도 차례로 베풀어졌네. 규표를 세워 그림자를 재 일월을 관찰하고, 대에 올라 구름을 바라보고 별을 점쳤네. 천문이 도수에 순하여 조정이 평온하고, 낭렵狼犵(낭성: 침략을 주재하는 별)이 나타나지 않으니 하늘이 맑도다. 비 오고 볕 남이 알맞아 백성이 재앙을 받지 않으니, 사방 들에는 풍년을 즐기는 노랫소리. 천지 만고에 온전히 지키려 해도 망하지 않는 나라 아직 보지 못하였네. 어지러운 세상의 일 먼지 됨이 몇 번인가. 빛나던 궁궐은 모두 가시밭이 되었구나. 전란에도 타지 않고 저 홀로 남았으니, 비바람 아랑곳 않고 쌓은 돌만 솟아 있네. 노나라 때 쌓은 관대 지금은 어디 있나, 신라 시절 솜씨에 감탄이 나오누나." 하였다.

— 민족문화문고간행회, 『국역 신증동국여지승람 Ⅲ』, 민족문화추진회, 1988, 240~241쪽.

위의 자료는 『신증동국여지승람』에서 경주를 설명하는 방식을 단적으로 보여준다. 여기에서는 경주의 첨성대를 위치와 모양 및 그것을 언급한 자료들을 통해 기술했다. 양적으로 볼 때 안축, 정몽주, 조위의 시가 차지하는 비중이 크다. 『신증동국여지승람』은 조선 중종 25년(1530)에 『동국여지승람』을 증보하여 편찬한 조선 전기의 전국지리지이다. '신증'의 항목에서는 조위의 시를 추가했다. 『신증동국여지승람』에서 증보한 내용에 해당하는 '신증'의 항목에는 위에서 보듯 시문이 많은 양을 차지한다. 성종 12년(1481)에 완성된 『동국여지승람』 또한 『팔도지리지』에 문사들의 시문을 첨가하여 편찬한 지리지이다.

지리지에서 시문이 차지하는 비중이 크다는 사실은 무엇을 의미하는가? 여기에서 이 시기 지리 공간과 언어의 관계에 대한 인식의 일단을 찾아볼 수 있다. 미셸 푸코Michel Foucault는 서구에서 17세기 중반까지 역사가의 임무가 자신이 발견한 문서와 자료들을 모아 거대한 편찬서를 꾸미는 일이라고 말

한 바 있다.[14] 대상 지역과 관련된 모든 기록을 집대성하여 편찬한 『신증동국
여지승람』에서 공간의 역사를 기술하는 방식도 그와 유사하다. 지리지가 대
상으로서의 공간을 기술할 때 공간의 역사를 포함하지 않을 수 없다. 『동국
여지승람』 및 『신증동국여지승람』에서는 이를 위해 지리 공간과 관련된 모든
자료를 수용하는 자세를 취하고 있다. 첨성대를 예로 들어본다면, 첨성대를
언급하고 있는 모든 자료는 첨성대를 드러내는 것으로 간주된다. 따라서 위
의 『신증동국여지승람』에 포함된 시문은 첨성대를 드러내는 것 혹은 첨성대
그 자체로 받아들여진다.

한편 「교남의 명승과 고적」의 석굴암 항목에서 가장 많은 비중을 차지하
는 내용은 모양 및 형태에 관한 기술이다. 이는 대상에 대한 직접적인 관찰
을 중시하는 태도의 산물이다. 『반도시론』의 전신이라 할 수 있는 『신문계』
에 실린 글과 비교해보자.

> 첨성대는 경주읍 동팔정東八町에 있으니, 이는 신라 선덕여왕이 세운 바이라. 대
> 는 화강암으로 원형을 이루었는데 길이는 세 길 두 자이며, 둘레는 열 아름 남짓
> 이라. 이는 동양에 현존한 것으로 최고의 천문대라 일컫더라.
>
> ―「경주의 기승과 신라 고적」, 『신문계』, 1914. 4, 37쪽.

윗글은 식민지 시대에 고적을 소개하는 예로서, 짧지만 전형적인 경우에
속한다. 기술 방식은 '위치 – 건립(제작) 연대 – 모양 – 비교적 위상'의 순이다.
앞의 세 가지, 즉 위치, 건립 연대, 모양을 기술하는 방식은 『신증동국여지승
람』과 별 차이가 없다. 그러나 근대의 기행문을 살펴보면 이전에 비해 '모양'

---

14 미셸 푸코, 앞의 책, 170쪽.

을 기술하는 부분이 양적으로 증가할 뿐만 아니라 더욱 강조된다.

또 하나의 차이는 유적·유물에 대한 '비교적 위상'의 기술이다. "동양에 현존한 것으로 최고의 천문대라 일컫더라"라는 표현이 그에 해당한다. 이에 비해 『신증동국여지승람』에서는 비교와 평가의 의미를 담은 표현을 찾아보기 어렵다. '동양 최대', '세계 제일' 등과 같은 표현은 오늘날 우리에게는 진부하게 느껴질 정도로 친숙하다. 김원근의 「경주고적유람기」에서도 "다보탑으로 말하면 현금 동양에 남아 있는 탑 중에는 제일 기묘한 것이다"라든가, "(석가여래의 석상) 그 기술의 정묘함과 그 생각의 공교함은 진실로 동양 고금의 미술 제일 아름다운 작품이라 하겠다"[15]와 같은 표현을 볼 수 있는데, 이는 경주 기행문에서 아주 흔한 표현이다. 이러한 표현이 나올 수 있으려면 분류표에 의거한 사유가 전제되어야 한다. 『신증동국여지승람』에서 지리적 공간이나 고적 등을 설명하기 위해 동원하는 것은 그와 관련된 자료 일체이다. 여기에는 자료 자체의 위계도 사물들 간의 위계도 존재하지 않는다. 동원되는 자료들이 사물 자체로 인식되기 때문이다. 그러나 근대 기행문에 이르면 경주를 설명하고 또 고적을 설명하는 언어는 사물의 특성을 가장 잘 설명하기 위해 선별된 언어이다. 이렇게 설명된 사물은 내외적으로 위계적 위상을 갖는다. 동일 부류 가운데 제일이라든가 신라 제일이라든가, 또 공간을 확장하여 동양 제일이라거나 세계 제일이라는 표현은 유물·유적의 위계화를 통해 가능한 것이다. 이러한 예는 도쿄제국대학 조교수였던 세키노 다다시關野貞[16]의 설명을 빌려 불국사의 다보탑과 석가탑을 설명하는 다음 글에서 더욱

---

15 김원근, 「경주고적유람기(1)」, 『청년』, 1925, 11쪽.

16 세키노 다다시는 도쿄제국대학 공과대학 조교수로서 1902년의 조선 고건축물 조사를 비롯하여 1909~1915년까지 조선고적조사사업을 실시했으며, 1935년 죽기 전까지 매년 조선에 건너와 낙랑과 고구려 시대의 고적을 조사한 인물이다. 그가 주도한 조선고

잘 드러난다.

불국사역에서 10리 안 토함산 남쪽 자락에 보면 하(아주) 우스운, 무너지고 허술한 절이 불국사이다. 불국사의 다보탑은 석굴암과 아울러 천하의 절대 보물이라는 세키노關野 박사의 설명을 들었다. 그에 따르면 불국사의 다보탑이나 석굴암 같은 건축 조각이 인도나 당나라에는 없으며, 있다 하더라도 거기의 것은 이처럼 정교하지 못할 뿐 아니라, 그 의장은 오직 조선 사람의 생각으로 만들어낸 것이다. 설령 인도나 중국에 이보다 먼저 만들어진 것이 있다 하더라도 이것들은 조선 사람의 손으로 된 것이기에 조선의 보배가 되는 동시에 또한 세계의 보배라고 한다. 더욱이 다보탑은 형태가 수려하고 기상奇想이 종횡 치밀하여 화강석을 가지고 나무를 맘대로 말라 만든 듯이 정교한 수공을 베풀었다고 거듭 말한다. 다보탑과 마주 서 있는 무영탑이라 하는 석가탑도 수법이 간단하나 규모가 크고 권형이 득의하여 매우 우미경쾌한 특질이 있다 한다. 또 헐어진 범영루 기주基柱를 가리키며 그것은 단면 십자형을 이루어 아래는 넓고 위로 갈수록 좁아지는 아름다운 곡선을 묘사한 것이 실로 천래의 기상, 입신入神의 솜씨라 당시 공장工匠의 신령스러운 솜씨는 참으로 놀랍다 한다. 다시 법당 앞에 있는 석등을 가리키며 저것이 보기에 변변치 아니하나 그와 같이 경쾌하고 아름답게 만들기는 참 어려운데 일본에는 오직 저와 비슷한 것이 나라奈良 다이마데라當麻寺에 하나 있을 뿐이라 한다. 우리는 공학의 지식이 아주 어두운지라 무슨 의론할 것이 없거니와 그 박사가 침이 마르도록 하는 설명에 어깨가 으쓱하였다.

—권덕규, 「경주행」, 『개벽』, 1921. 12, 71~72쪽.

적조사사업은 일제의 식민 통치를 위한 지역 자료 구축에 기반을 마련한 것으로 평가된다. 이에 대한 자세한 논의는 이순자, 앞의 논문, 20~45쪽을 참고할 것.

건축학자이자 고적조사위원인 세키노의 입을 빌려 다보탑이 인도와 중국의 탑과 어떻게 다른지, 또 왜 그들 탑보다 더 가치가 있는지, 또 형태상으로 자료상으로 어떤 가치가 있는지를 설명하고 있다. 법당 앞 석등에 대해서는 일본의 것과 비교하여 설명한다. 세키노는 비교와 대조를 통해 특성을 찾아내고 분류한 뒤 가치를 매기고, 이를 토대로 고적들을 서열화한다. 이 위계화는 1909년에서 1911년 사이 조선 고건축 및 고적을 조사한 목록에 그가 매긴 고적의 등급을 통해 더욱 확연하게 드러난다.[17]

근대 경주 기행문에서 새롭게 드러나는 것은 유적·유물 간 비교 사유에 토대한 위계적 인식이다. 조선시대에는 경주와 관련된 모든 자료의 언어를 그 자체로 신뢰하여 전부 수용함으로써 경주를 드러냈다. 경주의 특성을 찾기 위해 관찰하고 조사하여 자료를 만들고 이들을 각기 분류하여 여타의 것과 비교하고 평가하는 태도는 찾아볼 수 없다. 즉, 근대의 자료에서처럼 일본, 중국, 나아가 세계의 유물·유적과 조선의 그것을 동일성과 차이에 따라 비교하여 그 가치를 평가하지 않았다. 동양 최고니 세계 유일이니 하는 흔하디흔한 표현의 밑바탕에는 대상에 대한 분류와 배치가 깔려 있는 것이다. 이 과정에서 경주는 박물학적 분류표의 사유 속에서 하나의 항목으로 배치된다. "세계의 보배"라는 세키노의 설명에 글쓴이의 어깨가 으쓱해졌다고는 하지만, 이러한 사유에는 세계의 위계적 질서 속에서 일본의 지배 아래 놓인 조선의 위치가 전제되어 있음을 상기해야 한다.

근대 여행자의 고도 여행은 시찰과 조사에 의해 형성된 인식틀 위에서 이루어졌다. 따라서 이 시기 고도를 바라보는 여행자의 시선은 그에 따라 구성

---

17 세키노 다다시는 자신이 조사한 조선의 고건축과 고적들에 갑을병정의 등급을 매기고, 이에 따라 보물 및 고적으로 분류했다. 이순자, 앞의 논문, 32~39쪽.

된다. 결국 여행자는 고고학 혹은 박물학의 대상으로 기술된 고도의 고적과 유물을 통해 경주를 본다. 그 시선으로 바라본 경주는 경주 그 자체라기보다 일정한 관점에 의해 기술된 고도이다. 이에 따라 고도 및 고적을 통해 호출된 조선의 역사 또한 그 자체라기보다는 지리의 박물학적 분류 속에서 기술된 역사이다. 결국, 고적을 통해 신라와 조선의 역사를 본다지만 실상 마주하는 것은 지식 체계이다. 이것이 근대에 발견된 과거, 즉 지식 체계로서의 역사이다.

2. 지知의 대상 경주와 관객·독자로서의 여행자

고도로서의 경주는 여행자에게 더 이상 단순한 시각적 대상물이 아니다. 이런 까닭에 경주 기행문 또한 개인의 감상으로만 채워질 수 없다.

> 나는 일찍부터 경주에 신라 고적이 많다는 말을 들은 까닭에 공연히 경주에 내려서는 맡은 일도 다 하기 전에 '고적! 고적!' 하는 생각이 자꾸 머리 위에 떠올랐다. 그래서 나는 마침내 고적 진열장과 천문대 등을 구경하였다.
>
> ─임원근, 「영남지방 순회편감」, 『개벽』, 1925. 12, 69쪽.

위의 임원근처럼 경주에 들른 여행객은 신라 유적지와 유물에 의해 일정 정도는 여정이 미리 정해진다. 이때 고적을 본다는 것은 투명하게 그 자체를 보지 않고 그에 관한 축적된 정보를 확인하는 것이다. 이 지점에서 경주는 여행자에게 하나의 텍스트로 주어진다. 이를 대하는 태도에 따라 여행자는 수동적인 관객이 되기도 하고 적극적인 독자, 나아가 해석자가 되기도 한다.

일반 여행자는 대부분 고적과 유물에 대한 고고학적인 전문 지식이 부족한 편이었고, 이것은 늘 여행의 소감을 자신 있게 표현하는 데 걸림돌이었다.

> 박물관은 진열과 분류가 아직도 초창적인 미비한 데가 있는 듯도 하나, 와당과 석기 등은 특히 고고학적 안목을 필요로 하는 것이니 우리네가 알아 짐작할 바가 아니로되, 금관과 옥패의 정교함이란 신라의 조형예술이 석재에서만 발달하지 않았다는 것을 증명할 수 있었다.
>
> —이원조, 「경주기행」, 『조선일보』 1935. 4. 9.

경주를 제대로 보려면 고고학적 지식이 있어야 한다. 지식이 갖춰지지 않으면 유물에 대한 소감은 제한된다. 이것이 박물관이 된 경주를 보는 일반적 인식이다. 위의 글에서도 여행자는 스스로 관련 소양이 없음을 고백하고, 고적과 유물에 대해 조건부적으로 기술한다.[18]

경주 기행문에는 '—라고 한다' 식의 문체가 종종 나타나는데, 이 역시도 비슷한 태도에서 비롯된 것이다. 지적 소양이 부족하다고 생각할 경우에 여행자는 자신이 들은 바를 잘 전달해주는 태도라도 취해야 한다고 여겼기 때문이다.

---

18 유물과 유적지 기행문에서 여행자의 이러한 태도는 자주 발견된다. "아무리 조각에 대하여 그러한 조예와 비평안이 없는 나의 눈에도"(「천년고도를 찾아서—경주견학단수행기(6)」, 『조선일보』 1925. 11. 9) "역사의 소양이 없는 나로서는"(임원근, 「영남지방순회편감」, 『개벽』, 1925. 12, 69쪽), "경주 구경이 끝나니 나는 나의 고적에 대한 아무 지식이 없는 것과 좀 더 자세히 못 뒤져본 것을 한탄합니다."(오병남, 「그리운 옛터를 찾아 신라고도 경주로」, 『호남평론』, 1937. 1, 132쪽) 등에서도 여행자의 머뭇거림을 발견할 수 있다. 이 같은 표현에서 고적지 기행 및 감상에는 전문적인 식견이 매개되어야 한다는 여행자들의 인식을 읽을 수 있다.

그 능 앞에 몸뚱이 잃어버리고 다만 귀부龜趺와 이수螭首만이 남아 있는 석비가 있으니 비석의 조각은 정교하기 짝이 없다. 앞으로 10여 걸음을 내려가면 무열왕릉보다는 작은 묘가 있으니 이것은 신라 신문왕을 옹립한 공신 김양의 묘라고 한다. 이에 대해서는 이 묘가 혹은 무열왕을 도와 삼국통일을 한 충신 대각간 김유신의 묘가 아닐까 하는 말도 있으니, 이것은 무열왕과 김유신이 살아 있을 때의 관계 또는 죽은 뒤의 형편으로 보면 그럴 듯도 싶다고 한다.

—「천년고도를 찾아서」, 『조선일보』 1925. 11. 11.

절은 경주 동편 4리쯤의 토함산 남쪽 자락에 있으니 지금으로부터 1396년 전 신라 제23세 법흥왕 27년에 창조하고 그 후 경덕왕 10년에 신라 재상인 호부 김대성이 다시 중수하여 크게 확장한 것인데, 임진병화 때 본사를 화재로 잃고 뒤에 3차의 중수를 거쳐 비로소 오늘의 현상을 이루었다 한다. 2차 중수 당시에는 3만 명의 승려가 있었다 한다.

—정봉득, 「경주여행(1)」, 『조선일보』 1930. 12. 3.

위의 두 기행문에는 망설이거나 조건부를 다는 설명체 혹은 전달체가 분명하게 나타난다. 이런 문체는 고적에 대한 선입견에서 비롯되었다. 일반적으로 고적은 지적인 정보나 전문가적인 안목이 있어야 제대로 감상할 수 있다고 생각한다. 그 때문에 여행자가 대상으로부터 받은 일차적인 느낌은 상실되며, 이로부터 여행자와 대상은 분리된다. 이는 근본적으로 고고학적 지식 체계가 가진 박물학적 분류 형식이 초래한 결과이다. 고적에 관해 정리된 지식이나 고고학은 결국 여행자가 경주라는 공간을 느끼게 하는 데 방해 요소일 수도 있다.

많고 적음의 차이는 있지만 경주 기행문에는 고적들에 관한 정보가 함께 적혀 있다. 정보에 의존하는 탓에 여러 기행문의 기술 내용과 방식이 거의 유사하다. 유적과 유물 소개에 충실한 기행문 중의 하나가 김원근의 「경주고적유람기」이다. 총 23개의 절로 이루어진 이 글은 초반부에 경주의 연혁, 지형, 성씨와 풍속, 토산물에 대해 정리되어 있고, 후반부에는 경주의 공업과 장래의 희망이 서술되어 있는데, 결론을 제외한 17개의 절이 모두 유물 및 유적지별로 항목화되어 경주를 소개하고 있다. 이 유람기에서 대상에 대한 개인적인 감상은 거의 찾을 수 없다. 정보 정리 차원의 일반적인 개괄에 충실한 경주 소개기 또는 경주 유적 시찰 보고서라고 할 수 있다. 이러한 형식은 이 글 외에도 다른 경주 기행문에서 상투적으로 반복 변주된다.

특히 반복 서사가 진행되는 구간은 신라 고적지로서 경주 내부에 해당한다. 식민지 시대의 경주행은 주로 경부선 철도를 이용하여 대구까지 간 후 대구에서 경편철도로 갈아타고 불국사역까지 가는 식으로 이루어졌다. 경성 등지의 출발지에서부터 시작되는 기행문에서 필자의 개별적인 감상은 주로 경주에 도착하기 직전까지의 구간에 국한된다. 그러다가 경주라는 공간에서 호흡하는 순간부터 신라 고도라는 경주의 관념에 압도된다. 「경주고적유람기」식의 서술 방식이 변주되는 지점은 바로 이곳이다. 변주의 진폭에 차이가 있다고는 해도 반복을 피할 수 없는 까닭에 경주 기행문은 상투적인 고적 소개서의 면모를 공통적으로 지닐 수밖에 없다.

주어진 고고학적 지식만을 충실하게 읽는 여행자는 마치 극장에서 상영하는 영화를 관람하듯 경주를 보는 수동적인 관객에 비유될 수 있다. 물론 여행자들은 고고학적 정보에만 매몰되지 않고 그로부터 이탈하여 새로운 경주의 '풍경'을 보기도 한다. 하지만 그렇게 보는 것도 전적으로 있는 그대로의 경주라고는 할 수 없다. 자연이 하나의 풍경, 즉 그림이 되기 위해서는 자연으로부터 분리가 전제되어야 한다.

이 인경에 대하여 최근 재미있는 이야기가 하나 있으니, 이것은 즉 어떤 서양 사람이 진열관에 와서 이것을 구경하다가 그 옆에 조선 제일의 종이란 표찰을 보고 크게 분개하여 이렇게 훌륭한 종은 조선에서만 제일갈 뿐 아니라 세계에서 제일 되는 것이라 하여 표찰에 '조선'이라 쓰인 문구를 연필로 지워버리고 곁에다 다시 '세계'라고 썼다 한다. 지금도 표찰의 '조선' 옆에는 연필로 쓴 '세계'가 분명히 보인다. 수만 근이 되는 육중한 몸을 조그마한 손톱으로 튕겨도 오히려 음색이 맑고 아름다운 소리가 울려 나오는 인경을 성루城壘 종각 위에 높이 달고 단단한 인경마치로 힘껏 울려 아침과 저녁을 알릴 때의 번성했던 동경이 어른어른 비치는 적동赤銅 몸뚱이 위에 나타나는 듯하였다.

　　　　　　　　　　　　　　　—「천년고도를 찾아서」, 『조선일보』 1925. 11. 11.

　여행자가 경주에서 보고자 하는 것은 천년 전 신라의 경주이다. "나는 신라의 유물을 보고 신라의 생각을 짐작하고 신라의 옛적으로 들어가고 싶어 못 견디겠다"[19]라는 표현처럼 이 시기 경주 여행자는 찬란했던 신라시대로 돌아가기를 바라거나 시간적인 고착을 희망한다. 서양인이 에밀레종을 세계 제일로 평가했다는 이야기를 통해 윗글 필자의 시공은 신라시대 경주로 치환된다. 여행자는 경주를 통해 환각을 체험한다. 신라에 고착된 여행자는 현실이라는 시간으로부터 스스로를 소외시킨다. 이는 식민지 고고학이 의도하는 문화적 전략에 여행자가 자신도 모르게 포섭되는 순간이다.

　이병기는 그 경계선상에서 느끼는 행불행을 적는다.

　나는 고개를 숙이고 우두커니 서서 천만 년 전 옛일을 낱낱이 머릿속에 그려보

19　권덕규, 「경주행」, 『개벽』, 1921. 12, 74쪽.

다가 나도 또한 신라 사람이 되어 오늘날 모든 시름을 잊어버리는 순간 즐거웠다. 행복했다. 그러나 다시 고개를 쳐들고 휘둘러보니 저 공중에 우뚝 솟아 있던 구중궁궐도, 만조백관으로 더불어 삼국통일을 의논하던 늠름한 위의도, 수없는 궁인들이 엉기엉기 오락가락하는 모양도, 이런 것 저런 것도 갑자기 다 사라지고 다만 황량하고 적막한 광경뿐이다. 사면의 넓은 벌이 볏논이 아니면 콩밭들이다.

— 이병기, 「가을의 경주를 찾아(4)」, 『조선일보』 1927. 10. 29.

경주에서 신라를 환각하는 것은 즐거움이자 행복이다. 그러나 환각에 고착되어 현실을 망각할 수는 없다. "다시 고개를 쳐들고 휘둘러보니" "황량하고 적막한 광경만" 보였다는 말은 환각의 경주, 상상의 경주와 괴리되는 현실을 깨달았다는 의미이다. 시간적 거리를 자각함으로써 그는 신라의 경주에 고착되지 않는다. 이런 까닭에 그에게 경주는 '고도'에 머물지 않는다. 그의 경주행은 서울을 벗어나 머나먼 시골로 떠난 길이었다. 경주는 "구린내 먼지 속에서 수식과 허영으로" 채워진 도회지 서울의 생활과 대비되는 "신선하고 풍부한 자연 경치 속에서 질박하고 천진스러운" 시골의 생활이 있는 곳이었다. 고적의 도시라는 당시 경주의 이미지에서 벗어나 있었기에 그의 눈에는 경주의 "황량"함과 "볏논" 그리고 "콩밭들"이 포착될 수 있었다. 이병기의 경우는 일제가 체계화한 고고학적 지식에서 벗어나 자신의 새로운 영역화를 꾀하고 있다. 이렇게 볼 때 그는 앞에서 살펴본 여행자들과는 다른 방식으로 경주를 받아들인다.

수동적으로 주어진 고적의 고고학을 읽는 것이 아니라 경주의 고고학을 적극적으로 새롭게 구성하고자 하는 경우도 있다. 기행문과 관련할 때 극단의 예를 정인보의 「동도잡지東都雜誌」(전 20회, 『동아일보』 1930. 9. 2~9. 28)에서 찾을 수 있다.

기행紀行의 거둠으로, 고징考徵의 모듬으로, 시가의 읊음으로 이제 이르러 거의
여온餘薀이 없으니 행각소기를 구태여 발표할 바가 아니다. 그러나 밖으로 나타
난 유물보다 속으로 함장한 잔영이 도리어 귀한 때 있으며, 잔영조차 방영旁映,
협조夾照의 상호함을 지녀 있는 듯 없는 듯이 보이는 것은, 더욱이 먼 옛날을 어
루만지려는 손으로써 차마 놓지 못할 것이다. 분황의 동상은 누구나 보는 것이
아니냐. 봉덕의 좋은 자리는 떠났으나마 아직껏 용유甬乳가 있다. 보살의 자엄은
석굴에 첨례할 수 있고, 원지園池의 아수雅手와 무롱撫弄의 고운高韻은 저 전殿·
정亭의 허墟와 파갑破匣의 고적古笛이 아무에게나 자상自相을 보인다. 이는 다 나
타난 유물이다. 이는 이제 거론코자 하지 아니한다. 오직 속 깊이 함장한 옛 신
라의 잔영으로부터 탐사의 손을 대 한층 더 희미한 곳까지 이르러 쇄설瑣屑하나
마 또 괴괴하나마 한 많은 우리의 회고의 정서를 기탁하고자 하여 칠주야 산행·
수숙하는 동안에 혹 촌농의 이어俚語를 재료로 하며, 혹 산승·포창浦娼의 지칭을
빙으로 하며, 혹 행장 속 사적을 유천流川·첩봉疊峰과 대영大映도 하고, 혹 고古·
근近의 지도를 방참傍參도 한 나머지에 약간의 의제 생김에 이를 잡초한 것이 차
서次序 없는 수백지數百紙의 문자를 만들게 되었다.

　　　　　　　　　　　　— 정인보, 「동도잡지(1)」, 『동아일보』 1930. 9. 2.

서론에 해당하는 글로, 「동도잡지」를 쓰게 된 경위를 밝히고 있다. 「동도
잡지」의 본문에서는 경주의 현지 조사 및 채록, 고문헌의 자료 등을 토대로
경주 각 지명의 어원, 전설 등을 고증하는 과정을 적고 있다. 정인보는 단순
히 유물을 관찰하여 기록하는 따위는 이제 하지 않겠다고 선언한다. 대신 고
문헌들에 나타난 기록을 정리하여 유물과 고적지를 설명하고 있으며, 이는

주로 어원을 밝히는 일에 집중되고 있다. 그에게 경주의 유물·유적 및 명승지는 고문헌들을 통해 그 기원을 밝히고 해석해내야 할 하나의 텍스트이다.

경주 기행문에 나타난 여행자의 태도로 볼 때, 고도라는 공간은 일차적으로 볼거리로서 인식되지만 그에 대한 시각적 자율성은 상당히 제한적이다. 여행자들은 스스로 자족적이고 투명한 시선으로 대상을 즐길 수 없다. 여행자들은 실제 경주의 유물을 보고 있지만 그 시선은 고고학적 지식을 통해 온전해질 수 있다고 생각한다. 고도의 공간은 여행자들에게 그 자체로 펼쳐지는 것이 아니라 유적과 유물들의 목록으로 인지된다. 이들은 주어진 목록을 순례하는 수동적인 관객이 되면서, 동시에 유적과 유물을 지적으로 설명해야 하는 독자이자 해석자가 된다. 해석자로서 여행자가 갖는 적극성은 식민국가의 고고학적인 사유틀로부터 벗어나 경주의 공간을 재영역화할 수 있는 발판으로 작용하기도 한다.

경주는 조선시대 김시습에게도 인생의 무상함과 한스러움을 느끼게 한 폐허의 고도였다. 여행이 길어지면서 그의 눈에는 한가한 풍경만이 아니라 농민들의 피폐한 삶도 들어오기 시작한다.[20] 이처럼 여행 공간을 인식하는 여행자의 의식은 그 둘의 관계 여하에 따라 양상을 달리한다.

지금까지 근대 학문으로서의 박물학적 관점이 고도 경주의 인식에 끼치는 영향에 주목하여 살펴보았다. 여행자와 여행 공간은 지식 체계를 사이에 두고 서로 분리된 채 근대의 학문이라는 이름으로 기술된 지적 내용을 그 대상과 동일시하게 된다. 이를 통해 여행지 경주는 여행자에게 읽고 해석해야 할 텍스트로 제시된다. 식민 치하의 안일한 여행자는 일제의 고고학적 지식 체계가 만들어 놓은 틀 안에 갇혀 수동적으로 대상을 바라보는 관객이 되기

---

20 심경호, 『김시습 평전』, 돌베개, 2003, 203~283쪽 참고.

쉽다. 그러나 적극적으로 경주를 해석하고자 하는 여행자도 있다. 이들은 경주의 풍경을 주체적으로 보려 한다. 이병기와 정인보의 기행문에서 바로 그같은 의도를 찾아볼 수 있다. 그러나 이는 예외적인 경우이다.

02
문화 기억과 역사의 장소

1. 기억의 제도적 장치: 장소와 여행

고적조사사업은 정치적 헤게모니를 장악한 일본이 식민지 조선에서 식민지적 기원 창출을 위한 제국의 해석 작업이었다. 이 사업은 식민지 조선의 정체성 형성에 직접적인 영향을 끼치게 되는데, 일본은 제국적 기억을 식민지의 기원에 소급함으로써 제국의 침략성을 은폐하고 식민 정치에 보편적 정당성을 부여하고자 했다.

기원의 소급 과정에서 수반되는 것이 기억 행위이다. 기억은 문화적 차원에서 형성되고 전수된 것으로서, 한 공동체의 정체성을 지속적으로 유지하기 위해서는 필수 불가결하다.[21] 특히 공간은 기억이 만들어지고 전승되는 데 중요한 역할을 한다. 집단기억은 특정한 공간을 통해서 실체화되는데, 이때

---

21 전진성, 「기억과 역사: 새로운 역사·문화이론의 정립을 위하여」, 『한국사학사학보』 8, 한국사학사학회, 2003. 9, 111쪽.

의 공간이란 단지 상호작용의 장일 뿐 아니라 특정 집단의 정체성이 구체화되는 장소이다.[22] 일본제국이 식민지 조선에서 고적조사사업을 통해 옛 도읍을 부각한 이유도 이러한 맥락과 닿아 있다. 여기에서 장소는 기억의 매체이자 제도적 장치가 된다.

> 종교적, 역사적 또는 개인적으로 의미 있는 사건을 통해 기억의 장소가 되는 현장들은 외부적 기억 매체에 속한다. 장소는 집단적 망각의 단계를 넘어 기억을 확인하고 보존할 수 있는 곳이다. 전승의 단절이 발생하고 난 후에는 순례자와 유적 관광객들이 그들에게 의미심장한 장소를 찾게 되는데, 여기에서 그들이 보게 되는 것은 그저 산천이나 기념비, 폐허일 뿐이다. 이때 그들은 기억의 부활에 이르게 되는데, 장소가 기억을 되살릴 뿐만 아니라 기억이 장소를 되살리는 것을 경험하는 것이다.
>
> —알라이다 아스만 지음, 변학수·채연숙 옮김,
> 『기억의 공간—문화적 기억의 형식과 변천』, 그린비, 2011, 24쪽.

기억 행위는 주로 개념과 이미지가 결합한 양태를 통해 이루어지며, 상징, 텍스트, 그림, 의례, 기념비, 장소 등이 이에 속한다. 이와 같은 다양한 문화적 표현물은 기억의 제도적 장치이다.[23] 이렇게 볼 경우, 경주는 신라를 환기하는 기억의 매체이다. 장소뿐만 아니라 장소 체험으로서의 여행도 동일한 속성을 가질 수 있다. 따라서 경주 여행은 신라의 기억을 사회적 형식으로

---

22 위의 논문, 109쪽.

23 김학이, 「얀 아스만의 "문화적 기억"」, 『서양사연구』 33, 한국서양사연구회, 2005, 235~236쪽; 전진성, 앞의 논문, 109쪽.

소통시키는 매체가 된다.

고적조사사업은 과거의 유적을 대상으로 하고 있지만 사실은 제국의 입장에서 현재적 조선에 대한 인식을 만들어가는 작업이다. 이런 점에서 이 사업은 기억의 정치학 영역에 속한다. 일본제국이 고적조사사업 및 고도 개발을 중요한 식민정책으로 삼은 이유는 제국의 식민지 기억 만들기라는 관점에서 파악할 수 있다. 그렇다면 '기억'의 관점에서 고도에 대한 조선인의 매혹은 어떻게 해석될 수 있을까? 실제 제국의 주도로 형성된 고도의 기억은 역설적으로 역사 또는 전통의 이름으로 식민지 조선에서 뿌리를 내려 민족적 정체성 형성에 일조했다. 기억에서 출발하여 이러한 역설의 의미망을 살피는 일이 이번 장에서 갖는 또 다른 목적이다.

2. '기억의 장소'와 '장소의 기억', 그리고 '경주'의 장소성

김동리는 경주에서 태어나고 자랐다. "김동리 안의 핵"이라고 표현될 정도로 경주는 그의 의식에서 절대적이다.[24] 그의 경주 의식에는 상이한 층위가 존재한다.[25] 경주는 그에게 개인적인 삶의 체험이 용해되어 있는 장소이다. 이 경험은 공식화되거나 일반화될 수 없는, 그만이 가진 장소감이다. 여섯 살 때 어머니를 따라 분황사에 갔던 경험을 적은 글은 경주와 그 사이의

---

24 서영은, 「김동리 안의 경주 또는 무극無極」, 『문학사상』, 1988. 7, 71쪽.

25 한국문학사에서 김동리는 경주에 관한 복합적인 인식을 잘 보여주는 작가이다. 이 책에서는 이를 깊이 있게 천착하기 어려운 한계가 있다. 제5부 02장의 목적은 '기억의 장소'와 '장소의 기억'에 관한 개념 설명에 있으며, 이를 위해 김동리와 경주의 관계를 부분적으로 조명하고 있음을 미리 밝힌다.

고유성을 잘 보여준다.

> 그날의 분황사. 전에도 한 차례 동네 아이들 따라 다녀온 일이 있었지만, 이날만
> 은 딴판이었다. 절 경내가 온통 종이꽃과 깃발과 초롱(종이등)으로 꽃동산을 이
> 루고 있었다. 나는 무어라 형용할 수 없는 흥분과 행복감으로 가슴이 뿌듯했다.
> …(중략)… 이윽고 밤이 되니 그 많은 초롱에 불이 켜졌다. 법당 안 불빛과 꽃과
> 깃발로 꿈속의 궁전같이 보였다. 나는 어머니 무르팍에서 잠이 들고 말았다. 새
> 벽녘에 눈을 떴을 때 그 황홀한 불빛 속에서 스님들이 계속 염불과 절을 올리고
> 있는 것이 보였다. …(중략)… 나는 생애에서 아직도 이 분황사의 초파일 밤보다
> 더 진한 행복감을 경험한 일이 없다.
>
> — 김동리, 「나의 유년시절」, 『김동리 전집 8 ― 나를 찾아서』, 민음사, 1997, 17쪽.

이때의 경험은 김동리에게 창작 행위의 원천으로 작용했다. 김동리는 『동
아일보』 신춘문예 당선 소설인 「산화」의 "마지막 장면에 나오는 먼 산의 불
길 역시 어릴 때 본 그 초파일 밤의 기억"에 의거한 장면이라고 회고한 바 있
다.[26] 이 경험은 그의 등단작에만 드러나지 않는다. 1935년 등단을 전후한 일
련의 작품에서도 이를 발견할 수 있다.

> 절 구경 간 엄마는 오시지 않고
> 마을에는 등불이 모두 꺼졌네
>
> 절 구경 간 엄만 오시지 않고

---

26 김동리, 「나의 유년시절」, 『김동리 전집 8 ― 나를 찾아서』, 민음사, 1997, 18~19쪽.

하늘에는 별들만 더 많아졌네

—「초파일 밤의 추억」

내가 처음 석빙고에 들어간 것은 어느 별빛 푸른 봄밤 어머니와 함께 였습니다.

내 어머니가 중질을 간 것은 어느 바람 부는 저녁이었다 합니다.

지금도 나는 어머니가 그리우면 가만히 일어나 석빙고를 찾아갑니다. 나는 그 캄캄한 속에서 염주를 걸고 가사를 입은 내 어머니가 찾아올까 기다려봅니다.

—「폐지이제廢址二題 — 석빙고」

중학교 때 지었다는 「초파일 밤의 추억」과 『동아일보』 1935년 2월 5일자에 실린 「폐지이제廢址二題」 중 하나인 '석빙고'의 전문이다. 두 시 모두 동일한 경험을 모티프로 삼았다. 이때의 체험은 '초파일', '어머니' 혹은 '불빛'이라는 상징과 이미지를 통해 표상되는데, 그 바탕에는 '분황사'라는 공간이 있다. 분황사는 그에게 초파일, 어머니 혹은 불빛이 되어 그의 문학적·정신적 정체성을 구성했다. 분황사는 김동리의 삶 속에서 연속적 관련을 맺는 구체적인 장소가 되었다. 작가에 따르면 이 체험은 창작의 원천으로만 머물지 않고 자신의 우주관에까지도 영향을 끼친 중요한 사건이었다.[27]

또 다른 층위의 경주 인식을 그의 작품에서 발견할 수 있다. 이때의 경주는 추상적인 개념, 곧 '폐도廢都'로 지칭된다.

---

27 "나는 기도를 드릴 때마다 천지신명 또는 관세음보살을 부르고 있다. 천지신명은 태고 시대부터 우리 조상들이 불러오던 우주 혼의 이름이요, 관세음보살은 외래 종교의 그것으로서 가장 오래이며, 그만큼 친근미가 느껴지기 때문이기도 하려니와 어쩌면 어려서 바라보던 먼 절의 불빛 관계도 다소 작용하고 있는 겐지 모르겠다." 위의 책, 19쪽.

나는 폐도에서 태어났다. 나는 얼음장같이 차디찬 폐허를 밟고 무덤 속 같은 공기를 호흡하고 자라났다. 나는 폐허 제단에 촛불을 밝히고 화려한 옛꿈을 찾는 자다. 묵은 전통과 회구의 로맨티시즘은 내 오관에 흐르고 있다. 전통의 아들, 폐도의 아들, 이것이 나의 숙명이다. 나는 아무리 발버둥치고 애를 써도 이 묵은 전통의 옛꿈에서 영원히 벗어나지 못하리라. 내 머리 위에는 무거운 폐도의 총기塚氣가 누르고 있다.

　　　　　　　　　　　　　─「폐도의 시인」, 『영화시대』 5권 2호, 1936. 2.[28]

　「폐도의 시인」은 작가의 의식을 굴절 없이 반영한 작품이다. 「다시 고향에 가보니」라는 수필의 첫머리에 적힌 어릴 적 고향 의식은 이 작품 주인공의 의식을 그대로 대변하기 때문이다.[29] 그에게 고향 경주는 폐도이다. '폐도'는 '고도'의 의미를 부정적으로 극대화한 표현이다. 경주는 「폐도의 시인」에서는 "얼음장같이 차다"차고 "무덤 속 같은 공기"가 흐르는 곳이며, 「패랭이꽃」이라는 시에서는 "어제 바람이 오늘 불고 / 저승이 이승을 이기는 곳"이다. 한마디로 "슬픔과 우울과 주검의 폐허"로서 고도이다. 김동리 문학을 이해하는 하나의 단서가 고도 경주로 평가된다는 점은 앞서 언급했다. 김동리에게 고도 "그것은 일제하 당시로서의 '조선의 심벌'과 관련된다"[30]고 할 때,

---

28　홍기돈, 『김동리 연구』, 소명출판, 2010, 365쪽. 이 책에서는 『김동리 연구』의 말미에 실린 「폐도의 시인」을 텍스트로 삼았다.

29　"내 어릴 때 내 눈에 비친 고도는 폐허였다. 그것은 끝없는 슬픔이요, 우울이요, 주검이었다. 이 슬픔과 우울과 주검의 리듬이 나의 전생과 연결되어 〈나〉로서 태어났는지, 나는 어려서부터 이 슬픔과 우울과 주검의 폐허 속에 젖어들기 시작했다." 김동리, 「다시 고향에 가보니」, 『김동리 전집 8 ─ 나를 찾아서』, 민음사, 1997, 415쪽.

30　김윤식, 「구경적 생의 형식으로서의 운명 ─ 김동리론」(김동리 편 해설), 『한국문학전집 15』, 삼성당, 1988, 531쪽.

유의할 점은 "일제하 당시로서의 조선의 심벌"이라는 의미이다. 그것은 개인의 경험을 초월하여 작용한다. 요컨대 김동리의 폐도 의식은 식민지의 산물이며, 여기에는 김동리 개인을 넘어선, 즉 제국의 문화적 상징 정치 논리가 작용하고 있다.

분황사와 폐도, 이것은 김동리가 경주를 기억하는 두 가지 층위이다. 분황사의 경험이 개인의 내밀하고 고유한 장소 체험이라면, 폐도 의식은 제국의 정치 논리와 상호작용 하는 속에서 발생한 장소 인식이다. 장소와 기억의 관점에서 보면 전자는 '장소의 기억', 후자는 '기억의 장소'라는 특성을 보여준다. 알라이다 아스만Aleida Assmann은 '장소의 기억'과 '기억의 장소'를 구분한다. 장소의 기억은 장소에 대한 개인의 체험에 근거한 기억으로서 지울 수 없는 구체적이고 특정한 곳에 고정되어 있다. 기억의 장소란 장소 자체의 아우라가 힘을 발휘하면서 개인의 경험을 초월하여 전달되는 기억이다. 기억의 장소에서 개인은 설령 장소에 대한 기억이 없다고 해도 그 낯선 장소에 대한 기억을 소유할 수 있다. 이는 곧 기념의 장소와 통한다. 분황사의 경험을 통해 김동리에게 기억되는 경주는 구체적이면서 내밀하다. 분황사는 김동리의 고유한 경험에 근거한 '장소'이다. 구체적 장소인 분황사의 경험을 통해 그는 경주에 대한 '장소의 기억'을 갖게 된 것이다. 이와 달리 '폐도' 의식은 개인의 경험을 초월한 '기억의 장소'로부터 비롯된 경주 인식이다. 이는 장소 자체가 개인에게 일방적으로 부여한 기억이기 때문에 구체성을 갖기에는 한계가 있다. 김동리에게 한편의 경주가 '폐도'라는 추상적인 개념으로 정리될 수밖에 없는 이유가 여기에 있다.

기억의 장소인 경주에서 비롯되는 기억을 문화 기억(cultural memory)이라고 할 수 있다. 기억에 도구적 목적성 외의 '의미'가 부여된 뒤 상징으로 전환되어 전승될 때 그것은 문화적 기억이 된다. 따라서 문화적 기억은 개인적인 차원의 기억이 아니라 전승된 문화적 의미로서 집단 정체성을 형성시켜 주는 사회적 기억이다.[31] 고도·폐도로서의 경주 인식에는 상징 작용이 매개되어 있다. 이 시기 경주는 '신라'라는 과거 또는 역사를 통해 인식되는 공간이었다. 이때 시간 의식이 강하게 작용하면서 그 공간은 기억의 특성을 갖는다. 이는 신라라는 상징적 의미가 부여된 기억이다. 김동리의 폐도 인식에는 이러한 식민지 시기의 상징화된 경주 인식, 곧 이 시기 문화적 기억이 반영되어 있다.

1920년에서 1930년대 후반에 이르기까지 경주 여행자는 주로 경주에 대한 지속적인 경험 없이 여행안내 서적의 정보에 의존하여 경주를 인식했다. 그런 여행자에게는 경주에 대한 장소적 진정성을 발견하기가 어렵다. 장소적 진정성이란 '장소의 기억'에서 비롯되기 때문이다. 실제 이 시기 여행자는 역사적 유적지나 문화재 등을 본래의 맥락에서 이탈시켜 단지 심미화하거나 박물관화함으로써 경주를 추상화하는 경향을 보이기도 한다.[32]

일반적으로 여행자에게는 장소 의식을 기대하기가 어렵다고 한다. 에드

---

31 얀 아스만은 기억을 네 가지로 구분한다. 학습에 의한 기억인 모방적 기억, 인간이 대상에 자기 자신을 투여한 사물의 기억, 한 시대가 당대의 과거에 대하여 보유하는 기억인 소통적 기억과 문화적 기억이 그것이다. 앞의 세 가지 기억은 문화적 기억으로 전환될 수 있는 것들인데, 그 변속장치가 바로 '의미'이다. 즉, 모방적인 관습적 행위가 제의의 차원으로 승격되어, 그것에 도구적 목적성 외의 "의미가 부여될 때" 그것은 문화적 기억이 된다. 일제의 고고학적 지식에 의한 경주의 기억은 소통적 기억이라고 할 수 있다. 문화적 기억은 그보다 더 포괄적인 개념으로, 그 이전 시기부터 전승되는 기억이다. 이렇게 볼 때 1920~1938년의 경주에 대한 문화적 기억은 단지 일제가 구성해 놓은 고고학적 정보만을 의미하지 않는다. 다시 말해 식민지 이전부터 전승된 경주에 대한 기억까지 포괄하고 있기 때문에 고고학적 기억보다 더 범주가 크고 유동적이다. 문화적 기억에 대한 개념은 김학이, 앞의 논문, 237~240쪽 참조.

32 우미영, 「고도 여행, 고도의 발견과 영토의 소비」, 『동아시아문화연구』 46, 한양대학교 동아시아문화연구소, 2009.11.

워드 렐프Edward Relph에 따르면 장소에 대한 비진정성은 관광에서 가장 극명하게 드러난다.[33] 장소란 공간과 대비되는 개념이다. 즉, 추상적이고 중립적인 공간에서 출발하여 공간과 더 친숙해지고 그에 가치를 부여하게 되면 공간은 장소가 된다. 장소는 안전·안정·정지, 공간은 개방성·자유·위협·움직임 등을 개념적 특성으로 꼽는다. 유의할 것은 정지와 움직임의 대비 항이다. 정지함으로써 장소는 인간이 느끼는 가치의 중심이 될 수 있다. 정지와 멈춤은 곧 머무름, 거주의 의미와 연결되며, 이를 통해 공간은 인간과 경험적 관계를 맺으면서 하나의 장소가 된다.[34] 이에 의거할 때 여행자는 이동 중에 있거나 일시적으로 체류하는 자로서 정착민과 대비된다. 여행자는 그 특성상 시간적 연속성에 토대한 장소 경험을 갖기 어려우며 장소에 대한 주체적 판단을 하기도 어렵다. 관광객은 여행안내자나 여행 관련 정보를 통해 장소를 판단하는 경우가 일반적이다. 여행자에게서 장소에 대한 진정성을 찾기 어렵다는 이유가 여기에 있다.

경주는 단순 관광지와 변별된다. 일시적 체류자인 여행자는 어떻게 경주와 연속적 관계를 맺을 수 있을까? 여행자라는 특성 때문에 그들은 경주라는 공간을 표면적(일시적·단절적)으로 인식할 수밖에 없지 않은가. 경주의 장소적 가능성은 '고도'라는 특성에 있다. '고도' 인식은 '기억'의 작용을 통해 이루어진다. 기억은 현재적 시간 체험의 일시성과 단절성을 극복하고 주체의 삶의 연장선에서 대상을 인식하게 한다. 이 지점에서 김동리의 '폐도' 의식과 이 시기 경주 여행자의 고도 의식은 상통한다. 즉, 김동리가 경주를 고도·폐

---

33 에드워드 렐프 지음, 김덕현·김현주·심승희 옮김, 『장소와 장소상실』, 논형, 2005, 188~193쪽.

34 이-푸 투안 지음, 구동회·심승희 옮김, 『공간과 장소』, 대윤, 2007, 19~20쪽·220~222쪽.

도의 장소로 인식하는 방식을 1920~1930년대 경주 여행자에게도 동일하게
적용할 수 있다. 경주를 여행할 때 그들은 경주라는 장소 자체에서 연원하는
기억의 영향을 받는다. 즉, '고도' 경주는 '기억의 장소'로서 여행자를 맞는다.
여행자의 대부분은 경주에 대해 김동리와 같은 개인적 경험과 기억을 갖고
있지 않다. 하지만 이들이 경주를 '고도'로 받아들이는 순간, 경주는 여행자
개인의 경험을 초월한 힘의 장소가 된다.

　고도로서의 경주는 식민지 조선인에게 민족적 정체성을 환기시키는 구체
적인 장소였다. 역설적이게도 이러한 인식은 일본제국과의 관련 속에서, 즉
제국/식민의 좌표 속에서 중층적으로 형성되었다. 문화적 기억을 통해 형성
된 고도 의식으로 경주의 의미를 살필 때에는 이러한 역설을 고려하지 않을
수 없다. 식민지 시대 경주의 장소적 의미는 제국과 식민의 논리가 상호 흡
수 및 충돌하는 가운데, 즉 제국/식민 정체성의 정치학적 맥락 속에서 만들
어진 결과물이기 때문이다. 이런 점에서 경주는 근대의 대표적인 '인류학적
장소'에 속한다.[35]

　마크 오제Marc Augé는 여행자의 공간을 전형적인 '비장소'로 꼽는다. 하
지만 지금까지 살펴본 바와 같이 경주는 단순한 관광지가 아니다. 식민지 시
기 관광지 경주의 특성은 이 개념을 고려한 지점에서 출발하여 살펴볼 수 있
다. 여행자가 경주를 하나의 장소로 받아들이는 것은 경주가 갖는 장소적 상
징성 때문이다. 이러한 일련의 작용 속에서 경주는 식민지 시기 조선인으로

---

[35]　마크 오제는 오늘날 즉 초근대(supermodernity) 현대인의 일상을 지배하는 공공장소
　　들은 별다른 애착이나 정체성, 안전감을 부여하지 않기 때문에 '비장소(non-places)'
　　라고 명명한다. 이와 대비되는 장소가 인류학적 장소(anthropological place)이다. 인
　　류학적 장소는 언어, 역사, 지역적 특성, 생활 방식에 기반한 개개인의 확고한 정체성
　　으로써 형성되며 유기체적 결속에 바탕을 두는데, 주로 근대적 장소에 해당한다. 전진
　　성, 「도시, 트라우마, 숭고」, 『역사학보』 204, 역사학회, 2009, 326~327쪽 참고.

부터 단순 관광지로서의 비장소성을 초월한 장소성을 획득하게 된다. 따라서 이 시기 경주는 인기 있는 관광지였다 할지라도 일반적인 관광의 논리만으로는 해석될 수 없다.

3. 기행문 서사의 분열과 문화 기억

'기억의 장소'로서 경주는 장소 자체로부터 발원된 이미지를 통해 여행자를 강박한다. 한편 이 시기 여행자는 주체적 개인으로서 자신이 본 바를 적극적으로 표현하고자 하는 자의식이 강하다. 경주 기행문에는 이 두 가지, 즉 장소 자체와 여행 주체의 상호 긴장 관계가 잘 드러난다. 기행문의 내용과 형식은 이 둘의 상호 간섭 양상에 따라 결정된다.

박화성은 1933년 9월 하순에서 10월에 걸쳐 경주, 부여, 개성, 평양 등 조선의 고도를 두루 여행했다.[36] 다음 글은 1934년 2월 8일부터 3월 31일까지 34회에 걸쳐 『조선일보』에 연재된 경주와 부여 기행문의 도입부이다. 이 도입부는 장소와 여행 주체 사이의 간섭 양상을 구체적으로 보여준다.

> 내 본시 ①역사가가 아님에 폐허의 쓰린 흔적을 모조리 뒤져 여러분의 답답한 가슴을 풀어드리지 못할 것이오. 내 또한 ②시인이 아니니 심산과 계곡에 묻힌 주옥을 캐어 강호 제현께 선물할 노래도 줍지 못하였습니다. 무엇으로써 이렇다

---

36 개인적인 여행 기록은 6·25전쟁 때 유실되고 『조선일보』에 실은 경주, 부여, 강서, 해서 여행기만 남았다. 박화성 지음, 서정자 편, 『눈보라의 운하·기행문』, 푸른사상, 2004, 187쪽.

여러분 앞에 내어놓을 자신이 있겠습니까? 제목은 너무도 번화하고 내용은 너무도 보잘것없는 것이 오늘의 이 글일 것입니다.

그러나 나는 천년 전 혹은 수백 년 전 고도의 문물을 구경만 하고 말아버리기에는 너무도 약아진 현대의 한 여성이며 옛사람의 남긴 자취를 명산심수에 찾으면서 한 가락 노래로써 옛일을 읊어 지나쳐만 버리고 말기에는 또한 너무도 숙성한 한 청년입니다.

따라서 내가 보는 바가 ③현대적인 생생한 관찰일 것이며 느끼는 바 역시 실감적인 씩씩한 감상일는지도 모를 것입니다.

그러므로 나는 이번 길에서 모든 것을 보고 가슴에 느껴진 그대로의 감상을 말할 수 있는 자유의 범위 내에서 써보기로 한 것입니다.

—박화성, 「그립던 옛터를 찾아(1)」, 『조선일보』 1934. 2. 8.

작가는 경주 기행문 서술의 가능성을 ① 역사가의 방식, ② 시인의 방식, ③ 개인의 생생한 관찰과 실감적 감상이라는 세 방식으로 제시하고 있다. 이 글에는 작가가 경주 기행문을 쓰면서 느끼는 한편의 강박과 부담, 다른 한편의 바람이 동시에 드러난다. 특히 역사가의 방식은 경주라는 장소 자체가 작가에게 강요하는 글쓰기 형식이다. 즉, 문화적 기억 혹은 기념 장소로서 경주가 여행자에게 가하는 압박이다. 이와 달리 시인의 방식과 생생한 관찰 및 실감에 근거한 방식은 장소에 대한 고유한 기억을 만들어가고자 하는 개인의 소망이다. 후자의 두 가지 방식은 미적 표현의 정도에 따른 구분일 뿐 개인의 고유한 감수성에 토대한다는 점에서는 동일하다.

역사적인 장소를 여행하고 난 뒤 이에 대한 글을 쓰고자 할 때 여행자가 갖는 부담은 박화성만 가진 것이 아니었다. 이와 같은 부담은 1920년대 이후에 역사적인 장소를 감상하고 기술하고자 하는 여행자에게서 쉽게 발견된다.[37] 현진건은 1929년 『동아일보』에 경주 기행문을 실었는데, 이 기행문에서도 박화성과 거의 흡사한 태도를 볼 수 있다. 그는 고도를 순례하는데 고고학과 역사 지식이 없다는 사실에 적잖은 부담을 토로하는 동시에 "아무런 준비 지식과 선입관념이 없이 온전한 흰 종이 같은 맘으로" "내 멋대로 상상해보고" "내 가슴에 뛰는 핏소리를 고요히 들어보자"[38]라는 마음가짐으로 여행을 시작한다. 그의 태도는 박화성의 첫 번째, 세 번째 태도와 정확하게 일치한다.

이 같은 태도는 장소와 여행 주체 상호 간에 형성되는 긴장의 양상이며, 여행자의 글쓰기를 강박하는 요소로 작용하여 기행문의 내적 형식에도 영향을 끼친다. 실제 경주 기행문의 형식과 내용은 여행 주체가 장소에 갖는 태도의 변주 양상에 따라 각각의 고유한 형식이 결정된다. 특히 역사적 정보에는 경주의 유적·유물에 대해 전승되어온 정보뿐만 아니라 당대에 소통되고 있는 고고학적 정보까지 포함된다. 이것은 문화적 기억 자체이며, 동시에 기억의 장소로서 경주가 개인에게 주입하는 정보이기도 하다. 따라서 장소와 여행 주체의 상호 간섭 양상은 문화적 기억과 여행자 위치의 관계라고 할 수 있다. 즉, 여행자가 문화적 기억의 내부에 위치하느냐, 그 기억을 뚫고 새로운 틈새를 만들어내느냐에 따라 기행문의 언어는 달라진다.

---

37 "아무리 조각에 대하여 그러한 조예와 비평안이 없는 나의 눈에도"(「천년고도를 찾아서—경주견학단수행기(6)」, 『조선일보』 1925. 11. 11), "역사의 소양이 없는 나로서는"(임원근, 「영남지방 순회편감」, 『개벽』 1925. 12), "등속은 특히 고고학적 안목을 요하는 것이니"(현진건, 「고도순례 — 경주(1)」, 『동아일보』 1929. 7. 18), "경주 구경이 끝나니 나는 나의 고적에 대한 아무 지식이 없는 것과 좀 더 자세히 못 뒤져본 것을 한탄합니다."(이원조, 「경주기행」, 『조선일보』 1935. 4. 9) 등의 표현에서 역사적 장소에 대한 글쓰기 부담을 발견할 수 있다.

38 현진건, 「고도순례 — 경주(1)」, 『동아일보』 1929. 7. 18.

문화적 기억에 충실한 대표적 기행문은 앞에서 살핀 바 있는 김원근의 「경주고적유람기」이다. 이 기행문은 1925년 11월에서 이듬해 2월까지 4회에 걸쳐 『청년』에 실렸는데, 첫 회의 첫 단락과 마지막 회의 마지막 문장을 제외하면 여행자 개인의 목소리를 발견하기가 어렵다. 개인의 감상을 대신하여 기행문을 채우고 있는 내용은 문화적 기억·기념 장소의 언어이다. 다시 말해 경주 각각의 유적지별로 정리한 역사적 정보가 그대로 기행문이 되고 있다. 김원근의 기행문은 여행자가 문화적 기억의 내부에 위치하면서, 그것과의 거리가 부재한 경우에 해당한다.

이와 달리 여행자가 문화적 기억의 틈새에 위치하면서 개인만의 고유한 장소적 기억을 창출하기도 한다. 현진건과 박화성에게서 그 같은 예를 발견할 수 있다.

다 늦게야 여관에서 저녁밥을 마치고 그 자리에 늘어졌다. 몸은 한껏 피로하지마는 흥분된 신경은 좀처럼 잠을 이룰 수 없다. 잠이야 언제라면 못 자랴, 하고 풀다림질 상태로 여관을 나섰다. 마치 천년고도의 혼이 부르는 사람 모양으로 정처 없이 발길을 옮겨놓았다. 얼마를 나왔는지 내 앞에는 칼등 같은 좁은 밭둑과 쫄쫄거리는 개울물이 길을 막는다. 잔디의 아무 데나 풀썩 주저앉았다. 개구리가 이따금 정막을 깰 뿐이요, 사면은 죽은 듯이 고요하다. 그렇다! 정말 모든 것이 죽은 듯하다. 구름이 흐르는 서쪽 하늘가엔 초승달이 어렴풋이 비친 양도 죽음을 우는 눈동자인 듯. 불꽃을 흩으며 나는 반디도 귀신불인 듯. 가물가물한 내가 길길이 낀 사이에 우뚝우뚝 떠오른 누추한 무덤은 얼마나 쓸쓸한고! 쌓이고 쌓인 죽음 가운데 울적해하는 오직 하나의 산목숨인 나의 숨길도 질식할 듯하다.

　　　　　　　　　　　　　　　— 현진건, 「고도순례─경주(7)」, 『동아일보』 1929. 8. 9.

어두컴컴한 길을 더듬어 나는 누가 불러나 낸 듯이 불국사 안뜰까지 쏜살같이 올라갔습니다. 그러나 그곳에는 아무도 없고 솔바람만 술술 소리 내는 텅 빈 절 마당이었습니다.

누가 나를 불러 왔던가. 옳거니 저 다보탑과 석가탑이었습니다. 그러나 그들은 아무 말이 없습니다. 그뿐일까? 그들의 정묘수려한 얼굴까지 감추고 괴물처럼 서 있어 오직 내게 무섬증만 줍니다.

쪽달이 검은 숲속으로 떨어지는 것을 보고 빛 없는 밤길을 헤매다가 돌아와 자리에 누우니 시계는 10시 10분! 내일의 기쁨을 안고 꿈나라로 듭니다.

—박화성, 「그립던 옛터를 찾아(7)」, 『조선일보』 1934. 2. 15.

기행문의 서사는 일반적으로 여행지 도착 전 – 여행 목적지 – 목적지 이후의 형식으로 이루어진다. 경주의 경우, 여행자는 경주를 전후한 부분에서 개인적인 체험을 적극적으로 기술한다. 경주에 도착하면 장소가 갖는 힘에 압도되어 자신만의 고유한 장소적 체험을 쉽게 갖지 못한다. 위의 두 글은 예외적이다. 즉, 여정의 틈새가 보인다. 이로부터 고유한 여정과 체험을 발견할 수 있다. 현진건은 경주의 어느 한구석 잔디밭에 앉아 경주의 분위기를 느낀다. 그의 체험은 경주의 이름 모를 한구석에서 이루어졌다. 박화성은 유적지에서 개인적인 기억을 만든다. 바로 불국사 안뜰로 나간 저녁 산책을 통해서이다. 이들의 장소 체험은 주관적 감상에서 출발하여 경주에 대한 진중한 성찰로 바뀐다. 이는 주어진 정보를 통해 미리 마련한 목적지 중심으로 이루어지는 여정의 일회적인 감상과는 구분된다.[39] 이들은 목적지 중심으로

---

39 목적지 중심의 여정이 극명하게 드러난 글은 김교신의 기행문이다.
"아침볕을 받은 석굴암에 들어가 신라 문명의 존재를 입증하고, 산 조선인 2천만보다

짜여진 여정 사이에서 스스로 '사이 공간'을 만들어낸다.[40] 이곳의 체험은 고유한 장소의 기억이 된다.

　김원근과 현진건·박화성의 경우는 문화적 기억과 여행자의 위치 관계에서 양 극단에 해당하는 예이다. 이 시기의 경주 기행문은 이 둘 사이 어딘가에 위치한다. 물론 유적지와 유물 자체에 대해 갖는 개인적 감상과 그에 대한 장소적 기억의 창출도 가능할 것이다. 여행자에 따른 각 기행문들의 차이는 이로부터 비롯한다. 여기에서 문제 삼고자 하는 것은 개인적 차이에도 불구하고 발생할 수밖에 없는 경주 기행문의 형식적 보편성이다. 이는 역사적 장소에서 문화적 기억의 자장이 갖는 힘의 결과이다. 현진건과 박화성은 경주를 여행하고 또 글을 쓰면서 자의식에 기반한 생생한 관찰과 실감적 감상과 서술을 다짐했다. 단단한 각오 덕분에 이들의 경주 기행(문)은 장소적 기억을 상대적으로 많이 창출했다. 다만 그것은 제한적이었다. 이들도 문화적 기억으로부터 전적으로 자유롭지는 못했다. 다시 말해 이들의 기행문도 유적지와 유물에 대한 정보적 차원의 서술을 전혀 배제하지는 않는다. 유적지와

도 더 굳세게 서서 그 자부심을 변호하고 있는 신라 예술의 결정인 석불을 보고 내려와 아침밥을 먹은 후에 다시 경주에 돌아옴. 오후 문천을 건너 오릉에 참배하고 김유신의 전설로 세워진 천관사터와 나정을 바라보면서 포석정에 이르러 국가 흥망의 원인을 곰곰이 생각하고 남쪽으로 5리쯤의 삼석불을 본 후 남산 성터에 올라 지형과 성쌓기의 관계를 알아보려 하였으나 성터가 희미하여 알 길이 없고 명물 자수정도 큰 결정을 발견할 수 없었다. 아침에 동해에 뜬 해가 서산에 떨어지고 조정산 위에 가을 달이 솟는 것을 바라보면서 산을 내려오다.
9일 아침에 북천을 건너 백률사에 올라 등지고 있는 옛 도읍을 보니 서, 동, 남, 북 사면으로서의 관찰을 다 마친 것이다. 사체불, 표암비, 탈해왕릉으로써 경주 일람을 마치고 오전 10시 차로 돌아오는 길에 오르다." 김교신, 「경주에서」, 『성서조선』, 1930. 12.

40　특히 박화성에게서 이러한 양상이 두드러진다. 그의 기행문 중 '석굴암 올라가는 길에', '노화릉과 석불' 편에서 길이나 주변 풍경, 길 위의 사람들에 대한 생생한 묘사가 눈에 띈다.

유물 및 그를 중심으로 짜여진 여정이 여행자의 시선과 사유를 제한하는 것이 중요한 원인이다. 결국 박화성이 첫 번째로 꼽은 '역사가의 방식'으로 서술하는 태도에서 완전히 자유로울 수 없었다. 이들의 글은 유물과 유적의 정보에 토대하여 역사적 상상력을 발휘하곤 한다. 그 결과 관찰과 실감으로 생겨난 개인적 감상도 그로부터 강한 간섭을 받는다.

> 이제 차창으로 지나며 보던 안압지입니다. 신라의 극성 시대에 건축하였던 임해전 궁궐 안에 있었던 대지인데 30세 문무왕이 삼국통일 기념으로 14년 2월에 못을 파고 석산을 쌓아 만든 것이라 합니다. 이 못의 형상은 반도의 모양을 본떠 만들었고 무산 12봉을 흉내 내어 산을 만들어 기화이초奇花異草를 심고 진금기수珍禽奇獸를 길들였다 하며 못 가운데는 섬이 있어 석교를 놓았다고 합니다. 그리고 이 주변에 둘러놓았던 기암괴석도 다 동해변에서 가져다 놓은 것이라 하니, 이만하면 임해전 정원이 얼마나 화미華美의 극치를 보였을지 상상할 수 있습니다.
>
> ―박화성,「그립던 옛터를 찾아(10)」,『조선일보』 1934. 2. 18.

뉘엿뉘엿 선도산仙桃山으로 기울어지는 해를 바라보며 구경에 지친 고달픈 몸을 안압지 두덩 풀밭에서 쉬었다. 연당 안에 별궁 짓고 돌 모아 산 만들고 기화요초琪花瑤草며 진금기수며, 절경에 흠씬 인공을 아로새긴 곳이 그 시절의 안압지라 한다. 못에 닿아 구름을 헤치고 솟았다는 임해전은 얼마나 굉걸하였던고! 아까 금관총 유물에서 본 것과 같은 으리으리한 금관을 쓰신 임금과 신하의 거동. 온몸에 은하수와 같이 번쩍이는 무수한 주옥을 늘어뜨린 희빈궁녀의 아름다운 모양이 문득 눈에 아련히 나타난다. 못 위에 만발한 연꽃과 궁녀들의 아리따운 그림자가 고움을 다투고 청학 백학도 흥에 겨워 우쭐우쭐 날개를 벌려 춤추는 사람의 소매와 한데 어우러졌으리라. 북같이 넘나드는 옥수에 가득 찬 황금 잔이 기울기도 하였으리라. 기름같이 맑은 물이 얼굴을 스치고 청풍을 따라 반 공에 흩어지는 노랫가락은 또 얼마나 청아하였을까.

—현진건, 「고도순례(6)」, 『동아일보』 1929. 8. 4.

두 작가가 안압지에 대해 기술한 부분이다. 현진건의 「고도순례」는 전반 적으로 유물 및 유적지에 대한 정치한 묘사를 통해 심미성을 극대화했다. 박 화성의 「그립던 옛터를 찾아」는 역사에 대한 비판적 관점을 기반으로 속도감 있게 서술했다. 서술 방식에는 차이가 있지만, 두 글은 모두 공통된 문화적 기억에 기반하고 있다. 표현 기법의 차이에도 불구하고 궁극적으로는 유적에 관한 정보와 그에 토대한 역사적 상상력에 의해 매개된다. 즉, 각자 다짐한 생생한 관찰과 실감적 감상의 의도가 문화적 기억에 매개됨으로써 기행문의 언어는 기념 장소의 언어로 치환된다. "기화이초(기화요초)", "진금기수"와 같 이 공통적으로 사용된 상투적 언어도 이와 연결 지어 생각할 수 있다.

경주 여행자는 실감에 근거한 주관적이고 다양한 경주 체험을 의도했겠 지만 공통 영역으로부터 멀리 벗어나기는 어려웠다. 경주 기행문 서사의 '분 열'은 작가의 의도에 배치되는 이러한 결과를 가리킨 표현이다. 이는 여행자 개인의 분열이라기보다 그를 초월해 작용한 '경주'라는 장소가 갖는 힘에서 비롯된 분열이다. 즉, 기념 장소에서 문화적 기억의 힘이 만들어낸 결과이다.

4. 경주 여행의 정서 구조: 복고와 절대

이 시기 경주 기행문에는 여행의 설렘과 기쁨에서부터 유물·유적을 대하는 심정에 이르기까지 여행자의 다양한 감정이 드러난다. 이는 끊임없이 새로운 대상을 만나고 그에 대한 느낌과 생각을 기술해나가는 기행문의 특성상 더욱 그러하다. 지금부터는 기행문에서 쉽게 표출되는 여행자의 감성, 구체적으로는 감정적 반응을 논의의 실마리로 삼고자 한다. 감성은 '표상을 수용할 수 있는 인간의 인식 기능'이라고 볼 때,[41] 경주에 대한 여행자들의 감성 양상은 곧 표상으로서의 경주를 받아들이는 방식을 살필 수 있는 경로가 될 것이다.

장덕조는 경주로 수학여행을 떠나면서 "경주의 영혼을 보러 간다. 한때는 동양의 패자요, 삼천리의 어른이던 신라의 정체를 찾아간다. 이것을 의식하였을 때에 가슴 깊이 물결치는 호연한 기분을 금할 수가 없었다"[42]면서 설레는 마음으로 기차에 몸을 싣는다. 그러나 경주에 도착하여 처음으로 만난 태종무열왕릉과 석상 귀부를 보면서 노래한 것은 "허무"와 "단장斷腸"의 마음이다.[43] 이러한 감정의 낙차는 장덕조의 경우에만 나타나지 않는다. 여행지 도착 전후의 감정적 낙차뿐만 아니라 여행지에서는 경탄과 비애, 허무·쓸쓸함, 수치·죄책감이 동시에 교차하는 등 여행자들은 다양한 감정을 기행문에 쏟아낸다. 이병기는 고적진열관에 전시된 유물들을 보면서 세계에 내놓을 만하다고 경탄하는 한편, "신라의 자손들아 너희들은 무엇을 하였느냐 하느냐 하겠느냐 하고 신라의 신령님들이 저 공중에서 외치는 것" 같아 부끄럽고 두려웠노라고 적는다.[44] 현진건은 "세계에 자랑할 만한 문화와 예술을 창조해낸

---

41 임마누엘 칸트 지음, 백종현 옮김, 『순수이성비판 1』, 아카넷, 2006, 39~40쪽.

42 장덕조, 「경주수학여행기」, 『배화』, 1932, 86쪽.

43 위의 글, 89~90쪽.

44 이병기, 「가을의 경주를 찾아(2)」, 『조선일보』, 1927. 10. 23.

이곳"을 왜 죽음으로 몰고 갔냐는 선조의 꾸지람이 들리는 듯하다면서 슬픔에 젖는다.[45]

　이병기와 현진건의 경우, 신라에 대한 경탄과 자책의 감정이 공존한다. 이들의 경탄은 대상을 향한 경외로 이어진다.

　　기름같이 맑은 물이 얼굴을 스치고 청풍을 따라 반공에 흩어지는 노랫가락은 또 얼마나 청아하였을까. 얼마 만에 이런 무지개 같은 몽상을 깨고 보니 현실은 또 얼마나 쓸쓸한가. 임해전 터전엔 군청에서 지었다는 초라한 기와집이 볼품없이 앙상한 꼴을 내밀었고 못가에는 물풀이 우거질 대로 우거졌는데 캐캐 낡은 대팻밥 모자를 쓴 친구가 낚싯대를 드리우고 있다. 들으니 살찐 붕어가 꽤 많이 잡힌다든가. 낚싯대를 채일 적마다 잔금을 내며 수멸수멸하는 물얼굴도 옛일을 그리며 우는 듯하다.

　　　　　　　　　　　　　　─현진건, 「고도순례(6)」, 『동아일보』, 1929. 8. 4.

　윗글은 현진건이 안압지에서 신라시대의 과거를 꿈꾸듯 기술하다가 현실로 돌아오는 장면이다. 그는 우아하고 화려했던 신라를 상상하다가 "쓸쓸한" 현실로 돌아온다. 이병기 역시 안압지에서 과거와 현재에 대한 교차적 감정을 드러낸 바 있다. 그는 신라의 시간 속에서 행복을 느끼다가, 그에 대비된 현실의 "황량하고 적막한 광경"을 발견한다.[46] 표현의 차이는 있지만 두 사람 모두 궁극적으로 과거-신라에 일관되게 찬미의 태도를 보인다는 점에서는 동일하다.

─────────────

45　현진건, 「고도순례(7)」, 『동아일보』, 1929. 8. 9.
46　이병기, 「가을의 경주를 찾아(4)」, 『조선일보』, 1927. 10. 29.

이와 달리 박화성은 과거-신라를 미화하지 않는다. 박화성은 포석정의 석거를 보고는 짓밟아버리고 싶은 충동과 분노를, 박물관에서는 상층계급의 탐미적 취미에 증오를 드러낸다.[47]

> 지금은 그 궁궐 자리가 농토로 변하여 누렇게 변해가는 머리 숙인 벼가 황금물결을 치고 있으며 안압지는 관개용의 저수지가 되어 지나는 사람에게 인간 길의 무상함을 느끼게 합니다. 하나 나는 이 안압지의 사명이 오히려 그때보다도 더 가치가 높다는 생각을 하며 지나갑니다.
>
> —박화성, 「그립던 옛터를 찾아(10)」, 『조선일보』 1934. 2. 18.

이병기와 현진건을 아름답고 행복한 몽상에 빠져들게 했던 안압지에서 박화성이 느끼는 것은 다르다. 박화성은 관개용 저수지로 쓰이는 안압지의 현재 용도를 상대적으로 더 높이 평가한다. 그녀가 볼 때 신라시대나 현재의 지배계급은 민중적 삶에는 관심을 갖지 않는다는 점에서 동일하게 비판받아 마땅하다. 이런 관점을 가지고 그녀는 분노의 감정을 노골적으로 드러낸다. 유적·유물을 보는 시선에서 부분적인 경탄이 보이긴 하지만 경외 그 자체는 없다.

경외의 유무는 결국 이병기, 현진건, 박화성 세 작가가 신라-과거 시간을 대하는 태도와 연결된다. 이들이 체험하는 경주는 '신라'의 경주이다. 동일하게 경주라는 공간을 체험하고 있지만, 그것은 공간이라기보다는 시간의 속성이 강하다. 이들의 여행은 현실적으로는 공간의 이동이지만 결과적으로

---

47 박화성, 「그립던 옛터를 찾아(8)」, 『조선일보』 1934. 2. 16; 「그립던 옛터를 찾아(10)」, 『조선일보』 1934. 2. 18.

는 시간의 이동이다. 따라서 이들이 드러내는 감정은 과거 혹은 기억에 대한 인식과 관련되며, 그것의 특성은 궁극적으로 과거–시간에 대한 태도를 통해 판단할 수 있다. 이는 곧 노스탤지어와 연관된다. 노스탤지어란 원래 추방된 자들이 느끼는 고향에 대한 갈망으로서 공간적인 분리에서 비롯된 용어이지만, 시간적인 차원에서도 적극적으로 사용되는 개념이다. 노스탤지어, 즉 향수가 잃어버린 시간에 대한 현재적 욕망이라면 여기에는 과거와 현재가 교차한다.[48] 중요한 것은 '과거'의 기능이다. 그것이 현재적 삶에 대한 통찰로 전환되는지의 유무에 따라 그 의미가 달라진다. 과거와 현재가 교차하는 시간 의식 속에서 이들이 현재적 성찰에 이르느냐, 아니면 과거 그 자체를 미화하는 데서 그치느냐에 따라 그 의미가 변별된다.

노스탤지어와 관련지을 때 위 세 작가의 태도는 복고적 노스탤지어와 반성적 노스탤지어로 구분된다. 반성적 노스탤지어는 현재와 과거의 비교를 통해 현재 혹은 현재의 자아를 사고하게 한다. 나아가 과거에 대한 갈망을 비판적 사고로 전환시킨다. 이에 비해 복고적 노스탤지어는 전통의 제의와 상징을 고집하고 과거를 이상화함으로써 과거 자체를 영원한 부재의 대상으로 고착화시킨다.[49] 박화성의 기행문에서 반성적 노스탤지어의 면모를, 이병기와 현진건의 기행문에서 복고적 노스탤지어의 면모를 볼 수 있다.[50]

---

48 Svelana Boym, *The Future of Nostalgia*, New York: Basic Books, 2001, p. XIV.

49 *Ibid.*, pp.49~56.

50 박화성과 이병기·현진건이 경주를 보는 인식이 다른 것은 작가 의식과도 깊은 관련이 있다. 박화성이 갖는 경주 인식의 특성은 그녀가 동반작가였다는 점과 무관하지 않다. 이와 관련된 구체적인 논의는 다음의 글을 참고할 것. Woo Mi-yeong, "Historical Places of the Colonial Period through the Eyes of a Female Traveler", *The Review of Korean Studies* Vol. 12, 2008, The Academy of Korean Studies.

역사 유적지 여행은 상투적이기 쉽다. 그 결과 기행문 또한 상투성이 강하다. 이는 정서의 동질화를 초래한다. 이 시기의 경주 기행문이 보여주는 감정의 흐름에는 여행의 기쁨과 설렘, 신라 유적에 대한 경탄, (경탄의 이면이라 할 만한) 비애와 허무가 뒤섞여 있다. 이들은 개인적 편차에도 불구하고 감성적 측면에서 동질적인 영역이 크다. 문화적 기억의 장소로서 경주가 갖는 힘이 여행자들의 감성에도 그대로 적용되고 있기 때문이다. 그 결과 경주 여행자에게서 나타나는 균질화된 감성은 대중적 정서 구조로 개념화할 수 있다.

'정서 구조'란 한 세대나 시대의 현재적 경험과 그 경험적 요소들의 연관 관계를 이해하기 위한 하나의 문화적 가설이다. 이는 고정된 제도나 구성체, 혹은 형식적 개념이 아니라 기존의 의미 체계로는 제대로 파악할 수 없는 개인적·사회적 경험이다.[51] "느껴진 사고", "사고된 느낌"인 정서 구조는 1920~1938년경까지의 경주 여행에 대한 대중의 감성을 설명하기에 적절하다고 본다. 실제 박화성은 자신만의 "관찰"과 "실감"을 강조했지만, 대중적 글쓰기 형식으로서 기행문에서는 여행자 각각의 체험으로부터 비롯된 실감이 동일한 지점으로 환원하는, 즉 실감의 동일화 혹은 균질화가 발견된다. 이러한 양상은 감성의 차원에서도 동일하게 적용된다. 이처럼 여행자의 경주 인식에서 반복적으로 드러나는 유사 감성 또는 동일한 감성은 대중적 정서 구조라고 할 수 있다.

'복고적 노스탤지어'는 경주에 대한 대중적 정서 구조의 내용이다. 이는 이 시기 경주 기행문에 나타난 일반화된 경주-과거 인식이다. 동시에 절대화된 문화적 기억의 한 양상이기도 하다.

---

51 레이몬드 윌리엄즈 지음, 이일환 옮김, 『이념과 문학』, 문학과지성사, 1991, 160~169쪽.

문화적 기억의 역할은 이중적이다. 문화적 기억을 본격적으로 논의한 얀 아스만Jan Assmann은 문화적 기억의 시간을 꿈의 시간, 곧 치유와 구원의 시간이라고 했다. "상징과 제의와 같은 기념비적 소통의 장을 통하여 연출되고 경험되는" 그것은 "일상에 대비되거나 배제되어 있는 현 존재의 근원을 지시해주고 일상이 지향해야 할 질서를 일러줌으로써 일상의 의미를 생성시켜주는, 즉 일상의 결핍을 치유해주는 기억"이다.[52] 관건은 기억과 현실적 삶이 지속적인 긴장 관계를 유지하느냐이다. 기억은 고정되어버림으로써 현실의 삶과 분리되고, "기억의 형상들은 구체성을 상실한 채 보편적 관념의 알레고리로 변"하기 쉽다.[53] 이처럼 문화적 기억은 꿈-구원의 역할을 통해 일상의 결핍을 치유해줄 수도 있지만, 다른 한편으로는 특정한 종류의 기억을 절대화함으로써 대상에 대한 사유를 획일화할 수도 있다.

장소에 대한 경주 여행자의 태도에 따라 경주의 기억은 꿈의 기억 혹은 치유의 기억이 될 수도 있고, 고정화되고 획일화된 기억이 될 수도 있다. 복고적 노스탤지어로서의 경주는 후자에 해당하며, 장소에 대한 고정화된 기억으로 인해 다양한 개인의 관찰과 실감은 동일화된다.

5. 경주의 함정, 은폐와 환상

복고적 노스탤지어의 성격을 띤다고 해서 이 시기 경주 여행을 단순히 과거를 즐기기 위한 행위로만 볼 수는 없다. 노스탤지어는 사라진 것 혹은 상

---

52 김학이, 앞의 논문, 241쪽.

53 위의 논문, 233쪽.

실된 것에 대한 그리움의 감정이다. 기억을 통한 이 감정 행위는 단순히 과거를 기억하는 것이 아니다. 그것은 상실감의 위기에 대해 연속성을 확보하려는 정서적 반응이다.[54] 경주에 대한 식민지 조선인의 관심은 이러한 맥락에서 이해할 수 있다. 여기에는 식민지인의 상실감과 위기감에서 자신의 정체성을 추구하려는 대중적 감정이 반영되어 있다.

슬라보예 지젝Slavoj zizek에 따르면 노스탤지어는 은폐를 통해 대상에 대한 환상을 갖게 한다. 이것이 노스탤지어의 대상이 불러일으키는 매혹의 기능이다. 여행자의 시선은 신라라는 과거의 응시에 노출되어 있지만, 그는 이를 알지 못한다. 노스탤지어의 대상은 "바로 과거를 바라보는 현재의 우리 또한 과거의 인물에 의해 응시되고 있다는 사실을 알지 못하도록 우리의 눈을 가리"기 때문이다.[55] 경주에 대한 여행자의 시선은 신라(인)/과거를 향하는 응시이며, 그 결과 그에 비친 경주는 현실의 경주가 아니라 과거의 경주가 된다. 현재 그 자체가 신화적인 과거의 한 부분으로 관찰된다. 이 과정에서 현실적 시선은 상실되거나 은폐된다. 이때의 경주는 과거의 장소가 되며, 이는 곧 부재의 장소이기도 하다. 역사적 사건에 대한 기억을 보존한 장소로서 경주는 여행자에게 기억의 장소이다. 일차적으로 기억의 장소는 단절되거나 파괴된 삶의 흔적을 보존하는 장소이다. 이곳은 이제 더 이상 존재하지 않으며 통용되지 않는 것에서 떨어져 나온 잔재이다.[56] 문일평의 수필에서

---

54 Fred Davis, *Yearning for Yesterday; A Sociology of Nostalgia*, New York; The Free Press, 1979, p. 31.

55 슬라보예 지젝 지음, 김소연·유재희 옮김, 『삐딱하게 보기』, 시각과 언어, 1995, 226~230쪽.

56 알라이다 아스만 지음, 변학수·채연숙 옮김, 『기억의 공간—문화적 기억의 형식과 변천』, 그린비, 2011, 425쪽.

바로 그 점을 찾을 수 있다.

그러나 포석정을 정작 가서 보니 그리던 것과는 판이한데 실망하지 않을 수가 없었다.

유상곡수流觴曲水하던 동양 유일의 남은 터전으로 각별한 값을 매긴다면 모르거니와 또는 만든 솜씨가 오늘날 원예학상에 꼭 들어맞는다 해서 특별한 자랑을 삼는다면 모르거니와 자연의 미로는 그리 신통한 것을 발견할 수가 없었다.

그렇지만 10년을 지낸 오늘날 경주를 그릴 때에는 반드시 먼저 포석정을 그리게 된다. 유상곡수하던 그것을 그리게 된다. …(중략)…

그럴 때 포석정은 아주 미화된다. 그것의 윤리적 가부는 덮어두고 10년 전 일격하던 보물 그것보다는 훨씬 아름답게 생각한다. …(중략)…

포석정을 보기 전에 그렸고 본 뒤에 그것을 더욱 그리게 되는 것이 이 때문이다.

— 문일평, 「포석정의 회상」, 『신여성』, 1933. 6, 114~115쪽.

경주에서 문일평이 보는 것은 실제의 대상이 아니다. 그것은 부재의 대상이다. 이렇게 볼 때 이 시기 여행자에게 현실의 경주를 보라는 것은 무리한 요구이다. 여행자의 목적은 조선의 현실이나 경주의 현실을 자각하는 데 있지 않다. 단지 과거의 경주를 보고자 할 뿐이다. 문일평의 그리움은 '신라'라는 시간에 대한 그리움이며, 곧 복고적 향수이다.

이런 특성은 여행자뿐 아니라 경주(인)의 상황도 마찬가지인 듯하다. 박영희의 탄식이 이를 뒷받침한다.

그러면 경주는 조선 사람이 사는 데가 아니라, 청년들의 붉은 피가 결합해서 현실과 싸우는 건전한 고을이 아니라, 오래된 고적과 신라의 유물만이 구경꾼을 위해서 어느 고고학자들을 위해서만 고적 보존지로서만 이름이 있는 것인가?

—박영희, 「반월성을 떠나면서」, 『개벽』, 1926. 5, 68쪽.

박영희의 안타까움에도 불구하고 경주에 대한 현재적 시선은 대중적인 호응을 얻지 못했다. 과거에 대한 그리움이 과거와 현재를 보는 비판적 시선으로 전환되지 못하고 복고적 상태 혹은 과거에만 머물게 될 때, 이 속에서 획득한 정체성은 거짓 정체성이다. 시선이 과거에 고착될 경우, 그들이 보는 경주는 부재의 대상 곧 환상이기 때문이다.

환상의 효과는 식민지 조선인의 상실감을 위로해주지만, 그 보상적 위안은 현실을 은폐한다. 현실이 반드시 민족적 현실일 필요는 없다. 경주를 개인의 주관적 실감으로 만끽할 수 없는 것 또한 고고학적 응시의 방해 결과이다. 이로부터 자유롭지 못한 까닭에 여행자는 경주를 유물과 유적에서 떼어놓고 생각하지 못하며, 그의 시선 역시도 투명할 수 없다.

03

또 다른 시선과 역사의 은유 너머

1. 경주·부여를 보는 다층적 시선

박화성은 1933년 가을과 초겨울에 걸쳐 경주, 부여, 개성 및 강서고분(평양)과 해주의 석담구곡을 여행했다. 이곳을 여행한 뒤 쓴 글이 『조선일보』에 모두 연재되었다고 하는데, 개성과 강서 쪽을 둘러본 기행문은 현재 남아 있지 않다. 6·25전쟁 때 소실했다고 한다.[57] 결국 지금 전하는 박화성의 기행문은 경주와 부여를 여행하고 쓴 「그립던 옛터를 찾아」와 율곡 이이의 연시조 「고산구곡가」의 고장인 해주를 다녀와서 집필한 「해서기행」뿐이다.

경주·부여·해주는 모두 역사적 의미가 강한 지역이다. 역사적인 공간은 1920~1930년대 조선의 여행자가 가장 즐겨 찾은 여행지였다. 그녀의 여행도 이 행렬 가운데 있다. 관광사업이 발달하면서 여행을 떠나는 이들이 적지

---

57 박화성 지음, 서정자 편, 「눈보라의 운하」, 『눈보라의 운하·기행문』, 푸른사상, 2004, 186~187쪽.

않았으나, 여성이 개인적·주체적으로 여행을 떠난 경우는 지극히 드물다. 박화성은 두 편의 기행문을 통해 근대 여성 여행자의 면모를 보여준다. 더욱이 그녀가 밝힌 여행 목적에는 작가적 욕심도 있다. 그녀는 "고도 순례라거나 고도 행각이라는 번치 있고 한가롭고 의미 있는"[58] 명분을 목적으로 하지 않았으며, 해서 지역 여행도 단지 "우리나라에서는 최초로 해서 기행을 쓰겠다는"[59] 야심으로 이루어진 일이라고 여행 목적을 밝혔다. 그뿐만 아니라 그녀는 "여류 작가가 아닌 작가"[60]라는 평가에 합당하게 기행문에서도 '여성적' 관점만을 드러내지 않는다. 그녀는 여성 여행자라기보다는 박화성이라는 한 인간의 여행자로서 면모를 보여준다.[61]

「그립던 옛터를 찾아」는 1934년 2월 8일에서 3월 31일까지 총 34회에 걸쳐 『조선일보』에 연재되었다. 개성과 평양 등의 고도를 여행한 기록이 비록 유실되었다고는 할지라도 경주·부여 여행기인 「그립던 옛터를 찾아」만으로도 박화성의 관점은 충분히 드러난다. 박화성이 고도 여행에서 내세운 감상 태도는 "실감적인 감상", "보고, 가슴에 느껴진 그대로의 감상"이다. 이것은 역사학자·시인·고고학자의 관점이 아니라[62] "현대의 한 여성"이자 "청년"으

---

58 박화성, 「그립던 옛터를 찾아(1)」, 『조선일보』 1934. 2. 8.

59 박화성, 앞의 책, 187쪽.

60 김윤식, 『한국현대문학명작사전』, 일지사, 1979. 318쪽.

61 기행문의 관점에서 볼 때 「그립던 옛터를 찾아」와 「해서기행」 이 두 편의 글은 양적·질적으로 중요한 의의를 가지고 있으나, 이와 관련된 논의는 소설 중심의 연구 풍토에서 제외되어 있었다. 대표작 중심으로 부분적인 논의가 이루어지던 박화성의 문학 세계가 작품 전반에 걸쳐 연구되기 시작한 것은 1980년에 들어와서다. 구체적으로는 서정자, 「박화성론」, 숙명여자대학교 석사학위논문, 1980이 그 시발점이다. 연구사로는 변신원, 『박화성 소설 연구』, 국학자료원, 2001, 11~21쪽 참조.

62 자신의 감상에 충실하겠다는 박화성의 의지는 여행자로서 주체적이고 적극적인 태도로 드러난다. 이 시기 조선 고적 연구에서 전권을 행사하다시피 했던 일본 고고학의

로서 독자적인 자신의 감상에 충실하겠다는 의지의 표현이다. 이런 의지 아래 그녀는 식민지 시대 고도 및 유적이 걸쳐져 있는 의미망을 복합적으로 인식한다. 나아가 식민지인이 쉽게 빠질 수 있는 과거에 대한 향수와 비애에 빠지지 않고 냉철한 현실적 감각으로 대상을 바라본다.

복합적 의미망은 고도를 바라보는 다층적 시선을 통해 드러난다. 가장 먼저 드러나는 것은 식민지인의 무의식이다. 박화성도 일본의 고적 보존 정책의 전략으로부터 자유로울 수는 없었다. 따라서 조선의 고도를 보면서 과거의 찬란함과 현재의 비참함 속에서 무력감과 무상감에 젖어 비애에 휩싸인다. 그러나 그녀의 인식은 이에 머물지 않고 고적을 둘러싼 왜곡된 역사적 표상을 바로 읽으려는 비판적 자세 또한 잃지 않는다. 여기에서 주체적 의식의 단초가 드러난다. 이 주체적 의식은 그녀의 두 번째 시선인 계급적 관점과 연결된다. 동반작가라는 평가에 어울리듯[63] 그녀는 고도의 귀족적 예술품 제작에 동원된 고대 민중예술가들을 끊임없이 환기한다. 마지막으로는 여성적 관점이다. 이는 역사적 여성 인물에 대한 애정과 관심으로 드러난다. 다소 도식적이긴 하지만 이렇게 몇몇의 특징으로 정리될 수 있는 다층적 시선

연구 결과는 조선 지식인들의 조선 문화 인식에 절대적인 영향을 끼친 것으로 보인다. 세키노 다다시關野貞나 도리이 류조鳥居龍藏와 같은 일본 학자의 관점을 통해 조선의 고적을 인식했던 지식인은 권덕규만이 아니다. 이광수의 부여 기행문에서도 조선총독부 조선사편수회 고문으로 유명한 구로이타 가쓰미黑板勝美의 비평을 유적에 대한 설명의 근거로 내세우고 있다.(이광수, 「문인의 반도팔경기행 제1편, 아아. 낙화암」, 『삼천리』, 1933. 4, 58쪽) 이에 비해 박화성은 석굴암으로 올라가는 길에서 스치며 지나간 거만한 일본 고고학자를 보며 곱지 않은 시선을 드러낸 바 있다.(박화성, 「그립던 옛터를 찾아(24)」, 『조선일보』 1934. 2. 13) 박화성 스스로 고고학적 인식의 부재를 말하는 데서도 알 수 있듯이, 그녀의 감상이 적극적인 저항 의식에서 비롯된 것은 아니다. 다만, 그 덕에 그녀는 독자적인 시각을 확보할 수 있었다.

63 김병익, 『한국문학사』, 일지사, 1979, 318쪽; 이재선, 「여류작가와 여성문학의 세계」, 『한국현대소설사』, 홍성사, 1979, 35쪽.

은 결과적으로 고도의 유물을 새롭게 인식하고 감각하는 방식을 보여준다.

먼저, 박화성이 바라보는 경주는 "헐벗은 고도"요 "눈물에 젖은 고도"이며, 부여는 "한 많은 역사" "애끓는 노래" "애수의 고도" "불행한" 고도이다. 또한 경주와 부여 모두 패망·망국의 서사로 가득 찬 공간이다. 경주 안압지에서는 신라의 마지막 왕인 경순왕을, 부여 낙화암 등에서는 백제의 마지막 왕인 의자왕을 떠올리지 않을 수 없다. 이처럼 식민지의 지식인은 과거 역사에서 건국의 희망찬 흔적보다는 패망과 좌절의 흔적을 먼저 읽는다. 멸망한 국가의 역사를 바라보는 관점이 단선적 논리로 일관된 글은 이광수의 부여 기행문이다. 그의 기행문 첫 단락, 여행이 시작되는, 즉 부여로 들어가는 길은 의자왕이 태자와 함께 도망가던 길, 백제 망국의 길이다.[64] 망국의 흔적을 고스란히 밟아 들어간 부여라는 고도는 이광수에게 '망국'과 '애수'가 결합된 비애적 유희의 공간일 뿐이다. 박화성 또한 이런 감정에서 자유롭지 못하다.[65] 이 한계는 과거의 찬란한 역사를 바라보는 식민지인이 대체로 그러하듯 그녀에게 자괴감만 증폭시킨다. 경주의 다보탑과 석가탑을 본 뒤 박화성은 그런 자괴감을 감추지 않고 이런 시를 짓는다. "지나는 길손마다 옛 솜씨만 기리고서 / 돌아서 그대들은 하는 일이 무엇인고 / 솔숲이 소리 내 비웃으

---

64 "나는 산속 비탈 속으로 터벅터벅 혼자 걸어간다. 좌우 청산에는 빗소리와 벌레 소리뿐이로다. 1,250년 전 백제 서울 반월성이 나당연합군의 일거에 회신灰燼이 되던 날 밤에 자온대 대왕포에서 놀던 흥도 깨지 못한 만승의 임금 의자왕께서 태후 태자와 함께 태천으로 몽진하던 길이다. 그때가 7월이라니까 아마 이와 같이 벌레 소리를 들었을 것이다. 지팡이를 멈추고 우뚝 서서 좌우를 돌아보며 예와 같은 청산에는 말굽소리가 들리는 듯하여 흔연한 감회를 금치 못하였다." 이광수, 앞의 글, 1933. 4. 1, 58쪽.

65 박화성은 부여 기행문을 서술하면서 이광수의 부여 여행기를 읽어보았다고 밝혔다. 낙화암에 매혹된 박화성의 감정은 이광수의 기행문을 통해 얻은 감동에서 연유한 것이다. 이에 비추어 박화성이 어느 면에서는 이광수와 인식을 공유했음을 추론해볼 수 있다.

며 놀더라"

박화성의 관점은 망국의 서사에서 멈추지 않는다. 그녀는 고도를 바라보는 일반화된 인식에 대해 비판적이다. 이런 태도가 부여를 바라보는 이광수와 다른 점이다. 평제탑에 대한 두 사람의 기술을 비교해보자.

① 피곤한 다리를 잠깐 쉬어 이리離離한 청죽靑竹 중에 평제탑을 찾았다. 대당평백제탑이란 이름은 수치건만 이와 같은 만고의 대걸작을 후세에 끼친 우리 선조의 문화는 또한 자랑할 만하다. 석양을 비껴 받은 탑은 즉시 날개를 버리고 반공으로 솟아오를 듯하다. 어떻게 저러한 구상이 생기고 어떻게 저렇게 기술이 능한고. 저렇게 조화롭고 장중하고, 그리고도 미려한 형상을 안출하는 대예술가의 정신은 얼마나 숭고하였던고. 또 그러한 대예술가를 낳은 당시 우리 선조의 정신은 얼마나 숭고하였던고. 역사의 모든 기록이 다 연기 속으로 사라지고 말지라도 평제탑이 찬연하게 백제의 옛 도읍에 서 있는 동안 우리 민족의 정신이 숭고하고 세련됨은 잊히지 않을 것이다. 지금의 혈관 중에도 이 선조의 혈액의 몇 방울이 흐를지니, 이것이 새로운 옥토沃土를 만나고 새로운 햇볕을 받으면 반드시 찬연히 꽃을 피울 날이 있을 줄 믿는다.

오늘 조선의 건축과 공예를 낳은 조선인이 백제탑을 작성한 조선인의 자손이라 한들 누가 곧이들으랴. 오늘의 조선인은 쇠퇴하였고 타락하였고 추악하고 무능무위하게 되고 말았다.

—이광수, 「문인의 반도팔경기행 제1편, 아아. 낙화암」, 『삼천리』, 1933. 4. 1, 60쪽.

② 그러나 그 박사의 말에 의하면 이 탑은 평제 때 세운 것이 아니요 백제시대의 건물인데, 그 증거로는 이 터가 분명히 가람의 사지寺址인 것, 뒤에 석불이 있는 것, 평제탑 비명과 꼭 같은 비문의 첫 글귀가 석수조石水漕에도 새겨진 것 등

등이라 합니다.

과연 의자왕 20년 7월에 백제가 망하고 8월 5일에 소정방이 그 공을 기념하고자 초층 사면에 대당평백제비명을 새김으로써 속칭 평제탑이라 하였다고도 전하여옵니다.

백제시대의 건조물이거나 평백제의 기념탑이거나 그 세운 연원을 묻는 것보다 좌우간 이 오층탑이 평제탑이라는 굉장한 이름을 가지고 부여 남쪽 교외에 턱 버티고 서 있는 것은 결코 유쾌한 일은 아닙니다.

—박화성, 「그립던 옛터를 찾아(24)」, 『조선일보』 1934. 3. 27.

오늘날 평제탑의 정식 명칭은 '부여 정림사지 5층 석탑'이다. 평제탑이라는 이름은 한때의 속칭으로 언급되었을 뿐이다. 일제강점기에 이 탑은 평제탑이라는 명칭으로 불리면서 부여 8경의 하나로 명소화되었다. 평제탑이라는 말에는 한자 그대로 '백제를 평정한 탑(平濟塔)'이라는 뜻이 담겨 있다. 당나라 소정방이 백제를 멸망시키고 이를 기념하기 위해 탑의 몸돌에 비문을 새겼는데, '평제탑' 혹은 '평정탑'이라는 이름은 그로부터 유래했다. 조선 역사의 중국 의존도를 극명히 보여주는 이름이 아닐 수 없다. 이에 대해서는 연원을 제대로 알리고 탑의 역사도 바로잡으려는 노력이 계속 있었다. 『개벽』 창간호에는 탑과 관련된 오해를 바로잡고자 하는 짧은 글이 실리기도 했다.[66]

①에서 이광수는 평제탑의 명칭을 두고 "이름은 수치건만"이라는 말로 간단히 언급할 뿐이다. 그가 극력 강조하는 것은 이 탑의 예술성이다. 그에 따르면 조화·장중·미려함을 갖춘 백제탑의 예술성이 조선인에게 계승되지

---

66 「평제탑은 어떠한 것인가」, 『개벽』, 1920. 6, 138쪽.

못했으며, 그 결과 현재 조선인은 쇠퇴·타락·추악해져서 무능무위한 민족이 되고 말았다. 이광수에게 고대 예술의 찬란함은 현재의 조선인을 부정하는 근거로 발전한다. 이러한 태도는 고대 유물 전시의 세 가지 방식, 즉 예술성, 기호와 상징, 의미 부여 가운데 예술성만을 강조하는 제국주의의 유물 전시 전략과 전적으로 일치한다.[67] 이광수의 평제탑 소회에는 제국주의의 유물 전략이 반영되어 있다. 그의 글에서는 평제탑의 예술성만 극대화될 뿐, 맥락 즉 상징적·역사적 의미에 대해서는 발견할 수 없다.

박화성은 평제탑이라는 이름에 대한 반감으로부터 글을 시작한다. 평제탑과 관련하여 2회분을 할애하면서까지 자신의 생각을 적극적으로 표출한다. 먼저 23회에서 그녀는 "이것을 평백제탑이라 부르나니 이 무슨 치욕이뇨", "조국의 지음을 입은 너로써 어찌하여 고국을 배반하는 두려운 이름을 가지고 있느냐? / 네 몸에 새겨진 당나라 장군 소정방의 입공비명立功碑銘의 억울함이여. 네 몸을 꾸민 권회소權懷素의 뛰어난 서체의 원망스러움이여!"라면서 분노와 원망의 감정을 여과하지 않은 채 그대로 드러낸다.[68] 이어 24회에서는 ②에서 보는 바와 같이 왜곡된 건립 연원을 정정하고, 명칭에 대해서도 다시 한 번 문제를 제기한다. 조선 역사의 주체성을 폄하하는 평제탑이라는 명칭에 분노를 표출하고 잘못된 명칭을 논리적으로 밝히는 태도에서는 민족적 주체 의식을 읽을 수 있다. 이는 이후 이병기가 쓴 부여 기행문인 「기

67 Susan M. Pearce, *Archaeological Curatorship*, Smithsonian Institution Press, 1990. p. 15, 최식영, 「조선총독부박물관의 출현과 '식민지적 기획'」, 『호서사학』 27집, 호서사학회, 1999. 9, 116~117쪽에서 재인용. 피어스는 유물이 예술성뿐만 아니라 기호적인 상징성 및 그에 따른 의미들을 함께 가지고 있기 때문에 예술성 있는 유물의 전시는 그것이 지닌 상징과 의미 또한 동시에 강조하는 기능을 한다고 말한다.

68 박화성, 「그립던 옛터를 찾아(23)」, 『조선일보』 1934. 3. 25.

행 낙화암」과도 통한다.[69]

그러나 박화성은 고도의 역사 유물을 민족적 관점에서 맹목적으로 미화하거나 낭만화하지는 않는다. 고도에 지극한 "호의와 경의를 표하지 않는"다. 그녀가 「그립던 옛터를 찾아」에서 가장 극명하게 드러내는 것은 계급적 관점이다. 다보탑의 예술성에 경탄하면서 그녀가 떠올리는 것은 이름 없는 석공이다. 그녀는 이들에 대한 강한 애정과 안타까움을 드러낸다. 동시에 귀족 중심의 예술품 창작에 대해서는 비판적이다. 그녀는 이름 없는 기예가와 도안공의 머리에서, 토공과 석공의 솜씨에서 조선의 문화가 시작되었음을 강조한다. 이 같은 관점은 포석정에서 절정을 이룬다. 그녀에 따르면 포석정은 "당시 지배계급이 어떻게 하여야 시간과 부를 가장 많이 재미있게 낭비할 수 있을까를 연구하고 생각해냈다는 그것을 보여주던 것 외에 아무런 문화적 공헌이 없는" 유물이다. 그렇기에 "짓밟고 싶은 충동"과 "분노"를 일으킨 장소이다. 이는 패망의 역사에 대한 감정이 아니다. 덧붙인 시는 더욱더 관점을 분명히 한다. "백성은 피땀 흘려 국고를 채울 동안 / 임금은 재상들과 술놀이만 하였구나 / 나라가 이러고서야 아니 망할 수 있더냐" 이 시에는 조선인, 신라인이라는 뭉뚱그려진 민족 개념은 보이지 않는다. 지배계급에 대한 비판만 두드러진다. 아울러 피지배 계층에 대한 애정과 그들의 노고에 대한

---

69 민족적 주체 의식을 드러내는 박화성의 태도는 『개벽』 창간호에 실린 평제탑에 대한 기사와 동일한 관점일 뿐만 아니라, 몇 년 뒤 부여 기행문을 쓴 이병기의 관점과도 통한다. 이병기는 평제탑이 "백제 무왕 때 만든 정림탑"이라고 분명히 밝히고 있다.(이병기, 「기행 낙화암」, 『삼천리』, 1940. 10, 124쪽) 그는 이 기행문에서 역사적 사실, 일화, 전설 등을 역사 기록을 통해 확인하고, 이를 전달하는 데 많은 지면을 할애한다. 이를 통해 확인할 수 있는 것은 당대의 인식을 맹목적으로 받아들이거나 조선의 역사를 슬픈 역사로만 받아들이지 않고 역사적 표상의 문제를 제대로 찾아 바로잡으려는 자세의 진정성이다. 박화성과 통하는 지점이기도 하다.

안타까움을 통해서도 그녀의 계급적 관점은 명확해진다.

「그립던 옛터를 찾아」 전편에 걸쳐 여성의 자의식이 분명하게 드러나는 부분은 많지 않다. 여성 여행자로서 챙겨야 할 짐이 남성보다 많다는 것(1회), 가뿐하지 않은 행장 때문에 남성의 배려를 받아야 한다는 점(3회) 등을 불편함으로 드는 정도이다. 그러다가 '첨성대'에 이르러 민중적 취향과 함께 여성적 자의식이 드러난다. 첨성대는 "신라의 모든 유적 중에서 가장 내 맘을 끌고, 또한 나의 총애를 아낌없이 받는 것"이다. 이유는 순과학적 유물이라는 점, 역대 가장 뛰어나고 영특한 선덕여왕 때 지은 민중적 유물이라는 점, 다보탑과 달리 모양이 소박하고 숫된 기질이 있다는 것, 이 세 가지이다. 이어서 그녀는 『삼국사기』에 선덕여왕이 폄하되어 기록된 것을 두고 "막힌 생각", "유교주의의 망단"이라며 비판을 가한다. "제왕은 꿈에도 상상 못하던 천문대가 이 시대에 된 것을 고조高調함으로써 여성을 업신여기는 모든 남성을 중개하고 싶"[70]다고 했다. 첨성대를 만든 선덕여왕을 빌려 여성의 힘을 강조했다.

경주와 부여를 여행하는 박화성은 이광수처럼 비애감에만 휩싸이지도 않고, 이병기처럼 민족의식의 확인에만 집중하지도 않는다. 박화성이 고도를 향유하는 시선은 복합적이며 다층적이다. 그것은 지금 자신이 서 있는 현실을 감각적이고 객관적으로 파악하는 데에서 비롯한다. 그녀는 대구에서 경주로 가는 기차간에 자신의 일행을 제외한 모든 승객이 일본인이라는 사실을 놓치지 않는다. 그녀는 묻는다. "대구 등지의 고급 샐러리맨은 일본인들뿐이며 그들만이 조선 고도에 대한 애착심이 강하였음일까요?"(2회) 이는 조선에서 일본인이 갖는 경제력에 대한 환기이자, 고도 기행 또한 궁극적으로는 그

---

70 박화성, 「그립던 옛터를 찾아(9)」, 『조선일보』 1934. 2. 17.

와 관련되었음을 지적한 말이다. 더 나아가 고적 보존을 경제적 사업과 관련 지어 파악함으로써 결국 조선의 유물이 상품으로 대상화된다는 사실을 간파한다.

박화성의 이 같은 인식은 고도 유적에 대한 감각적 체험을 통해 더욱 극대화된다. 그녀는 불국사를 돌아본 뒤 근처 여관에서 하룻밤을 묵게 되어 저녁 식사 후에 다시 그곳을 찾아 산책했다. 어둠 속에서 다보탑과 석가탑 등을 바라보면서 이전과는 전혀 다른 차원의 감상을 말한다.

낮에는 그리도 기물奇物로만 보이던 석사자도 어둠 속에서는 너무나 맹랑하게 보입니다. 그 두 눈에는 불빛까지 머금은 듯하고 희끄무레한 몸이 움직이며 떨리는 듯합니다.

석등도 선 채로 걸어오는 듯하고 다보탑이 금시에 쾅 하고 무너질 듯싶습니다. 석가탑의 몸피는 점점 더 커가는 듯, 뜰 온통을 혼자서 차지할 듯이 보입니다. 너무도 무시무시한 광경입니다. 알지 못할 공포심이 일어납니다. 나는 내 마음을 의심합니다. 낮에는 그다지 정답던 저 보배로운 건물들이 지금 이 어둠 속에서는 왜 이다지도 심한 무섬증을 주는 것인가? 생각의 줄기는 유성과 같이 어둠 속에서 반짝입니다.

알았습니다. 어둠이란 마물이 그들의 그 화려하고 정묘하고 우아한 구조와 조각을 다 삼키고 있는 까닭입니다.

어둠 속에서 미술의 정화의 빛을 잃고 있는 그것들은 지금 내 눈에는 고귀한 미술품이 아니요, 평범한 돌덩이로밖에 보이지 아니합니다.

내 이제 어찌 저 암흑의 돌덩이 속에서 한때에 부어진 생명이 통하여 있음을 찾을 수 있으리까? 미술의 혼이 저들의 뼛속에 깊이깊이 새겨 있다 할지라도 이제 내 눈에 그것이 보이지 않을 때 나는 그것들을 돌덩이로만 볼 수밖에 없는 것입니다.

—박화성, 「빛을 그리는 마음」, 『신가정』, 1934. 2, 23~24쪽.

어둠 속에서 본 유물들은 "평범한 돌덩이"에 지나지 않았다. 다보탑, 석가탑 등은 그에 부여되었던 모든 관념적 의미를 벗어젖힌 사물이 된다. 이에 대해 스스로 깊이 있게 분석하고 있지는 않으나, 이 체험이 그녀로 하여금 건물들의 의미를 반추해보게끔 작용했다는 점은 엿볼 수 있다. 낮과 밤의 시간 차 속에서 그녀는 건물을 보배로 만드는 것, 미술품의 고귀성, 미술의 혼 등에 의미 부여를 하는 행위에 대해서 피상적이나마 되돌아본다. 이로부터 고도의 유적에 대해 조선의 역사, 패망한 식민지의 유물로만 바라보지 않는 탈관습적 미적 감상의 한 양상을 발견할 수 있다.

2. 역사의 은유 너머, 자연

박화성은 1933년 9월 하순에서 10월에 걸친 고도 여행을 끝낸 지 얼마 지나지 않은 11월 하순에 해주를 여행했다. 「그립던 옛터를 찾아」의 중심이 고도의 유적 감상이라면, 「해서기행」의 중심은 고산구곡의 자연 풍광 감상이다. 물론 작가의 관점은 연속되기도 한다. 대표적인 것이 민족 주체적인 관점이다. 「해서기행(2)」에서 해주 수양산 중턱에 세워진 백이伯夷·숙제叔齊의 비석을 보며 "이 큰 돌비가 수양산의 수려한 자태를 범하고 있는 것을 바라볼 때 가슴에서 치미는 울분을 구태여 가라앉혀버리기도 싫었"노라면서 조선 사대주의에 직접적인 거부감을 표현한다. 이를 제외하면 「해서기행」의 시선은 「그립던 옛터를 찾아」와 상당한 차이가 보인다. 「그립던 옛터를 찾아」

의 경주와 부여, 「해서기행」의 고산구곡은 문화 유적지라는 점에서는 동일하다. 따라서 이 두 편에서 보여주는 차이점은 역사 공간을 향유하는 여행자의 상이한 시선으로부터 비롯된 것이다. 두 여행과 그것의 기행문에 시간적 차이가 거의 없음을 감안할 때, 이 차이를 세계 인식에 대한 변화로 연결 짓기는 어렵다. 오히려 동시성의 차원에서 드러나는 한 작가의 다층적 내면으로 보아야 한다.

박화성은 연재를 시작하면서 자신의 여행 목적부터 밝힌다.

> 여행의 계절이라는 봄 여름 가을 세 철을 다 제쳐놓고 하필 겨울을 따라 명승을 찾은 뜻은 "분주한 나의 모든 날에서 빈틈을 골라놓고 보니 때마침 초겨울이더라"는 이상보다도 사람이 다 그들의 여행 일기에서 제외해버린 11월의 하순을 내가 홀로 주워 겨울의 명승에 대한 포부와 흥금을 엿보자는 야심에서 나온 것이다.
>
> —박화성, 「해서기행(1)」, 『조선일보』 1935. 12. 4.

봄·여름·가을, 좋은 계절을 모두 제치고 하필 겨울이 시작되는 11월 하순인가? 기행문에서는 '홀로', 즉 남들이 흔히 즐기지 않는 겨울 경치를 보고자 하는 욕심이라고 밝혔다. 자서전인 『눈보라의 운하』에서는 그 이유를 "우리나라에서는 최초로 해서 기행을 쓰겠다는" 작가적 야심에서 비롯된 일이라고 덧붙였다.

이러한 생각으로 출발한 여행인 만큼 「해서기행」에는 작가 개인의 자의식이 충실히 반영되었다. 무엇보다 이 여행은 홀로 떠난 여행이다. 석담에 사는 율곡의 후손을 찾아가 여행안내자 주선을 부탁하자, 그 후손은 여성이 혼자 여행한다는 사실에 놀라움을 금치 못한다. 이 당시 여성이 홀로 여행한다는 것은 흔치 않은 일이었다.[71] 게다가 '석담'은 잘 알려진 관광지도 아니었다. 이 시기 해주 부근의 여행지로는 수양산이나 구월산 등이 유명했다. 수양산은 1930년대 중반을 전후하여 관광지로 크게 알려졌으며, 단군 성지로 알려진 구월산은 1920년대 중반 이후부터 민족주의자들의 참관이 이어지던 곳이었다.[72] 박화성은 널리 알려진 관광지를 선택하기보다 홀로 아름다운 자연을 완상하기 위해 고산구곡을 찾았다. 경주와 부여를 여행할 때에는 고도라는 공간적 성격의 통제 아래 복합적인 정서를 드러냈지만, 동일한 문화유적지라 할지라도 고산구곡 여행에서는 좀 더 자유로움을 느낀다. 이는 공간과 대상에 대한 이념적 해석을 넘어섬으로써 얻은 자유이다.

> 내 본시 유학을 공부하는 학도가 아니요, 주자나 율곡을 선배로서 추존하는 청한한 선비가 아닌 이상, 고인의 유적을 찾아 그들의 면영과 덕을 숭앙할 후배로서의 도리보다도 구곡의 산수를 찾아 그 경개의 절대적 아름다움을 찬양할 한 길손으로서의 의무가 더 크다는 것을 느끼는 것은 나로서 극히 당연한 일이라고 생각하였습니다.
>
> ―박화성, 「해서기행(4)」, 『조선일보』 1935. 12. 10.

---

71 근대 여성 여행기 중 가장 잘 알려진 나혜석의 구미여행기는 남편을 따라나선 여행을 한 뒤에 쓴 글이다. 이외에도 여행기를 남긴 여성들의 여행에는 모두 아버지(허정숙의 경우)나 오빠(백신애의 경우) 등 다른 일행이 동반했다.

72 수양산과 구월산 관광의 양상을 보여주는 자료들은 다음과 같다. 「우리 고향 자랑, 구월산과 수양산」, 『조선중앙일보』 1935. 12. 6; 「수양산 명승 찾아, 연일 탐승객 답지」, 『조선중앙일보』 1936. 5. 14; 「구월산 관참대 출발」, 『동아일보』 1926. 10. 21; 백양환, 「구월산 순례기, 고문화의 발원 고종교의 광명」, 『동아일보』 1927. 8. 26~9. 26; 안민세, 「단군성적 구월산 등람지 금고영장수古靈場인 백악궁」, 『동아일보』 1934. 7. 11~7. 16 등.

그녀는 "구곡의 산수를 찾아 그 경개의 절대적 아름다움을 찬양할 한 길손"이다. 자연이 가진 이데올로기적 은유는 중요하지 않다. 이에 이르러 그녀는 공간이 지닌 역사, 민족, 유적이라는 은유에서 벗어나 자연을 하나의 독립적인 미적 대상으로 향유하게 된다. 역사의 공간 또한 자연일 뿐이다. 이러한 태도는 『금강산유기』에서 보이는 이광수의 관점과 유사하다. 서영채는 이광수의 금강산 여행이 애초 출발은 최남선과 마찬가지로 순례자의 마음으로 출발했지만 금강산을 직접 바라본 그의 시선은 근대의 합리적인 시민이자 객관적인 관광객의 그것이었음을 지적한 바 있다.[73] 요컨대 이광수는 금강산을 민족적 상징이 아닌 심미적 대상으로 바라보았다는 것이다. 고산구곡의 공간을 율곡의 시라든가 공자의 무이구곡을 통해 상징적으로 매개하지 않고 독자적인 미적 대상으로 향유하려는 박화성의 태도도 금강산을 대하는 이광수의 시선과 동일하다. 단, 이광수가 대상을 치밀하게 분석하고 꼼꼼하게 관찰하여 기술하는 합리적인 관찰자, 심미적인 분석자의 자세를 취했다면, 박화성은 감각적 묘사와 반응에 충실한 정서적 태도를 취했다. 그녀에게 자연은 미적 대상인 동시에 생활을 위해 활용할 수 있는 삶의 자원이기도 하다. 그렇기 때문에 그녀는 자연을 색감이나 소리를 지닌 감각적 대상으로 묘사한다.[74]

얼마큼 걸어오다가는 지름길을 취하여 산길로 돌아섰다. 내가 이곳에서 가장 놀란 것은 산과 들에—원시시대의 벌판을 연상시킬 만큼—얼마든지 쌓여 있는

73 여행자의 근대적 자연 인식에 대해서는 서영채, 「최남선과 이광수의 금강산 기행문에 대하여」, 『민족문학사연구』 24호, 민족문학사학회, 2004. 3, 257~267쪽을 참고했다.

74 특히 「해서기행(4)」(『조선일보』 1935. 12. 10)와 「해서기행(6)」(『조선일보』 1935. 12. 13)에서 박화성의 그 같은 서술 방식을 쉽게 확인할 수 있다.

잡목과 잡초의 마른 등걸이다.

솔나무를 몰래 베다가 산감독에게 들켜서 이랬느니 저랬느니 하는 소문은 어느 곳에나 있는 것이요, 아무러한 농촌에서나 산촌에서도 초부·초동의 그림자쯤은 흔히 보는 것이며, 날이 추워질수록 가장 위함을 받는 것이 나무이건마는 이곳에는 그저 눈에 걸리는 것과 발에 밟히는 것이 나무 나무이다.

…(중략)…

"아니 이 나무를 긁어 가지 않고 왜 이렇게 썩게들 내버려둬요?"

하고 힐책하는 듯 물어보는 내 말에

"그걸 긁어다 뭐하게요? 그저 쌔고 쌘 게 나문데요."

하고 청년은 픽 웃는 것이다.

'너 사는 세상이야 여기하고는 다르지.'

하는 듯한 뜻을 가진 눈으로 욕심이 가득한 내 눈을 바라보면서……

—박화성, 「해서기행(8)」, 『조선일보』 1935. 12. 15.

그녀가 보기에 나무는 단지 미적 대상이기도 하지만 동시에 땔감이기도 하다. 이는 생활인의 시선에서 포착한 자연이다. "이 가랑잎 두 개만 가지면 넉넉히 끓는 차를 마실 수 있을 것이요, 우리 집 다섯 식구의 밥쯤도 이 낙엽 한 삼태기만 가지면 염려 없이 익힐 수 있을 것" 같은데 하면서 썩어가는 낙엽을 퍽이나 아까워한다.(7회)

자연을 미적 대상으로 보든 활용할 수 있는 생활 자원으로 보든, 인간과 분리된 하나의 사물로 대상화한다는 점에서 두 개의 시선은 동일하다. 여기에서 자연은 대상이 된다. 이 과정에서 문명의 공간과 자연의 공간은 분할된다. 자연을 인간과 합일의 관점이 아닌 대상으로 향유하는 관점은 자연과 문명을 분할하는 근대인의 관점이다. 자연은 문명의 시선에 포획되고 분할되었을 때만 미적 대상이 될 수 있기 때문이다.[75] 이러한 분할의 관점은 '청년이 사는 곳'과 '작가가 사는 곳', '별개의 동천洞天'과 '속세', '너 사는 세상'과 '욕심 가득한 내 눈' 등의 구분을 가져온다. 그녀는 문명의 공간과 대비되는 자연의 공간으로 고산구곡을 구획한다. 하지만 그로 인해 문명과 자연을 위계화하고 문명인의 관점에서 자연을 지배하려고 하지는 않는다.

> 나는 물에 잠기지 않은 돌을 골라 밟아 시내를 건넙니다. 흘러오는 물은 내가 뛰고 있는 돌에 부딪혀 깨어지며 차디찬 물방울의 진주알이 내 발등에서 부서집니다. 그것을 보는 순간 내 발은 자리를 헛디뎌 맑은 물을 유린하고 말았습니다. 속인의 발이 청계를 더럽힌 죄로 내 구두에는 물이 하나 가득 들었습니다.
>
> —박화성, 「해서기행(4)」, 『조선일보』 1935. 12. 10.

생활인의 관점에서 그녀가 활용하는 자연은 낙엽, 바닥에 쌓여 있는 잡목과 잡초의 마른 등걸 따위이다. 자연을 개척하고 지배하려는 마음은 없다. 그녀는 자연에 대해 공생적이다. 이 지점에서 자연을 바라보는 박화성의 독특한 관점이 드러난다. 특히 "유린"이라는 표현에서 그런 관점이 암시된다. 문명인으로서 속인은 자연의 세계를 '유린'할 수 있다. 그렇기에 그녀의 발걸음은 조심스럽다. 이는 개척과 지배를 통해 문명 세계를 발전시켜야 한다는 자연관과는 전혀 다른 태도이다. '근대'를 넘어서는 박화성의 인식을 엿볼 수 있는 대목이다.

---

75 서영채, 앞의 논문, 260~262쪽.

04
시의 도시 몽환의 도시, 평양의 가능성

1. '고도' 평양의 특수성

평양은 경주, 부여와 더불어 대표적인 고도이다. 1933년 장도빈이 『동아일보』에 「고도사적답사기」를 기획하면서 염두에 둔 곳이 경주, 부여, 평양이었다.[76] 대체로 세 도시를 고도의 관점에서 일괄하지만 평양이 지닌 함의는 단순하지 않다. 평양은 경주나 부여와 변별된다. 경주·부여가 고도와 등가라 할 정도로 고도로서의 의미가 승한 반면, 평양 인식에서 차지하는 고도의 비중은 일부에 지나지 않는다.[77]

---

76 신문에 실제로 기사화된 곳은 부여와 경주이고, 평양은 누락되었다. 『동아일보』 1933. 5. 3~8. 8.

77 이러한 특성은 『조선일보』에 연재된 경주와 평양 소개 기사를 비교해보아도 잘 알 수 있다. 먼저 6회에 걸친 경주군의 소개(『조선일보』 1927. 3. 6~3. 12)는 '1. 신라의 고도 문물의 정화 / 2. 만고불변 봉황대 / 3. 옛일을 말하는 계림의 노수 / 4. 유상곡수의 포석정 / 5. 화교무비의 불국사 / 6. 신라 신문왕 때의 만파식적'이다. 이어 8회에 걸친 평양부의 소개(『조선일보』 1927. 3. 15~3. 27)는 '1. 사천 년 고도 서경 개력 / 2. 부벽

평양은 명칭과 위치부터 문제적이다. '조선 역사에서 대표적인 고도읍' '단군·기자 양조兩朝 이천 년 도읍터', '사천 년 옛 서울', '역사의 발원지', '단군의 옛 서울', '조선 문화의 발상지' 등은 근대 기행문에서 상투적으로 사용되는 평양에 관한 수식어이다. 평양에 대한 고도 인식은 단군이 평양에 도읍을 정하고 조선을 세웠다는 데에서 출발하는데, "그(단군왕검)는 당요唐堯가 즉위한 50년 경인년에 평양성에 도읍하고 비로소 조선이라 일컬었다"는 『삼국유사』의 기록에 근거한다. 연구에 따르면 『삼국유사』에서 언급된 평양성을 현재의 평양과 일치시키는 것은 논리의 비약일 수 있다. 또한 한사군의 낙랑 유적지로 보는 평양도 현재의 평양이라고 보기 어려운 면이 있다.[78] 평양의 명칭과 위치에 대해서는 일찍이 박지원이 문제를 제기한 바 있다.[79] 평양은 고구려가 도읍을 옮길 때마다 사용했던 보통명사로, 당대의 평양은 고대의 평양과 위치가 다르다는 것이다. 이는 오늘날 언어학의 연구 성과와 크게 배치되지 않는다.[80]

고대 조선의 도읍 평양과 오늘날 우리가 알고 있는 고유명사 평양은 일치 여부부터 불확실하다.[81] 장소의 불확정성 혹은 모호함은 평양이 고조선이나

완월 을밀상춘 / 3. 세계적 보물 낙랑고분 / 4. 상업으로 본 평양 개황 / 5. 천혜지 서선의 공업왕국 / 6. 날로 흥왕하는 교육계 / 7. 조선 유일의 종교도시 / 8. 민족애에 타오르는 사상 단체'로 이루어졌다. 이 기사들은 경주와 평양을 말하는 방식의 차이를 잘 보여준다.

78 윤내현, 「한사군의 낙랑군과 평양의 낙랑」, 『한국학보』 41, 일지사, 1985; 윤내현, 「고조선의 도읍 위치와 그 이동」, 『단군학연구』 7, 단군학회, 2002; 이도상, 「고조선관련 국사교과서 내용분석」, 『단군학연구』 20호, 단군학회, 2009, 316쪽.

79 민족문화문고간행회, 『고전국역총서 ― 열하일기 I 』, 민족문화추진회, 1989, 55~60쪽.

80 이병선, 『한국고대국명지명연구』, 형설출판사, 1982, 132쪽.

81 장도빈은 「연구 대평양」에서 "평양은 조선 최고의 도회이다. 평양은 조선의 시조인 단군이 정거定居한 처이다.(단군이 평양에 도都하지 아니하였다는 논자가 있으나 각종 조사의

낙랑군 등 조선의 상고사와 관련되는 데에서 발생한다. 경주와 부여는 각각 신라와 백제의 도읍으로서 시공간적·역사적 경계가 명확한 편이다. 이에 비해 고조선 단군에 대한 인식의 경우, 근대 이전에도 현실적인 개국시조로 보는 견해와 허탄한 이야기의 주인공으로 보는 견해가 공존했다.[82] 일제의 고적 조사를 통해 강조된 낙랑군과 평양의 관계에 대해서도 의견은 분분하다. 이러한 논의 속에서 평양과 관계된 고대의 존재들은 시공간적 경계뿐만 아니라 실제성 또한 모호해진다. 그에 더해 평양이 지닌 고도로서의 현실적 입지도 약화된다.

평양은 한사군의 낙랑군과 관련된 장소일 뿐만 아니라 청일전쟁의 승전지이기도 하다. 일본으로서는 조선 역사의 타율성을 부각하기 좋은 장소이다. 일본인의 평양 관광이 활성화된 배경에는 이런 맥락이 크게 작용했다. 이 시기 일본인의 조선-평양 여행기에는 그런 일본의 의도가 반영된 제국주의적 시선이 집중적으로 드러난다.[83] 권력자로서 제국주의자의 시선은 피권력자인 식민지인의 시선에 비해 단성적이다. 이 시기 평양에 대한 조선인의 시선을 제국주의적 발견과 식민지적 전유의 관점에만 국한한다면 평양이라는 공간의 역사성과 장소적 현실성 혹은 피식민지인의 다성적 목소리를 간

결과로 평양은 단군이 도都한 처임이 명백하나니…)"(『서울』 1호, 한성도서, 1919. 12, 82쪽) 라고 적고 있다. "단군이 평양에 도都하지 아니하였다는 논자가 있으나"라는 표현으로 미루어 볼 때 장도빈이 언급한 '평양'은 고유명사로서 평양이다. 식민지 시대에도 단군의 도읍지와 보통명사 평양의 관계가 문제시되었음을 알 수 있다.

82 나희라, 「단군에 대한 인식 — 고려에서 일제까지」, 『역사비평』 21, 역사비평사, 1992. 11.

83 서기재, 「전략으로서의 리얼리티 — 일본 근대 『여행안내서』를 통하여 본 "평양"」, 『비교문학』 34, 한국비교문학회, 2004; 박애숙, 「사타 이네코佐多稲子와 조선 — 「조선인상기」를 중심으로」, 『일본문화학보』 34집, 한국일본문화학회, 2007.

과하기 쉽다.[84] 또한 평양의 의미를 "조선적인 것"과 동일시하게 되면 내적으로 균열되는 다양한 의미소들을 간과한 채 전적으로 고도의 차원에서 획일화하고 추상화하기 쉽다.[85]

식민지 시대 고도가 환기되는 방식이 제국주의의 식민 정치적 기획과 맞물린 고고학적 발견의 결과물임은 재차 논의되었던 바이다. 하지만 전적으로 고도로만 환원되지 않는다는 점, 명칭과 위치의 불확실성이나 실제성의 모호함 등은 평양이라는 공간을 인식하는 데 중요한 요인으로 작동한다. 이는 식민지 시기의 평양 인식이 제국의 기획인 고고학적 담론의 자장 속에서만 해석될 수 없는 이유이다. 평양은 한국문화사에서 어느 공간보다도 공간적·장소적 자의식이 강한 곳이다.[86] 평양의 장소적 자의식에는 제국의 식민화 기획에 쉽게 포섭되지 않는 팽팽한 긴장감이 있다. 따라서 고도 평양의 특수성을 정확하게 이해하기 위해서는 제국/식민의 범주에 갇히지 않는 유연한 관점이 필요하다.

2. 평양 인식과 과거-현재의 기울기

역사적 고도임에도 그 경계가 모호하다는 점은 오히려 평양의 현재성을 부각시킬 수 있는 계기가 된다. 평양 인식에는 시간의 두 차원이 개입한다.

---

84 오태영, 「평양 토포필리아와 고도의 재장소화」, 『상허학보』 28, 상허학회, 2010.

85 박진숙, 「식민지 근대의 심상지리와 『문장』과 기행문학의 조선표상」, 『민족문학사연구』 31, 민족문학사학회, 2006.

86 이승수, 「한국문학의 공간 탐색 1 ─ 평양」, 『한국학논집』 33집, 한양대학교 한국학연구소, 1999, 99~108쪽 참조.

고도라는 과거의 시간과 현재적 시간의 두 축이며, 각각의 축으로 한 함수의 기울기에 따라 평양에 대한 인식은 결정된다. 이는 현재적 평양, 상상의 평양, 마지막으로 이 둘의 상호작용에 의한 평양으로 구체화된다.

현재적 평양: 또 다른 근대의 가능 공간

박은식은 1909년 7월 안동현安東縣(지금의 단둥시丹東市)의 무역 현황과 의주, 선천 등지의 교육 실태를 시찰했다.[87] 이 시찰 내용을 정리한 「서도여행기사」에 따르면 그는 여행 초반에 평양을 들렀다. 교육을 통해 문명화가 적극적으로 이루어지는 도시로 여겨졌기 때문이다. 평양의 대성학교는 "국내 학교에서 첫 번째 손가락에 꼽"한다.[88] 평양을 보는 그의 시선은 철저하게 현재적이다. 그가 보여주는 평양은 문명화가 활발하게 진행 중인 근대의 도시이다. 반면 평양의 고적은 그의 관심을 별로 끌지 못한다. 을밀대에도 오르고, 운동회가 치러지는 기자림에도 가보지만 역사적 의미에 대한 설명이나 감상은 전혀 없다.

현재적 시간의 축에 기댄 시선에는 한일병합 이전에 적극적인 개화 의지가 개진되었던 시대 정서가 크게 작용하고 있다. 그러나 한일병합 이후에도 이러한 시선은 지속된다. 신문기자인 곽복산의 경우가 이에 속한다.

> 지난해 서문통에 대화재가 있어 하루아침에 수십만 원의 손실을 보았건만 불과
> 반만여에 상점을 신축하여 즐비한 신상점이 일대 위관을 나타냄을 볼 때 실력

---

87 박은식은 『황성신문』에 두 번에 걸쳐 서도(황해도와 평안도) 여행기를 실었다. 1909년 7월의 여행을 적은 「서도여행기사」(『황성신문』 1909. 8. 11)와 1910년 1월의 여행에 대해 쓴 「서도여행기」(『황성신문』 1910. 6. 21~7. 1)가 그것이다.

88 박은식, 「서도여행기사」, 『황성신문』 1909. 8. 11.

있는 평양이라고 속으로 적이 기뻐하였다. 어떤 분이 날더러 말하기를, 잡지로 따져 말하면 경성을 종합문화잡지라 하면 평양은 상공전문잡지라고 한다. 그도 그럴 것이 평양 20만 인구의 약 8할이 상공업에 종사하고 있으며, 부녀들이 가두에 진출하여 '저울대'를 들고 장사함을 보면 특이한 현상이라고 하지 않을 수 없다.

평양의 상공업이 이만치 발달된 자연적 요소를 살펴볼진대 대동강의 수운水運, 무진장한 무연탄, 염가의 전력, 교통의 편리 등을 헤일 수 있거니와 평양 사람의 끊임없는 노력과 평양 사람만이 가지고 있는 독특한 진취적 기질로 말미암아 오늘의 이만 한 성과를 보지 않았는가 생각된다. 평양 사람에겐 확실히 근검저축의 이지가 남녀노소 할 것 없이 일관되게 있다. 대개는 남의 손으로 된 것이나마 사학 기관으로 숭실의 중학과 전문을 비롯하여 광성, 숭의, 정의, 숭인 상업 등을 가졌음은 평양의 한 자랑이라고 하지 않을 수 없고, 저 대동강 안연통에 우뚝 솟아 있는 백선행기념관이며 만수대의 인정도서관은 조선에 빛나는 사회사업 기관들이다. 백선행기념관을 드나들 때마다 "이 집에 평양 부녀의 정신이 살아 있다" 감격하거니와, 이러한 집 이러한 기관은 삼천리 방방곡곡에 하나씩 있어야 할 것이 아닌가.

고아원이 있고 맹아학교가 있고 유치원이 군데군데 있고, 경성 같으면 남녀 중학생들의 풍기가 어떠어떠하거니 신문 기사 자료가 많겠으나 평양의 학생들은 모두 착실하다. 여름이면 대동강이 시원하고 모란봉 일대에 녹음이 우거졌건만 여학생들의 산보하는 모양을 보지 못하였다.

—곽복산, 「신문기자가 본 평양」, 『백광』, 1937. 2, 28쪽.

곽복산은 평양에 거주한 지 1년 6개월쯤 된 기자이다. 그는 평양에서 이방인인 양 여행자의 시선을 취한다. 인구의 80%가 상공업에 종사하고 부녀들이 길거리에서 장사하는 모습을 쉽게 볼 수 있는 평양이 그에겐 특이하다. 사실 이런 분위기는 평양의 활기이기도 하다. 그런 까닭에 그는 평양의 근대적 성취 수준과 앞으로의 가능성을 긍정적으로 평가한다.

평양은 그에게 도쿄와 경성에서 쌓인 울분을 풀어주고 삶을 진취적으로 이끌어주는 곳이다. 미래로의 가능성에 희망을 건 그는 평양의 고도적 의미에 대해서는 오히려 외면하고 싶어 한다.

> 평양의 강산은 아름답다. 일찍이 단군 할아버지께서 평양에 도읍을 정하셨고 조선 문화의 발상지가 되게 하시었다. 그러기에 군데군데 고적이 있어 옛 어른을 추모케 하거니와 말 없는 옛 자취는 시인 묵객뿐만 아니라 감격성 많은 사람을 얼마나 울리는고. 부벽루에 올라 말없이 용용히 흐르는 패수와 연기 자욱한 능라도를 굽어보는 젊은이의 심정이 또한 어떠할 것인고. 그러나 이것은 모두 부질없는 생각이다. 모란봉과 대동강은 어느 모로 보나 아름답다. 대안 연교리에서 시가지를 바라보면 수도 베니스와도 같고 어딘지 우수에 쌓인 도시 같다. 그러나 다시 청류정 부근에서 시가지를 향하여 바라보면 대동강의 물줄기는 평양의 동맥과 같으며 그대로 그림 한 폭을 이루고 있다. 대동강의 정취는 여름이 한창이라 하거니와 능라도 혹은 반월도 기슭에 배를 매고 어죽을 끓이는 풍경이라든가 꺄웃꺄웃 저어가는 매생이의 모양은 평양이 아니라면 볼 수 없는 정경의 하나이다. 대동강은 평양 사람에게 보배요, 오락장이다.
>
> ─곽복산, 앞의 글, 32쪽.

그의 관심은 평양 사람들의 기질, 음식, 실존하는 의미 있는 인물들, 종교 등에 있다. 마지막으로 덧붙인 것이 평양의 고적이다. 그는 평양의 과거라는 시간 축으로 애써 끌려 들어가지 않으려고 한다. 도쿄에서도 경성에서도 울

적혔던 마음을 평양이 풀어주었다.[89] 평양의 과거 시간에 매몰된다면 평양
도 도쿄나 경성과 다를 바 없다. 그렇기에 그는 고도가 환기하는 역사적 비
애, 즉 "젊은이의 심정"을 강하게 외면한다. "이것은 모두 부질없는 생각이
다", "모란봉과 대동강은 어느 모로 보나 아름답다"는 표현 속에서 젊은 격정
의 비애는 삼켜지고 아름다운 실경에 대한 감상 및 현재적 놀이로 치환된다.
곽복산에게 도쿄와 경성은 등가이다. 식민지인에게 두 도시는 모두 식민지적
근대의 피곤함이 묻어나는 곳일 뿐이다. 하지만 평양은 '또 다른' 가능 공간
이다.

상상의 평양: 근대의 저편, 여성

현재적 양상을 눈여겨보는 자들에게 평양은 진취적인 공간이다. 이러한
시선은 식민화된 경성의 근대와는 또 다른 가능성을 평양에서 보고자 한다.
그 반대편에 최남선의 「평양행」이 있다. 이 글은 '평양' 기행문은 아니다. 평
양이라는 목적지로 향해 가는 과정까지를 담았으며, 평양역에 도착하면서 글
이 끝나기 때문이다. 그럼에도 이 글은 평양을 사유하는 또 다른 방식을 보
여준다.

최남선은 글 말미에 '평양 최초의 인상'이라는 후속 글을 약속했다. 하지
만 그것은 지켜지지 않았다. 아마도 그가 처한 물리적인 어떤 조건 때문일
것으로 추측된다. 「평양행」을 완결된 텍스트로 볼 때, 약속을 지킬 수 없었던
이유를 글 안에서 찾을 수 있다.

「평양행」에는 실제 평양의 장소를 여행한 기록은 없지만 최남선에게 평
양이 어떤 의미를 가지는지는 충분히 드러난다. 비실재의 공간, 그것이 곧 평

---

89 곽복산, 「신문기자가 본 평양」, 『백광』, 1937. 2, 27쪽.

양의 의미이다. 박은식이나 곽복산이 현재적 실상에서 평양의 가능성을 찾았다면, 최남선은 그 너머에 있는 비실재에서 그 의미를 찾았다. 실제로 평양을 보았는지, 안 보았는지의 문제는 중요하지 않다. 비실재의 목적지인 평양은 이미 최남선의 상상 속에 자리 잡고 있었다. 평양행 기차를 타는 순간 그는 이미 상상 속에서 평양을 만나고 있었다. 이런 까닭에 평양에 대한 후속 글은 사실 필요하지 않았다.

「평양행」은 매우 충실한 기차여행기이다. 근대 문명의 상징인 기차를 타고 그것이 마련해준 방식에 따라 사물을 보고 인식한다는 점에서 근대적인 세계 체험의 전형을 보여준다. 글 전편의 주체가 필자 최남선이 아닌 기차라고 해도 과언이 아니다. 「평양행」은 기차가 만들어내는 사물 인식의 방식을 잘 보여준다. 글의 전반적인 내용에 기반하면, 근대 문물인 기차를 타고 가서 도착한 평양 또한 근대 문명의 공간이리라 예상할 수 있다. 하지만 역설적이게도 「평양행」에서 평양은 그와 전혀 다른 대립 항에 위치한다.

나는 너에게 감사한다. 장성일면長城一面에 용용溶溶한 물과 대야동두大野東頭 점점點點한 산은 내가 시인의 입으로 평양의 좋음을 알고, '삼정승 바라지 말고 평안감사 바라소'는 내가 여객의 글로 평양의 좋음을 알고, 단군 기자 두 조선 이천 년 도읍터로는 내가 역사로 인하여 평양을 늘 생각하고, 관서(평안도)와 해서(황해도) 67주 중심지로는 내가 지리로 인하여 평양을 생각하고, 돌팔매와 박치기로는 평양의 풍습을 익히 듣고, 기생·대자帶子로는 평양의 특산을 오래 듣고, 을밀대·칠성문으로는 고전장古戰場을 밟을 생각이 간절하고, 연광정·부벽루로는 금수강산 볼 마음이 그득하고, 그림으로 보아 대동문을 어찌하면 보고, 말로만 듣던 함종의 밤을 어찌하면 먹나 하며, 모퉁이 모퉁이 평양 구경 생각이 솟아나서 평양이란 뉘 집 낭자는 얼마 동안 나의 상사인想思人 러버이리라. 그러나

550리 머나먼 길을 한순간에 천 리 나르는 듯한 기차가 생긴 뒤에도 때를 만나지 못하여 평양성도平壤城圖 팔폭병八幅屛을 대할 때마다 '상사불견相思不見 이내 진정眞情'만 탄식하더니 네가 나에게 무슨 갚을 은혜가 있관대 나를 천일방天一方 우리 님의 곳에 실어다가 맺힌 마음을 풀어주겠다 하느냐. 오냐 이것저것 무를 것 없다, 잘만 태워다오. 시로 글로 말로 일로 듣기만 하여 가슴이 타던, 못 본 우리 님이 얼마나 잘났나 시원하게 눈으로 좀 보자.

…(중략)…

그리하여 밤낮으로 연모하던 평양은 비를 중매하여 서로 대하는데, 풀었던 머리도 쪽 짓고 더러운 얼굴도 깨끗하게 하여 모처럼 오는 손님을 맞음이 적당하거늘 무슨 의사로 이렇게 험상스럽게 하고 있느뇨. 이편으로 말하면 또한 얼마큼 섭섭하나. 그러나 내가 너를 멀리 찾기까지 사랑하는 것은 너의 겉얼굴이 아니라 속마음이어니 너도 아마 내 뜻을 짐작하고 이리 함인 듯한즉 오히려 마음이 만족하노라.

— 최남선, 「평양행」, 『소년』, 1909. 11, 133~134쪽·152쪽.

윗글은 「평양행」의 처음과 끝부분을 발췌한 것이다. 시인, 여객, 역사와 지리적 지식의 매개를 통해 형성된 간절한 그리움 속의 평양은 사랑하는 님, 상사의 대상으로서 출발 지점에서나 도착 지점에서나 동일하다. 평양역에 도착하니 비가 내렸다. 여기서 그는 이렇게 말한다. "풀었던 머리도 쪽 짓고 더러운 얼굴도 깨끗하게 하여 모처럼 오는 손님을 맞음이 적당하거늘 무슨 의사로 이렇게 험상스럽게 하고 있느뇨." 평양은 어여쁜 여성이요, 마땅히 그래야 할 존재이다.

여행자는 근대의 표상인 기차를 타고 그 대척 지점으로 떠난다. 그곳은 곽복산이 향했던, 근대 경성을 벗어난 또 다른 근대의 공간이 아니다. 최남선은 기차를 타고 근대적 삶의 세계에서 저편에 있는 상상 속 평양으로 향하고 있다. 근대 저편에 여성이 있다고 서술한 점에서 '상상 속 평양'의 성격은 더욱더 분명해진다. 기차로 대변되는 근대성의 젠더적 성격이 남성성을 띤다면,[90] 여성성은 근대성의 타자로서 의미를 갖는다. 「평양행」에서 평양은 여성이다. 여기에서 여성은 또 다른 근대의 무엇이 아니다. 근대의 타자로서 여성이다. 이는 평양의 실제가 아니다. 여행자가 상상 속에서 만든 부재하는 존재이다.

여성적 공간으로서의 평양은 「평양행」 이외의 글에서도 자주 발견된다. 양주동은 「기행 대동강」에서 "대동강을 사람에 비한다면 아무래도 남성이 아닌 여성이요, 여성이라도 범녀가 아닌 미인인데 그 아용雍容한 기상과 발월發越한 정신은 또한 숙녀요 재원"이라고 적었다.[91] 그는 대동강을 명확하게 여성으로 꼬집어 비유했다. 대동강은 평양의 환유이다. 대동강이 여성이라면 평양도 여성이다. 안서 김억에게 평양은 회고적 폐허 혹은 기녀들의 비애 공간이다.[92] 이들은 모두 여성과 평양을 동일시한다는 점에서 같은 사유이다. 최남선의 「평양행」은 이러한 평양의 존재 방식과 의미를 보여주는 전형이라 할 만하다.

---

90 근대성의 젠더적 성격에 대해서는 리타 펠스키 지음, 김영찬 옮김, 『근대성과 페미니즘』, 거름, 1998 참조.

91 양주동, 「기행 대동강」, 『삼천리』, 1940. 5, 105쪽.

92 김안서, 「만월대 — 고도의 봄빛」, 『삼천리』, 1932. 2. 여성적 공간으로서 평양의 특성에 대해서는 식민지 시기 이전부터 평양의 표상으로 계속 논의되었다. 해방 이후에도 동일한 특성을 드러낸 글은 지속적으로 발견된다. 대표적인 글로 김안서, 「패강유기」, 『민성』, 1949. 12가 있다. 이는 위락 공간으로서 평양의 의미와도 상통한다.

상상과 실제 사이 : 과거의 산 평양, 현재의 죽은 평양

지금까지 살펴본 평양의 의미는 미래적 가능성과 과거의 이상성에 기반한다. 이 두 가지 시선으로 본 평양은 긍정성이 더 강한 공간이다. 전자는 진취적 미래를, 후자는 위안적 과거라는 점에서 그러하다. 반면, 평양을 바라볼 때 부정적인 시각도 적지 않다. 다음 글은 평양에 대한 두 시선의 교차를 보여준다.

> 평양의 시가 확장은 신문에서도 보았지만 (이를) 목격하기는 처음이었다. 옛 시가의 동으로는 우편이요 서로는 좌편인 한옆은 죄다 헐어서 고쳐 지었다. 이층집으로 조선식 서양제 혹은 청국집이 있는 것이 나에게 평양은 지금 재건축기에 있다는 것을 말해주었다. 장차 반세기만 되면 평양은 공업지로 조선의 대도회가 되리라는 것을 내게 다 누가 말해주는 것 같았다. 일찍이 조선 문화의 중심이었던 평양이 장구한 시간을 최면에 있다가 지금에야 새로운 활기를 가지고 20세기 문명과 보조를 같이하려는 것 같았다. 그런데 K군은 평양에 대하여 대단히 개탄을 한다. 평양 사람들처럼 돈만 아는 사람들도 조선에는 없으리라고 하며, 새로운 풍조가 그렇게도 세계를 뒤집어도 여전히 돈만 보고 따라가며, 일간에 조선 신간 잡지가 각처에서 환영인데 오직 평양에서만 침묵하고 독서력 없음이 평양이 도회치고 조선에 제일이라고 한다. 그리고 또 하나 개탄할 것은 기독교 장·감리교의 경쟁이 꽤 심한데 예를 들면 …(하략)…
>
> ─이동원, 「평양행」, 『서울』, 1920. 2, 124~125쪽.

이동원은 감옥에 간힌 친구를 면회하기 위해 평양을 찾았다. 그곳에서 "평양의 자랑이고 또는 우리 조선의 자랑"이라고 생각하는 K군을 만났다. 위의 글은 평양에 대한 K의 질문을 놓고 두 사람이 나눈 대화를 정리한 것이다. 평양에 대한 두 사람의 생각은 다르다. 이동원은 "조선 문화의 중심이었던 평양이 장구한 시간을 최면에 있다가 지금에야 신활기를 가지고" 재건기를 맞았으며 장차 공업으로 크게 발전하여 조선의 대도회지가 될 것이라고 낙관적인 평을 한다. 그와 달리 K는 상당히 비관적이다. K가 보기에 평양은 돈이 지배하고 종교적 분쟁이 심하며 시민들은 책을 읽지 않는다. 가능성이 보이지 않는 곳이다.

두 사람의 시선이 다른 이유는 서로의 위치가 다르기 때문이다. 이동원은 여행자요, K군은 정주자이다. 여행자 이동원에게 평양은 '조선 문화의 중심 – 최면 상태(조선시대) – 근대에 이르러 재건'의 양상으로 정리된다. 조선 문화의 중심이었던 평양이란 고도로서의 평양을 의미한다. 주목해야 할 것은 평양을 평가하는 그의 잣대가 '고도'라는 점이다. 이러한 분별은 일반적이고 추상적이다. 한편 정주자인 K의 평양 인식은 당연히 여행자인 이동원에 비해 구체적이다. 그는 과거 역사적 도읍이었던 평양과 현재의 평양이라는 식의 포괄적이고 거친(또는 일반적이고 추상적인) 잣대를 사용하지 않는다. 그에게 평양은 구체적인 장소적 특성을 지닌 공간이다. 그의 시선은 평양이라는 실제 삶의 터전에서 느낀 것이며 그로부터 비롯한 비판의 결과이다. 그리고 마침내 평양은 장소적 자의식을 가진 공간이 된다. K의 공간적 자의식을 통해 이동원의 시선은 이방인의 것으로 변별된다.

이동원의 「평양행」에서는 여행자와 정주자의 대화 속에서 정주자 K의 시선이 드러난다. 이런 서술 방식 속에서 정주자가 어떻게 고도를 받아들이는지가 드러난다. K는 '고도'의 역사성에 대한 믿음을 통해 평양을 이상화하지 않는다. 평양의 '고도'적 의미는 그에게 전혀 위력을 발휘하지 못한다. 그의 눈에는 현재 평양의 낙후성만이 강조되어 보일 뿐이다. 그렇기에 그는 평양을 조선 그 자체로 절대화하지 않는다. 그가 평양에 대해 갖는 불만은 조선 내부에서 드러나는 지역적 차이에서 기인한다. 이런 까닭에 '고도'의 역사성을 이상화하는 이동원의 환상에 오히려 K는 평양의 '고도'적 의미가 현재의 낙후성을 드러내는 기준으로 작용할 뿐이라고 비판한다.

또 다른 K라 할 수 있는 전영택도 평양에 대해 정주자적 시선을 보인다. 그는 1921년에 「평양성을 바라보면서」라는 단편소설을 발표했다. 이 소설에서 화자가 바라보는 현재의 평양은 퇴보 중이다. 과거의 평양은 "산 평양"이요, 현재의 평양은 "죽은 평양"이다.[93] 즉, 1920년대 초의 평양은 고대 도읍으로 있던 시기와 비교해도, 또 1910년대 초와 비교해도 생명력이 느껴지지 않는 '죽은' 도시이다. 그의 소설에서 고도의 경험은 현재적 낙후성을 읽는 지표이다. 그 또한 고도는 곧 조선, 평양인은 곧 조선인이라고 보지 않는다. 그렇기 때문에 고도의 낙후성이 민족적 좌절로 연결되지는 않는다. 이동원의 「평양행」과 마찬가지로 그들의 비교 대상은 조선 내 로컬리티에 국한된다.

3. 기원을 향한 두 여로와 「단군릉」의 역설

1909년 8월 세키노 다다시는 통감부 산하 탁지부 건축소의 고건축물 조사 촉탁으로 임명되어 조선의 고적 조사를 위탁받았다. 이를 계기로 조선에서 조직적인 고고학 조사가 시작되었다.[94]

---

93 전영택의 「평양성을 바라보면서」에 나타난 평양 표상의 의미에 대해서는 이철호, 「근대소설에 나타난 평양표상과 그 의미」, 『상허학보』 28, 상허학회, 2010, 164~168쪽에서 구체적으로 분석하고 있다.

94 이순자, 「일제강점기 고적조사사업 연구」, 숙명여자대학교 박사학위논문, 2007, 9~45쪽 참고.

세키노 다다시가 개성과 공주 지역의 고적 조사를 마치고 평양으로 돌아왔을 때 『평양일보』 사주로부터 대동강 남안에 많은 고분이 산재한다는 정보를 입수했다. 이때부터 그는 평양 고분에 대한 조사를 착수했는데, 이후 이 일은 1916년 대규모 낙랑 고분 조사 사업으로 이어졌다.[95] 조선총독부는 1916년 '고적조사위원회'를 설치하면서 낙랑군과 관련된 평양 지역에 대한 조사를 본격화했다. 이 조사 사업을 통해 평양은 식민지 시기 및 그 이후까지도 낙랑의 유적지로 인식되었으며, 그 결과는 일제에 의해 조선 역사의 타율성을 실증하는 근거로 악용된다. 특히 낙랑 유적은 4천 년 고도 평양의 실증적 자료로 제시됨으로써[96] 일제가 조선 민족의 기원을 다시 쓰는 구체적 근거로 활용된다. 낙랑 유적의 조사 결과 일제는 대동강 유역의 평양 지역이 오랫동안 중국의 식민지였거나 중국인들의 집단 거주지였으며 조선 고대 문화 발전의 기틀은 여기서부터 비롯되었다는 주장을 강하게 내세웠다.[97]

---

95 정인성에 따르면 세키노 다다시가 평양 고분을 처음부터 낙랑 유적으로 알고 조사 연구했던 것은 아니다. 세키노는 처음엔 고구려 고분설을 주장했지만 이후 낙랑 고분설로 바꾸었다. 그가 낙랑군 및 낙랑시대라는 용어를 공식적으로 처음 사용한 것은 1914년이다. 정인성은 평양 고분에 대한 세키노의 판단 선회에 중요한 의미를 부여한다. 즉, 세키노 다다시의 평양 고분 연구가 처음부터 조선 역사의 타율성을 설명할 수 있는 재료, 즉 낙랑 유적으로서 사전에 기획된 것이 아니라 고적 조사 과정에서 우발적으로 이루어진 결과라는 것이다. 1916년부터 본격화된 낙랑 고적 조사가 결과적으로는 조선 역사를 타율적이라고 설명하는 식민사관으로 구축된 결정적 재료의 하나로 이용되었음은 물론이다. 그렇다고 이러한 연구가 고도에 대한 제국의 고고학적 기획이 갖는 식민적 의도를 달리 판단할 근거가 될 수 있는 것은 아니다. 다만 이를 통해 볼 때 세키노 다다시의 1909년 평양 조사 때부터 낙랑 유적과 연결 짓는 것에 대해서는 신중을 기할 필요가 있다고 본다. 정인성, 「關野 貞의 낙랑유적 조사·연구 재검토」, 『호남고고학보』 24집, 호남고고학회, 2006, 141~149쪽 참조.

96 「지방소개: 평양부 기삼其三, 세계적 보물 낙랑 고적」, 『조선일보』 1927. 3. 15.

97 구로이타 가쓰미黑板勝美가 평양에 관해 쓴 다음 글은 이를 단적으로 말해준다. "나는 고분 연구로부터 상당히 오래된 시대의 고분이 조선의 북쪽에 분포되어 있다고 생각

일제의 이러한 주장은 이론과 학술의 차원을 넘어서 일반 대중에게 홍보하는 사업의 차원에서도 계속되었다. '낙랑고적시찰단'을 모집하여 그들에게만 고적을 공개한다든가,[98] 발굴된 유물을 전시하는 사업 등이 그 예이다. 낙랑 유적 조사에서 발굴된 유물은 1928년 평양부 욱정에 위치한 도서관 3층을 빌려 진열되다가 1933년 9월에 준공된 평양부립박물관으로 옮겨 전시되었다. 일반인에게 공개하는 형태의 낙랑 고적 시찰과 낙랑 유물의 박물관 전시에는 한사군의 조선 존재를 역사적으로 사실화하려는 일제의 의도가 반영되어 있었다. 이로써 낙랑군에 대한 대중적 인식이 고착화되고,[99] '낙랑의 평양'을 향한 여행길이 만들어졌다.

이 여로의 감상담은 주로 일본인의 몫이었다.[100] 조선인 여행자의 기록을

했다. 그래서 압록강으로부터 조금씩 대동강, 그 중간의 성천강 같은 유역을 조사해왔다. 그리고 가장 중국식의 묘가 있는 곳은 대동강 유역이었다. …(중략)… 평양은 중국 식민지로 말할 수 있는데, 중국인이 발전시킨 최초의 중심지였다. 평양을 중심으로 하여 남측에 인접한 토성이 있었는데, 이 토성에서는 후한시대 낙랑군의 기와를 발견할 수 있었다. …(중략)… 이 평양 부근이라고 불리는 곳은 진실로 중국화되었다고 생각한다. 중국에서 발견되는 기와가 평양 부근에서도 발견되기 때문이다. …(중략)… 조선 문화가 조선에 들어오게 되자 이 부근에서 살던 사람들이 다른 곳을 향해 떠날 수밖에 없었다." 黑板勝美, 「朝鮮の歷史的視察」, 『朝鮮』 8, 46~48쪽; 국성하, 「일제강점기 일본인의 낙랑군 인식과 평양부립박물관 설립」, 『고문화』 63집, 한국대학박물관협회, 2004, 111~112쪽에서 재인용.

98 『동아일보』 1924. 10. 30.

99 국성하, 앞의 논문, 119~124쪽 참조.

100 주로 일본인들이 낙랑 유적을 보기 위해 평양을 찾았다는 것은 좀 더 정확한 조사가 필요하다. 다만 여행의 시대인 1930년대에 '평양박물관'은 여행 일정 속에 관습적으로 포함된 여행지였다는 사실이 그러한 추정을 가능케 한다.(이 시기 평양의 유람 순서는 1932년 『조선만주여행안내』에 근거했다. 이에 대해서는 서기재, 앞의 논문, 74쪽을 참고) 조선인의 기록 속에서 '평양박물관' 견학에 대한 감상을 발견하기 어렵다는 점도 이유로 추가될 수 있다.

통해 볼 때 낙랑 유적지는 반드시 보고 싶은 여행지는 아니었던 듯하다.

　지금 일본 사람들이 전력을 들여 발굴 중에 있는 대동강 건너편 반교리 고낙랑 유적도 될 수 있는 대로는 가서 보려 했으나, 그것도 여의히 잘되지 않는 중 17일 아침에 다시 신의주 안동현 방면을 향해 떠나게 되었다. 그러한 까닭에 평양의 이야기는 미진하고 피상적이나마 이만 쓰고 끝내고자 한다.

　마지막으로 평양의 명소 고적을 보면서 든 이상한 느낌에 대해 덧붙이고자 한다. 그것은 4천여 년간 선조의 자취까지 남의 이름으로 개작되었는가 하는 슬픈 느낌이다. 가는 곳마다 명소 고적을 설명하는 문구에는 "문록역文祿役(임진왜란)에 소서행장小西行長(고니시 유키나가)이 어쨌느니 일청전쟁에 어떻게 싸웠느니" 하는 것이 대부분의 설명이다. 그러면 이것은 그들의 옛 전쟁의 기념이요 유물이라는 의미로 고적이라는 셈인가. 모든 것을 마음대로 하는 그들이니 무슨 문구를 나열하거나 역시 그들의 마음대로 할 뿐일 것이다. 그러나 깊이 박힌 자취에다 아직 바람비도 채 맞지 않은 먼지를 박사薄沙와 같이 살살 덮어 깔고 이것은 나의 자취라고 하는 심리야말로 생각해보면 우스운 것이나, 그것이 훌륭하게 통용되는 세상임을 어떻게 할까.

　　　　　　　　　　　　　　　　　　— 김영진, 「서경행」, 『신민』, 1925. 10, 115쪽.

　위의 글쓴이는 서경, 곧 평양을 여행하면서 낙랑 유적지도 둘러볼 계획이었으나 사정이 닿지 않아 신의주로 떠나야 했다. 평양의 명소 고적을 일본의 관점에서 재구성하려는 일제의 태도가 그에게는 심히 불편하고 못마땅했다. 낙랑 유적지를 평양 여행의 마지막 일정에 두긴 했지만, 일정이 취소된 데에 큰 미련이 없다. 관심이 크지 않았기 때문이다.

　윗글에는 당시 낙랑 유적지를 대하는 한 조선인의 태도가 드러나 있다.

김태준은 낙랑 유적지에 대해 "한문화漢文化의 이식이라고 간단히 치부해버리고, 이로써 민족의 아프리오리(a priori)를 추출하"려 함은 명백히 잘못된 것이라고 비판했다. 그는 아직도 발굴되어야 할 유적이 많기에 좀 더 지켜보고 연구할 것을 당부했다.[101] 양주동은 "낙랑의 문화는 평양부 남쪽 10리쯤 대동강 남안 일대에 본거를 두었다. 진적陳迹이 근년에 육적陸續 발굴되어 내외의 학술적 흥미를 제공함은 이미 아는 사실이다"라고 하여 일단 일제가 발표한 조사 결과를 인정하기는 한다. 하지만 "일방 이 강을 경계로 한 그 북안 일대는 예로부터 (고)구려의 세력 범위였으니, 구려가 울흥蔚興 남하함에 미쳐 동천왕의 평양성, 고국원왕의 황성, 장수왕의 대성산성·안확궁성·왕성 및 평원왕의 장안성 등이 모두 이 강 연안 일대에 수축되어 찬란한 문화를 자랑하였다"[102]라고 덧붙임으로써 이후에는 조선 민족의 주체적 공간이었음을 강조했다. 일제의 의도와 달리 이들은 평양 지역을 낙랑의 유역으로만 고착화하려 하지 않는다. 이러한 태도는 일본의 주장을 한편으로 수긍하면서도 주체적인 관점에서 해석해보려는 노력을 보여준다.

일제가 내세운 '낙랑 평양'에 대해 적극적이고 분명한 입장으로 맞선 이들은 '단군의 평양'을 주장했다. 이들은 '낙랑의 평양'에 대비되는 '단군의 평양'을 향해 길을 떠났다. 현진건의 「단군성적순례」과 이광수의 「단군릉」이 그에 속한다. 물론 이들의 여행도 제국의 호명에 의해 촉발되었음은 사실이다. 그 때문에 태생적 제한성을 가질 수밖에 없다. 단군의 평양을 찾아가는 여정은 존재 기반부터 역설적이다.

이광수의 「단군릉」은 여기에 또 하나의 역설을 보탠다.

101　김태준, 「낙랑유적의 의의」, 『삼천리』, 1936. 4, 154~156쪽.

102　양주동, 「기행 대동강」, 『삼천리』, 1940 5, 109~110쪽.

차가 강동 앞에 다다랐을 때에 강동 인사 수십 인이 나와 맞아주셨습니다. 그는 단군릉을 찾아온다는 나를 반갑게 여긴 듯합니다. 지금 세상에 일부러 단군릉을 찾아다니는 조선인은 아마 극히 드물 것입니다. 옛날은 옛날대로 숭명崇明의 악질이 박힌 선인들은 인민으로 하여금 단군의 이름조차 못 듣고 삼황오제를 제 조상으로 알게 한 까닭에 단군릉 주변이 적적하였고, 오늘은 오늘대로 그러합니다.

　…(중략)…

　바로 능 곁에 집을 짓고 사는 촌민까지 이 높으신 조상의 능을 고맙게 생각할 줄을 몰라서 닭과 개가 밟게 하는 것을 생각하면 지극히 송구스러운 일입니다.

　단군릉이냐, 아니냐 하는 문제가 없지 아니합니다. 그러나 이조李朝에서도 해마다 강동현령으로 하여금 치제致祭를 하여왔고 민간에서도 입에서 입으로 이 무덤이 단군릉인 것을 전하여왔으니 단군릉이 아닙니까. 유식한 체하는 무리들로 하여금 제멋대로 단군의 존재를 의심하고 단군릉의 존재를 의심하게 하시오. 그렇더라도 우리에게 국가 생활을 처음으로 주시고 삼백육십사三百六十事(360가지 일)의 문화생활을 처음으로 가르치신 단군은 엄연한 실재요, 또 단군이 실재라면 다른 곳에서 그 어른의 능이 발견되지 않는 동안 강동의 단군릉밖에 우리가 단군릉으로 생각할 곳이 없지 않습니까. 그러므로 강동의 단군릉은 우리 시조 단군의 능침陵寢으로 존숭하고 수호할 것이 아닙니까.

—이광수, 「단군릉」, 『삼천리』, 1936. 4, 74~75쪽.

　이광수는 조선인들이 단군릉을 찾지 않을 뿐만 아니라 가까이 있는 자들조차 그 위상을 알지 못하고 제대로 관리조차 하지 않음을 애석해한다. 단군 성적聖跡이 포함된 조선인의 평양 기행문을 찾기가 쉽지 않은 것은 이러한 이유일 것이다. 단군릉을 비롯한 단군 성적은 당시 대중에게 인기 있는 여행지는 아니었다. 낙랑 유적지도 주목을 받는 곳이 아니었음은 앞에서 말한 바와 같다. 사실 두 군데 모두 대중적인 여행지로 활성화되지 못했다. 이곳은 모두 조선 역사의 기원을 둘러싸고 이데올로기적으로 호명된 장소이다. 이곳을 찾는 여행은 주로 당위적인 답사라거나 동원된 시찰의 차원에서 이루어졌다. 위의 글 후반부에서 강하게 드러나듯 단군 및 단군릉의 존재를 확신시키려는 그의 의도는 당위성 가득한 문체로 표현된다. 이러한 성격은 오히려 확신에 대한 균열을 만들어낸다.

> 을밀대에서 모란봉으로 가는 소나무 숲 가운데 대동강으로 향한 쪽에 기린굴이라는 것이 있어 동명성왕에 관한 유적이라고 <u>전하거니와</u> 무엇인지 알 수 없고, 영명사는 본래 고구려의 궁궐터라고 <u>하거니와</u> 을밀대와 모란봉 사이 손바닥만한 지면이 어떻게도 그렇게 심수深邃하고도 양명陽明하게 생겼을까 실로 자연의 경이라 할 만한 풍경이거니와 …(하략)…
>
> —이광수, 앞의 글, 71쪽.

위에서 밑줄 친 "전하거니와", "-라고 하거니와" 같은 문구에 유의해보자. 역사의 장소로서 평양 의식의 기저에 자리 잡고 있는 것은 이야기 혹은 신화이다. 이광수에게 평양은 민족 기원의 장소로 증명되어야 하는 논리의 장소이다. 당위적 논리의 현장에서 그가 내민 카드는 이야기이다. 그는 이야기에 의존하여 단군의 사실성을 입증하고자 한다. 이때 이야기는 허무맹랑해서는 안 된다. 그는 좀 더 집요하게 논지를 이끌고 나가 단군 이야기가 갖는 진실성의 내적 논리에까지 가 닿아야 했다. 스스로 내건 주제는 안일한 논리로 끝낼 수 있는 성질이 아니었다. 하지만 그의 증명은 여기에서 멈춘다. 결국 사실을 향해 달려가야 할 화살이 신화의 화살로 둔갑하고 만 격이다. 이광수가 보낸 「단군릉」의 역설은 역사적 장소를 신화화 하는 논리 혹은 방식에 있다.

4. 억압의 조우와 탈억압

평양은 이 시기 여행자에게 부여나 경주에 비해 구체적인 역사의 유적지로 인식되지는 않았다. "평양은 두말할 것 없이 기생의 세상이다"[103]라는 말에서도 드러나듯이, 여행객들에게 평양이란 기생, 대동강 뱃놀이, 부벽루·모란봉의 절경을 즐기는 곳이었다. 이 같은 인식이 일반적이었음을 고려할 때 이광수의 인식이 그다지 새롭지는 않다. 「단군릉」의 역설로부터 생각해볼 수 있는 것은 평양에서 고대의 역사가 존재하는 방식이다. 이광수의 예에서 보듯이 고도로서 평양의 의미는 사실적인 역사로서 수용되지 않았다. 이는 당위적 혹은 이론적 차원에서 존재할 뿐이었다. 그렇다면 평양의 고도적 의미는 다른 차원에서 내적 논리를 찾아야 하지 않을까?

호암(문일평)은 평양과 부여를 비교하면서 이 두 도시의 유사함을 "시詩의 도都, 몽환의 도"라고 표현했다. 이에 덧붙여 "마찬가지 풍류 고도이나, 그러나 혹은 주방畫舫을 띄우고 혹은 명정에 올라 일야호유日夜豪遊하는 가인재자의 번화물색에 이르러는 부여로서는 도저히 평양의 발아래에도 미치지 못할 바다"[104]라며 풍류성의 정도에서 평양을 우위에 두었다. 평양을 찾는 이들은 이 도시가 갖는 풍류성에 젖어들고 또 위안을 받는다.

---

103 김영진, 「대동강 배노리 ─ 평양기행의 일절」, 『신민』, 1927. 9, 111쪽.

104 호암, 「평양과 부여」, 『조선일보』 1938. 7. 15.

평양의 몽환성, 평양의 시詩는 어떻게 풍류가 되고 오락이 되어 위무적 힘을 발휘하는가? 다시 한 번 곽복산의 논리에 기대보자.

> 도쿄에서 수년 동안을 지내고 경성 이곳저곳을 볼 때 나는 속으로 울었다.
> 평양의 첫인상은 내에게 새로운 힘을 주고 커다란 포부를 주었다. 평양은 과연 살아 있다. 귀를 기울여 들어보자! 그날그날의 통신을 보내고는 모란봉에 홀로 올라 유유히 흐르는 저 패수를 굽어보고, 또한 움직이는 우리의 시가를 바라본다. 힘차게 뛰노는 평양의 맥박을 감촉하며 나의 가슴은 환희에 충만하여 그만 혼자 흥분돼 부들부들 떤 때가 한두 번이 아니다. 그러니 평양은 나를 울리고 웃겼다. 평양 일 년 반여에 내 한 일은 없으되 대동강을 구경하였고 냉면을 먹었고 평양에서 장가까지 들었다. 이제 날더러 평양 사람이 되었노라고 한다.
> — 곽복산, 「신문기자가 본 평양」, 『백광』, 1937. 2, 27쪽.

도식화를 무릅쓰고 본다면 위의 글에서 제국의 수도 도쿄, 식민지의 수도 경성은 피식민지인에게 억압을 행사하는 공간이다. 평양은 그러한 필자의 억압을 풀어주는 구원의 공간으로 표현되고 있다. 평양에 대한 곽복산의 감정은 글 전체에서 위에 제시한 단락에 이르러 솔직하게 드러난다. "도쿄에서 수년 동안을 지내고 경성의 이곳저곳을 볼 때" 속으로 울던 그에게 평양은 생명감을 느끼게 하면서 감동의 눈물과 환희의 웃음을 짓게 한 곳이다.[105] 즉, 평양은 제국의 기획에 억눌린 자에게 돌파구를 마련해주었다. 친지들이 느끼는 평양 사람의 "뚝뚝"함을 그는 "씩씩"함으로 받아들인다. 이처럼 평양

---

[105] 염상섭의 「표본실의 청개구리」에서 평양과 경성도 이러한 관계로 파악할 수 있다. 경성에서 무력감에 빠진 주인공이 돌파구를 찾아 나선 곳이 평양이다.

은 억압된 자신을 위무해주고 풀어주는 공간이 된다.

평양이 억압된 자를 위무하는 공간으로 기능할 수 있게 된 것은 평양 자체도 자의식이 억압된 공간이기 때문이다. 평양은 고조선 및 고구려의 도읍이었다. 역사적 위상이 결코 가볍지 않음에도 불구하고 우리 문화사에서 평양이 갖는 의미는 부침이 심했다. 특히 조선시대에 이르러서 고구려에 대한 역사적 인식은 현실적인 필요성에 따라 여러 번 부침을 겪었고, 문화적으로는 주변부에 머물렀다.[106] 그럼에도 평양(인)의 문화적 자존 의식은 강했다. 이 자존 의식은 흔히 고구려의 호전성·용맹성과 연결되어 평양(인)의 기질로 논의되곤 한다. 정지용은 「화문행각―평양 2」에서 이를 구체적으로 노래했는데, "시대와 비애의 음영"에도 "문약의 퇴색한 빛"을 보이지 않는 씩씩하고 두터운 기질 및 남방의 멋과 비교되는 운치를 평양의 특성으로 언급했다.[107] 「가수의 도都 평양」의 관점도 동일하다. 이 글의 필자는 평양인의 노랫소리에 대해 "이렇던 것이 한양조에 와서 서북도 사람을 억누르는 바람에, 가슴에 뭉친 울분은 참을지언정 전통적으로 가지고 있는 정서"를 버릴 수 없어서, 심지어 압박이 심하면 심할수록 노래 실력은 더 발달되어왔노라고 적었다.[108]

근대 조선의 여행자는 평양이라는 주변의 장소에서 억압된 자기를 만난다. 그 우연한 만남 속에서 여행자는 자신의 상처를 위로받는다. 조선시대로부터 이어져온 억압된 평양의 정서와 식민지 시대 조선인의 억압된 정서가

106 허태용, 「임진왜란의 경험과 고구려사 인식의 강화」, 『역사학보』 190집, 역사학회, 2006, 36~42쪽.

107 정지용, 「화문행각―평양 2」, 『동아일보』 1940. 2. 8.

108 김상룡, 「가수의 도都 평양」, 『삼천리』, 1935. 11, 215쪽.

만나 공감이 형성되고 위무의 힘이 발휘되는 것이다. 더군다나 평양(인)은 호방하다. 동일한 조건에서도 기운을 잃지 않는 자의식 강한 공간에서 여행자는 힘을 얻는다. 이는 경성인의 피곤을 풀어주기에 충분했다.

다음 글은 고구려를 환기하는 근대 조선인의 정서를 잘 보여준다.

> 이곳에 내려 땅을 디디니, 이만해도 외국인데 외국적 정서가 그리 굳세게 떠오르지 않는다. 남몰래 무슨 뒷길이나 찾아다니는 것 같은, 극히 떳떳하지 못한 저급한 정서만이 휘돈다. 낯선 것은 눈앞의 토인 가옥이요, 촌막뿐이요, 물 위에 떠 있는 토인의 정크는 나의 생향인 인천에서 많이 보던 잔재라 그리 이상하게 비치지 않는다.
>
> ―고청, 「고구려 고도 국내성 유관기」, 『조광』, 1938. 9, 306쪽.

고구려의 도읍인 홀본(졸본), 국내성, 환도성을 찾아 답사한 내용을 적은 글의 일부분이다. 고구려 때에는 우리 땅이었지만 이제는 중국 영토가 된 지역을 답사하면서 글쓴이는 "남몰래 무슨 뒷길이나 찾아다니는 것 같은, 극히 떳떳하지 못한 저급한 정서"에 빠져든다. 이는 고구려에 대한 인식이기도 하며, 그 도읍인 평양에 대한 인식이기도 하다.

일제는 루거우차오蘆溝橋 사건을 준비하면서 만선사관을 강조하고 그에 따라 고구려사에 대한 태도도 바꾼다. 하지만 그 또한 만주 침략의 발판으로 이용하기 위해 일본사 내에서 고구려사를 부각한 것이었다.[109] 반복해서 말

---

[109] 최석영, 「일본 식민사학자들의 고구려·발해인식」, 『한국근대사와 고구려·발해 인식』, 독립기념관 한국독립운동사연구소, 2005, 366쪽; 신주백, 「한국근현대사에서 고구려와 발해에 관한 인식」, 『역사와현실』 55권, 한국역사연구회, 2005. 3, 112쪽.

하지만 고구려에 대한 근대 이전과 근대 초기의 은폐와 억압의 시선 속에서 평양이라는 공간의 억압성은 지속되었다. 이는 평양의 성격이 반복, 재생산되는 이유로 작용한다. 구체적으로 살펴보면 조선시대 평양은 중심 문화로부터 소외되면서 정치적 긴장을 풀어내는 풍류와 유흥의 공간이었으며 이별과 허무의 정서를 환기하는 곳이었다. 이러한 성격은 근대에 이르러 여성적 공간이나 폐허의 고도와 같은 이미지로 표상되었는데, 결국 둘은 맥락상 동일한 성격의 재생산 혹은 변주이다.

김영진의 「서경행」은 여행자에게 평양이 어떤 의미인지를 좀 더 구체적으로 보여준다.

> 그러한 일방 신민사로 볼 때는 여비를 내서 안동현까지 출장을 보내는 것이니 될 수 있는 대로 잡지도 좀 잘 선전하고 인기를 끌 만한 좋은 자료도 많이 얻어와서 10월호에는 여행 기사로 좀 잘 채워보자는 뜻이 없지 않을 것이다. 이러한 책임감이 나에게는 조금도 없다 할 수는 없으나 그보다는 아무튼지 평양을 한번 보자는 유람객과 같은 기분이 많았음은 사실이다. 그러나 아무튼지 평양을 한번 보자는 생각 가운데는 무슨 남에게 나의 견식을 자랑해보겠다든가 또는 명승지를 돌아다녔노라는 자만보다는 선인의 자취를 찾으며 유한한 자연의 적막한 품 안에서 얼마 만이라도 나의 시상을 길러보자는 생각과 또 한 가지는 도시의 분주한 곳을 떠나서 늦은 가을의 전원을 맛볼까 하는 나의 은둔적 기분으로서 이러함이 속이지 않는 나의 고백일 것이다. 단순히 말하면 내가 평양을 보고자 함은 상업지의 평양, 공업지의 평양보다는 역사의 평양 또는 고적의 평양을 보고자 함이다.
>
> ― 김영진, 「서경행」, 『신민』, 1925. 10, 102쪽.

윗글의 글쓴이에게 평양은 "상업지의 평양, 공업지의 평양보다는 역사의 평양 또는 고적의 평양"이다. '역사의 평양', '고적의 평양'을 강조했음에도 그의 글에서 '역사'와 '고적'에 대한 기술은 상투적이다. '역사의 평양', '고적의 역방歷訪'이라는 소제목 아래 기술된 내용은 '평양의 명물 냉면', '인물의 평양' 등과 비교할 때 실감이 떨어진다. 그 이유는 그가 평양에서 진정으로 매력을 느끼는 부분이 역사와 고적이 아닌 자연과 전원이기 때문이다. 그가 평양을 "그리워"하는 이유는 자연의 적막한 품에 안겨 시상을 떠올릴 수 있을 뿐 아니라 도시의 분주한 곳을 떠나 늦가을의 전원을 맛볼 수 있기 때문이다. 이러한 맥락에서 그에게는 평양의 역사와 고적 또한 자연과 전원의 범주에 포함된다.

제6부
코스모폴리탄의 세계정세 시찰과
미완의 여행(기)

01

당당한 시찰자, 이정섭

이정섭李晶燮[1]은 중외일보사를 대표하여 1927년 1월 21일 중국으로 향했다. 2월 21일에 귀국한 뒤 4개월 남짓 지난 7월 2일에는 세계일주의 길을 떠

---

1 삼천리사에서는 1931년 봄 『조선일보』와 『동아일보』의 사장 공천 행사를 벌인 바 있다. 이정섭은 조선일보사의 사장으로 공천된 21명의 인사 가운데 한 사람이다. 신문사 사장에 공천되었다는 사실은 당시 이정섭의 문화적 위상을 가늠해볼 수 있는 하나의 지표가 된다. 「조선일보 동아일보 사장 공천 결과 발표」, 『삼천리』, 1931. 10, 36~37쪽.
이정섭(1896~1950. 7. 17. 납북) 연보를 간단히 소개하면 다음과 같다.(연보는 정진석, 「아일랜드 기행문 꼬투리 총독부, 기소·정간 탄압」, 『신문과 방송』 494호, 한국언론진흥재단, 2012. 2, 81~87쪽을 바탕으로 수정 및 정리)
   ● 1896년 함경남도 함흥군 출생, 서울에서 보성중학 졸업 후 프랑스 유학
   ● 1919~1926. 7. 17. 프랑스에서 고등중학 과정을 마치고 파리대학 문과에서 사회학 전공 및 졸업
   ● 1926. 11. 15. 『중외일보』 창간과 동시에 논설 기자로 입사
   ● 1927. 7. 2. 세계일주 여행 출발
   ● 1927. 11~12. 귀국 추정
   ● 1932. 6. 『조선일보』의 논설반 겸 정경 부장으로 입사
   ● 1938. 경성방송국 입사
   ● 1945. 9. 15. 조선방송협회 회장에 선출
   ● 1950. 7. 17. 서울 돈암동 자택에서 납북

났다. 두 차례 여행은 모두 정세 시찰이라는 목적 아래 특파원 자격으로 이루어졌다.[2] 한 달간의 중국 여행에 대해서는 「호한기행滬漢紀行」(전 20회)이라는 글로, 5개월 남짓[3] 다녀온 세계 여행에 대해서는 「조선에서 조선으로」(전 91회)라는 글로 신문에 실렸다.

이정섭의 여행(기)은 독특한 이력을 지녔다. 중국 여행과 관련해서는 설화舌禍 사건을, 세계 여행과 관련해서는 필화筆禍 사건을 겪었다는 점에서 그러하다. 그는 1927년 4월 1일 충북 영동에서 '중국 시찰 보고' 강연을 끝낸 뒤 "불온한 말이 있다"는 이유로 영동경찰서로 끌려가 취조당했다. 이후 대전 지청 검사국에 넘겨져 취조를 받고 5일 아침에서야 무사 방면되었다.[4] 또 세계일주 기행문을 연재하던 중인 1928년 2월 27일에 경성지방법원 검사국이 같은 해 2월 18일부터 23일까지의 기행문을 문제 삼아 『중외일보』의 주간인 이상협 및 관련자를 소환함으로써 더 이상 연재를 지속할 수 없었다.[5]

시찰 형식의 여행은 무엇보다 정치적 성격이 강하다. 일제의 관광 정책은 식민 통치의 강력한 기술적 전략으로서 이를 노골적으로 보여준다. 한일병합 이전부터 식민지 시대에 이르기까지 조선인의 일본 내지 시찰은 계속되었

---

2 중국 여행의 목적에 대해서는 "국민혁명운동에 깊은 동정을 가진 조선 민족에게 국민정부와 국민혁명운동의 진상을 보도하여 조선 민족의 장래 발전에 한 도움이 될까 하는 생각으로 중외일보를 대표하여 일부러 한커우漢口에 왔습니다."(이정섭, 「호한기행(12)」, 『중외일보』 1927. 3. 4)라고 본인이 직접 기행문을 통해 밝혔으며, 세계일주에 대해서는 "세계의 정형과 약소민족의 신흥 운동을 정밀히 시찰 조사하며 신문 사업도 연구"하기 위한 목적이라고 『중외일보』에서 단독 기사를 통해 밝혔다 (『중외일보』 1927. 7. 3.)

3 이정섭의 귀국 시기는 이 책의 제6부 03장 각주 33을 참고.

4 「설화 이정섭 씨 대전 지청으로 송국」, 『조선일보』 1927. 4. 7; 「이정섭 씨 신병 요양—강연 요구는 부득이 수용치 못함」, 『중외일보』 1927. 4. 8.

5 이정섭에 대한 구체적인 논의로는 정진석의 경우가 유일하다. 정진석, 앞의 논문.

다.[6] 제도와 정책은 제국의 정치적 입장을 충실하게 그리고 일방적으로 수행할 수 있다. 하지만 통치 대상인 피식민자, 즉 식민지인은 제국의 힘에 일방적으로 영향을 받기만 하는 수동적이고 고정된 존재가 아니다. 식민과 제국의 힘은 그에 이르러 상호 충돌한다. 조선인의 내지 시찰 여행기는 이를 잘 보여준다. 이런 여행기는 식민과 제국 사이의 다양한 스펙트럼 가운데 어느 한 지점에 놓일 수 있으며, 글의 내용과 성격은 그 지점의 조건과 위치에 따라 결정된다.

내지 시찰에서 여행 주체는 둘로 나뉜다. 실질적인 여행 주체는 조선인이지만 구조적 차원의 여행 주체는 정책을 입안한 일제(구체적으로는 신문사 혹은 조선총독부)이다.[7] 내지 시찰 여행의 구조가 제국과 식민의 위상 차이에서 비롯되었음은 물론이다. 이 틀 자체가 제국의 여행자에게는 식민지에 대한 자기중심적인 시선을 유지할 수 있는 안정감을 제공한다. 역으로 식민지인에게는 제국의 힘을 강제하는 요소로 작용한다. 그 힘은 강력해서 여행자의 생각을 흔들고 시선을 흔든다. 그렇다고 그가 식민지 모국의 문화로부터 전적으로 벗어날 수 있는 것도 아니다. 그렇기에 그는 제국의 도시를 거닐면서 자기중심성을 유지하기가 쉽지 않다.[8] 이 시기 시찰에서 힘의 방향은 제국에서

---

6 조선인의 일본 시찰은 역사학계의 면밀한 논의들을 통해 입증되고 있다. 박찬승, 「식민지 시기 조선인의 일본 시찰―1920년대 이후 이른바 '내지시찰단'을 중심으로」, 『지방사와 지방문화』 9권 2호, 역사문화학회, 2006. 5, 203~248쪽; 조성운, 「1920년대 일제의 동화정책과 일본시찰단」, 『한국독립운동사연구』 28, 독립기념관, 2007, 203~260쪽.

7 1910년대 이후 일본 시찰은 '내지 시찰'이라는 명칭으로 변경되어 수행되었으며, 3·1운동 이후인 1920년대에 들어서는 총독부가 이를 직접 주도했다. 그 전에는 경성일보사나 매일신보사 등 신문사의 주도로 이루어졌으며, 동양척식회사도 이에 가담했다. 박찬승, 위의 논문, 204~205쪽.

8 내지 시찰 기행문에서 식민주의에 대한 "협력과 저항으로 도식화할 수 없는 식민지민의 인식상의 '균열'과 그에 따른 착종적 주체성"을 읽어낸 박찬모의 논의는 제도적으로 구

식민지로 향했으며, 그 시선은 제국에서 온 문명인의 차지였다. 이런 까닭에 제국-식민의 틀 안에서 조선인은 온전한 '시찰'의 주체가 되기 어려웠다.

이정섭의 시찰 여행은 이와 사뭇 다르다. 그는 다른 차원의 '시찰'을 보여 준다. 차이점은 무엇보다 여행자로서 주체적 면모를 분명히 한다는 데 있다.[9] 그는 당시 주된 시찰의 방향과 시선을 교란하고 '제국(인)＝시찰의 주체'라 는 도식적 틀을 깨뜨린다. 그의 이런 시찰 방식은 이 시기 정세 시찰자를 둘 러싼 내적·외적 조건에 힘입은 결과이다. 즉, 국내외적 정세가 이러한 주체 적 태도를 고무하는 데 일조했던 것이다. 이를 좀 더 살펴보기 위해 1920년 대 중반을 전후한 상황과 정세 시찰의 양상을 함께 들여다보자.

1920년대 중반에 이르러 조선의 신문사는 주변 국가의 정세를 파악하기 위해 적극적으로 시찰 기자를 파견했다. 신문기자로서 세계정세 시찰 여행 에 적극 참여했던 이는 이정섭 외에 이관용李灌鎔[10]이 있다. 그도 이정섭 못지

성된 내지시찰단원 및 시찰기조차 제국의 입장으로부터 이질화되는 지점이 있음을 잘 보여준다. 박찬모, 「1920년대 '내지' 시찰과 식민지 근대(성)」, 『남도문화연구』 19집, 순 천대학교 남도문화연구소, 2010. 12, 324~332쪽.

9 여행자의 주체적 면모를 보여주는 세계 시찰은 허헌의 구미만유기에서도 찾을 수 있 다. 이에 대해 황호덕은 "한 이질적인 여행기", "매우 다른 양태의 여행기"라면서 그 예 외성을 표현했다. 황호덕, 「여행과 근대, 한국 근대 형성기의 세계 견문과 표상권의 근 대 ─ 허헌의 구미만유를 중심으로」, 『인문과학』 46집, 성균관대학교 인문과학연구소, 2010, 9쪽.

10 이관용(1891~1933)은 1914년 3월 옥스퍼드대학 문과에 입학했으나 중퇴, 1916년 다 시 스위스대학에 입학하여 1921년 철학박사 학위를 받고, 독일·프랑스·미국 등을 견 학찬 후 1923년에 귀국했다. 1923년 5월부터 연희전문학교이 교사로 있던 중 1925년 『동아일보』 특파원으로 모스크바를 가게 되었다. 이후 『시대일보』 부사장, 신간회 간사 등을 역임했다. 1933년 여름 불의의 사고로 젊은 나이에 생을 마쳤다.(국사편찬위원회 한국사데이터베이스 한국근현대인물자료 참고) 이관용이 『동아일보』에 실은 기행문으 로는 「붉은 나라 로서아를 향하면서, 특파원 철학박사 이관용, 봉천에서 제1신」(1925. 2. 27)을 비롯하여 「적로소식 ─ 치타 차중에서」(전2회), 「적로행, 막사과莫斯科(모스크바)

않게 많은 양의 시찰 여행기를 썼다. 그는 1925년 2월 『동아일보』 특파원의 자격으로 "정치와 사회 사정 시찰"이라는 목적을 가지고 러시아의 모스크바를 향해 떠났다가 유럽을 거쳐 같은 해 7월 귀국했다. 1927년과 1928년에는 『조선일보』 특파원으로 중국을 다녀왔다.[11] 그의 중국 정세 시찰은 이정섭보다 시기적으로 좀 더 늦다. 이정섭이 우한武漢을 방문한 시기는 우한국민정부가 막 성립된 직후인 1927년 1월과 2월이다. 조선일보사를 통해 이루어진 이관용의 중국 시찰은 이보다 늦은 1927년 후반에서 1928년에 걸쳐 이루어졌다. 이들의 시찰 여행은 중국혁명군의 상황을 파악하고, 이를 통해 조선의 민족운동을 가늠하기 위한 것이었다.

이 무렵 일본에서는 보통선거 실시가 가시화되고 무산정당운동이 진전되고 있었으며, 중국에서는 국민당이 북벌을 전개하여 군벌을 물리치고 승리를 거두고 있었다. 조선 내외의 민족운동 세력은 이러한 변화를 조선에 유리한 상황으로 파악하여 전반적으로 고무되었다. 조선에 "유리한 국제 정세의 진전에 맞추어 민족운동을 한 단계 더 진전시켜야 한다는 의식과 의지가 민족운동 전반에 팽배해졌고, 이에 따라 민족주의 세력의 민족적 중심 단체, 정치조직의 결성을 위한 움직임도 구체화되기 시작했다."[12] 중국에 대해서 당시 국내 언론은 중국혁명군이 승리하여 인민의 자주권이 회복되면 "극동의 정

가는 길에」, 「적로수도산견편문赤露首都散見片聞」(전5회), 「노도露都에서 독일까지, 독면에서」(전2회), 「구라파 구경」(전11회) 등이 있다.

11 이관용이 『조선일보』에 쓴 글로는 「배일의 봉천에서」(전3회), 「혁명 완성된 중국을 향하면서」, 「중국 가는 길에. 봉천견문」, 「동삼성 총사령부 방문 장학량張學良 씨 회견기」(전4회), 「재만동포의 제문제. 21일 봉천에서」, 「만주와 일본」(전2회), 「북경에 와서」(전4회), 「남경에 와서」, 「왕정정王正廷 씨 회견기」 등이 있다.

12 윤덕영, 「1926년 민족주의 세력의 정세 인식과 '민족적 중심 단체' 결성 모색」, 『동방학지』 152집, 연세대학교 국학연구원, 2010. 12, 269쪽.

세가 일변"할 것이고, 그 결과 "일본의 조선에 대한 정책도 변경하지 아니할 수 없는 필연적 국면에 다다를 것"으로 전망했다.[13]

중국과 일본의 상황뿐만 아니라 1920년대의 세계적 정세 또한 조선의 운동 세력을 고무했다. 세계적으로 신흥 약소 세력들이 하나씩 독립의 소식을 조선에 전해왔기 때문이다. 이정섭과 이관용으로 대표되는 당시 신문사의 주변국 정세 시찰은 이러한 분위기 속에서 이루어졌다.

이정섭과 이관용의 개인적 특성 또한 간과할 수 없다. 이들은 둘 다 당시로서는 보기 드문 유학생 출신의 신문기자였다. 이들이 주체적이고 당당하게 시찰에 임할 수 있었던 데에는 국제적 차원의 지식 확보와 그에 따른 지적 자심감이 크게 작용했다. 이는 비단 중국이나 러시아가 당시 조선과 동일한 약소국의 처지였기에 가능한 태도가 아니라는 말이다. 두 사람은 이러한 시대적 배경 아래 자신들의 지적 자의식을 토대로 중국을 비롯한 주변국에 대해 주체적 시찰자로서 자세를 유지할 수 있었다. 이들은 시찰 혹은 여행에서 조사나 취재가 제국(인) 혹은 서구(인)의 특권이 아님을 보여준다. 이관용이 1925년 2월 러시아 모스크바로 향하면서 쓴 글에는 이러한 시찰 의식의 한 면을 엿볼 수 있다.

> 나더러 러시아에 가서 정치와 사회 사정을 시찰하고 오라 하였으므로 내 목적은 하루라도 바삐 가서 듣고 보는 대로 충실히 보고할 것입니다. 그러므로 보고의 성질을 잃지 않고 모든 것을 순전히 객관적으로 관찰하는 과학자의 태도를 유지하기 위하여 모든 주관적 감성을 제외할 것입니다. 그러나 기차가 경성을 떠난 후에 나는 다시 한 번 생각하였습니다. 향자向者에 일로협약이 성립되던

---

13 「극동의 대세와 민족적 각오」, 『동아일보』 1927. 1. 1.

날 신문사에서 러시아에 특파원을 보내겠다 할 때도 생각하였거니와 대저 무슨 이유로 내가 러시아로 혹한을 무릅쓰고 많은 비용과 아까운 시간을 버리고라도 이 길을 떠나게 되었는지 다시 한 번 물어보았습니다. 러시아의 정치적 활동과 사회적 조직과 문화적 건설을 시찰하고 연구하는 것은 나뿐 아니라 전 세계 모든 정치가, 모든 실업가, 모든 학자가 다 하고자 하는 바이니, 이것이 무슨 이유인지 알고 싶습니다.

—이관용, 「붉은 나라 로서아를 향하면서 ― 봉천에서 제1신」, 『동아일보』 1925. 2. 27.

이관용은 모스크바로 향하면서 자신의 여행 목적을 곰곰이 생각하고 정리한다. 태도에 부박함이 없으며 차분하고 성찰적이다. 신문사 특파원으로서 그의 여행 목적이 취재에 있다는 데에는 의심의 여지가 없다. 그렇기에 그는 "주관적 감상"을 최대한 배제하고 "듣고 보는 대로 충실히 보고할 것"을 다짐한다. 하지만 생각은 여기서 멈추지 않고 계속 나아간다. 러시아 취재가 왜 이루어져야 하는지를 다시 한 번 묻는다. 그리고 결론을 내린다. 자신의 여행 목적은 단순히 러시아라는 한 지역 혹은 국가의 취재를 넘어 국제 정세 속에서 러시아의 의의를 찾는 데 있다는 것이다. 러시아의 의의는 약소국의 의의이며, 이는 곧 조선의 처지와 연결된다. 러시아 시찰은 곧 국제 정세 속에서 조선이 나아갈 바를 모색하는 일이 된다.

이정섭의 시찰도 이와 같은 맥락에 있다. 그가 중국 국민당 정부의 북벌 혁명 중심지인 한커우漢口와 그 경로에 있는 상하이를 적극적으로 시찰하는 이유도 조선의 길을 모색하기 위함이었다. 이관용과 마찬가지로 이정섭은 기자의 사명을 가지고 여행의 전반적 일정을 주도하면서 여로를 장악한다.

식당에 들어가 앉으니 사무원 냄새나는 일본인 하나가 내 맞은편에 앉더이다.

…(중략)… 대체 칼소리는 왜 그렇게 드렁드렁 내며 '프라이 에그'는 왜 그렇게 꿀
꿀 먹는지 서양 사람이 보았으면 으레 도야지라 하였을 것이외다.

—이정섭, 「호한기행(1)」, 『중외일보』 1927. 2. 20.

윗글은 이정섭이 부산에서 시모노세키下關로 향하는 관부연락선을 타고
갈 때 배 안의 식당에서 본 일본인에 대해 적은 부분이다. '프라이 에그(Fry
egg)', 즉 달걀 프라이를 먹는 일본인의 모습을 돼지에 빗대고 있다. 제국의
일본인을 야만인으로 묘사하는 그에게는 식민지인의 위축감이 발견되지 않
는다.

이러한 태도는 상하이를 출발하여 한커우로 가는 다이후쿠마루大福丸(일
청기선회사 선박)에서 벌어진 선실 논쟁의 한 장면에서도 드러난다.[14] 선실에는
한커우행 영국 상인, 한커우 우편국장으로 부임하는 프랑스인, 한커우 우편
국에 발령이 난 프랑스인, 충칭重慶 우편국으로 가는 프랑스인, 그리고 중국
인, 일본인, 아일랜드인 등이 함께 있었다. 선실은 마침 충칭으로 가는 프랑
스인이 던진 '중국 혁명'에 관한 주제로 열띤 토론이 벌어졌다. 이정섭은, 해
독이니 약탈이니 하면서 중국 혁명을 비난하는 영국인을 비판한다. 그는 한
커우의 조계 거리에서 중국의 도로임에도 불구하고 "서양인의 개는 통행하
여도 중국인은 통행할 권리가 없"다는 점에도 분노를 표하면서 영국 제국주
의의 폭력적 행위를 강하게 비판한다.[15]

---

14 이정섭, 「호한기행(7)」, 『중외일보』 1927. 2. 26.

15 원문은 다음과 같다. "이 도로에는 서양인의 개는 통행하여도 중국인은 통행할 권리가
없었습니다. 그러다가 혁명군이 우창武昌·한커우漢口를 점령하여 세력이 강대하게 됨
에 무가내하로 통행을 허락했다 하나이다. 남의 나라에 조계를 두고 자국의 행정·사
법·경찰을 실시함도 오히려 침략적 폭행이거늘 하물며 남의 나라에 공공도로를 내고

이정섭의 비판적 태도는 조선과 비슷한 처지의 약소민족에 대한 동정과 공감으로 이어진다. 중국뿐만 아니라 아일랜드(인)에 대한 동정이 이를 증명한다. 상하이 – 나가사키長崎 간을 운행하는 선박을 타고 귀국 여정에 올랐을 때에도 8개국 사람들이 선실에 모여 중국혁명을 놓고 수다가 이어졌다. 이때는 그들의 논의에 끼어들기를 마다하고 그는 혼자서 조용히 책을 읽다가 "8개국 선객 가운데 중국혁명에 동정하는 사람은 아일랜드 의사뿐이외다. 동병상련이지! 이 사람은 금년 30세가량의 청년으로 그 태도가 매우 정중합니다. 나는 이 사람과 여러 가지 이야기를 하였"[16]노라면서 아일랜드인에 대한 호의를 드러낸다. 이처럼 그는 영국을 비롯한 제국주의에 대해서는 비판적 자세를 분명히 하고, 동시에 중국과 아일랜드에 대해서는 호의적이다.

또 하나 살펴볼 점은 영국인을 비판할 때 동원하는 이정섭의 논거와 자세이다.

이 영국인은 중국을 개똥같이 나무랍니다. 말하길 중국인은 아편을 먹는다는 둥, 말하길 혁명군은 약탈을 시사한다는 둥. 이 말을 들은 나는 "당신은 중국인이 아편 먹는 것을 말하기는 좋아하면서 어찌하여 영국인이 아편 먹는 것은 좀 말하지 않는가요? 나는 결코 중상하려고 하는 말이 아니라 19세기 후반기의 경제사상에 일대 혁명을 일으킨 칼 맑스가 쓴『자본론』제1권을 읽어보시오. 확실히 어느 주註에 '중국의 아편을 수입하여 이익을 보는 영국은 그 화가 자기 발등에 떨어졌다'라는 의미의 말이 있을 것이오. 또 사실상 중국인이 아편을 먹는 습

그 나라 사람의 통행을 금지함은 확실한 비인도적 만행이외다. 남의 나라를 먹는 놈들은 다 이렇게 얼굴 파닥지가 뻔뻔한 법인가!" 이정섭, 「호한기행(9)」,『중외일보』1927. 2. 28.

16 이정섭, 「호한기행(20)」,『중외일보』1927. 3. 12.

관은 있다 할망정 아편을 먹여 다른 국민을 독살하고라도 황금만 모으기를 위주로 하고 인류 역사상에 제일 부끄러운 아편전쟁을 한 나라는 어느 나라인가요? 1840년부터 1842년 간의 아편전쟁을 회고할 때 당신은 부끄러운 생각이 없소? 또 혁명군이 약탈한다 하지만 영국 국민같이 약탈을 좋아하는 국민도 세계에 없을 것이오. 만일 내 말이 의심되거든 『브리태니커 백과사전』의 인도라 하는 주註를 찾아보시오. 저자가 영국인임에도 불구하고 영국인은 인도에서 해적 행위와 제반 약탈을 마음대로 하였다는 말이 없는가.”

이 말을 들은 영국인은 변박할 도리가 없음인지 조선인이 가진 흉을 말합니다. 의론이 이렇게 되면 필경에는 서로 욕이 나감이 일반적이외다. 프랑스인의 중재로 유야무야 간에 끝을 맺고 창밖을 내다보니 강 위에 뜬 야생 오리 한 쌍이 죽자 사자 서로 희롱하고 있습니다.

—이정섭, 「호한기행(7)」, 『중외일보』 1927. 2. 26.

이정섭은 맑스의 『자본론』 제1권과 『브리태니커 백과사전』의 주註를 논거로 중국에 대한 영국의 폭력적 행태를 비판한다. 논박은 매우 구체적이며 논리 정연하다. 그는 먼저 영국인에게 “당신은 영국인이 되어가지고도 오히려 영국 국민 그 자체를 잘 이해 못합니다그려”[17]라는 말로 대화를 시작한다. 그는 영국을 막연히 거부하거나 비판하지 않는다. 지적 해박함이 가져다준 분별력의 결과로서, 프랑스 유학 경험이라는 이력과 무관하지 않다. 그는 사회학을 전공했지만 유학 시절에 그 토대가 되는 과학철학, 경제학 등의 제반 학문에 두루 심취해 공부했었다. 그가 선실에서 펼친 비판적 논리는 프랑스

---

17 이정섭, 「호한기행(6)」, 『중외일보』 1927. 2. 25.

유학이라는 개인적 경험에 힘입은 바가 크다.[18]

중국에 도착해서 가장 먼저 챙긴 것도 각국에서 발행된 신문이다. 상하이에 도착하자마자 그는 항저우杭州 방면의 남북군 전황을 알아보기 위해 영어신문, 프랑스어신문, 중국신문부터 사서 읽었다. 한커우에 도착해서는 "Hankow Herald: The Central China Post와 한커우중국신문漢口中國新聞"을, 외교부대신 쑨커孫科(쑨원의 장남)와의 회견을 앞두고 기다리는 중에는 "The Central Post와 Hankow Herald, 민국일보 등"[19]을 읽었다. 가볍게 기술된 일상을 통해 국제적 차원에서 세계를 인식하고자 하는 그의 면모가 잘 드러난다. 시찰자 이정섭의 당당함은 이러한 코스모폴리탄적 지식인의 인식과 태도에서 비롯되었다.

그는 국민당 정부의 대신을 회견할 때에도 깍듯함을 유지하되 당당함을 잃지 않았다. 중국의 처지가 조선과 비슷하다고는 하지만, 그가 만나 인터뷰를 한 인물들은 중국에서 힘을 얻고 있던 국민당 정부의 각료였다. 그들 또한 중국의 엘리트로서 유학생 출신이 대부분이었다. 이들을 대할 때에도 그는 위축되지 않았다. 특히 국민당 정부 외교부장인 천유런陳友仁과 회견할 때 더욱 잘 드러난다.

　　"All right"이라고 천씨陳氏는 서서히 입을 여는데 영어가 유창하다. 내가 2월 11

18　이정섭은 프랑스에서 7년간 유학 생활을 했다. 고등중학 과정을 마치고 파리대학 문과에서 사회학을 전공한 뒤 1926년 7월 17일에 귀국했다.(『동아일보』 1926. 7. 18) 구체적인 공부 이력에 대해서는 이정섭, 「나의 불국유학시대」, 『신천지』, 1950. 2, 169~172쪽 참고.

19　이정섭, 「호한기행(3)」, 『중외일보』 1927. 2. 22; 「호한기행(10)」, 『중외일보』 1927. 3. 1; 「호한기행(19)」, 『중외일보』 3. 11.

일 한커우漢口에서 본사에 전보한 의미의 말씀으로 대답한 후, 천씨는 문서를 주더니 내가 전일 보낸 불어 서간을 떡 펼쳐놓고 한번 쭉 읽고 나서는 "이 불문佛文 편지는 당신이 쓰셨습니까?" 하고 웃습니다.

왜 이 따위 허튼 수작을 하는지 나는 골이 버쩍 났습니다. '이것을 네가 썼느냐?' 하는 가운데에는 '설마 네가 이런 글을 알까?' 하는 의미가 포함되어 있지 않을까요? 이것이 나를 귀하게 보고 웃는 것은 아니겠지요. 나는 골을 내어 좀 불순한 어조로 "그래요." "유럽 유학하셨습니까? 어느 학교에서 공부하셨습니까?" 하고 묻습니다.

원래 쉬첸徐謙 씨는 키나 크다 하니까 싱겁지만 천유런은 그렇지도 않으면서 이런 질문을 연발하는 것은 '싱거운 양은 키의 장에 정비례한다'는 법칙에 위반되는 것 같습니다. 그러나 어쩌겠소이까. 피彼는 대신이요, 나는 신문기자이오. 피는 말해줄 사람이요, 나는 말 받으러 온 사람이라 내가 머리를 숙일밖에!

—이정섭, 「호한기행(15)」, 『중외일보』 1927. 3. 7.

이정섭은 천유런을 만나기 전에 미리 프랑스어로 편지를 써서 보냈다. 그 편지를 받아 본 천유런은 이정섭에게 직접 썼는지를 재차 확인했다. 이정섭은 속으로 상당히 불쾌해했다. 천유런의 "허튼 수작", "싱거운" 짓에 "골이 버쩍 났"지만 애써 마음을 진정시켰다. 자존심이 상했지만 기자로서의 사명감이 중심을 잡아주었다.

그의 세계일주 첫 번째 여정은 요코하마를 들러 미국 샌프란시스코로 가는 것이었나. 여징상 일본에 잠시 머물러야 했다. 그는 중국에서 영국의 제국성에 대해 신랄하게 비판했었다. 그런데 조선과 대면한 일본에 대해서는 직접적인 비판을 가하지 않는다. 세계일주 여행기에서도 영국에 대해서는 비판적 긴장을 놓지 않는다. 이는 제국 일본에 대한 우회적 태도일 수도 있다.

다만 이 시기 조선의 지식인이 그러했듯이, 그 역시 일본의 현재적 발달상에 대한 분석을 부단히 시도한다.

기차 연변에는 어디를 가든지 수목이 울울창창하니 이것이 조선과 일본이 근본적으로 다른 점이외다. 그뿐인가요. 이 사람들의 경지 정리법과 벼 작법이 완미한 데는 감탄하지 않을 수 없고 더욱이 오사카大阪 지나 오른편으로 몇 리 동안은 커다란 굴뚝이 삼림같이 늘어져 공중에 솟아 있는 것을 보고는 다시금 조선인의 빈약에 큰 한숨을 쉬지 않을 수 없었습니다. 민족적 입장으로든지 맑스주의 입장으로든지 자본가적 생산법 그 자체는 발달되어야 할 것이올시다.

그러나 연변을 지나며 자세히 보면 일본의 문명이라는 것은 도시 문명이요, 향촌 문명이 아니외다. 가옥은 많지만 가옥이 아니라 '바라크(막사)'요, 그 바라크 안에 무엇이 있는가 엿보면 아무것도 없습니다. 또한 그 도로라는 것도 자동차 한 번 지나가면 홍진만장을 일으킬 도로뿐이외다. 그러므로 일본 문명을 전체적으로 보면 유럽 문명에 비교하여 한 200년가량 뒤떨어졌습니다. 그러면 왜 이와 같이 문화적으로 뒤떨어졌느냐 하면, 그는 일본이 육해군 발달에 서양 열강을 따르려 한 까닭이외다. 일본 문명은 부득이 절름발이 문명이 되지 않을 수 없었습니다. 왜? 만일에 일본이 그 유신 초부터 육해군 양성을 등한히 하고 함부로 서양 문화를 수입하였더라면 일본도 자바나 수마트라같이 서양인의 식민지가 되고 말았을 것이올시다. 금일의 일본이 일본인 소이는 무엇보다도 우선 육해군을 튼튼히 한 데 있습니다. 칼 품고 떡 받은 격이외다. 대원군이 개국하면 망할 터이라 하여 쇄국주의 쓴 것을 웃는 우리가 도리어 우습습니다. 누구보다도 대원군이 시대를 잘 보았습니다. 왜 그러냐 하면 아무 준비도 없이 개국하면 정해놓고 망할 것이 분명하였습니다. 대원군의 쇄국주의가 우습다면 그는 개국하며 동시에 병력을 견고히 할 줄 모른 것이외다. 내가 이렇게 말하면 하몽 형부터 내가 군국주의자가 아닌가 하시겠지만 아니올시다. 나는 일본 그 자체를 정당히 보고 사실을 판단할 뿐이외다.

—이정섭, 「세계일주기행(2) 조선에서 조선으로—도쿄에서」, 『중외일보』 1927. 8. 21.

　그는 "일본 그 자체를 정당히 보고 사실을 판단"하고자 한다. 그에 따르면 일본이 이룩한 문명은 "절름발이"다. 일본은 군사적으로는 서양 열강을 따랐지만 문화적으로는 자신들의 고유성을 유지하고 있다. 그는 이 같은 일본을 불균형적이라고 보면서 '절름발이 문명'이라 표현했다. 군사적 힘이 우선한다는 데 이정섭은 동의한다. 만일 문화를 먼저 받아들였더라면 일본도 동남아의 상황과 다르지 않았을 터라고 판단한다.

　'절름발이'라는 표현은 좀 더 생각해볼 만하다. 이정섭의 판단대로라면 일본 문명의 힘은 절름발이라는 특성에서 나왔다. 물론 그가 더 크게 강조한 것은 일본이 군사력을 먼저 갖추었다는 점이다. 육해군을 갖추지 않은 상태에서 서양 열강의 문화를 먼저 받아들이면 위험해진다. 일본의 위력을 감안할 때 국제 관계에서 통용되는 것은 이러한 태도이다. 그렇다면 이정섭은 왜 이런 일본을 절름발이라고 표현했을까? 이는 문화적 차원에서 일본을 바라보는 그의 관점으로부터 기인한다. 일본은 군사력을 강화하여 서구 열강을 좇아갔다. 하지만 일본의 문화는 유럽과 비교하여 "200년가량은 뒤떨어"졌다. 이정섭에게 문화란 위계적이다.

　이정섭이 보기에 일본은 힘을 갖고 있다고는 하지만 문화 자체의 힘을 인정하기는 어렵다. 일본의 혼당을 접하고서 그는 "원, 대체 이런 허무한 사회가 있나! 남녀 혼탕이라니 이게 도무지 어쩐 말인가!"[20]라면서 놀란다. 문화

20　이정섭, 「세계일주기행(3) 조선에서 조선으로—도쿄에서」, 『중외일보』 1927. 8. 22.

적으로 볼 때 조선의 양반 문화보다 뒤떨어졌다고 생각했기 때문이다. 그렇기에 일본인의 현재적 취향에 대해서도 그렇게 경도되지 않는다. 백화점에서 넥타이를 사면서 있었던 가벼운 에피소드는 그의 태도를 보여준다.

> 넥타이 하나 사려고 주식회사 미쓰코시三越 오복점吳服店으로 갔습니다. 미쓰코시는 일본 최대의 잡화상점으로 자본금이 3,000만 원이요, 본점의 점원만 1,300명인데, 전쟁 중에는 이익을 보았으나 요즘은 매월 손해가 3,000원가량이라 합니다. 뒤에 미쓰이三井가 있는 이상 큰 걱정은 없겠지요.
>
> 얼른 넥타이 하나를 골라잡고 값을 묻는데 어떤 사람이 섰다가 "이 넥타이, 당신이 쓸 건가요?"
>
> "그래요."
>
> "그건 너무 젊어 보이는데요!" 하면서 넥타이만 10년 정도 연구한 전문가의 태도를 취하는 것이 어찌 조금 우스워 보였습니다.
>
> "내가 몇 살쯤 돼 보이나요?"
>
> "25, 6세는 되었겠소."
>
> "그래, 이것이 내 나이엔 너무 젊어 보인다는 말이요? 이것이 요즘 미국 유행이랍니다." 하였더니 아무 말 못하고 가만히 섰습니다. 이 자가 정말 내 나이를 알았더라면 오히려 나보고 염치없게 넥타이를 고른다 했을 것이외다.
>
> 나는 거들어(한술 더 떠) "내가 당신 넥타이 하나 골라드릴까요? 이것 어떠시오?" 하고 빈정대려고 일부러 내 것보다 더 젊은 취향의 것을 골라줬더니, 이 사람이 "ジョウダンジヤアリマセン(농담하지 마세요). 나는 미국 안 갑니다."
>
> 만만치 않은 에도의 젊은이에게 코 뗴일 뻔 했습니다.
>
> ─이정섭, 「세계일주기행(3) 조선에서 조선으로── 도쿄에서」, 『중외일보』 1927. 8. 22.

위의 글에서 이정섭에게 말을 거는 "어떤 사람"이 백화점의 점원인지 아닌지는 확실하지 않으나 일본인이라는 사실은 분명하다. 이정섭은 자신의 넥타이 쇼핑에 훈수를 드는 자에게 상당히 여유롭고도 위트 있다. 그의 조언을 귀담아듣지도 않을 뿐만 아니라 "미국 유행" 운운하면서 기세의 우위를 차지한다. 가벼운 에피소드에 불과하지만 이로부터 읽을 수 있는 것은 그의 중심성이다.

02

사건의 현장, 상하이와 한커우

1. 중국 정세 시찰(기)의 운동성

이정섭이 1927년 1월 21일 경성을 출발하여 향한 목적지는 중국 국민당 정부의 소재지인 한커우였다. 그는 부산 - 시모노세키 - 나가사키 - 상하이를 거쳐 한커우에 도착한 후 국민당 정부 대신들과 회견을 마치고, 갔던 길을 되밟아 2월 21일 밤 관부연락선을 타고 돌아왔다. 주된 시찰 지역은 상하이와 한커우이다. 「호한기행」은 그 여정을 기록한 글이다. 호한滬漢은 상하이의 다른 이름인 '호滬'와 한커우漢口를 합쳐 이른 표현이다.

호한 여행은 기행문뿐만 아니라 논설 기사와 강연을 통해서도 조선의 민중에게 전달되었다. 이는 그의 여행이 운동의 차원에서 이루어졌음을 의미한다. 기행문과 기사, 강연은 그가 시찰을 통해 보고 들은 내용을 조선 내에서 적극적으로 공론화하는 데 동원된 형식이다. 이를 정리하면 〈표 16〉과 같다.

이정섭은 귀국 후 「혁명의 중국을 보고, 국민정부의 현재와 장래」를 『중외일보』에 연재하면서 강연을 시작했다. 경성 종로청년회에서 열린 첫 강

<표 16> 이정섭의 중국 정세 시찰 및 관련 활동

날짜	구분	내용	비고
1927. 1. 21~2. 21.	시찰	1927. 1. 21~2. 21일 밤 관부연락선을 타고 돌아옴.	
2. 20~3. 24.	글쓰기	● 「호한기행」(전20회), 『중외일보』 1927. 2. 20~3. 12. ● 「혁명의 중국을 보고, 국민정부의 현재와 장래」(전26회), 『중외일보』 1927. 2. 26~3. 24.	
3. 21~4. 1.	강연	● 3. 22.(21?) 종로청년회 중국시찰강연회 ● 3. 24. 오후 8시. 중국동란시찰강연회 김천군 ● 3. 26. 경운동 강연 ● 3. 28. 오후 7시. 인천청년동맹 주최, 내리예배당 ● 3. 29. 오후 8시. 『중외일보』 개성지국 주최 개성시내 중앙회관 ● 3. 31. 『조선일보』·『중외일보』·『동아일보』 3지국 주최, 혁명 중국을 시찰하고 온 보고강연회. 안주 천도교당 ● 4. 1. 충북 영동	영동 강연 후 4월 1일 영동경찰서에 끌려가 취조받은 후 5일 아침에 대전 지청 검사국으로 넘겨짐. 무사 방면 후 강연 중단.

연회에는 경성 시내에서는 물론 지방에서도 청중이 올라와 1,000여 명이 참여했다고 한다.

연사 이정섭 씨는 '혁명군의 승전하는 이유와 북군이 패하는 이유'를 들어 씨 일류의 예리한 논법으로 해부하고 한커우漢口 영조계 점령에 이르러 "광동廣東 한 모퉁이에 일어난 혁명군이 세계 제일 강국인 영국인을 누르고 몇 십년 래 차지하였던 한커우 세관에 청년백일만지홍기가 꽂힐 줄 누가 알았겠습니까. 인사의 변천은 참 모를 것입니다. 여러분! 도무지 낙심할 것 없습니다." 하는데 이르러는 연사는 일종 감격에 쌓이고 청중은 박수를 퍼부었다. 이어서 재정 문제를 일일이 숫자로 증명하여 혁명군의 장래를 해부 비판하고 국민당과 중국 공산당의 관계를 들어 장래의 염려되는 점을 말하고, 끝으로 중국의 당쟁이 장래의 화근

인 것과 같이 조선의 파쟁의 폐해를 동론하고 내리니, 전후 한 시간 반의 긴 강
연을 청중은 지루한 줄 모르고 극히 정숙한 중에 들었다. …(하략)…

—『중외일보』, 1927. 3. 23.

이정섭은 중국의 변화를 설명하면서 조선 또한 "도무지 낙심할 것"이 없
음을 역설한다. 또 중국 국민당과 공산당의 분열에 빗대어 조선 민족운동의
파쟁과 분열도 비판한다. 이렇듯 그의 중국 시찰은 식민지 조선의 상황을 타
개하기 위한 방법론적 모색의 일환이었다. 그의 중국 시찰담에 대한 청년들
의 뜨거운 관심도 동일한 차원에서 볼 수 있다. 하지만 강연은 1927년 4월 1
일 영동 강연 이후 더 이상 이루어질 수 없었다. "강연 중 불온한 말이 있다"
는 이유로 그는 영동경찰서 및 대전 지청 검사국에 끌려가 취조를 받아야 했
고, 이후 강연이 불가능해졌기 때문이다.[21] 『조선일보』에서는 이를 '설화 사
건'으로 보도했다.[22]

「호한기행」은 중국 시찰을 공적으로 보고하는 형식 가운데 하나이긴 하
지만 보고서는 아니다. 이정섭은 관부연락선에서 "짐을 풀어놓고 갑판에 올
라보니 벽해활호한 가운데 흰 돛 단 어선이 가고 오는 것을" 보면서 여행자
의 시흥을 드러내기도 한다.[23]

하지만 경성을 출발한 지 사흘 만에 도착한 상하이는 여행의 여유를 허락
하지 않았다.

21 『중외일보』 1927. 4. 8.
22 「설화 이정섭 씨 대전 지청으로 송국」, 『조선일보』 1927. 4. 7.
23 「호한기행(1)」, 『중외일보』 1927. 2. 20.

나가사키長崎에서 상하이까지 500여 리의 지나해支那海를 26시간에 횡단하는 쾌속도의 상하이마루上海丸는 어느덧 벌써 황푸강黃浦江 하류에 도착하였습니다. 강 입구에는 중국의 작은 순양함巡洋艦 세 척이 좌우 기슭에 갈라 있어 비록 그 임무는 상하이의 요핵이라 할 만한 우쑹吳淞과 그 근해를 순경巡警함인 듯하나, 동시에 내리고 오르는 대소 선박을 예시하며 위협하는 느낌이 없지 않소이다. 상하이 우편선郵便船 부두에 정박한 것은 같은 날(25일) 오후 2시 반이었나이다. 여관으로 가던 길에 오른쪽을 보니 동화양행東和洋行이라는 일본 여관이 있습니다. 우리나라의 위인 김옥균이 조선 정치 개혁과 독립을 위하여 멀리 상하이까지 왔다가 홍종우의 권총에 저격되어 백 년 유한遺恨을 머금고 등선登仙한 곳이 이 동화양행이라고 기억됩니다. "오호라, 망명자의 운명이란 이와 같구나!"라고 생각하니 나의 조그마한 마음은 눈물에 젖더이다.

—「호한기행(3)」, 『중외일보』 1927. 2. 22.

상하이로 들어서는 입구에서부터 그는 강 위에 떠 있는 군함들로 인해 위협을 느꼈다. 동화양행을 지날 때에는 김옥균의 죽음을 떠올리지 않을 수 없었다. 이렇듯 상하이는 그에게 이국의 낯선 정서를 선사하기보다는 살벌함 풍기는 정치적 공간으로 다가왔다. 도시 자체가 그로 하여금 개인적 감수성에 젖어들게 하기보다는 정세 시찰자로 몰아가는 듯했다.

2. 상하이와 한거우의 기리와 장소

「호한기행」에서는 여로 중의 자연경관에 대한 묘사를 찾기 어렵다. 중국의 풍경이 소동파의 「적벽부」 등을 통해 기대했던 바와 차이가 심한 것에 실망감을 드러내는 정도이다.[24] 취재를 목적으로 한 시찰 여행의 의의는 무엇보다 문제의 장소를 실제로 가서 보고 정황을 살피는 데 있다. 상하이와 한커우는 이 시기 중국의 정치적 상황을 확인할 수 있는 사건 현장이었다. 기자로서 여행자의 의무는 현장의 사정을 있는 그대로 파악하여 전달하는 데 있다. 당시 혁명정부가 수립된 지 얼마 되지 않은 한커우에 대해서는 중국 내에서조차 상황을 정확하게 파악하지 못하고 소문만 무성했다. 이는 상하이에서 한커우로 가는 선박에 동승했던 사람들 사이에서 떠도는 소문으로도 확인된다.[25] 그의 행보는 이같이 무성한 소문 속에서 실제 장소를 찾아가 두 눈으로 직접 정황을 보려는 의지의 실천이었다. "소문에 의하면" "쑨孫의 세력 범위인 안후이성安徽省까지의 차오강潮江은 매우 위험하다 하더이다. 그러나 본사(중외일보 신문사)의 사명을 가지고 갔다 옵니다" 한 이상, 위험하다고 상하이에 주저앉기에는 너무 용기가 없어 "어쨌든지 가자"[26] 하면서 그는 우한武漢행을 단행한다.

특파원 이정섭에게 여행지 호한은 사건의 현장 그 자체이다. 그는 근대도시 상하이와 한커우에 관광하러 간 것이 아니라 정치적 사건의 진행 장소를 취재하기 위해 간 것이다. 이런 까닭에 그에게 중요한 일은 각 도시의 정황을 전달하는 중개의 임무이다. 이정섭이 거리를 거닐면서 도시의 물리적·자

---

24 "상고나 중고 시대에는 수목이 울창하여 풍광이 명미한 곳이 많았었는지 몰라도 현재의 양쯔강揚子江 — 적어도 상하이로부터 한커우까지 몇 군데 제하고는 매우 적막한 평야를 볼 뿐이외다." 이정섭, 「호한기행(8)」, 『중외일보』 1927. 2. 17.

25 "선객들의 말에 의하면 주장九江에서 혁명군이 승선하면 갖은 폭행을 하여 심지어 선실까지도 다 빼앗는다기에 그런 줄 알았더니 폭행은 고사하고 일반적 규율이 매우 엄정한 데는 놀라지 않을 수 없습니다." 이정섭, 「호한기행(8)」, 『중외일보』 1927. 2. 27.

26 이정섭, 「호한기행(9)」, 『중외일보』 1927. 2. 28.

연적 경관을 감상하는 모습을 「호한기행」에서 찾을 수 없는 것은 이 때문이다. 요컨대 그의 도시 시찰은 풍경으로서의 볼거리를 목적으로 삼지 않았으며, 사건으로서의 볼거리에 집중했다.

> 황푸강에는 영국, 미국, 프랑스, 이탈리아 등 여러 나라 병함이 이곳저곳에 흩어져 있어 "우리를 좀 봐라 그래도 너희 혁명군이 감히 덤비겠느냐?" 하고 그 웅장한 모양과 위협적인 태도로 상하이를 수면으로 위협하는 동시에, 공중으로는 비행기가 간간이나 떠서 사람의 간담을 서늘하게 합니다. 시가의 중요 거리마다 철조망을 가설하여 갑자기 일이 생겼을 때 교통을 단절하려는 장치가 있나이다. 다만 이 철조망은 전기장치의 철조망이 아니라 일개 장애물에 불과함인데 실제 얼마나 효과를 얻을까 하는 것은 매우 의문이외다. 밤이면 인도인 순사가 무장하고 큰 눈알을 이리 굴리고 저리 굴리면서 무리를 지어 시가를 오르고 내리는 것이 상하이 천지에 전쟁의 기분이 매우 농후합니다.
>
> ─「호한기행(4)」, 『중외일보』 1927. 2. 23.

우선 국민정부 각 성省의 주소를 조사한 후 오후에는 정부 당국자를 회견하리라는 생각으로 영국 조계로 시의 정형을 살피러 가다가 상하이에서 함께 배를 타고 온 범 군을 도중에 만났습니다. 시가에는 어느 벽을 물론하고 선전 표어로 가득합니다. 몇 개 중요한 것만 들면 '타도 영국 제국주의' '엄호 공인이익(掩護工人利益)' '삼민주의는 중화민국 해방의 최고 진리(三民主義是中華民國解放的 眞諦)' '제창 사치정신(提唱自治精神)' '레닌 만세(列寧萬歲)' 등이외다. 사람의 주의를 견인하기 위하여, 혹은 붉은색 종이에 검은 자, 혹은 흰 종이에 청색 홍색 글자를 함께 쓴 경우, 혹은 청색 종이 황색 종이에 검은색 글자 등으로 선전에 주의·주도한 것을 쉽게 알게 됩니다. 그저 전화주電話柱 동력주動力株에도 선전 삐라, 인력거 뒷등에도 선전 삐라, 심지어 남의 집 정문에까지 선전 삐라를 붙여, 하인이 나와 혀아랫소리로 꿍꿍하면서 삐라를 벗기는 것까지 보았습니다. 그뿐만 아니라 어느 관공서를 물론하고 입구 양측에는 쑨중산孫中山(쑨원孫文)의 유언인 '혁명상미성공革命尙未成功, 동지내수노력同志乃須努力'(혁명은 아직 성공하지 못했으니 동지들은 더욱 노력해야 할 것이다)을 중국인 일류의 명필로 크게 써 붙였고, 내부로 들어가보면 천장은 청천백일기로 덮였습니다. 한마디로 국민정부의 중요 인물 이하 병졸까지 그네들은 발톱부터 머리카락 끝까지 '혁명'화 하였습니다. 자도 '거밍革命' 깨어도 '거밍', 어느 시간 어느 공간을 물론하고 다만 '거밍'이 있을 따름이외다.

—「호한기행(10)」, 『중외일보』 1927. 3. 1.

위의 첫 번째 글은 한커우 가는 길에 정박한 상하이에 대해서, 두 번째 글은 목적지인 한커우에 대한 스케치이자 인상기이다. 상하이에서 이정섭의 눈에 들어온 것은 상공을 떠다니는 비행기, 시가의 철조망, 인도인 순사 등이며, 한커우에서 본 것은 벽이나 문 등에 빽빽하게 붙여놓은 선전 삐라이다. 상하이는 전쟁의 도시이고 한커우는 혁명의 도시이다. 그의 시선이 신문사 특파원의 정세 시찰 여행이라는 형식에 의해 제한되고 있음은 물론이다.[27] 시찰자로서 그가 보는 것은 주로 도시의 분위기와 정황 등이다. 이는 무엇보

---

27 「호한여행」에서는 중국 정세 시찰이라는 여행의 목적과 그에 부합하는 장소가 여행자의 시선을 제한한다. 이러한 특성은 자신이 탄 선박이 지나가는 지역에서도 드러난다. 상하이 – 한커우 간의 선박 여행은 양쯔강의 흐름을 따라간다. 이정섭은 갑판 위에 나와 양쯔강을 비롯하여 뱃길의 주변 지역에 대해 종종 설명한다. 특히 양쯔강을 설명할 때에는 지질학적 관점을, 난징을 설명할 때에는 역사지리적 관점을 취한다. 이런 서술에 공통적으로 나타나는 것은 객관적 정보에 초점을 맞춘 장소 소개라는 점이다. 이는 사건 현장으로서의 장소 인식과 통한다.

다 상하이나 한커우가 제국의 근대화된 문명의 도시와 다르기 때문일 것이다. 물론 상하이에서도 발전된 도시 문명의 편린을 볼 수 있을 것이다. 그러나 그가 상하이에서 느낀 것은 노동자의 향상된 권위와 전쟁의 분위기이다. 이처럼 「호한여행」은 근대 문명지 여행기와는 다른 장소 감각을 보여준다.

상하이 거리는 당대의 사건이 진행되는 현장이다. 한커우에서 정치부 기자 연회를 마치고 난 뒤 영국 조계에서 부딪힌 시위 운동대의 현장이라든가, 귀국길의 상하이에서 목도한 동맹파업의 현장이 그러하다.[28]

연회가 끝난 후 동업자 제군과 작별하고 영국 조계로 나오니 수백 명씩 떼를 지은 시위 운동대가 거리거리에 가득합니다. 길가 장벽에는 '2월 7일 순사한 열사의 정신은 죽지 않는다(二七死難 烈士精神 不死)', '2월 7일 열사는 국민혁명의 선봉대이다(二七烈士是國民革命先鋒隊)', '타도하자 봉직계(봉천계와 직예계) 군벌(打倒 奉直系軍閥)', '공업과 농업은 국민혁명의 주력군이다(工農是國民革命主力軍)', '타도하자 영국 제국주의(打倒 英帝國主義)' 등 선전 포스터가 붙었습니다. 그러면 2월 7일은 어떠한 날일까요?

4년 전, 즉 민국 12년에 경한철로총공회京漢鐵路總工會 창립 총회 이후로 우페이푸吳佩孚는 이 총공회에 대하여 비상한 압박을 가하였습니다. 같은 해 1월 30일 정저우鄭州에 개최될 경한철로총공회도 그의 명령으로 개최 금지가 되어 총회 대표를 그에게 보내 교섭하였으나 방법이 없었다. 2월 1일에 각 단체는 홍

---

28 "18일 오후 2시에 난요우마루南洋丸는 상하이에 도착하였습니다. 19일 아침 일찍 일어나 거리에 나가 보니 아니나 다를까 전차는 끊어지고 우편국은 닫히고 부두에는 인부도 없고, 듣자 하니 상하이방적 공장 노동자까지도 일제히 동맹파공同盟罷工을 단행하고 쑨촨팡孫傳芳'에게 반대하는 의사를 표하며 그의 군사행동을 마비시키려 합니다. 아 – 과연 질서 정연한 동맹파공이올시다! 이러한 파공(파업)은 영국이나 프랑스 파공에 비하여 아무 손색이 없습니다." 이정섭, 「호한기행(20)」, 『중외일보』 1927. 3. 12.

기를 들고 정저우 보락원普樂園 극장에서 개회하려 하자 경관대는 이를 저지하였고 분격한 노동자는 경관대를 헤치고 극장에 들어가 비로소 경한철로총공회의 정식 성립 선포함을 득하였습니다. 그러나 우페이푸는 태도가 비상히 강경하여 총공회 위원과 회원에 대하여 무리한 압박을 가함으로, 드디어 2월 4일에 경한(철)로동맹 대파공을 선언하게 되었습니다. 형세가 그르다고 본 우페이푸는 대학살 계획을 세워 2월 7일에 100여 인을 창살하고 10여 인을 타살하고 30여 인을 총살하고 200여 인을 부상케 하고 60여 인을 체포하였습니다. 공련회工聯會 법률고문으로 일반 노동자의 막대한 믿음과 사랑을 받던 중국의 유명한 변호사 스양施洋이 우吳(우페이푸)에게 총살된 것도 바로 이날이외다. 아— 이런 잔학이 어느 공간에 있었으며 이런 만행이 또 어느 시간에 있었겠습니까! 생각할수록 치가 떨립니다. 우한삼진武漢三鎭(우창武昌 · 한커우漢口 · 한양漢陽)의 노동자는 의혈을 뿌린 '카마라드'(방을 같이 쓰는 사이라는 뜻의 프랑스어, 동료)를 기념하기 위하여 4년 후인 오늘 우창武昌 · 홍산洪山과 한커우漢口 강 기슭에서 성대한 제식을 거행하였습니다. 노동자의 비분강개가 절정에 달함을 보았습니다.

—「호한기행(14)」,『중외일보』 1927. 3. 6.

3. 국민당 정부 대신 회견기

이정섭은 신문기자의 정신에 입각하여 "듣고 보는 대로 충실히 보고"하자고 마음먹었다. 상하이와 한커우의 거리에서 당대 벌어지는 사건들을 충실하게 보고자 했다면, 중국 대신들을 만나는 자리에서는 회견자의 이야기를 충실히 듣고자 했다. 외교부장 천유런陳友仁이 이정섭의 외국어 실력을 재차 확인하면서 자존심을 건드려도 그는 듣는 자로서 기자의 역할에 충실하고자

했다.[29]

중국 시찰에서 가장 중요한 일은 국민당 정부 대신과의 회견이었다. 그는 한커우에 머문 2월 1일부터 15일까지 국민당 정부의 대신 네 사람을 만났다. 사법부장 쉬쳰徐謙, 외교부장 천유런, 총사령부 총정치부장 덩옌다鄧演達, 교통부장 쑨커孫科가 이에 해당한다. 회견 자리에서 그는 정부 대신의 이야기를 귀담아듣고 정리한다. 정부 대신과 회견할 때에는 지적 자신감에 찬 우월적 태도를 내세우지도, 식민지인이라는 이유로 비하감에 빠지지도 않는다. 그는 중국이 조선과 같은 약소민족이라는 이유로 동정과 공감의 태도를 갖고 중국(인)을 대한다. 이는 두 민족을 수평적으로 놓고 그들의 상황 타개책을 통해 조선의 방향을 모색하고자 하는 데에서 비롯된 태도요 감정이다.

그의 태도는 첫 회견자였던 쉬쳰을 만날 때부터 드러난다. 그는 먼저 조선인으로서 중국혁명운동에 "깊은 동정"을 표하며 인사를 나눈다.[30] 쉬쳰에게서 중국 인민 교육에 관한 생각을 들을 때에는 내적으로 격하게 공감한다.

> **기자** 혁명이 성공한 후 중국 일반 민중이 삼민오권주의에 칙則한 헌법을 잘 운용해낼까요?
>
> **쉬씨徐氏(쉬쳰)** 조정기에서 인민을 교육하려 합니다마는 우선 무엇보다도 인민을 혁명으로 교육합니다. 민중과 혁명군을 합동시켜 민중을 삼민주의 혁명으로 교육하려 합니다. 수억 민중을 소르본이나 베를린이나 하버드 같은 대학에서 교육시킬 수는 없습니다. 이런 대학 공부보다도 혁명 성공의 후사업을 성취하려면 인민에게 필요한 것은 혁명 교육이외다.

---

29   이정섭, 「호한기행(15)」, 『중외일보』 1927. 3. 7.

30   이정섭, 「호한기행(12)」, 『중외일보』 1927. 3. 4.

이 말을 들은 나는 마음 주먹을 때렸다. '옳지 이것이 국민혁명운동의 비밀이다. 혁명군이 승리하는 일대 원인은 민중을 혁명화 하여 민중을 배경으로 함에 있고, 혁명이 성공한 이후의 이상적 사회 실현의 사업도 벌써 민중의 삼민주의적 혁명 훈련을 전제하고라야 가능하다. 열강의 제국주의를 타도하며 군벌자류를 일소함에 필요한 혁명군과 전비의 조달로 그 원천을 일반 민중에 기대하는 이상 혁명이 성공하려면 무엇보다도 민중의 혁명화이다.'

— 「호한기행(12)」, 「중외일보」 1927. 3. 4.

이정섭은 중국 국민당 대신들이 보여주는 민중 중심의 혁명론을 반제국주의적 민족주의라는 입장에서 공감한다. 쉬첸의 민중교육론에 "마음 주먹"을 휘두르면서까지 공감한 것도 이러한 차원에서이다. 이는 약소민족이라는 조선과 중국의 동일한 처지에서 비롯된 공감이기도 하다. 이러한 관점을 갖고 있기에 그는 당시 중국에게 힘을 행사하던 영국에 대해서는 비판의 날을 세운다.

이와 더불어 「호한기행」에서 일관되게 드러나는 태도는 '중국의 변화 방향'을 추정해보려는 노력이다. 이는 특히 정치부장 덩옌다와 나눈 회견에서 잘 드러난다.

> **기자** 국민당 내부에 좌우 양파가 있어 장차 내홍이 일 염려가 있다 합니다. 사실일까요?
>
> **덩씨**鄧氏**(덩옌다)** 그것은 세간의 오해올시다. 좌파이고 우파이고 다 삼민주의를 유일한 이상으로 합니다. 또 민생주의가 사회주의와 근사합니다.
>
> **기자** 당신과 좌파의 세력을 국민당에 부식扶植한다는 말이 있었습니다.
>
> **덩씨** 그는 누가 그런 말을 해요?

하면서 덩씨는 평화의 미소로 얼굴의 엄숙을 깨뜨리니 눈은 실같이 가늘어지고 코 양측으로부터 여덟 팔자의 두 종리縱理가 입과 두 볼 사이에 깊이 패었습니다. 나는 심리학은 배웠어도 이 미소를 분석할 수는 없습니다. 덩씨가 비밀이 발로되어 웃는지, 하도 어이없어 웃는지 나는 알 수 없습니다.

기자 신문에서 보았습니다.

덩씨 이러한 오해는 이 군이 『중외일보』를 통하여 부인해주시오. 지금 우리의 유일한 사업은 제국주의 타파와 구군벌 타도요, 거당이 일치하여 당의 권위 발휘에 노력할 뿐이오.

기자 장래에는 내홍이 없을까요?

덩씨 그럴 일이 없겠지요. 외문은 그럴런지도 모르나 내면은 매우 견고하오. 무엇보다도 농업국인 나라의 농민이 혁명운동을 잘 이해하니까요!

—「호한기행(18)」, 『중외일보』 1927. 3. 10.

이정섭은 국민당 정부 대신들과 회견하면서도 국민당 좌파와 우파의 관계가 어떻게 될지에 관심을 늦추지 않는다. 이는 중국의 변화가 세계정세 및 조선에 어떤 영향을 끼칠 것인가에 대한 분석이기도 하다. 하지만 "중국 일에 대해서는 확언치 말라.' 필자는 이 정신을 기초로 하고 본 문제를 취급하고 싶다"라는 데에서 알 수 있듯이 그의 진단은 조심스럽고 신중하다.[31] 중국으로부터 돌아와 행한 강연에서 보듯 중국에 대한 진단은 곧 조선의 방향 모색으로 이어진다. 그의 중국행은 조선과 동일한 처지인 중국의 현실적 대응으로부터 조선 민족운동의 방향을 모색해보고자 한 여행이었다.

---

31 이정섭, 「혁명의 중국을 보고, 국민정부의 현재와 장래」, 『중외일보』 1927. 3. 22.

03

불안정한 여행기, 「조선에서 조선으로」

1. 최린과 이정섭의 동행

1927년 이정섭은 중국 시찰을 끝내고 몇 달 뒤 7월 2일에 세계정세 시찰을 목적으로 경성을 출발했다. 이번에는 세계일주 여행이었다. 『중외일보』의 기사만 보면 이 여행은 신문사 차원에서 독자적으로 진행했던 것처럼 보인다. 하지만 이는 최린崔麟과 함께한 여행이었다. 최린은 1926년 가을에 세계일주를 목표로 경성을 출발했으나,[32] 개인적인 사정으로 1년여간 일본에 머

---

[32] 1926년 최린이 도쿄로 출발한 시기에 대해서는 두 가지 설이 있다. 하나는 최린의 「자서전」에 근거한 9월 9일 출발설("1926년 병인丙寅 9월 9일 49세 때 구미 각국을 유람하기 위하여 경성을 출발하였다. 이 의도는 원래 나의 숙원이었었다." 최린, 「자서전」, 여암선생문집편찬위원회 편, 『여암문집』 (상), 여암선생문집편찬위원회, 1971, 208쪽), 또 다른 하나는 10월 17일 출발설("최린은 위장병 치료를 명목으로 1926년 10월 17일 도쿄로 출발하였다." 「인사소식」, 『신인간』 7, 1926. 11)이다.

한상구는 9월설에, 박찬승·김동명·정용서 등은 10월 출발설에 무게를 둔다. 한상구, 「1926~28년 민족주의 세력의 운동론과 신간회」, 『한국사연구』 86, 한국사연구회, 1994. 9, 152쪽; 박찬승, 「일제하의 자치운동과 그 성격」, 『역사와 현실』 2, 한국역사연

물다가 이정섭보다 한 달 정도 앞선 6월 11일에 요코하마橫濱에서 출발했다. 두 사람은 7월 21일에 미국 샌프란시스코에서 합류하여 10월 파리 여행까지 함께했다. 이정섭은 애초의 계획과 달리 중간에 귀국했고,[33] 최린은 5개월여를 더 여행한 후 1928년 4월 1일에 귀국했다. 두 사람의 일정은 〈표 17〉과 같다.

일정상으로만 보면 이정섭의 여행은 최린 여행의 부분집합처럼 보인다. 최린 측 입장에서 이정섭은 여행의 수행자이자 통역관으로 기억된다.[34] 이정섭이 세계 여행을 다녀와서 신문에 연재한 「조선에서 조선으로」는 그가 단독으로 쓴 세계일주 여행기이지만, 이렇듯 종교·정치계의 거물급 인사 최린이 함께 얽혀 있다. 따라서 이정섭의 세계 시찰 여행을 살필 때 이정섭-『중외일보』의 의도만을 일방적으로 고려할 수 없다.

구회, 1989. 12, 195쪽; 김동명, 「일제하 '동화형 협력'운동의 논리와 전개 — 최린의 자치운동의 모색과 좌절」, 『한일관계사연구』 21, 한일관계사학회, 2004. 10, 167쪽; 정용서, 「1920년대 천도교 신판의 '민족자치' 구상」, 『동방학지』 157, 연세대학교 국학연구원, 2012. 3, 434쪽.

33 이정섭이 파리를 떠난 시기는 1927년 10월에서 11월 사이쯤으로, 귀국은 11월에서 12월 초 사이로 추정된다. 「최근 십 년간 필화, 설화사」(『삼천리』, 1931. 4, 18쪽)에서 "1928년 봄에 구라파로부터 돌아와서 나는 『중외일보』 지상에 「세계일주기행」의 일문을 연재한 일이 있었다"라는 이정섭의 글에 근거하여 정진석은 이정섭의 귀국 시기를 1928년 봄으로 추정한다.(정진석, 앞의 글, 84쪽) 그런데 이정섭의 이 말은 이때 기행문을 연재하고 있었다는 의미로 보아야 한다. 유럽 여행에 동행했던 공진환에 따르면 이정섭의 귀국 시기는 파리에 도착한 뒤 얼마 지나지 않았을 때다. 특히 공탁은 이정섭이 귀국한 후 여비와 관련된 내용을 적어 파리에서 조선의 지인에게 편지를 보낸 적이 있는데, 편지의 발신일이 12월 18일이다. 이로 미루어 이정섭이 파리에 도착하여 짧은 여행을 한 후 바로 귀국했음을 추정할 수 있다.(공진환, 「공진환 선생 수기」, 여암선생문집편집위원회 편, 『여암문집』(하), 1971, 98쪽.)

34 최린이 세계일주를 할 때 미국에서는 이정섭이, 런던과 더블린에서는 이정섭과 공진환이, 파리에서부터는 공진환이 일정에 동행하며 통역을 했다. 「선생의 행장」, 여암선생문집편찬위원회 편, 『여암문집』(하), 15쪽.

<표 17> 이정섭과 최린의 세계 여행 일정

구분	이정섭	최린
기간	1927년 7월 2일(경성 출발)~ 1927년 11~12월 사이로 추정	1927년 6월 11일(요코하마 출발, 경성 출발 은 1926년 9월 9일)~1928년 4월 1일
일정 1 (개별)	1927. 7. 2. (경성발) 1927. 7. 9. 요코하마-샌프란시스코 　　　　　직행 코리아환	1926. 9. 9.(10. 17) 경성에서 출발 1927. 6. 11. 일본 요코하마에서 출발(이정 　　　　　섭보다 먼저 출발) 　　　　　하와이 호놀룰루에서 1박(이 　　　　　승만과 회견) 1927. 6. 27. 샌프란시스코에 도착, 이정섭 　　　　　을 기다림(『신한민보』)
일정 2 (동행)	1927. 7. 21. 샌프란시스코에서 합류 1927. 7. 21~9. 3 샌프란시스코-로스앤젤레스-솔트레이크시티-오마하-시카고 　　　　　-뉴욕-프린스턴-필라델피아-뉴욕-워싱턴-세르부르 매세스 　　　　　틱호, 대서양 횡단 1927. 9. 9경 영국 런던 　　　　　아일랜드 더블린 1927. 10. 1. 프랑스 파리 도착	
일정 3 (최린 단독)	파리 여행 중 이정섭 먼저 귀국	이정섭이 파리에서 출발한 뒤 5개월여 동안 유럽 각국을 순람하고 러시아를 거쳐 귀국. 1928. 4. 1. 귀국

먼저 각각의 여행 동기부터 살펴보자. 『중외일보』가 밝힌 이정섭의 여행 목적은 이러하다.

날로 새로워지는 세계의 최신 지식을 널리 구하면 특히 각 방면의 신흥 세력과 약소민족에 대하여 시찰 조사한 바를 독자에게 소개할 뿐 아니라 조선과 조선 인에 관한 정당한 이해를 세계에 주며, 아울러 구미 각국의 진보한 신문 통신 사 업을 연구하여 본보 개선에 쏟고자 함이 이번 일을 결심한 일반의 이유올시다.

— 『중외일보』 1927. 7. 2.

「자서전」에 따르면 최린의 여행 목적은 다섯 가지이다.

① 조선을 보기 위함이었다. 조선을 떠나서 조선을 보는 것이 조선 전체를 정확 히 인식할 수 있는 방법이었다.

② 약소민족의 정치적 동향

③ 서양 문화와 동양 문화의 대조

④ 재외 동포의 동태

⑤ 일본의 국제적 지위

—최린, 「자서전」, 여암선생문집편찬위원회 편, 『여암문집』(상), 1971, 209쪽.

두 사람의 여행 동기 가운데 차이가 나는 부분이자 문제적인 부분은 최린이 제시한 다섯 번째 항목이다. 최린은 스스로 여행 목적 가운데 하나로 '일본의 국제적 지위' 파악을 언급했다. 이정섭은 자신의 여행을 일본과 관련지어 직접적으로 말한 바 없다.

최린의 세계일주 여행이 어떻게 '일본의 국제적 지위'와 관계있는 것일까? 이는 여행권 발급과 관련하여 표출되었다. 최린은 일본 귀족원 의원인 사카타니 요시로坂谷芳郎 남작의 주선으로 여행권을 구하게 되었는데, 사카타니는 "최린과 같은 배일 불평가排日不平家를 외국에 보내어 일본의 국제적 지위를 견문시키는 것이 도리어 의미가 있다는 말"로 외무성에 교섭했다고 한다.[35] 최린은 세계일주 여행을 떠나기 전 1년가량 도쿄에 머물렀다. 이 시기 그는 일본 정계의 인물들과 접촉했는데, 당시 조선에서는 이러한 그의 움직

---

35 위의 글, 209쪽.

임을 "명백히 자치운동이라고 규정했고 가장 적대시"한[36] 동시에 경계했다. 그의 세계일주 여행도 자치운동의 연장선에서 해석되었다. 강동진은 최린의 여행이 총독부 "당국의 지시에 따라 미리부터 준비된 것"으로서 "여행지나 만난 사람, 언동 등도 아부衙府와 사전 협의가 있었다"[37]고 본다. 이런 까닭에 최린이 여행 중에 행한 '반일 민족주의자'적인 발언과 행위 또한 "자신의 정체를 숨기기 위한" 제스처라고 해석한다.[38]

　역사학계에서 최린의 여행은 주로 조선 자치운동의 관계 속에서 파악되고 평가되었다.[39] 이정섭의 여행도 최린과 동행했던 만큼 그와 무관할 수 없다. 하지만 이정섭은 이에 대해 직접적으로 언급한 바 없다. 이 지점에서 이정섭의 여행 및 「조선에서 조선으로」의 특수성이 발생한다. 이는 「조선에서 조선으로」가 놓인 상황에서 비롯된 특수성이기도 하다. 이 기행문은 이정섭

36　한상구, 앞의 논문, 154쪽.

37　강동진, 『일제의 한국침략정책사』, 한길사, 1984, 426쪽.

38　위의 책, 425~428쪽.

39　최린의 여행에 관한 연구자들의 평가는 엇갈린다. 박찬승은 강동진과 마찬가지로 최린의 외유를 일제, 특히 아부의 권유에 따라 조선에 자치제를 실시하기 위한 준비 차원에서 이루어졌다고 본다.(박찬승, 앞의 논문, 1989, 196~197쪽) 김동명은 이와 달리 "총독부의 허가 없이는 외유마저 할 수 없었던 당시의 정치 상황을 생각하면 오히려 최린 쪽에서 아베阿部充家의 힘을 빌려 당국으로부터 외유 허가를 받아냈다고 보아야 할 것이다"라고 주장하여 최린의 외유를 민족운동의 차원에서 이루어진 모색으로 평가한다.(김동명, 앞의 논문, 168쪽) 정용서는 또 다른 차원에서 이를 바라본다. 민족적 관점과는 다른 차원의, 즉 천도교라는 종교적 관점에서 최린의 활동을 평가한다.(정용서, 앞의 논문, 435쪽).
　최린의 외유에 대한 평가는 이정섭의 세계일주 및 그 기행문에 대한 평가에도 영향을 끼쳤다. 표면적으로 내세우고 있지는 않지만 최린의 여행이 놓인 정치적 의미망 속에 이정섭의 여행이 자리 잡고 있기 때문이다. 그럼에도 불구하고 본 필자는 제6부의 03 장을 기행문에 초점을 맞춤으로써 이 논제 쪽으로 논의가 진행되는 것을 제한하고자 한다.

의 문장으로 이루어진 한 편의 글이지만, 문장에만 의지할 수 없는 초과적 지점을 갖고 있다. 이에 따라 「조선에서 조선으로」는 언어적 완결성의 토대가 불안정한 기행문이라 할 수 있다.

『중외일보』 측과 최린이 여행 기획을 도모했는지의 여부는 확인할 길이 없다. 『중외일보』의 공지를 문자 그대로 받아들인다면 『중외일보』 측에서는 최린과 다른 차원에서 여행을 기획했다고 인정할 수밖에 없다. 이정섭의 글에서도 차이는 발견된다. 무엇보다 기행문을 싣는 신문기자로서 이정섭의 여행 목적은 글쓰기의 차원으로 이동한다.

> 궂은비가 와서 하늘 끝 흐릿한 가운데 내가 탄 일엽선은 길게 한 줄 연기를 그으면서 유유히 현해탄을 떠나갑니다. 나는 고요히 생각하였소이다. '무슨 방법으로 기행문을 쓸까? 나같이 문장의 재주가 없는 자는 보고 듣는 것을 솔직하게 그대로 드러내는 것이 제일 양책이다. 그러기 위해서는 일지의 형식을 취해야 하겠다. 왜 그런가 하면 누구나 자기의 일지에 거짓말할 수는 없는 것이다. 또 한 가지 이유는 독자도 나의 적나라한 고백을 읽는 것이 무엇보다도 취미 있을 것이다' 그러므로 하몽 형도 나의 보내는 글을 읽을 때에 이것을 한 기행문으로 보지 마시고 나의 일지를 나 몰래 가만히 들춰보는 셈치고 보십시오.— 좀 실례의 말이 될지는 모르겠으나, 그러니까 나의 기행문에는 스스로 '나'에 대한 기사가 많게 됩니다. '나'라는 가운데는 개인적 나, 조선인적 나도 있고, 신문기자적 나, 철학적 사회학적 나도 있습니다. 세상이 나를 보는 것과 내가 세상을 보는 것을 솔직하게 표현할 뿐이외다. 이 점을 망각하면 나를 오해하시기 쉽습니다.
>
> —이정섭, 「세계일주기행(1) 조선에서 조선으로 ― 도쿄에서」, 『중외일보』 1927. 8. 20.
> (※ 이후 「세계일주기행」의 인용문 출처에서 '이정섭'과 「조선에서 조선으로」는 생략함)

기행문 첫 회에서 이정섭은 글쓰기에 대한 욕심을 드러낸다. 자신이 쓰는 기행문에는 "'나'에 대한 기사가 많"을 것이며, "나"에는 "개인적 나, 조선인적 나도 있고, 신문기자적 나, 철학적 사회학적 나"도 포함될 것이라고 말한다. 이는 이정섭이 내세우는 글쓰기 방법이자 글쓰기에 임하는 태도에 대한 다짐이다.

이로부터 이정섭의 세계일주는 최린의 여행과 분리되어 독자성을 확보한다. 그는 6개월여에 걸친 총 91회의 기행문 쓰기를 통해, 동행의 영향력을 받지 않을 수 없는 상황에서도 독자적인 자신의 여행을 만들어내고자 했다. 7월 2일에 출발한 그의 여행기는 8월 20일부터 『중외일보』에 연재되기 시작했다. 글은 우편을 통해 신문사로 송부되었다.[40] 그의 기행문은 여행 현장에서 쓴 것이다. 그가 생각하는 기행문 쓰기의 "제일 양책"은 "보고 듣는 것을 솔직하게 그대로 드러내는 것"이다. 이정섭이 최린과 함께한 여행에서 단순한 수행자가 아닐 수 있었던 것은 글쓰기를 통해서였다. 그의 기행문은 보통의 일반적인 시찰 보고서가 아니다. 보고 들은 바를 솔직하게 쓰고자 하는 태도 속에서 그의 여행은 완성되었으며, 그것이 바로 「조선에서 조선으로」의 91회분이다. 글쓰기는 필자의 의도를 반영하기도 하고, 강제하기도 하고, 한편 초월하기도 한다. 이로부터 최린의 동행인 이정섭은 기행문의 필자 이정섭이 된다. 따라서 물리적인 혹은 의식적 존재로서 이정섭과 기행문의 필자 이정섭은 같기도 하고 다르기도 하다는 점에 유의할 필요가 있다.

여행과 관련할 때 최린은 글쓰기 의식을 강하게 드러내지 않았다. 기자인

---

40 중외일보사에서는 세계 여행 중의 이정섭이 우편으로 송부한 글을 받아 「세계일주기행」을 연재했다. 우편 연착 사고로 기행문의 시간적 순서가 뒤바뀌는 경우도 발생했는데, 45~48회 '나성羅城'(로스앤젤레스) 기행문이 이에 해당한다. 45회(1927. 12. 1)에는 시작 전에 편집자의 말을 통해 이를 밝히고 있다.

이정섭에 비해 최린에게는 글쓰기를 강제하는 외적 요소가 없었다. 1931년 4월 발간된 잡지 『혜성』에는 원래 최린의 세계일주기가 실릴 예정이었으나, 정작 글은 실리지 않고 대신 「최린 씨 구미만유기」라는 대담이 실렸다. 이 대담의 첫머리에서 기자는 최린이 세계만유기를 발표하려 했지만 "교무에 분망하여 아직껏 원고를 정리하지 못하"고 있으며 "원고는 정리되는 대로 자세하게 다시 발표하려" 한다고 밝혔다.[41] 그러나 최린은 이를 끝내 정리하지 못했다. 다만 회고와 메모 형식의 글로 남겼을 뿐이다. 귀국한 지 3년 후 발표된 「최린 씨 구미만유기」는 기자가 묻고 최린이 답하는 대담 형식의 글이다. 즉, 최린이 직접 쓴 여행기가 아니며, 그나마 1회로 그쳤다. 그의 여행이 정리된 것은 후대에 엮은 개인 문집을 통해서이다. 개인 문집에 「구미제국의 유력遊歷」[42]이라는 제목으로 실렸는데, 최린의 여행과 관련하여 각 잡지에 실렸던 글들을 모아 엮은 것이다. 이 글에 들어간 주된 원고는 여행 시기에 수첩에 적어둔 메모 형식의 글쪽지이다.[43]

최린은 자신의 여행을 글쓰기로 완결하지 못했을 뿐만 아니라 부분적인 발언에서도 체험의 내용에 대해 분명하게 밝히지 않았다. 최린의 귀국 후 국내의 언론들이 관심을 가졌던 것은 신흥 민족 세력, 그중에서도 아일랜드 대통령 에이먼 데 발레라에 관한 소식이었다. 아일랜드와 데 발레라에 대한 관

---

41 「최린 씨 구미만유기(1)」, 『혜성』, 1931. 4, 92쪽.

42 「구미제국의 유력遊歷」, 여암선생문집편찬위원회 편, 『여암문집』 (상), 1971, 213~285쪽.

43 「구미제국의 유력」 중에는 쪽지 형태의 글이 많은데, "이 글은 선생께서 구미 만유 시에 적어둔 각종 메모 형식의 수기들이다. 이를 선생의 아드님 혁 씨가 보관하고 있던 것을 정리하여 이에 게재한다"라며 메모를 찍은 사진과 함께 원고의 출처를 밝혔다. 위의 책, 218쪽.

심이 고조되자 『혜성』 1932년 4월호는 허헌과 최린이 그를 만난 경험을 토대로 「신흥자유국 애란愛蘭 인상기」와 「애란혁명가 신대통령 데 발레라 씨 회견기」를 함께 묶어 실었다. 그 글에서 허헌과 최린은 모두 자신이 본 것이나 데 발레라와 회담한 내용을 직접적으로 밝히지 못했다. 허헌은 "여기서 그때의 말을 일일이 고백함에는 기억이 몽롱할 뿐 아니라 그만 한 것을 그대로 옮길 만한 아무 자유가 없음으로 생략하려고 하는 바이나"[44]라고 하여 본인이 보고 듣고 말한 것의 전모를 밝힐 수 없다고 했다. 최린 또한 "데 발레라 씨와의 회견! 여기서 꺼리는 바 있어 회견 때의 모든 대화 내용에 대하여는 적기摘記할 수 없으나, 구태여 무리로 말을 하라고 하면 그때의 내가 깊이 얻은 씨氏의 인상 같은 것을 말할 수 있다"[45]라고 함으로써 허헌과 동일한 태도를 취했다. 이들은 모두 데 발레라를 만나서 회견을 하고 그와 더불어 조선의 민족운동에 관한 얘기를 나누었지만, 정치적 이유를 내세워 그 전모를 분명히 드러내지 않았다.

허헌과 최린이 취한 방식은 말할 수 없다고 함으로써 말하는 방식이다. 이 또한 의미를 전달하는 방식 중 하나이다.[46] 반면에 이정섭은 직접적으로 말하는 방식을 취했다. 그는 회견 내용을 있는 그대로 전달하고자 했다. 이는 신문기자로서 의무인 동시에 스스로 다짐한 글쓰기 방법론에 대한 실천이었다. 이런 마음가짐을 갖고 있었기에 이정섭은 당시의 대제국 영국을 비판하고, 데 발레라와의 회견 내용을 보고 듣고 느낀 대로 써서 발표했다. 이렇게 쓴 내용은 일제의 검열 대상이 되었고, 결국 연재 중단과 재판 사건을

---

44 허헌, 「신흥자유국 애란 인상기」, 『혜성』, 1932. 4, 97쪽.

45 최린, 「애란혁명가 신대통령 데 발레라 씨 회견기」, 『혜성』, 1932. 4, 95쪽.

46 황호덕, 앞의 논문, 34~35쪽.

낳는 계기가 되었다.

2. 삭제와 필화 사건

이정섭은 투철한 글쓰기 의식으로 기행문을 써내려갔지만 이는 독자에게 제대로 전달될 수 없었다. 제국의 쇠망 필연성과 신흥 약소민족의 독립을 강조하는 등 일본제국의 심기를 건드리는 내용을 담고 있었기에 당국의 검열에 걸렸기 때문이다. 결국 경성지방법원 검사국은 2월 18일에서 23일까지의 기행문을 문제 삼아 2월 27일 『중외일보』 주간 이상협을 소환했다.[47] 3월 2일 이상협은 '신문지법' 위반으로, 이정섭은 '보안법' 위반으로 기소되었다. 11월 2일 최종 판결이 내리기까지 이들에 대한 재판은 8개월이 걸렸다. 두 번째 공소 재판에서 검사 측이 밝힌 기소 내용은 다음과 같다.

> 이정섭의 서명으로 게재한 '세계일주' 기행문 중에 사회의 질서를 문란케 한 것이 있었고 정치에 관한 불온한 언론이 있어서 치안을 방해하였다는 것으로, 그는 피고 이상협에게도 발행인 편집인의 책임이 있다.
> —고등법원, 이정섭 등 판결문, 국가보훈처 공훈전자사료관, 1928. 11. 1.

두 차례의 구형과 판결, 두 차례의 공소를 거친 최종 3심의 판결에서 이상협은 벌금 200원, 이정섭은 징역 6개월에 집행유예 2년이 언도되었다.[48]

---

47 『동아일보』 1928. 2. 28.
48 『동아일보』 1928. 11. 2.

<표 18> 「조선에서 조선으로」 검열 양상

번호	발행 일자	제목 및 소목차 내용	원고 상태	
1	1928. 2. 15.	세계일주기행(80) ─ 영국의 수도를 떠나면서	삭제 부분 삭제되었으나 현재는 원본 상태로 복원	
2	1928. 2. 16.	세계일주기행(81) ─ 영국의 수도를 떠나면서	삭제 전문 삭제	
3	1928. 2. 17.	세계일주기행(82) ─ 아일랜드 서울 더블린에서		
4	1928. 2. 18.	세계일주기행(83) ─ 아일랜드 서울 더블린에서 ● 공산당 영수와 회견 ● 같은 민족 간의 계급투쟁기		
5	1928. 2. 19	세계일주기행(84) ─ 아일랜드 서울 더블린에서 ● 파넬 기념탑 아래에서 ● 정치적 운동으로부터 경제적 운동으로	불문不問	
6	1928. 2. 20.	세계일주기행(85) ─ 아일랜드 서울 더블린에서 ● 아일랜드의 자랑 더블린대학 ● 해밀턴의 천재 ● 버클리 기타		경성지방법원이 기소시 문제 삼은 부분
7	1928. 2. 21.	세계일주기행(86) ─ 아일랜드 서울 더블린에서 ● 독립당 수령 데 발레라 씨와 회견 ● 자치에 만족 말고 최후 목적을 달하라	차압 검열로 당시에는 전문이 삭제되어 발간. 현재는 원본 상태로 복원	
8	1928. 2. 22.	세계일주기행(87) ─ 아일랜드 서울 더블린에서 ● 그래드스톤과 아일랜드 ● 아일랜드공화국 선언 ● 자치로부터 독립으로	삭제 검열로 인해 중간 제목이 부분 삭제되어 발간되었으나 현재는 원본 상태로 복원	
9	1928. 2. 23.	세계일주기행(88) ─ 아일랜드 서울 더블린에서	삭제 검열로 인해 전문 삭제	

기행문으로 인한 『중외일보』 필화 사건은 이렇게 일단락되었다.

이 사건이 일어나면서 「조선에서 조선으로」는 연재가 중단되었고 미완의 기행문으로 남았다. 『중외일보』에서 밝힌 바와 같이 기행문이 연재되는 중에도 계속되는 검열 때문에 압박을 받았다. 「조선에서 조선으로」는 연재 중단으로 인한 미완성의 측면도 있지만 연재 내용 자체도 온전하지 않다. 검열 결과 부분 혹은 전면 삭제됨으로써 내용을 제대로 확인할 수 없는 부분이 꽤 있다. 그 양상을 정리한 것이 〈표 18〉이다.

〈표 18〉에서 보듯 「조선에서 조선으로」는 일제의 검열로 인해 불문, 차압, 삭제 등을 당했다. 당시 삭제되었다가 지금은 원본 상태로 복원되기도 했으나 아직까지도 확인할 길이 없는 원고는 81회 '영국의 수도를 떠나면서'(1928. 2. 16)와 88회 '아일랜드 서울 더블린에서'(1928. 2. 23), 2회분이다. 전문이 삭제된 2회분에 대해서는 현재도 내용을 가늠하기가 어렵다.

다만 다른 글의 복원된 부분을 통해 일제가 경계했던 내용이 무엇인지를 확인할 수 있다. 먼저 「세계일주기행(80) 조선에서 조선으로 — 영국의 수도를 떠나면서」에는 아일랜드 자치령의 긍정성을 옹호하는 부분만 실리고 독립을 강조하는 부분은 삭제되었다. 86회 「아일랜드 서울 더블린에서」는 전문 삭제되었던 것이 복원되었는데, 이 글의 핵심은 데 발레라가 조선 민족에게 전하는 말, 곧 '자치에 만족 말고 최후 목적을 달하라'는 내용이다.

> 각 나라마다 특수한 사정이 있어 일반적으로 말 못합니다. 아일랜드가 이러한 과정을 밟아왔으니까 조선도 그 과정을 겪어야 한다고 할 수는 없습니다. 조선과 아일랜드는 사정이 다른 줄 알고 있습니다. 그러나 다만 한 가지 말만은 사정 여하를 불구하고 분명히 말하고자 합니다. 한 민족이 해방되어나가는 도정에서는 필연적으로 자치당과 독립당의 두 당으로 분열되는 법이외다. 결코 자치주

의로 달아나지 말고 최후의 목적을 이루도록 노력하여야 합니다. 이것은 우리 당의 근본주의여서 벌써 수십 년, 아니 실은 수백 년씩 싸워 내려오나이다.

—「세계일주기행(86)—아일랜드 서울 더블린에서」, 『중외일보』 1928. 2. 21.

윗글에서 강조된 것은 자치가 아니라 독립이다. 일제가 이 글에서 꼬투리 삼은 단어는 바로 '독립'이다. 즉, 일제의 검열 기준으로 '자치'라는 용어는 허용되지만 '독립'이라는 용어는 허용되지 않았다. 이렇듯 삭제된 부분에는 조선의 독립을 강조·환기하거나 제국의 붕괴 가능성이 적혀 있었다. 이러한 내용은 검열 때문에 독자에게는 이정섭의 언어를 통해 직접적으로 전달될 수 없었다.

하지만 검열로 인한 삭제 자체가 의미를 생산한다는 점에 주목할 필요가 있다. 삭제, 연재 중단, 필화 사건으로 인한 일련의 재판 과정과 그에 대한 언론의 보도는 「조선에서 조선으로」라는 텍스트의 외부에서 의미를 생산하는 또 다른 기호들이다. 즉, 이 사건들은 모두 「조선에서 조선으로」의 외부에서 의미를 만들어냈다. 이런 까닭에 이 기행문을 제대로 이해하기 위해서는 삭제, 연재 중단, 필화 사건 등과 같은 기행문의 언어 외부까지 고려해야 한다.

삭제 자체가 하나의 사건이다.[49] 언어적 의미 생산과 관련하여 언어적 사건이라 할 만하다. 언어-사건이란 언어 자체가 문장, 명제, 발화 내 행위 등 "언어학적 분석 수준"을 넘어 언어의 외부 혹은 언어의 비장소를 통해 의미를 생산함을 표현한 용어이다. 조르조 아감벤Giorgio Agamben은 이를 언표 개념과 관련하여 "언어가 더 이상 명제 차원일 수 없는, 즉 비의미론적인 차원

---

49 조르조 아감벤 지음, 정문영 옮김, 『아우슈비츠의 남은 자들』, 새물결, 2012, 206~207쪽.

으로 치환된다"는 사실을 설명할 때 사용한 바 있다. 「조선에서 조선으로」는 이정섭의 언어를 넘어선 위치에서 의미를 생산한다. 이런 점에서 그의 글은 언어 사건적 특성을 갖는 기행문으로 볼 수 있다. 언어-사건에는 말하지 않음으로써 말하는 효과가 있다. 요컨대 삭제와 재판은 기행문의 문장을 지우고 연재를 중단시킴으로써 전달 내용을 부재화, 즉 지워버렸다. 하지만 이 자체가 사건이 됨으로써 역설적으로 그 내용을 환기하게끔 한다. 이는 말하지 않았지만 말한 역설적인 상황이다.

3. 이정섭의 함정, 정치와 문화의 이분법

「호한기행」에서 이정섭은 중국에 대해 동정과 공감의 일관된 태도를 유지했다. 이는 중국이 식민지 조선과 동일한 약소민족이라는 점에서 비롯되었다. 한편 세계를 시찰 조사한다는 명목으로 이루어진 미국·영국·아일랜드·프랑스 여행에서 이정섭의 의식은 좀 더 복합적이다. 중국에서 보여준, 영국에 대한 비판적 태도는 이 여행 중에도 그대로 유지되었다. 그는 중국을 여행할 때와 마찬가지로 세계 여행을 하면서도 영국을 제국주의의 중심으로 보고 그에 대한 비판을 멈추지 않는다.

대영제국의 붕궤인가

이와 같이 대영제국의 각 사주직 단체기 행정상 입법상 외교상으로 거의 독립국가의 기관과 체재를 가지게 되었으니 이것을 영제국의 붕궤로 볼까, 혹은 식민지의 이익과 권리를 도모하는 독립기관의 ○○이므로 이로써 영제국의 결속은 더 견고하여진 것으로 볼까 함에 대하여는 학자의 이론이 많습니다. 그러나 그는 다만 이론이요, 사실에 있어서는 자주 단체의 기관이 확장되면 확장될수록 독립에 가까우며 각 자주적 단체가 독립에 가까우면 가까울수록 영제국의 결속은 해이될 것이 사실입니다. 그러므로 자주적 단체가 과거의 성적으로 장래에도 그 독립적 보조로 진행한다면 머지않아 독립에 정체正切되어 결국 영제국의 붕궤를 볼 것이요, 그리하여 해가 지지 않는다는 대제국은 해가 짐을 알게 될 작은 섬나라로 돌아가지 않을까 합니다.

— 「세계일주기행(80)— 영국의 수도를 떠나면서」, 『중외일보』 1928. 2. 15.

윗글은 영국 제국주의의 미래를 비판적으로 기술했다는 이유 때문에 당국의 검열로 삭제되었다가 복원된 부분이다. 영국의 정치적 제국성에 대한 이정섭의 비판은 집요하다. 그는 당대 제국주의의 중심에 영국이 있다고 본다. 그런 까닭에 그가 두 편의 여행기(「호한기행」과 「조선에서 조선으로」)에서 공통되게, 그리고 가장 소리 높여 비판하는 나라는 영국이다.

하지만 그를 가장 좌절시키는 곳도 영국, 아니 런던이다. 그는 런던에서 유학하는 조선인들을 보면서 공부를 해도 현실적으로 써먹을 수 없는 조선인의 처지를 한탄한다. "결국 우리는 공부하기 위하여 공부한다는 결심을 가져야 글 한 줄이라도 볼 용기가 납니다. 세상에 가장 가련한 조선인의 이 처지를 어찌하면 좋습니까?"[50]라고 호소한다. 이 지점에서 그는 비애감에 젖고, 또 분노하는 식민지인일 뿐이다. 그 같은 감정의 전형을 영국박물관에 전시된 조선의 물품을 보았을 때 발견할 수 있다.

이집트관에서 나와 민속학관으로 갔습니다. 여기는 원시 야만 사회의 무기, 우

---

50 이정섭, 「세계일주기행(71) 조선에서 조선으로— 런던에서」, 『중외일보』 1928. 1. 31.

상물, 사치품, 집기를 진열한 데올시다. 이 모든 진열품의 발달된 정도가 구라파 상고 문명으로 보면 석기시대에 상당합니다. 그러므로 이 물품은 서양 상고 문명 연구에 큰 도움이 될 것이외다. 자– 이 가운데 볏짚으로 만든 조선 메트리 한 켤레가 진열되어 있습니다. 보니 반갑기는 하나 분해 못 견디겠습니다. 조선에도 물건이 그다지 없지는 않거늘 왜 하필 조선 메트리를 갖다 놓았으며, 박물관에 자리도 많거늘 왜 하특 원시사회의 채집품을 갖다 놓았습니까. 이것은 별수 없이 "조선이라는 야만 사회에서 신는 신이다" 함을 말하는 것 같아서 몹시 골이 납니다. 아– 그러나 남을 말할 것 없습니다! 5천 년 역사를 가졌다고 떠들기는 합다마는 우리가 한 것이 무엇인가요? 중국이나 일본에서 온 물품은 각기 방 하나를 차지하고 있는데, 조선 물품이라고는 왜 메트리 한 켤레밖에 없습니까? 조선이 널리 알려지 못한 것도 한 원인이겠지만, 사실상 우리가 한 ○○과 만든 물건이 적음이 중요한 원인이외다. 부지런히 일하고 배워야겠습니다.

—「세계일주기행(71) — 런던에서」, 『중외일보』 1928. 1. 31.

제국의 박물관이 갖는 위력으로부터 그 또한 피해 갈 수 없었다. 조선의 물품으로 전시된 메트리(미투리)를 보고 느끼는 분노는 상처에서 흐르는 부정적 감정이다. 수잔 손택Susan Sontag은 사진 찍기가 사진 쏘기(Shooting)가 될 수 있음을 경계한 바 있다. 즉, 사진은 순간을 기록한다는 미명 아래 대상을 순간의 사실성 속에 가두어버리며, 이는 곧 피사체를 영속적으로 대상화하는 행위가 될 수 있다는 말이다. 야만의 문화 전시와 제국의 문명 전시 역시 이미지의 각인이라는 차원에서 동일한 특성을 갖는다. 야만의 사진이나 야만의 문화 전시는 부정적 이미지를 각인하는 것이기 때문에 총알로 상처를 입히는 쏘기 행위와 다를 바 없다. 영국박물관에서 이정섭은 제국이 쏘는 총알에 맞았다.

그에게 런던은 격정의 장소이다. 그는 문화 거리와 공원을 산책할 때에는 국제적 지식인으로서 문화적 취향을 만끽하기도 한다. 그러다가도 끝내 '우리는 5천 년 동안 무엇을 했는가?'라는 질문 속에서 다시 한 번 조선을 돌아본다.[51] 차분히 산책하다가도 영국의 제국주의적 면모에 이르면 또 다른 격정에 휩싸여 비판의 날을 벼린다.

미국의 각 도시에서나 프랑스의 파리에서는 그렇지 않았다. 이로 미루어 이정섭이 정치와 문화를 양분하여 생각하고 있음을 알 수 있다. 그는 영국의 제국주의적 침략성에 대해서는 부정적이지만 문화적 풍부함에 대해서는 대립각을 세우지 않는다. 이는 미국과 프랑스에 대한 관점으로도 이어진다. 먼저 미국은 그에게 정치적 비판의 대상이 아니다. 미국의 자본주의적 양상에 비판을 가하긴 하지만 영국에 보인 태도와는 다르다. 미국은 영국으로부터 독립을 쟁취한 나라이다. 한때 영국의 식민지였다는 사실이 미국을 바라보는 그의 관점에 영향을 미친다. 미국에 대한 비판의 날이 무뎌지는 이유가 여기에 있다. 이는 미국 독립기념관을 참관한 소감을 표현할 때 잘 드러난다. 그에 따르면 영국은 "인류 역사상에 가장" 악한 나라이며,[52] 미국은 이로부터 독립한 나라이다.

하지만 그가 볼 때, 미국이 유럽에 비해 문화적으로 뒤떨어진 것만은 분명하다.

> 이튿날 아침 최린 씨, 장 군張君, 나 세 사람이 허드슨 강가에 앉아 놀다가 들어올 때 장 군은 조금 황해도 사투리를 쓰며

---

51 이정섭, 「세계일주기행(72) 조선에서 조선으로 ─ 런던에서」, 『중외일보』 1928. 2. 1.

52 이정섭, 「세계일주기행(58) 조선에서 조선으로 ─ 런던에서」, 『중외일보』 1927. 12. 14.

"그래 미스터 리, 이제는 미국을 많이 보셨으니 어떤 감상이 있습니까?"

나 "똑바로 말하리까? 미국이 근대화는 하였으나 문명화는 못했습니다."(강조
는 원문)

장 군 "가령 일례를 들면?"

나 "이 밉살스러운 집들 좀 보십시오. 여기 무슨 인간의 정화인 인간의 미가
발현되었습니까. 다만 근대과학을 이용하여 높고 큰 집을 건축하였다 할 뿐이
오. 그 집 자체는 원시 상태의 집이외다. 주택이면 사람이 살면 그만이요, 사무
소이면 일 보기에 충분하고 편하면 그만이라는 이 사상으로 미국인은 집을 짓
습니다마는 구라파인은 그렇지 않습니다. 주택이고 사무소이고 그것이 '사람'의
집인 이상 원시 재료에 인간의 정화인 미를 표현하여 자연을 인생화하여 자연
과 인생이 한 박자 한 조화 안에서 살 때 인간 생활의 고상한 취미를 맛봅니다.
미국에 고상한 예술이 있나요? 철학이 있나요? 근대과학을 이용하여 큰 집 큰
공장을 짓고 많이 생산하여 많이 소비하자는 것뿐이오."

장 군 "옳은 말이외다."

— 「세계일주기행(44) — 뉴욕에서」, 『중외일보』 1927. 11. 30.

뉴욕에서 최린을 안내한 장 군과 이정섭이 미국의 인상에 대해 서로 묻고
답하는 내용이다. 이정섭은 윗글에 '근대화하고 문화 못한 미국'이라는 소제
목을 붙였다. 그가 보기에 미국은 근대과학을 통해 물질적 풍요는 이루었을
지언정 미와 철학이 부재하는 문화 후진국이다. 비교 대상은 유럽이다. 물론
미국의 경제적 풍요를 부러워하지 않는 바는 아니다. 『시카고 트리뷴Chicago
Tribune』 신문사에 들렀을 때 그는 신문사의 외관에 감탄하고 기자의 월급 조
건에 부러움을 금치 못한다. 하지만 크게 흔들리지는 않는다. 그가 볼 때 이
러한 호조건 속 미국 기자는 그저 잘 먹고 잘사는 데 만족하는 자일 따름이

다. 이에 비해 사회 조건상 좀 더 상위의 사명이 있는 조선의 기자인 "우리가 낫다"라면서, 부러워하는 자신의 마음을 달랜다. 그리고 조선인으로서의 처지를 정당화한다.[53] 결국 그는 미국에 대해 자본주의적 풍요를 이룬 나라이긴 하지만 문화적으로는 경외할 만한 나라가 아니라고 평가한다.

이에 반해 프랑스의 문화에 대해서는 호의적이다. 호의의 절정은 파리에서 나타나는데, 이와 관련된 글은 연재의 마지막 3회분(89~91회)에 해당한다. 그러나 연재가 중단됨으로써 그가 파리에 대해 충분히 썼다고 보기는 어렵다. 적은 분량 탓에 내용은 유학 후 1년 만에 파리를 다시 돌아본 소감 정도에 한정된다. 부족하나마 이 글만으로도 파리에 대한 그의 인상이 매우 호의적임을 알 수 있다. 무엇보다 유학하면서 그가 느낀 파리는 "국경을 초월하는 인정"이 있는 곳이었다. 그렇게 생각하게 된 것은 자신이 7년여 동안 묵었던 숙소의 여주인 덕분이다. 그는 기자의 신분으로 다시 파리를 방문했을 때 가장 먼저 그녀를 찾아갔다. 파리에서 공부하는 동안 이정섭은 그녀에게서 "마음과 마음"이 만나 이루는 "진정한 인정"을 느꼈다.[54] 생활비도 비싸지 않아 살기도 좋았다.[55] 더군다나 파리는 "예술에 잠긴 화도花都", 곧 꽃의 도시였다.

> 파리는 세계를 유람하는 자들의 메카올시다. 왜 그렇게 여기는지는 여러 가지 이유가 있습니다. 첫째로 세계의 어느 도시에 가본다 하더라도 파리처럼 화려하고 고아한 화도花都는 또다시 없습니다. 파리가 공원 가운데 있는지, 공원이 파

---

53 이정섭, 「세계일주기행(51) 조선에서 조선으로—시카고에서」, 『중외일보』 1927. 12. 7.

54 이정섭, 「세계일주기행(91) 조선에서 조선으로—파리에서」, 『중외일보』 1928. 2. 27.

55 이정섭, 「세계일주기행(90) 조선에서 조선으로—파리에서」, 『중외일보』 1928. 2. 26.

리 가운데 있는지 잘 모릅니다. 전 도시가 예술적 기분 가운데 잠겼습니다. 전 도시가 프랑스인만의 독특한 예술로 꽃피어 아무리 천성이 음정陰靜한 사람도 이 도시에 오면 예술의 충동을 받아 마음은 춤추려 합니다. 미국인처럼 회사나 상점이면 사무 보고 물품 팔기에 적당하면 그만이라 하여 네모반듯한, 마치 성냥갑 같은 원시적이고 턱없이 큰 건물을 짓고 그 내부에서 생활한다 함은 프랑스인이 몹시 경멸하는 바 올시다. 왜 그러냐구요? 인간의 생활은 사무 본다거나 물품을 팔아 돈 모으는 것이 원래의 목적이 아니외다. 그것은 수단이올시다. 인간의 고상한 취미와 향락을 목적하는 수단에 불과한 것입니다. 인간의 지고무상至高無上한 쾌락은 자연과 인생이 한군데 융합하여 한 덩어리가 되는 때에만 맛볼 수 있습니다. 가위와 칼로 원시 재료를 깎으며 파서 인간정신의 정교를 표현하여 자연을 인생화 하는 곳에 미美라는 것이 있으며, 이러한 종류의 미를 맛보는 때에만 한하여 고상유아高尚幽雅한 쾌락이 의식의 심저에서 돋아나는 법이외다. 모두가 예술화하여야 한다는 것이 고상한 문화의 목표올시다. 해석기하解析幾何나 미분·적분 같은 고등수학, 즉 순수과학도 자세히 음미하면 일종 예술이외다. 그리하여 파리는 예술의 도시가 되었습니다.

—「세계일주기행(90)—파리에서」, 『중외일보』 1928. 2. 26.

파리에는 미국으로서는 따라갈 수 없는 문화적 분위기가 있다. 이런 점에서 런던과 파리는 통한다. 미국과 영국, 런던과 파리에 대한 인식으로 볼 때, 이정섭에게 정치와 문화는 따로 존재한다. 이러한 분리적 사유로 인해 그의 생각은 제국과 식민, 문명과 야만의 논리가 결국 하나로 연결되어 있다는 데까지 나아가지 못한다. 정치와 문화의 이분화를 통해 보여준 위계적 문화 인식은 이정섭이 빠진 함정이다.

마지막으로 「조선에서 조선으로」의 전체 여정을 일괄해 봄으로써 이정섭

〈표 19〉 이정섭의 세계 여행 일정과 기행문

날짜	여로	여행지	체류 기간	기행문
1927. 7. 2.	경성 출발			1~5회 도쿄에서(총 5회)
	시모노세키－고베－도쿄	일본	4~5일	
1927. 7. 9.	요코하마－샌프란시스코 직행 코리아환	태평양상		6~16회 태평양 위에서 (총 11회)
1927. 7. 21~ 9. 3	샌프란시스코에서 최린과 합류 샌프란시스코－로스앤젤레스 －솔트레이크시티－오마하－시 카고－뉴욕－프린스턴－필라델 피아	미국	약 50일	17~62회(총 46회)
	뉴욕－워싱턴－세르부르 매세 스틱호, 대서양 횡단	대서양상	약 6일	63~67회 대서양 위에서(총 5회)
1927. 9. 9.경	런던	영국 (런던)		68~81회 런던에서(총 11회) 영국의 수도를 떠나면 서(총 3회)
	더블린	아일랜드 (더블린)		82~88회 아일랜드 서울 더블린 에서(총 7회)
1927. 10. 1. 1927. 10~11.	파리 도착 귀국(10월 중 출발, 11~12월 중 귀국 추정)	프랑스 (파리)		89~91회 파리에서(총 3회)

의 여행이 갖는 의미를 좀 더 생각해보자. 〈표 19〉를 보면 이정섭의 세계일
주 기간은 1927년 7월부터 11월까지 정도로 추정된다. 11월은 경성으로 돌
아오는 여정이라고 보면 실제 7월부터 10월까지 넉 달쯤 여행을 한 셈이다.
이 가운데 미국에 머문 기간이 약 50일이다. 물리적으로 볼 때, 즉 체류 기간
이나 기행문의 서사적 시간을 고려할 때 「조선에서 조선으로」에서 가장 비중
을 많이 차지하는 공간은 미국이다.

미완의 여행(기)이지만 〈표 19〉에 정리한 일정으로 볼 때 미국은 가장 중요한 여행지이다. 이정섭과 최린의 미국 여행에서 관광은 크게 중요하지 않았다. 중심이 되는 것은 재미 동포들과의 만남이었다. 당시 교포 사회는 안창호 파와 이승만 파로 양분되어 있었다. 미국을 찾은 조선 여행자들은 재미 동포의 양파 분열을 비판하고 이들의 단결을 이끌어내기 위해 노력했다. 그들 일행이 가는 곳에는 늘 동포와 만나는 자리가 주선되었고, 그때마다 그들은 동포를 향한 연설의 시간을 가졌다. 이는 미국에 온 이틀째 되는 날부터 시작되었으며, 미국 여행에서 가장 중요한 일정이었다. 주로 환영회 형식의 모임에서 최린이 먼저 연설을 하고 이정섭이 다음을 이었다.

환영회 석상에서 내가 한 말이오? 하몽 형, 최의 성질을 좀 아시오? 단도직입적이올시다 "여러분이 이승만 파니 안창호 파니 하여 10여 년째 싸워오는 것을 보고 나는 개탄하지 않을 수 없습니다. 한군데 다 묶어놓아도 변변치 않은 우리의 이 노력을 사분오열하여 서로 ○○○○함은 조선 민족이 영원히 망하고 말리라는 것밖에 보이지 않습니다. 안창호파는 다 무엇이며 이승만파는 무엇이오? 지금 여러분의 붕당 싸움은 20여 년간 대한협회니 일진회니 또 서북학회니 기호학회니 하고 서로 싸우던 그 상태에 있습니다. 그러면 문명국에 계신 여러분이 문화가 비교적 낮은 데 사는 내지 동포를 지도는 못하나마 오히려 내지 동포보다 30여 년 뒤떨어졌으니 이것은 여러분의 큰 수치올시다." 대개 이런 의미의 말을 하였더니 청중 가운데는 통쾌하다고 느끼는 이도 보이나 "젊은 사람이 너무 건방진데" 할 양반도 있었겠지요.

—「세계일주기행(24)—로스앤젤레스에서」,『중외일보』1927. 11. 8.

두 사람의 연설은 주로 미국 동포의 단결을 바라는 내용이었다. 그렇다고 연설의 내용과 형식이 전적으로 동일할 수는 없다. 먼저 형식상으로 볼 때, 최린이 유머스럽고 여유로웠다면 이정섭은 강경하고 진지했다. 최린의 우스 갯소리를 이정섭은 과히 좋아하지 않았다. 내용상으로 보면 지엽적인 부분에 서 차이가 난다. 이를테면 첫 번째 환영회이자 연설에서 최린은 동포들에게 조선으로 돌아올 것을 강조했다. 이정섭은 현 조선의 열악함을 고려할 때 고 생스럽게 그럴 필요가 있을까 혼자 의문을 제기한다. 나아가 조선인이 세계 각국에 흩어져 사는 일도 필요하다고 생각한다.[56] 이렇듯 생각을 달리하는 부분도 있지만, 조선 동포들이 단결해야 한다는 데에는 두 사람의 생각이 일 치했다.

조선 동포의 단결을 중시 여기는 생각은 이후의 연설에서도 지속적으로 강조되었다.[57] 미국을 떠나기 전 마지막으로 만난 서재필과 나눈 대화에서도 주제는 같다.

> 최린 씨가 앉았다가 "그 다음 조선 민족에게 또 이를 말씀이 없습니까?" 서 박사 는 얼른 "조선 사람은 한군데 모이는 단결력이 없습니다. 처음에 떠들고 일어날 때가 되면 큰일 할 것 같지만 조금만 지나면 이어서 당파 싸움을 해가지고 내 가 옳네 네가 그르네 하니, 그렇게 해가지고야 할 일이 있다. 사람이 여럿이 모 이려면 개인적 의사는 조금씩 희생해야지, 이 사람 저 사람이 다 자기주장을 세 우려 하면 단결은 통 못 되고 마는 것이요. 어쨌든 일은 실질적으로 이치를 따 라서 힘을 모아가지고 해야 합니다." 대개 이러한 말씀을 장황하게 하시기에, 나

---

56 이정섭, 「세계일주기행(24) 조선에서 조선으로—로스앤젤레스에서」, 『중외일보』 1927. 11. 8.

57 시카고에서 최린과 이정섭이 연설한 내용도 대동소이하다. 이정섭, 「세계일주기행(49) 조선에서 조선으로—시카고에서」, 『중외일보』 1927. 12. 5.

"문제는 그것이외다. 선생님 하시는 말씀이 다 옳습니다. 그러나 어떻게 한군데 모입니까? 여러 사람이 한 모금이 되려면 거기 무슨 중심 사상이 있어야 할 것 아니겠습니까? 인도에는 되나 안 되나 간디의 비협동주의와 무저항주의가 있고 중국에는 쑨원孫文의 삼민주의 같은 것이 있어서 그 사상들을 중심하고 한 덩어리가 되지만은 조선에는 아직 2천만 민중을 지휘할 중심 사상이 없습니다. 과연 그것이 선결문제올시다." 하니, 이 박사(서재필을 가리킴)는 "옳은 말이오. 그러니까 자꾸 연구들 해야지요."

—「세계일주기행(57)— 필라델피아에서」, 『중외일보』 1927. 12. 13.

이정섭은 '단결력의 부족'이라는 소제목 아래 조선인의 단결을 강조하는 서재필의 말을 위와 같이 옮겼다. 그는 미국의 자본주의적 속성을 비판하긴 했지만 이를 정치적 차원으로 연결시키지 않았다. 근본적으로 미국에 대해서는 적대적이지 않다. 더군다나 미국에서 가장 중요했던 일은 관광도 시찰도 아니었다. 이정섭·최린 일행에게 미국은 교포들을 만나 조선인의 분열상을 비판하고 단결의 중요성을 강조하기 위한 장이었다. 이런 점에서 서재필의 말은 미국을 방문한 여행자들의 마음을 대신한다.

'단결'이 의미하는 것은 무엇일까? 일본의 관점으로 보자면 그것은 정치적 의미를 갖는다. 이 시기 일제는 조선 내부의 사회주의자들이 세력화되는 상황을 경계하고 있었다. 그랬기 때문에 한편으로 일제는 조선 인사들을 통해 비사회주의 민족주의자들의 단결을 권장하고 유도했다. 이 지점에서 「조선에서 소선으로」는 구조적 의미망에 포섭된다. 이승만 파와 안창호 파의 단결은 문자 그대로만 본다면 문제적이지 않다. 하지만 조선 내부의 운동 차원을 고려할 때 이들 세력의 단결이 단순히 조선인의 단결이라는 의미만을 갖지는 않는다. 특히 조선 내부의 민족운동에 미치는 영향을 고려한다면 외부의 단결은 오히려 내부적 힘의 분산을 초래할 수 있다. 이정섭은 정치를 구조적 게임으로까지 읽어내지는 못했다. 이것이 이정섭이 빠진 또 다른 함정이다.

이정섭의 함정은 「조선에서 조선으로」의 아이러니이기도 하다. 이 기행문은 아일랜드의 독립 정신을 전달함으로써 일제와 충돌하는 한편, 구조적으로는 최린의 자치운동에 동조함으로써 제국 곧 일본의 정치적 자장에 포섭되는 모순을 드러낸다. 이정섭은 중국 시찰 여행에서는 주체적 시찰자의 면모를 충분히 보여주었다. 하지만 세계일주 여행에서는 제국의 문화정치적 위력으로부터 벗어나지 못했다. 따라서 표면적으로는 제국(일본과 영국)에 대립적인 자세를 취했지만 구조적으로는 그 위력에 함몰되는 모순을 보여줄 수밖에 없었다. 이는 제국과 식민의 구도 속에서 식민지인이 처하기 쉬운 위상적 한계에서 비롯되었다. 약소민족 지식인이 읽어야 할 정치의 위상학은 그만큼 복잡했다.

참고문헌

참고문헌

【 1차 자료 】

『개벽』　　　　『공제』　　　　『그리스도인회보』　　『대한유학생회학보』
『대한일보』　　『대한학회월보』　『동광』　　　　　　　『동명』
『동아일보』　　『매일신보』　　　『민성』　　　　　　　『반도시론』
『배화』　　　　『백광』　　　　『별건곤』　　　　　　『삼천리』
『서광』　　　　『서울』　　　　『성서조선』　　　　　『소년』
『송우』　　　　『신가정』　　　『신동아』　　　　　　『신문계』
『신민』　　　　『신생활』　　　『신여성』　　　　　　『신인문학』
『신천지』　　　『여성』　　　　『우라키』　　　　　　『일광』
『제일선』　　　『조광』　　　　『조선문단』　　　　　『조선일보』,
『조선중앙일보』『중외일보』　　『청년』　　　　　　　『청춘』
『태극학보』　　『학생계』　　　『학지광』　　　　　　『해천추범』
『현대평론』　　『혜성』　　　　『호남평론』　　　　　『황성신문』

『도산안창호전집』 제11~12권, 도산안창호선생기념사업회 편, 도산안창호선생기념사업
　　회, 2000.
『미주흥사단문건』, 독립기념관 소장.

【2차 자료】

곽승미, 「세계의 위계화와 식민지주민의 자기응시: 1920년대 박승철의 해외기행문」, 『한국문화연구』 11, 이화여자대학교 한국문화연구원, 2006.

구인모, 「국토순례와 민족의 자기구성 ― 근대 국토기행문의 문학사적 의의」, 『한국문학연구』 27권, 동국대학교 한국문학연구소, 2004. 12.

구인모, 「한일 근대문학과 엘렌 케이」, 『여성문학연구』 제12호, 한국여성문학학회, 2004. 12.

국성하, 「일제강점기 일본인의 낙랑군 인식과 평양부립박물관 설립」, 『고문화』 63집, 한국대학박물관협회, 2004.

김경남, 「1910년대 기행 담론과 기행문의 성격 ― 1910년대 〈每日申報〉 소재 기행 담론과 기행문을 중심으로」, 『인문과학연구』 37, 강원대학교 인문과학연구소, 2013. 6.

김기주, 「개항기 조선정부의 대일유학정책」, 『한국근현대사연구』 29, 2004.

김동명, 「일제하 「동화형 협력」운동의 논리와 전개 ― 최린의 자치운동의 모색과 좌절」, 『한일관계사연구』 21, 한일관계사학회, 2004. 10.

김동식, 「개화기의 문학 개념에 관하여」, 『국제어문』 29집, 국제어문학회, 2004.

김명인, 「근대소설과 도시성의 문제 ― 박태원의 「소설가 구보씨의 일일」을 중심으로」, 『민족문학사연구』, 민족문학사학회, 2000.

김백영, 「왕조 수도로부터 식민도시로: 경성과 도쿄의 시구 개정에 대한 비교연구」, 『한국학보』 112, 2003.

김백영, 「제국의 스펙터클 효과와 식민지 대중의 도시경험」, 『사회와 역사』 75집, 한국사회사학회, 2007. 9.

김신재, 「1920년대 경주의 고적 조사·정비와 도시변화」, 『신라문화』 38, 동국대학교 신라문화연구소, 2011.

김신정, 「미주 지역 한인 문학의 현황과 이산 문학의 가능성」, 『한국문학이론과 비평』 제32집, 한국 문학이론과 비평학회, 2006. 9.

김영목, 「미국 서부 한국인의 역사에 관한 개요」, 『미주지역 한인이민사』, 국사편찬위원회, 2003.

김영하, 「新羅時代 巡守의 性格」, 『民族文化硏究』 14, 고려대학교 민족문화연구원, 1979.

김윤식, 「구경적 생의 형식으로서의 운명―김동리론」, 『한국문학전집 15』, 김동리편 해설, 삼성당, 1988.

김응교, 「이방인, 자이니치 디아스포라 문학」, 『한국근대문학연구』 21, 한국근대문학회, 2010.

김재관, 「「五道踏破旅行」에 나타난 일제 식민지 교통 체계 연구」, 『語文論集』 46, 중앙어문학회, 2011.

김진량, 「근대 일본 유학생의 공간 체험과 표상」, 『우리말글』 32, 우리말글학회, 2004. 12.

김진량, 「근대산문의 글쓰기와 지역인식: 〈開闢〉의 "조선 문화의 기본 조사" 연재를 중심으로」, 『우리말글』 40, 우리말글학회, 2007.

김필동, 「近代日本의 '東京表象' 硏究」, 『일본학연구』 22집, 단국대학교 일본연구소, 2007. 9.

김필동, 「문명개화기의 「도쿄 표상」의 연구」, 『일본어문학』 36집, 일본어문학회, 2007. 2.

김학이, 「얀 아스만의 "문화적 기억"」, 『서양사연구』 33, 한국서양사연구회, 2005.

김현경, 「근대교육의 확산과 유학의 제도화」, 『사회와 역사』 70, 한국사회사학회, 2006.

김현주, 「근대 초기 기행문의 전개 양상과 문학적 기행문의 기원―국토기행을 중심으로」, 『현대문학의 연구』 16, 한국문학연구학회, 2001.

김현주, 「한국 근대수필 형성 과정 연구―1920년대 초 동인지를 중심으로」, 『한국문학평론』 11호, 1999.

김현화, 「한국 근대 여성 화가들의 서구 미술의 수용과 재해석에 관한 연구」, 『아세아여성연구』 제38호, 숙명여자대학교 아세아여성문제연구소, 1999.

김희곤, 「19세기 말~20세기 전반, 한국인의 눈으로 본 상해」, 『지방사와 지방문화』 제9권 1호, 역사문화학회, 2006.

까오유엔高嫄, 「'낙토樂土'를 달리는 관광버스」, 요시미 순야 외 지음, 연구공간 수유+'일본근대와 젠더 세미나팀' 옮김, 『확장하는 모더니티―1920~30년대 근대 일본의 문화사』, 소명출판, 2007.

나카네 다카유키中根隆行, 「제국 일본의 '만선(滿鮮)' 관광지와 고도 경주의 표상」, 『한국문
학연구』 36, 동국대학교 한국문학연구소, 2009. 6.

나희라, 「단군에 대한 인식 — 고려에서 일제까지」, 『역사비평』 21, 역사비평사, 1992.
11.

노영희, 「이상문학과 동경」, 『비교문학』 16, 한국비교문학회, 1991.

류시현, 「1910~1920년대 일본유학 출신 지식인의 국제정세 및 일본인식」, 『한국사학
보』 7, 고려사학회, 1999.

류시현, 「1910년대 이광수의 시대인식과 전망 — 『매일신보』 글쓰기를 중심으로」, 『역사
학연구』(구 전남사학) 54, 2014.

박기환, 「近代日韓文化交流史硏究: 韓國人の日本留學」, 大阪大學 박사학위논문, 1998.

박숙자, 「1920년대 사생활의 공론화와 젠더화」, 『한국근대문학연구』 제13호, 한국근대
문학회, 2006. 4.

박애숙, 「사타 이네코(佐多稻子)와 조선 — 「조선인상기」를 중심으로」, 『일본문화학보』 34
집, 한국일본문화학회, 2007.

박이문, 「동서양 자연관과 문학」, 『문학동네』 여름호, 2001.

박정애, 「초기 '신여성'의 사회진출과 여성교육 — 1910~1920년대 초반 여자 일본유학
생을 중심으로」, 『여성과 사회』 제11호, 2000.

박지향, 「여행기에 나타난 식민주의 담론의 남성성과 여성성」, 『영국연구』 4호, 2000.

박진숙, 「기행문에 나타난 제도와 실감의 거리, 근대문학」, 『어문론총』 54, 한국문학언어
학회, 2011. 6.

박진숙, 「식민지 근대의 심상지리와 『문장』파 기행문학의 조선표상」, 『민족문학사연구』
31, 민족문학사학회, 2006.

박진우, 「天皇巡幸의 展開와 民衆」, 『역사와 세계』 23, 효원사학회, 1999. 6.

박찬모, 「1920년대 '내지' 시찰과 식민지 근대(성)」, 『남도문화연구』 19집, 순천대학교
남도문화연구소, 2010. 12.

박찬승, 「1910년대 도일유학과 유학생활」, 『호서사학』 24, 2003.

박찬승, 「1920년대 渡日留學生과 그 사상적 동향」, 『한국 근현대사 연구』 30, 한국근현

대사학회, 2004.

박찬승, 「1920년대 도일유학생과 그 사상적 동향」, 『한국근현대사연구』 30, 한국근현대사학회, 2004 가을.

박찬승, 「식민지 시기 조선인의 일본 시찰―내지시찰단을 중심으로」, 『지방사와 지방문화』 9권 2호, 역사문화학회, 2006. 5.

박찬승, 「식민지시기 도일유학과 유학생의 민족운동」, 『근대화와 대학의 역할』, 한림대학교 아시아문화연구소, 2000.

박찬승, 「일제하의 자치운동과 그 성격」, 『역사와 현실』 2, 한국역사연구회, 1989. 12.

박철희, 「식민지기 한국 중등교육 연구: 1920~30년대 고등보통학교를 중심으로」, 서울대학교 박사학위논문, 2002. 8.

박현수, 「김소월 시의 보편성과 토포스 연구」, 『한국현대문학연구』 7, 1999.

사노 마사토佐野正人, 「〈여행의 시대〉로서의 1930년대 문학」, 『일본문학연구』 3, 동아시아일본학회(구 한국일본문학회), 2000.

사노 마사토, 「이상의 동경 체험 고찰」, 『한국현대문학연구』 7, 한국현대문학회, 1999. 12.

서경석, 「한국현대소설의 일본인식」, 『우리말글』 24집, 우리말글학회, 2002. 4.

서기재, 「전략(戰略)으로서의 리얼리티―일본 근대 『여행안내서』를 통하여 본 "평양"」, 『比較文學』 34, 한국비교문학회, 2004.

서영은, 「김동리 안의 경주 또는 무극(無極)」, 『문학사상』, 1988. 7.

서영채, 「최남선과 이광수의 금강산 기행문에 대하여」, 『민족문학사연구』, 2004. 3.

서형실, 「허정숙, 근우회에서 독립동맹투쟁으로」, 『역사비평』 6, 역사비평사, 1992.

소영현, 「근대 인쇄 매체와 수양론·교양론·입신출세주의」, 『상허학보』 18집, 상허학회, 2006. 10.

송병기, 「개화기 일본유학생 파견과 실태(1881~1903)」, 『동양학』 18집, 단국대학교 동양학연구소, 1988.

신주백, 「한국근현대사에서 고구려와 발해에 관한 인식」, 『역사와 현실』 55권, 한국역사연구회, 2005. 3.

신형식, 「巡幸을 통해본 三國時代의 王」, 『韓國學報』 7권 4호, 일지사, 1981.

심원섭, 「'일본제 조선기행문'과 이광수의 「오도답파여행」」, 『현대문학의 연구』 52, 한국 문학연구학회, 2014.

오태영, 「평양 토포필리아와 고도의 재장소화」, 『상허학보』 28, 상허학회, 2010.

우미영, 「古都 여행, 고도의 발견과 영토의 소비」, 『동아시아문화연구』 46, 한양대학교 동아시아문화연구소, 2009. 11.

우미영, 「근대 여행의 의미 변이와 식민지/제국의 자기 구성 논리」, 『동방학지』 133집, 연세대학교 국학연구원, 2006. 3.

우미영, 「東渡의 욕망과 東京이라는장소(Topos)」, 『정신문화연구』 제30권 제4호. 한국학 중앙연구원, 2007.

우미영, 「서양 체험을 통한 신여성의 자기 구성 방식 ― 나혜석·박인덕·허정숙의 서양 여행기를 중심으로」, 『여성문학연구』 제12호, 한국여성문학학회, 2004. 12.

우정권, 「30년대 경성과 동경의 '카페' 유흥문화 비교 연구」, 『한국현대문학연구』 26집, 한국현대문학회, 2008. 12.

윤내현, 「고조선의 도읍 위치와 그 이동」, 『단군학연구』 7, 단군학회, 2002.

윤내현, 「한사군의 낙랑군과 평양의 낙랑」, 『한국학보』 41, 일지사, 1985.

윤덕영, 「1926년 민족주의 세력의 정세 인식과 '민족적 중심 단체' 결성 모색」, 『동방학 지』 152집, 연세대학교 국학연구원, 2010. 12.

윤소영, 「식민통치 표상 공간 경주와 투어리즘」, 『동양학』 45, 단국대학교 동양학연구소, 2009. 2.

윤소영, 「일본인의 여행기에 나타난 '식민지 조선'의 표상 ― 1920년대 경주 관광을 중 심으로」, 『여행기를 통해 본 한·일 양국의 표상』, 2008 한국학 연구소 학술대회 발 표논문집, 한양대학교 한국학연구소 동아시아문화네트워크 연구단, 2008. 10. 10.

이경돈, 「신민(新民)의 신민(臣民) : 식민지의 여론시대와 관제 매체」, 『상허학보』 32, 상허 학회, 2011.

이경훈, 「여행과 민족 ― 춘원 수필의 한 양상」, 『수필과 비평』 55호, 2001. 9.

이도상, 「고조선관련 국사교과서 내용분석」, 『단군학연구』 20호, 단군학회, 2009.

이명규, 「일본의 동경시구개정조례에 관한 연구」, 『산업기술연구』 92집, 광주대학교, 1997.

이순자, 「일제강점기 고적조사사업 연구」, 숙명여자대학교 박사학위논문, 2007. 6.

이승수, 「한국문학의 공간 탐색 1 평양」, 『한국학논집』 33집, 한양대학교 한국학연구소, 1999.

이왕무, 「대한제국기 純宗의 南巡幸 연구」, 『정신문화연구』 30권 2호, 한국학중앙연구원, 2007.

이왕무, 「대한제국기 순종의 西巡幸 연구」, 『東北亞歷史論叢』 31, 동북아역사재단, 2011.

이철호, 「근대소설에 나타난 평양표상과 그 의미」, 『상허학보』 28, 상허학회, 2010.

이혜순, 「여행자 문학론 試攷」, 『비교문학』 제24호, 한국비교문학회, 1999.

이희정, 「식민지 시기 글쓰기의 전략과 「개벽」―「조선 문화의 기본 조사」를 중심으로」, 『한중인문학연구』 31, 한중인문학회, 2010. 12.

임성모, 「팽창하는 경계와 제국의 시선」, 『일본역사연구』 23집, 일본사학회, 2006. 6.

장규식, 「일제하 미국 유학생의 근대지식 수용과 국민국가 구상」, 『한국근현대사연구』 34, 한국근현대사학회, 2005.

장인성, 「토포스와 아이덴티티: 개국기 한일 지식인의 국제정치적 사유」, 『국제정치논총』 37, 1998.

전진성, 「기억과 역사: 새로운 역사·문화이론의 정립을 위하여」, 『한국사학사학보』 8, 한국사학사학회, 2003. 9.

전진성, 「도시, 트라우마, 숭고」, 『역사학보』 204, 역사학회, 2009.

정용서, 「1920년대 천도교 신파의 '민족자치' 구상」, 『동방학지』 157, 연세대학교 국학연구원, 2012. 3.

정용화, 「한국인의 근대적 자아 형성과 오리엔탈리즘」, 『정치사상연구』, 한국정치사상학회, 2004.

정윤재, 「1930년대 안재홍의 문화건설론」, 『정신문화연구』 제28권 2호, 한국학중앙연구원, 2005.

정인성, 「關野貞의 낙랑유적 조사·연구 재검토」, 『호남고고학보』 24집, 호남고고학회, 2006.

정종현, 「한국 근대소설과 "평양"이라는 로컬리티」, 『사이』 4, 국제한국문학문화학회,

2008.

정진석, 「아일랜드 기행문 꼬투리 총독부, 기소·정간 탄압」, 『신문과 방송』 494호, 한국
　　언론진흥재단, 2012. 2.

정형·이권희·손지연·한경자, 「전환기 메이지 문학의 도쿄표상과 일본인의 심상지리」,
　　『일본학연구』 22집, 단국대학교 일본연구소, 2007. 9.

정혜영, 「〈오도답파여행〉과 1910년대 조선의 풍경」, 『현대소설연구』 40, 한국현대소설
　　학회, 2009.

조규익, 「재미 한인작가들의 자아 찾기」, 『현대문학의 연구』 29, 한국문학연구학회,
　　2006.

조선미, 「일제치하 일본관학자들의 한국미술사학 연구에 관하여」, 『미술사학』 3권, 미술
　　사학연구회, 1991. 12,

조성운, 「1910년대 식민지 조선의 근대 관광의 탄생」, 『한국민족운동사연구』 56, 한국민
　　족운동사학회, 2008.

조성운, 「1910년대 日帝의 同化政策과 日本視察團」, 『史學硏究』 80, 한국사학회, 2005.

조성운, 「1920년대 일제의 동화정책과 일본시찰단」, 『한국독립운동사연구』, 독립기념관,
　　2007.

조성운, 「1930년대 식민지 조선의 근대 관광」, 『한국독립운동사연구』 36, 독립기념관한
　　국독립운동연구소, 2010.

조성운, 「每日申報를 통해 본 1910年代 日本視察團」, 『한일민족문제연구』 6, 한일민족
　　문제학회, 2004.

조성운, 「일본여행협회의 활동을 통해 본 1910년대 조선관광」, 『한국민족운동사연구』
　　65, 한국민족운동사학회, 2010.

차혜영, 「1920년대 해외 기행문을 통해 본 식민지 근대의 내면 형성 경로」, 『국어국문
　　학』 137, 국어국문학회, 2004.

차혜영, 「문화체험과 에스코그래피의 정치학: 식민지 시대 서구지역 기행문 연구」, 『성
　　신문화연구』 Vol. 33 No. 1, 한국학중앙연구원, 2010.

차혜영, 「식민지 시대 여로형 서구 기행문 연구: '박물관·실험실' 은유와 네이션 주체의
　　구성방식」, 『한국문학이론과비평』 45, 한국문학이론과비평학회, 2009.

차혜영, 「지역 간 문명의 위계와 시각적 대상의 창안: 1920년대 해외 기행문을 중심으로」, 『현대문학의 연구』 24, 한국문학연구학회, 2004.

천성림, 「모성의 '발견' ─ 엘렌 케이(Ellen Key, 1849~1926)와 1920년대의 중국」, 『동양사학연구』 제87집, 동양사학회, 2004.

천정환, 「주체로서의 근대적 대중독자의 형성과 전개」, 『독서연구』 제13호, 한국독서학회, 2005. 6.

천정환, 「초기 『삼천리』의 지향과 1930년대 문화민족주의」, 『민족문학사연구』 36, 민족문학사학회, 2008.

최덕수, 「구한말 일본유학과 친일세력의 형성」, 『역사비평』 15, 역사비평사, 1991.

최석영, 「식민지 시대 '고적보존회'와 지방의 관광화」, 『아시아문화』 18호, 한림대학교 아시아문화연구소, 2002. 8.

최석영, 「일본 식민사학자들의 고구려·발해인식」, 『한국근대사와 고구려·발해 인식』, 독립기념관 한국독립운동사연구소, 2005.

최석영, 「일제 식민지 상황에서의 부여(扶餘) 고적에 대한 재해석과 '관광명소'화」, 『비교문화연구』 9호, 서울대학교 비교문화연구소, 2003.

최석영, 「조선총독부박물관의출현과 '식민지의 기획'」, 『호서사학』 27집, 호서사학회, 1999. 9.

최숙경, 「개화기 여성 생활 문화의 변동과 전개」, 『여성학논집』 제16권, 이화여자대학교 한국여성연구원, 1999.

최주한, 「이광수의 이중어 글쓰기와 「오도답파여행」」, 『민족문학사연구』 55, 민족문학사학회·민족문학사연구소, 2014.

켈리 Y. 정, 「신여성, 구경거리(a spectacle)로서의 여성성: 가시성과 접근성」, 『한국문학연구』 제29권, 동국대학교 한국문학연구소, 2005. 12.

한상구, 「1926~28년 민족주의 세력의 운동론과 신간회」, 『한국사연구』 86, 한국사연구회, 1994. 9.

한점돌, 「주요섭 소설의 계보학적 고찰」, 『국어교육』 103, 한국어교육학회, 2000.

허병식, 「식민지 조선과 '신라'의 심상지리」, 『비교문학』 41, 한국비교문학회, 2007.

허병식, 「식민지의 장소, 경주의 표상」, 『비교문학』 43, 한국비교문학회, 2007.

허태용, 「임진왜란의 경험과 고구려사 인식의 강화」, 『역사학보』 190집, 역사학회, 2006.

홍선표, 「일제하 미국유학연구」, 『국사관논총』 96, 국사편찬위원회, 2001.

황호덕, 「경성지리지, 이중언어의 장소론」, 『대동문화연구』 51, 2005.

황호덕, 「로쿠메이칸(鹿鳴館)의 유학자: 박대양의 『동사만록』과 메이지 일본의 표상 내셔 널리즘」, 『상허학보』 11, 2003.

황호덕, 「여행과 근대, 한국 근대 형성기의 세계 견문과 표상권의 근대―허헌의 구미만 유(歐美漫遊)를 중심으로」, 『인문과학』 46집, 성균관대 인문과학연구소, 2010, 34~35 쪽.

황호덕, 「타자로의 항해들, 「사이」에서 창안된 네이션: 개항기의 견문록과 간문화적 자 기 재현」, 『한국사상과 문화』 34, 2006.

Adler, J., "Origins of sightseeing", *Annals of tourism research* V. 16 no. 1. Pergamon (etc.); Elsevier Science Ltd, 1989.

Woo Mi-yeong , "Historical Places of the Colonial Period through the Eyes of a Female Traveler", *The Review of Korean Studies* Vol. 12, The Academy of Korean Studies, 2008.

가미가이토 겐이치上垣外憲― 지음, 김성환 옮김, 『일본유학과 혁명운동』, 진흥문화사, 1983.

가야트리 스피박 지음, 태혜숙·박미선 옮김, 『포스트식민 이성 비판』, 갈무리, 2005.

강동진, 『일제의 한국침략정책사』, 한길사, 1984.

경기구십년사편찬위원회 편, 『경기구십년사』, 경기고등학교동창회, 1990.

구익균, 『새 역사의 여명에 서서』, 일월서각, 1994.

김경일, 『여성의 근대, 근대의 여성』, 푸른역사, 2004.

긴동리, 『김동리 전집 8 ―나를 찾아서』, 민음사, 1997.

김동환 편, 『반도산하』, 삼천리사, 1941.

김문겸, 『여가의 사회학』, 한울아카데미, 1993.

김병익, 『한국문학사』, 일지사, 1979.

김성학, 『서구교육학 도입의 기원과 전개』, 문음사, 2001.

김예림, 『1930년대 후반 근대인식의 틀과 미의식』, 소명, 2004.

김우창, 『풍경과 마음―동양의 그림과 이상향에 대한 명상』, 생각의 나무, 2003.

김윤식 편역, 『이광수의 일어 창작 및 산문선』, 역락, 2007.

김윤식, 『이광수와 그의 시대 1』, 한길사, 1986.

김윤식, 『한국현대문학명작사전』, 일지사, 1979.

김홍중, 『마음의 사회학』, 문학동네, 2010.

나병철, 『근대서사와 탈식민주의』, 문예출판사, 2001.

닝왕 지음, 이진형·최석호 옮김, 『관광과 근대성―사회학적 분석』, 일신사, 2004.

다카시 후지타니 지음, 한석정 옮김, 『화려한 군주』, 이산, 2003.

동래고등학교 동창회, 『동고 100년사』, 1998.

레이몬드 윌리엄즈 지음, 이일환 옮김, 『이념과 문학』, 문학과지성사, 1991.

리타 펠스키 지음, 김영찬 옮김, 『근대성과 페미니즘』, 거름, 1998.

마루카와 데쓰시 지음, 백지운·윤여일 옮김, 『리저널리즘: 동아시아의 문화지정학』, 그
    린비, 2008.

미셸 푸코 지음, 이광래 옮김, 『말과 사물』, 민음사, 1989.

민족문화문고간행회, 『고전국역총서―열하일기 I』, 민족문화추진회, 1989.

민족문화문고간행회, 『국역 신증동국여지승람 III』, 민족문화추진회, 1988.

박선미, 『근대 여성, 제국을 거쳐 조선으로 회유하다―식민지 문화지배와 일본유학』,
    창작과비평사, 2007.

박인덕, 『세계일주기』, 조선출판사, 1941.

박재환·김문겸, 『근대사회의 여가문화』, 서울대학교 출판부, 1997.

박천홍, 『매혹의 질주, 근대의 횡단』, 산처럼, 2003.

박화성 지음, 서정자 편, 『눈보라의 운하·기행문』, 푸른사상, 2004.

베네딕트 앤더슨 지음, 윤형숙 옮김, 『상상의 공동체―민족주의의 기원과 전파에 대한
    성찰』, 나남출판, 2002.

변신원, 『박화성 소설 연구』, 국학자료원, 2001.

볼프강 쉬벨부쉬 지음, 박진희 옮김, 『철도여행의 역사』, 궁리, 2002.

서연호 외, 『한국 근대 지식인의 민족적 자아형성』, 소화, 2004.

선우훈, 『민족의 수난 — 105인 사건 진상』, 독립정신보급회, 1955.

스튜어트 홀 외 지음, 전효관·김수진·박병영 옮김, 『현대성과 현대문화』, 현실문화연구, 2001.

슬라보예 지젝 지음, 김소연·유재희 옮김, 『삐딱하게 보기』, 시각과 언어, 1995.

심경호, 『김시습 평전』, 돌베개, 2003.

아리스토텔레스 지음, 김재홍 옮김, 『변증론』, 까치글방, 1998.

알라이다 아스만 지음, 변학수·채연숙 옮김, 『기억의 공간』, 그린비, 2011.

앙드레 슈드 지음, 정여울 옮김, 『제국 그 사이의 한국 1895~1919』, 휴머니스트, 2007.

에드워드 W. 사이드 지음, 박홍규 옮김, 『오리엔탈리즘』, 교보문고, 1995.

에드워드 W. 사이드 지음, 박홍규 옮김, 『오리엔탈리즘』, 교보문고, 1995.

에드워드 렐프 지음, 김덕현·김현주·심승희 옮김, 『장소와 장소상실』, 논형, 2005.

여암선생문집편찬위원회 편, 『여암문집』(상)·(하), 여암선생문집편찬위원회, 1971.

오구마 에이지 지음, 한철호 옮김, 『일본이라는 나라?』, 책과함께, 2006.

요시미 순야 외 지음, 연구공간 수유+너머 '일본근대와 젠더 세미나팀' 옮김, 『확장하는 모더니티』, 소명출판. 2007.

이광수, 『이광수전집』, 삼중당, 1962.

이광호, 『구한말 근대교육체제와 학력주의 연구』, 문음사, 1996.

이동하·정효구, 『재미한인문학연구』, 월인, 2003.

이명화, 『도산 안창호의 독립운동과 통일노선』, 경인문화사, 2002.

이병선, 『한국고대국명지명연구』, 형설출판사, 1982.

이상경 편집 교열, 『나혜석 전집』, 태학사, 2000.

이성욱, 『한국 근대문학과 도시문화』, 문화과학사, 2004.

이여성·김세용 지음, 『數字朝鮮硏究』 제4집, 세광사, 1933.

이영아, 『육체의 탄생』, 민음사, 2008.

이재선, 『한국현대소설사』, 홍성사, 1979.

이진경, 『근대적 시·공간의 탄생』, 푸른숲, 2002.

이푸 투안 지음, 구동회·심승희 옮김, 『공간과 장소』, 대윤, 2007.

이효덕 지음, 박성관 옮김, 『표상 공간의 근대』, 소명출판, 2002.

임마누엘 칸트 지음, 백종현 옮김, 『순수이성비판 1』, 아카넷, 2006.

정재철 편저, 『문화 연구 이론』, 한나래, 1998.

정지용, 『정지용전집 2』, 민음사, 1994.

조나단 크래리 지음, 임동근·오성훈 외 옮김, 『관찰자의 기술─19세기의 시각과 근대
　　성』, 문화과학사, 1999.

조르조 아감벤 지음, 정문영 옮김, 『아우슈비츠의 남은 자들』, 새물결, 2012.

존 버거 지음, 편집부 옮김, 『이미지, 시각과 미디어』, 동문선, 1990.

주요섭, 「구름을 잡으려고」, 『한국문학전집 13』, 민중서관, 1974.

주요섭, 「留米外記」, 『동아일보』, 1930. 2. 22~4. 11.

주은우, 『시각과 현대성』, 한나래, 2003.

지그문트 바우만 지음, 윤태준 옮김, 『유행의 시대』, 2013.

최남선, 『시문독본』, 신문관, 1922.

최덕교, 『한국잡지 100년』, 현암사, 2004.

최석영, 『일제의 동화이데올로기의 창출』, 서경문화사, 1997.

최종고, 『한독교섭사』, 홍성사, 1983.

최혜실, 『신여성들은 무엇을 꿈꾸었는가』, 생각의나무, 2000.

페이터 리트베르헨 지음, 정지창·김경한 옮김, 『유럽문화사 (하)』, 지와 사랑, 1998.

홍기돈, 『김동리 연구』, 소명출판, 2010.

황종연 엮음, 『신라의 발견』, 동국대학교 출판부, 2008.

小野良平, 『公園の誕生』, 東京: 吉川弘文館, 2003.

竹內　洋, 『立身出世主義─近代日本のロマンと慾望』, 京都: 世界思想社, 2005.

Fred Davis, *Yearning for Yesterday; A Sociology of Nostalgia*, New York: The Free Press,
　　1979.

Marc Augé, *Translated by John Howe*, Non-Places, Verso: London-New York, 1995.

Sara Mills, *Discourses of Difference: An Analysis of Women's Travel Writing and Colonialism*,
　　Routledge, 1992.

Svelana Boym, *The Future of Nostalgia*, New York: Basic Books, 2001.